데브옵스 핸드북 2/e

DevOps Handbook, Second Edition

Copyright ⓒ 2021 by Gene Kim, Jez Humble, Patrick Debois, John Willis, Nicole Forsgren

Korean Translation Copyright ⓒ 2024 by ƏCORN Publishing Company

Korean edition is published by arrangement with Fletcher & Company LLC through Duran Kim Agency.

데브옵스 핸드북 2/e

세계 최고 수준의 기민성, 신뢰성, 안정성을 갖춘 기술 조직의 비밀

진 킴 · 제즈 험블 · 패트릭 드부아 · 존 윌리스 · 니콜 포스그렌 지음   김모세 옮김

i!i
에이콘

에이콘출판의 기틀을 마련하신 故 정완재 선생님 (1935-2004)

지은이 소개

진 킴^{Gene Kim}

베스트셀러 작가이자 연구자로 다수의 수상 경력이 있는 CTO이며 IT 레볼루션의 창업자다. 대표 저서로는 『피닉스 프로젝트』(에이콘, 2021), 『유니콘 프로젝트』(에이콘, 2023), 『디지털 트랜스포메이션 엔진』(에이콘, 2020) 등이 있다. 2014년부터 데브옵스 엔터프라이즈 서밋의 창시자이자 오거나이저로서 크고 복잡한 기업의 기술 전환에 관해 연구하고 있다.

제즈 험블^{Jez Humble}

졸트상을 수상한 『Continuous Delivery』(에이콘, 2013)와 신고^{Shingo} 출판 수상작인 『디지털 트랜스포메이션 엔진』을 포함해 소프트웨어에 관한 여러 베스트셀링 서적에 공저자로 참여했다. 구글에서 일하고 있으며 캘리포니아 버클리 대학에서 학생들을 가르치는 중이다.

패트릭 드부아^{Patrick Debois}

Synk의 데브옵스 릴레이션^{DevOps Relations} 디렉터이자 어드바이저다. 개발, 프로젝트 관리, 시스템 관리에서 애자일 기법을 사용해 프로젝트와 운영의 차이를 좁히는 일을 하고 있다.

존 윌리스 John Willis

레드햇RedHat의 글로벌 트랜스포메이션 사무국Global Transformation Office 시니어 디렉터다. 35년 이상 IT 관리 분야에서 종사했다. 『Beyond The Phoenix Project』(IT Revolution Press, 2018)의 공저자이며 Profound 팟캐스트를 진행하고 있다.

니콜 포스그렌 Nicole Forsgren

마이크로소프트 리서치의 파트너로 디벨로퍼 벨로시티 랩Developer Velocity Lab을 이끌고 있다. 신고 출판 수상작인 『디지털 트랜스포메이션 엔진』의 공저자이며, 가장 큰 데브옵스 연구의 수석 조사 업무를 하는 것으로 잘 알려져 있다. 성공적인 기업가(Google에 매각), 교수, 성능 엔지니어, 시스템 관리자로 활동해 온 포스그렌의 작업은 다양한 동료 리뷰 저널에 실렸다.

감사의 글

진 킴

5년이 넘는 기간 내내 데드라인 모드였던 나를 지지해준 아내 매거릿 Marguerite과 세 아들 리드Reid, 파커Parker, 그랜트Grant에게 감사를 전한다. 어린 시절 괴짜가 되게 허락해 주신 부모님께도 감사드린다. 훌륭한 공동 저자들과 이 책을 쓸 수 있게 해준 IT Revolution Press에도 감사를 전한다. 안나 노악Anna Noak에게 감사하며, 『데브옵스 핸드북 2/e』을 이끌어준 레아 브라운Leah Brown의 작업에 경의를 표한다.

『데브옵스 핸드북』 1판을 쓸 수 있게 해준 존 올스포John Allspaw(Etsy), 알래나 브라운Alanna Brown(Puppet), 아드리안 콕크로프트Adrian Cockcroft(Battery Ventures), 저스틴 콜린스Justin Collins(Brakeman Pro), 조시 코만Josh Corman(Atlantic Council), 제이슨 콕스Jason Cox(The Walt Disney Company), 도미니카 드그란디스Dominica DeGrandis(LeanKit), 데이먼 에드워즈Damon Edwards(DTO Solutions), 니콜 포스그렌 박사Dr. Nicole Forsgren(Chef), 개리 그루버Gary Gruver, 샘 구켄하이머Sam Guckenheimer(Microsoft), 엘리자베스 헨드릭슨Elisabeth Hendrickson(Pivotal Software), 닉 갈브레스Nick Galbreath(Signal Sciences), 톰 리몬첼리Tom Limoncelli(Stack Exchange), 크리스 리틀Chris Little, 라이언 마르텐스Ryan Martens, 어니스트 뮐러Ernest Mueller(Alien-Vault), 마이크 오젠Mike Orzen, 크리스토퍼 포터Christopher Porter(CISO, Fannie Mae), 스콧 프루Scott Prugh(CSG International), 로이 라파포트Roy Rapoport(Netflix), 태런 레디Tarun Reddy(CA/Rally), 제시 로빈스Jesse Robbins(Orion Labs), 벤 록우드Ben Rockwood(Chef), 앤드루 샤퍼Andrew Shafer(Pivotal), 랜디 샤우프Randy Shoup(Stitch Fix), 제임스 턴불James Turnbull(Kickstarter), 제임스 위케트James Wickett(Signal Sciences)에게 감사

를 전한다.

우리가 연구한 놀라운 데브옵스 여행을 공유해준 저스틴 아버클Justin Arbuckle, 데이비드 애쉬먼David Ashman, 찰리 베츠Charlie Betz, 마이크 블랜드Mike Bland, 토우픽 보베즈 박사Dr. Toufic Boubez, 엠 캠벨 프리티Em Campbell-Pretty, 제이슨 챈Jason Chan, 피트 체스록Pete Cheslock, 로스 클랜튼Ross Clanton, 조나단 클라우디우스Jonathan Claudius, 숀 데이븐포트Shawn Davenport, 제임스 드루시아James DeLuccia, 롭 잉글랜드Rob England, 존 에서John Esser, 제임스 프라이먼James Fryman, 폴 파렐Paul Farrall, 네이슨 하비Nathen Harvey, 마이크로 헤링Mirco Hering, 아담 제이콥Adam Jacob, 루크 캐니스Luke Kanies, 카이마르 카루Kaimar Karu, 나이젤 커스텐Nigel Kersten, 코트니 키슬러Courtney Kissler, 베다니 마크리Bethany Macri, 사이먼 모리스Simon Morris, 이안 말패스Ian Malpass, 다이앤 마쉬Dianne Marsh, 노먼 막스Norman Marks, 빌 마시Bill Massie, 닐 마타톨Neil Matatall, 마이클 나이가드Michael Nygard, 패트릭 맥도넬Patrick McDonnell, 에런 메세리Eran Messeri, 헤더 믹맨Heather Mickman, 조디 멀키Jody Mulkey, 폴 뮐러Paul Muller, 제시 뉴랜드Jesse Newland, 댄 노스Dan North, 타파브라타 팔 박사Dr. Tapabrata Pal, 마이클 렘벳시Michael Rembetsy, 마이크 로더Mike Rother, 폴 스택Paul Stack, 가렛 러쉬그로브Gareth Rushgrove, 마크 슈워츠Mark Schwartz, 나단 쉬멕Nathan Shimek, 빌 쉰Bill Shinn, JP 슈나이더JP Schneider, 스티븐 스피어 박사Dr. Steven Spear, 로렌스 스위니Laurence Sweeney, 짐 스톤햄Jim Stoneham, 라이언 토메이코Ryan Tomayko에게도 감사를 전한다.

환상적인 피드백으로 이 책을 다듬는 데 도움을 준 리뷰어 윌 알벤지Will Albenzi, JT 암스트롱JT Armstrong, 폴 아우클레어Paul Auclair, 에드 벨리스Ed Bellis, 대니얼 블랜더Daniel Blander, 맷 브렌더Matt Brender, 알라나 브라운Alanna Brown, 브랜든 버튼Branden Burton, 로스 클랜튼Ross Clanton, 아드리안 콕크로프트, 제니퍼 데이비스Jennifer Davis, 제시카 드비타Jessica DeVita, 스티븐 펠트먼Stephen Feldman, 마틴 피셔Martin Fisher, 스티븐 피쉬맨Stephen Fishman, 제프 갈리모어Jeff Gallimore, 베키 하트만Becky Hartman, 맷 해치Matt Hatch, 윌리엄 허틀링William Hertling, 롭 허쉬펠드Rob Hirschfeld, 팀 헌터Tim Hunter, 스타인 잉게 모리스백Stein Inge Morisbak, 마크 클라인

8

Mark Klein, 알란 크래프트Alan Kraft, 브리짓 크롬하우트Bridget Kromhaut, 크리스 리보리Chris Leavory, 크리스 리보이Chris Leavoy, 제니 마도르스키Jenny Madorsky, 데이브 만곳Dave Mangot, 크리스 맥드빗Chris McDevitt, 크리스 맥에너리Chris McEniry, 마이크 맥가Mike McGarr, 토마스 맥고나글Thomas McGonagle, 샘 맥레오드Sam McLeod, 바이론 밀러Byron Miller, 데이빗 모트만David Mortman, 시바스 남비어Chivas Nambiar, 찰스 넬레스Charles Nelles, 존 오스본John Osborne, 맷 오키페Matt O'Keefe, 마누엘 페이스Manuel Pais, 개리 페드레티Gary Pedretti, 댄 피에슨스Dan Piessens, 브라이언 프린스Brian Prince, 데니스 레이브넬Dennis Ravenelle, 피트 리드Pete Reid, 마르코스 렌델Markos Rendell, 트레버 로버츠Trevor Roberts, Jr., 프레데릭 숄Frederick Scholl, 매튜 셀하이머Matthew Selheimer, 데이빗 세베르스키David Severski, 사미어 샤Samir Shah, 폴 스택Paul Stack, 스콧 스탁튼Scott Stockton, 데이브 템페로Dave Tempero, 토드 바랜드Todd Varland, 제레미 부리스Jeremy Voorhis, 브랜든 윌리엄스Branden Williams에게 깊은 감사를 전한다.

모던 툴체인을 사용한 출판의 미래적인 모습에 관한 놀라운 힌트를 준 분들에게도 감사를 전한다. 앤드루 오데완Andrew Odewahn(O'Reilly Media)은 키메라Chimera 리뷰 플랫폼을 소개했다. 제임스 턴불James Turnbull(Kickstarter)은 첫 번째 출판 렌더링 툴체인을 만드는 데 도움을 줬다. 스캇 샤콘Scott Chacon(GitHub)은 작가들을 위한 깃허브 플로우를 만들어줬다.

제즈 험블

이 책은 사랑이 넘치는 작업이었다(특히 진에게 그랬다). 진과 공동 저자인 존John, 팻Pat, 토드Todd, 안나Anna, 로빈Robyn 그리고 이 작업을 준비해 준 IT 레볼루션의 편집 및 출판 팀에 감사를 전한다. 니콜 포스그렌에게도 감사한다. 지난 3년 동안 진, 알라나 브라운, 나이젤 커스텐과 나는 퍼펫랩스 도라에서 발간하는 「데브옵스 현황 보고서」를 함께 만들었고, 이 책을 위한 많은 아이디어를 개발 및 테스트하며 다듬을 수 있었다. 나의 아내 라니Rani와 두 딸 암리타Amrita, 레쉬미Reshmi는 작업하는 동안 무한한 사랑과 지지를 보내줬다. 감사하고 사랑한다. 마지막으로 데브옵스 커뮤니티 일원이 된 것을 큰 행운으로 생각한다. 걷고 말하는 동안 한순간도 빠짐없이 공감을 연습하고 존중과 학습의 문화를 키울 수 있었다. 여러분 모두에게 감사한다.

패트릭 드부아

이 여행에 함께한 모든 분께 무한한 감사를 전한다.

존 윌리스

가장 먼저 정신없는 내 작업을 견뎌 준 아내에게 감사를 전한다. 공동 저자인 패트릭, 진, 제즈에게서 배운 것만으로도 다른 책 한 권을 쓰기에 충분하다. 내 여행에 큰 영향을 미치고 조언해준 마크 힌클Mark Hinkle, 마크 부르게스Mark Burgess, 앤드루 클레이 샤퍼Andrew Clay Shafer, 마이클 코트Michael Cote에게 감사를 전한다. Chef에 나를 고용해주고 우리가 데브옵스라 부르는 것을 초기에 탐험할 수 있는 자유를 준 아담 제이콥도 빼놓을 수 없다. 마지막으로 내 데브옵스 카페DevOps Cafe의 공동 호스트인 데이먼 에드워즈에게 깊은 감사를 전한다.

니콜 포스그렌

데브옵스 현황 보고서(이후에는 도라) 연구에 함께하면서 작업을 위한 훌륭한 연구실과 기반을 제공해 준 제즈와 진에게 감사를 전한다. 이니셔티브와 함께 첫 보고서 몇 가지를 함께 작업했던 알라나 브라운의 통찰력이 없었다면 이번 파트너십은 불가능했을 것이다. 또한 열정과 아이디어, 주장을 가진 여성들을 신뢰하는 (그리고 그저 여성을 믿는) 이들에게게도 감사를 전한다. 내 인생에서 매우 중요한 분인 부모님(스트레스를 드린 건 죄송하다!), 학위 논문 조언자인 수지 와이즈밴드Suzie Weisband와 알렉산드라 두르치코바Alexandra Durcikova(논문을 쓸 기회와 함께 논문 방향을 변경할 수 있게 해줘 정말 감사한다), 자비에르 벨라스퀴즈Xavier Velasquez(내 계획이 항상 효과가 있을 거라고 믿어줬다), 나를 지지해주는 여성 백채널(내 분노가 트위터 타임라인에서 그치지 않도록 장소를 제공해준 여러분의 사랑과 지지에 감사를 표한다)에 감사하며, 언제나처럼 다이어트 코크에 대한 감사 인사도 **빼놓을 수 없다.**

옮긴이 소개

김모세(creatinov.kim@gmail.com)

소프트웨어 엔지니어, 소프트웨어 품질 엔지니어, 애자일 코치 등 다양한 부문에서 소프트웨어 개발에 참여했다. 재미있는 일, 나와 조직이 성장하고 성과를 내도록 돕는 일에 보람을 느껴 2019년부터 번역을 시작했다. 지은 책으로 『코드 품질 시각화의 정석』(지앤선, 2015)이 있으며 다수의 영어·일본어 IT 기술서 및 실용서를 번역했다.

옮긴이의 말

눈을 감았다 뜨면 어제와 다른 세상이 펼쳐져 있습니다. 특히 소프트웨어 분야의 변화 속도는 그 어느 분야보다도 빠릅니다. 개발 언어는 물론이고 프로세스, 개발 조직, 개발 문화 모두가 변하고 있습니다. 하루가 다르게 출시되는 많은 기술이 그 변화의 속도를 더욱 부추기고 있습니다.

데브옵스Development란 소프트웨어의 개발Development과 운영Operations의 합성어로 소프트웨어 개발자와 정보 기술 전문가 사이의 소통과 협업 그리고 통합을 통해 지속적이고 안정적으로 소프트웨어를 개발하고 운용하는 환경과 문화를 나타냅니다. 지속적이고 발전적인 협업 기반의 개발 문화에 중점을 둔 데브옵스는 xOps로 확장되며 다양한 영역에 그 영향을 미치고 있습니다.

『데브옵스 핸드북 2/e』은 2016년에 출간된 『데브옵스 핸드북』을 확장한 것입니다. 저자들은 1판 출간 이후 최신 연구 결과와 프랙티스, 사례 연구를 기반으로 1판의 내용을 다듬고 보강했습니다. 2020년 COVID-19 팬데믹 이후 모든 것이 변해버린 오늘날 이 책을 통해 데브옵스의 개념뿐만 아니라, 데브옵스가 갖는 현대적 의의는 물론 실제 개발에서 활용 가능한 다양한 개념과 원칙에 대한 통찰력을 얻을 수 있을 것입니다.

번역 과정에서 좋은 지식을 공유할 수 있도록 해주신 하나님께 감사드립니다. 또한 유익한 책을 번역할 기회를 주신 에이콘출판사, 책을 편집하는 과정에서 많이 고생하신 편집자님, 다양한 경험을 바탕으로 책의 완성도를 높일 수 있도록 많은 의견을 주신 베타 리더분들께도 감사드립니다. 마지막으로 책을 번역하는 동안 한결같은 믿음으로 저를 지지하고 응원해준 아내와 세 딸에게도 깊은 감사를 전합니다. 정말 고맙습니다.

김모세 드림

차례

1부　세 가지 방법

3부　첫 번째 방법: 흐름 개선을 위한 기술적 프랙티스

6부　정보 보안, 변화 관리, 컴플라이언스 통합을 위한 기술적 프랙티스

2판 출판사 서문

1판이 미친 영향

『데브옵스 핸드북』(에이콘, 2018) 1판이 출간된 이후, 「데브옵스 현황 보고서 State of DevOps Report」와 그 외 많은 연구 결과는 데브옵스가 비즈니스의 가치를 달성하기 위해 필요한 시간을 개선하고 생산성을 높임으로써 근로자들의 행복 지수 향상에 기여했음을 보여줬다. 그리고 2020년 COVID-19 팬데믹 및 그 이후에 목격된 엄청난 변화들에 적응할 수 있는 기민한 애자일 비즈니스를 만드는 데 일조했다.

진 킴은 'State of DevOps: 2020 and Beyond' 아티클을 통해 "2020년은 커다란 위기의 순간에 기술이 무엇을 할 수 있는지 보여준 해라고 생각한다. 이 위기는 빠른 변화의 촉매를 제공했고, 우리가 위기에 맞서 그 변화를 달성할 수 있어 기쁘다"[1]라고 밝혔다.

데브옵스와 『데브옵스 핸드북』의 토대 중 하나는 (실제로 그렇게 쓰였듯이) 그것이 비즈니스와 기술 세계의 유니콘unicorn이 아닌 평범한 말horse에 관해 보여준다는 점이다. 데브옵스는 거대 기술 기업(FAANG Facebook, Apple, Amazon, Netflix, Google)이나 스타트업에서만 효과적인 것이 아니다. 이 책과 데브옵스 커뮤니티는 데브옵스 프랙티스와 프로세스를 사용해 레거시가 가장 많은, 소위 나이 든 '말'에 속하는 대기업을 기민한 기술 조직으로 바꿀 수 있음을 계속해서 증명했다.

2021년 현재, 모든 비즈니스는 기술 비즈니스이고 모든 리더는 기술 리더임이 어느 때보다 명확해졌다. 더 이상 기술을 무시하거나 간과할 수 없다. 기술은 비즈니스 전체의 전략적인 노력의 핵심 부분으로 간주해야 한다.

2판의 다른 점

『데브옵스 핸드북』의 확장판인 2판에서 저자들은 새로운 연구와 학습, 경험을 담아 본문의 내용을 업데이트했다. 데브옵스는 물론 데브옵스가 산업에서 어떻게 사용되는지를 이해할 수 있다. 또한 저명한 니콜 포스그렌^{Nicole} ^{Forsgren} 박사가 공동 저자로 참여했다. 니콜은 새로운 연구와 이를 뒷받침하는 다양한 지표를 사용해 책을 업데이트하고 확장하는 데 큰 도움을 줬다.

> **지속적인 학습**
>
> 『데브옵스 핸드북』 1판이 출간된 이후 새롭게 학습한 인사이트와 리소스를 추가했다. '지속적인 학습(CONTINUOUS LEARNING)' 절은 이 부분과 같이 강조해서 표시했다. 이 절에서는 여러분이 데브옵스라는 여정을 즐기는 데 활용할 수 있는 새로운 데이터, 추가적인 리소스, 도구, 기법을 제공할 것이다.

다양한 사례 연구도 추가했다. 각 사례 연구는 데브옵스가 IT 부문을 넘어 C 레벨까지 모든 산업군에 얼마나 널리 확산했는지 보여준다. 각 사례 연구 말미에는 가장 중요한 학습 부분을 강조한 한 두 개 정도의 핵심 사항을 담았다. 마지막으로 새로운 리소스와 함께 장마다 결론을 추가했다. 여러분이 지속적인 학습을 하는 데 도움이 될 것이다.

데브옵스와 소프트웨어 시대의 미래

지난 5년 동안 기술의 중요성을 크게 실감했다. 이는 IT와 비즈니스 부문이 열린 마음으로 정직하게 소통할 때만 가능하다는 것이다. 그리고 데브옵스가 이를 촉진할 수 있다.

2020년에 발생한 COVID-19 팬데믹으로 요구된 빠른 변화만큼 이를 잘 보여주는 것은 없다고 생각한다. 조직은 전례 없이 빠르고, 예측할 수 없는 변화의 순간에 데브옵스를 활용함으로써 기술을 결집해 내외부 고객에게 서비스를 제공했다. 빠르게 적응하거나 방향을 바꾸는 능력이 없다고 알려졌던 크고 복잡한 기업들은 갑자기 절벽 끝에 서게 됐다.

아메리칸 에어라인즈American Airlines 역시 지속적인 데브옵스 트랜스포메이션DevOps Transformation의 장점을 활용해 큰 성공을 빠르게 거뒀다. 관련 사례는 1장과 5장에서 확인할 수 있다.

크리스 스트리어Chris Strear 박사는 제약 이론Theory of Constraint을 사용해 병원의 업무 흐름을 최적화한 경험을 소개한다. 2장에서 관련 사례를 확인할 수 있다.

2020년, 세계 최대의 상호 금융 기관인 네이션와이드 빌딩 소사이어티Nationwide Building Society는 지속적인 데브옵스 트랜스포메이션 덕분에 고객들의 요구에 몇 년(과거에 그들이 일반적으로 사용했던)이 아니라 몇 주 만에 대응할 수 있었다. 8장에서 관련 사례를 확인할 수 있다.

기술은 분명 미래 업무 방식으로의 성공적인 전환을 위한 요소지만 그 변화는 반드시 비즈니스 리더십이 이끌어야 한다. 오늘날에는 기술 프랙티스가 단순히 병목이 되지 않는다(물론 여전히 존재한다). 가장 큰 어려움인 동시에 필요한 것은 비즈니스 리더십을 참여시키는 것이다. 트랜스포메이션은 비즈니스 부문과 기술 부분의 협업을 통해 만들어져야 하며, 이 책에서 제시하는 이론이 그 변화를 주도하는 데 도움이 될 것이다.

기업은 더 이상 (명령 아니면 기술이라는) 이분법적 사고방식만으로 지속될 수 없다. 진정한 협업을 달성해야 한다. 이를 위한 업무의 90%는 적합한 사람들을 참여시켜 배에 태우고 정렬하는 것이다. 거기에서 시작한다면 미래에 대한 내적 동기를 유지할 수 있다.

IT Revolution press
오리건주 포틀랜드
2021년 6월

2판 서문

『데브옵스 핸드북』 1판이 출간된 지 5년이 지났다. 바뀐 것도 많고, 그대로인 것도 많다. 일부 도구나 기술은 더 이상 유행하지 않거나 종적을 감췄지만, 그렇다고 여러분의 주의를 분산시켜서는 안 된다. 기술의 범위가 달라져도 이 책이 제안하는 기본 원칙은 늘 그렇듯 독립적으로 남아야 한다.

사실 오늘날 데브옵스의 필요성은 어느 때보다 크다. 조직은 가치를 빠르고 안전하며, 보안성이 높고, 신뢰할 수 있게 고객과 사용자에게 전달해야 하기 때문이다. 이를 위해서는 데브옵스 프랙티스를 사용해 조직 내부 프로세스를 전환하고, 기술을 레버리지함으로써 가치를 전달해야 한다. 이는 전 세계 모든 산업 부문에 걸친 기업에 동일하게 적용된다.

지난 수년 동안 이 책의 공동 저자인 제즈 험블Jez Humble, 진 킴Gene Kim과 함께 연례 『데브옵스 현황 보고서』(처음에는 퍼펫랩스Puppet Labs에서 발간했고, 이후에는 도라DORA와 구글Google이 발간했다)의 연구를 이끌었다. 연구 결과 이 책에 기술된 많은 프랙티스는 개선된 결과를 끌어냈다. 소프트웨어 출시 속도와 안정성, 개발자들의 개발 고통과 번아웃 감소 및 수익성, 생산성, 고객 만족, 실효성, 효용성을 포함한 조직적 성과에 대한 기여가 대표적이다.

2판에서는 최신 연구 결과와 최신 프랙티스를 기반으로 데이터를 업데이트하고 본문을 다듬었다. 그리고 새로운 사례 연구를 통해 '현장감 있는' 트랜스포메이션에 관한 더 많은 이야기를 공유했다. 지속적인 개선의 여정에 함께 오른 여러분에게 감사를 드린다.

니콜 포스그렌, 물리학 박사
마이크로소프트 리서치 파트너
2021년

1판 서문

과거에는 엔지니어링의 여러 분야가 눈에 띄게 진화하면서 스스로 어떤 작업에 관한 이해를 지속적으로 '상향 평준화'했다. 특정 엔지니어링 분야(토목, 기계, 전기, 원자력 등)를 두고 있는 대학 교육 과정 및 전문 지원 조직도 있다. 그러나 현재는 모든 엔지니어링 형태의 장점을 인식하고 여러 전문 분야에 걸쳐 작업할 수 있는 형태의 엔지니어링이 필요하다.

고성능 차량을 설계한다고 생각해보자. 기계 엔지니어의 작업은 어디에서 끝나고, 전기 엔지니어의 작업은 어디부터 시작되는 걸까? 공기 역학 분야의 지식을 가진 사람(창문의 모양과 크기 및 배치에 대해 체계화된 의견을 갖춘 사람)은 승객 관련 인간 공학 전문가와 언제, 어디서, 어떻게 협력해야 할까? 차량의 연료 혼합물과 기름은 엔진과 변속기의 재질에 어떠한 영향을 미칠까? 자동차 설계에 관한 질문은 이 밖에도 많지만 최종 결과는 같다. 현대적 기술이 성공을 거두는 데는 협업을 인식하는 다양한 관점과 전문 지식이 절대적으로 필요하다.

한 분야가 발전하고 성숙하기 위해서는 그 분야의 기원을 신중하게 반영할 수 있는 지점에 도달해야 하며, 그렇게 반영된 사항 및 그와 관련된 다양한 관점을 통합해 공동체가 그리는 미래에 적용해야 한다.

이 책은 위에서 언급한 것처럼 소프트웨어 엔지니어링과 운영 분야에 대한 관점을 집대성한 것이다(지금도 여전히 새로운 것이 출연하고 빠르게 진화하고 있다). 여러분이 어떤 조직에 속해 있든, 조직이 만드는 제품이나 서비스가 무엇이든, 모든 경영자와 기술 리더의 생존을 위해서는 이런 사고방식이 무엇보다 중요하다.

존 올스포(John Allspaw), 엣시(Etsy) CTO

2016년 8월, 뉴욕 브루클린에서

들어가며

아하!

완전한 『데브옵스 핸드북』을 쓰기 위한 여정은 상당히 길었다. 2011년 2월 공동 저자들이 1주 간격으로 스카이프^{Skype}로 통화하면서 시작됐다. 당시에는 미완성이었던 책인 『피닉스 프로젝트』(에이콘, 2021)와 함께 데브옵스 분야의 권위 있는 가이드를 만들자는 비전이 있었다.

그 후 5년이 지났다. 2,000시간을 훌쩍 넘긴 작업 끝에 드디어 이 책이 나왔다. 초기 계획보다 영역이 넓어지면서 엄청나게 오랜 시간이 소요됐지만, 집필 과정은 매우 보람찼으며 학습으로 가득했다. 공동 저자들은 데브옵스가 진정으로 중요하다고 생각한다. 우린 더욱 빨리 '깨달음의 순간^{aha moment}'에 이르렀고 독자 역시 공감하리라 생각한다.

진 킴

1999년부터 높은 성과를 내는 기술 조직을 연구해왔다. 초기에는 IT 운영^{IT Operations}, 정보 보안^{Information Security}, 개발^{Development} 등 기능 그룹 사이의 경계를 넘어서는 것이 조직의 성공에 있어 결정적이라는 점을 밝혀냈다. 연구의 대상이었던 그룹들은 추구하는 목표가 서로 달라 성과가 급속도로 악화하는 상태였다. 이를 처음으로 목격했던 때를 지금도 기억한다.

2006년 대규모 항공 예약 서비스 아웃소싱 IT 운영 그룹을 관리하는 조직에서 일주일 동안 일한 경험이 있다. 이 조직은 운영 중인 서비스와 관련된 연 단위 대규모 소프트웨어 출시^{Release} 다운스트림 결과를 이렇게 설명했다. "각 출시는 고객뿐 아니라 아웃소싱 그룹에도 엄청난 혼란을 일으킨다. 서비스 수준 계약^{Service Level Agreement, SLA}에 따라 서비스 정지가 고객에게 영향을 미칠 때는 벌금이 부과된다. 그 결과 이윤이 떨어지면서 뛰어난 역량과 경력을 갖춘 직원들이 정리 해고된다. 그러면 남은 직원들은 계획에 없던 작업(예: 장애 복구 작업 등)을 해야 하므로 늘어나는 고객의 요구 사항을 처리할 수 없게 된다. 따라서 중간 관리자가 (서비스에 대한) 계약 협상을 시작하고, 모든 사람이 3년 내 재입찰하게 되면 현재 계약은 파기될 것이다."

이와 같은 상황에서 오는 절망감과 허무함이 우리를 도덕성 회복 운동으로 이끌었다. 개발은 전략적으로 간주되고, IT 운영은 전술적으로 간주되면서도 외부 업체에 위임되거나 완전히 아웃소싱되는 일이 많다. 이로써 처음에 위임되거나 아웃소싱했을 때보다 악화된 상태로 5년 안에 되돌아온다.

많은 사람이 몇 년 전부터 분명히 더 나은 방법이 있을 것이라는 사실을 알았다. 2009 벨로시티 콘퍼런스^{Velocity Conference}*에서 아키텍처, 기술 사례, 문화 규범으로 가능해진 놀라운 결과가 소개되면서 데브옵스와 관련된 많은 이야기가 쏟아져 나왔다. 당시에 논의한 사항은 모두가 찾고 있던 '더 나은 방법'을 명확하게 가리키고 있었기에 나는 무척 흥분했다. 그리고 이것은 '데브옵스'라는 용어를 대중에 널리 알릴 목적으로 『피닉스 프로젝트』를 공동 집필하게 된 동기 중 하나가 됐다. 이 책이 많은 커뮤니티에 어떤 영향을 미치고, 커뮤니티가 나름대로 '깨달음의 순간'에 이르는 데 어떤 도움이 됐는지를 지켜보는 일이 얼마나 보람된지 독자들도 상상할 수 있을 것이다.

제즈 험블

데브옵스에 기인한 '깨달음의 순간'은 2000년 스타트업에서 일할 때 찾아왔다. 그곳은 나의 첫 직장이었다. 기술직원은 나를 포함해 두 명이 전부였다. 네트워킹, 프로그래밍, 고객 지원, 시스템 관리에 이르기까지 모든

---

* 오라일리(O'Reilly)가 개최한 웹 성능 및 운영에 관한 콘퍼런스로 2009년 당시 플리커(Flickr) 서비스의 데브옵스 협력 사례(10+ Deploys Per Day: Dev and Ops Cooperation at Flickr)가 소개됐다. 자세한 내용은 다음 링크(https://conferences.oreilly.com/velocity/velocity2009)를 참조한다. - 옮긴이

업무를 수행해야 했다. 나는 워크스테이션에서 FTP를 통해 직접 소프트웨어를 프로덕션 환경으로 배포했다.

2004년에는 쏘트웍스ThoughtWorks라는 컨설팅 회사에서 70여 명이 참여하는 프로젝트를 맡게 됐다. 여덟 명의 엔지니어로 구성된 팀에서 소프트웨어를 유사 프로덕션 환경production-like environment으로 배포하는 업무였다. 처음에는 스트레스가 정말 심했다. 몇 달에 걸쳐 보통 3주가 걸리는 수동 배포를 1시간이 소요되는 자동 배포로 전환했다. 이를 통해 정상 업무 시간에도 블루 그린 배포 패턴Blue-Green Deployment Pattern을 사용해 1/1000초 안에 롤포워드Roll-forward와 롤백Roll-back을 할 수 있게 됐다.

이 프로젝트는 『Continuous Delivery』(에이콘, 2013)와 이 책을 쓰는 데 필요한 아이디어에 대한 영감을 줬다. 이 분야에서 주도적으로 일할 수 있게 만드는 힘은 '지식'이다. 우리는 여러 제약에도 불구하고 언제나 더 잘할 수 있다고 생각하고 동시에 다른 사람을 돕고 싶어 한다.

패트릭 드부아

2007년 애자일 팀에서 데이터센터 마이그레이션 프로젝트를 진행했다. 팀은 높은 생산성으로 짧은 시간 내 많은 일을 끝내는 것으로 유명했다.

다음 업무는 운영에 칸반Kanban이 팀의 역동성에 어떤 변화를 초래하는지 실험하는 것이었다. 이후 애자일 토론토Agile Toronto 2008 콘퍼런스에서 해당 실험에 대한 IEEE 논문을 발표했지만 애자일 커뮤니티에서 큰 반향을 일으키진 못했다. 애자일 시스템 관리 그룹Agile System Administration Group을 시작했으나 인간적인 측면을 간과했기 때문이다.

존 올스포와 폴 해먼드Paul Hammond가 2009 벨로시티 콘퍼런스에서 발표한 '10+ Deploys per Day'를 본 후 다른 사람들도 나와 비슷한 생각을 하고 있음을 느꼈다. 그래서 첫 번째 데브옵스데이즈DevOpsDays 콘퍼런스를 열기로 결심했고*, 이 과정에서 데브옵스DevOps라는 용어가 탄생했다.

---

* 데브옵스데이즈 콘퍼런스에 관한 자세한 정보는 다음 링크(https://devopsdays.org/about)에서 확인할 수 있다. - 옮긴이

데브옵스데이즈 콘퍼런스의 에너지는 독특하고 전염성이 있었다. 콘퍼런스 덕분에 삶이 윤택해졌다는 평을 듣게 되면서 점차 데브옵스의 영향력을 이해할 수 있었다. 그때부터 쉬지 않고 데브옵스를 전파해 왔다.

존 윌리스

2008년 퍼펫랩스Puppet Labs의 설립자 루크 캐니스Luke Kanies와 처음 만났을 당시 나는 구성 관리Configuration Management, CM와 모니터링(티볼리Tivoli*)에 대한 대규모 레거시 IT 운영 사례에 중점을 둔 컨설팅 비즈니스를 하고 있었고, 루크는 CM을 주제로 한 오라일리 오픈소스 콘퍼런스O'Reilly Open Source Conference†에서 퍼펫에 관해 발표하고 있었다.

처음에는 콘퍼런스 룸 뒤쪽에 앉아 시간을 죽이며 '고작 스무 살짜리가 구성 관리에 대해 뭘 얘기할 수 있겠어?'라며 무시했다. 나는 말 그대로 전 세계에서 내로라하는 몇몇 대기업에서 평생을 일하며 구성 관리와 기타 운영 솔루션에 관한 아키텍트 역할을 했다. 그러나 루크가 발표를 시작한 지 5분이 채 지나기도 전에 콘퍼런스 룸의 맨 앞줄로 이동했고, 지난 20년간 내가 해온 일이 틀렸음을 깨달았다. 루크는 내가 2세대 구성 관리라고 부르는 개념을 설명하고 있었다.

세션을 마친 루크와 함께 커피 마실 기회를 얻었다. 나는 '코드로서의 인프라스트럭처Infrastructure as Code, IaC'라고 부르는 것에 열광했다. 그러나 루크는 운영자가 소프트웨어 개발자처럼 행동해야 한다고 말했다. 운영자가 소스 관리에서 구성 사항을 유지하고 워크플로에 CI 및 CD를 전달하는 패턴을 도입해야 한다는 것이다. 당시 IT 운영자였던 나는 "그 아이디어는 레드 제플린처럼 운영자들과 함께 사장될 거요"라고 답했다(나는 명백히 틀렸다).

그로부터 1년 후인 2009년 오라일리가 주관하는 또 다른 콘퍼런스인

---

* IBM이 출시한 가용성 관리 솔루션이다. 중요 시스템 자원에 대한 모니터링 업무 자동화 및 잠재적 문제 감지, 자가 치유가 가능하다. – 옮긴이

† 컴퓨터 프로그래밍 관련 서적 출판사로 유명한 오라일리가 주관하는 오픈소스 콘퍼런스다. 자세한 정보는 다음 링크(https://www.oreilly.com/conferences/oscon.html)에서 확인할 수 있다. – 옮긴이

벨로시티 콘퍼런스에서 애자일 인프라스트럭처Agile Infrastructure에 관한 앤드루 클레이 샤퍼Andrew Clay Shafer의 발표를 듣게 됐다. 앤드루는 개발자와 운영자 사이의 벽을 상징적인 그림으로 보여줬다. 그는 이것을 '혼돈의 벽 Wall of Confusion'이라고 불렀다. 이 발표에서 루크는 1년 전에 내게 말하고자 했던 것을 코드화했다. 그해 말, 나는 겐트Ghent에서 열린 데브옵스데이즈 콘퍼런스에 초대된 유일한 미국인이 됐다. 콘퍼런스가 끝날 무렵 내 몸속에는 데브옵스의 피가 흐르고 있었다.

데브옵스에 관한 미신들

공저자들의 분야는 서로 달랐지만 결국은 비슷한 통찰에 이르렀다. 그러나 앞에서 설명한 개발 및 운영상 문제가 여전히 거의 모든 곳에서 발생하며 데브옵스와 관련된 솔루션을 보편적으로 적용할 수 있다는 증거가 많다.

이 책은 공저자들이 참여했거나 관찰한 데브옵스로의 변화 과정을 어떻게 똑같은 방법으로 적용해볼 수 있는지, 특정 상황에서 데브옵스가 작동하지 않는 이유에 대한 잘못된 믿음을 없애는 방법은 무엇인지 설명하려 애썼다. 다음은 우리가 들었던 데브옵스에 대한 가장 일반적인 미신이다.

미신 – 데브옵스는 스타트업을 위한 것이다. 데브옵스의 프랙티스는 인터넷 '유니콘' 기업인 구글Google, 아마존Amazon, 넷플릭스Netflix, 엣시Etsy와 같은 기업에 의해 웹 스케일Web-scale* 방식으로 개척됐지만, 이 기업들의 비즈니스 또한 전통적인 '말' 조직과 관련된 문제로 위험에 빠질 수 있다. 이런 문제의 예로는 치명적인 오류가 발생하기 쉬운 코드 배포, 경쟁에서 충분히 이길 만큼 기능을 빠르게 출시하는 것이 불가능하다는 것, 규정 준수, 확장 불가능, 개발과 운영 간 깊은 불신이 팽배해 있다는 것 등을 들 수 있다.

---

* 구글, 페이스북, 아마존과 같은 거대 클라우드 서비스 기업이 가진 역량을 일반 기업 내 IT 환경에서 구현하는 것을 말한다. – 옮긴이

그러나 이런 유니콘 기업들은 그들의 아키텍처, 기술 프랙티스와 문화를 변화시켜 놀라운 결과를 창출했다. 정보 보안 전문가인 브랜든 윌리엄스Branden Williams 박사는 우스갯소리로 "데브옵스 유니콘이나 말에 관한 얘기는 이제 그만하고, 순종과 접착제 공장으로 향하는 말*에 관해서만 얘기합시다"라고 말했다.[1]

미신 - 데브옵스는 애자일을 대체한다. 데브옵스 원칙과 프랙티스는 애자일과 호환되며 많은 사람이 데브옵스가 2001년 시작된 애자일의 논리적 연장선에 있다고 본다. 애자일의 초점은 고품질 코드를 고객에게 지속적으로 전달하는 소규모 팀에 맞춰져 있기에 데브옵스의 효과적인 조력자 역할을 한다.

각 이터레이션의 종료 시점에 잠재적으로 출시할 수 있는 코드를 목표로 하는 것을 넘어 작업을 끊임없이 관리한다면 더 많은 데브옵스 프랙티스를 실천할 수 있다. 해당 목표를 확장해 개발자들이 매일 해야 할 일이 있는지 확인하고, 프로덕션과 유사한 환경에서 기능에 대한 데모를 수행하고, 코드를 항상 배포 가능한 상태로 관리하는 것이다.

미신 - 데브옵스는 ITIL과 양립할 수 없다. 많은 사람이 데브옵스를 ITIL이나 1989년 처음 나온 ITSM^{IT Service Management}에 대한 반발로 보고 있다. ITIL은 여러 세대에 걸쳐 많은 영향을 미쳤으며 서비스 전략, 디자인, 지원을 비롯한 세계적 수준의 IT 운영을 뒷받침하는 프로세스와 프랙티스의 체계화를 위한 라이브러리로 계속 진화하고 있다.

데브옵스의 프랙티스는 ITIL 프로세스와 공존할 수 있다. 그러나 데브옵스와 관련된 짧은 리드 타임Lead Time과 높은 배포 빈도를 지원하려면 ITIL 프로세스의 많은 영역을 자동화해 구성 및 출시 관리 프로세스와 관련된 많

---

* 과거 서구에서는 말이 죽으면 접착제 재료로 사용했다고 한다. 여기에서 의미는 데브옵스 유니콘 기업에 대한 환상은 접고, 말이 죽어서 접착제 공장으로 보내지듯이 일반 기업의 현실을 논의하자는 것이다. - 옮긴이

은 문제를 해결해야 한다(예: 구성 관리 데이터베이스와 최종 소프트웨어 라이브러리를 최신 상태로 유지해야 한다). 또한 데브옵스는 서비스 장애 발생 시 신속한 감지 및 복구가 필요하므로 서비스 디자인, 사고, 문제 관리에 대한 ITIL 규율을 어느 때보다 적절하게 유지해야 한다.

미신 – 데브옵스는 정보 보안 컴플라이언스와 공존할 수 없다. 전통적인 통제(예: 업무 분리, 변경 승인 프로세스, 프로젝트 종료 시 수동 보안 검토)의 부재는 정보 보안 컴플라이언스 전문가를 충격에 빠뜨릴 수 있다.

전통적 통제의 부재는 데브옵스 조직이 효과적인 통제 수단을 갖고 있지 않다는 의미가 아니다. 프로젝트 종료 시점에만 보안 컴플라이언스 활동을 수행하는 대신, 통제가 소프트웨어 개발 생명 주기상 일상 업무와 통합돼 더 나은 품질과 보안 컴플라이언스 결과를 얻을 수 있기 때문이다.

미신 – 데브옵스는 IT 운영의 제거 또는 'NoOps'를 의미한다. 많은 사람이 데브옵스는 IT 운영 기능을 완전히 제거한 것이라고 잘못 해석하고 있다. 이런 경우는 드물다. IT 운영 업무의 성격은 바뀔 수 있지만 업무 자체는 어떤 것보다 중요하다. IT 운영은 소프트웨어 생명 주기의 초기 단계부터 개발과 협력하며, 개발은 코드가 프로덕션 환경에 배포된 후에도 오랫동안 IT 운영과 지속적으로 협업한다.

IT 운영이 작업 티켓에 대한 수동 작업을 하는 대신, 데브옵스는 API 및 자체 서비스 플랫폼(환경 세팅, 코드 테스트 및 배포, 프로덕션 원격 측정을 모니터링 및 표시하는 기능을 제공)을 통해 개발자의 생산성을 높일 수 있다. 이를 통해 IT 운영은 개발 팀과(QA 및 정보 보안과 마찬가지로) 긴밀하게 협업하면서 제품 개발에 참여하게 된다. 여기서 '제품'이란 개발자가 안전하고 신속하게 사용, 테스트 및 배포하며 프로덕션 환경에서 IT 서비스를 실행하는 플랫폼을 말한다.

미신 − 데브옵스는 '코드로서의 인프라스트럭처' 또는 자동화일 뿐이다. 데브옵스는 자동화Automation뿐 아니라 문화 규범과 IT 가치 흐름 전반에 걸쳐 달성해야 할 공동 목표를 허용하는 아키텍처도 필요하다. 이는 자동화 이상의 의미가 있다. 데브옵스의 초기 연대기 작가 중 한 사람이자 기술 전문가인 크리스토퍼 리틀Christopher Little은 "천문학이 망원경에 관한 것이 아니듯이 데브옵스도 자동화와 관련된 내용이 아니다"라고 말했다.[2]

미신 − 데브옵스는 오픈소스 소프트웨어만을 위한 것이다. 데브옵스의 많은 성공 사례는 LAMPLinux, Apache, MySQL, PHP 스택과 같은 소프트웨어를 사용하는 조직에서 나타나지만, 성공적인 데브옵스 결과를 얻는 것은 사용되는 기술과 별개의 문제다. Microsoft.NET, 코볼 그리고 메인프레임 어셈블리 코드Mainframe Assembly Code를 이용해 개발된 애플리케이션이나 SAP, 심지어 임베디드 시스템(예: HP 레이저젯 펌웨어)으로 개발한 경우도 성공을 거뒀다.

깨달음의 순간 확산하기

저자들은 데브옵스 커뮤니티에서 일어나는 놀라운 혁신과 그들이 창출한 결과에서 영감을 얻었다. 데브옵스를 통해 안전한 시스템을 만들고, 소규모 팀이 고객에게 안전하게 배포할 수 있는 코드를 신속하고 독립적으로 개발하고 검증할 수 있게 한 것이다. 데브옵스가 신뢰도 높은 문화 규범을 지속적으로 강화하는 역동적 학습 조직을 만든다는 저자들의 믿음을 고려할 때 이런 조직이 시장에서 계속 승리하는 것은 필연적이다. 이 책이 많은 사람에게 가치 있는 자원이 되길 진심으로 바란다.

또한 많은 사람에게 다음과 같은 다양한 방법으로 가치 있는 리소스가 되기를 바란다.

- 데브옵스로의 전환을 위한 계획 및 실행 가이드
- 리서치 및 학습을 위한 사례 연구
- 데브옵스 연대기
- 공동 목표 달성을 위한 제품 관리자, 아키텍처, 개발, QA, IT 운영, 정보 보안을 아우르는 팀 구성 방법
- 데브옵스 이니셔티브를 위한 최고 수준의 지원을 얻고, 더 효과적이고 효율적으로 일할 수 있게 기술 조직 관리 방식을 변화시키고, 더욱 행복하고 인간적인 업무 환경을 만들며, 모두가 평생 학습자가 되는 데 많은 도움이 될 것이다. 이 책의 모든 독자가 목표를 성취하고 조직을 승리로 이끄는 데 보탬이 되길 바란다.

도입

'데브'와 '옵스'가 만나 '데브옵스'가 되는 세상을 상상하라

제품 관리자, 개발, QA, IT 운영과 정보 보안 담당자가 협력하고 조직 전체의 성공을 확신하는 세상을 상상해보자. 공동의 목표를 위해 노력하면 세계적 수준의 안정성과 신뢰성, 가용성, 보안을 성취할 수 있다. 또한 계획된 작업을 프로덕션 환경에 적용(예: 수십, 수백, 수천 개의 코드를 매일 배포)할 수도 있다.

교차 기능 팀Cross-Functional Team은 어떤 기능이 사용자를 가장 즐겁게 하고, 조직의 목표를 앞당길 수 있는지에 대한 가설을 엄격하게 테스트한다. 교차 기능 팀은 사용자 기능의 구현을 매우 중요시한다. IT 운영과 다른 내외부의 모든 고객에게 혼란을 주지 않고, 작업을 중단시키지 않으면서 전체적인 가치 흐름Value Stream을 통해 작업의 흐름이 자연스럽게 이뤄지게 하는 데 많은 도움을 준다.

이와 동시에 QA 및 IT 운영과 정보 보안 담당자는 팀의 마찰을 줄이면서 개발자의 생산성을 높이고, 성과를 향상할 수 있는 작업 시스템을 만들기 위해 노력한다. 각 팀은 QA, IT 운영과 정보 보안의 전문 기술을 서비스 출시 담당 팀과 자동화된 자체 서비스 도구, 플랫폼에 추가함으로써 다른 팀에 의존하지 않고도 일상 업무와 관련된 전문 기술을 사용할 수 있다.

조직은 이를 통해 소규모 팀이 코드를 신속하고 독립적으로 개발, 테스트하고 배포할 수 있는 안전한 작업 시스템을 구축할 수 있다. 또한 고객에게는 빠르고 안전하며 신뢰할 수 있는 가치를 제공할 수 있다. 그리고 조직은 개발자의 생산성을 극대화하고 조직적인 학습Organizational Learning을 할 수 있으며 직원의 만족도를 높이고 시장에서 승리할 수 있다.

이것이 바로 데브옵스가 가져온 결과다. 이런 결과는 우리의 생활 환경과는 차이가 있다. 업무 시스템이 망가지면 우리의 잠재력에 미치지 못하는 형편없는 결과가 초래된다. 기술 분야에서 개발과 운영은 절대적이다. 테스트와 정보 보안 활동은 프로젝트 종료 시점에만 이뤄지기 때문에 문제를 발견해도 손쓸 도리가 없다. 또한 중요한 활동 대부분은 많은 수작업과 이관 작업이 필요하며 많은 시간이 소요된다. 이 때문에 작업이 완료되기까지 매우 긴 리드 타임이 소요되고 작업의 품질, 특히 프로덕션 환경 배포에 혼란이 생겨 고객과 비즈니스에 부정적 영향을 미친다.

그 결과, 목표 달성에서 훨씬 멀어진다. 전체 조직은 IT 성과에 만족하지 못해 예산을 삭감한다. 이로 인해 프로세스와 결과를 바꾸는 데 무력해져 좌절에 빠진 불행한 직원이 생긴다.* 그렇다면 해결책은 무엇인가? 일하는 방법을 바꿀 필요가 있다. 데브옵스는 진보를 위한 제일 나은 방법을 제시한다.

데브옵스의 잠재력을 이해하기 위해 1980년대 제조 혁명^{Manufacturing Revolution}을 살펴보자. 제조 조직은 린^{Lean} 생산 방식을 도입해 공장의 생산성, 고객 리드 타임, 제품 품질과 고객 만족도를 획기적으로 개선하고 시장에서 승리할 수 있었다.

제조 혁명 이전 제조 공장의 주문 평균 리드 타임은 6주였고 70% 미만의 주문 제품만 제시간에 출하됐다. 2005년 린 생산 방식이 광범위하게 실현되면서 제품의 평균 리드 타임은 3주 미만으로 감소했으며, 주문 제품의 95% 이상이 적시에 출하됐다.[1] 린 생산 방식을 실천하지 않은 조직은 점차 시장 점유율이 낮아졌고, 결국 시장에서 완전히 사라졌다.

이와 유사하게 기술 제품과 서비스를 제공하기 위한 기준도 높아지고 있다. 과거 수십 년간 좋았던 것만으로는 부족하다. 지난 40년 동안 전략적

---

* 이런 사례는 전형적인 IT 조직에서 발견되는 문제점 중 작은 예시에 불과하다.

비즈니스 역량과 기능을 개발하고 배포하는 데 필요한 비용과 시간의 규모
는 계속해서 감소했다. 1970년대와 1980년대에는 새로운 기능을 개발하
고 배포하는 데 1년에서 5년이 걸렸으며, 수천만 달러의 비용이 들었다.

2000년대에 이르러 기술의 진보와 애자일 원칙, 애자일 프랙티스의 도
입으로 새로운 기능을 개발하는 데 필요한 시간이 수주 또는 수개월로 줄
었다. 하지만 여전히 프로덕션 환경으로 배포하는 데는 수주에서 수개월이
소요돼 치명적인 결과를 초래하기도 했다.

2010년에는 데브옵스의 도입, (새로운) 하드웨어와 소프트웨어의 지속적
인 상용화로 지금과 같은 클라우드 환경과 서비스 기능(심지어 전체 스타트
업)을 몇 주 내로 만들고 단 몇 시간 또는 몇 분 만에 프로덕션 환경으로 배
포할 수 있게 됐다. 마침내 데브옵스를 구축한 조직에서는 배포가 일상적
이고 위험도가 낮은 업무가 됐다. 이런 조직은 실험을 통해 비즈니스 아이
디어를 테스트하고 어떤 아이디어가 고객과 조직 전체에 도움이 되는지를
발견할 수 있다. 또한 신속하고 안전하게 프로덕션 환경으로 배포할 수 있
는 기능을 개발할 수도 있다.

표 0.1 더 빠르고 저렴하며 위험도가 낮은 소프트웨어 출시에 대한 가속화 추세

	1970~1980년대	1990년대	2000년대~현재
시대	메인 프레임	클라이언트 및 서버	상용화 및 클라우드
시대의 대표 기술	코볼, DM2 on MVS 등	C++, 오라클, 솔라리스 등	자바, MySQL, 레드햇, 루비 온 레이즈, PHP 등
사이클 타임	1~5년	3~12개월	2~12주
비용	$1M~$100M	$100k~$10M	$10k~$1M
위험 범위	전체 회사	제품 라인 또는 부서	제품 기능
실패 비용	부도, 매각, 대규모 해고	수익 손실, CIO 업무	미미함

(출처: Adrian Cockcroft, 'Velocity and Volume(or Speed Wins)' presentation at FlowCon,
San Francisco, CA, November 2013)

오늘날 데브옵스 원칙과 프랙티스를 도입한 조직은 수백, 수천 개의 변경 사항을 매일 배포하고 있다. 빠른 시장 출시와 끊임없는 실험이 필요한 시대에 매일 여러 번 배포할 능력이 없는 조직은 경쟁에서 패배할 수밖에 없다. 이런 조직은 린 원칙을 도입하지 않은 제조 조직과 상당히 유사하다.

요즘은 업종과 상관없이 기술 가치 흐름Technology Value Stream 중심으로 고객을 확보하고 가치를 제공한다. 제너럴 일렉트릭General Electric의 CFO 제프리 이멜트Jeffrey Immelt는 "소프트웨어를 비즈니스의 핵심으로 끌어들이지 않는 모든 산업과 기업은 무너질 것이다"라고 말했다.[2] 그리고 마이크로소프트 Microsoft의 제프리 스노버Jeffrey Snover 기술 위원은 "과거의 경제 시대에서 비즈니스는 원자Atoms를 움직여 가치를 창출했지만 지금은 비트Bits를 움직여 가치를 창출한다"라고 설명했다.[3]

이런 문제의 심각성은 과장된 것이 아니다. 소프트웨어는 운영하는 산업과 조직 규모, 영리나 비영리 여부와 관계없이 모든 조직에 영향을 미친다. 지금은 기술 업무를 관리하고 수행하는 방식을 통해 조직이 시장에서 승리하거나 생존할 수 있을지를 예측할 수 있는 시대다. 따라서 과거 수십 년간 조직을 성공으로 이끌어온 방식과는 다른 원칙과 프랙티스를 하루빨리 도입해야 한다(부록 1 참조).

지금까지 데브옵스가 해결해야 할 문제의 긴급성을 살펴봤다. 이제부터는 문제들이 왜 발생하는지 그리고 시간이 지나면서 점점 더 악화하는 문제의 징후에는 어떤 것이 있는지 자세하게 알아보자.

문제점: 조직 어딘가는 개선이 필요하다
(그렇지 않다면 여러분은 이 책을 읽지 않았을 것이다)

대부분 조직은 몇 분이나 몇 시간 안에 제품의 변경 사항을 배포하는 것이 불가능하다. 배포에는 몇 주에서 몇 달이 소요된다. 수백, 수천 개의 변경 사항을 프로덕션 환경에 매일 배포하는 것은 고사하고, 월 또는 분기별로 배포하느라 고군분투한다. 프로덕션 환경에 배포하는 것은 일상 업무가 아니기에 서비스 중단, 만성적 긴급 작업 그리고 결단이 필요하다.

경쟁 우위를 유지하려면 제품의 빠른 시장 출시, 높은 서비스 수준과 끊임없는 실험이 필요한 시대다. 그러므로 배포에 오랜 시간을 사용하는 조직은 경쟁에서 불리할 수밖에 없다. 기술 조직에 존재하는 핵심적이며 만성적인 갈등을 해결할 수 없어서다.

핵심적이며 만성적인 갈등

대부분 IT 조직에는 개발과 운영 사이에 악순환을 일으키는 갈등이 있다. 이런 갈등은 계속되는 신제품 기능의 시장 출시 지연, 품질 저하, 서비스 중단을 초래한다. 그중 최악의 결과는 지속적으로 증가하는 기술 부채 Technical Debt다.

'기술 부채'라는 용어는 워드 커닝햄Ward Cunningham이 처음 사용했다. 금융 부채와 비슷한 개념으로 우리의 결정이 계속해서 미래에 선택할 수 있는 옵션을 줄이고, 시간이 지날수록 어떻게 점점 더 해결하기 어려운 문제가 되는지 설명한다. 아무리 신중하게 고려해도 우리는 여전히 이자를 지불해야만 한다.

기술 부채를 심화하는 요인의 하나로 개발과 운영 부서 간 목표에 대한 경쟁을 들 수 있다. IT 조직은 다음 두 가지 목표를 동시에 추구해야 한다.

- 빠르게 변화하는 경쟁 환경에 대응
- 고객에게 안정적이고 신뢰할 수 있는 서비스 제공

개발 부서는 빈번한 시장 변화에 대응하고 기능과 변경 사항을 최대한 빠르게 프로덕션 환경으로 배포해야 하는 책임이 있다. IT 운영 부서는 고객에게 안정적이고 신뢰할 수 있는 서비스를 제공해야 하는 책임이 있다. 과거에는 운영 부서에서 프로덕션 환경을 위태롭게 만드는 변경 사항을 도입하는 것이 어렵거나 불가능했다. 이런 방식으로 구성된 개발 및 IT 운영 부서의 목표와 인센티브는 서로 정반대다.

제조 관리 운동Manufacturing Management Movement의 창시자 중 한 명인 엘리야후 골드랫Eliyahu M. Goldratt 박사는 사일로Silo*가 있는 조직의 측정치와 인센티브가 전체 조직의 목표 달성에 방해가 되는 경우를 '핵심적이며 만성적인 갈등'이라고 불렀다.[4†]

이런 갈등은 강력한 악순환을 야기하고 IT 조직의 내외부에서 원하는 비즈니스 성과 달성을 방해한다. 만성적인 갈등은 소프트웨어와 서비스의 품질 저하를 초래해 고객에게 나쁜 영향을 미친다. 따라서 제품 관리, 개발, QA, IT 운영, 정보 보안 등과 관련된 문제에 대한 해결책, 긴급 작업, 결단과 같은 일상적인 제2의 해결책이 필요하다(부록 2 참조).

악순환의 3단계

IT 분야의 악순환은 3단계로 구성돼 있다. 1단계는 IT 운영에서 시작한다. IT 운영의 목표는 조직이 고객에게 가치를 제공할 수 있게 애플리케이션과 인프라를 운영하고 유지하는 것이다. 일상 업무에서 나타나는 많은 문제는 복잡하고 문서화가 잘 돼 있지 않은 취약한 애플리케이션과 인프라 때문에 발생한다. 이것이 바로 우리와 계속 함께한 기술 부채와 일상적인 해결책이다. 시간이 조금 더 주어진다면 문제를 해결하겠다고 (이해관계자들에게) 항상 약속하지만 그런 시간은 절대 오지 않는다.

놀랍게도 가장 취약한 산출물이 가장 중요한 수익 창출 시스템이나 가장 결정적인 프로젝트를 지원한다. 다시 말해 오류가 발생하기 쉬운 시스템이 가장 중요하고도 긴급한 변경의 중심에 있다. 이런 변경이 실패하면 고객의 가용성, 목표 수익, 고객 데이터의 보안, 정확한 재무 보고와 같은 조직의 가장 중요한 약속이 위태로워진다.

---

* 조직 내 부서 간 장벽이나 부서 이기주의를 뜻하는 용어 – 옮긴이

† 제조 영역에는 고객에게 적시에 상품을 출하하는 동시에 비용을 관리해야 할 필요성과 같은 핵심적이고 만성적인 갈등이 존재했다. 이 갈등이 어떻게 발생했는지에 관한 내용은 부록 2에 설명돼 있다.

2단계는 최근에 위반된 약속을 누군가 보상해야 할 때 시작된다. 고객을 사로잡기 위해 제품 관리자가 더 크고 엄청난 기능을 약속할 수도 있고, 비즈니스 임원이 더 큰 매출 목표를 설정할 수도 있다. 기술 조직이 무엇을 할 수 있고, 할 수 없는지 또는 어떤 요인으로 초기의 약속을 지키지 못했는지를 파악하지 못하면 기술 조직은 이처럼(지킬 수 없는 또는 지키기 어려운) 새로운 약속을 허용하게 된다.

결과적으로 개발 부서는 또 다른 긴급 프로젝트를 맡게 되고 새로운 기술 과제를 해결해야 한다. 따라서 약속된 출시 일정을 맞추려고 절차나 원칙을 생략한다. 이때 발생한 문제는 시간이 조금 더 있을 때 수정하겠다는 약속과 함께 이후의 기술 부채로 쌓이게 된다. 이런 상황은 모든 것이 조금 더 어려워지는 마지막 3단계의 무대가 된다.

3단계에서는 모두가 조금 더 바빠지고 작업 시간이 조금 더 길어진다. 커뮤니케이션이 조금 더 느려지고 작업 대기열이 조금 더 길어진다. 업무가 튼튼하게 결합되고tightly coupled, 작은 행동은 더 큰 실패를 초래하며 변화를 만드는 것을 더 두려워하게 돼 변화에 덜 관대해진다. 이런 작업에는 더 많은 의사소통과 조정, 승인이 필요하다. 팀은 종속된 작업이 완료될 때까지 더 오래 기다려야 하며 품질은 계속 더 낮아진다. 바퀴는 점점 더 천천히 돌아가고 이를 만회하려면 더 많은 노력이 필요하다(부록3 참조).

이런 악순환은 그 순간에는 잘 보이지 않지만, 한 걸음 뒤로 물러서면 분명하게 드러난다. 프로덕션 코드 배포에 걸리는 시간은 몇 분에서 몇 시간, 며칠, 몇 주로 계속 늘어나는 것을 알 수 있다. 더 큰 문제는 배포 결과에 문제가 많아져 고객에게 영향을 미치는 서비스 중단 횟수가 계속 증가한다는 것이다. 운영 부서는 (문제를 해결하기 위한) 더 많은 해결사가 필요하고 장애 요소를 없애야 한다. 더 나아가 운영 부서의 기술 부채 상환 능력을 박탈당한다.

결과적으로는 제품의 출시 주기가 지속적으로 느려지고 진행하는 프로젝트 수가 감소하며 팀원들의 사기가 저하된다. 모든 사람의 작업에 대한 피드백, 특히 고객의 피드백 신호가 느려지거나 약해진다. 무엇을 시도하든 상황은 더욱 나빠지는 것처럼 보인다. 변화하는 환경에 빠르게 대응하지 못하고 고객에게 안정적이고 신뢰할 수 있는 서비스를 제공할 수도 없다. 그 결과 시장에서 패배하게 된다.

우리는 앞에서 IT가 실패하면 전체 조직이 실패한다는 사실을 반복적으로 배웠다. 스티븐 스피어Steven Spear는 『The High-Velocity Edge』(McGraw-Hill, 2010)에서 피해가 '소모성 질환처럼 서서히 드러나는지' 아니면 '맹렬한 충돌처럼 빠르고 완전하게 파괴될 수 있는지'에 대해 말했다.[5]

왜 모든 곳에서 이런 악순환이 발생하는가?

저자들은 10년이 넘는 기간, 파멸의 악순환이 유형이나 규모와 상관없이 거의 모든 조직에서 발생한다는 사실을 발견했다. 우리는 이런 악순환이 발생하는 이유와 데브옵스 원칙이 필요한 이유를 어느 때보다도 잘 이해하고 있다. 첫째, 앞서 설명했듯 모든 IT 조직에는 두 가지의 대립하는 목표가 있다. 둘째, 우리가 알든 모르든 모두가 IT 회사다.

이와 관련해 크리스토퍼 리틀은 "모든 회사는 각각의 비즈니스 분야와 관계없이 기술 회사다. 은행은 단지 은행 라이선스가 있는 IT 회사에 불과하다"라고 말했다.[6]* 이 말이 사실이라는 것을 이해하려면 자본 프로젝트 대다수가 IT에 의존하고 있음을 고려해야 한다. 그의 주장은 "IT의 도움 없이 비즈니스와 관련된 의사 결정을 내리는 것은 사실상 불가능하다"라고 말하는 것과 같다.

비즈니스 측면과 재무적 측면에서 프로젝트가 중요한 이유는 조직의 내부 변화를 위한 기본 메커니즘으로 작용하기 때문이다. 일반적으로 프로젝트는 경영진이 승인하고 예산 책정을 하며 그에 따른 책임을 지는 대상이다. 따라서 프로젝트는 조직의 성장과 축소 여부와 관계없이 조직의 목표

---

* 2013년, 유럽 은행 HSBC는 구글보다 많은 소프트웨어 개발자를 고용했다.[7]

와 염원을 달성하는 메커니즘이라고 할 수 있다.[*]

프로젝트는 보통 자본 지출을 통해 자금을 지원받는다. 자본 지출은 공장, 장비, 주요 프로젝트에서 발생한다. 자금 회수에 몇 년 이상 걸릴 것으로 예상될 때는 투자된 자금이 비용으로 처리된다. 프로젝트의 50%는 현재 기술과 관련돼 있다. 이는 에너지, 금속, 자원 추출, 자동차, 건설과 같이 기술 관련 지출이 가장 적은 '로 테크Low Tech' 산업 분야에서도 마찬가지다.[8] 다시 말해 비즈니스 리더들은 목표 달성을 위해 그들이 생각하는 것보다 훨씬 더 많이 IT의 효과적인 관리에 의존한다.[†]

비용: 인간과 경제

수년 동안 이런 악순환을 거듭하면 사람들, 특히 개발의 하위 단계에 있는 직원들은 실패할 것이라고 단정한다. 그리고 결과를 바꾸는 데 아무것도 할 수 없게 만드는 시스템 속에 갇혀 있다고 느낀다. 이런 무력감은 피로감, 냉소, 심지어 절망과 번뇌로 에너지를 완전히 소진한 번아웃 상태로 이어지기도 한다.

많은 심리학자가 무력감을 느낄 만한 시스템을 만드는 것이 동료에게 주는 가장 큰 피해라고 주장한다. 결과를 통제할 수 있는 능력을 빼앗고, 처벌이나 실패 또는 삶을 위태롭게 할 수도 있다는 두려움 때문에 올바른 일조차 두려워하는 문화를 조성하기도 한다. 이런 시스템은 학습된 무력감Learned Helplessness을 느낄 수 있는 환경을 만들고 미래에 이 같은 문제를 회피하고자 하는 행동을 할 수 없게 한다.

긴 업무 시간, 주말 근무 등이 초래하는 개개인의 삶의 질 저하는 직원들

---

[*] 일단 여기서는 소프트웨어가 '프로젝트' 또는 '제품'으로서 자금을 지원받아야 하는지에 대한 논의는 다루지 않는다. 이 내용은 책의 뒷부분에서 설명한다.

[†] 예를 들어 버논 리차드슨(Vernon Richardson) 박사와 동료들은 다음과 같은 연구 결과를 발표했다. 우선 184개 공기업의 10-K SEC 문서를 조사해 A) IT 관련 결함을 비롯해 중대한 취약점이 있는 기업 B) IT 관련 결함은 없지만 중대한 취약점이 있는 기업 C) 중대한 취약점이 없는 '깨끗한 기업'으로 나눈다. 그룹 A는 그룹 C보다 CEO 교체율이 8배 높았고, CFO 교체율은 4배 높았다. IT는 일반적으로 생각하는 것보다 훨씬 더 중요하다고 할 수 있다.[9]

에게 무력감을 주는 환경이다. 이는 직원뿐 아니라 그들에게 의지하는 가족과 친구를 비롯한 모두에게 똑같이 작용한다. 이런 일이 발생할 때 (의무감 때문에 떠날 수 없다고 생각하는 사람을 제외하고) 최고의 직원을 잃는 것은 그다지 놀라운 일이 아니다.

현재의 작업 방식에서 오는 인간적인 고난 외에 인간이 창출할 수 있는 가치에 대한 기회비용은 엄청나다. 우리는 1년에 대략 2.6조 달러의 가치를 놓치고 있다. 이 글을 쓰는 시점을 기준으로 볼 때 세계에서 여섯 번째 큰 경제 대국 프랑스의 연간 경제 산출량과 같은 수준이다.

다음 계산을 생각해보자. IDC^{International Data Corporation}와 가트너^{Gartner}는 2011년, 전 세계 국내 총생산^{Gross Domestic Product, GDP}인 3.1조 달러의 약 5%가 전 세계 IT 제품(하드웨어, 서비스 및 전기 통신)에 소비됐다고 추정했다.[10] 3.1조 달러 중 50%가 운영 비용과 기존 시스템 유지에 사용됐고, 이 중 3분의 1이 계획되지 않은 긴급 작업이나 재작업에 사용됐다고 추정하면 약 5,200억 달러가 낭비된 셈이다.

데브옵스를 도입하면 관리 방식과 운영 효율성이 향상돼 낭비를 반으로 줄일 수 있고, 인적 자원의 잠재력을 재배치함으로써 제품의 가치를 5배(보수적 제안)로 만들어 연간 2.6조 달러의 가치를 생성할 수 있다.

데브옵스 윤리학: 더 나은 방법이 존재한다

이제까지 조직의 목표 달성에 대한 무능력부터 동료에게 미치는 피해에 이르기까지 핵심적이고 만성적인 갈등으로 인한 문제와 부정적인 결과를 설명했다. 데브옵스는 이런 문제를 해결해 조직의 성과를 향상하고 기술 조직의 다양한 역할(예: 개발, QA, IT 운영, 정보 보안)이 목표를 달성할 수 있게 했으며 심지어 인간적인 측면도 개선했다.

이렇게 흥미롭고 보기 드문 조합은 기술 리더, 엔지니어 그리고 우리가 살아가는 소프트웨어 생태계의 많은 부분을 포함하고 있다. 이를 통해 데브옵스가 이토록 짧은 시간 안에 많은 사람에게 큰 흥분과 열정을 불러일으키는 이유를 설명할 수 있다.

데브옵스를 활용한 악순환의 고리 끊기

데브옵스의 목표는 개발자로 구성된 소규모 팀이 기능을 독립적으로 구현하고, 프로덕션과 유사한 환경에서 정확성을 검증하며, 코드를 프로덕션 환경으로 빠르고 안전하게 배포하는 것이다. 코드 배포는 일상적이며 예측할 수 있다. 금요일 자정에 시작된 배포가 주말까지 연장되는 일 없이 모두가 사무실에 있는 주중 업무 시간 안에, 고객이 눈치채는 일 없이 (고객을 기쁘게 하는 신규 기능과 버그의 수정 여부 확인을 제외하고) 배포를 진행할 수 있다. 코드가 업무 시간 중에 배포되면 수십 년 만에 처음으로 IT 운영 부서가 다른 모든 사람과 마찬가지로 일상적인 업무 시간에 업무를 수행할 수 있게 된다.

모든 프로세스 단계에 빠른 피드백 루프Feedback Loops를 생성하면 모든 사람이 자신의 행동으로 인한 결과를 바로 확인할 수 있다. 변경 사항이 버전 관리에 커밋될 때마다 프로덕션과 유사한 환경에서 자동 테스트가 신속하게 실행되기 때문이다. 이로써 해당 코드와 환경이 의도한 대로 동작하고, 항상 안전하고 배포 가능한 상태에 있다는 점이 지속적으로 보장된다.

자동화 테스트를 이용하면 개발자들이 자신의 실수를 빠르게(일반적으로 몇 분 안에) 발견할 수 있다. 개발자들은 이를 통해 문제를 신속하게 수정할 수 있을 뿐 아니라 실질적인 학습도 가능하다. 통합 테스트가 끝난 지 6개월 후에 실수가 발견된다면 문제의 원인을 파악하기가 어렵기에 학습이 불가능해진다. 기술 부채를 발생시키는 대신 문제를 발견하면 그 자리에서 즉시 해결할 수도 있고, (해결에) 필요하다면 전체 조직을 동원할 수도 있다. 조직의 전체 목표가 부서의 목표보다 중요하기 때문이다.

코드와 프로덕션 환경에서 퍼베이시브 프로덕션 텔레메트리Pervasive

Production Telemetry*를 수행하면 문제를 빠르게 감지하고 수정할 수 있다. 이를 통해 모든 사항이 의도한 대로 동작하는 것은 물론 고객이 해당 소프트웨어에서 가치를 얻을 수 있게 된다.

이 시나리오에서는 모든 사람이 (자기 자신을) 생산적이라고 느낀다. 이 아키텍처를 사용하면 소규모 팀이 안전하게 작업할 수 있다. 그리고 운영과 정보 보안의 경험을 활용하는 셀프서비스 플랫폼self-service platform을 사용하는 다른 팀과는 구조적으로 분리된다. 항상 개발 후기에 긴급하게 이뤄지는 재작업을 위해 많은 사람이 대기하는 대신, 팀이 업무를 독립적이고 생산적으로 수행하게 되며 빠르고 빈번하게 고객에게 새로운 가치를 제공하게 된다.

주목할 만한 제품과 기능의 출시에도 다크 론치Dark Launch† 기술을 사용하는 것이 일반화됐다. 정해진 출시일 전에 기능에 필요한 코드를 모두 프로덕션 환경에 넣어 두고 내부 직원과 실제 사용자의 소규모 코호트cohorts‡의 사람들에게만 해당 기능을 노출한다. 이를 통해 원하는 비즈니스 목표를 달성할 때까지 신규 기능을 테스트할 수 있다.

또한 신규 기능을 작동하기 위해 며칠에서 몇 주 동안 장애를 제거하는 대신, 기능 토글Feature Toggle이나 구성 설정만 변경한다. 이런 작은 변화를 통해 점점 커지는 고객 세그먼트에 신규 기능을 노출할 수 있고 문제 발생 시 자동으로 롤백되게 할 수 있다. 결과적으로 이런 출시는 통제와 예측, 복구가 가능하므로 작업자의 스트레스를 감소시킨다.

이는 단순히 더 순탄한 출시만을 말하는 것이 아니다. 모든 종류의 문제가 더 작고, 수정 비용이 덜 들며, 수정하기 쉬운 때 발견되고 해결될 수 있

---

* 프로덕션 전체에 스며들어 있는 텔레메트리를 말한다. – 옮긴이

† 신규 기능을 구현하는 코드를 프로덕션 환경의 하위 집합으로 출시하지만 사용자에게 해당 기능을 노출하지 않거나, 부분적으로만 활성화하는 배포 전략이다. 코드는 사용자가 인지하지 못하는 프로덕션 환경에서 실행된다. – 옮긴이

‡ 특정 요인에 노출된 집단과 노출되지 않은 집단을 추적 및 연구하기 위해 정의된 통계상 인자를 공유하는 집단을 뜻한다. – 옮긴이

다. 또한 문제를 수정할 때마다 조직 학습을 통해 문제의 재발을 방지할 수 있고, 향후 이와 유사한 문제를 빠르게 감지하고 수정할 수도 있다.

더 나아가 모든 사람이 끊임없이 학습하고, 과학적 방법을 아무도 당연하게 여기지 않게 가설 주도 문화Hypothesis-driven Culture를 육성하기도 한다. 제품 개발과 프로세스 개선 실험의 측정치와 그에 대한 처리 없이는 아무것도 하지 않는다.

우리는 모든 사람의 시간을 소중하게 여기므로 고객이 원치 않는 기능을 만들거나 동작하지 않는 코드를 배포하고, 실제 문제의 원인이 아닌 것을 수정하는 데 몇 년을 소비하지 않는다.

우리는 목표 달성을 중요하게 생각하므로 이에 대한 책임을 질 장기적 팀을 만든다. 출시 이후 개발자들이 재배정되고 다른 팀과 섞여 그들의 업무에 대한 피드백을 전혀 받지 못하는 프로젝트 팀을 구성하지 않고 팀을 그대로 유지한다. 그리고 개발자들이 이터레이션의 진행과 개선 활동을 지속적으로 수행하고, 이로써 학습한 내용을 활용해 목표를 더욱 잘 달성할 수 있게 한다. 이것은 외부 고객의 문제를 해결하는 팀뿐 아니라 다른 팀의 생산성과 안전, 보안을 지원하는 내부 플랫폼 팀에도 동일하게 적용된다.

우리는 두려움의 문화가 아니라 높은 신뢰와 협업의 문화를 갖고 있으며 사람들은 위험을 감수하고 보상을 받는다. 그들은 문제를 숨기거나 보류하지 않고 두려움 없이 이야기한다. 결국 문제를 해결하려면 문제가 무엇인지 알아야 한다.

모든 사람이 업무를 처리하기 위한 능력을 갖췄다. 그래서 일상 업무에 자동화 테스트를 구축하고 동료 리뷰Peer Review를 수행할 수 있다. 이로써 문제가 고객에게 영향을 미치기 전에 해결됐다는 자신감을 얻게 된다. 이런 프로세스는 원격 관리 기관의 승인과는 반대로 위험을 완화하기에 신속하고 신뢰할 수 있는 방법으로 가치를 안전하게 제공할 수 있게 한다. 심지어 프로젝트에 회의적인 감사관에게도 효과적인 내부 통제 시스템을 갖추고 있다는 것을 입증할 수 있다.

어떤 문제가 발생했을 때는 사고의 원인이 무엇이며, 이를 어떻게 해결할 수 있는지 잘 이해하기 위해 서로 비난하지 않는 포스트모템Blameless Postmortems을 진행한다. 이런 의식은 조직의 학습 문화를 강화하고, 모두가 서로 알려주고 학습할 수 있게 내부 기술 콘퍼런스를 개최해 서로의 업무 능력을 향상시킨다.

우리는 품질을 중요하게 생각하기 때문에 프로덕션 환경에 결함을 주입해 계획된 방식에서 시스템이 어떻게 실패하는지를 배운다. 대규모 실패에 대처하기 위해 프로덕션 환경에 무작위 프로세스와 계산 서버의 중단, 네트워크 지연, 기타 악의적인 동작을 주입해 시스템이 좀 더 계획적으로 연습할 수 있도록 한다. 이를 통해 조직 학습과 시스템의 탄력성이 개선된다.

이런 환경에서는 기술 조직 내 역할과 관계없이 누구나 자신의 업무에 주인 의식을 갖는다. 모두가 자신의 업무를 중시하며 조직의 목표에 이바지하고 있다는 자신감을 얻는다. 이 자신감은 스트레스가 적은 업무 환경과 시장에서의 성공으로 입증된다. 실제로 조직이 시장에서 승리하고 있다는 것 자체가 증거다.

데브옵스의 비즈니스적 가치

데브옵스의 비즈니스적 가치에 대한 결정적 증거가 있다. 이 책의 저자인 제즈 험블과 진 킴이 참여한 퍼펫랩스의 「데브옵스 현황 보고서」 내용 일부로 2013년부터 2016년까지 2만 5,000명이 넘는 기술 전문가에게서 데이터를 수집했다. 데브옵스 도입의 모든 단계에서 조직의 상태와 습관을 더 잘 이해하기 위해서다.*

데이터를 통해 알게 된 첫 번째 놀라운 사실은 데브옵스 프랙티스를 사용하는 조직이 다음 영역에서 부실한 성과를 내는 동료보다 얼마나 좋은 성과를 내고 있는지를 알 수 있다는 점이다.[11]

---

* 이후 「데브옵스 현황 보고서」는 매년 발간됐다. 이와 함께 2013~2018년 보고서에서 발견된 핵심 내용은 「디지털 트랜스포메이션 엔진」에 정리돼 있다.

- 처리량 지표
  - 코드와 변경 사항의 배포(30배 더 잦음)
  - 코드와 변경 사항 배포에 대한 리드 타임(200배 더 빠름)
- 신뢰성 지표
  - 프로덕션 환경으로 배포(60배 높은 변경 성공률)
  - 서비스 복구 평균 시간(168배 더 빠름)
- 조직의 성과 지표
  - 생산성, 시장 점유율, 수익성 목표(초과할 가능성이 2배 이상 높음)
  - 시가총액 증가율(3년 동안 50% 이상)

높은 성과를 내는 사람은 민첩하고 안정적이었으며 데브옵스가 핵심적이고 만성적인 갈등을 없앨 수 있다는 경험적 증거를 제공했다. 이들은 코드를 30배 더 자주 배포했고 '코드 커밋'에서 '프로덕션 환경에서의 성공적인 실행'에 이르기까지 걸리는 시간이 200배 빨랐다. 낮은 성과를 내는 사람의 리드 타임 측정이 몇 주에서 몇 달, 심지어 분기 단위로 측정된 것과는 달리 높은 성과를 내는 사람의 리드 타임은 몇 분이나 몇 시간 단위로 측정됐다.

또한 높은 성과를 내는 사람은 수익성, 시장 점유율과 생산성 목표를 초과할 가능성이 2배 높았다. 주식 시세 표시를 제공한 조직에서 높은 성과를 내는 사람은 3년 동안 시가총액 증가율이 50% 높은 것으로 나타났다. 직원 만족도가 높았고 번아웃 비율이 낮았으며 친구에게 일하기 좋은 곳으로 추천할 가능성이 2.2배 높았다.* 높은 성과를 내는 사람은 정보 보안 성과도 뛰어났다. 보안 목표를 개발과 운영 프로세스의 모든 단계와 통합하고 보안 이슈를 해결하는 데 걸리는 시간도 50% 더 적었다.

---

* employee Net Promoter Score(eNPS)로 측정한 매우 중요한 발견으로, 연구 결과에 따르면 참여도가 높은 근로자가 있는 기업은 참여도가 낮은 기업보다 매출이 2.5배 증가했다. 또한 높은 신뢰 업무 환경을 조성한 기업의 상장 주식은 1997년에서 2011년 사이에 시장 지수를 3배 앞섰다.[12]

개발자 생산성 향상을 돕는 데브옵스

개발자 수를 늘리면 커뮤니케이션, 통합 및 테스트에 대한 오버헤드로 개발자 개인의 생산성이 크게 저하되곤 한다.

이는 프레더릭 브룩스[Frederick Brooks]가 『맨머스 미신』(인사이트, 2015)에서 강조한 부분이다. 그는 프로젝트가 지연될 때마다 개발자를 추가 투입할 시 개발자 개인의 생산성 저하뿐 아니라 프로젝트 전체 생산성의 감소를 가져온다고 설명한다.[13]

데브옵스는 적절한 아키텍처, 기술적 프랙티스와 문화적 규범이 갖춰지면 작은 팀의 개발자도 변경 사항을 신속하고 안전하게 그리고 독립적으로 개발하고 통합하며 테스트하고, 프로덕션 환경으로 배포할 수 있다는 것을 보여준다.

이와 관련해 구글의 엔지니어링 이사였던 랜디 샤우프[Randy Shoup]는 "데브옵스를 사용하면 소규모 팀이 스타트업처럼 믿기 어려울 정도로 생산적일 수 있다"라고 말했다.[14]

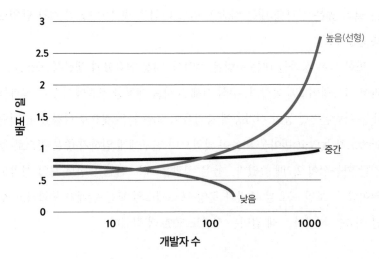

그림 0.1 일일 배포 횟수 vs. 개발자 수
하루에 최소 한 번 이상 배포하는 기업만 나타냄.
(출처: Puppet Labs, 2015 State Of DevOps Report)

2015년 「데브옵스 현황 보고서」는 '일일 배포 횟수'뿐 아니라 '개발자당 일일 배포 횟수'도 조사했다. 이 조사에서는 높은 성과를 내는 사람은 팀 규모가 커짐에 따라 배포 횟수를 확장할 수 있다고 가정했다.[15]

그림 0.1은 실제 그들이 찾아낸 결과를 나타낸 것이다. 낮은 성과를 내는 사람은 팀 규모가 커지면서 개발자당 일일 배포 횟수가 줄어들고, 중간 성과를 내는 사람은 일정하며, 높은 성과를 내는 사람은 선형적으로 증가한다는 사실을 보여준다. 다시 말해 데브옵스를 도입한 조직은 구글, 아마존, 넷플릭스의 사례처럼 개발자 수를 늘리면 일일 배포 횟수도 선형적으로 증가시킬 수 있다.*

해결책의 보편성

린 제조 운동과 관련해 가장 영향력 있는 책 중 하나는 1984년 엘리야후 골드랫 박사가 쓴 『The Goal』(동양문고, 2019)이다. 이 책은 전 세계 전문 공장 관리자에게 큰 영향을 미쳤다. 공장 관리자가 비용과 제품 납기일 이슈를 90일 안에 해결하지 않으면 공장의 가동이 중단된다는 내용이 담긴 소설이다.

이후 골드랫 박사는 독자에게 받은 편지를 소개했다. 편지에는 "당신은 우리 공장에 숨어 있었던 게 분명하다. 공장 관리자인 내 삶을 정확하게 묘사했기 때문이다"라고 적혀 있었다.[17] 편지의 내용은 책에 묘사된 성과에 대한 돌파구를 각자 업무 환경에 그대로 적용할 수 있다는 사실을 간접적으로 전달하고 있다.

2013년, 진 킴과 케빈 베어Kevin Behr, 조지 스패포드George Spafford가 쓴 『피닉스 프로젝트』는 『The Goal』 이후를 세밀하게 모델링했다. IT 조직 고유의 전형적 문제인 예산 초과와 회사의 생존을 위해 반드시 시장에 출시해야

---

* 또 다른 극단적 사례는 아마존이다. 2011년 아마존은 하루에 약 7,000건, 2015년에는 13만 건의 배포를 수행했다.[16]

하는 프로젝트의 일정 지연에 직면한 IT 리더에 관한 소설이다. 리더는 가용성, 보안, 컴플라이언스 등 문제가 있는 대재앙과 같은 배포를 경험한다.

숱한 우여곡절 끝에 리더와 그의 팀은 데브옵스 원칙과 프랙티스를 적용해서 직면한 과제를 극복하고 조직이 시장에서 승리하게 한다. 또한 데브옵스 프랙티스가 팀의 업무 환경을 향상하는 방법과 프로세스 전반에 걸친 실무자들의 개입이 늘어나게 함으로써 스트레스를 낮추고 만족도를 높이는 방법을 보여준다.

『피닉스 프로젝트』는 『The Goal』과 마찬가지로, 묘사된 문제와 해결책의 보편성과 관련된 엄청난 증거를 제시한다. 아마존의 서평란에는 "『피닉스 프로젝트』에 등장하는 캐릭터와 닮은 내 모습을 발견했다. (중략) 내 이력을 살펴보면, 이 책에 나오는 대부분 인물을 만났음을 알게 될 것이다", "IT, 데브옵스 그리고 정보 보안 분야에서 일해본 사람은 절대적으로 이 책과 관련 있다", "『피닉스 프로젝트』의 여러 캐릭터가 직면하고 극복한 문제를 언급하지 않더라도 실제 삶에서 나 자신이나 내가 아는 사람들과 동일시하지 않은 인물이 없다. (후략)" 등의 감상평이 쏟아졌다.[18]

데브옵스 핸드북: 핵심 가이드

이 책의 뒷부분은 『피닉스 프로젝트』에서 묘사된 데브옵스의 전환 방법을 그대로 적용한다. 그리고 다른 조직에서 이런 결과를 재현하기 위해 데브옵스 원칙과 프랙티스를 어떻게 사용했는지에 관한 사례도 살펴본다.

이 책은 데브옵스 이니셔티브를 성공적으로 시작하고, 원하는 성과를 달성하는 데 필요한 이론과 원칙 및 사례 제공을 목적으로 한다. 특히, 수십 년의 견고한 경영 이론, 고성과 기술 조직에 관한 연구, 조직의 변화를 돕기 위해 수행했던 작업과 규정된 데브옵스 프랙티스를 검증하기 위한 연구에 기반을 두고 있다. 이와 관련된 주제별 전문가의 인터뷰를 비롯해 데브옵스 엔터프라이즈 서밋^{DevOps Enterprise Summit}에서 발표된 100여 건에 가까운 사례 연구도 제공한다.

총 6부로 구성했으며 『피닉스 프로젝트』에서 처음 소개한 기초 이론에 관한 구체적 견해인 '세 가지 방법'을 사용해 데브옵스 이론과 원칙을 다룬다. 이 책은 기술 가치 흐름(일반적으로 프로젝트 관리, 개발, QA, IT 운영과 정보 보안)에서 업무를 수행하거나 영향을 미치는 사람뿐 아니라 기술 이니셔티브가 시작되는 모든 비즈니스 리더와 마케팅 리더를 위한 것이다.

이 책의 독자는 데브옵스, 애자일, ITIL, 린, 프로세스 개선과 같은 도메인에 대한 광범위한 지식이 아직 부족할 것으로 예상한다. 각 주제는 필요할 때 소개하거나 설명한다.

이 책의 취지는 각 도메인의 핵심 개념에 대한 실무 지식을 생성하고, 입문서 역할을 함과 동시에 실무자가 전체 IT 가치 흐름에 있는 모든 동료와 함께 작업하는 데 필요한 언어를 소개하고, 공유된 목표의 틀을 만드는 데 있다.

목표 달성을 위해 점점 더 기술 조직에 의존하는 비즈니스 리더와 이해관계자에게도 가치 있는 내용이 될 것이다.

더 나아가 이 책에 기술한 모든 문제(예: 긴 배포 리드 타임, 고통스러운 배포)를 경험해보지 않은 조직의 독자도 대상으로 한다. 이들이 데브옵스 원칙, 특히 공유된 목표, 피드백과 지속적인 학습과 관련된 사항을 이해하면 많은 혜택을 얻을 것이다.

1부에서는 데브옵스의 간략한 역사와 수십 년에 걸친 관련 지식 체계에서 얻은 기초 이론 및 핵심 주제를 소개한다. 다음으로 '세 가지 방법'의 상위 원칙인 지속적인 학습과 실험을 설명한다.

2부에서는 데브옵스를 어디서, 어떻게 시작하는지 설명하고 가치 흐름, 조직 설계 원칙과 패턴, 조직적 도입 패턴과 사례 연구와 같은 개념을 소개한다.

3부에서는 배포 파이프라인의 기반을 구축해 '흐름Flow'을 가속화하는 방법을 설명한다. 빠르고 효과적인 자동화 테스트, 지속적인 통합, 지속적인 전달과 낮은 위험도로 출시하기 위한 아키텍처 구현에 관해 알 수 있다.

4부에서는 피드백을 가속화하고 증폭하는 방법을 논의한다. 문제를 발견하고 해결하기 위한 효과적 프로덕션 텔레메트리를 생성하고 문제를 더 잘 예측해서 목표를 달성하기 위한 피드백을 활성화하며, 개발과 운영이 안전하게 변경 사항을 배포하고 A/B 테스트를 일상 업무와 통합하며, 작업의 질을 높이기 위한 리뷰와 조정 프로세스를 만드는 방법에 관해 이야기한다.

5부에서는 '지속적인 학습'을 가속화하는 방법을 알아본다. 올바른 문화를 수립하고 부서에서 새롭게 학습한 사항을 전체 조직의 개선에 적용하며 조직 학습과 개선을 위한 시간을 적절하게 확보하는 방법을 소개한다.

마지막으로 6부에서는 일상 업무에 보안 컴플라이언스를 적절하게 통합하는 방법에 관해 설명한다. 또한 보안 통제 예방책의 공유 소스 코드 저장소 및 서비스에 대한 통합, 배포 파이프라인에 대한 보안 통합, 더 효과적인 감지 및 복구를 위한 텔레메트리의 향상, 배포 파이프라인의 보호와 변경 관리 목표의 달성에 관해 설명한다.

이런 프랙티스를 체계화해 데브옵스 프랙티스의 도입을 가속화하고 데브옵스 이니셔티브의 성공을 증가시키며 데브옵스 트랜스포메이션에 필요한 노력의 양이 줄어들길 바란다.

1부 /

세 가지 방법

1부 / 소개

1부에서는 관리 및 기술 분야에서 몇 가지 중요한 운동의 융합이 어떻게 데브옵스 운동^{DevOps movement}의 기초를 마련했는지 살펴본다. 가치 흐름과 기술 가치 흐름에 린 원칙이 적용돼 데브옵스가 어떻게 결과로 나타났는지 살펴보고 흐름^{Flow}, 피드백^{Feedback}, 지속적인 학습과 실험^{Continuous Learning and Experimentation}의 세 가지 방법을 설명한다.

특히, 다음과 같은 내용을 중점적으로 다룬다.

- 개발부터 운영에 이르기까지 고객에게 제공되는 작업의 전달을 가속화하는 '흐름' 원칙
- 보다 안전한 작업 시스템을 생성할 수 있게 하는 '피드백' 원칙
- 일상 업무의 일부로 조직의 개선을 위해 위험 부담을 감수하며 높은 신뢰^{high-trust} 문화와 과학적 접근 방법을 육성하는 '지속적인 학습 및 실험' 원칙

간략한 역사

데브옵스와 그에 따른 기술, 아키텍처, 문화적인 프랙티스는 여러 철학과 경영적 움직임의 융합을 나타낸다. 많은 조직이 데브옵스를 광범위한 움직임의 결과로 이해하고 다양한 원칙을 독립적으로 개발했다. 그러나 이 책

의 공동 저자 중 한 명인 존 윌리스^{John Willis}는 '데브옵스의 융합^{Convergence of DevOps}'에서 놀라울 정도로 진보적인 사고와 별난 연관성을 예로 들어 현상을 설명한다. 여기엔 제조, 높은 신뢰 조직, 높은 신뢰 관리 모델은 물론, 우리가 알고 있는 데브옵스 프랙티스, 수십 년에 걸쳐 얻은 교훈이 담겨 있다.

데브옵스는 물리적인 제조 영역과 리더십 영역에서 신뢰를 얻은 원칙을 IT 가치 흐름에 적용한 결과다. 이는 린, 제약 이론^{Theory of Constraints}, 토요타 생산 시스템^{Toyota Production System}, 탄력성 공학^{Resilience Engineering}, 학습 조직^{Learning Organizations}, 안전 문화, 인적 요소를 비롯한 여러 분야의 지식 체계에 의존한다. 이 밖에도 높은 신뢰 관리 문화^{High-trust Management Cultures}, 서번트 리더십^{Servant Leadership}, 조직 변화 관리 등과 같은 가치 있는 컨텍스트를 제공한다.

이를 통해 낮은 비용과 노력으로 세계적인 수준의 품질, 신뢰성, 안정성, 보안성을 구축할 수 있다. 그리고 제품 관리, 개발, QA, IT 운영 및 정보 보안을 포함한 기술 가치 흐름의 전반에 걸쳐 흐름과 신뢰성을 가속할 수 있다.

데브옵스의 기초는 린, 제약 이론, 토요타 카타^{Toyota Kata}* 운동을 토대로 하는 것처럼 보이지만 많은 사람들이 데브옵스를 2001년에 시작된 애자일 소프트웨어의 논리적인 연속으로 보기도 한다.

린 운동

가치 흐름 매핑^{Value Stream Mapping}, 칸반 보드^{Kanban Boards}, 전사적 생산 유지 보수^{Total Productive Maintenance, TPM} 같은 기술은 1980년대 토요타 생산 시스템을 위해 표준화됐다. 1997년 린 기업 연구소는 린을 서비스 산업이나 의료 서비스와 같은 다른 가치 흐름에 적용하기 위한 연구를 시작했다.

린의 두 가지 주된 원칙은 원자재를 완제품으로 바꾸는 데 필요한 제조

---

* 마이크 로더(Mike Rother)가 쓴 경영서다. 토요타 생산 시스템에서 관찰된 지속적인 개선 프로세스(Continual Improvement Process)를 만들기 위한 도구인 개선 카타 및 코칭 카타에 관해 설명한다. - 옮긴이

리드 타임[Manufacturing Lead Time]이 품질, 고객 만족도, 직원 행복에 대한 최고의 예측 변수라는 점과 소규모 작업에 대한 배치 작업의 크기가 짧은 리드 타임에 대한 최고의 예측 변수 중 하나라는 믿음을 포함한다.

린 원칙은 일관된 목적 생성, 과학적 사고 수용, 흐름과 당기기[Flow & Pull](밀기[Push]의 반대) 생성, 원천 품질의 보장, 겸손한 리더, 개개인을 존중하는 시스템을 통해 고객을 위한 가치를 어떻게 창출할 것인지에 중점을 둔다.

애자일 개발 선언

애자일 개발 선언[Agile Manifesto]은 2001년 소프트웨어 개발 분야의 선도적인 17명의 사상가에 의해 탄생했다. 이들은 폭포수 개발[Waterfall development] 같은 무거운 소프트웨어 개발 프로세스나 래셔널 통합 프로세스[Rational Unified Process]* 같은 방법론과는 다른, 가벼운 가치 체계와 원칙을 만들고자 했다.

애자일의 핵심 원칙은 '동작하는 소프트웨어를 몇 주 또는 몇 개월의 짧은 기간에 자주 출시'하는 것이다.[1] 대규모의 폭포수 방식 출시 대신 소규모 배치 및 증분 출시[Incremental Release]에 대한 열망을 강조했다. 다른 원칙은 높은 신뢰성 관리 모델에서 자발적으로 일하는 소규모 팀의 필요성을 강조했다.

애자일은 많은 개발 조직의 생산성을 획기적으로 향상하는 데 기여했다고 평가된다. 흥미롭게도 데브옵스 역사의 중요한 순간들이 (다음 절에 소개하는) 애자일 커뮤니티와 콘퍼런스에서 발생했다.

애자일 인프라와 벨로시티 운동

패트릭 드부아와 앤드루 샤퍼는 2008년 캐나다 토론토에서 열린 애자일 콘퍼런스에서 애플리케이션 코드가 아닌 인프라스트럭처에 애자일 원칙을

---

* 2003년 IBM의 Rational Software Corporation 부문에서 만든 반복적 소프트웨어 개발 프로세스 프레임워크다. 자세한 내용은 다음 링크(https://en.wikipedia.org/wiki/Rational_Unified_Process)를 참조한다. - 옮긴이

적용하는 'Birds of a Feather'* 세션을 열었다. 이 세션에는 공동 저자인 존 윌리스를 포함해 같은 생각을 하는 사상가도 다수 참가했다.

지속적인 학습

같은 시기에 몇몇 교육 기관에서 시스템 관리자에 관한 연구를 시작했다. 시스템 관리자들이 업무에 엔지니어링 원칙을 적용하는 방법과 그것이 성과에 미치는 영향을 연구했다. 연구를 이끈 전문가로 IBM 리서치(IBM Research)의 한 그룹과 에벤 하버(Eben Haber) 박사, 에서 칸도간(Eser Kandogan) 박사, 폴 매글리오(Paul Maglio) 박사가 이끄는 문화기술지(Ethnography) 등이 포함됐다. 이 연구는 이후 더욱 확장돼 이 책의 공동 저자인 니콜 포스그렌 박사가 2007-2009년에 수행한 행동 정량 연구(Behavioral Quantitative Studies)를 포함하게 됐다. 니콜은 2014-2019년도 「데브옵스 현황 보고서」의 연구를 이끌었다. 「데브옵스 현황 보고서」는 업계 표준 연구로 소프트웨어 전달과 성능을 주도하는 프랙티스 및 기법을 도출했다. 이 보고서는 퍼펫(Puppet)과 도라(DORA)에서 발간했다.

이후 존 올스포와 폴 해먼드는 2009년 벨로시티 콘퍼런스에서 '10+ Deploys per Day: Dev and Ops Cooperation at Flickr'라는 발표를 통해 개발 부서와 운영 부서 사이에 공유 목표를 생성하는 방법을 어떻게 만들었는지 그리고 배포를 모든 사람의 일상 업무 일부로 만들기 위해서는 지속적인 통합을 어떻게 실천해야 하는지에 대해 설명했다. 직접 들은 바로는 이 자리에 참석한 인원 모두 뭔가 심오하고 역사적인 의미가 있는 자리에 있다는 사실을 즉시 깨달았다고 한다.

당시 패트릭 드부아는 발표 장소에는 없었지만, 존 올스포와 폴 해먼드의 아이디어에 매료돼 2009년 그가 살았던 벨기에 겐트에서 최초의 데브옵스데이즈 콘퍼런스를 개최했다. '데브옵스'라는 용어는 이 콘퍼런스에서 탄생했다.

---

* 콘퍼런스 참석자들이 공동 관심사에 따라 그룹으로 모여 사전에 계획된 의제 없이 토의를 진행하는 비공식 회의. 자세한 내용은 다음 링크(https://en.wikipedia.org/wiki/Talk%3ABirds_of_a_feather_(computing))를 참조한다. - 옮긴이

지속적인 전달 운동

제즈 험블과 데이비드 팔리David Farley는 지속적인 빌드, 테스트 그리고 통합의 개발 원칙을 바탕으로 이 개념을 지속적인 전달Continuous Delivery로 확장했다. 여기에서 지속적인 전달이란 '배포 파이프라인Deployment Pipeline'의 역할을 코드와 인프라스트럭처가 항상 배포 가능한 상태에 있게 보장하는 것이다. 트렁크Trunk에 체크인된 모든 코드를 프로덕션 환경에 안전하게 배포할 수 있다고 정의하고 있다. 이 아이디어는 2006년 애자일 콘퍼런스에서 처음 발표됐으며 팀 핏즈Tim Fitz가 2009년 '지속적인 배포Continuous Deployment'라는 제목의 블로그 게시물을 통해 발전시켰다.*

토요타 카타†

2009년 마이크 로더는 토요타 생산 시스템을 체계화하려던 자신의 20년간의 여정을 담은 『Toyota Kata』(McGraw-Hill, 2009)를 집필했다. 마이크 로더는 GM 경영진과 토요타 공장을 방문한 것을 계기로 린 툴킷Lean Toolkit의 개발을 도운 대학원생 중 하나였지만 린 프랙티스를 도입한 기업 중 어떤 곳도 토요타 공장에서 관찰한 수준의 성과를 재현하지 못하자 혼란에 빠졌다.

마이크 로더는 **개선 카타**Improvement Kata라고 부르는 가장 중요한 프랙티스를 린 커뮤니티에서 놓치고 있다는 결론을 내렸다.[2] 그는 모든 조직에는 업무 프랙티스가 있으며, 결과를 향상하는 것은 일상 업무이므로 개선 카타는 개선 작업의 일상적, 습관적 프랙티스를 위한 구조 생성이 필요하다고 설

---

* 데브옵스는 마크 버제스 박사, 루크 캐니스, 아담 제이콥이 개척한 코드로써의 인프라스트럭처 프랙티스를 확장하고 이를 기반으로 한다. '코드로써의 인프라스트럭처'는 운영 작업을 자동화하고 애플리케이션 코드로 처리함으로써 현대의 개발 방법을 전체 개발 스트림에 적용할 수 있다. 이를 통해 지속적인 통합(그래디 부치가 개척했으며, 익스트림 프로그래밍의 12가지 핵심 프랙티스 중 하나로 통합됨), 지속적인 전달(제즈 험블과 데이비드 팔리가 개척함), 지속적인 배포(Etsy, Wealthfront와 IMVU에서 에릭 리스의 연구에 의해 개척됨)를 포함하는 빠른 배포 흐름이 가능해졌다.

† 카타(Kata)는 운동에서의 품세를 의미한다. 기본 동작을 반복해 연마하는 것으로, 실제 기술을 적용하는 방법을 배우기 위해 혼자 훈련하는 방법을 모아 놓은 것을 의미한다. – 옮긴이

명했다. 토요타에서 안내하는 개선 사항의 예로는 희망하는 미래 상태 설정, 주간 목표 결과 설정, 일상 업무의 지속적인 개선을 들 수 있다.

———————

지금까지 데브옵스의 역사와 관련된 운동에 관해 설명했다. 1장에서는 가치 흐름, 린 원칙을 기술 가치 흐름에 적용하는 방법과 세 가지 방법(흐름, 피드백, 지속적인 학습 및 실험)에 대해 살펴본다.

1

애자일, 지속적인 전달, 그리고 세 가지 방법

1장에서는 기존에 관찰한 모든 데브옵스 행위에서 유도될 수 있는 세 가지
방법과 린 제조 방법을 뒷받침하는 이론을 소개한다.

여기에서 우리는 데브옵스 프랙티스들이 유래된 제조 방법, 높은 신뢰
성 조직, 높은 신뢰 관리 모델 등으로부터 수십 년간 학습한 교훈을 설명하
는 이론과 원칙에 중점을 둘 것이다. 이를 기반으로 하는 구체적인 원칙과
패턴, 기술 가치 흐름에 대한 실질적인 적용은 이후의 장에서 다룬다.

제조(생산) 가치 흐름

린의 근본 개념 중 하나는 '가치 흐름Value Stream'이다. 가장 먼저 제조라는 맥
락에서 가치 흐름을 정의하고, 이런 가치 흐름이 어떻게 데브옵스와 기술
가치 흐름에 적용되는지 살펴본다.

카렌 마틴Karen Martin과 마이크 오스터링Mike Ostering은 『Value Stream
Mapping』(McGraw-Hill, 2013)에서 가치 흐름을 '조직이 고객의 요구에 맞
춰 출시에 착수하는 일련의 활동' 또는 '정보와 자재의 이중 흐름Dual Flows을
포함하는 상품이나 서비스를 설계하고 생산해 고객에게 전달하는 일련의
활동'으로 정의한다.[1]

가치 흐름은 제조 공정에서 쉽게 목격할 수 있다. 고객의 주문이 접수되
면 가치 흐름이 시작되고, 원자재가 생산 현장으로 출고된다. 어떤 가치 흐

름에서든 빠르고 예측 가능한 리드 타임을 가능하게 하려면, 작은 배치 크기와 같은 기법의 사용, 진행 중 프로세스Work In Process, WIP 축소, 다운스트림 워크 센터로 결함이 전달되지 않게 하기 위한 재작업 방지, 전체 목표를 향한 지속적인 시스템 최적화를 통한 부드럽고 균형 잡힌 작업 흐름을 생성하기 위해 끊임없이 노력해야 한다.

기술 가치 흐름

물리적 프로세스에서 빠른 작업 흐름을 가능하게 만드는 원칙과 패턴은 기술 업무와 모든 지식 업무에도 적용할 수 있다. 일반적으로 데브옵스에서는 기술 가치 흐름을 '고객에게 가치를 전달하기 위해 비즈니스 가설을 개발 가능한 서비스로 전환하는 프로세스'라고 정의한다.

이 프로세스에는 비즈니스 목표, 개념, 아이디어나 가설 수립이 입력되며, 작업을 약속된 업무 백로그에 추가해 개발 상태로 인정하면 작업이 시작된다.

개발 작업이 시작되면 전형적인 애자일 프로세스나 반복적인 프로세스(이터레이션 또는 스프린트)를 따르는 개발 팀은 이 아이디어를 사용자 스토리User Stories나 일종의 기능 명세Feature Specification로 변형하는 경향이 있다. 그후 애플리케이션이나 구축 중인 서비스를 코드로 구현한다. 이때 코드는 나머지 소프트웨어 시스템과 함께 각각의 변경 사항이 통합되고 테스트되는 버전 관리 저장소에 체크인된다.

가치는 서비스가 프로덕션 서버에서 동작할 때만 생성되므로 빠른 흐름을 제공할 뿐 아니라 서비스 중단이나 장애, 보안 실패, 규정 위반과 같은 혼란 없이 배포가 진행될 수 있게 해야 한다.

배포 리드 타임에 집중하기

이 책의 뒷부분에서는 앞서 설명한 가치 흐름의 한 부분인 배포 리드 타임에 주목한다. 이런 가치 흐름은 개발, QA, IT 운영, 정보 보안을 포함하는 가치 흐름 안에 있는 엔지니어[*]가 버전 관리 시스템에 변경 사항을 체크인할 때 시작되고, 변경 사항이 프로덕션 서버에 성공적으로 반영될 때 종료된다. 이를 통해 고객에게 가치를 제공하고 유용한 피드백과 원격 측정 결과를 얻을 수 있다.

작업의 첫 번째 단계는 설계 및 개발을 포함하며, 이는 린 제품 개발과 유사하다. 매우 가변적이고 불확실하며, 높은 창의성과 재수행이 불가능할 것 같은 업무가 자주 요구된다. 그래서 프로세스 타임$^{Process Time}$의 변동성이 높다. 이에 반해, 테스트와 운영으로 구성된 두 번째 단계는 린 제조 방식과 비슷하다. 결함이 거의 없는 짧고 예측 가능한 리드 타임과 같이 최소화된 변동성이 있고, 작업의 결과를 이루는 목표와 함께 창의성과 전문성을 요구하며 예측할 수 있고 기계적인 노력이 필요하다.

우리의 목표는 빠른 흐름을 가능하게 하는 동시에 높은 품질을 얻는 것이다. 설계, 개발에 이어 테스트, 운영 가치 흐름 순서로 처리되는 대규모 배치 작업은 목표 달성에 적합하지 않다. 대규모 배치의 폭포수 개발 방법이나 오랜 시간 지속하는 기능 브랜치가 여기에 속한다. 그 대신, 테스트 및 운영 작업이 디자인 및 개발 작업과 동시에 진행돼야 한다. 이 방법은 소규모 배치로 작업하고 가치 흐름 내 모든 부분의 품질을 높일 때 성공한다.[†]

리드 타임 VS. 프로세스 타임 정의하기

린 커뮤니티에서 리드 타임은 프로세스 타임[‡](터치 타임$^{Touch Time}$ 또는 태스크

---

[*] 여기서 '엔지니어'는 일반적인 '개발자'가 아닌 가치 흐름 안의 엔지니어를 지칭한다.

[†] 사실, 테스트 주도 개발(Test-Driven Development, TDD)과 같은 기법을 사용하면 테스트는 첫 번째 코드가 쓰이기 전에도 수행될 수 있다.

[‡] 이 책에서 '프로세스 타임'이라는 용어는 주로 카렌 마틴과 마이크 오스터링이 언급한 것과 같은 이유로 사용한다. 혼란을 최소화하기 위해 우리는 '사이클 타임'이라는 용어 사용을 피하고자 한다. 해당 용어는 프로세싱 타임, 페이스, 출력 빈도 등 몇 가지 유사한 정의를 하고 있기 때문이다.[2]

타임^{Task Time}이라고도 한다)과 함께 가치 흐름의 성과를 측정하는 데 사용하는 보편적인 방법이다.

리드 타임 시계는 요청을 생성했을 때 시작되고 작업 수행 시 끝난다. 반면, 프로세스 타임 시계는 고객의 요청에 따라 작업이 착수될 때 시작된다. 구체적으로 말해 프로세스 타임에는 작업이 처리 대기 중인 '큐' 상태가 생략된다(그림 1.1 참조).

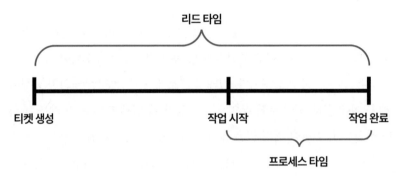

그림 1.1 배포 운영 시 리드 타임 vs. 프로세스 타임

일반적으로 리드 타임은 고객이 경험하는 것이므로 프로세스 타임 자체보다 프로세스 개선에 중점을 둔다. 그러나 리드 타임에 대한 프로세스 타임의 비율은 효율성의 중요한 척도다. 빠른 흐름 및 짧은 리드 타임을 달성하려면 작업이 큐 상태에서 대기하는 시간을 감소시켜야 한다.

일반적인 시나리오: 몇 달씩 소요되는 배포 리드 타임

일상적인 비즈니스 상황에서는 배포 리드 타임이 몇 달씩 걸리기도 한다. 이런 상황은 긴밀하게 결합한 단일 애플리케이션과 흔치 않은 통합 테스트 환경, 긴 테스트 및 프로덕션 환경 리드 타임, 수동 테스트에 대한 높은 의존도, 복수의 승인 프로세스를 갖고 작업하는 복잡한 대형 조직에서 흔히 발생한다. 이럴 때 가치 흐름은 그림 1.2와 같다.

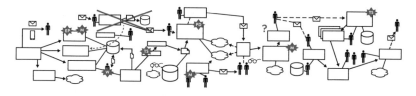

그림 1.2 배포 리드 타임이 3개월 소요됐을 때의 기술 가치 흐름
(출처: Damon Edwards, 'DevOps Kaizen', 2015)

배포 리드 타임이 길 때는 가치 흐름의 단계마다 결단이 필요하다. 더 정확하게 구현하지 못하거나 어떤 테스트도 통과하지 못하는 코드의 결과로 인해 모든 개발 팀의 변경 사항을 병합해야 하는 프로젝트 막바지에 아무것도 동작하지 않는다는 사실을 발견할 수도 있다. 각각의 문제를 해결하기 위해 코드에서 누가 오류를 냈는지, 어떻게 고칠 수 있는지를 며칠 또는 몇 주동안 조사해야 하며, 결과적으로 형편없는 사용자 결과물이 계속 나온다.

이상적인 데브옵스: 몇 분이면 충분한 배포 리드 타임

이상적인 데브옵스 환경에서 개발자는 자신의 작업에 대해 신속한 피드백을 받는다. 그 덕분에 개발자는 빠르고 독립적으로 코드를 실행하고 통합할 수 있고 코드의 유효성을 검증할 수 있다. 개발자들은 자신이 직접 혹은 다른 사람들에 의해 프로덕션 환경에 배포된 코드를 지닐 수 있다.

버전 관리 저장소에서 지속적으로 작은 코드 변경 사항을 체크하고 자동화와 탐색적 테스트를 수행하고 프로덕션 환경에 배포함으로써 이상적인 데브옵스를 성취할 수 있다. 이를 통해 우리는 변경 사항이 프로덕션에서 의도한 대로 동작하고, 어떤 문제점도 빠르게 탐지하고 수정할 수 있다는 자신감을 얻을 수 있다.

이와 같은 가치 흐름은 압축적이면서 느슨한 결합 구조를 갖는 모듈러에 가장 쉽게 구현된다. 이에 따라 소규모 팀은 높은 자율성을 얻게 되고 작업의 실패 가능성은 작아지며, 전체적인 혼란을 초래하지 않고도 작업할 수 있게 된다.

이 시나리오에서는 배포 리드 타임이 분 단위, 최악의 경우 시간 단위로 측정된다. 가치 흐름 매핑 결과는 그림 1.3과 같다.

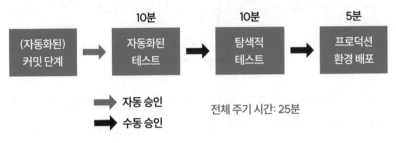

그림 1.3 분 단위 리드 타임의 기술 가치 흐름

재작업 척도로서의 '%C/A' 관찰

리드 타임, 프로세스 타임과 더불어 기술 가치 흐름의 세 번째 핵심 지표는 %C/A[Percent Complete and Accurate]다. %C/A 지표는 기술 가치 흐름의 각 단계 산출물에 대한 품질을 반영한다.

이에 대해 카렌 마틴과 마이크 오스터링은 다음과 같이 말한다. "%C/A 지표에 대한 답을 얻으려면 다운스트림의 고객에게 작업 시간 중 '그대로 작업할 수 있는' 일을 받는 것이 몇 퍼센트인지 물어보면 된다. 받은 정보의 수정, 제공돼야 했지만 빠진 정보의 추가 그리고 받은 정보를 명확하게 다듬는 작업 없이 일을 시작할 수 있는 비율이 어느 정도인지를 묻는 것이다."[3]

지속적인 학습

흐름 지표를 사용한 비즈니스 가치 전달 측정

가치 스트림의 엔드 투 엔드 가치를 측정할 때는 프록시 지표(커밋된 코드 라인 수를 측정하거나 배포 빈도만 측정하는 등)에서 한 발짝 물러서는 게 중요하다. 이 지표는 국소적인 최적화를 나타낼 수는 있지만, 매출과 같은 비즈니스 성과와는 직접적으로 연결되지 않는다.

흐름 지표를 사용하면 소프트웨어 전달의 엔드 투 엔드 가치를 볼 수 있으며, 소프트웨어 제품과 가치 흐름을 프로덕션 라인에서의 위젯으로 가시화할 수 있다.

믹 커스텐 박사(Dr. Mik Kersten)는 『프로젝트에서 제품으로』(에이콘, 2022)에서 흐름 지표를 흐름 벨로시티, 흐름 효율, 흐름 시간, 흐름 부하, 흐름 분산으로 정의한다.[4]

- **흐름 벨로시티**(Flow Velocity): 정해진 시간 동안 완료된 흐름 아이템의 수 (예: 작업 아이템). 가치 전달의 속도를 가늠할 수 있다.

- **흐름 효율**(Flow Efficiency): 소요된 전체 시간 동안 실질적으로 작업된 흐름 아이템의 비율. 장시간 대기와 같은 비효율을 식별하고 작업 업스트림이 대기 상태인지 아닌지 가늠할 수 있다.

- **흐름 시간**(Flow Time): 제품의 가치 흐름을 통해 이해관계자에게 전달된 비즈니스 가치의 단위(예: 피처, 결함, 리스크, 기술 부채 등). 가치를 전달하기까지의 소요 시간이 단축되는지 가늠할 수 있다.

- **흐름 부하**(Flow Load): 가치 흐름 내 활성화 또는 대기 아이템의 수. 흐름 아이템을 기반으로 하는 진행 중 업무(WIP) 측정과 유사하다. 높은 흐름 부하는 비효율을 초래하며 흐름 벨로시티를 감소시키거나 흐름 시간을 증가시킨다. 이로써 요구가 수용량을 뛰어넘는지 가늠할 수 있다.

- **흐름 분산**(Flow Distribution): 가치 흐름 내 각 흐름 아이템 유형의 비율. 각 가치 흐름 필요에 따라 흐름 분산을 측정하고 조정함으로써 전달해야 할 비즈니스 가치를 최대화한다.

데브옵스를 뒷받침하는 세 가지 원칙

『피닉스 프로젝트』는 기존에 관찰된 모든 데브옵스 행동과 패턴에서 도출된 데브옵스의 기반이 되는 원칙의 집합으로 세 가지 방법을 제시한다(그림 1.4).

첫 번째 방법은 개발[Dev]에서 운영[Ops], 고객에 이르기까지 신속한 좌우 작업의 흐름을 만드는 것이다. 흐름을 극대화하려면 작업을 가시화하고 배치 규모와 작업의 간격을 축소해야 한다. 그리고 다운스트림 워크 센터*로의

---

* 별도의 프로덕션 분야나 전체적인 제조 공정에서의 하위 공정을 의미한다. – 옮긴이

결함 전달을 방지해 품질을 내재화하고, 전체적인 목표를 위해 지속적으로 최적화해야 한다.

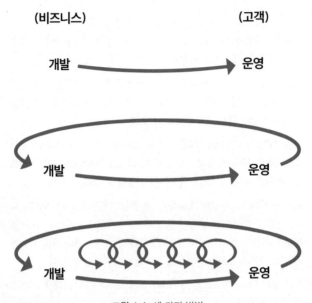

그림 1.4 세 가지 방법
(출처: Gene Kim, 'The Three Ways: The Principles Underpinning DevOps' ITRevolution.com(blog), August 22, 2012, http://itrevolution.com/the-three-ways-principles-underpinning-devops/)

기술 가치 흐름을 통해 흐름을 가속화해서 내부 요청과 고객 요청 달성 시 필요한 리드 타임, 특히 프로덕션 환경에 코드를 배포하는 데 필요한 시간을 단축한다. 이를 통해 처리량과 작업의 품질을 높이고 경쟁자를 실험하는 능력이 향상된다.

프랙티스에는 지속적인 빌드, 통합, 테스트 및 배포 프로세스가 있다. 수요에 따른 환경 생성, 진행 중 작업WIP 제한 그리고 변화에 안전한 시스템과 조직의 구축도 포함된다.

두 번째 방법은 기술 가치 흐름의 모든 단계에서 우측에서 좌측으로 빠르고 지속적인 피드백을 제공하는 것이다. 문제 재발 방지를 위한 피드백의 강화, 빠른 문제 감지 및 복구가 필요하다. 이를 통해 품질을 창출하고,

필요한 곳에서 지식을 생성하고 내포할 수 있다. 또한 치명적인 오류가 발생하기 훨씬 전에 문제를 발견하고 해결해 안전한 시스템을 구축할 수 있다.

우리는 문제가 발생하는 것을 보고 효과적인 대응책이 마련될 때까지 각각의 문제를 수집함으로써 모든 현대적인 프로세스 개선 방법론의 핵심 원리인 피드백 루프를 지속적으로 단축하고 확장한다. 이는 조직이 학습하고 개선할 기회를 극대화한다.

세 번째 방법은 생성적Generative*이고 신뢰도가 높은 문화를 만드는 것이다. 이 문화는 성공과 실패로부터 조직 학습이 가능케 하는 실험과 위험 감수를 위해 역동적이고, 규율이 있으며 과학적인 접근 방법을 지원한다. 또한 피드백 루프를 지속적으로 단축하고 확장함으로써 더 안전한 시스템을 구축하고, 위험을 감수하며 경쟁자보다 빠르게 학습해 시장에서 승리하는 데 도움을 주는 실험을 수행할 수 있다.

작업 체계를 설계해 개인이나 부서 내부의 발견 사항을 전체 개선 사항으로 전환함으로써 새로운 지식의 효과를 높일 수도 있다. 또한 업무를 수행하는 위치와 관계없이 조직 내 모든 사람의 집적된 경험을 활용해 업무를 수행할 수 있다.

연구 결과: 세 가지 방법

세 가지 방법은 그저 좋은 아이디어에만 그치지 않는다. 세 가지 방법이라는 전략을 적용해 조직과 구성원 모두 뛰어난 결과를 얻었음을 나타내는 연구 결과를 소개한다.

2014-2019년 「데브옵스 현황 보고서」 공동 저자인 니콜 포스그렌 박사가 수행한 6년간의 연구 결과는 퍼펫과 도라에서 간행한 이후 『디지털 트랜스포메이션 엔진』으로 출간됐다. 이 연구의 데이터는 지속적인 통합, 테스트, 배포, 작은 배치의 작업(첫 번째 방법), 빠른 피드백과 모니터링(두 번째 방법), 생성적인 문화

---

* 한정된 정보를 끊임없이 다양한 방식으로 조합해 많은 결과를 만들어내는 역량을 의미한다. – 옮긴이

(세 번째 방법)와 같은 역량과 프랙티스를 조합해 더 나은 결과를 얻었음을 증명한다.[5]

세 가지 방법은 소프트웨어를 더 빠르고 신뢰성 있게 전달하게 함으로써, 팀이 엘리트 성과자(Elite Performer)가 되게 한다. 이로 인해 팀은 조직의 이익과 시장 점유, 고객 만족에 기여한다. 엘리트 성과자란 조직의 성과 목표의 두 배를 만족하거나 초과하는 사람이다. 세 가지 방법은 업무를 수행하는 사람들의 웰빙을 개선한다. 「데브옵스 현황 보고서」는 이러한 프랙티스를 적용함으로써 번아웃과 배포의 고통이 감소했음을 보여준다.[6]

➡ 사례 연구: 2판 추가

크루징 고도에 접근하기:
아메리칸 에어라인즈의 데브옵스 여행(Part 1)(2020)

아메리칸 에어라인즈^{American Airlines}의 데브옵스 여행은 몇 가지 질문이 꼬리를 물고 이어진다. 첫 번째 질문은 단순하다. "데브옵스란 무엇인가?"

아메리칸 에어라인즈의 부사장이자 최고 정보 책임자인 마야 리브만^{Maya Leibman}은 '데브옵스 엔터프라이즈 서밋, 런던 2020'에서 "우리는 가장 밑바닥부터, 정말 아무것도 없는 상태에서 시작했다"라며 말문을 열었다.[7]

시작 단계에서 팀은 자체적인 조사를 수행했다. 가장 중요한 것은 그들이 핑계 대는 것을 멈췄다는 점이다. 데브옵스 초기에 공유된 사례의 대부분은 넷플릭스^{Netflix}나 스포티파이^{Spotify} 같은 태생적인 디지털 기업에서 나왔다. 결국은 클라우드에서 탄생한 것이기에 팀은 자신들의 성과를 쉽게 무시했다. 그러나 타깃^{Target}, 노드스트롬^{Nordstrom}, 스타벅스^{Starbucks} 같은 전통적인 기업도 데브옵스에 성공하자 아메리칸 에어라인즈는 그들이 더 이상 핑계만 대고 있을 수 없음을 알았다.

팀은 다음과 같이 시작했다.

1. 구체적 목표 수립
2. 툴체인 공식화
3. 기업 외부에서 코치와 멘토 영입
4. 실험 및 자동화
5. 몰입할 수 있는 실질적 트레이닝 수행(업무를 수행하며 학습)

모든 것이 그들의 궁극적 목표인 가치를 빠르게 전달하는 것과 밀접하게 얽혀 있었다. 리브만은 다음과 같이 말한다.

> 비즈니스 상대가 무언가 새로운 아이디어를 들고 와서 "이것이 우리가 하고 싶은 것이지만 IT에 맡기면 6개월에서 1년이 돼야 완성된다"라고 말할 때가 많았다. 그 경험은 그야말로 내 숨통을 조였다. 우리의 진정한 원동력은 '우리가 긴 텐트의 기둥이 되지 않으려면 어떻게 해야 하는가'였다. 우리는 그 목표를 달성하기 위한 더 좋은 방법이 있음을 알았다.[8]

이후 그들은 측정할 결과물을 결정했다.[9]

1. 배포 빈도 deployment frequency
2. 배포 사이클 타임 deployment cycle time
3. 변경 실패 비율 change failure rate
4. 개발 사이클 타임 development cycle time
5. 사건 수 number of incidents
6. 평균 복구 시간 Mean Time To Recover, MTTR

가치 흐름 매핑이 조기에 성공을 거두면서 팀은 시스템의 엔드투 엔드 프로세스를 더 잘 이해하게 됐으며 내적 동기도 높아졌다. 이로써 이슈를 처리하는 방법과 그 방법을 개선할 수 있는 에너지를 얻었고, IT에 몰입할 수 있는 학습 기회를 만들었다.

그들은 데브옵스에 관한 학습에 이어 데브옵스의 몇 가지 프랙티스를 실제로 시작한 것과 다름없는 초기 성공을 거치면서 데브옵스 여행에 대한 두 번째 큰 질문에 도달했다. '회계, 그것은 친구인가 적인가?'

현재의 회계 승인 프로세스는 복잡하고 길어서 수개월의 사이클이 돌았다. 이에 대해 리브만은 "나는 그 과정이 여러분을 포기하게 만드는 것이라고 설명하곤 한다"라고 말했다.[10]

회계 승인 프로세스는 다음과 같았다.[11]

- 회계의 개입 없이는 어떤 프로젝트도 승인되지 않았다.
- 프로젝트는 승인됐지만, 어떤 추가 인원도 없었다(물론 다른 우선순위도 중단되지 않았다).
- 모든 승인 요청에 동일한 정밀 조사가 진행됐다. 요청의 규모나 리스크는 관계없었다.
- 모든 승인 요청에 동일한 정밀 조사가 진행됐다. 해당 요청이 기업의 최우선 순위에 있고, 진행에 관한 어떤 이의가 없어도 마찬가지였다.
- 프로젝트는 승인받기 이전에 완료될 때가 많았다.

회계 부문은 해당 프로세스가 변경돼야 한다는 것을 알고 있었지만, 회계 부문과 IT 부문 사이의 불신이 장애물이었다. 재정이 어디에 사용되고 있는지 명확히 하고 회계 부문과의 신뢰를 구축하기 위해, 팀은 비용 매핑 실습을 통해 모든 비용을 자신들의 제품에 매핑했다(제품을 운영하는 비용 포함).

이 활동 후에 IT 팀은 재정이 실제로 어디에 투자되는지 더 잘 이해하고, 그 투자의 타당성에 의문을 제기할 수 있었다. 특히, 회계 부문에서 큰 재정이 낭비되고 있지 않음을 확신하는 데 필요한 가시성을 얻을 수 있었다.

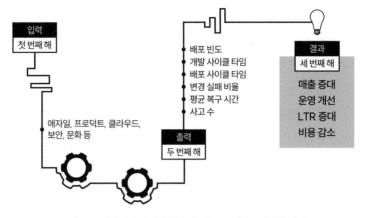

그림 1.5 아메리칸 에어라인의 데브옵스 트랜스포메이션 여정
(출처: With permission of Ross Clanton)

이 가시성은 다른 실험을 하는 데 필요한 신뢰를 만들어냈다. 회계 부문은 네 개의 제품 팀을 선정해 1년 치 예산을 한 번에 지급했다. 팀은 OKR[Objectives and Key Results]을 정하고, 이를 만족한다고 생각하는 최우선 순위 항목에 해당 예산을 사용했다. 결과적으로 팀은 배포하기 전에 테스트하며 책임과 결과물에 집중할 수 있었고, 회계 부문은 더욱 높은 가시성을 얻게 됐다.

이 성공을 통해 그들은 모든 제품에 대해 새로운 모델을 확장하고 새로운 자금 조달 프로세스를 정의할 수 있었다. 리브만은 "이것은 우리의 여행 속도를 엄청나게 높여 줬다"라고 말했다.[12]

회계 부문이 합류하고 새로운 프로세스가 정착되면서 아메리칸 에어라인즈는 데브옵스 여행의 세 번째 질문인 '우리가 몇 점인지 어떻게 알 수 있는가?'에 도달했다. 작은 성공을 거듭함에 따라 팀은 그들이 얼마나 잘하고 있는지 더 잘 이해하고 싶어 했다. 엄밀히 말하자면 점수를 알고 싶어 했다.

아메리칸 에어라인즈 팀이 데브옵스 여행의 첫 번째 해에 집중한 부분은 입력이다. 애자일/데브옵스에 관해 학습하고 제품과 클라우드, 보안 등에 집중했다. 두 번째 해에는 출력에 초점을 맞췄다. 이 과정에서 배포 빈도나 평균 복구 시간 같은 지표를 측정하기 시작했다. 세 번째 해에는 입력과 출력뿐 아니라 결과물에 집중했다. 리브만은 이렇게 말한다. "하루의 마지막 시간에 우리가 정말 하고 싶은 것은 무엇인가?"

그들은 매출 증대, 운영 개선, LTR 증가, 비용 감소라는 결과물을 만들었다.[13]

첫 번째 해에 설정한 목표 중 하나는 일정 비율의 구성원이 애자일 교육에 참여하는 것이었다. 이는 명확하게 입력을 나타낸다. 두 번째 해에는 출력에 집중하기 시작했고, 일정 비율의 구성원과 같은 목표는 애자일 성숙도의 단계를 높이는 것으로 바뀌었다. 이어 세 번째 해가 됐을 때 애자일은 더 이상 목표가 아니었다. 입력과 출력은 훌륭했고, 그것들을 측정해야 했지만 궁극적으로 집중해야 할 부분은 결과물이었다.[14]

이로써 데브옵스 여행의 네 번째 질문인 '제품이란 무엇인가?'에 이르렀다. 가장 도전적인 순간 중 하나이자 분류를 명확하게 정리해야 하는 시점이었다. 수많은 의견을 나눴지만 분명한 답은 없었다. 그들은 다시 시작해 종이에 뭔가를 적으며 그것들을 구조화하고 학습한 것에 따라 수정했다. 이런 과정은 그들을 다섯 번째 질문인 '이것이 데브옵스보다 크게 느껴지는가?'로 이끌었다. 이 질문에 답하기 위해 그리고 더 구체적인 제품 성공 사례를 보기 위해 책 후반에 아메리칸 에어라인즈의 여행을 다시 한번 다룬다.

이 사례 연구는 세 가지 방법을 적용하는 방법을 설명하기 위한 것이다. 가치 흐름 매핑을 사용해 흐름을 최적화하고 측정할 결과물을 선택해서 빠른 피드백을 만들고 몰입하는 학습 경험을 만듦으로써 지속적인 학습과 실험의 문화를 형성한다.

결론

1장에서는 가치 흐름의 개념과 생산 및 기술 가치 흐름 유효성의 핵심 지표 중 하나인 리드 타임, 데브옵스의 기반이 되는 원칙인 세 가지 방법의 상위 개념을 설명했다.

2장에서는 세 가지 방법의 세부 원칙을 자세히 알아본다. 그중 첫 번째 원칙은 '흐름'이다. 생산 작업이나 기술 작업을 구분하지 않고 모든 가치 흐름 안에서 빠른 작업 흐름을 만드는 방법에 중점을 둔다. 빠른 흐름을 가능하게 만드는 프랙티스는 3부에서 설명한다.

2

첫 번째 방법: 흐름* 원칙

기술 가치의 흐름은 개발에서 운영으로, 비즈니스와 고객 사이의 기능 영역으로 이어진다. 첫 번째 방법(흐름 원칙)은 고객에게 가치를 신속히 전달하기 위해 개발에서 운영으로 빠르고 부드러운 작업 흐름을 요구한다. 또한 기능 개발 완료율, 테스트 발견 및 수정 비율, 운영 가용성 측정과 같은 지엽적인 목표 대신, 전체적인 목표를 최적화한다.

업무를 시각화하고, 배치 규모와 작업 간격을 줄이고, 품질을 내재화하고, 결함이 다운스트림 워크 센터Downstream Work Center†로 전달되지 못하게 막으면서 흐름을 원활하게 한다. 기술 가치 흐름Stream을 통해 흐름Flow을 가속함으로써 내부 고객과 외부 고객의 요청을 수행하는 데 필요한 리드 타임을 줄이고, 업무의 질을 높이면서 더욱 민첩하게 경쟁자를 상대로 실험해 볼 수 있다.

우리의 목표는 변경 사항을 프로덕션 환경에 배포하는 데 필요한 시간을 단축하고 해당 서비스의 신뢰성과 품질을 높이는 것이다. 린 원칙이 제조 가치 흐름에 어떻게 적용됐는지 살펴봄으로써 기술 가치 흐름에서의 배포 시간을 단축하고 서비스의 신뢰성과 품질을 높이는 방법에 대한 단서를 얻을 수 있다.

---

* 이 책에서 '흐름'은 Flow와 Stream 모두에 해당하며, 대부분 문맥을 통해 구별할 수 있다. – 옮긴이

† 다운스트림(Downstream)이라는 용어는 업스트림(Upstream)의 소스 코드를 다른 소프트웨어와 통합해 최종 사용자가 사용하는 배포본을 빌드하는 개인 또는 SUSE 같은 조직을 의미한다. 이에 반해 업스트림은 소스 코드로 배포된 소프트웨어의 원래 프로젝트 작성자 또는 유지 보수 사용자를 의미한다. – 옮긴이

업무 시각화하기

기술 가치 흐름과 생산 가치 흐름의 중요한 차이점은 업무의 가시성 여부에 있다. 기술 가치 흐름에서는 물리적 공정과 달리 흐름이 방해받거나 작업이 한정된 워크 센터에 쌓여 있는 것을 쉽게 확인할 수 없다. 일반적으로 물리적 공정에서는 재고품을 물리적으로 옮겨야 하므로 워크 센터 사이의 업무 이동은 가시적이며 매우 느리다.

기술 작업에서는 작업 티켓을 다른 팀에 재할당하는 것처럼 버튼 클릭한 번으로 업무를 이동시킬 수 있다. 이렇듯 작업 이동이 매우 쉽기에 불완전한 정보로 인한 팀 사이의 업무 미루기가 계속될 수 있다. 고객에게 약속한 것을 뒤늦게 제공하거나 프로덕션 환경에서 애플리케이션이 실패할 때까지 문제점이 완전히 보이지 않는 상태로 다운스트림 워크 센터로 전달되기도 한다.

작업이 원활하게 진행되는 부분 또는 작업이 대기 중이거나 중단된 부분을 확인하려면 작업을 가능한 한 시각화해야 한다. 가장 좋은 방법은 칸반 보드나 스프린트 계획 보드와 같은 시각적 작업 보드를 사용해 실물 카드 또는 전자 카드에 작업 상태를 표시하는 것이다. 작업은 좌측에서 시작해(때때로 백로그^{Backlog}에서 가져옴) 워크 센터에서 워크 센터(컬럼으로 표시됨)로 이동한 후 보드의 우측에 도달하면 완료된다. 일반적으로 (보드의 우측) 컬럼은 '완료^{Done}'나 '프로덕션에서 실행 중^{In Production}'으로 표시된다.

작업을 시각화할 수 있을 뿐 아니라 작업이 가능한 한 빠르게 좌측에서 우측으로 진행될 수 있게 관리할 수도 있다. 보드에 카드가 올라간 이후부터 '완료' 컬럼으로 이동할 때까지의 리드 타임도 측정할 수 있다.

이상적인 칸반 보드는 전체적인 가치 흐름에 걸쳐 있으며 보드의 우측에 도달했을 때만 완료된 것으로 정의한다(그림 2.1). 개발 팀이 기능 구현을 완료해도 작업은 완료되지 않는다. 애플리케이션이 프로덕션 환경에서 성공적으로 실행되고 고객에게 가치를 제공해야만 작업이 완료된다.

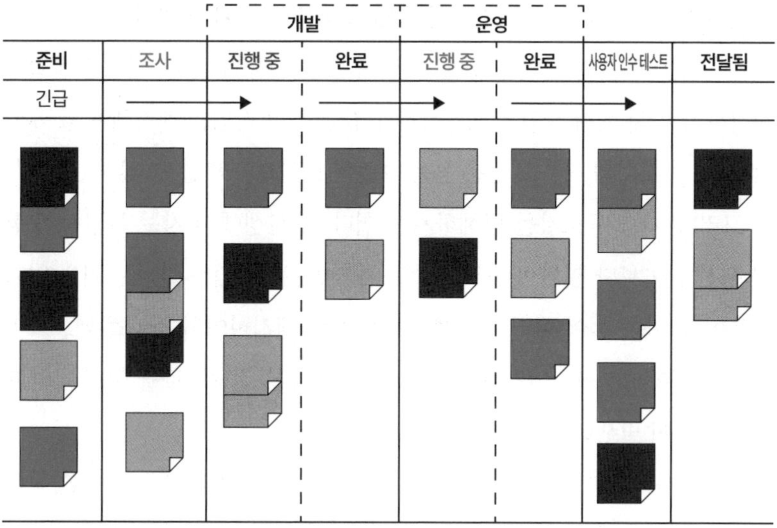

준비	조사	개발		운영		사용자 인수 테스트	전달됨
		진행 중	완료	진행 중	완료		
긴급	→		→		→	→	

그림 2.1 요구 사항, 개발, 테스트, 스테이징, 프로덕션 배포로 이어지는 칸반 보드의 예
(출처: David J. Andersen and Dominica DeGrandis, Kanban for IT Ops,
training materials for workshop, 2012.)

각 워크 센터의 모든 작업을 대기열에 배치하고 시각화하면 모든 이해
당사자가 전체 맥락에서 작업의 우선순위를 더욱 쉽게 정할 수 있다. 각 워
크 센터는 우선순위가 가장 높은 작업이 완료될 때까지 단일 태스크로 처
리할 수 있어 처리량이 증가한다.

진행 중 작업(WIP) 제한하기

생산 분야에서 전형적인 일상 업무는 매일 또는 매주 정기적으로 생성되는
생산 일정에 따라 판단되며 고객 주문, 만기일, 가용 부품 등을 기반으로
어떤 작업이 반드시 실행돼야 하는지를 수립한다.

일반적으로 기술 분야 업무는 더 역동적이다. 많은 이해관계자의 요구
를 충족시켜야 하는 공유 서비스 팀은 훨씬 더 역동적이다. 그 결과 일상
업무는 가장 최신 우선순위의 지배를 받게 되며 티켓 시스템, 서비스 중단
알림, 이메일, 전화 통화, 챗 룸과 경영층의 업무 조정을 포함한 모든 커뮤

니케이션 메커니즘을 통해 긴급한 작업 요청을 받는 때가 많다.

생산 분야에서의 지연은 눈에 잘 띄며 많은 비용이 든다. 새로운 작업을 시작하기 위해 현재 작업을 폐기하거나 진행 중인 작업을 폐기해야 할 때도 많다. 생산 분야의 잦은 지연은 높은 수준의 노력으로 피할 수 있다.

그러나 기술 근로자를 방해하기는 쉽다. 생산성에 미치는 부정적 영향이 생산 분야보다 훨씬 광범위할 수는 있지만, 눈에 띄는 결과는 거의 없기 때문이다. 예를 들어 여러 프로젝트에 배정된 엔지니어의 업무를 태스크마다 전환해야 한다면, 인지적 규칙과 목표는 물론 컨텍스트를 재설정할 때마다 비용이 발생한다.

여러 연구에 따르면 기하학적 모양을 분류하는 것과 같은 간단한 작업도 멀티태스킹 상태일 때는 많은 시간이 걸렸다. 물론, 기술 가치 흐름에서의 작업은 기하학적 모양 분류보다 인지적으로 훨씬 더 복잡하기 때문에 멀티태스킹은 프로세스 타임에 더 부정적인 영향을 미친다.[1]

각 컬럼에 대한 WIP 제한 혹은 워크 센터의 컬럼 하나에 추가할 수 있는 카드 개수에 상한을 두도록 체계화하고 실행하는 것과 같이 작업 관리를 위해 칸반 보드를 사용하면 멀티태스킹을 제한할 수 있다.

예를 들어 테스트 작업의 WIP 한도를 세 장으로 설정할 수 있다. 테스트 열에 이미 세 장의 카드가 있다면 '작업 중' 열에서 카드 작업을 완료하거나, 다시 대기 열에 넣어 제거하지 않으면(즉, 카드를 다시 좌측 컬럼에 넣지 않으면) 새로운 카드를 추가할 수 없다. 모든 작업이 명확히 보이게 강제하려면 작업 카드에 표시되기 전까지 어떤 작업도 시작할 수 없다.

데브옵스 가치 흐름에서 칸반을 사용하는 선도적인 전문가이자 『업무 시각화』(에이콘, 2020)의 저자인 도미니카 드그란디스Dominica DeGrandis는 "대기 열 크기 WIP 제어는 대부분의 작업 항목과 함께 리드 타임에 대한 몇 가지 주된 지표 중 하나로, 매우 강력한 관리 도구다. 작업이 실제로 완료될 때까지 리드 타임이 얼마나 걸릴지 모르기 때문이다"라고 말했다.[2]

WIP를 제한하면 작업 완료를 방해하는 문제를 쉽게 발견할 수 있다.*
예를 들어 WIP를 제한하면 다른 누군가의 작업을 기다리고 있기 때문에
아무런 작업도 하지 못하고 있었다는 사실이 드러난다. 새로운 일을 시작
하는 것에 대한 유혹이 있을 수 있지만(즉 '아무것도 하지 않는 것보다는 낫다'),
지연을 유발하는 원인을 찾아 문제를 해결하는 것이 훨씬 더 좋은 방법이
다. 사람들이 여러 프로젝트에 배정되면 잘못된 멀티태스킹과 우선순위와
관련된 문제가 많이 발생한다. 이에 대해 『칸반』(인사이트, 2014)의 저자인
데이비드 앤더슨David J. Anderson은 "시작하지 말고, 끝내라Stop starting. Start finishing"
라고 말했다.[4]

배치 작업의 크기 줄이기

매끄럽고 빠른 작업 흐름을 생성하는 또 다른 핵심 요소는 배치 작업을 작
은 크기로 수행하는 것이다. 린 제조 혁명Lean Manufacturing Revolution 이전에는 작
업 설정이나 작업 전환에 오랜 시간이 걸리거나 비용이 많이 드는 운영 부
분을 큰 크기(또는 로트 크기)로 배치하는 것이 일반적이었다. 예를 들어 대
형 차체 패널을 생산하려면 크고 무거운 금형과 금속 스탬핑 머신을 설치
해야 하며, 해당 공정에 며칠이 소요될 수 있다. 전환 비용이 너무 비싸면
한 번에 많은 패널을 스탬핑해서 전환 횟수를 줄여야 한다.

그러나 큰 규모의 배치 작업은 WIP가 급격히 높아지고 전체 생산 공정
흐름의 가변성이 커진다. 그 결과 리드 타임이 길어지고 품질이 하락한다.
하나의 패널에서 문제가 발견되면 전체 배치 작업을 폐기해야 한다.

린 생산 방식의 핵심 교훈 중 하나는 리드 타임을 단축하고 품질을 높이
려면 배치 크기를 줄이는 노력을 지속적으로 기울여야 한다는 것이다. 배

---

* 토요타 생산 방식의 창시자인 오노 다이치(Taiichi Ohno)는 빠른 흐름을 방해하는 모든 문제점을 드러내기
위해 WIP 제한을 강화하는 것을 강에서 배수하는 것에 비유했다.[3]

치 크기의 이론적 하한선은 단일 조각 흐름Single-Piece Flow이며, 단일 조각 흐름에서 각 작업은 한 번에 한 단위가 수행된다.*

대규모 배치 작업과 소규모 배치 작업의 극적인 차이점은 제임스 워맥James P. Womack과 대니얼 존스Daniel T. Jones의 저서 『린 싱킹』(바다출판, 2006)의 내용 중 간단한 뉴스레터 메일링 시뮬레이션 사례에서 볼 수 있다.[5]

안내 책자 10부를 우편으로 보내는 작업에 (1) 종이접기, (2) 종이를 봉투에 넣기, (3) 봉투 봉인, (4) 스탬프 처리의 4단계가 필요하다고 가정해보자.

대규모 배치 전략, 다시 말해 '대량 생산Mass Production'은 안내 책자 각각에 대해 하나의 작업을 순차적으로 수행하는 것이다. 먼저 10장의 종이를 모두 접은 후 접은 종이를 각각의 봉투에 넣고 봉투를 모두 봉인한 다음 스탬프 처리를 한다.

소규모 배치 전략, 다시 말해 '단일 조각 흐름'에서는 각 안내 책자를 완성하는 데 필요한 모든 단계를 다음 안내 책자에 대한 작업을 시작하기 전에 순차적으로 수행한다. 한 장의 종이를 접어 봉투에 넣고 봉인한 후 스탬프 처리를 한다. 해당 프로세스를 모두 완료한 후에 다음 작업을 시작한다.

대규모 배치와 소규모 배치 사용에 따른 차이는 극적이다(그림 2.2 참조). 10개 봉투 각각에 대한 네 가지 작업에 10초가 걸린다고 가정하자. 대규모 배치 전략을 적용하면 처음으로 완료돼 스탬프 처리한 봉투는 310초 후 만들어진다.

더 나쁜 경우, 봉투 봉인 작업 중 종이를 접는 첫 번째 단계에 오류가 있음을 발견했다고 가정하자. 빨라도 200초 시점에 오류를 발견하고, 해당 배치 작업에서는 안내 책자 10부를 모두 다시 접어 봉투에 넣어야 한다.

---

* 배치 크기와 하나의 WIP 제한에 대한 참조 용어로 '하나의 배치 크기(batch size of one)' 또는 '1x1 흐름'이라고도 알려져 있다.

대규모 배치

단일 조각 흐름

그림 2.2 '봉투 게임' 시뮬레이션*

(출처: Stefan Luyten, 'Single Piece Flow', Medium.com, 2014. 8. 8.
https://medium.com/@stefanluyten/single-piece-flow-5d2c2bec845b.)

소규모 배치 전략을 사용하면 대규모 배치 전략을 사용할 때보다 8배 빠른 40초 만에 첫 번째로 스탬프 처리된 봉투가 생성된다. 첫 번째 단계에서 오류가 발생하면 해당 배치의 안내 책자 하나만 다시 작업하면 된다. 소규모 배치는 더 적은 WIP, 더 빠른 리드 타임과 신속한 오류 감지를 통해 재작업을 줄이는 결과를 가져온다.

기술 가치 흐름에서도 제조 분야만큼이나 부정적인 결과와 대규모 배치 전략 간 관계가 있다. 개발 팀이 한 해 동안 작업한 1년 치의 코드를 프로덕션 환경에 배포하는 소프트웨어 출시와 관련된 연간 일정이 있다고 생각해보자.

이런 대규모 출시는 제조 분야와 마찬가지로 갑작스럽고 높은 수준의 WIP와 모든 다운스트림 워크 센터의 막대한 혼란을 야기한다. 결과적으로 좋지 못한 작업 흐름과 품질 저하를 가져온다. 이것은 프로덕션 환경에 적용되는 변화의 양이 커질수록 프로덕션 오류의 진단과 수정이 어렵고, 오류를 해결하는 시간이 오래 걸린다는 사실을 입증한다.

에릭 리스Eric Ries는 'Startup Lessons Learned'라는 블로그 게시물에 다음과 같이 기술했다.

---

* 그림의 각 박스 안에는 Fold(접기), Insert(넣기), Seal(봉인), Stamp(스탬프 처리)의 첫 글자가 약어로 표현됐다. – 옮긴이

배치 작업의 크기는 개발(또는 데브옵스) 프로세스의 각 단계 사이에 작업 산출물이 이동하는 단위다. 소프트웨어의 경우, 가장 보기 쉬운 배치 작업은 코드다. 엔지니어가 코드를 체크인할 때마다 특정 양의 작업을 배치 처리한다. 지속적인 배포에 필요한 작은 배치부터 여러 개발자가 몇 주, 몇 달 동안 작업한 모든 코드에 대한 배치 작업을 통합하는 전통적인 브랜치 기반 개발에 이르기까지 배치 작업을 제어하는 기법은 많다.[6]

기술 가치 흐름에서의 단일 조각 흐름은 지속적인 배포를 통해 실현되고, 버전 관리 시스템에 커밋된 각각의 변경 사항은 통합 및 테스트돼 프로덕션 환경으로 배포된다. 이에 대한 프랙티스는 4부에서 설명한다.

핸드오프* 횟수 줄이기

기술 가치 흐름에서 배포 리드 타임이 몇 달로 길어지면 버전 관리 시스템에서 프로덕션 환경으로 코드를 이동시킬 때 수백 개에서 수천 개의 작업이 필요하다. 가치 흐름을 통해 코드를 전송하려면 기능 테스트, 통합 테스트, 환경 생성, 서버 관리, 스토리지 관리, 네트워킹, 로드 밸런싱 및 정보 보안을 비롯한 다수의 작업을 수행하는 다양한 부서가 필요하다.

작업이 팀에서 팀으로 넘어갈 때마다 요청, 지정, 신호, 조정 및 우선순위 지정, 일정 계획, 분쟁 회피, 테스트, 확인과 같은 유형의 의사소통이 필요하다. 이 과정에서 기술 명세서 작성과 회의, 이메일, 전화를 통한 커뮤니케이션 그리고 파일 시스템 공유, FTP 서버와 위키 페이지 사용과 같은 서로 다른 티켓 시스템이나 프로젝트 관리 시스템을 사용해야 할 수도 있다.

중앙 집중식 운영처럼 서로 다른 가치 흐름 사이에 공유되는 리소스에 의존해야 할 때 각 단계는 작업을 기다려야 하는 잠재적 대기열이다. 이런 요청에 대한 리드 타임은 때때로 길어지므로 필요한 일정 안에 업무를 수

---

* 이관 작업을 의미하며 일반적으로 추가 업무가 발생한다. – 옮긴이

행하려면 우선순위를 계속 높여야 한다.

최선의 상황에서도 핸드오프Handoff 작업 시에는 필연적으로 지식 일부가 손실된다. 필요 이상의 핸드오프로 인해 해결 중인 문제에 대한 컨텍스트나 지원을 받는 조직의 목표를 완전히 잃을 수 있다. 예를 들어 서버 관리자는 사용자 계정 생성을 요청하는 신규 티켓에 대해 어떤 애플리케이션과 서비스를 위한 것인지, 왜 계정을 생성해야 하는지, 전체적으로 어떤 의존성이 있는지, 실제로 반복되는 작업인지 등의 정보를 알지 못한 채 요청 내용만 보게 된다.

이런 유형의 문제를 해결하려면 업무의 상당 부분을 자동화하거나 팀을 재구성해야 한다. 이를 통해 해당 팀이 자체적으로 고객에게 가치를 제공할 수 있게 함으로써 핸드오프의 횟수를 줄여야 한다. 결과적으로 대기열에서 작업을 기다리는 시간뿐 아니라 부가 가치를 더하지 못하는 시간을 줄임으로써 흐름을 증가시킬 수 있다(부록 4 참조).

제약 조건을 지속적으로 확인하고 향상시키기

리드 타임을 줄이고 처리량을 높이려면 시스템의 제약 조건Constraint을 지속적으로 확인하고 작업 용량을 개선해야 한다. 골드랫*박사는 『Beyond the Goal』(Gildan Media, 2006)에서 "모든 가치 흐름에는 언제나 흐름의 방향과 제약 조건이 있다. 이런 제약 조건을 고려하지 않고 이뤄진 개선은 환상이다"라고 기술했다.[7] 병목 지점 이전에 있는 워크 센터를 개선하면 작업이 훨씬 더 빨리 쌓이고, 병목 지점인 워크 센터에서 작업이 수행되기를 기다려야 한다.

이와 반대로, 병목 지점 **이후에** 있는 워크 센터를 개선하면 병목 지점이 기아 상태로 유지되기에 이 지점이 없어지길 기다리면 된다. 골드랫 박사

---

* 엘리야후 골드랫은 이스라엘의 물리학자로 1984년 제약 조건 이론을 발표했다. – 옮긴이

는 이에 대한 해결책으로 '다섯 가지 집중 단계'를 정의했다.[8]

- 시스템의 제약 조건을 확인한다.
- 시스템의 제약 조건을 어떻게 활용할지 결정한다.
- 위 결정에 다른 모든 사항을 종속시킨다.
- 시스템의 제약 조건을 향상시킨다.
- 이전 단계에서 제약 조건이 제거됐다면 1단계로 되돌아간다. 단, 관성이 제약 조건을 발생시키지 않게 한다.

전형적인 데브옵스 트랜스포메이션에서 몇 달 혹은 몇 분기가 걸리던 리드 타임이 몇 분으로 개선됐듯이 제약 조건은 일반적으로 다음과 같은 과정을 따른다.

- **환경 생성**Environment Creation: 항상 프로덕션 환경과 테스트 환경을 몇 주에서 몇 달씩 기다려야 한다면 온디맨드On-demand(즉, 요청 즉시) 배포를 수행할 수 없다. 이에 대한 대책은 필요에 따라 완전하게 자체적인 작업이 기능한 환경을 생성함으로써 필요할 때 사용할 수 있게 하는 것이다.
- **코드 배포**Code Deployment: 프로덕션 코드를 배포할 때마다 몇 주에서 몇 개월이 걸린다면(다시 말해 최대 300명의 엔지니어가 관련된 1,300개의 수동 작업과 오류가 발생하기 쉬운 단계가 각각의 배포에 포함된다면) 온디맨드 배포를 수행할 수 없다. 이에 대한 대책은 어떤 개발자라도 자체 작업으로 배포를 완료할 수 있게 완전한 자동화를 목표로 가능한 한 많은 배포를 자동화하는 것이다.
- **테스트 설정 및 실행**Test Setup and Run: 코드를 배포할 때마다 테스트 환경과 데이터 세트 설정에 2주, 회귀 테스트Regression Tests를 수동 실행하는 데 4주가 더 걸린다면 온디맨드 배포를 수행할 수 없다. 이에 대한 대책은 테스트를 자동화해 배포를 안전하게 병렬로 진행함으로써 테스트 속도가 코드 개발 속도를 따라갈 수 있게 하는 것이다.

- **과도하게 튼튼한 아키텍처**Overly Tight Architecture: 과도하게 튼튼한 아키텍처로 인해 코드를 변경하려 할 때마다 엔지니어가 여러 위원회 회의에 참여해 해당 코드 변경을 위한 승인을 받아야 한다면 온디맨드 배포를 수행할 수 없다. 이에 대한 대책은 변경이 더 안전하고 자율적으로 이뤄지고 개발자의 생산성이 향상될 수 있는 느슨하게 결합한 아키텍처를 구축하는 것이다.

이런 제약 조건이 모두 제거된 후, 남은 제약 조건은 개발 팀이나 제품 관리자가 될 것이다. 우리 목표는 소규모 팀의 개발자들이 독립적으로 개발, 테스트, 배포를 수행해 고객에게 가치를 빠르고 신뢰할 수 있게 제공하는 것이므로 개발 팀이나 제품 관리자에게 제약 있기를 원한다. 성과가 높은 사람들은 개발, QA, 운영이나 정보 보안 등 소속과 관계없이 개발자의 생산성 극대화를 목표로 설정한다.

제약 조건이 개발 팀이나 제품 관리자라면 앞서 언급한 환경 생성, 코드 배포, 테스트 실행 및 설정, 타이트한 아키텍처(개발 팀 자체적으로 해결이 어려운 사항)에 의해 개발자의 생산성이 제한되지 않고, 개발하는 데 필요한 비즈니스 가설과 이를 실현할 수 있는 능력(개발 팀 자체적으로 해결 가능한 사항)에 제한을 받는다.

위에 열거한 제약 조건의 처리는 전형적인 전환 작업의 일반화다. 가치 흐름 매핑과 측정을 통한 제약 조건의 확인처럼 실제 가치 흐름에서 제약 조건을 찾아내는 기술에 관해서는 나중에 자세히 설명한다.

가치 흐름에서 어려움과 낭비 제거하기

토요타 생산 시스템Toyota Production System의 선구자 중 하나인 시게오 신고Shigeo Shingo는 낭비가 비즈니스 실행 가능성에 가장 큰 위협이라고 믿었다. 린에서 통용되는 낭비의 정의는 '고객의 요구 이상으로 재료나 자원을 사용하고 비용을 지급하는 것'이다.[9] 시게오 신고는 제조 낭비의 일곱 가지 주요 유형을 재고Inventory, 과잉 생산Overproduction, 추가 공정Extra Processing, 운반 Transportation, 대기Waiting, 동작Motion 및 불량Defects으로 정의했다.

린에 관한 더 현대적인 해석은 '낭비 제거'가 모욕적이고 비인간적인 맥락을 가질 수 있다고 언급했다. 그래서 조직 전체의 목표 달성을 위해 낭비 제거 대신, 지속적인 학습을 통해 일상 업무에서의 어려움과 고통을 줄이는 것으로 목표가 재구성됐다. 이 책의 나머지 부분에서 '낭비Waste'라는 용어는 데브옵스의 이상과 원하는 결과가 일치하는 현대적 정의를 내포한다.

포펜딕 부부Mary and Tom Poppendieck는 『린 소프트웨어 개발의 적용』(위키북스, 2007)에서 소프트웨어 개발 흐름에서의 낭비와 어려움을 '결과에 영향을 미치지 않고 우회할 수 있는 활동처럼 고객에게 지연을 초래하는 모든 것'이라고 설명한다.[10] 포펜딕 부부가 책에서 명시한 낭비와 어려움의 범주는 다음과 같다.[11]

- **미완성 작업**Partially Done Work: 가치 흐름 내 작업 중 완료되지 않았거나(예: 검토되지 않은 요구 사항 문서 및 변경 순서) 대기열에 놓여 있는 모든 작업(예: QA 검토 및 서버 관리 티켓)이 포함된다. 미완성 작업은 시간이 지남에 따라 점차 쓸모가 없어지며 결국에는 가치를 상실한다.

- **추가 프로세스**Extra Processes: 프로세스 수행 중 고객에게 가치를 제공하지 않는 모든 추가 작업을 말한다. 다운스트림 워크 센터에서 사용되지 않는 문서나 산출물에는 가치를 부가하지 않는 리뷰나 승인이 포함될 수 있다. 추가 프로세스는 더 큰 노력이 필요하고 리드 타임을 증가시킨다.

- **추가 기능**Extra Features: 조직이나 고객에게 필요하지 않은 기능(예: 금 도금Gold plating*)을 서비스로 구현하는 것을 말한다. 추가 기능은 복잡도

---

* 소프트웨어 공학이나 프로젝트 관리에서 추가 기능을 위해 기존의 목적이나 수준을 넘어 계속 일하는 것을 의미한다. - 옮긴이

를 높이고 기능 테스트와 관리에 드는 노력을 증가시킨다.

- **작업 전환**Task Switching: 사람들이 여러 프로젝트와 가치 흐름에 배정돼 작업 사이의 컨텍스트 전환 및 의존성 관리가 요구되고, 가치 흐름에 부가적인 노력과 시간을 추가하는 것을 말한다.

- **대기**Waiting: 현재 작업을 완료할 수 있을 때까지 기다리게 만드는 작업 사이의 모든 지연을 말한다. 지연은 사이클 타임을 증가시키고 고객이 가치를 얻는 것을 방해한다.

- **동작**Motion: 하나의 워크 센터에서 다른 워크 센터로 정보와 자료를 이동시키기 위한 노력의 양을 말한다. 동작 낭비는 자주 소통해야 하는 사람들이 같은 장소에 있지 않을 때 발생할 수 있다. 핸드오프는 동작의 낭비를 유발하고 모호함을 해결하기 위해 추가 의사소통이 필요하다.

- **결함**Defects: 정보, 자료 및 제품이 부정확하거나 누락되면 낭비가 발생한다. 이런 문제를 해결하는 데는 노력이 필요하다. 결함 발생과 결함 감지 사이의 시간이 길어질수록 결함 해결이 더 어려워진다.

우리는 여기에 데이먼 에드워즈Damon Edward의 두 가지 낭비 유형을 추가한다.[12]

- **비표준 및 수동 작업**Nonstandard or Manual Work: 재구축되지 않은 서버, 테스트 환경 및 구성의 사용과 같이 외부의 비표준 작업이나 수동 작업에 의존하는 것을 말한다. 운영에 대한 모든 의존성은 자동화되고 자체 서비스화돼야 하며 필요할 때 이용할 수 있어야 한다.

- **용단**Heroics*: 조직이 목표를 달성하는 과정에서 개인과 팀은 일상 업무의 일부가 될 수도 있는 불합리한 일을 수행해야 할 때도 있다(예: 오전 2시에 프로덕션에서 문제 발생, 모든 소프트웨어 출시의 일부로 수백 개

---

* '용단'은 포펜딕 부부가 정의한 낭비 카테고리에 포함되지 않지만, 공유 운영 서비스(Operation Shared Services)에서 빈번하게 발생하는 빈도를 고려해 이 책에서는 포함한다. – 옮긴이

의 작업 티켓 생성).

우리의 목표는 용단이 필요하다고 생각되는 모든 부분에서 낭비와 어려움을 시각화하는 것이다. 빠른 흐름이라는 목표를 달성하기 위해 이런 부담과 고난을 완화하고 제거하려면 필요한 사항을 체계적으로 이행해야 한다.

➤ 사례 연구: 2판 추가

헬스케어에서의 흐름과 제약 사항 관리(2001)

데브옵스와 제약 사항 관리 이론은 소프트웨어 개발이나 물리적 제조에만 국한되지 않는다. 사실 대부분 상황에 적용할 수 있다. 헬스케어 산업에서의 한 사례를 소개한다. 19년 이상 응급의사로 일하고 있는 크리스 스트리어 박사가 '데브옵스 엔터프라이즈 서밋 2021'에서 언급한 내용이다. 그는 흐름을 활용해 환자와 관련된 결과물을 개선한 경험담을 들려줬다.[13]

> 2007년을 전후해 우리 병원은 고군분투 중이었다. 흐름에는 믿을 수 없을 정도로 많은 문제가 있었다. 응급 환자들은 응급 담당 부서에서 몇 시간, 때로는 며칠 동안 빈 침대를 기다리며 전전긍긍해야 했다.
>
> 환자들로 가득 차 혼잡해진 병원은 흐름이 막혔다. 앰뷸런스를 담당하는 응급 부서는 한 달 평균 근무시간이 60시간에 달했다. 이는 응급 부서에서 더 아픈 환자들에게 신경을 쓰지 못했다는 의미이기도 하다. 어떤 달에는 이동하는 데만 200시간을 소요했다.
>
> 끔찍한 일이었다. 간호사 인원을 유지하기가 가장 어려웠다. 열악한 업무 환경에서 하나둘 떠나기 시작하는 간호사들을 더는 붙잡을 수 없었다. 우리는 임시 간호사, 간호사 연계 에이전시, 파트타임 간호사에 의존해 부족 인원을 간신히 메웠다. 이렇게 채용한 간호사들은 대부분 경험이 부족해 응급 상황 대응력을 기대할 수 없었다. 매일 출근하면서 위험을 느꼈고, 환자들을 돌보면서도 위

험을 느꼈다. 그저 나쁜 일이 일어나기만 기다리는 꼴이었다.

병원장도 사태의 심각성을 깨달았다. 곧바로 흐름 위원회를 소집했고, 다행히도 나는 그 위원회에 포함됐다.

(변화는) 전환적이었다. 1년 만에 기본적으로 앰뷸런스 이동을 없앴다. (앰뷸런스 이동에 드는 시간을) 한 달에 60시간에서 45분으로 줄였다. 입원 환자의 입원 기간을 개선했다. 환자가 응급실에서 보내는 시간을 줄였다. 대기 시간이 너무 길어서 응급실 입실 전에 떠나는 환자들을 사실상 제거했다. 이 모든 과정에서 규모, 앰뷸런스 교통량, 수속 절차에 걸리는 시간을 기록했다.

(전환 결과는) 놀라웠다. 환자들을 더욱 잘 보살필 수 있었고 전보다 더 안전했다. 환자들을 보살피는 게 수월해짐을 느껴졌다. 실제로 임시 간호사의 고용을 중단해도 될 만큼 놀라운 전환이었다. 응급 부서에서 일할 수 있을 만큼 실력 있는 전문 응급 간호사들로 부족 인원을 채울 수 있었다. 이후 우리 부서는 포틀랜드와 밴쿠버 지역에서 응급 간호사들이 가장 일하고 싶어 하는 곳이 됐다.

솔직히 그 이후에도 이처럼 멋진 곳에서 일해보지 못했다. 수만 명의 환자를 편안하게 돌볼 수 있었고, 병원에서 근무하는 수백 명의 헬스케어 근로자의 삶을 개선했다.[14]

그렇다면 이들은 이 전환점을 어떻게 관리했을까? 크리스는 『The Goal』을 소개했다. 그는 제약 사항 관리에 깊은 감명을 받았고 그 방법을 적용해 병원의 흐름 문제를 해결했다.

차이가 무엇인지 계속 고민했다. 모든 답을 얻지는 못했지만, 일부 경향을 발견했다. 몇 가지 주제가 반복되고 있었다. 리더는 흐름의 중요성을 말뿐 아니라 행동으로 나타내야 한다. 탁상공론으로 끝낼 게 아니라 실천으로 옮겨야 한다. 그러나 많은 리더가 그렇게 하지 않는다.

이를 실행에 옮기려면 대역폭Bandwidth을 만들어야 해서다. 병원의 리더가 매일매일 변화를 만드는 사람은 아니다. 리더가 해야 할 일은 변화를 주도하는 사람들에게 충분한 공간과 업무를 주는 것이다. 15개의 프로젝트와 일일 15개의 위원회 회의에 참여해야 하는 간호 관리자에게 리더가 입으로 전달하는 "흐름이 중요하다"라는 말은 도움이 되지 않는다. 처리해야 할 16번째 과제, 참여해야 할 16번째 회의가 될 뿐이다.

16번째 프로젝트에 참여할 여유가 없는 관리자도 있다. 리더의 역할은 정말 중요한 일, 기다릴 수 있는 일, 다음 순위로 미룰 수 있는 일을 구분하고 다른 사람들이 일할 수 있도록 과제나 회의 일부를 정리하는 것이다. 이로써 업무 효율성이 높아질 뿐 아니라 이 새로운 프로젝트, 즉 '흐름'이 가장 중요한 작업이라는 메시지를 실질적이고 가시적으로 전달해 체감할 수 있게 만든다.

사일로를 허물어야 한다. 여러분은 시스템을 통해 흐름을 본다. 입원실이나 응급 부서의 흐름을 보는 게 아니다. 각 부서를 개별적으로 보면 경쟁적 이해관계에 있다. 환자를 응급실에서 입원실로 옮기면 입원 부서의 업무가 생성된다. 여러분은 병원 전체에서 사람들에게 각기 다른 인센티브를 제공하고 있다.

흐름을 개선하는 방법을 논의할 때 누군가 '아니오'라고 말해도 멈추면 안 된다. '아니오'가 맺음말이 되지 않게 해야 한다. 우리가 흔히 듣는 말 하나가 "그건 우리가 해 오던 방법이 아니라서 할 수가 없다!"이다. 정말 한심하기 짝이 없는 말이다. '아니오'라는 대답은 시도할 수 있는 다른 아이디어가 있을 때만 가능하다. 아무리 형편없는 아이디어라도 다른 아이디어가 없다면 그때 선택할 수 있는 최선이자 시도할 수 있는 유일한 방안이 되기 때문이다.

리더는 자신이 올바른 대상을 측정하고 신중하게 보상하는지 확인해야 한다. 무슨 뜻인지 이해되는가? 병원 환경에서는 각 부서의 일만으로 측정(평가)하고 보상하기 때문에 일부 사일로가 발생한다. 사람들은 평가와 보상 체계에 따라 움직인다. 환자와 병원 시스템에 이롭다면 응급 부서의 흐름을 개선하는 것이 바람직하다. 다른 부서에 부담을 주고 해당 부서의 성과 지표가 악화되더라도 병원 전체의 흐름이 개선된다면 괜찮다. 개별 부서의 흐름보다는 병원 전체의 흐름이 중요하기 때문이다.

측정하는 것이 전체 목표에 부합하는지 명확히 확인하라. 사람들이 적절하게 보상받도록 하고 시스템의 흐름 개선이라는 명제 아래 불공평하게 마비되지 않도록 해야 한다. 부서가 아닌 시스템을 생각하는 게 중요하다..

우리가 상황을 만든 방법은 모두 인위적이며 결과적으로 제약이다. 물리 법칙에 따른 것이 아니다. 명심하라. 무언가 다르게 하는 불확실성에서 수많은 저항이 들이닥친다.

특정한 방식으로 일한 경험이 없어서 불가능하다고 여기는 사람도 있다. 하지만 우리가 이 모든 것을 만들어냈다. 치료에 대한 몸의 반응은 인공적으로 이뤄지지 않는다. 그것은 자연법칙이다. 하지만 환자를 둔 자리, 환자를 책임지는 사람들, 환자를 한 부문에서 다른 부문으로 옮기는 방법 등은 우리가 만들고 고착화한 부분이다. (그러므로) 이 모든 것은 조정 가능하다.[15]

이 사례 연구는 골드랫의 제약 이론과 집중의 다섯 단계를 사용해 제약 사항을 식별하고 결과적으로 흐름을 개선하는 모습을 구체적으로 보여준다. 병원 시스템 내 사람들의 흐름을 통해 이 이론이 제조나 소프트웨어 개발뿐 아니라 모든 환경에 적용될 수 있음을 알려준다.

결론

기술 가치 흐름을 통한 흐름 개선은 데브옵스의 성과를 달성하는 데 필수적이다. 우리는 업무 시각화, WIP 제한, 배치 크기와 이관 횟수 줄이기, 제약 조건의 지속적인 확인과 향상 그리고 일상 업무에서의 어려움 제거를 통해 흐름을 개선한다.

데브옵스 가치 흐름에서 빠른 흐름을 달성하는 프랙티스에 관해서는 4부에서 설명한다. 3장에서는 '두 번째 방법: 피드백 원칙'을 살펴본다.

3

두 번째 방법: 피드백 원칙

첫 번째 방법에서는 작업 흐름을 좌측에서 우측으로 신속하게 처리할 수 있는 원칙을 설명했다. 두 번째 방법에서는 가치 흐름의 모든 단계에서 우측에서 좌측으로 상호 간 신속하고 지속적인 피드백을 가능케 하는 원칙을 설명한다. 우리 목표는 더 안전하고 탄력적인 작업 시스템을 만드는 것이다.

이런 목표는 복잡한 시스템에서 작업할 때 특히 중요하다. 일반적으로 오류를 감지하고 수정할 수 있는 가장 좋은 기회는 생산 근로자가 작업 중 상해를 당하거나 원자로 붕괴와 같은 치명적인 사고가 발생하는 경우다.

기술 분야의 작업은 치명적인 재앙 발생 위험이 복잡한 시스템에서 이뤄진다. 제조 분야와 마찬가지로 대규모 프로덕션 중단이나 고객 데이터 유출로 인한 보안 위반과 같은 커다란 실패가 발생할 때만 문제를 발견할 수 있다.

피드백 루프와 피드포워드 루프를 포함하는 가치 흐름과 조직을 통해 고품질의 정보 흐름을 더 빠르고 자주 생성하면 더 안전한 작업 시스템을 만들 수 있다. 이렇게 하면 문제의 크기가 작고, 적은 비용으로 쉽게 수정할 수 있을 때 문제를 감지하고 해결할 수 있다. 더 큰 문제가 발생하지 않도록 예방할 수 있으며 향후 작업에 적용할 수 있는 조직적 학습을 생성할 수도 있다. 다시 말해 실패나 사고가 발생하면 이를 처벌과 비난의 원인이 아닌 학습의 기회로 받아들여야 한다. 이 모든 사항을 이루기 위해 복잡한 시스템의 본질을 살펴보고 시스템을 보다 안전하게 만드는 방법을 살펴보자.

복잡한 시스템에서 안전하게 작업하기

복잡한 시스템의 특징 중 하나는 시스템 전체적으로 모든 요소가 어떻게 들어맞는지 한 사용자만의 능력으로는 확인이 어렵다는 점이다. 복잡한 시스템은 일반적으로 컴포넌트 간 상호 연결성이 높으며, 시스템 수준의 동작은 시스템 구성 요소의 동작 측면만으로 단순하게 설명할 수 없다.

찰스 페로Charles Perrow 박사는 쓰리 마일 섬Three Mile Island의 원자력 발전소 사고*에 관해 연구했다.[1] 그리고 원자로가 모든 상황에서 어떻게 동작하고 실패하는지에 대해 사실상 이해할 수 없다는 결론에 도달했다. 하나의 컴포넌트에서 문제가 발생했을 때 다른 컴포넌트와 격리하기가 쉽지 않았다. 이 문제는 예측하기 어려운 방식으로 가장 취약한 경로를 통해 빠르게 퍼져 나갔다.

안전 문화의 핵심 요소를 체계화한 시드니 데커Sidney Dekker 박사는 복잡한 시스템의 또 다른 특징을 발견했다. 같은 일을 재차 반복하는 이유는 예측할 수 없거나 반드시 동일한 결과가 도출되는 게 아니어서다.[2] 복잡한 시스템은 특히 동작을 예측하기가 어려워서 정적인 체크리스트나 모범 사례가 별 도움이 되지 않는다(부록 5 참조).

복잡한 시스템에는 피할 수 없는 오류가 내재돼 있다. 제조나 기술 등 분야를 불문하고 작업 수행에 두려움이 따르는 이유다. 근로자 상해, 제품 결함, 고객에 대한 부정적인 영향과 같은 치명적인 결과가 발생하기 전에 어떠한 오류라도 빠르게 감지할 것이라고 확신할 수 있는 안전한 작업 시스템을 설계해야 한다.

스티븐 스피어 박사는 하버드 경영대학원 박사 논문에서 토요타 생산 시스템 이면의 인과적 메커니즘을 풀어냈다. 그리고 완벽하게 안전한 시스템

---

* 1973년 3월 28일 미국 펜실베이니아주 도핀 카운티에 있는 쓰리 마일 섬 원자력 발전소 2호기에서 발생한 원자로 용해 사고. 미국 원자력 산업 역사상 가장 심각했던 사고다(https://en.wikipedia.org/wiki/Three_Mile_Island_accident 참조). – 옮긴이

의 설계는 우리 능력을 벗어나는 일일 수 있지만, 다음과 같은 네 가지 조건을 만족하면 복잡한 시스템에서 더 안전하게 작업할 수 있다고 기술했다.[3]*

- 복잡한 작업이 관리됨에 따라 설계 및 운영상 문제점이 드러난다.
- 문제점이 넘쳐나고 해결됨으로써 새로운 지식을 빠르게 구축할 수 있다.
- 새로운 지역적 지식을 전사적으로 활용한다.
- 리더는 이런 유형의 역량을 지속적으로 성장시키는 또 다른 리더를 만든다.

복잡한 시스템에서 안전하게 작업하려면 이런 역량이 필요하다. 다음 절에서는 첫 번째 역량과 두 번째 역량 및 중요성을 설명하고, 다른 도메인에서는 이런 역량이 어떻게 생성됐으며, 어떤 프랙티스가 기술 가치 흐름에서 이런 역량을 활성화할 수 있는지를 설명한다(세 번째와 네 번째 역량은 4장에서 설명한다).

문제를 발생 시점에 확인하기

안전한 작업 시스템에서는 설계와 운영에 대한 가정을 지속적으로 테스트해야 한다. 우리 목표는 가능한 한 많은 영역에서 더 빠르고, 적은 비용으로 많은 인과 관계를 밝혀내고 시스템의 정보 흐름을 증가시키는 것이다. 여러 가지 가정 중 불필요한 가정을 많이 걸러낼 수 있다면 문제를 찾고 수정할 수 있는 속도가 빨라지고, 탄력성과 민첩성을 얻을 수 있으며, 학습하고 혁신할 수 있는 능력을 증진할 수 있다.

문제를 빠르게 찾아 수정하고 학습 및 혁신하는 능력은 작업 시스템에

---

* 스피어 박사는 토요타 공급자 네트워크, 알코아(Alcoa) 및 미 해군 원자력 추진 프로그램(US Navy's Nuclear Power Propulsion Program)과 같이 다른 조직의 지속 가능한 성공을 설명하기 위해 연구 범위를 확장했다.[4]

피드백과 피드포워드 루프를 생성할 수 있다. 피터 센게Peter Senge 박사는 『학습하는 조직』(에이지21, 2014)에서 피드백 루프를 학습 조직과 시스템 사고의 중요한 부분으로 설명했다.[5] 피드백 및 피드포워드 루프는 시스템 내 컴포넌트가 서로 보완하거나 대응하게 만든다.

제조 분야에서는 효과적인 피드백의 부재가 품질 문제와 안전 문제의 주요 원인이 되기도 한다. GM 프리몬트 제조 공장 사례가 이를 입증한다. GM 프리몬트의 조립 공정에는 문제를 감지하는 효과적인 절차가 없었을 뿐 아니라 문제 발견 시 수행해야 할 작업에 대한 명시적인 절차도 없었다. 그 결과 엔진이 역방향으로 설치되거나, 차량에 핸들 또는 타이어가 빠지거나, 시동이 걸리지 않는 등 문제 차량이 발생해 생산 라인에서 빼내야 했다.[6]

이에 반해 높은 성과를 내는 생산 시설에서는 가치 흐름 전반에 걸쳐 신속하고 빈번하게 높은 품질의 정보 흐름이 나타난다. 모든 작업 시설은 측정과 모니터링을 통해 결함이나 심각한 편차를 빠르게 발견하고 처리한다. 이것은 품질과 안전, 지속적인 학습과 개선의 기초가 된다.

기술 가치 흐름에서는 빠른 피드백의 부재로 형편없는 결과가 나타날 때도 있다. 예를 들면 폭포수 개발 방식의 소프트웨어 프로젝트에서 1년 동안 개발한 코드의 품질 관련 피드백을 테스트 단계가 시작될 때까지 받지 못하는 경우가 있다. 더 심한 경우에는 고객에게 출시될 때까지도 피드백을 받지 못하기도 한다. 이 정도로 피드백이 지연되고 빈도가 낮으면 바람직하지 않은 문제를 예방하기가 어렵다.

우리의 목표는 제품 관리, 개발, QA, 정보 보안, 운영을 아우르는 기술 가치 흐름의 모든 단계에서 작업을 수행할 때마다 빠른 피드백 루프와 피드포워드 루프를 생성하는 것이다. 이는 자동화된 빌드, 통합, 테스트 프로세스를 생성하는 역할도 한다. 따라서 올바른 기능과 배포 가능한 상태를 벗어나는 변경 상황이 발생하면 곧바로 감지할 수 있다.

또한 퍼베이시브 텔레메트리를 생성해 모든 시스템 컴포넌트가 프로덕션 환경에서 동작하는 방법을 확인할 수 있다. 만약, 컴포넌트가 예상대로 동작하지 않는다면 이를 빠르게 감지한다. 텔레메트리를 통해 원하는 목표를 달성하고 있는지 측정할 수도 있다. 텔레메트리는 전체 가치 흐름에서 나오기 때문에 우리 행동이 시스템의 다른 부분에 어떻게 영향을 미치는지를 전체적으로 확인할 수 있다.

피드백 루프는 문제의 신속한 탐지와 복구를 가능하게 할 뿐 아니라 향후 같은 문제가 발생하는 것을 방지하는 방법도 알려준다. 이를 통해 작업 시스템의 품질과 안전성이 높아지고 조직 학습이 생성된다.

피보탈 소프트웨어Pivotal Software, Inc.의 엔지니어링 부사장이자 『탐험적 테스팅』(인사이트, 2014)의 저자인 엘리자베스 헨드릭슨Elisabeth Hendrickson은 다음과 같이 말했다. "품질 엔지니어링 팀을 맡고 있을 때 나는 '피드백 사이클 생성하기'가 내 업무라고 설명했다. 피드백은 우리가 작업을 조정할 수 있게 해주므로 매우 중요하다. 우리는 고객의 요구, 서비스나 제품의 의도와 구현 사이에서 계속 검증해야 한다. 테스트는 여러 종류의 피드백 중 하나일 뿐이다."[7]

지속적인 학습

피드백 유형과 사이클 타임

엘리자베스 헨드릭슨은 2015년 데브옵스 엔터프라이즈 서밋 발표에서 소프트웨어 개발의 피드백을 여섯 가지 유형으로 구분했다.[8]

- 개발자 테스트(Dev Tests): 프로그래머로서 내가 의도했던 코드를 올바르게 작성했는가?

- 지속적 통합과 테스팅(Continuous Integration(CI) and Testing): 프로그래머로서 내가 의도했던 코드를 올바르게 작성하면서 코드에 대한 기존 기대 요소를 위반하지는 않았는가?

- 탐색적 테스팅(Exploratory Testing): 의도하지 않은 결과를 초래하지 않았는가?

- 인수 테스팅(Acceptance Testing): 내가 요구한 기능을 얻었는가?

- 이해관계자 피드백(Stakeholder Feedback): 팀으로서 올바른 방향으로 가고 있는가?
- 사용자 피드백(User Feedback): 우리는 고객이나 사용자가 사랑할 만한 무언가를 만들고 있는가?

각 유형의 피드백을 수집하는 데 걸리는 시간은 조금씩 다르다. 이를 중심선이 같은 일련의 원으로 생각해 보자. 가장 짧은 피드백 루프는 개발자의 머신(로컬 테스트, 테스트 주도 개발 등)에 있고, 가장 긴 피드백 루프는 사이클의 최종 순간에 돌아오는 고객이나 사용자 피드백이 된다(그림 3.1 참조).

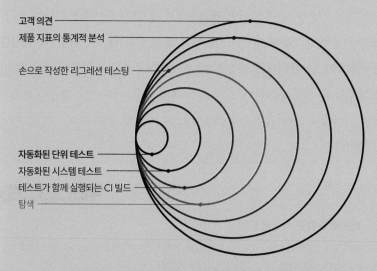

그림 3.1 피드백 사이클 타임

(출처: Hendrickson, Elisabeth. 'DOES15—Elisabeth Hendrickson—It's All About Feedback', Posted by DevOps Enterprise Summit, 2015. 11. 5, YouTube video, 34:47, https://www.youtube.com/watch?v=r2BFTXBundQ.)

스워밍과 문제 해결을 통한 새로운 지식 축적

예상치 못한 상황이 발생했을 때는 문제를 감지하는 것만으로 부족하다. 문제가 발생하면 스워밍^{Swarming}*해서 문제 해결에 필요한 사람을 동원해야 한다.

스피어 박사에 따르면 스워밍의 목적은 문제가 확산하는 것을 방지하고, 문제를 진단하고 해결해 재발을 막는 것이다. 이에 대해 그는 다음과 같이 말한다. "문제를 스워밍하면 업무 수행을 위한 시스템 관리 방법과 관련된 심오한 지식을 축적할 수 있다. 또한 현재 작업의 앞 단계와 관련 있어 필요하지만 잘 이해할 수 없는 사항을 지식으로 전환할 수 있다."[9]

이런 원칙의 모범 사례로 토요타의 **안돈 코드**^{Andon Cord}를 들 수 있다. 토요타 생산 공장 내 모든 작업장에는 근로자와 관리자가 문제 발생 시 잡아당기는 코드가 있다. 부품에 결함이 있거나 필요한 부품을 사용할 수 없을 때, 작업 시간이 서류상 예정된 시간보다 오래 걸릴 때 코드를 잡아당긴다.†

안돈 코드가 당겨지면 팀장이 알림을 받고 곧바로 문제 해결에 착수한다. 특정 시간(예: 55초) 안에 문제가 해결되지 않으면 생산 라인이 중단되고 대응책이 마련될 때까지 조직 전체가 동원되기도 한다.

문제를 회피하며 일하거나 '나중에 시간이 날 때' 문제 해결을 위한 일정을 잡지 말고, 문제를 즉시 고치기 위해 스워밍해야 한다. 이것은 앞서 설명한 GM 프리몬트 공장 사례와 상반된다.

스워밍이 필요한 이유는 다음과 같다.

- 문제가 다운스트림으로 전파되는 것을 방지한다. 복구에 드는 비용과 노력이 기하급수적으로 증가하고 기술 부채가 누적될 수 있기 때

---

* 사전적 의미는 곤충이 떼지어 다니는 것을 의미하지만, 군사 용어로는 벌떼처럼 무질서하게 산재해 있다가 목표가 정해지면 그 목표를 집중적으로 공격하는 전술을 뜻한다. 스워밍은 하나의 전략 또는 기법으로 군사, 정치, 경영, 통신 등 다양한 분야에서 연구 및 활용되고 있다. – 옮긴이

† 일부 공장은 코드 대신 안돈 버튼을 사용하도록 변경했다.

문이다.

- 워크 센터에서 새로운 작업이 시작되는 것을 방지한다. 시스템에 새로운 오류가 발생할 가능성이 있기 때문이다.
- 문제가 해결되지 않으면 워크 센터의 다음 공정(예: 55초 후)에 동일한 문제가 발생해 더 많은 수정과 작업이 필요할 수도 있다(부록 6 참조).

스워밍 프랙티스는 의도적으로 한 부분의 문제가 전체 작업에 혼란을 주는 것을 허용함으로써 일반적인 관리 프랙티스에 반하는 것처럼 보인다. 그러나 스워밍은 학습을 가능하게 하며, 기억과 환경 변화로 인한 중요한 정보의 손실을 방지한다. 정보 손실 방지는 사람, 프로세스, 제품, 장소나 환경의 예상치 못한 상호 작용으로 문제가 자주 발생하는 복잡한 시스템에서 특히 중요하다. 시간이 지날수록 문제 발생 당시의 진행 상황을 정확하게 재구성할 수 없게 된다.

스피어 박사가 강조했듯, 스워밍은 실시간 문제 인식, 진단 및 치료(제조업계에서 쓰이는 용어로 대책이나 시정 조치를 뜻함)의 훈련된 사이클이며 에드워즈 데밍Edwards Deming에 의해 대중화됐다. 이것은 속도를 높이기 위해 가속된 슈하트Shewhart 사이클(계획Plan-실행Do-확인Check-조치Act)PDCA의 규율 중 일부다.[10]

라이프 사이클의 초기에 발견된 사소한 문제가 커지지 않게 막을 수 있는 것은 스워밍뿐이다. 다시 말해, 원자로가 녹아내릴 때는 최악의 결과를 피하기에 너무 늦었다는 얘기다.

기술 가치 흐름에서 빠른 피드백을 만들려면 안돈 코드와 같은 스워밍 대책을 마련해야 한다. 누군가 지속적인 빌드와 테스트 프로세스를 깨뜨리는 변경 사항을 적용하는 것처럼 가치 흐름의 초기에 오류를 발생시키거나 프로덕션 사고와 같은 문제가 발생했을 때 안돈 코드를 잡아당길 수 있는 안전한 문화를 만드는 것이 필요하다.

안돈 코드가 당겨지는 상황이 되면 문제 해결이나 이슈 처리가 완료될 때까지 신규 작업의 도입을 금지하고 스워밍해야 한다.* 이것은 가치 흐름 내 모든 사람(특히, 시스템 장애를 일으킨 사람)에게 빠른 피드백을 제공하며 문제를 신속하게 격리하고 진단할 수 있게 한다. 또한 추후 원인과 결과를 불분명하게 만들 수 있는 복잡한 요인을 제거하기도 한다.

신규 작업의 도입을 금지하면 기술 가치 흐름에서 '단일 조각 흐름'의 지속적인 통합과 배포를 할 수 있다. 지속적인 빌드와 통합 테스트를 통과한 모든 변경 사항은 프로덕션에 배포된다. 테스트 실패의 원인이 되는 변경 사항은 안돈 코드를 트리거하고 문제가 해결될 때까지 스워밍하게 된다.

> **➡ 사례 연구: 2판 추가**
>
> ### 엑셀라, 안돈 코드 당기기(2018)
>
> 엑셀라Excella는 IT 컨설팅 기업이다. 2019년 데브옵스 엔터프라이즈 서밋에서 스크럼 마스터인 잭 에이어스Zack Ayers와 시니어 개발자인 조슈아 코헨Joshua Cohen은 안돈 코드를 사용해 사이클 타임을 줄이고 협업을 개선하며 높은 심리적 안전성을 달성한 실험을 주제로 발표했다.[11]
>
> 엑셀라는 팀 회고Retrospective를 통해 사이클 타임이 증가하고 있음을 알아챘다. 그들은 조슈아 코헨이 '거의 완료됨Almost done'이라고 표현한 상황을 겪고 있었다. 코헨은 다음과 같이 설명했다. "스탠드업을 하면서 개발자들은 전날 작업한 기능에 관한 내용을 업데이트한다. 그들은 '어제 많은 진척이 있었다. 거의 완료했다'라고 말한다. 그리고 다음 날 스탠드업에서 '어제 몇 가지 이슈를 발견했고 그것을 처리하고 있다. 몇 가지 테스트만 남았다. 거의 완료했다'라고 말한다."[12]

---

* 놀랍게도 공장 관리자는 안돈 코드의 당김 횟수가 감소할 때 더 많은 학습과 개선을 지속한다. 이로써 아주 약한 실패 신호도 감지할 수 있게 돼 실제 허용 오차를 줄인다.

'거의 완료됨' 상황이 너무 자주 발생했다. 팀은 이 부분을 개선하기로 했다. 그들은 팀원들이 스탠드업과 같은 특정 시점에만 이슈를 들고 온다는 것을 알았다. 그리고 이런 이슈가 발생했을 때 다음 날의 스탠드업이나 특정 회의를 할 때까지 기다리지 않고 즉시 협업하는 형태로 바꾸기를 원했다.

팀은 안돈 코드의 아이디어를 적용해 실험하기로 했다. 준비한 두 가지 핵심 파라미터는 다음과 같다. (1) 코드가 '당겨지면' 모든 구성원은 작업을 멈추고 문제 해결책으로 향하는 방법을 식별한다. (2) 팀 구성원 중 누구라도 막히거나 팀의 도움이 필요하면 코드를 당길 수 있다.

물리적 끈이나 코드를 당기는 대신 슬랙Slack 안에 메타포 성격의 봇을 만들었다. 채팅 창에 누군가가 andon이라고 타이핑하면 봇은 @here로 팀 전체를 부른다. 거기서 끝이 아니었다. 이들은 'if/this/then/that'을 사용해 사무실 안의 빨간불을 회전시키고 전구를 켜서 '풍선' 인형이 춤추게 했다.

팀은 안돈 코드 실험을 측정하기 위해 성공의 핵심 지표로 사이클 타임의 감소뿐 아니라 팀의 협업 증진, 이슈가 발생했을 때 즉시 그것을 제거함으로써 '거의 완료됨'을 제거하는 데 집중했다.

2018년 실험 초기에 사이클 타임은 3일 전후였다. 몇 주가 지나고 안돈 코드가 당겨지기 시작하면서 사이클 타임이 살짝 줄어드는 게 보였다. 그들은 몇 주 후 안돈 코드를 당기는 것을 멈췄고, 사이클 타임은 거의 11일(가장 높은 수치)까지 다시 올라갔다.[13]

그들은 실험에서 일어난 일을 평가했다. 그리고 코드를 잡아당기는 것은 즐거웠지만 팀 구성원들이 도움 요청하기를 두려워하거나 다른 동료를 방해하지 않으려고 코드를 자주 잡아당기지 않았음을 알았다.

이를 완화하기 위해서 팀 구성원들이 언제 안돈 코드를 잡아당겨야 하는지를 다시 정했다. 팀 구성원의 작업이 막혔을 때가 아니라 **팀의 의견**이 필요할 때 코드를 잡아당기도록 했다.

이후 안돈 코드는 매우 많이 당겨졌고 사이클 타임도 현저하게 감소했다.

안돈 코드를 당기는 횟수가 줄어들 때마다 팀은 코드를 더 자주 당기게 하는 방법을 고안했으며 코드를 당기는 횟수가 늘어날 때마다 사이클 타임은 감소했다. 팀은 이 과정을 반복하고 결과적으로 안돈 코드 실험을 프랙티스로 만들었다. 또 프로젝트 전체에서 '안돈: 코드 레드Andon: Code Red'를 사용해 중요한 이슈를 보고하도록 확장했다.

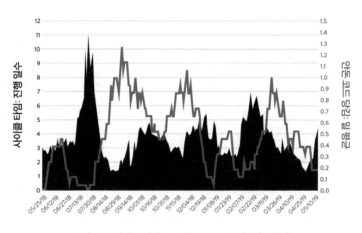

그림 3.2 사이클 타임 vs. 안돈 코드 당김 횟수(엑셀라)
(출처: Zach Ayers and Joshua Cohen, 'Andon Cords in Development teams—
Driving Continuous Learning', 라스베이거스에서 열린 '2019 데브옵스 엔터프라이즈' 발표,
https://videolibrary.doesvirtual.com/?video=504281981.)

안돈 코드는 사이클 타임을 줄임과 동시에 심리적 안전감도 높였다. 팀 구성원들은 목소리를 내며 창의적인 해결책을 제시했다.

엑셀라의 최고 기술 혁신 책임자Chief Technology and Innovation Officer이자 공동 창업자인 제프 갤리모어Jeff Gallimore는 다음과 같이 설명한다.

이 실험에서 얻은 반직관적 학습 중 하나는 개인의 생산성을 망가뜨리기 때문에 흐름을 방해하면 안 된다는 일반적인 믿음, 특히 개

발자와 엔지니어들의 강한 믿음에 도전했다는 것이다. 하지만 안
돈 코드의 역할이 바로 정확하게 팀의 흐름과 생산성을 높이는 것
이다.[14]

이 사례 연구는 국지적 이슈가 전체적 이슈로 바뀌기 전에 한데 모여 문제
를 해결하는 것의 놀라운 효과와 함께 안돈 코드 시스템을 창의적으로 통
합함으로써 사이클 타임을 줄이고 협업을 개선하는 것을 보여준다.

품질 활동을 원천에 더 가깝게 유지하기

우리가 사고나 사건에 무심코 대응하면서 불안한 작업 체계를 지속할 수
있다. 실제로 복잡한 시스템에 검사 단계와 승인 프로세스를 더 많이 추가
하면 미래의 실패 가능성이 커진다. 승인 프로세스의 효율성은 의사 결정
단계를 실제 작업 단계에서 멀리 떨어뜨릴수록 감소한다. 두 단계가 놓인
간격이 멀어질수록 의사 결정의 질이 낮아질 뿐 아니라 의사 결정의 주기
시간이 늘어나 원인과 결과 사이의 피드백 강도가 낮아지고, 성공과 실패
를 통한 학습 능력이 저하된다.*

이런 현상은 작고 덜 복잡한 시스템에서도 볼 수 있다. 하향식 관료주의
적 지휘와 통제 시스템이 비효율적이면 명확성과 적시성이 부족해진다.
'뭔가를 해야 하는 사람'과 '실제로 뭔가를 하는 사람' 사이의 편차가 너무
커지기 때문이다.

린 엔터프라이즈 Lean Enterprise에서 말하는 비효율적 품질 관리의 예는 다음
과 같다.[16]

---

* 1700년대 영국 정부는 매우 비효율적이라고 밝혀진 하향식 관료주의적 지휘나 통제의 극단적 사례에 개입
했다. 당시 조지아는 여전히 영국의 식민지였다. 영국 정부는 조지아에서 3,000마일이나 떨어져 있었고 현
지의 토지 화학, 암반, 지형, 용수 접근성과 기타 조건에 대한 지식이 부족했음에도 조지아의 전체 농업 경
제 계획을 시도했다. 결과는 참담했고 조지아는 식민지 중 발전 수준이 가장 낮았으며 아주 적은 인구만 남
게 됐다.[15]

- 업무를 수행하는 팀에 필요하며 쉽게 자동화하고, 필요에 따라 실행할 수 있는 작업을 다른 팀에게 미뤄서 지루하고 오류가 발생하기 쉬운 수동 작업 형태가 되게 만든다.
- 실제 작업과 멀리 떨어져 있는 사람에게 승인을 요구하거나, 업무나 잠재적 영향에 대한 지식 없이 의사 결정을 강요하거나, 자세한 검토 없이 단순히 승인 도장만 찍게 한다.
- 작성되고 나면 금방 쓸모가 없어지거나, 꼭 필요한지 의심스러운 세부 사항이 담긴 대량의 문서를 만든다.
- 대규모 배치 작업을 팀과 특별 위원회가 승인하고 처리하게 밀어붙인 후 응답을 기다린다.

이와 같은 비효율적 품질 관리 대신 일상 업무 수준에서 처리할 수 있는 문제를 찾고 수정하려면 가치 흐름에 있는 사람이 필요하다. 멀리 있는 임원의 승인에 의존하기보다는 업무가 수행되는 곳에서 품질과 안전에 대한 책임을 담당하고 의사 결정을 해야 한다.

동료 평가*를 통해 제안된 변경 사항이 설계대로 동작할 수 있는지 보장받는다. 일반적으로 QA 및 정보 보안 부서에서 수행하는 품질 검사를 최대한 자동화한다. 개발자가 테스트의 실행을 요청하거나 일정을 잡는 대신, 자신의 코드를 신속하게 테스트하고 변경 사항을 프로덕션 환경에 직접 배포할 수 있다.

이렇게 하면 품질과 관련된 책임이 전적으로 별도 부서의 것이 아닌, 모두의 책임이 되게 할 수 있다. 정보 보안이 단순히 정보 보안 부서만의 일이 아니듯 가용성 또한 운영 부서만의 일이 아니다.

개발자가 자신이 구축한 시스템의 품질에 대한 책임을 분담하면 성과가 향상될 뿐 아니라 학습도 가속화된다. 일반적으로 개발 팀은 고객에게서

---

* 시스템이나 시스템 컴포넌트 또는 소프트웨어 프로그램의 결함이나 개선 사항을 발견하기 위해 개발 당사자를 제외한 주변 동료가 시스템 문서 및 프로그램 코드를 검토 및 분석하고 개선 사항을 제안하는 작업을 의미한다. – 옮긴이

가장 멀리 떨어져 있기에 이런 사항은 특히 중요하다. 이에 대해 개리 그루버Gary Gruver는 "누군가 개발자에게 6개월 전에 망가뜨린 것을 두고 소리치며 나무란대도 개발자는 배울 수 있는 게 없다. 몇 달이 아니라 몇 분 안에 모두에게 신속히 피드백을 제공해야 하는 이유다"라고 말했다.[17]

다운스트림 워크 센터 최적화하기

1980년대 제조 가능성 원칙 설계Designing for Manufacturability Principles는 부품과 공정을 설계해 최고 품질의 완제품을 최소 비용과 빠른 흐름으로 생산할 수 있었다. 예를 들어 부품이 거꾸로 장착되는 것을 방지하기 위해 비대칭으로 설계하거나, 나사 조임쇠를 과도하게 조일 수 없도록 설계했다.

이것은 외부 고객에 중점을 둔 설계가 수행되는 방법에서 출발했지만, 제조 업무를 수행하는 내부 이해관계자는 간과한 전형적인 설계 방법이라고 할 수 있다.

린은 반드시 고려해야 할 두 가지 고객 유형을 외부 고객(우리가 제공하는 서비스의 비용을 지급할 의사가 있는 집단)과 내부 고객(다음으로 업무를 받아서 처리하는 집단)으로 정의한다. 린 방식에 따르면 가장 중요한 고객은 다음 단계의 다운스트림이다. 내부 고객을 위해 업무를 최적화하려면 신속하고 원활한 흐름을 방해하는 설계 문제를 더 잘 확인할 수 있도록 내부 고객 문제에 대한 공감대를 형성해야 한다.

기술 가치 흐름에서는 아키텍처, 성능, 안정성, 테스트 가능성, 구성 가능성, 보안과 같은 운영상 비기능 요구 사항이 사용자 기능만큼 높은 우선순위를 차지하도록 다운스트림 워크 센터에 대한 최적화를 해야 한다.

이를 통해 원천 품질을 생성하고 결과적으로 체계화된 비기능 요구 사항을 확보함으로써 구축된 모든 서비스를 능동적으로 통합할 수 있다.

결론

기술 가치 흐름에서 좋은 품질, 신뢰성과 안전성을 달성하기 위해서는 빠른 피드백이 중요하다. 문제가 발생했을 때 문제를 바로 확인하면 빠른 피드백이 가능하다. 빠른 피드백이 가능하게 하려면 문제를 스워밍해서 해결하고 소스에 가까운 영역에서의 품질을 추구하고 지속적으로 다운스트림 워크 센터를 최적화해야 한다.

데브옵스 가치 흐름에서 빠른 흐름을 가능하게 만드는 구체적 프랙티스에 관해서는 4부에서 설명한다. 4장에서는 '세 번째 방법: 지속적인 학습과 실험 원칙'을 살펴본다.

4

세 번째 방법: 지속적인 학습과 실험 원칙

첫 번째 방법은 작업 흐름을 좌측에서 우측으로 처리하고, 두 번째 방법은 상호 간 신속하면서도 지속적인 피드백을 우측에서 좌측으로 처리한다. 세 번째 방법은 지속적인 학습과 실험 문화를 생성하는 데 중점을 둔다. 이는 팀과 조직의 지식으로 확장되는 개인 지식의 끊임없는 생성을 가능하게 만드는 원칙이다.

일반적으로 시스템의 품질과 안전상 문제가 있는 제조 시설에서는 작업을 엄격하게 정의한 후에 시행한다. 예를 들어 3장에서 설명한 GM 프리몬트 공장의 근로자는 '무관심이라는 장벽에 쉽게 부딪히는' 상황에 대한 개선안이 없었고, 개선과 학습을 일상 업무와 통합할 수 있는 능력 또한 거의 없었다.[1]

이렇게 실수하는 근로자를 처벌하고 문제 제기하는 사람을 내부 고발자나 요주의 인물로 간주하는 환경에는 낮은 신뢰의 문화가 존재한다. 이런 일이 발생하면 경영자들은 학습과 개선을 요구하고 처벌하기도 한다. 그 결과 품질 문제와 안전 문제가 계속 발생한다.

이에 반해, 높은 성과를 내는 제조 시설에서는 적극적으로 학습을 장려한다. 작업 시스템은 엄격하게 정의돼 있지 않고 동적이다. 라인 근로자는 새로운 개선 사항을 도출하기 위해 작업 절차를 철저하게 표준화하거나 결과를 문서화해서 일상 업무에 적용한다.

기술 가치 흐름에서 우리 목표는 모두가 일상 업무에서 위험을 감수해야 하는 평생 학습자임을 강조하고, 높은 신뢰의 문화를 생성하는 것이다. 이를 위해서는 프로세스를 개선하고 제품을 개발할 때 과학적인 방법을 적용해야 한다. 또한 성공과 실패를 통해 어떤 아이디어가 효과가 있는지 파악하고, 효과가 있는 아이디어는 더욱 강화해 효과성을 높여야 한다. 지역적인 학습 사항은 전체적인 개선 사항으로 빠르게 바뀔 수 있으므로 전체 조직에 새로운 기술과 프랙티스를 사용할 수 있다.

지속적인 학습

지속적인 학습과 실험은 단순히 시스템의 성과를 향상시키는 데 그치지 않았다. 이 프랙티스들은 영감이 넘치고 보상을 주는 일터를 만들었으며, 그 안에서 우리는 동료들과 신나게 협업할 수 있었다.

「데브옵스 현황 보고서」에서 진행한 연구 결과는 설득력 있는 발견을 제시한다. 예를 들어 세 가지 방법의 프랙티스를 채용한 조직의 직원들은 소속 팀 또는 조직을 2.2배 더 추천했고, 더 높은 직업 만족도와 낮은 번아웃 수준을 보였다.

매킨지(McKinsey)가 최근 수행한 연구 결과에서도 문화·심리적 안전감(Psychological Safety), 협업(Collaboration), 지속적인 개선의 실천(Practicing Continuous Improvement)이 개발자의 벨로시티와 조직 가치의 핵심 견인 인자임을 알 수 있다.[2]

일상 업무를 개선하려면 별도의 시간을 투자해 학습을 보장하고 가속화해야 한다. 지속적인 개선을 위해 시스템에 끊임없이 스트레스를 가하고, 탄력성을 높이기 위해 통제된 조건에서 오류를 주입해 프로덕션 서비스의 실패를 시뮬레이션해야 한다.

이러한 지속적이고 역동적인 학습 시스템을 구축함으로써 팀은 끊임없이 변화하는 환경에 신속하게 적응할 수 있으며, 궁극적으로 시장에서 승리를 거둘 수 있다.

조직적 학습과 안전 문화 활성화하기

복잡한 시스템에서 작업할 때는 우리가 수행하는 모든 행동에 따른 결과를 완벽히 예측하는 것이 불가능하다. 예방 조치를 하고 신중하게 작업하는 일조차 예상치 못한 치명적인 결과나 사고가 발생할 수 있다.

이런 사고가 고객에게 영향을 미치면 우리는 사고가 발생한 이유를 이해하려고 노력한다. 경영진은 문제를 일으킨 직원의 '이름을 밝히고 비난하고 수치심을 주는 것'으로 사고에 대응하는 모습을 흔히 보인다.* 교묘하든 노골적이든 경영진은 오류를 범한 사람이 처벌받을 것이라는 사실을 알린다. 그런 다음, 오류의 재발 방지를 위해 더 많은 프로세스와 승인 과정을 만든다.

안전 문화에 대한 핵심 요소의 일부를 체계화하고 '공정한 문화Just Culture'라는 용어를 만든 시드니 데커 박사는 "사건이나 사고에 대한 대응이 부당하다고 생각되면 안전 조사는 방해받을 수 있다. 안전에 민감한 업무를 담당하는 사람들이 안전에 집중하게 하기보다는 공포를 조장할 수 있으며, 조직이 더 주의 깊게 행동하게 하기보다는 관료주의로 만들 수 있다. 그리고 전문적인 기밀 유지, 회피 및 자기방어가 심화된다"라고 말했다.[3]

이는 기술 가치 흐름에서 더욱 문제가 된다. 대부분 작업은 복잡한 시스템에서 수행되며 경영진이 고장과 사고에 대응하는 방법은 공포의 문화로 이어져 문제가 경영진에게 보고되지 않을 가능성이 커진다. 그 결과 문제는 치명적 사고가 발생할 때까지 드러나지 않고 남아 있게 된다.

론 웨스트럼Ron Westrum 박사는 안전과 성과에 대한 조직 문화의 중요성을 처음으로 관찰한 인물 중 한 명이다. 그는 의료 기관에서 '생성적' 문화의 존재가 환자의 안전에 대한 최고 예측 변수라는 사실을 밝혀냈다.[4] 웨스트

---

* '이름을 밝히고 비난하고 수치심을 주는(Name, Blame, Shame)' 패턴은 시드니 데커 박사가 비판한 '썩은 사과 이론(Bad Apple Theory)'의 일부로 그의 저서 『The Field Guide to Understanding Human Error』 (AshgatePub, 2006)에서 광범위하게 논의됐다.

럼 박사는 세 가지 유형의 문화를 다음과 같이 정의했다.[5]*

병리학적Pathological **조직:** 큰 두려움과 위협이 특징이다. 사람들은 정보를 비밀리에 축적하고 정치적인 이유로 이를 알려주지 않거나 자신을 포장하기 위해 정보를 왜곡한다. 또 실패를 숨기기도 한다.

관료주의적Bureaucratic **조직:** 규칙이나 프로세스가 특징이다. 때때로 개별 부서가 자신들의 '고유 영역'을 유지한다. 실패는 평가 시스템으로 처리되며 처벌이나 정의 또는 자비로 귀결된다.

생성적Generative **조직:** 조직의 사명을 더 잘 달성할 수 있게 정보를 적극적으로 찾고 공유하는 특징이 있다. 책임은 가치 흐름 전반에 걸쳐 분담되며 실패는 반성과 진정한 학습으로 이어진다.

웨스트럼 박사가 의료 기관에서 발견한 것처럼 높은 신뢰와 생성적 문화는 IT와 기술 가치 흐름 내 조직적인 성과에서 예측됐다.[6]

기술 가치 흐름에서는 안전한 작업 체계를 구축하려는 노력을 통해 생성적 문화의 토대를 마련한다. 사고나 고장이 발생하면 실수한 사람을 찾는 대신 사고가 재발하지 않도록 시스템을 다시 설계할 방법을 찾는다.

표 4.1 웨스트럼 조직 유형 모델: 조직의 정보 처리 방법

조직 유형별 정보 처리 방법

병리학적 조직	관료주의적 조직	생성적 조직
정보를 숨긴다.	정보가 묵살될 가능성이 크다.	정보를 적극적으로 찾는다.
정보 전달자는 '제거'된다.	정보 전달자는 용인된다.	정보 전달자를 훈련한다.
책임을 회피한다.	책임이 세분화된다.	책임을 분담한다.
팀 간 협력을 막는다.	팀 간 협력을 허용하지만 좌절시킨다.	팀 간 협력 시 보상한다.

---

* 웨스트럼 박사는 아이디얼캐스트(Idealcast) 팟캐스트에서 진 킴과의 인터뷰를 통해 생성적 문화에 관해 더 자세히 설명한다.

병리학적 조직	관료주의적 조직	생성적 조직
실패를 은폐한다.	조직은 공정하고 자비롭다.	실패는 학습으로 이어진다.
새로운 아이디어를 짓밟는다.	새로운 아이디어가 문제를 야기한다.	새로운 아이디어는 환영받는다.

(출처: Ron Westrum, 'A typology of organisation culture', BMJ Quality & Safety 13, no. 2 (2004), doi:10.1136/qshc.2003.009522.)

예를 들어 사고가 발생한 후에 '비난 없는 포스트모템(회고라고도 알려짐)'을 진행할 수 있다. 이를 통해 사고의 발생 원인을 가장 잘 이해하고, 시스템을 개선하기 위한 최선의 대응책이 무엇인지 합의할 수 있다. 이상적으로는 문제의 재발 방지와 신속한 감지 및 복구도 가능하다.

이를 통해 조직 학습을 생성할 수 있다. 포스트모템 기록을 돕는 도구인 모그Morgue*를 개발한 엣시의 엔지니어 베타니 마크리Bethany Macri는 "비난하지 않으면 두려움을 제거할 수 있다. 두려움이 없어지면 정직해질 수 있다. 정직해지면 예방이 가능하다"라고 말했다.[7]

스피어 박사는 "비난을 제거하고 그 자리에 조직 학습을 자리 잡게 하면 조직이 어느 때보다도 더 많은 자가진단을 통해 스스로 개선하며 문제를 감지하고 해결하는 데 능숙해진다"라고 말했다.[8]

센게 박사도 이런 속성 대부분을 학습 조직으로 설명했다. 센게 박사는 『학습하는 조직』에서 이런 특성이 고객을 돕고 품질을 보장하며, 경쟁 우위를 확보하고 활기차고 헌신적인 직원을 만들고, 진실을 밝혀낸다고 기술했다.[9]

일상 업무 개선을 제도화하라

팀 중에는 운영 중인 프로세스의 개선이 불가능하거나 개선을 원치 않는 일도 있다. 그 결과 현재의 문제로 계속 고통받을 뿐 아니라 시간이 지남에

---

* PHP 기반의 웹 애플리케이션으로 포스트모템 관리를 돕는 도구다. 자세한 내용은 다음 링크(https://github.com/Etsy/morgue)에서 확인할 수 있다. – 옮긴이

따라 고통이 가중된다. 마이크 로더는 토요타 카타에서 "개선이 없다면 혼란과 엔트로피로 인해 프로세스가 동일한 상태로 유지되지 않으며 시간이 흐르면서 질적으로 저하된다"라고 말했다.[10]

기술 가치 흐름에서 문제 해결을 회피하고 일상 작업에 의존하면 문제와 기술 부채가 누적된다. 이는 생산적인 업무 수행을 위해 남아 있는 개발 사이클 없이 재앙을 피하고 해결책을 실행할 때까지 이어진다. 이것이 바로 『Lean IT』(CRC Press, 2011)의 저자인 마이크 오젠Mike Orzen이 "일상 업무의 개선은 일상 업무보다 훨씬 더 중요하다"라고 말한 이유다.[11]

일상 업무를 개선하려면 기술 부채 청산, 결함 수정, 코드와 환경 문제 영역의 리팩토링 및 개선 시간의 명시적 확보가 필요하다. 개발 간격마다 개발 사이클을 확보하거나 엔지니어가 원하는 문제를 해결하기 위해 자발적으로 팀을 구성해 작업하는 기간인 **카이젠 블리츠**Kaizen Blitz* 일정을 계획하면 이를 실행할 수 있다.

이를 실천하면 모든 사람이 일상 업무 수행 시 통제 영역에서 문제를 발견하고 수정할 수 있다. 몇 달(또는 몇 년) 동안 일하면서 겪어온 일상적 문제를 해결하게 되면 덜 분명한 문제는 시스템에서 근절할 수 있다. 이렇게 점점 약해지는 실패 신호를 감지하고 대응하면 문제를 더 낮은 비용으로 더 쉽게 처리할 수 있고, 더 큰 문제로 악화되는 것을 방지할 수 있다.

1987년 78억 달러의 수익을 올린 알루미늄 제조 회사 알코아의 업무 현장 안전 개선 사례를 살펴보자. 알루미늄을 제조하려면 극도의 고온, 고압, 부식성 화학 물질이 필요하다. 1987년 알코아는 매년 9만 명의 직원 중 2%, 매일 일곱 명의 직원이 업무 현장에서 상해를 입는 안전사고가 발생했다. 폴 오닐Paul O'Neill이 CEO로 취임했을 때 첫 번째 목표는 본사 직원과 하청업체 직원, 방문객의 상해 기록을 0명으로 만드는 것이었다.[12]

---

* 카이젠 블리츠는 프로세스 개선을 위한 집약적이고 집중적인 접근법을 말한다. 여기서 카이젠(Kaizen)은 '지속적인 개선'을 의미하며, '개선' 또는 '더 나은 것을 위한 변화'를 뜻하는 일본어에서 유래했다. – 옮긴이

오닐은 작업 중 부상자가 발생하면 24시간 안에 보고받길 원했다. 이것은 부상자를 처벌하기 위함이 아니라, 해당 상해 사고에서 학습 사항을 생성하고 통합하고 있다는 사실을 보장하고 촉진하기 위함이었다. 알코아는 10년 동안 상해 비율을 95%까지 줄였다.[13]

이후 알코아는 더 작은 문제와 약한 실패 신호에 집중할 수 있었다. 부상 발생은 물론 위기 상황이 생길 때도 오닐에게 보고되기 시작했다.*[14] 이 과정을 통해 향후 20년간 업무 현장의 안전이 개선됐고, 업계에서 가장 부러워하는 안전 기록을 보유하게 됐다.

스피어 박사는 다음과 같이 기록했다.

> 알코아의 직원들은 그동안 경험한 어려움과 불편 및 장애 사항을 회피하며 작업하는 것을 점차 중단했다. 문제에 대처하고 장애를 제거하며 이를 견디던 일은 점차 조직 전반에 걸쳐 프로세스와 제품 개선을 위한 기회를 확인하는 원동력으로 대체됐다. 이런 기회를 확인하고 문제를 조사하면 무지의 상태가 지식으로 전환된다.[15]

이처럼 프로세스와 제품을 개선하기 위한 기회는 회사가 시장에서 더 큰 경쟁 우위를 갖는 데 도움을 준다.

기술 가치 흐름에서도 작업 시스템을 더 안전하게 만들수록 더 약한 실패 신호에서 문제를 찾고 해결할 수 있다. 예를 들어 처음에는 고객에게 영향을 미치는 사고에 대해서만 비난 없는 포스트모템을 진행할 수 있다. 이후 팀에 적은 영향을 미치는 사고와 위기 상황에 대해서도 포스트모템을 수행할 수 있다.

---

* 업무 현장의 안전 구축을 리더가 도덕적 책임을 져야 한다는 폴 오닐의 신념 및 열정의 수준은 놀랍고 교육적이며 감동적이기까지 하다.

국소적인 발견을 조직 전체의 개선으로 전환하라

개인이나 팀에서 새롭게 학습한 내용이 발견되면 반드시 조직의 다른 구성원들이 해당 지식을 사용하고 혜택을 얻을 수 있게 만드는 메커니즘이 있어야 한다. 우리 목표는 팀이나 개인이 전문적인 지식을 생성한 경험이 있을 때, 연습을 통해 암묵적 지식(즉, 글이나 말로 다른 사람에게 전달하기 어려운 지식)이 다른 사람의 전문 기술이 될 수 있게 명시적이고 체계화된 지식으로 변환하는 것이다.

이를 통해 누군가 어떤 작업을 할 때 조직 안에서 동일한 작업을 수행한 사람들의 누적된 집단 경험을 십분 활용할 수 있다. 개인이나 팀의 지식을 조직 전체의 지식으로 전환한 주목할 만한 사례는 미 해군의 원자력 프로그램Nuclear Power Propulsion Program('해군 원자로Naval Reactors'는 'NR'이라고도 알려져 있다)이다. 이 프로그램에서는 한 건의 원자로 관련 사고나 방사능 유출 사건 없이 5,700기 이상의 원자로를 운용하고 있다.[16]

NR은 스크립트로 된 절차의 강력한 수행, 표준화된 작업, 학습의 축적을 위해 어떤 부분에서 절차를 시작하든 정상 동작이나 실패 신호와 관계없이 사건 보고서를 요구하는 것으로 잘 알려져 있다. NR은 이런 학습을 기반으로 절차와 시스템 설계를 지속적으로 업데이트한다.

그 결과 새로운 사병이 첫 배치를 받아 바다에 나갈 때 다른 사병과 장교들은 5,700개의 무사고 원자로에 대한 집단 지식의 혜택을 얻는다. 인상적인 부분은 바다에서 각자 습득한 경험이 집단 지식에 추가돼 미래의 사병들이 안전하게 임무를 달성하는 데 도움이 된다는 점이다.

기술 가치 흐름에서도 이와 유사한 메커니즘을 만들어 조직 전체가 활용할 지식을 창출해야 한다. 나무랄 데 없는 포스트모템 보고서를 검색할 수 있게 만들어 비슷한 문제를 해결하려는 팀이 참고하도록 하거나, 전체 조직에 걸쳐 공유 소스 코드 저장소를 생성해 조직 전체의 집단 지식이 담긴 코드, 라이브러리 및 구성 내용을 쉽게 활용케 하는 경우가 여기에 속한다. 이런 모든 메커니즘은 개별적인 전문 지식을 전체 조직에 사용할 수 있는 아티팩트로 전환하는 데 도움이 된다.

일상 업무에 탄력성 패턴을 추가하라

성과가 낮은 제조 조직은 다양한 방법으로 혼란을 완화한다. 다시 말해 규모를 키우거나 추가 조치를 한다. 예를 들어 (재고가 늦게 도착하거나 폐기돼야 하는 재고로 인해) 워크 센터가 유휴 상태에 빠지는 위험을 줄이기 위해 관리자는 각 워크 센터에 더 많은 재고를 비축한다. 그러나 해당 재고 버퍼는 이전에 논의된 것처럼 WIP를 증가시키며 원치 않은 결과를 초래한다.

이와 마찬가지로 관리자는 기계 고장으로 인해 워크 센터가 다운되는 위험을 줄일 목적으로 더 많은 자본 설비 구매, 더 많은 인력 고용과 매장 면적 확장으로 생산력을 증가시킬 수 있다. 이런 모든 옵션은 비용을 증가시킨다.

반면에 성과가 높은 조직은 일상 업무의 개선과 성과 증진을 위해 긴장을 계속 주입한다. 그리고 엔지니어링을 통해 시스템의 탄력성을 향상시켜 과거와 동일하거나 더 나은 결과를 달성한다.

토요타 최고의 공급 업체 중 하나인 아이신 세이키 글로벌Aisin Seiki Global 매트리스 공장이 진행한 대표적 실험을 살펴보자. 생산 라인 두 개가 있으며, 하루에 각각 유닛 100개를 생산할 수 있다고 가정한다. 생산 실적이 저조한 날, 즉 생산 라인 과부하로 고장이 발생한 경우, 모든 생산을 두 번째 라인으로 보낼 수 있다는 사실을 알고 있다. 이 실험에서는 모든 생산을 한 라인으로 보내 생산력을 늘리고 프로세스의 취약점을 확인하는 방법을 사용했다.

끈기 있게 일상 업무에서 실험을 계속 수행한 결과, 새로운 설비 추가나 더 많은 인력의 고용 없이 생산력을 꾸준히 증가시킬 수 있었다. 일상 업무에서 실험을 수행하는 이와 같은 유형의 개선 의식Improvement Ritual의 결과로 조직이 항상 긴장과 변화의 상태에 있기에 성과뿐 아니라 탄력성도 높아진다. 저자이자 위험 분석가인 나심 니콜라스 탈레브Nassim Nicholas Taleb는 탄력성 향상을 위해 스트레스를 가하는 과정을 '반 취약성Antifragility'이라고 명명했다.[17]

기술 가치 흐름에서 항상 배포 리드 타임을 줄이는 방법을 찾고 테스트 적용 범위를 늘리며 테스트 실행 시간을 줄이고 개발자 생산성과 안정성을 높이려면 아키텍처를 재설계해 동일한 유형의 긴장을 시스템에 도입해야 한다.

전체 데이터센터의 전력 차단과 같은 대규모의 실패를 연습하는 **게임 데이**Game Day를 실행할 수도 있다. 아니면 원하는 만큼의 탄력성을 확보하기 위해 프로덕션 환경에 대규모 오류를 주입할 수도 있다(예: 넷플릭스의 유명한 '카오스 몽키'Chaos Monkey'는 프로덕션 환경에서 무작위로 프로세스를 중단하고 서버를 산정한다).

리더가 학습 문화를 강화한다

전통적인 의미의 리더는 목표를 설정하고 이를 달성하기 위한 자원 배분과 적절한 인센티브의 조합 설정을 책임지는 사람이다. 그뿐 아니라 어떤 사항에 조직 모두가 동일한 감정을 갖도록 장려한다. 다시 말해 리더는 '모든 올바른 결정을 내린다'라는 원칙으로 조직을 이끌었다.

그러나 위대함은 리더가 모든 올바른 결정을 내리는 것만으로 이뤄지지 않는다는 중요한 증거가 있다. 리더의 역할은 팀이 일상 업무에서 위대함을 발견할 수 있는 조건을 만드는 것이다. 다시 말해 위대함을 창출하는 데는 상호 의존적인 리더와 팀원이 필요하다.

『Gemba Walks』(Lean Enterprises Inst Inc, 2011)의 저자인 짐 워맥Jim Womack은 리더와 현장 근로자 사이에 생성돼야 하는 보완적 업무 관계 및 상호 존중에 관해 설명했다. 워맥에 따르면 리더나 근로자 양쪽 모두 혼자서는 문제를 해결할 수 없기에 상호 의존적 관계가 필요하다. 리더는 문제 해결에 필요한 실무 지식이 부족하고, 일선 근로자는 더 넓은 조직적 맥락이나 업무 영역 밖에서 변화를 만들어낼 권한이 없다.[18]*

리더는 학습과 훈련된 문제 해결의 가치를 높여야 한다. 마이크 로더는 이러한 방법을 **코칭 카타**Coaching Kata라고 부르며 공식화했다. 그 결과 트루 노스True North† 목표를 명시하는 과학적 방법을 반영했다. 트루 노스 목표의 예로는 알코아의 '무사고 유지', 아이신 세이키 글로벌의 '연내 2배 처리량'을 들 수 있다.[19]

이런 전략적 목표는 가치 흐름이나 워크 센터 수준의 목표 조건 수립에 따라 순차적으로 실행되는 반복적인 단기 목표(예: '다음 2주 내 리드 타임 10% 단축')의 생성을 알려준다.

이런 목표 조건은 과학적 실험의 틀을 구성한다. 다시 말해 해결하고자 하는 문제, 제안된 문제 해결 방법에 대한 가설, 해당 가설의 테스트 방법과 결과 해석, 다음 이터레이션에서 알리기 위한 학습의 활용을 명시적으로 기술한다. 리더가 실험을 수행하는 사람을 코칭하는 데 도움이 되는 질문은 다음과 같다.

- 마지막 단계는 무엇이며, 어떤 일이 일어났는가?
- 무엇을 배웠는가?
- 현재 상태는 어떤가?
- 다음 목표 상태는 무엇인가?
- 작업 시 장애 사항은 무엇인가?
- 다음 단계는 무엇인가?
- 예상 결과는 무엇인가?
- 언제 확인할 수 있는가?

---

* 리더는 관점과 권한이 부족한 프로세스 설계 및 운영에 관해 높은 수준의 책임이 있다.

† 트루 노스(진북)는 린 프로세스 개선의 핵심 개념으로 토요타에 의해 만들어진 관용구다. 트루 노스는 조직을 현재 상태에서 원하는 위치로 이동시키는 데 가이드를 제공하는 나침반 역할을 한다. 미션 선언문, 조직의 목적 반영 및 전략 계획의 기초로 볼 수 있다. – 옮긴이

리더가 근로자의 일상 업무에서 문제를 해결할 수 있게 돕는 이런 문제 해결 방식은 토요타 생산 시스템, 학습 조직, 개선 카타와 신뢰성 높은 조직의 핵심이다. 마이크 로더는 토요타를 '전 직원을 지속적으로 가르치는 독특한 일상 행동 방식에 따라 정의된 조직'이라고 불렀다.[20]

기술 가치 흐름에서 이런 과학적 접근 방식과 반복적 방법은 모든 내부 개선 프로세스를 가이드할 뿐 아니라 구축한 제품이 내부 고객과 외부 고객의 목표 달성을 돕게 보장하기 위한 실험의 실행 방법도 안내한다.

➡ 사례 연구: 2판 추가

벨 연구소 이야기(1925)[21]

유성 영화, 컬러 영화, 유닉스, 전기 스위칭 시스템 등 벨 연구소Bell Labs는 약 100여 년간 혁신의 상징이었고 지속적인 성공을 거둬왔다. 벨 연구소는 9번의 노벨상Nobel Prize과 4번의 튜링 상Turing Awards을 받았고, 혁신적인 콘셉트를 적용해 제품을 개발했으며 전 세계 거의 모든 사람이 이 제품을 사용하고 있다. 이런 종류의 혁신을 만들기 위해서 겉보기에는 '공중'에 존재하는 것처럼 보일 만큼 만연한 문화를 창조한 배경은 무엇이었을까?

벨 연구소는 벨 시스템즈Bell Systems의 연구 활동 통합을 목적으로 1925년에 설립됐다. 벨 연구소의 많은 발명품은 주로 전화 통신 시스템을 개선했지만, 그 영역을 특별히 제한하지는 않았다. 이런 분위기에서 월터 슈하트Walter Shewhart(벨 연구소 창시자)는 혁신적인 통계적 통제 콘셉트를 개발했으며, 이후 에드워드 데밍과 협업을 통해 슈하트데밍 PDCAPlan, Do, Check, Act 지속 개선 사이클을 만들었다. 이들의 작업은 토요타 생산 시스템의 근간을 형성했다.

존 거트너Jon Gertner는 『The Idea Factory』(Penguin Pub, 2012)에서 머빈 켈리Mervin Kelly에 관해 언급한다. 머빈 켈리는 다양한 분야에 걸친 교차 스킬 팀이 공개적으로 협업하고 실험하는 '창조 기술 연구소Iinstitute of Creative Technology'에 대한 비전이 있었다. 그는 모든 혁신은 특정 개인보다 팀에서 온다는 것을 알고 있었다.[22]

이것은 **시니어스**Scenius라는 콘셉트와 맥락을 같이 한다. 시니어스는 진취적인 작곡가인 브라이언 에노Brian Eno가 제안한 용어다.* 진 킴은 이 용어를 자주 인용했고, 믹 커스텐 박사는 그의 책 『프로젝트에서 제품으로』와 자신의 블로그 포스트인 'Project to Product: From Stories to Scenius'에서도 이 용어에 대해 논의했다.[23] 에노는 "시니어스는 하나의 전체적 문화 상황에서 탄생하는 지능과 직관을 의미한다. 이는 천재라는 개념의 공통 형태이다"라고 말했다.[24]

거트너에 따르면 벨 연구소의 연구자와 엔지니어들은 조직의 궁극적인 목표가 새로운 지식을 새로운 사물로 바꾼다는 사실을 명확하게 인식하고 있었다.[25] 다시 말해 혁신을 사회적 가치를 지닌 무언가로 전달하는 것이다. 벨 연구소는 그 목표를 계속 성공적으로 이끄는 문화를 유지했다. 변화와 현재 상태에 도전하는 것이 그들의 대표적인 특징이었기 때문이다.

이런 문화의 핵심적인 측면은 실패에 대한 두려움의 부재다. 이에 대해 켈리는 "새로우면서도 인기 있는 기술을 만들 가능성은 늘 혁신가에게 어려운 일이었다. 환경이 실패를 인용할 때만 실제로 혁신적인 아이디어를 좇을 수 있었다"라고 설명했다.[26]

심지어 카오스 몽키나 SRE 모델 같은 콘셉트도 전화 시스템을 강화한 벨 연구소의 작업에 근간을 두고 있다. 벨 연구소에서는 일반적인 테스팅 사이클에서 이런 시스템을 방해하고, 자동 복구를 통해 견고함을 보장함으로써 99.999%의 가용성을 달성했다.

오늘날 우리가 교차 스킬 팀, 지속적인 개선, 심리적 안전함의 제공, 팀 아이디어의 활용 등을 이용한 협업에 관해 이야기할 때는

---

* 커뮤니티 지니어스(Community Genius) 또는 커머셜 지니어스(Commercial Genius)로 불리기도 한다 – 옮긴이

이런 콘셉트가 벨 연구소의 운용 방법 DNA에 이미 존재했음을 알아야 한다. 어떤 기업이 트랜지스터를 개발하고 오즈의 멋진 무지개 색상을 제공했는지 모를 수도 있지만, 이 같은 혁신의 근간이 된 개념은 100년이 지난 지금도 여전히 살아 있다.

Bell Labs의 시나리오에서 눈에 띄는 특징 중 하나는 수평, 수직으로 협업을 강조함으로써 팀이 위대함을 발견할 수 있는 문화를 구축하고자 했던 그들의 노력이다.

결론

세 번째 방법에서의 원칙은 조직 학습의 가치를 높이는 일, 높은 신뢰와 부서 간 영역을 뛰어넘는 활성화의 필요성 그리고 실패는 복잡한 시스템에서 항상 발생한다는 사실을 수용하고 문제에 관해 이야기하는 것을 받아들이게 했다. 이를 통해 우리는 안전한 작업 시스템을 생성할 수 있음을 제시했다. 또한 일상 업무 개선의 제도화, 개인 및 팀의 학습을 전체 학습으로 전환해 전체 조직에서 활용될 수 있게 하는 것과 더불어 일상 업무에 지속적인 긴장을 주입하는 것도 필요하다.

지속적인 학습과 실험 문화의 육성은 세 번째 방법의 원칙이지만 첫 번째, 두 번째 방법과도 밀접한 관련이 있다. 다시 말해 작업 흐름과 피드백을 개선하는 데는 목표 조건의 구성, 목표 달성을 위한 가설의 기술, 실험 설계와 수행, 결과의 평가를 포함하는 반복적이고 과학적인 접근 방법이 필요하다. 이로써 더 나은 성과뿐 아니라 탄력성과 직무 만족도, 조직 적응력의 개선 등 여러 효과를 기대할 수 있다.

1부 / 결론

1부에서는 데브옵스의 발전에 도움이 된 과거의 몇 가지 운동에 대해 살펴 봤다. 성공적인 데브옵스 조직의 토대를 구성하는 세 가지 주요 원칙인 흐름, 피드백, 지속적인 학습 및 실험 원칙에 관해서도 알아봤다. 2부에서는 조직에서 데브옵스 운동을 시작하는 방법을 알아본다.

1부 참조 자료

진 킴과 존 윌리스의 'Beyond The Phoenix Project'는 데브옵스의 기원과 진화의 연대기를 소개하는 오디오 시리즈다(itrevolution.com/book/beyond-phoenix-project-audiobook/).

도라에서 발간하는 「데브옵스 현황 보고서」는 뛰어난 지표와 데브옵스 커뮤니티에 관한 인사이트를 제공한다(devops-research.com/research.html).

깃허브의 「옥토버스 보고서 Octoverse Report」는 「데브옵스 현황 보고서」와 같이 소프트웨어 산업의 작업 상태에 관한 뛰어난 지표를 제공한다(devops-research.com/research.html).

쏘트웍스의 '테크 레이더 Tech Radar'에서는 최신의 도구와 트렌드를 확인할 수 있다(thoughtworks.com/radar).

론 웨스트럼의 조직 토폴로지와 생성적 문화Organization Typology and Generative Cultures 에 흥미가 있다면 진 킴이 진행한 'The Idealcast'의 인터뷰를 참조하길 바란다(itrevolution.com/the-idealcast-podcast/).

진 킴은 '2017 데브옵스 엔터프라이즈 서밋'에서 안전한 문화와 린Safety Culture and Lean의 출현에 관해 시드니 데커, 스티븐 스피어 박사, 리차드 쿡 박사와 패널 대화를 나눴다(videolibrary.doesvirtual.com/?video=524027004).

학습하는 문화를 구축하고 싶다면 'Getting Started with Dojos' 백서가 훌륭한 자료가 될 것이다(itrevolution.com/resources).

'The Measuring Software Quality' 백서는 소프트웨어의 품질을 추적하기 위한 초기 지표를 명확하게 제시한다(itrevolution.com/resources).

도미니카 드그란디스의 『업무 시각화』는 작업에 관한 투명성을 확보하는 데 도움을 얻을 수 있는 훌륭한 리소스다(itrevolution.com/making-work-visible-by-dominica-degrandis/).

존 리차드슨 제독이 게스트로 참여한 'The Idealcast' 에피소드를 통해 해군 원자로 프로그램에 관한 정보를 더 얻을 수 있다(https://itrevolution.com/the-idealcast-podcast/).

2부 /

어디서 시작하는가?

2부 / 소개

조직에서 데브옵스로 변환하는 시작점을 어떻게 결정하는가? 누가 참여해야 하는가? 어떻게 팀을 조직하고 업무 능력을 보호하며 성공 가능성을 극대화해야 하는가? 2부는 이런 질문에 대한 해답을 하나씩 전달한다.

먼저 5장에서는 데브옵스 변환의 시작 과정을 살펴본다. 조직의 가치 흐름을 평가하고 변환을 시작하기에 알맞은 위치를 찾아 구체적인 개선 목표와 궁극적인 확장 방법을 갖는 변환 전담 팀을 생성하기 위한 전략을 수립한다. 변환되는 각 가치 흐름에서 수행되는 작업을 확인한 후, 변환 목표를 가장 잘 수행하는 조직 설계 전략과 전형적인 조직 구조를 알아본다.

2부에서는 다음과 같은 내용을 중점적으로 다룬다.

- 시작할 가치 흐름 선택하기
- 후보 가치 흐름에서 완료되는 작업 이해하기
- 콘웨이의 법칙Conway's Law*을 고려한 조직 및 아키텍처 설계하기
- 가치 흐름 전체에서 기능 부서 사이의 더 효과적인 협력을 통한 시장 지향적 성과 활성화하기
- 팀을 보호하고 활성화하기

---

* 1967년 프로그래머 멜빈 콘웨이(Melvin E. Conway)가 제시한 법칙이다. '시스템 구조는 해당 시스템을 설계하는 조직의 커뮤니케이션 구조를 닮게 된다'라는 내용이다. – 옮긴이

변화의 시작은 늘 불확실성으로 가득하다. 이상적인 최종 상태를 향한 여정을 계획한다고 해도 중간 과정은 사실상 알려진 바가 없다. 5장은 효율적인 의사 결정을 위한 사고 프로세스와 우리가 실행 가능한 단계를 제공하고 사례 연구를 예로 들어 설명한다.

5

시작할 가치 흐름을 선택하기

데브옵스 트랜스포메이션을 위한 가치 흐름은 신중하게 결정해야 한다. 선택한 가치 흐름이 전환 난이도를 좌우할 뿐 아니라 누가 전환에 참여할 것인지에 영향을 미치기 때문이다. 이런 선택은 팀 구성 방법 및 팀원을 최대한 효율적으로 활용하는 방법에도 영향을 미친다.

2009년 엣시의 운영 이사로 데브옵스 트랜스포메이션을 이끌었던 마이클 렘벳시Michael Rembetsy는 "전환 프로젝트는 신중하게 결정해야 한다. 문제가 발생하면 오히려 손해가 크다. 따라서 조직의 상태를 가장 많이 향상할 수 있는 개선 프로젝트를 신중하게 선택하고 보장해야 한다"라며 데브옵스 트랜스포메이션의 어려움에 대해 언급했다.[1]

노드스트롬의 데브옵스 트랜스포메이션

노드스트롬의 전자 상거래 및 매장 기술 담당 부사장인 코트니 키슬러 Courtney Kissler는 2013년에 있었던 노드스트롬 팀의 데브옵스 트랜스포메이션 계획의 시작 방법에 관해 2014년과 2015년 데브옵스 엔터프라이즈 서밋에서 발표했다.

노드스트롬은 1901년에 설립된 의류 소매업체다. 고객에게 최상의 쇼핑 경험을 제공하는 데 중점을 두고 있으며, 2015년에는 연 매출 135억 달러를 달성했다.[2]

2011년 연례 이사회 회의에서 노드스트롬의 데브옵스 여정을 위한 준비가 시작됐다.[3] 당시 논의된 전략 중 하나는 '온라인 매출 증가'였다. 노드스트롬은 전통적인 소매업체들이 전자 상거래 경쟁에서 뒤처질 때 발생하는 심각한 결과에 관해 연구했다. 연구 대상은 블록버스터즈[Blockbusters], 보더즈[Borders], 반즈 & 노블즈[Barnes & Nobles]였다. 이들 조직은 시장에서 도태되거나 사라질 위험에 처해 있었다.[*] 당시 코트니 키슬러는 배송 및 판매 시스템의 기술 선임 이사로 인스토어 시스템과 온라인 전자 상거래 사이트를 비롯한 기술 조직의 상당 부분을 담당하고 있었다. 키슬러는 다음과 같이 말했다.

> 2011년 노드스트롬 기술 조직은 비용을 매우 능률적으로 활용했다. 우리는 기술 업무의 많은 부분을 아웃소싱하고 있었으며, 대규모 일괄 작업인 '폭포수' 방식의 소프트웨어를 출시할 연간 주기 계획이 있었다. 노드스트롬은 비용 절감뿐 아니라 속도를 최적화하면서 일정과 예산을 목표 범위의 97%까지 달성할 수 있었지만, 5년간의 비즈니스 전략을 달성하기에는 충분하지 않았다.[5]

키슬러와 노드스트롬 기술 관리 팀은 전환 작업을 시작해야 하는 위치를 정해야 했다. 그들은 전체 시스템에 커다란 변화를 주고 싶지 않았다. 대신 특정 비즈니스 영역에 집중해 배우길 원했다. 당시 목표는 조직의 다른 영역에서도 이와 같은 개선을 지속할 수 있다는 자신감을 모두에게 심어주는 초기의 성공 사례를 보여주는 것이었다. 얼마나 정확하게 목표를 달성할 수 있을지는 아직 알 수 없었다.

노드스트롬 팀은 고객용 모바일 애플리케이션, 인스토어 레스토랑 시스템, 디지털 자산, 이 세 가지 분야에 중점을 뒀다. 각 분야에는 달성하지 못한 비즈니스 목표가 있었다. 그래서 그들은 기존과 다른 업무 방식을 적극적으로 받아들였다. 고객용 모바일 애플리케이션과 인스토어 레스토랑의 예는 다음과 같다.

---

[*] 이 조직들은 '죽어가는 킬러 B(Killer B's that are Dying)'라고도 알려져 있다.[4]

노드스트롬 모바일 애플리케이션은 불길한 출발을 경험했다. 이에 대해 키슬러는 "고객은 모바일 애플리케이션에 엄청나게 실망했고 애플리케이션 스토어 출시 당시 한결같이 부정적인 리뷰를 내놓았다. 설상가상으로 기존 구조나 프로세스(일명 '시스템')는 1년에 두 번만 업데이트를 출시할 수 있도록 설계돼 있었다"라고 설명했다.[6] 게다가 모바일 애플리케이션 수정 사항은 고객에게 전달되기까지 수개월이 걸렸다.

첫 번째 목표는 더 신속히 배포하거나 온디맨드 출시를 활성화해 더 빠른 이터레이션을 제공하고, 고객 피드백에 더 빠르게 대응하는 것이었다. 노드스트롬은 모바일 애플리케이션만 단독으로 지원하는 전담 팀을 만들어 독립적으로 모바일 애플리케이션을 구현 및 테스트하고 고객에게 가치를 전달할 수 있게 했다. 이로써 그들은 노드스트롬의 다른 팀에 의존할 필요가 없어졌다.

또한 1년에 한 번 계획하는 대신, 지속적으로 계획하는 프로세스로 변경했다. 그 결과 고객의 요구 사항을 기반으로 하는 모바일 애플리케이션 작업에 대한 단일화된 우선순위 목록이 생성됐으며, 팀에서 여러 가지 서비스를 지원해야 할 때 우선순위의 상충을 방지할 수 있었다.

이듬해에는 별도 테스트를 없애고, 테스트를 모든 팀원의 일상 업무와 통합했다.* 그 결과 매달 출시되는 기능은 2배로 늘고 결함 수는 절반으로 줄었다.

두 번째 중점 개선 분야는 매장 내 '카페 비스트로Bistro' 레스토랑 지원 시스템이었다. 모바일 애플리케이션 가치 흐름의 비즈니스 목표가 '시장 출시 기간 단축'과 '기능에 대한 처리량의 증대'였다면, 인스토어 레스토랑 지원 시스템의 비즈니스 목표는 '비용 절감'과 '품질 향상'이었다. 2013년 노드스트롬은 인스토어 애플리케이션의 변경이 필요한 11가지의 '레스토랑

---

* 프로젝트 마지막의 안정화 단계와 강화 단계에 의존하는 프랙티스는 아주 형편없는 결과를 가져오기도 한다. 일상 업무 목적으로 문제를 찾고 수정하는 것이 아니기 때문이다. 이로 인해 문제가 보고되지 않은 채 남아있다가 잠재적으로 더 큰 문제를 일으킬 수 있다.

에 대한 개념'을 다시 완성했으며, 이는 많은 고객에게 영향을 미치는 사고의 원인이 됐다. 2014년에는 전년 대비 4배나 많은 44가지 이상의 콘셉트 변경을 계획하고 있었다.

키슬러는 "노드스트롬 경영진 중 한 명은 이런 새로운 목표를 달성하기 위해 팀 규모를 세 배로 늘리자고 제안했다. 그러나 나는 인력을 더 투입하지 않고, 업무 방식을 개선해야 한다고 제안했다"라고 부연했다.[7]

노드스트롬 팀은 업무의 유입과 배포 프로세스와 같은 문제 영역을 확인할 수 있었고 문제 영역을 개선하기 위해 노력했다. 그 결과 코드의 배포 리드 타임을 60% 단축했고 프로덕션 사고 발생 횟수는 60~90%까지 줄일 수 있었다.

이런 성공 사례는 팀에게 데브옵스의 원칙과 프랙티스를 다양한 가치 흐름에 적용할 수 있다는 자신감을 심어줬다. 2014년 키슬러는 전자 상거래 및 매장 기술 담당 부사장으로 승진했다.

2015년 키슬러는 다음과 같이 말했다. "(전략) 노드스트롬은 일부가 아닌 모든 기술 가치 흐름에서 생산성을 향상해야 했다. 경영진 차원에서 모든 고객 대응 서비스의 사이클 타임을 20% 단축하기 위해 전반적인 권한을 생성했다."[8]

키슬러는 "이것은 대담한 도전이다. 현 상태는 문제가 많다. 프로세스와 사이클 타임이 팀 전반에 걸쳐 일관되게 측정되지 않았으며 시각화돼 있지 않다. 첫 번째 목표는 이터레이션마다 프로세스 타임을 단축할 수 있도록 모든 팀이 프로세스와 사이클 타임을 측정하고 시각화하며 실험할 수 있게 돕는 것이다"[9]라고 덧붙였다. 그리고 다음과 같이 결론지었다.

> 상위 관점에서 가치 흐름 매핑과 단일 조각 흐름을 위한 배치 작업의 크기 축소와 같은 기술은 지속적인 전달과 마이크로서비스의 사용과 마찬가지로 우리를 원하는 상태에 도달하게 할 것이라 믿는다. 여전히 학습 중이지만 조직이 올바른 방향으로 나아가고 있다고 확신하며 모든 직원은 이런 노력에 최고 경영진의 지원이 있다는 사실을 알고 있다.[10]

5장에서는 노드스트롬 팀이 어떤 가치 흐름에서 데브옵스로의 변환을 시작할 것인지를 결정하는 데 사용한 사고 프로세스를 재현할 수 있는 다양한 모델을 제시한다. **그린필드**Greenfield나 **브라운필드**Brownfield 서비스, **참여 시스템**과 **기록 시스템**에 관한 판단을 포함해 다양한 방법으로 가치 흐름의 후보군을 평가할 것이다. 그리고 우리는 데브옵스 트랜스포메이션에 따른 위험 및 보상 밸런스를 추정하고 함께 작업하는 팀에게서 받을 수 있는 저항의 수준도 평가할 것이다.

그린필드 서비스 VS. 브라운필드 서비스

소프트웨어 서비스와 제품을 그린필드나 브라운필드로 분류할 때도 있다. 이런 용어는 원래 도시 계획과 건축 프로젝트에서 사용됐다. 그린필드 개발은 미개발 지역에 건설하는 것이고, 브라운필드 개발은 이전에 산업 목적으로 사용돼 유해 폐기물이나 공해로 인한 오염 가능성이 있는 지역에 건설하는 것이다. 도시 개발 작업을 더 간단하게 만드는 요소는 브라운필드 프로젝트보다 그린필드 프로젝트에 더 많다. 그린필드 프로젝트에는 철거해야 할 기존 구조물이나 제거해야 할 유독 물질이 없기 때문이다.

기술 분야에서 그린필드 프로젝트는 계획이나 구현의 초기 단계일 가능성이 크고 제약이 거의 없이 애플리케이션과 인프라를 새로 구축할 수 있다. 그린필드 소프트웨어 프로젝트로 시작하는 것이 더 쉬울 수 있으며, 특히 프로젝트가 이미 자금 지원을 받았고, 팀이 생성 중이거나 자리 잡았을 때 프로젝트를 진행하기가 더 쉽다. 그리고 처음부터 시작하기 때문에 기존 코드 베이스나 프로세스, 팀에 대한 걱정이 더 적다.

그린필드 데브옵스 프로젝트는 때때로 공용Public 클라우드와 전용Private 클라우드의 실행 가능성을 입증하기 위해 배포 자동화와 유사 도구에 대한 파일럿을 진행한다. 그린필드 데브옵스 프로젝트의 일례로 5,000명 직원과 연 매출 1억 달러의 30년 역사를 지닌 내셔널 인스트루먼츠National

Instruments에서 2009년에 출시한 Hosted LabVIEW 제품을 들 수 있다. 회사는 해당 제품을 시장에 빠르게 출시하기 위해 새로운 팀을 만들었고, 팀이 기존에 존재하던 IT 프로세스 외부에서 작업하는 것을 허용했으며, 공용 클라우드를 실험적으로 사용하게 했다. 초기 팀은 애플리케이션 아키텍트, 시스템 아키텍트, 개발자 두 명, 시스템 자동화 개발자, 운영 책임자와 해외 운영 담당자 두 명으로 구성됐다. 데브옵스 프랙티스를 사용한 결과 Hosted LabVIEW를 일반적인 제품 도입 기간의 절반으로 줄여 시장에 출시할 수 있었다.[11]

브라운필드 데브옵스 프로젝트는 이미 고객에게 서비스를 제공하고 있으며, 향후 수년 또는 수십 년 동안 운영될 기존 제품이나 서비스를 말한다. 브라운필드 프로젝트에는 테스트 자동화가 돼 있지 않거나 지원되지 않는 플랫폼에서 실행되는 등 상당히 많은 부분에서 기술 부채가 발생한다. 앞서 설명한 노드스트롬 사례에서는 인스토어 레스토랑 시스템과 전자상거래 시스템 모두 브라운필드 프로젝트다.

많은 사람이 데브옵스가 주로 그린필드 프로젝트를 위한 것이라 믿지만, 데브옵스는 모든 종류의 브라운필드 프로젝트를 성공적으로 전환하는 데 사용됐다. 실제로 2014년 데브옵스 엔터프라이즈 서밋에서 공유된 데브옵스 트랜스포메이션 사례의 60% 이상은 브라운필드 프로젝트에 대한 것이었다.[12] 고객이 요구하는 것과 현재 조직에서 제공하는 것 사이에 엄청난 성능 격차가 있었으며, 데브옵스 트랜스포메이션은 엄청난 비즈니스 이익을 만들어 냈다.

실제로 2015년 「데브옵스 현황 보고서」는 애플리케이션의 수명이 성과에 대한 중요한 예측 요소가 아니라는 사실을 입증했다. 성과 예측 요소는 테스트 용이성과 배포 가능성에 대해 애플리케이션 아키텍처가 만들어졌는지 (또는 재설계할 수 있는지) 여부였다.[13]

브라운필드 프로젝트를 지원하는 팀이 기존 방법으로는 목표 달성이 충분하지 않다고 생각하거나 개선이 시급하다고 생각한다면 데브옵스 트랜스포메이션 실험에 대해 수용적인 태도를 보일 가능성이 매우 크다.*

브라운필드 프로젝트를 데브옵스로 전환할 때 자동화된 테스트가 없거나 튼튼하게 결합된 아키텍처로 인해 소규모 팀이 독립적으로 코드를 개발하고 테스트 및 배포할 수 없게 방해받는다면 심각한 장애와 문제에 직면할 수 있다. 이런 문제를 극복하는 방법은 이후에 논의할 것이다.

성공적인 브라운필드 전환의 예는 다음과 같다.

- **아메리칸 에어라인즈(2020)**: 데브옵스 프랙티스는 레거시 COTS Commercial Off-The-Shelf product(상업용 완제품)에도 적용할 수 있다. 아메리칸 에어라인즈에서는 역사적인 제품을 세이벨Seibel 위에서 실행하고 운영했다. AA는 해당 제품을 하이브리드 클라우드 모델로 이전하고 CI/CD 파이프라인에 투자함으로써 역사적인 제품의 전달과 인프라스트럭처 엔드 투 엔드를 자동화했다. 이후, 팀은 더 빈번하게 배포할 수 있었다. 몇 개월 만에 50번의 자동화된 배포를 수행했고 역사적인 웹 서비스의 응답 시간은 2배 빨라졌으며 클라우드를 사용함으로써 32%의 비용 최적화를 달성했다. 무엇보다 이 변화로 인해 비즈니스와 IT 사이의 대화가 완전히 바뀌었다. 비즈니스가 IT 변경을 기다리는 대신, 팀은 더 빈번하고 원활하게 배포했으며, 비즈니스는 즉시 검증하고 인수할 수 있었다. 현재 프로덕트 팀(비즈니스와 IT 부문이 파트너로 엮인)은 더욱 빈번한 배포를 달성하기 위한 엔드 투 엔드 프로세스 최적화 방법을 모색하고 있다.[14]
- **CSG(2013)**: 2013년 CSG 인터내셔널CSG International†은 7억 4,700만 달러의 매출과 3,500명 이상의 직원을 확보하고 있었으며, 9만 명 이상

---

* 잠재적 비즈니스 이익이 가장 큰 서비스가 브라운필드 시스템이라는 사실은 그리 놀라운 일이 아니다. 브라운필드 시스템은 가장 신뢰할 수 있고 많은 수의 기존 고객이 있다. 그리고 최고 매출액은 시스템에 의존한다.

† CSG 인터내셔널은 미국 콜로라도 잉글우드에 본사를 둔 다국적 기업이다. 주로 통신업계 비즈니스 지원 시스템(BSS) 소프트웨어 및 서비스를 제공한다. – 옮긴이

의 고객 서비스 직원이 비디오, 음성 및 데이터 이용 고객에게 5,000만 건 이상의 요금 청구 작업과 고객 관리 서비스를 제공하고 있었다. 60억 건 이상의 트랜잭션 실행과 매달 7,000만 건 이상의 청구서 인쇄 및 우편물의 발송 처리가 가능했다. CSG의 초기 개선 범위는 주요 비즈니스 중 하나인 청구서 인쇄로, 코볼 메인프레임 애플리케이션과 20가지 관련 기술 플랫폼이 관련돼 있었다. CSG는 데브옵스 트랜스포메이션의 일환으로 유사 프로덕션 환경에서 일일 배포를 수행하기 시작했으며, 고객에게 출시하는 빈도를 매년 2회에서 4회로 증가시켰다. 그 결과 애플리케이션 안정성이 크게 향상됐고 코드의 배포 리드 타임이 2주에서 1일 미만으로 단축됐다.[15]

- **엣시(2009)**: 2009년에 35명의 직원으로 8,700만 달러의 매출을 올렸지만 '명절 쇼핑 시즌에 간신히 살아남은 후' 거의 모든 조직 활동에서 데브옵스 트랜스포메이션을 시작했다. 결과적으로 회사를 가장 존경받는 데브옵스 조직 중 하나로 바꿨으며 2015년 성공적인 IPO 무대를 마련했다.[16]

- **HP 레이저젯(2007)**: 자동화된 테스팅과 지속적 통합을 구현함으로써, 더욱 빠른 피드백을 생성해 개발자 스스로 자신들이 작성한 명령어 코드가 실제 동작하는지 신속하게 확인할 수 있도록 했다. 이와 관련된 사례 연구는 11장에서 더 자세히 소개한다.

→ 사례 연구: 2판 추가

케슬 런: 공중 급유 시스템의 브라운필드 전환(2020)

2015년 10월, 미공군은 국경 없는 의사회^{Doctors Without Borders}가 운영하는 아프가니스탄의 한 병원을 적군이 점령했다고 확신하고 폭격을 감행했다. 아프가니스탄 특공대는 반격했고 미국은 신속하게 대응해야 했다. 이후 밝혀진 분석에 따르면 여러 가지 실패가 이 파괴적인 결과에 기여한 것으로 나타났다. 전투기 승무원들에게 충분히 브리핑할 시간이 없었고 전투기에는 병원을 식별할 수 있는 최신 데이터가 존재하지 않았다. 이와 관련해 케슬 런Kessel Run의 최고 플랫폼 담당자인 아담 푸르타도Adam Furtado는 "기본적으로, 실패한 IT 에코 시스템으로 인해 AC130 건십이 잘못된 건물에 공격을 가했다"라고 설명했다.[17]

푸르타도는 2020년 온라인으로 진행된 데브옵스 엔터프라이즈 서밋에서 관련 설명을 이어갔다. 그는 "여기에서 발생한 것은 일종의 블랙 스완 이벤트가 아니다. 예측할 수 있었고, 다시는 일어나지 않아야 한다"라고 강조했다.[18] 그들에게는 솔루션이 필요했다.

한 솔로Han Solo의 유명한 밀수 경로의 이름을 딴 이 새로운 일하는 방식을 미국방부Department of Defense, DOD로 '밀수'해야 할 필요성에 대한 경의를 표하면서, 케슬 런은 미 공군 안에서 전통적인 국방 IT로는 효과적으로 해결하지 못했던 어려운 비즈니스 문제를 해결하는 데 총력을 기울였다. 소규모 연합으로 구성된 이 그룹은 모던 소프트웨어 프랙티스, 프로세스, 원칙들을 테스트했다. 이들은 미션에 집중하고 현재 상황을 무시하려고 노력했다.

프로젝트 초기였던 2010년경, DOD에 업무 수행을 위해 들어가는 것이 마치 타임머신에 들어가는 것 같았다. 완전한 아날로그 환경인 circa 1974에서는 chats나 Google Docs 같은 협업 도구를 사용할 수 없었다. 아담 푸르타도는 "업무를 하기 위해 과거로 회귀해서는 안 된다"라고 말한다.[19]

구글 회장인 에릭 슈미트Eric Schmidt는 2020년 US 의회에서 "미국방부는 모던 제품 개발의 모든 규칙을 어기고 있다"라고 지적하기도 했다.[20]

이런 문제는 비단 DOD만의 것이 아니었다. US 디지털 서비스US Digital Service에 따르면 전체 정부에 걸쳐 진행된 연방 IT 프로젝트의 94%가 일정이 지연되거나 예산이 초과했으며 40%는 납품조

차 되지 못했다.[21]

케슬 런 연합은 아디다스^{Adidas}, 월마트^{Walmart} 같은 기업이 소프트웨어 기업이 된 것을 지켜보면서 미 공군을 전쟁에서 승리하는 소프트웨어 기업으로 전환하기를 원했다. 그래서 그들은 핵심적인 비즈니스 결과물, 즉 공군의 공중 운영 센터^{Air Operation Center, AOC}의 현대화에 집중했다.

미 공군은 전 세계에서 다양한 공중 캠페인을 전략, 계획 및 실행하고 있었기 때문에 물리적으로 다양한 AOC가 존재했다. 오래된 인프라스트럭처로 인해 이 작업은 특정 사람들이 특정한 지역에 있는 특정한 건물에서 특정한 하드웨어에 저장된 특정한 데이터에 접근해서 수행해야만 했다. 그것은 수십 년 동안 계속된 벽돌 위에 벽돌을 쌓는 방식이었다. 그들이 할 수 있는 업데이트는 고작 마이크로소프트 오피스 업데이트뿐이었다.

이와 관련해 아담 푸르타도는 "거짓으로 여길 수도 있지만, 최근 한 연구 결과에 따르면 그 지역에 있는 서버 중 한 서버에는 280만 개의 엑셀 파일과 파워포인트 파일이 저장돼 있었다"라고 전했다.[22]

갈의 법칙^{Gall's Law}에 따르면 여러분이 복잡한 시스템을 동작시키기 원한다면, 먼저 간단한 시스템을 만들고 시간을 들여 개선해야 한다. 케슬 런 연합은 교살자 패턴^{Strangler Fig Pattern}(또는 담금질 전략 ^{Encasement Strategy}으로 알려짐)을 사용해 전체 시스템의 동작을 유지하면서 각각의 소프트웨어 하드웨어를 가진 22개 지역의 소프트웨어 시스템과 프로세스를 점진적이고 반복적으로 모던하게 변경했다.

그들은 구체적인 프로세스, 다시 말해 공중 급유에서 시작했다. 이 과정은 대규모의 조정이 필요하다. 급유기는 항공기에 올바르게 급유할 수 있게 적절한 하드웨어를 갖추고 적절한 시간에 적절한 고도에 머물러야 하기 때문이다. 많은 파일럿이 매일 색상이 있는 퍽^{Puck}, 하나의 엑셀 매크로, 수많은 데이터를 사용해 계획을 세워야 했다. 이들은 매우 효율적으로 됐지만 그들의 두뇌가 허락하는 선에서 그쳤으며 변화에 빠르게 대응하지 못했다.

케슬 런은 데브옵스 원칙, 익스트림 프로그래밍, 균형 팀 모델을 사용해 그들의 프로세스를 디지털화했다. 그들은 몇 주 만에 최소 기능 제품을 사용자들에게 전달했다. 이 초기 프로그램은 충분한 효율을 제공했다. 항공기 한 대와 그 항공기의 승무원들이 매일 비행할 필요가 없었고 유류비는 하루당 21만 4,000달러가 절감됐다.[23]

그들은 계속 반복했다. 30번의 이터레이션 후 두 배의 비용을 절약했고, 두 대의 항공기와 그 항공기의 승무원들이 하루 동안 지상에 머무를 수 있었다. 이 새로운 접근 방식을 통해 유류비는 한 달에 1,300만 달러가 절감됐으며 항공 계획 인원은 절반으로 줄일 수 있었다.[24]

이 사례 연구는 일반적인 측면에서 훌륭한 데브옵스 트랜스포메이션과 함께 놀라운 브라운필드 프랙티스들의 전환을 보여준다. 케슬 런은 성공적으로 공중 급유 시스템의 복잡성을 줄이고 신뢰성과 안정성을 개선했다. 결과적으로 미 공군은 신속하고 보다 안전하게 변화할 수 있었다.

기록 시스템과 참여 시스템을 모두 고려하라

리서치 기업인 가트너는 최근에 일반 기업이 지원하는 광범위한 스펙트럼의 서비스를 가리키는 **바이모달 IT**Bimodal IT라는 개념을 대중화했다.[25] 바이모달 IT 안에는 트랜잭션과 데이터의 정확성이 가장 중요한 비즈니스 시스템(예: MRP, HR, 재무 보고 시스템 등)을 실행하는 ERP와 유사한 **기록 시스템**Systems of Record이 있다. 그리고 전자 상거래 시스템과 생산성 애플리케이션과 같이 고객 또는 직원과 상호 작용하는 **참여 시스템**Systems of Engagement이 있다.

일반적으로 기록 시스템은 변화 속도가 느리며, 규제나 규정 준수와 관련된 요구 사항(예: SOX)이 있다. 가트너는 조직이 '올바르게 수행하는 것doing it right'에 중점을 두는 이런 유형의 시스템을 '유형 1Type 1'이라고 부른다.[26]

참여 시스템은 신속한 피드백 루프를 지원하기 위해 매우 빠른 속도로 변화하므로 고객의 요구를 가장 잘 충족시킬 방법을 찾기 위한 실험을 수행할 수 있다. 가트너는 조직이 '빠르게 수행하는 것doing it fast'에 중점을 두는 이런 유형의 시스템을 '유형 2Type 2'라고 부른다.[27]

시스템을 이런 카테고리로 나누는 것이 편리할 수 있다. 그러나 데브옵스를 사용하면 '올바르게 수행하는 것'과 '빠르게 수행하는 것' 사이의 핵심적이며 만성적인 갈등을 해결할 수 있다. 린 제조 방식의 교훈을 따르는 퍼펫랩스의 「데브옵스 현황 보고서 데이터」는 높은 성과를 내는 조직이 더 높은 수준의 처리량과 안정성을 제공할 수 있음을 보여준다.[28]

또한 시스템의 상호 의존성으로 인해 이런 시스템 중 하나를 변경하는 능력은 안전한 변경이 가장 어려운 시스템의 영향을 받는다. 이는 대부분 기록 시스템이다.

이와 관련해 CSG의 제품 개발 담당 부사장인 스콧 프루Scott Prugh는 "모든 고객이 속도와 품질을 보장받아야 하므로 우리는 바이모달 IT를 거부하는 철학을 채택했다. 다시 말해 이것은 팀이 30년 된 메인프레임 애플리케이션이나 자바 애플리케이션 또는 모바일 애플리케이션과 같이 그 어떤 것을 지원하든 기술적 우수성이 필요하다는 사실을 의미한다"라고 말했다.[29]

따라서 브라운필드 시스템을 개선할 때는 복잡성을 줄이고 신뢰성과 안정성을 개선하기 위해 노력해야 할 뿐 아니라 신속하고 안전하며 변경하기 쉽게 만들어야 한다. 새로운 기능이 그린필드 참여 시스템에만 추가될 때도 해당 시스템이 의존하는 브라운필드 기록 시스템에 신뢰성 문제가 발생할 수 있다. 이런 다운스트림 시스템의 더 안전한 변경은 전체 조직이 더욱 빠르고 안전하게 목표를 달성하는 것을 돕는다.

가장 공감적이고 혁신적인 그룹에서 시작하라

새로운 아이디어를 채택할 때 모든 조직 내 팀이나 개인은 다양한 태도를 보인다. 제프리 무어Geoffrey Moore는 『캐즘 마케팅』(세종서적, 2002)의 기술에 대한 수용 주기 모형에서 이런 스펙트럼에 대해 처음으로 설명했다. 이와 같은 수렁Chasm은 **혁신 수용자**Innovator와 **선각 수용자**Early Adaptor를 뛰어넘는 그룹에 도달하는 전형적인 어려움을 보여준다(그림 5.1 참조).[30]

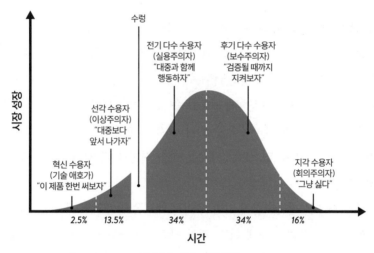

그림 5.1 기술 수용 주기
(출처: Moore and McKenna, 『Crossing The Chasm』, 15)

다시 말해 혁신 수용자와 선각 수용자들은 새로운 아이디어를 빠르게 받아들이는 편이다. 한편 다른 사람들(전기 다수 수용자, 후기 다수 수용자, 지각 수용자)은 좀 더 보수적인 태도를 보인다. 우리의 목표는 데브옵스 원칙과 프랙티스의 필요성을 이미 신뢰하고 있으며, 열망과 검증된 능력이 있어 자신들이 가진 프로세스를 혁신하고 개선할 수 있는 팀을 찾는 것이다. 바로 이 그룹들이 데브옵스 여행의 열정적인 지원자가 될 것이다.

특히 초기 단계에서 우리는 더 보수적인 그룹을 전환하는 데 많은 시간을 투자하지 않을 것이다. 그 대신, 위험을 덜 회피하는 그룹이 성공을 이

루도록 집중하면서 데브옵스로의 전환에 대한 기반을 쌓아갈 것이다. 이 프로세스는 다음 절에서 더 자세히 설명한다. 다만, 최고 경영진의 지원을 받는데도 **빅뱅**Big Bang **접근법**(모든 곳에서 한꺼번에 시작하는 방식)은 피할 것이다. 그보다는 조직의 일부 영역에 집중하고 계획한 것이 확실히 성공하면 그때부터 전체 조직으로 확장해 나갈 것이다.＊

데브옵스를 전체 조직으로 확장하기

초기 활동의 목표 범위와 관계없이 데브옵스 트랜스포메이션의 빠른 성공을 보여주고, 이에 관한 내용을 적극적으로 알려야 한다. 이는 커다란 개선 목표를 작고 점진적인 단계로 나눠 수행함으로써 달성할 수 있다. 이를 통해 개선 목표를 보다 신속하게 도출할 수 있을 뿐 아니라 가치 흐름이 잘못 선택됐을 때 빠르게 알아차릴 수 있다. 오류를 조기에 감지하면 빠르게 백업하고 재시도할 수 있으므로 새로운 학습 사항을 기반으로 다른 결정을 내릴 수 있다.

성공 사례를 만들어감에 따라 우리는 데브옵스 계획의 목표 범위를 확장할 수 있는 권리를 얻게 되고, 점차 신뢰성과 영향력, 지원 수준을 향상할 수 있는 안전한 일련의 절차를 체계적으로 따르고 싶어 한다. 다음 목록은 MIT 경영 대학원의 로베르토 페르난데스Roberto Fernandez 박사와 윌리엄 파운즈William F. Pounds 교수의 강의를 각색한 것이다. 변화를 추진하는 사람이 조직의 연대와 지지 기반을 구축하고 확장하기 위해 사용하는 이상적 단계를 설명한다.[31]

1. **혁신 수용자와 선각 수용자 찾기**: 가장 먼저 데브옵스 트랜스포메이션을 원하는 팀에 중점을 뒀다. 이 그룹의 구성원들은 같은 목표를 지닌 동

＊ 2012년 페이팔(PayPal)의 기술 담당 부사장 커스텐 월버그(Kirsten Wolberg)가 이끌던 애자일 전환과 같이 빅뱅, 하향식 전환도 가능하다. 그러나 모든 지속 가능한 성공적인 전환과 마찬가지로 최고 경영진의 지원 및 필요한 성과를 끌어내기 위한 끊임없고 지속적인 집중이 필요하다.

료이자 데브옵스 트랜스포메이션 여정의 첫 번째 지원자들이다. 이상적으로는 이들이 조직 내 다른 사람들에게 존경을 받으며 높은 수준의 영향력을 발휘하고, 우리 계획에 더 높은 신뢰성을 부여한다.

2. **임계량**Critical Mass* **및 전기 다수 수용자**Early Majority **확보:** 다음 단계에서는 안정적 지지 기반을 창출하기 위해 더 많은 팀과 가치 흐름에 대한 데브옵스 프랙티스의 확장을 추구한다. 아이디어를 받아들이는 팀과 협력해 가장 눈에 띄거나, 영향력 있는 그룹은 아니더라도 더 많은 성공을 이뤄내는 연합체를 확장하고 영향력을 더 증대시키는 '악대차 효과'Bandwagon Effect†를 일으킨다. 계획을 위태롭게 할 수 있는 위험한 정치 싸움은 피한다.

3. **저항자**Holdouts **확인:** '저항자'는 데브옵스로 전환하려는 노력에 저항할 가능성이 크고, 어쩌면 방해할 수 있는 영향력 있는 비방자다. 일반적으로 조용한 다수를 전환한 후, 전환 계획을 성공적으로 보호할 수 있을 만큼 충분한 성공을 거둔 후에 저항자 그룹을 대상으로 하는 작업에 착수한다.

조직 전반에 데브옵스를 확장하기란 결코 쉬운 일이 아니다. 개인, 부서는 물론 조직 전체의 위험을 초래할 수 있다. 기존 조직을 가장 존경받는 기술 조직 중 하나로 전환한 ING의 CIO 론 반 케메네이드Ron van Kemenade는 "변화를 주도하려면 용기가 필요하다. 사람들이 변화를 두려워하고 이에 맞서려는 기업 환경에서는 더욱 강한 용기가 필요하다. 작게 시작한다면 두려워할 게 없다. 리더는 계산된 위험을 팀에 할당할 수 있을 만큼 충분히 용감해야 한다"라고 말했다.[32]

---

* '바람직한 결과를 얻기에 충분한 양'을 의미한다. – 옮긴이

† 대중적으로 유행하는 정보를 따라 상품을 구매하는 현상. 곡예단이나 퍼레이드의 맨 앞에서 관심을 유도하는 악대차를 우르르 쫓아가는 사람들의 모습에서 유래했다. – 옮긴이

데브옵스를 비즈니스 전체로 확장하기:
아메리칸 에어라인즈의 데브옵스 여행(Part 2)(2020)

1부의 아메리칸 에어라인즈 데브옵스 트랜스포메이션 사례에서 본 것처럼, 그들의 여정은 수년 동안 진행됐다. 3년째 되는 해에 그들은 데브옵스가 IT의 일하는 방식을 바꾸는 것 이상의 큰 전환, 즉 비즈니스 전환임을 깨달았다.

그들의 다음 도전은 이 새로운 일하는 방식을 전체 비즈니스에 걸쳐 확장함으로써 전환과 학습 속도를 높이고 실행하는 것이었다. 그들은 로스 클랜튼Ross Clanton을 최고 아키텍트 및 매니징 디렉터로 영입해 다음 단계 이행을 돕도록 했다.

아메리칸 에어라인즈는 조직 전체에 걸친 커뮤니케이션을 도모하기 위해 두 가지에 집중했다.[33] 그것은 (경쟁력 있는 장점을 구축해야 하는) 이유와 (비즈니스 팀과 IT 팀에 협력함으로써 비즈니스 가치를 최대화하는) 방법이었다.

IT에 설정된 '가치를 빠르게 전달한다'라는 비전을 확장하기 위해 다음과 같은 4개의 핵심 기둥에 기반해 전환을 매핑했다.[34]

- **전달의 탁월함**Delivery Excellence: 우리가 일하는 방법(프랙티스, 제품 마인드셋)
- **운영의 탁월함**Operating Excellence: 우리 구조(제품 분류, 자금 조달 모델, 운영 모델, 우선순위)
- **구성원의 탁월함**People Excellence: 성장 재능 및 문화(진화하는 리더십 행동 포함)
- **기술의 탁월함**Technology Excellence: 현대화(인프라스트럭처 및 기술 기반, 자동화, 클라우드 이전 등)

| 전달의 탁월함 | 운영의 탁월함 | 구성원의 탁월함 | 기술의 탁월함 |
| 일하는 방식 | 구성된 방식 | 역량과 문화 성장 | 현대화 |

보다 빠른 가치 전달

그림 5.2 아메리칸 에어라인즈의 전달 전환
(출처: Maya Leibman and Ross Clanton, 'DevOps: Approaching Cruising Altitude',
presentation at DevOps Enterprise Summit—Virtual Las Vegas 2020,
videolibrary.doesvirtual.com/?video=467488959.)

전환 확장 전략을 수립한 이후 문화를 비즈니스 전체로 확장함으로써 전환을 계속해서 주도하는 데 집중해야 했다.

클랜튼은 2020년 데브옵스 엔터프라이즈 서밋 발표에서 "문화는 아침 식사로 전략을 먹는다"라고 피터 드러커Peter Drucker의 말을 인용했다.[35]

문화 확장에서는 다음과 같은 3가지 핵심 속성에 집중했다.[36]

- **열정**Passion: 팀은 고객을 만족시키고 더 나아지기 위해 최선을 다하며, 실패를 포용함으로써 더욱 강해진다.
- **사심 없음**Selflessness: 조직 전체에 걸쳐 협업하며 지식과 코드를 공유한다. 내부에서 자원을 찾고 모두의 의견을 들으며 다른 사람들이 승리하도록 돕는다.
- **책임성**Accountability: 어렵더라도 결과물을 소유한다. 일을 수행하는 방법도 일 자체만큼 중요하다.

클랜튼에 따르면 아메리칸 에어라인즈의 팀은 이 세 가지 문화적 기둥에 중점을 둬 이제는 '권한을 위임받고 다른 이들에게 권한을 부여하기' 위해 노력한다.[37] 2020년 전 세계적인 팬데믹의 충격과 변화 속에서 아메리칸 에어라인즈는 팀들이 여전히 성공과 결과를 달성할 수 있도록 다음 가치들에 집중했다.[38]

- 분석보다 행동
- 사일로보다 협업
- 모든 것을 시도하기보다 명확한 미션 수행
- 개인의 과도한 노력보다 권한의 위임(목표 수립과 팀 목표 달성을 위한 권한 위임)
- 완벽한 것을 얻기보다 동작하는 것을 출시^{MVP}
- 위계보다 '우리는 할 수 있다(조직 경계를 뛰어넘는 협업)'를 강조
- 시작하기보다 끝내기(WIP 제한하기 및 최고 우선순위에 집중하기)

아메리칸 에어라인즈는 벽 너머로 요구 사항을 던지는 대신 비즈니스, IT, 디자인 이해관계자로 구성된 하나의 팀을 갖는다. 그들은 계획 수립 모델을 피보팅했고 리더들은 명확한 결과물을 정하며 팀은 그 결과물을 전달할 방법을 결정한다. 팀들은 점진적으로 가치를 더하는 작은 태스크에 집중함으로써 제품을 전달한다. 태스크를 작게 유지함으로써 팀은 작업을 신속하게 완료할 수 있으므로(가치를 빠르게 전달하고) 시작하기보다 끝내기에 집중할 수 있다.

이런 변화를 가능케 하려면 리더십 또한 일하는 방법을 바꿔야 한다. 리더는 팀을 지원해야 하고 팀의 가치 전달을 방해하는 장애물과 제약 사항을 제거해야 한다. 리더십은 상태 보고 회의가 아닌 실행 회의(데모)에 참여해 팀이 무엇을 하는지 확인하고 시의적절하게 가이드를 제공해야 한다.

아메리칸 에어라인즈는 리더가 마인드셋을 바꾸게 돕고 모든 사람이 애자일 및 데브옵스 관점에서 사고하고 대화하며 행동할 수 있게 하려면 새로운 언어를 제공해야 함을 깨달았다. 표 5.1은 이들이 대화의 형태를 바꾸는 데 도움이 된 몇 가지 방법을 보여준다.

아메리칸 에어라인즈의 CEO 더그 파커^{Doug Parker}는 다음과 같이
말한다.

(…)(전환으로 인해) 우리는 더 효율적으로 됐고 프로젝트를 더 신
속하게 끝냈다. 전달된 프로젝트는 사용자들이 원하는 바를 더욱
잘 만족시켰다.(…) 그것은 이미 아메리칸 에어라인즈에서의 프로
젝트 관리 방법에 큰 차이를 만들고 있었다.

무엇보다 전달 전환의 챔피언이 IT가 아니라 그것을 포용한 비
즈니스 리더라는 점이 자랑스럽다. 그들은 일을 얼마나 빠르게 완
료할 수 있는지 봤고 그 언어를 모든 곳으로 확산시켰다. 이는 커
다란 차이를 만들어냈다.[39]

표 5.1 아메리칸 에어라인즈의 새로운 용어 사전

변경 전	변경 후
사용자들이 모바일 애플리케이션을 다운로드하게 독려하는 팝업을 만들고 싶다.	깨지기 쉬운 애플리케이션은 실패하기 쉽다.
경쟁자들이 무엇을 하고 있는가?	고객의 가치는 무엇인가?
언제 이 프로젝트가 완료될 것인가?	언제부터 가치를 볼 수 있을 것인가?
무엇이 잘못됐는가?	우리가 무엇을 배웠고, 내가 어떻게 도울 수 있는가?
완전히 새로운 웹사이트를 원한다.	이 아이디어를 실험하기 위해 가장 먼저 시도할 수 있는 것은 무엇인가?

(출처: Maya Leibman and Ross Clanton, 'DevOps: Approaching Cruising Altitude',
presentation at DevOps Enterprise Summit-Virtual Las Vegas 2020,
ideolibrary.doesvirtual.com/?video=467488959.)

아메리칸 에어라인즈는 이유와 방법에 집중하고 용어를 변경해 공통의 언
어를 만듦으로써 임계량과 조용한 다수를 구축했다.

HMRC, (대규모 PaaS를 이용한) 폐허에서 경제 살리기(2020)

영국 국세청인 HMRC[Her Majesty's Revenue and Customs]는 2020년 수천억 파운드의 예산을 들여 전 국민을 대상으로 한 무조건 재정 지원 사업을 실시했다. 이를 통해 영국 전체 노동력의 약 25%가 지원을 받았다. HMRC는 엄청난 압박과 불확실성 속에서 이를 수행할 기술을 단 4주 만에 구축했다.[40]

　　HMRC가 직면한 도전은 공격적인 시간 축 이상의 것이었다. HMRC의 애자일 전달 부문 수장인 벤 콘래드[Ben Conrad]는 유럽에서 열린 '2021 데브옵스 엔터프라이즈 서밋'에서 "사용자가 수백만 명에 달할 것으로 추산했을 뿐, 정확한 숫자를 알려주는 사람은 없었다. 따라서 우리가 구축한 것이 무엇이든 모든 사람이 접근할 수 있을 뿐 아니라, 출시 후 몇 시간 안에 수십억 파운드를 지급할 수 있어야 했다. 또한 실제 돈이 지급되기 전에 보안이 보장돼야 했다"라고 밝혔다.[41]

　　그들은 성공했다. 모든 서비스는 정시에 실행 완료됐으며, 대부분 시스템은 예상보다 1~2주가량 앞선 시점에 아무런 문제 없이 실행됐다. 결과적으로 사용자 만족도는 94%에 이르렀다.[42] 이로써 정부 부처 가운데 인지도가 가장 낮았던 HMRC는 사람들이 가장 의존하는 부서가 됐다.

　　HMRC는 이 놀라운 결과를 달성하기 위해 몇 가지 핵심 프로세스를 도입하고 성숙한 디지털 플랫폼을 활용했다. 이 디지털 플랫폼은 지난 7년 동안 계속 진화했으며 팀은 이를 활용해 디지털 서비스를 빠르게 구축하고 대규모로 전달할 수 있었다.

　　HMRC의 플랫폼(다중 채널 디지털 세금 프로그램[Multichannel Digital Tax Platform, MDTP])은 인프라스트럭처 기술의 집합이다. 조직은 이를 활용해 인터넷으로 사용자에게 콘텐츠를 제공할 수 있다. HMRC 내 비즈니스 도메인은 마이크로서비스를 구축할 수 있는 소규모의 교차 기능 팀 또는 플랫폼에 일련의 마이크로서비스만 있다면 세금 서비스를 즉시 공개할 수 있었다. MDTP 고품질의 디지털 제품을 개발하고 실행하는 데 필요한 공통 컴포넌트 스위트를 가진 요소를 제공함으로써 사용자에게 디지털 서비스를 제공하는 고통과 복잡성을 상당 부분 줄였다.

MDTP는 영국 정부에서 가장 큰 디지털 플랫폼인 동시에 영국 전체에서 가장 큰 플랫폼이다. 이 플랫폼은 1,200개 정도의 마이크로서비스를 제공한다. 이 서비스는 8개 지역에 걸쳐 70개 팀으로 나눠진 2,000명이 구축한 것이다(2020년 3월 현재, 모든 팀은 100% 원격으로 근무하고 있다).[43] 이 팀들은 프로덕션에 매일 100번 이상의 배포를 시행한다.

기술 전달 관리자인 맷 흐야트Matt Hyatt는 "팀들은 애자일 메서드와 경량의 거버넌스를 적극적으로 사용했으며, 그들이 적절하다고 생각할 때는 언제든 직접 모든 것을 변경할 수 있었다. 우리가 사용하는 인프라스트럭처에서는 변경 사항을 수초 안에 푸시할 수 있었으며 사용자들에게 제품과 서비스를 대단히 바르게 제공할 수 있었다"라고 말했다.[44]

플랫폼의 성공을 위한 방향 전환에서는 문화, 도구, 프랙티스의 세 가지 영역에 지속적으로 집중했다. MDTP의 목표는 팀을 추가하고 서비스를 구축하고 가치를 바르게 전달하기 쉽게 만드는 것이었다. 플랫폼은 이 목적을 중심으로 진화했으며 교차 기능 팀이 바르게 구성됐고 공통 도구를 통해 디자인, 개발 및 새로운 서비스를 운용했다.

실제로 MDPT는 디지털 팀의 코드가 살아있고 자동화된 파이프라인을 통해 구축되고 다양한 환경을 통해 프로덕션으로 배포되고, 프로덕션에서 사용자들의 빠른 피드백을 얻을 수 있게 했다. 공통 텔레메트리 도구화를 활용해 팀은 자신들이 제공하는 서비스를 자동화된 대시보드 경고 메커니즘을 이용해 모니터링하면서 무슨 일이 벌어지고 있는지 알았다. 플랫폼에서는 팀들에게 협업 도구를 제공했으며, 팀은 이를 사용해 팀 내외부적으로 커뮤니케이션을 함으로써 원격이든 대면이든 더욱 효율적으로 일할 수 있었다. 이 모든 것은 최소한의 설정과 단계를 밟아 곧바로 모든 팀에 제공될 수 있었다. 디지털 팀에는 최대한의 자유를 부여해 비즈니스 문제를 온전히 해결하는 데 집중하게 했다.

2천 명이 넘는 담당자가 하루에 여러 차례 변경을 가하면 상황은 언제든 엉망이 될 수 있다. MDTP는 이런 상황을 피하려고 **규정된 플랫폼**Opinionated Platform이라는 콘셉트를 사용했다. 예를 들어 마이크로서비스를 만든다면 스칼라Scala 언어로 작성돼야 하며 플레이Play 프레임워크를 사용해야 한다. 서비스가 지속돼야 한다면 몽고Mongo를 사용해야 한다. 사용자의 파일 업로딩과 같은 일반적 기능이 필요하면 공통 플랫폼 서비스를 사용해야 한다. 근본적으로 이 플랫폼 자체에 약간의 거버넌스가 포함돼야 했다. 철로를 유지하며 달리는 팀은 서비스를 바르게 전달할 수 있다.

좋은 점은 더 있다. 플랫폼에서 사용할 수 있는 기술을 제한함으로써 지원은 더욱 간단해진다. 또한 디지털 팀은 이미 다른 곳에서 해결된 문제에 대한 해결책을 적용하는 데 시간을 낭비하지 않을 수 있다.

이에 대해 흐야트는 "우리는 **모든** 서비스에서 제대로 작동하는 공통 서비스와 재사용할 수 있는 컴포넌트를 제공할 수 있다. 사람들은 더욱 자유롭게 서비스를 이동할 수 있으며, 실제로 서비스가 새로운 팀으로 이동할 때 우리가 업무를 수행하는 데 필요한 기술을 가졌는지 걱정하지 않아도 된다"라고 설명했다.[45]

또 다른 주요 차이는 MDTP가 디지털 팀이 인프라스트럭처를 관리해야 하는 필요성을 추상화해 그들이 애플리케이션에만 전념할 수 있게 한다는 점이다. 이와 관련해 흐야트는 "그들은 키바나와 그라파나 같은 도구를 통해 여전히 인프라스트럭처를 관찰할 수 있지만 서비스 팀 누구도 AWS 계정에 직접 접근할 필요가 없다"라고 설명했다.[46]

무엇보다 이 '선택된 플랫폼'을 사용함으로써 셀프서비스에 집중하면서 고객의 필요와 요구에 따라 변화할 수 있다는 점이 중요하다. 흐야트는 "플랫폼에 직접 관여하지 않고도 플랫폼에 서비스를 생성, 개발, 및 배포할 수 있다"라고 말했다.[47]

MDTP는 COVID-19 재정 지원 패키지를 신속하게 전달하는 데 중요한 역할을 했지만, 그게 전부가 아니었다. 팀의 헌신적인 노력이 여전히 필요했다. 좋은 의사 결정과 프로세스의 빠른 도입 역시 중요했다.

흐야트는 "시스템을 신속하게 전달하는 데 있어서 가장 중요한 하나는 엔지니어들이 곧바로 도구에 익숙해지는 능력이다"라고 말했다.[48] 균형 잡힌 거버넌스, 확립된 베스트 프랙티스, 검정된 도구를 사용하려는 HMRC 팀의 노력이 조합돼 그것은 더 이상 새로운 기술의 문제점이나 궁극적으로 전달을 지연시킬 수 있는 보안 우려 사항이 되지 않았다.

도전적인 시간제한을 충족하려고 팀의 구성과 커뮤니케이션 방식도 변경했다. COVID-19 디지털 서비스 팀마다 플랫폼 엔지니어를 포함해 기존 프로세스를 안전하게 '단축Short-circuit'하게 만들었다. 이를 통해 팀들은 초기에 리스크를 제거하고 협업을 극대화할 수 있었다. 특히 새로운 인프라스트럭처 컴포넌트와 성능 테스팅 지원에 대한 협업이 주요했다. 핵심 서비스에 참여하는 사람이 누구인지 슬랙과 같은 협업 도구를 통해 쉽게 식별할 수 있었고, 플랫폼 팀의 독단이 아니라 2천 명의 강력한 디지털 커뮤니티 전체에 의해 우선순위를 정할 수 있었다.

팀과 비즈니스 리더들이 매우 신속하게 적응하고 서비스를 출시한 후 원래 있던 곳으로 돌아오는 능력은 HMRC의 성숙한 데브옵스 문화의 방증이기도 하다.

결론

경영 교육 개발 리더인 피터 드러커는 "작은 물고기는 작은 연못에서 큰 물고기가 되는 법을 배운다"라고 말했다.[49] 데브옵스 트랜스포메이션을 어디에서 어떻게 시작할지 신중하게 선택하면 조직 안에서 실험과 학습을 할 수 있으며, 조직의 다른 부분을 위태롭게 하지 않고도 가치를 창출할 수 있다. 이를 통해 지지 기반을 구축하고 조직 안에서 데브옵스 사용을 확장하는 권한을 획득하며 더 많은 지지자에게 인정과 감사를 받게 된다.

6

가치 흐름 내 작업의 이해 및 시각화와 조직 전체로의 확장

데브옵스 원칙과 패턴 적용을 원하는 가치 흐름을 파악한 후에는 고객에게
가치가 전달되는 방식을 이해해야 한다. 다시 말해 수행되는 업무, 담당자,
작업 흐름의 개선을 위해 수행할 수 있는 단계 등에 대해 충분히 이해해야
한다.

노드스트롬의 가치 흐름 매핑 경험

5장에서는 코트니 키슬러와 노드스트롬 팀이 주도한 데브옵스 트랜스포메
이션을 살펴봤다. 그들은 수년에 걸쳐 노드스트롬이 가치 흐름의 개선을 시
작하는 가장 효율적인 방법이 무엇인지를 배웠다. 모든 주요 이해 당사자와
함께 워크숍을 진행하고 가치 흐름 매핑을 실행하는 것이 답이었다. 6장의
후반에서 상세하게 설명하는 이 프로세스는 가치 창출에 필요한 모든 단계
를 수집하는 목적으로 설계됐다.[1]

키슬러는 가치 흐름 매핑에서 가치가 있으면서 예상치 못한 통찰력을
주는 가장 좋은 사례로 코스메틱 비즈니스 오피스Cosmetics Business Office 애플리
케이션을 활용해 요청과 관련된 긴 리드 타임을 개선한 시도를 꼽는다. 이
때 노드스트롬은 코볼COBOL 메인프레임 애플리케이션을 활용해 매장 내 모
든 층과 뷰티 및 코스메틱 부서의 담당자를 지원했다.[2]

부서 관리자는 코스메틱 비즈니스 오피스 애플리케이션을 이용해 매장

내 다양한 제품 라인에 새로운 영업 담당자를 등록하고 판매 수수료에 대한 추적 및 공급 업체에 대한 리베이트 등을 활성화할 수 있었다.

키슬러는 다음과 같이 설명했다.

나는 이 특별한 메인프레임 애플리케이션을 잘 알고 있다. 경력 초반에 해당 애플리케이션 기술 팀을 지원하면서 거의 10년 동안 직접 체험했다. 연간 계획을 세울 때마다 이 애플리케이션을 메인프레임에서 제거하는 방법을 논의했다. 물론 대부분 조직과 마찬가지로 경영진의 전적인 지원에도 마이그레이션을 수행하지 못했다.

우리 팀은 진짜로 코볼 애플리케이션이 문제인지 아니면 해결해야 하는 더 큰 문제가 있는지 밝히기 위해 가치 흐름 매핑 실습을 진행하길 원했다. 비즈니스 파트너, 메인프레임 팀, 공유 서비스 팀 등 내부 고객에 대한 가치 전달 책임을 진 모든 사람을 모아 워크숍을 진행했다.

이를 통해 부서 관리자가 '제품 라인 할당' 요청 양식을 제출할 때 관리자에게 부여되지 않은 사원 번호를 입력해야 한다는 사실을 발견했다. 그래서 해당 필드를 공란으로 남겨두거나 '모름'으로 기재해야 했다. 더 나쁜 것은 부서 관리자는 양식을 작성하기 위해 매장을 비우고 백오피스에 있는 PC를 사용하러 가야 했다는 점이다. 결국, 이 과정에서 여러 번 왔다 갔다 하느라 시간을 허비했다.[3]

지속적인 학습

점진적 작업

개선은 점진적 작업을 통해 시작하는 것이 중요하다. 전체 가치 흐름과 실질 제약 사항이 어디에서 발생하는지 잘 이해함으로써 팀은 목표한 개선을 이룰 수 있다(이런 개선 중 많은 부분이 처음 생각했던 것보다 덜 비싸면 더욱 효과적이다). 코볼 환경은 결국 마이그레이션돼야 했지만(언젠가는 분명 제약 사항이 될 게 분명하므로), 팀은 이 과정에서 가치 전달 속도를 높이기 위해 현명하고 목표 지향적인 단계를 따를 수 있었다.

워크숍을 진행하는 동안 참가자들은 양식에서 사원 번호 필드를 삭제하고 다운스트림 단계에서 다른 부서가 해당 정보를 얻게 하는 것 외에 몇 가지 실험을 했다. 부서 관리자의 협조로 수행된 이 실험을 통해 처리 시간이 4일이나 단축됐다. 그리고 나중에는 PC 애플리케이션을 아이패드 애플리케이션으로 교체함으로써 관리자가 매장을 떠나지 않고도 필요한 정보를 제출할 수 있게 했다. 이를 통해 처리 시간을 초 단위로 단축했다.

키슬러는 자랑스럽게 다음과 같이 말했다.

이 놀라운 개선을 통해 메인프레임에서 애플리케이션을 제거하자는 요구가 모두 사라졌다. 다른 비즈니스 리더들도 이런 개선 내용에 주목하고 우리 팀과 함께 그들의 조직에서 진행하고 싶은 실험 목록을 들고 찾아오기 시작했다. 비즈니스 팀과 기술 팀 구성원 모두 이런 성과에 흥분했다. 실제 비즈니스 문제를 해결했고 무엇보다 그 과정에서 뭔가를 배웠기 때문이다.[4]

가치 흐름을 지원하는 팀 식별하기

노드스트롬 사례에서 볼 수 있듯 복잡한 가치 흐름에서 고객의 가치를 생성하기 위해 반드시 수행해야 하는 업무를 모두 알고 있는 사람은 없다. 특히, 각기 다른 팀에서 수행되는 필수 업무의 경우, 각 팀은 조직도에서 봤을 때 지리적인 위치나 인센티브에 따라 서로 멀리 떨어져 있다.

결과적으로 데브옵스 이니셔티브를 위한 후보 애플리케이션이나 서비스를 선택한 후, 고객에게 제공할 가치를 생성하기 위해 함께 작업해야 할 책임이 있는 가치 흐름의 모든 구성원을 확인해야 한다. 일반적으로 다음과 같은 사항이 포함된다.

- **제품 책임자**Product Owner: 서비스에서 다음 기능 세트를 정의하는 비즈니스 팀의 내부 목소리

- **개발**Development: 서비스에서 애플리케이션 기능을 개발하는 팀
- **QA**: 서비스가 의도한 대로 동작하는지 보장하기 위한 피드백 루프의 존재를 확인하는 팀
- **IT 운영/SRE**: 보통 프로덕션 환경을 유지 관리하고, 필요한 서비스 수준이 충족되도록 돕는 팀
- **정보 보안**Infosec: 시스템 및 데이터의 보안을 담당하는 팀
- **릴리스 관리자**Release Manager: 프로덕션 배포 및 출시 프로세스를 관리하고 조정하는 사람
- **기술 임원**Technology Executive **및 가치 흐름 관리자**Value Stream Manager: 린에서 '처음부터 끝까지 가치 흐름이 전체 가치 흐름에 대해 고객 및 조직의 요구 사항을 충족시키거나 초과하게' 할 책임이 있는 사람[5]

가치 흐름 맵을 만들어 작업을 이해하라

가치 흐름의 구성원을 확인했다면, 다음 단계로 가치 흐름 매핑의 형태로 작업이 수행되고 문서화되는 방법을 구체적으로 이해한다. 가치 흐름에서 작업은 제품 관리자부터 고객 요청과 비즈니스 가설 수립의 형태로 시작된다. 개발 팀에서 해당 업무의 진행을 결정하면 기능은 코드로 구현되고 버전 관리 저장소에 체크인된다. 그 후 빌드 결과가 통합돼 유사 프로덕션 환경에서 테스트된 후 최종적으로 프로덕션 환경에 배포된다. 이로써 프로덕션 환경에서 고객을 위한 가치가 만들어진다.

많은 전통적 조직에서 이와 같은 가치 흐름은 수백 단계로 이뤄져 있어서 작업할 때 수백 명이 필요하다. 이런 복잡성을 가치 흐름 맵으로 문서화하는 것은 일정 기간이 소요될 가능성이 크다. 따라서 모든 핵심 구성원을 모으고 그들의 일상 업무를 방해하는 요소를 제거할 수 있게 며칠간 워크숍을 진행해야 한다.

우리 목표는 모든 단계와 관련된 세부 사항을 문서화하는 것이 아니라

빠른 흐름, 짧은 리드 타임과 안정적인 고객 성과와 같은 목표를 위태롭게 하는 가치 흐름 영역을 충분히 이해하는 것이다. 따라서 우리는 가치 흐름에서 그들의 영역에 대한 변경 권한이 있는 사람을 모아야 한다.*

런덱Rundeck의 공동 창업자인 데이먼 에드워즈Damon Edwards는 다음과 같이 말했다.

> 이런 유형의 가치 흐름 매핑에 대한 실습은 항상 새로운 것에 눈을 뜨게 하는 놀라운 경험이다. 일반적으로 사람들은 고객에게 가치를 전달할 때 얼마나 많은 작업과 용단이 필요한지 가치 흐름 매핑을 통해 처음으로 확인하게 된다. 개발자가 올바르게 구성한 환경에 운영 팀이 접근할 수 없을 때는 코드를 배포하는 동안 더 열악한 작업이 초래하는 결과를 처음으로 접하게 된다. 개발 팀에게는 개발자들이 작업한 코드를 테스트 팀이나 운영 팀에서 프로덕션 환경에 배포하고 오랜 시간이 흐른 후 기능을 '완료'로 표시하기까지 필요한 모든 결정 사항을 처음으로 보게 되는 기회가 될 것이다.[6]

가치 흐름과 관련된 팀에서 가져온 폭넓은 지식을 활용함으로써 다음 영역을 철저하게 조사하고 검토해야 한다.

- 유사 프로덕션 환경 확보, 승인 프로세스 변경과 보안 검토 프로세스 작업처럼 몇 주나 몇 달을 대기해야 하는 부분
- 중요한 재작업이 생성되거나 받아들여지는 부분

가치 흐름 문서화의 첫 번째 단계는 상위 프로세스 블록으로만 구성돼야 한다. 가치 흐름이 복잡해도 그룹들은 몇 시간 안에 5~15개의 프로세스 블록으로 구성된 다이어그램을 만들 수 있다. 프로세스의 각 블록에는 산출물의 다운스트림 소비자에 의해 측정된 %C/A뿐 아니라 처리돼야 할 작

---

* 세부 수준을 제한함으로써 이런 권한이 있는 사람을 모으는 것이 중요한 이유는 모든 사람의 시간이 소중하고 부족하기 때문이다.

업 항목의 리드 타임과 프로세스 타임도 포함돼야 한다.*

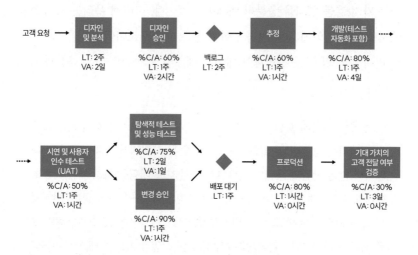

전체 가치:
총 리드 타임(Lead Time, LT): 10주
부가 가치 타임(Value Added time, VA): 7.5일
%C/A(Percent Complete and Accurate): 8.6%

그림 6.1 가치 흐름 맵 예시
(출처: Humble, Molesky, and O'Reilly, 『Lean Enterprise』, 139.)

우리는 개선 활동을 가이드하기 위해 가치 흐름 맵에서 지표를 사용한다. 노드스트롬의 경우, 부서 관리자들에게 사원 번호가 없어 이들이 제출한 요청 양식의 낮은 %C/A 비율에 중점을 뒀다. 다른 사례에서는 개발 팀에게 올바르게 구성된 테스트 환경이 제공될 때 리드 타임이 오래 걸리거나 %C/A 비율이 낮아질 수 있다. 또는 각 소프트웨어 출시 이전에 회귀 테스트를 실행 및 통과하는 데 필요한 리드 타임이 길어질 수도 있다.

문제를 더 잘 이해하려면 개선하고 싶은 지표를 확인한 후 다음 단계를 관찰하고 측정해야 하며, 임의의 날짜까지 달성할 목표 조건으로 이상적인 미래의 가치 흐름 맵을 구성한다(예: 보통 3~12개월).

---

* 이와 반대로 행동 변화가 발생하지 않음을 보장하기 위해 도구를 사용하는 사례도 많다. 예를 들어 조직이 애자일 계획 도구를 사용해도 이를 폭포수 프로세스 방식으로 설정해 단순히 현재의 상태를 유지한다.

리더는 미래 상태를 정의하고 팀이 해당 상태의 바람직한 개선을 달성하기 위한 가설과 대응책을 브레인스토밍할 수 있게 가이드한다. 또한 가설을 테스트하기 위해 실험을 수행하고, 가설이 올바른지 판단하기 위해 결과를 해석한다. 팀은 다음 실험에 영향을 미치는 새로운 학습 내용을 다음 실험자에게 알려줌으로써 실험을 반복하고 이터레이션을 수행한다.

전담 트랜스포메이션 팀 구축하기

데브옵스 트랜스포메이션과 같은 계획의 문제 중 하나는 진행 중인 비즈니스 운영 부분과 충돌할 수밖에 없다는 것이다. 이런 충돌은 성공적인 비즈니스 진화에 따른 자연스러운 결과다. 성공적인 조직은 오랫동안(수년, 수십 년, 수 세기) 제품 개발, 주문 관리와 공급망 운영과 같이 성공 사례를 영구화할 수 있는 메커니즘을 만들었다.

전문화, 효율성 및 반복성에 대한 집중, 승인 절차를 강조하는 관료주의, 변화를 막기 위한 통제와 같은 현재의 프로세스 운영 방식을 영속화하고 보호하는 데는 많은 기술이 사용된다. 특히, 관료주의는 믿을 수 없을 만큼 탄력적이며 불리한 조건에서도 생존하게 설계됐다. 관료 중 절반을 제거해도 프로세스는 여전히 유지될 것이다.

이런 방식은 현재 상태를 유지할 때는 좋지만, 변화하는 시장 상황에 대처하려면 업무 방식을 자주 변경할 필요가 있다. 이를 위해 현재 일상 업무와 내부적인 관료 체제를 담당하고 있고 대부분 우리를 이기는 그룹과 불화를 일으킬 혼란과 혁신이 필요하다.

다트머스 대학교^{Dartmouth College}의 터크 경영 대학원 교수인 비제이 고빈다라잔^{Vijay Govindarajan} 박사와 크리스 트림블^{Chris Trimble} 박사는 『퍼펙트 이노베이션』(케이디북스, 2011)에서 일상 업무의 강력한 영향에도 불구하고 어떻게 파괴적 혁신Disruptive Innovation*을 달성했는지에 대한 연구를 설명했다. 이 책에서는 올스테이트Allstate의 고객 중심 자동차 보험 상품 개발과 판매 성공 사례, 「월스트리트 저널」의 수익성 높은 디지털 퍼블리싱 사업 고안 사례, 팀버랜드Timberland의 획기적인 산악 경주용 신발 개발 사례, BMW 최초의 전기 자동차 개발 사례 등을 정리했다.[7]

고빈다라잔 박사와 트림블 박사는 이 연구 결과를 바탕으로 일상 업무를 담당하는 조직의 외부에서 전환 업무를 수행할 수 있는 전담 혁신 팀을 구성해야 한다고 주장했다. 그들은 이를 각각 '전담 팀Dedicated Team'과 '성과 엔진Performance Engine'이라고 칭했다.[8]

가장 중요한 사항은 전담 팀이 명확하게 정의되고 측정 가능한 시스템 수준의 결과를 달성하는 책임을 담당하는 것이다(예: '코드가 버전 관리소로 커밋돼 성공적으로 프로덕션 환경에서 작동하기까지 걸리는 배포 리드 타임을 50% 단축'). 이런 계획의 실행을 위한 프랙티스는 다음과 같다.

- 전담 팀의 팀원은 전적으로 데브옵스 트랜스포메이션 업무에만 투입한다('현재 담당업무를 유지하되, 그중 20% 시간만 새로운 데브옵스 업무에 사용하는 것'과 반대됨).
- 다양한 도메인의 기술을 보유한 제너럴리스트를 팀원으로 선정한다.
- 다른 조직과 오랫동안 상호 존중하는 관계를 맺고 있는 팀원을 선정한다.
- 가능하다면 전담 팀을 위한 별도의 물리적 공간을 만들어 팀 내 커뮤니케이션의 흐름을 극대화하고, 나머지 조직으로부터 어느 정도의 독립성을 보장한다.

5장에서 설명한 내셔널 인스트루먼츠의 사례처럼 전담 팀은 조직을 제한하는 많은 규칙과 정책에서 자유로울 것이다. 무엇보다 확립된 프로세스

---

* 파괴적 혁신은 단순하고 저렴한 제품이나 서비스로 시장의 밑바닥을 공략한 후 시장 전체를 빠르게 장악하는 방식의 혁신을 말한다. – 옮긴이

는 제도적 기억*의 한 형태다. 얻고자 하는 결과, 다시 말해 새로운 제도적 기억을 생성하는 데 필요한 새로운 프로세스와 학습을 만들려면 전담 팀이 필요하다.

전담 팀의 구축은 팀뿐 아니라 성과 엔진에도 유용하다. 별도 팀을 구성하면 새로운 프랙티스를 실험할 공간을 만들 수 있고 나머지 조직을 잠재적 혼란과 그로 인한 불화에서 보호할 수 있다.

공유된 목표에 동의하기

개선 계획에서 가장 중요한 부분은 6개월에서 2년 사이의 마감 시한을 갖는 측정 가능한 목표를 정의하는 것이다. 이런 목표는 상당한 노력을 해야 하면서도 달성 가능해야 한다. 목표 달성은 조직 전체와 고객에게 분명한 가치를 창출해야 한다.

목표와 기간은 경영진이 동의해야 하며 조직의 모든 구성원에게 알려져야 한다. 그리고 조직적 변화에 대한 리더와 조직의 관리 역량 과부하 방지를 위해 동시에 진행되는 이런 유형의 계획 개수를 제한해야 한다. 개선 목표의 내용은 다음과 같다.

- 제품 지원과 계획되지 않은 작업에 사용되는 예산 비율을 50% 감축한다.
- 변경 사항 중 95%에 대해 코드 체크인부터 제품 출시까지 소요되는 리드 타임을 1주 이하로 보장한다.
- 항상 다운타임 없이 정상 업무 시간에 제품이 출시되도록 보장한다.
- 필수적인 컴플라이언스 요구 사항을 만족시키기 위해 모든 정보 보안 통제 사항을 배포 파이프라인과 통합한다.

상위 목표가 명확해지면 팀은 개선 업무를 추진하기 위해 규칙적인 작

---

* 제도적 기억(Institutional Memory)은 인적 집단에 의해 유지되는 사실, 개념, 경험 및 지식의 집합을 의미한다. - 옮긴이

업 주기를 정해야 한다. 제품 개발 작업과 마찬가지로 데브옵스 트랜스포메이션도 반복적이며 점차적인 방법으로 완료해야 한다. 일반적인 이터레이션은 2주에서 4주 범위다. 이터레이션마다 팀은 가치 창출과 장기 목표를 향해 조금씩 진전하는 일련의 작은 목표에 합의해야 한다. 팀은 각 이터레이션의 종료 시점에서 진행 상황을 리뷰하고, 다음 이터레이션을 위한 새로운 목표를 설정해야 한다.

개선 계획을 위한 기간을 짧게 유지하기

모든 데브옵스 트랜스포메이션 프로젝트에서는 제품과 고객 발굴을 하는 스타트업처럼 계획 기간을 짧게 유지해야 한다. 전환 계획은 측정 가능한 개선 사항이나 실행 가능한 데이터를 몇 주(최악의 경우 몇 달) 안에 생성하기 위해 노력해야 한다.

계획 기간과 이터레이션 간격을 짧게 유지하면 다음과 같은 결과를 얻을 수 있다.

- 다시 계획하고 우선순위를 재조정할 수 있는 능력과 유연성이 길러진다.
- 진행한 작업과 개선 실현 사이의 지연을 줄여 피드백 루프를 강하게 만들고 원하는 행동을 강화할 수 있다. 개선 계획이 성공적이라면 더 많은 투자를 유도할 수 있다.
- 첫 번째 이터레이션에서 더 빠르게 학습 내용을 생성할 수 있다. 다시 말해 다음 이터레이션으로 학습 내용을 더 빠르게 통합할 수 있다.
- 개선을 달성하기 위한 활성화 에너지가 감소한다.
- 일상 업무에서 의미 있는 차이를 만드는 개선 사항을 더욱 빠르게 실현할 수 있다.
- 시연 가능한 결과를 도출하기 전에 프로젝트가 폐지될 위험이 감소된다.

개발 및 운영 주기의 20%를 비기능 요구 사항에 투자해 기술 부채 축소하기

모든 프로세스 개선 노력에 공통으로 발생하는 문제는 프로세스의 우선순위를 적절하게 정해야 한다는 것이다. 무엇보다 우선순위가 가장 필요한 조직은 개선에 투자하는 시간이 가장 적은 조직이다. 이런 점은 기술 조직에 더 부합한다.

금융 부채로 어려움을 겪는 조직은 이자만 상환하고 대출 원금은 줄지 않는다. 결국엔 이자를 상환할 수 없는 상황에 놓인다. 이와 마찬가지로 기술 부채를 해결하지 않는 조직은 일상 업무의 문제가 해결되지 않은 채 작업하다가 부담이 가중돼 더 이상 새로운 작업을 완료할 수 없게 된다. 즉, 기술 부채의 현재 이자만 상환하게 된다.

리팩토링, 자동화 작업, 아키텍처, 유지성, 관리성, 확장성, 신뢰성, 테스트 용이성, 배포 용이성, 보안과 같은 비기능 요구 사항Non-Functional Requirements, NFRs(흔히 성능이라고 부른다)에 최소한 모든 개발 주기와 운영 주기의 20%를 투자함으로써 기술 부채를 적극적으로 관리해야 한다.

1990년대 후반 이베이eBay가 심각한 경영 위기를 겪은 후, 제품 디자인과 경영 분야에서 영향력 높은 도서인 『인스파이어드』(제이펍, 2018)의 저자 마티 케이건Marty Cagon은 그 교훈을 다음과 같이 체계적으로 정리했다.

> 엔지니어와 제품 관리자 사이의 협상은 다음과 같이 진행된다. 제품 경영진은 엔지니어가 팀 역량의 20%를 제품을 적합하게 튜닝하는 데 투자하게 한다. 엔지니어는 해당 역량을 코드베이스의 문제 부분 재작성, 아키텍처 재구성, 리팩토링할 때 사용할 수 있다. 그들이 무엇을 생각하든 팀에 찾아와 '작업을 중단하고 전체 코드를 다시 작성해야 한다'라고 이야기하는 상황은 피하는 게 좋다. 엔지니어의 컨디션이 몹시 나쁘다면 30%, 아니라면 그 이상의 리소스를 사용해야 한다. 그러나 팀이 20% 미만의 역량 투입만으로 해낼 수 있다는 사실을 알게 되면 긴장하게 될 것이다.[9]

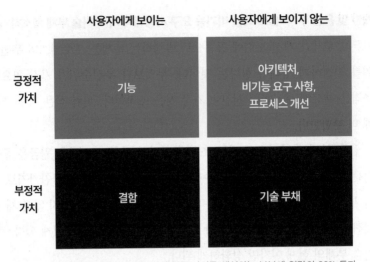

그림 6.2 긍정적이고 사용자에게 보이지 않는 가치를 생성하는 부분에 역량의 20% 투자
(출처: 'Machine Learning and Technical Debt with D. Sculley', Software Engineering Daily podcast,
November 17, 2015, http://softwareengineeringdaily.com/2015/11/17/machine-learning-and-
technical-debt-with-d-sculley/.)

케이건은 조직이 '20%의 세금'을 내지 않으면 필연적으로 모든 개발 및
운영 주기를 기술 부채를 해결하는 데 쏟아야 할 만큼 기술 부채가 증가할
것이라고 지적했다.[10] 어느 시점에는 서비스가 매우 취약해져서 기능 제공
이 서서히 중단된다. 모든 엔지니어가 안정성 문제와 문제 해결 작업에 매
달려 있기 때문이다.

개발 및 운영 주기의 20%를 투자하면 개발과 운영이 일상 업무에서 직
면하는 문제에 대한 대응책을 지속적으로 마련할 수 있으며, 서비스를 빠
르고 안전하게 개발하고, 프로덕션 환경에서 운영하는 능력이 기술 부채에
방해받지 않음을 보장받는다. 작업자에게 기술 부채 추가에 대한 부담감을
높이므로 번아웃 수준도 낮출 수 있다.

링크드인, 오퍼레이션 인버전(2011)

링크드인Linkedln의 오퍼레이션 인버전Operation InVersion은 일상 업무의 한 부분인 기술 부채를 상환해야 할 필요성을 제시한다. 링크드인은 2011년 성공적으로 IPO를 마친 후 배포 문제에 계속 시달리며 고통이 가중되자 오퍼레이션 인버전에 착수했다. 링크드인의 컴퓨팅 환경, 배포 및 아키텍처를 점검하기 위해 모든 기능의 개발을 2개월 동안 중단한 것이다.[11]

2003년 링크드인은 사용자가 '더 나은 취업 기회를 얻기 위한 인적 네트워크의 형성'을 돕기 위해 설립됐다.[12] 서비스를 제공한 지 일주일이 지났을 무렵의 회원 수는 2,700명이 됐다. 1년 후 회원 수는 100만 명을 넘어섰으며 이후 기하급수적으로 성장했다.[13] 2015년 11월까지 링크드인은 3억 5,000만 명 이상의 회원을 보유하게 됐고 초당 수천 건의 요청이 생성돼 백엔드 시스템에서 초당 수백만 개의 쿼리가 발생했다.[14]

초기에 링크드인은 자체 개발한 Leo 애플리케이션을 기반으로 운영됐다. Leo는 단일 자바 애플리케이션으로 서블릿을 통해 모든 페이지를 제공하고 여러 백엔드 오라클 데이터베이스와의 JDBC 커넥션을 관리했다. 그러나 초기 트래픽 증가에 대응하기 위해 두 가지 중요한 서비스가 Leo에서 분리됐다. 첫 번째 서비스는 전체적으로 메모리 안에서 회원 인맥 그래프를 쿼리 처리하는 기능, 두 번째는 첫 번째 서비스 위에 중첩돼 있던 회원 검색 기능이었다.

2010년까지 대부분의 신규 개발은 신규 서비스에서 발생했으며 거의 100개의 서비스가 Leo 외부에서 실행됐다. 문제는 Leo가 2주에 한 번씩 배포된다는 점이었다.[15]

링크드인의 수석 엔지니어링 매니저인 조시 클렘Josh Clemm은 2010년까지 회사가 Leo와 관련된 중대한 문제가 있었다고 설명하면서 "메모리와 CPU를 추가해 Leo를 수직적으로 확장했음에도 Leo는 프로덕션 환경에서 자주 다운됐고 문제 해결과 복구가 어려웠다. 새로운 코드를 출시하기도 쉽지 않았다. (중략) 'Leo를 버리고' 작은 기능과 상태를 저장하지 않는 여러 개의 서비스로 분산해야 했다"라고 말했다.[16]

2013년 「블룸버그Bloomberg」의 기자 애슐리 밴스Ashlee Vance는 "링크드인이 엄청나게 많은 신규 기능을 한 번에 추가하려 했을 때 사이트가 엉망진창으로 망가져 엔지니어들은 밤늦게까지 문제 해결에 매달렸다"라고 전했다.[17]

2011년 가을까지도 야근은 더 이상 통과 의례나 결속을 위한 활동이 아니었다. 링크드인의 엔지니어링 부사장인 케빈 스콧Kevin Scott을 포함한 최고 엔지니어 일부는 신규 기능의 개발 작업을 완전히 중단하고 사이트의 핵심 인프라를 고치는 데 전 부서를 투입하기로 했다. 그리고 이런 노력을 오퍼레이션 인버전이라고 불렀다.

스콧은 팀의 엔지니어링 문화에 문화 선언의 시작을 주입하기 위한 방법으로 오퍼레이션 인버전을 시작했다. 그는 "링크드인의 컴퓨팅 아키텍처를 개조할 때까지 신규 기능 개발은 없을 것이다. 이것이 비즈니스 부서와 팀에게 필요한 사항이다"라고 강조했다.[18]

스콧은 또 "기업 공개를 하고 모든 세상이 우리를 보고 있는 상황에서 경영진에게 모든 엔지니어가 '인버전' 프로젝트에 투입되는 향후 두 달 동안 어떤 새로운 기능도 출시하지 않겠다고 얘기했다. 이것은 두려운 일이었다"라고 회상했다.[19]

그러나 밴스는 오퍼레이션 인버전 결과의 긍정적인 면을 다음과 같이 설명했다.

링크드인은 사이트 코드를 개발하는 데 도움이 되는 전체 소프트웨어 스위트와 도구를 만들었다. 엔지니어가 새로운 기능을 링크드인의 메인 사이트에 추가하기 위해 몇 주를 기다리는 대신, 새로운 서비스를 개발했다. 새로운 기능이 기존 기능과 상호 작용할 때 일련의 자동화된 시스템이 서비스에서 발생할 수 있는 버그나 이슈에 대한 코드를 검사하게 함으로써 실제 환경의 링크드인 사이트에 바로 출시할 수 있었다. 링크드인의 엔지니어링 군단은 현재 사이트의 주요 업그레이드를 1일 3회 진행한다.[20]

더 안전한 업무 시스템을 만들어 엔지니어들이 생성한 가치는 벼락치기식 야근의 감소와 새롭고 혁신적인 기능 개발에 투자할 수 있는 시간의 증가를 포함한다.

조시 클렘은 링크드인의 확장에 관한 기사에서 다음과 같이 말했다.

확장은 조직적 측면을 비롯해 여러 차원에서 측정할 수 있다. (중략) 오퍼레이션 인버전은 엔지니어링 조직 전체가 도구 사용, 배포, 인프라 그리고 개발자의 생산성 개선에 집중할 수 있게 해줬다. 오늘날 확장 가능한 신제품을 구축할 때 필요한 엔지니어링 민첩성을 활성화하는 데 기여한 것이다. 2010년에 개별 서비스는 150개가 넘었고, 지금은 750개 이상의 서비스를 제공하고 있다.[21]

케빈 스콧은 다음과 같이 말했다.

엔지니어로서 당신의 직업과 기술 팀의 목표는 회사가 시장에서 이길 수 있게 돕는 것이다. 엔지니어 팀을 이끌고 있다면 CEO의 관점을 갖는 것이 좋다. 회사, 비즈니스, 시장, 경쟁 환경에 필요한 사항이 무엇인지 파악하는 것이 당신의 일이다. 회사가 승리할 수 있게 이와 같은 사항을 엔지니어링 팀에 적용하라.[22]

오퍼레이션 인버전 프로젝트는 링크드인이 10여 년간의 기술 부채를 모두 상환함으로써 안정성과 안전성을 확보하는 동시에 회사가 다음 단계로 성장할 수 있는 발판을 마련했다. 그러나 IPO 진행 중에는 시장에 약속한 모든 기능을 희생하며 두 달 동안 비기능적인 요구 사항에 완전히 집중해야 했다. 일상 업무 목적으로 문제점을 찾아내고 해결하는 것으로 기술 부채를 관리하면서 '경영 위기'에 가까운 경험을 피할 수 있다.

> 이 사례 연구는 기술 부채를 상환함으로써 안전하고 안정적인 환경을 만든 좋은 예시다. 일상의 회피책은 제거되고 팀은 다시 한번 새로운 기능을 전달함으로써 고객을 만족시킬 수 있게 됐다.

업무의 가시성 증대하기

목표를 향한 진전이 있는지 확인하려면 조직 내 모든 구성원의 현재 업무 상태를 알고 있어야 한다. 현재 상태를 시각화할 방법은 많지만 가장 중요한 사항은 최신 상태의 정보가 표시되고, 해당 정보가 목표 조건을 향한 현재의 진행 상태를 이해하는 데 도움이 되는지 확인해야 하며, 측정치를 지속적으로 개선해야 한다는 것이다.

다음 절에서는 가시성을 생성하고, 팀과 기능에 걸친 정렬에 도움이 되는 패턴을 설명한다.

행동 변화를 촉진하기 위한 도구 사용

소프트웨어 경영자이자 데브옵스 초기의 역사 기록자 중 한 사람인 크리스토퍼 리틀은 "인류학자는 도구를 문화적 유물로 설명한다. 불이 발명된 이래 문화에 대한 모든 논의는 도구에 관한 이야기여야 한다. 데브옵스 가치 흐름에서도 데브옵스 문화를 강화하고 바람직한 행동 변화를 가속하기 위해 도구를 사용한다"라고 언급했다.[23]

데브옵스의 목표 중 하나는 이와 같은 도구의 사용이 개발과 운영이 공유된 목표를 갖게 강제하고, 작업에 대한 공통 백로그를 갖게 함으로써, 백로그가 공동 작업 시스템에 저장되고, 공유된 업무 용어를 사용해 전체적으로 업무의 우선순위를 정할 수 있게 하는 것이다.

공통 백로그를 통해 개발과 운영이 각기 다른 사일로(예: 개발에서는 JIRA, 운영에서는 ServiceNow를 사용)를 사용하는 대신 공유 작업 대기 열을 생성하는 결과를 가져올 수 있다. 이런 방식의 큰 장점은 프로덕션 사건이 개발 작업과 동일한 작업 시스템에 표시되는 경우 진행 중인 사건의 처리가 다른 작업을 중단시켜야 하는 상황이 발생한다는 점이다. 칸반 보드를 사용하고 있다면 더욱 명확해진다.

개발과 운영의 공통된 도구의 사용을 통해 얻을 수 있는 또 다른 이점은 통일된 백로그다. 이를 사용하면 모든 사람이 조직 전체 관점에서 개선 프로젝트의 우선순위를 정하거나 조직에서 가장 높은 가치가 있는 작업과 기술 부채를 줄일 수 있는 작업을 정할 수 있다. 기술 부채를 파악했지만 바로 대응할 수 없을 때는 우선순위를 정해 백로그에 추가한다. 해결되지 않고 남은 이슈는 '비기능 요구 사항을 위한 20% 시간'을 사용하면 백로그의 최상위 항목을 수정할 수 있다.

공유된 목표를 강화하는 다른 기술로는 IRC 채널IRC Channels, 힙챗HipChat, 캠프파이어Campfire, 슬랙, 플로독Flowdock, 오픈파이어OpenFire 같은 채팅 프로그램을 들 수 있다. 채팅 프로그램을 사용하면 정보를 빠르게 공유할 수 있다. 이는 미리 정의된 워크플로를 통해 처리되는 양식을 작성하는 것과는 대조적이다. 또한 다른 사람을 초대할 수 있으며 향후에 활용할 수 있도록 이력에 대한 로그가 자동으로 기록되기 때문에 포스트모템 세션 도중에 분석할 수 있다.

팀원들은 다른 팀 구성원이나 팀 외부 사람까지 신속하게 도울 수 있는 메커니즘을 갖출 수 있다. 정보를 얻거나 필요한 작업에 요구되는 시간도 며칠에서 몇 분으로 단축된다. 모든 사항이 기록되기 때문에 향후 다른 사람에게 도움을 요청할 필요도 없다. 단순히 검색만 하면 된다.

대화방을 이용해 신속한 커뮤니케이션 환경을 이루는 방법은 단점이 될 수도 있다. 랠리 소프트웨어Rally Software의 창립자이자 CTO인 라이언 마르텐스Ryan Martens는 "대화방에서 몇 분 안에 응답받지 못하면 필요한 답을 얻기

전까지 완전히 동의한 것 또는 다시 버그를 발생시켜도 되는 것으로 간주할 수 있다"라고 부연했다.[24]

즉각적인 반응을 기대하면 원치 않은 결과가 나올 수도 있다. 끊임없는 방해와 질문 세례는 사람들이 작업을 완료하지 못하게 방해한다. 결과적으로 팀은 특정 유형의 요청에 대해 더 체계적이고 비동기적인 도구로 처리할 것을 결정할 수 있다.

결론

6장에서는 가치 흐름을 지원하는 모든 팀을 파악하고 고객에게 가치를 전달하는 데 필요한 작업을 가치 흐름 맵에 기술해봤다. 가치 흐름 맵은 리드 타임과 문제 영역에 대한 %C/A 지표를 포함해 현재 상태를 이해할 수 있는 기반을 제공하며 미래의 상태를 설정하는 방법을 알려준다.

이를 통해 데브옵스 트랜스포메이션 전담 팀은 반복과 실험을 신속하게 진행해 성과를 개선할 수 있다. 또한 개선에 충분히 시간을 할애해 기존에 알려진 문제와 비기능 요구 사항을 포함한 아키텍처 문제를 해결할 수 있다. 노드스트롬과 링크드인의 사례 연구는 가치 흐름에서 문제를 발견하고 기술 부채를 줄이면 리드 타임과 품질 측면에서 얼마나 극적인 개선이 이뤄질 수 있는지를 보여준다. 기술 조직은 기술 부채로 인해 개선에 투자하는 시간이 가장 적으므로 우선순위를 정하는 것이 무엇보다 중요하다.

7

콘웨이의 법칙을 고려한 조직 및 아키텍처 설계 방법

6장에서는 데브옵스 트랜스포메이션을 시작하기 위한 가치 흐름을 파악하고, 전환 전담 팀이 고객에게 가치를 전달하는 방법을 개선할 수 있게 공유된 목표와 사례를 설정했다.

7장에서는 가치 흐름 목표를 달성하기 위한 조직 구성 방법에 대해 생각해본다. 결국, 팀을 구성하는 방법은 업무 수행 방식에 영향을 미친다. 1968년 멜빈 콘웨이Melvin Conway 박사는 코볼과 알골ALGOL 컴파일러를 제작하는 연구 팀 여덟 명과 함께 유명한 실험을 수행했다. 콘웨이 박사는 "처음에 난이도와 시간을 추정한 후 다섯 명이 코볼 작업, 그리고 세 명이 알골 작업에 배정됐다. 그 결과 코볼 컴파일러는 5단계, 알골 컴파일러는 3단계로 실행됐다"라고 말했다.[1]

그가 관찰한 내용은 콘웨이의 법칙Conway' Law으로 알려져 있다. 콘웨이의 법칙에 따르면 시스템을 설계하는 조직은 (중략) 부득이하게 해당 조직의 커뮤니케이션 구조를 복제한 설계물을 만들게 된다. (중략) 조직이 커질수록 융통성이 줄면서 이런 현상이 더욱 두드러진다.[2]

『The Cathedral and the Bazaar』(O'Reilly Media, 2001)의 저자인 에릭 레이먼드Eric S. Raymond는 그가 편집한 자곤 파일Jargon File*에서 더욱 단순화된 버전(현재는 더 유명한)의 콘웨이 법칙을 이렇게 정의했다. "소프트웨어 구조

---

* 해커들이 사용하는 용어를 정리해 편집한 해커 슬랭 사전이다. 자곤 파일은 다음 링크(https://www.catb.org/~esr/jargon/)에서 자유롭게 열람할 수 있다. – 옮긴이

는 소프트웨어 개발 팀의 구조와 같아질 것이다. 일반적으로 4개 팀이 컴파일러 작업을 하고 있다면 4패스 컴파일러가 만들어질 것이다."[3]

다시 말해 팀을 구성하는 방법은 우리가 제작하는 소프트웨어뿐 아니라 아키텍처와 프로덕션 결과물에도 많은 영향을 미친다. 개발에서 운영으로의 신속한 흐름, 높은 품질과 뛰어난 고객 성과를 달성하기 위해 콘웨이의 법칙을 활용할 수 있게 팀과 업무를 구성해야 한다. 팀과 업무의 구성이 잘못된다면 팀이 안전하고 독립적으로 일하는 데 있어 콘웨이의 법칙이 방해 요소가 될 것이다. 팀이 서로 튼튼하게 결합해 각 작업이 완료될 때까지 모두 대기해야 하며 사소한 변경 사항이 전체적으로 심각한 결과를 초래할 수도 있다.

엣시에서의 콘웨이의 법칙

콘웨이의 법칙이 목표를 방해하거나 강화하는 사례로는 엣시에서 개발한 스프라우터Sprouter라는 기술을 들 수 있다. 엣시의 데브옵스 여정은 2009년에 시작됐다. 엣시는 가장 존경받는 데브옵스 조직 중 하나로 2014년에는 약 2억 달러의 매출을 달성했고 2015년에는 IPO에 성공했다.[4]

2007년 처음 개발된 스프라우터는 사람과 프로세스, 기술을 연결했고 바람직하지 않은 많은 결과를 초래했다. 원래 '저장 프로시저 라우터Stored Procedure Router'의 줄임말인 스프라우터는 개발자와 데이터베이스 팀이 쉽게 사용할 수 있게 설계됐다. 엣시의 수석 엔지니어인 로스 스나이더Ross Snider가 서지SURGE 2011 콘퍼런스에서 발표한 것처럼 '스프라우터는 애플리케이션과 데이터베이스 중간에서 개발 팀이 애플리케이션에 PHP 코드를 작성하고, DBA가 Postgres 안에서 SQL을 작성할 수 있도록' 설계됐다.[5]

스프라우터는 프론트엔드 PHP 애플리케이션과 포스트그레스Postgres 데이터베이스 사이에 위치해 데이터베이스 액세스를 중앙 집중화하고 데이터베이스의 실행을 애플리케이션 계층에서 숨긴다. 문제는 비즈니스 로직에 변경 사항이 추가될 때 개발자와 데이터베이스 팀 간 심각한 마찰이 발생한다는 점이다.

이에 대해 스나이더는 "스프라우터는 새로운 사이트의 기능마다 DBA에게 새로운 저장 프로시저 작성을 요구했다. 결과적으로 개발자는 신규 기능 추가를 원할 때마다 DBA에게 도움을 요청해야 했다. 관료주의를 극복하기 위한 노력이 많이 필요한 때도 종종 있었다"라고 말했다.[6]

다시 말해 신규 기능을 만드는 개발자는 어떤 기능에 대한 우선순위 선정, 커뮤니케이션 및 조정을 DBA 팀에 의존해야 했다. 그 결과는 대기 중인 작업, 회의 및 긴 리드 타임 등이었다.[7] 스프라우터가 개발 팀과 데이터베이스 팀 사이에 강한 결합을 만들어 개발자가 코드를 독립적으로 개발 및 테스트하고 프로덕션 환경으로 배포할 수 없게 방해했기 때문이다.

데이터베이스 저장 프로시저도 스프라우터와 밀접하게 결합돼 있었다. 저장 프로시저가 변경될 때마다 스프라우터도 변경해야 했다. 그 결과 스프라우터는 점차 더 큰 단일 장애 지점Point of Failure이 됐다. 스나이더는 모든 사항이 너무 긴밀하게 결합됐고 높은 수준의 동기화가 필요했기에 거의 모든 배포에 작은 장애가 발생한다고 설명했다.[8]

스프라우터와 관련된 문제와 궁극적인 해결책은 콘웨이의 법칙으로 설명할 수 있다. 엣시 초기에는 개발자와 DBA 두 팀이 각각 애플리케이션 로직 계층과 저장 프로시저 계층의 두 서비스 레이어를 담당했다.[9] 콘웨이의 법칙이 예측하는 대로 두 팀이 각각의 계층을 맡아 작업한 것이다.

스프라우터는 두 팀의 작업을 더 쉽게 하려고 했지만 기대와 다르게 동작했다. 비즈니스 규칙이 변경될 때 2개 계층만 변경되는 게 아니라 애플리케이션, 저장 프로시저, 스프라우터 3개 계층을 변경해야 했다. 그 결과 「2019년 데브옵스 현황 보고서」에서 언급한 것처럼 세 팀에 걸쳐 작업을 조정하고 우선순위를 설정하는 문제로 인해 리드 타임이 많이 늘어나고, 안정성 문제가 발생했다.[10]

2009년 봄, 스나이더가 지칭한 '위대한 엣시 문화로의 전환the Great Etsy

Cultural Transformation'을 목적으로 차드 디커슨Chad Dickerson이 새로운 CTO로 엣시에 합류했다. 디커슨은 사이트의 안정성을 위한 막대한 투자를 비롯해 개발자가 프로덕션 환경에 자체적으로 배포를 수행하게 하고, 스프라우터를 제거하는 등 2년 동안 많은 변화를 일궈냈다.[11]

팀은 데이터베이스 계층의 모든 비즈니스 로직을 애플리케이션 계층으로 이동시켜 스프라우터의 필요성을 제거하기로 했다. 그리고 PHP ORM Object Relational Mapping 계층*을 작성하기 위한 소규모 팀을 구성해 프론트엔드 개발자가 데이터베이스를 직접 호출할 수 있게 했다. 이를 통해 비즈니스 로직을 변경하는 경우, 필요한 팀의 개수를 세 팀에서 한 팀으로 줄였다.[12]

스나이더는 "사이트의 모든 신규 영역에서 ORM을 사용하기 시작했으며, 시간이 지남에 따라 사이트의 작은 부분을 스프라우터에서 ORM으로 마이그레이션했다. 스프라우터에서 전체 사이트를 마이그레이션하는 데 2년이 소요됐다. 이 기간 내내 모두가 스프라우터에 대해 불평했지만 프로덕션 환경 곳곳에 스프라우터가 남아 있었다"라고 설명했다.[13]

스프라우터를 제거함으로써 비즈니스 로직에 대한 변경을 조정해야 하는 여러 팀과 관련된 문제가 제거됐다. 마이그레이션 횟수도 감소했고 프로덕션 배포 속도와 성공 수준은 증가했으며 사이트 안정성이 향상됐다. 그리고 다른 팀에게 시스템의 다른 영역에 대한 변경을 요청하지 않아도 소규모 팀에서 독립적으로 코드를 개발하고 배포할 수 있게 됨으로써 개발자 생산성이 향상했다.

스프라우터는 2001년 초, 프로덕션과 엣시의 버전 관리 저장소에서 최종적으로 제거됐다. 스나이더는 "기분이 정말 좋았다"라고 회상했다.[14†] 스나이더와 엣시가 경험했듯이 조직을 설계하는 방법은 작업이 수행되는 방

---

* 대부분 ORM은 데이터베이스를 추상화해, 프로그래밍 언어 내 다른 객체인 것처럼 개발자가 쿼리 및 데이터 조작을 수행할 수 있게 한다. 인기 있는 ORM으로는 자바용 Hibernate, 파이썬용 SQLAlchemy 및 루비온 레일즈용 ActiveRecord가 있다.

† 스프라우터는 개발 및 프로덕션에 사용되는 많은 기술 중 하나다. 엣시에서는 문화 변화의 목적으로 제거됐다.[15]

식을 결정하며, 이에 따라 달성하는 결과가 달라진다. 7장의 나머지 부분에서는 콘웨이의 법칙이 가치 흐름의 결과에 어떻게 부정적인 영향을 미치는지를 알아본다. 콘웨이의 법칙을 유리하게 활용할 수 있게 팀을 구성하는 방법도 살펴본다.

조직의 아키타입

의사 결정 과학 분야에서 조직 구조의 세 가지 주요 유형으로는 **기능**Functional, **매트릭스**Matrix, **시장**Market이 있다. 각 유형은 콘웨이의 법칙을 고려해 데브옵스 가치 흐름을 설계하는 방법을 알려준다. 로베르토 페르난데스Roberto Fernandez 박사는 세 가지 유형을 다음과 같이 정리했다.[16]

- **기능 지향 조직**은 전문 지식, 분업 및 비용 절감에 최적화됐다. 전문 지식을 중앙 집중화하고 경력 및 기술 개발을 지원하며 때때로 높은 계층을 보유한 조직 구조를 갖는다. 이런 구성은 운영(예: 서버 관리자, 네트워크 관리자, 데이터베이스 관리자 등이 모두 분리된 팀으로 구성) 조직을 위한 지배적인 방법론이었다.
- **매트릭스 지향 조직**은 기능 조직과 시장 지향 조직의 결합을 시도한다. 그러나 많은 사람이 일하는 매트릭스 조직에서는 개인이 두 명 이상의 관리자에게 보고하는 것과 같은 복잡한 조직 구조를 초래하고, 가끔은 기능 지향 목표와 시장 지향 목표 어느 것도 달성하지 못한다.*
- **시장 지향 조직**은 고객의 요구에 신속하게 대응할 수 있게 최적화됐다. 수평적이고, 마케팅과 엔지니어링 등 여러 기능으로 구성된 교차 기능 팀으로 구성되는 경향이 있다. 이것은 전체 조직에 정리 해고가 발생하는 원인이 되기도 한다. 이 방식은 데브옵스를 채택한 많은 조

---

* 매트릭스 기반 조직으로 일하는 방법에 관한 더 많은 내용은 데브옵스 엔터프라이즈 포럼의 논문인 「Making Matrixed Organizations Successful with DevOps: Tactics for Transformation in a Less Than Optimal Organization」을 살펴보라. ITRevolution.com/Resources에서 다운로드할 수 있다.

직에서 운영한다. 극단적인 사례로 아마존과 넷플릭스에서는 각각의 서비스 팀이 기능 배포와 서비스 지원을 동시에 담당한다.[*]

이와 같은 세 가지 범주의 조직을 염두에 두고 과도하게 기능 지향 조직이 기술 가치 흐름 안에서 어떻게 바람직하지 않은 결과를 초래하는지 좀 더 자세히 살펴보자.

과도한 기능 지향(비용 최적화)에 따른 문제

전통적인 IT 운영 조직에서는 기능 지향의 전문 기술에 따라 팀을 구성하기도 한다. 데이터베이스 관리자를 한 그룹, 네트워크 관리자를 다른 그룹, 서버 관리자를 세 번째 그룹에 배치하는 방식이다. 이 방식의 가장 눈에 띄는 결과 중 하나는 긴 리드 타임이다. 특히 여러 그룹에서 작업 티켓을 오픈하고 작업에 대한 이관을 조정해야 하는 대규모 배포와 같은 복잡한 작업 시 단계마다 긴 대기열에서 작업을 기다려야 한다.

더 심각한 문제는 작업 수행자가 그들의 업무가 모든 가치 흐름 목표와 어떤 관련이 있는지에 대한 가시성을 거의 갖지 못하거나 업무를 이해하지 못할 때도 있다는 점이다(예: "나는 서버 구성만 하면 된다. 누군가 그렇게 하라고 시켰기 때문이다."). 이것은 작업자의 창의성과 동기 부여를 단절시킨다.

각 운영 팀이 그들의 기능 영역에서 부족한 작업 주기로 인해 모두가 경쟁하는 여러 가치 흐름(즉, 여러 개발 팀)을 지원해야 할 때는 상황이 더 악화한다. 개발 팀이 적시에 업무를 완료하려면 관리자와 임원에게 문제를 보고해야 하며 궁극적으로 특정 기능 팀의 지엽적인 목표보다 전체 조직 목표에 부합하는 작업의 우선순위를 결정할 수 있는 사람(일반적으로는 임원)에게 보고해야 한다. 이런 의사 결정은 팀의 작업 우선순위 변경을 위해 순차적으로 각각의 기능 영역에 전파되며, 이로 인해 다른 팀의 작업 속도가

---

[*] 뒤에서 설명하겠지만 엣시나 깃허브 같은 뛰어난 조직은 기능 지향 조직이다.

순차적으로 느려진다. 모든 팀이 업무를 신속하게 처리하면 결과적으로 모든 프로젝트가 동일하게 느려지는 상황이 발생하는 것이다.

이와 같은 상황은 긴 대기열과 리드 타임뿐 아니라 잘못된 이관, 많은 양의 재작업, 품질 문제와 병목 현상, 작업 지연의 원인이 되기도 한다. 이렇게 작업이 정체되면 비용 절감의 필요성보다 더 중요한 조직 목표를 달성하는 데 악영향을 미칠 때도 있다.*

마찬가지로 소프트웨어 출시의 빈도가 낮으면 원활하게(적어도, 충분히) 운영되는 중앙 집중화된 QA와 정보 보안 팀에서도 기능 지향 조직을 찾아볼 수 있다. 그러나 대부분의 기능 지향 조직에서는 개발 팀의 수와 배포, 출시 빈도가 증가함에 따라 수동으로 작업을 수행할 때 만족스러운 결과를 제공하고 유지하는 데 어려움을 겪기도 한다. 이제부터 시장 지향 조직의 작업 방식을 하나씩 짚어보자.

시장 지향 팀 활성화하기(속도 최적화)

데브옵스의 성과를 달성하려면 기능 중심('비용 최적화')의 효과를 줄이고 시장 지향성('속도 최적화')을 활성화함으로써 많은 소규모 팀이 안전하고 독립적으로 작업하며 고객에게 신속하게 가치를 제공해야 한다.

시장 지향 팀은 제품에 대한 아이디어 생성부터 서비스 종료까지, 즉 제공 중인 서비스 기능의 개발뿐 아니라 테스트, 보안, 배포 및 지원 업무까지 담당한다. 이런 팀은 교차 기능 팀으로 구성되고 독립적으로 조직돼 사용자 실험을 설계하고 실행하며 신규 기능을 만들고 제공한다. 또한 프로덕션 환경에 서비스를 배포하고 실행한다. 다른 팀에 직접 의존하지 않고 모든 결함을 해결하고 팀이 빠르게 움직이게 할 수도 있다. 이런 조직 모델

---

* 에드리언 콕크로프트(Adrian Cockcroft)는 "지금 5년 단위 IT 아웃소싱 계약이 만료되는 기업의 경우, 기술 분야에서 가장 혼란스러운 시기에 시간을 멈춰버린 것과 같다"라고 말했다.[17] 다시 말해 IT 아웃소싱은 계약상 비용을 관리하기 위해 사용하는 전략이다. 연간 비용 절감을 계획하는 불변 고정 가격으로 정체 현상이 심화된다. 그러나 때때로 조직이 변화하는 비즈니스 및 기술 요구에 대응할 수 없는 결과가 발생한다.

은 아마존과 넷플릭스가 도입했다. 아마존은 조직이 성장 중임에도 신속하게 움직일 수 있는 주된 이유 중 하나로 이 모델을 제시했다.[18]

시장 지향성을 달성할 목적으로 많은 혼란을 초래하고, 두려움과 마비를 일으키는 대규모 조직 개편을 단행할 필요는 없다. 그 대신, 각 서비스 팀에 기능별 엔지니어와 운영, QA, 정보 보안과 같은 기술을 포함하거나 이들의 능력을 자동화된 자체 서비스플랫폼으로 제공해야 한다. 이를 통해 자동화 테스트를 시작하고 배포를 수행할 수 있는 유사 프로덕션 환경을 제공할 수 있다.

자동화된 자체 서비스 플랫폼의 제공은 각 서비스 팀이 IT 운영, QA와 정보 보안 팀과 같은 다른 그룹의 작업 티켓을 열지 않고도 고객에게 독립적으로 가치를 제공할 수 있게 한다.* 연구 결과는 이 접근 방식을 지지한다. 도라가 발간한 2018년, 2019년 데브옵스 상태 보고서에서는 데이터베이스 변경 관리, QA, 인포섹과 같은 기능적 작업이 소프트웨어 전달 프로세스에 통합돼 있을 때 속도와 안정성 측면에서 뛰어난 성과를 나타냄을 확인했다.[19]

기능 지향 작업 만들기

앞서 시장 지향 팀을 권장했지만 기능 지향 팀도 효과적인 고속 조직을 구성할 수 있다는 점을 언급할 필요가 있다. 교차 기능과 시장 지향 팀이 빠른 흐름과 안정성 확보를 위한 방법이긴 하지만 유일한 방법은 아니다. 가치 흐름에 있는 모든 사람이 조직 내 위치와 관계없이 고객과 조직 성과를 공동 목표로 본다면 기능 지향 조직으로도 원하는 데브옵스의 성과를 달성할 수 있다.

---

* '서비스 팀' 용어 사용과 관련해 이후부터는 기능 팀, 제품 팀, 개발 팀 및 배포 팀과 서비스 팀을 호환해 사용할 것이다. 고객에게 가치를 전달하기 위해 주로 코드를 개발, 테스트 및 보안을 담당하는 팀을 명시하기 위함이다.

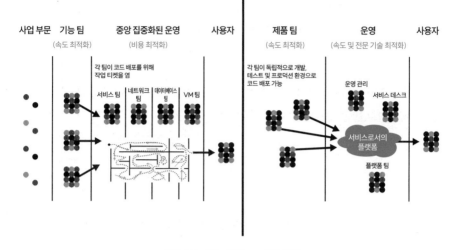

그림 7.1 기능 지향 vs. 시장 지향
(좌) 기능 중심적: 중앙 집중식 IT 운영을 통한 모든 작업 흐름
(우) 시장 지향적: 모든 제품 팀이 느슨하게 결합된 요소를 자체적으로 프로덕션 환경에 배포 가능
(출처: Humble, Molesky, and O'Reilly, 'Lean Enterprise', Kindle edition, 4523 & 4592.)

예를 들어 서비스 팀이 필요한 사항을 운영 팀에서 안정적이고 빠르게 필요할 때마다 얻을 수 있다면 높은 성과를 얻는 기능 중심의 중앙 집중식 운영 그룹을 실현할 수 있다. 이와 반대의 상황일 때도 마찬가지다. 엣시, 구글, 깃허브 등 가장 존경받는 데브옵스 조직의 상당수는 기능 중심의 운영 팀을 보유하고 있다.

이런 조직의 공통점은 모든 부서가 효과적으로 협업할 수 있게 만드는 높은 신뢰 문화를 갖고 있다는 것이다. 모든 업무의 우선순위가 투명하게 정해지고 시스템에는 충분한 여유가 있어 우선순위가 높은 작업을 빠르게 완료할 수 있다. 이는 부분적으로 자동화된 자체 서비스 플랫폼이 있기에 가능하다. 자체 서비스 플랫폼은 개발 중인 제품에 높은 수준의 품질을 구현할 수 있게 한다.

1980년대 린 제조 운동 시 많은 연구자가 토요타의 기능 지향 조직에 의문을 제기했다. 교차 기능과 시장 지향적인 팀을 갖는 모범 사례와는 어긋나서다. 연구자들은 매우 당혹했고 이를 '두 번째 토요타 패러독스the Second

Toyota Paradox'라고 불렸다.[20]

마이크 로더는 『Toyota Kata』에서 다음과 같이 기술했다.

솔깃할 수도 있겠지만 한 가지 방법으로 지속적인 개선과 적용을 위한 방법을 재구성할 수는 없다. 결정적인 것은 조직의 형태가 아니라 사람들이 행동하고 반응하는 방식이다. 토요타 성공의 근간은 조직 구조가 아니라 사람들의 능력과 습관을 개발하는 데 있다. 사실, 토요타가 전통적인 기능 부서 스타일의 거대 조직으로 구성돼 있다는 점은 많은 이를 놀라게 했다.[21]

다음 절에서는 직원들의 이런 습관과 역량 개발에 초점을 맞춘다.

테스팅, 운영, 보안은 모든 사람의 일상 업무다

높은 성과를 내는 조직은 팀의 모든 구성원이 목표를 공유한다. 품질, 가용성, 보안은 개별 부서의 책임이 아니라 모든 사람의 일상 업무가 된다.

이는 고객 기능의 개발과 배포, 가장 높은 심각도의 프로덕션 사고 해결이 일상 업무 중 가장 긴급한 문제가 될 수 있다는 것을 의미한다. 대안으로는 동료 엔지니어의 변경 사항 리뷰, 프로덕션 서버에 대한 긴급 보안 패치 적용, 동료 엔지니어의 생산성 향상을 위한 개선 활동을 들 수 있다.

티켓마스터Ticketmaster의 CTO인 조디 멀키Jody Mulkey는 개발과 운영 사이의 공유된 목표를 회고하며 "거의 25년 동안 개발과 운영을 미식축구에 비유해 설명했다. 운영은 다른 팀의 득점을 막는 수비 역할을 하고 개발은 득점하는 공격 역할을 한다. 그러던 어느 날, 이 비유에 얼마나 큰 결함이 있는지 깨달았다. 개발과 운영이 결코 필드에서 동시에 뛰지 않기 때문이다. 사실은 같은 팀이 아니었다"라고 말했다.[22]

그는 이어 "요즘은 이런 비유 대신, 운영은 공격 선수 포지션, 개발은 필드 앞으로 공을 보내는 쿼터백quarterback과 와이드 리시버wide receivers 같은 '기술' 포지션에 비유한다. 운영은 개발이 적절하게 플레이를 진행하는 데 충분한 시간을 확보할 수 있게 돕는다"라고 덧붙였다.[23]

고통 분담이 공유된 목표를 강화할 수 있음을 보여주는 대표 사례로는 2009년 페이스북Facebook의 엄청난 성장을 들 수 있다. 당시 페이스북은 코드 배포와 관련된 문제를 겪고 있었다. 모든 문제가 고객에게 영향을 미친 것은 아니지만 만성적인 문제를 해결하는 데 오랜 시간이 소요됐다. 제품 엔지니어링 담당 이사인 패드로 카나후아티Pedro Canahuati는 운영 엔지니어로 구성된 회의에서 누군가가 장애 관련 작업을 하지 않는 모든 사람에게 랩톱을 닫아달라고 요청했지만 아무도 그렇게 하지 않았다고 설명했다.[24]

운영 엔지니어들이 배포 결과를 변경하기 위해 했던 가장 중요한 일은 모든 페이스북 엔지니어, 엔지니어링 관리자, 아키텍트가 각자 만든 서비스에 대해 돌아가면서 당직 근무를 한 것이다. 이를 통해 서비스와 관련된 모든 사람이 그들이 결정을 내린 업스트림 아키텍처와 코딩 의사 결정에 대한 본능적인 피드백을 경험하게 됐다. 이것은 다운스트림의 결과에 상당히 긍정적인 영향을 미쳤다.

모든 팀원이 제너럴리스트가 되게 하라

기능 중심의 운영 조직은 네트워크 관리자, 스토리지 관리자와 같은 전문가로 구성되기도 한다. 부서가 지나치게 전문화되는 것은 스피어 박사의 설명처럼 '주권 국가처럼 운영되는' **사일로화**Siloization의 원인이 된다.[25] 운영 작업이 복잡해지면 인프라의 여러 영역 간 이관과 대기열이 많이 필요하므로 리드 타임도 길어진다. 예를 들어 모든 네트워크를 반드시 네트워킹 부서의 누군가가 변경해야 하는 일이 있을 수도 있다.

우리는 끊임없이 증가하는 수많은 기술에 의존하므로 관련 기술 분야에 숙달한 전문 엔지니어를 확보해야 한다. 하지만 가치 흐름의 한 영역에만 기여할 수 있는, 다시 말해 '시간이 흘러도 변함없는' 전문가를 양성해야 하는 것은 아니다.

해결 방법의 하나는 모든 팀원이 제너럴리스트가 되게 적극적으로 독려하는 것이다. 엔지니어가 자신의 담당 시스템을 구축하고 운영하는 데 필요한 기술을 모두 배우고, 정기적으로 다양한 역할을 하도록 순환 근무 기회를 제공하는 식으로 말이다. 이제 **풀스택 엔지니어**^{Full-stack Engineer}라는 용어는 애플리케이션 코드, 데이터베이스, 운영 시스템, 네트워킹, 클라우드 등 모든 애플리케이션 스택에 익숙하거나 최소한 일반 수준의 이해도를 가진 제너럴리스트를 설명(때로는 패러디 소재로)하는 데 사용되고 있다.

표 7.1 스페셜리스트 vs. 제너럴리스트 vs. 'E형' 직원
(경험, 전문성, 탐구력, 실행력)

I형(스페셜리스트)	T형(제너럴리스트)	E형
한 분야에 대한 깊은 전문 지식	한 분야에 대한 깊은 전문 지식	몇몇 분야에 대한 깊은 전문 지식
다른 분야의 기술이나 경험이 거의 없음	많은 분야에 걸친 광범위한 기술	다양한 분야에서의 경험, 검증된 실행 능력, 항상 혁신적
병목 현상을 빠르게 생성	단계적으로 병목 현상 제거 가능	거의 무한한 잠재력
다운스트림 낭비와 영향에 둔감	다운스트림 낭비와 영향에 민감함	
계획의 융통성 및 변동성 흡수에 방해가 됨	융통성 있는 계획 및 변동성 흡수에 도움이 됨	

(출처: Scott Prugh, 'Continuous Delivery', ScaledAgileFramework.com, 2013. 2. 14.
http://scaledagileframework.com/continuous-delivery/)

스콧 프루는 CSG 인터내셔널의 한 팀에서 제품을 만들고 실행하는 데 필요한 분석, 아키텍처, 개발, 테스트 및 운영을 포함한 대부분 인력을 제공하는 전환 작업을 수행했다고 말했다. "제너럴리스트는 엔지니어링 기술을 교차 교육하고 성장시킴으로써 스페셜리스트보다 훨씬 더 많은 작업을 수행할 수 있다. 대기열과 대기 시간을 없애 전반적인 업무 흐름도 개선할

수 있다."[26]

이런 접근 방법은 전통적인 채용 프랙티스와 상충하지만 프루가 설명한 것처럼 매우 가치가 있다. 프루는 또한 "전통적인 관리자는 제너럴리스트와 같은 전문성을 갖춘 엔지니어 채용을 반대하기도 한다. 비용이 더 많이 들고 '여러 기술을 가진 운영 엔지니어 대신 서버 관리자 2명을 고용하는 게 낫다'라는 것이 그 이유다.[27] 그러나 더 빠른 흐름을 구축해서 얻는 비즈니스 이득이 더 크다. 교차 교육에 대한 투자는 '직원'의 경력 성장을 위한 올바른 선택이며 모든 사람의 작업을 더 즐겁게 만든다"라고 말했다.[28]

새로운 기술을 습득하고 효율적으로 사용하는 능력보다 현재 역할에서 이전에 보유한 기술과 성과로 사람을 평가할 때는 의도치 않게 캐롤 드웩 Carol Dweck 박사가 설명한 **고정 마인드셋**Fixed Mindset을 강화한다. 고정 마인드셋에서는 지능과 능력을 의미 있는 방식으로 변경할 수 없는 '고정'되고 '타고난 것'으로 간주한다.[29]

이런 사고방식 대신 우리는 학습을 격려하고 직원들이 학습에 대한 불안을 극복하는 데 도움을 주며 관련 기술과 분명한 커리어 로드맵을 확보하길 원한다. 이를 통해 엔지니어의 **성장 마인드셋**Growth Mindset을 육성하는 데 도움을 준다. 결국 학습 조직은 기꺼이 배우고자 하는 사람이 필요하다. 우리는 모든 사람에게 교육과 지원을 제공할 뿐 아니라 학습을 장려하고 기존 직원의 경력 개발에 투자해 가장 적은 비용으로 가장 지속적이고 위대한 팀을 만든다.

디즈니의 시스템 공학 이사인 제이슨 콕스Jason Cox는 "운영 팀의 내부에서 채용 프랙티스를 변경해야 했다. 제너럴리스트뿐 아니라 이탈자가 될 수도 있는 '호기심, 용기, 솔직함'을 가진 사람을 찾았다. 우리는 비즈니스가 막힘 없이 미래로 나아갈 수 있게 긍정적인 혼란을 촉진하고자 한다"라고 말했다.[30] 다음 절에서는 팀에 투자하는 방법이 팀의 성과에 미치는 영향을 알아본다.

프로젝트가 아닌 서비스와 제품에 투자하라

높은 성과를 달성하기 위한 또 다른 방법은 자체 전략과 계획 로드맵을 실행하기 위해 지속적으로 투자하는 안정적인 서비스 팀을 만드는 것이다. 이런 팀은 기능, 스토리, 태스크와 같은 내외부 고객과의 구체적인 약속을 이행하는 데 필요한 전담 엔지니어들로 구성된다.

이와는 대조적으로 더 전통적인 모델은 개발 팀과 테스트 팀을 하나의 '프로젝트'에 배정했다가 기존 프로젝트가 종료되고 투자가 만료되면 바로 다른 프로젝트에 배정한다. 이 모델은 개발자들이 스스로 내린 의사 결정 (피드백 형태)의 장기적인 결과를 볼 수 없게 한다. 또한 개발자 소프트웨어 수명 주기의 초기 단계(비극적이게도 성공적인 제품과 서비스를 위해 최소 비용이 들어가는 부분*)에만 가치를 두고 비용을 지급하는 자금 지원 모델도 볼 수 없게 한다. 따라서 전통적인 모델은 원치 않는 결과를 초래한다.

제품 기반의 자금 지원 모델이 설정한 목표는 수익, 고객 수명 가치 Customer Lifetime Value†와 고객 선택 비율Customer Adoption Rate, 최소 결과물(노력 및 시간의 양, 코드 라인 수 등)과 같은 조직과 고객이 달성한 가치를 평가하기 위한 것이다. 반대로 프로젝트를 측정하는 일반적 방식은 약속된 예산, 시간, 범위 내 프로젝트 완료 여부다.

콘웨이의 법칙에 따라 팀의 경계를 설계하라

조직이 성장하면서 부딪히는 가장 큰 도전 과제는 구성원과 팀 사이의 효율적인 커뮤니케이션과 조정을 유지하는 것이다. 공유된 이해와 상호 신뢰

---

* 현재 Roche Bros. Supermarkets의 정보 기술 부사장인 존 로더바크(John Lauderbach)는 "모든 신규 애플리케이션은 무료로 분양하는 애완견과 같다. 기업을 무너뜨릴 수 있는 초기 투자 비용이 아니다. 이것은 지속적인 유지 보수 비용과 지원 비용이다"라고 비꼬았다.[31]

† 한 고객이 기업과 관계를 유지하면서 제공할 것으로 예상되는 이익의 총합계를 뜻한다. 기업 측면에서는 고객이 평생 기업에 줄 수 있는 수익을 의미한다. – 옮긴이

를 만들고 유지하는 것은 중요하다. 많은 팀이 새로운 업무 패턴을 포용하려고 노력함에 따라 협업의 중요성은 더욱 분명해진다. 이제 팀들은 완전한 원격, 하이브리드, 분산된 업무 환경에서 일한다. 사무실이나 거주지 경계뿐 아니라 시간대가 다르거나 심지어 계약 조건이 다르기까지 하다(작업을 아웃소싱 팀이 하는 경우). 주된 커뮤니케이션 메커니즘이 작업 티켓과 변경 요청일 때 협업은 최악으로 치닫는다.[*]

7장 초반에 엣시의 스프라우터 사례에서 살펴봤듯이 우리가 팀을 구성하는 방식은 콘웨이의 법칙에 따른 부작용으로 잘못된 결과를 초래할 수 있다. 여기에는 기능(예: 개발자와 테스터를 다른 위치에 배치하거나 테스터를 완전히 아웃소싱)과 아키텍처 계층별(예: 애플리케이션, 데이터베이스)로 팀을 나누는 작업도 포함한다.

이런 구성에는 팀 간 특별한 의사소통과 조정이 필요하다. 그러나 여전히 많은 양의 재작업, 개발 명세에 대한 의견 불일치, 잘못된 이관과 유휴 상태로 누군가를 기다리며 대기해야 하는 결과가 초래된다.

이상적인 소프트웨어 아키텍처는 소규모 팀이 독립적으로 생산성을 발휘할 수 있어야 한다. 이와 더불어 서로 충분히 분리돼 불필요하거나 과도한 커뮤니케이션 및 조정 없이도 작업을 완료할 수 있어야 한다.

개발자 생산성과 안전성을 위해 느슨하게 결합된 아키텍처를 구축하라

튼튼하게 결합된 아키텍처에서는 작은 변경이 대규모의 실패를 초래할 수 있다. 결과적으로 시스템의 한 부분에서 작업하는 사람은 영향을 미칠 수 있는 시스템의 다른 부분에서 작업하는 다른 사람과 계속 협업해야 한다.

---

[*] 데브옵스 핸드북 1판이 발간됐을 때, 대부분의 업무 문화는 원격 혹은 하이브리드 근무 형태가 아니었다. 지난 몇 년간 기술의 진보와 규범의 변화 COVID-19 팬데믹은 원력 근무 또는 하이브리드 근무가 가능할 뿐 아니라 생산적임을 보였다. 그래서 이 문단은 업무 방식 변화의 중요성 부분을 수정했다.

또한 전체 시스템이 함께 동작하는지 테스트하기 위해 자신의 변경 사항을 수백, 수천 명의 다른 개발자가 작업한 변경 사항과 통합하는 작업을 해야 한다. 이것은 상호 연결된 시스템에 대한 의존성을 초래한다. 따라서 부족한 통합 테스트 환경에 대한 테스트를 완료할 수밖에 없고, 테스트 환경의 확보와 구성에 몇 주가 소요되기도 한다. 결과적으로 변경 리드 타임이 오래 걸릴 뿐 아니라(일반적으로 몇 주에서 몇 개월로 측정된다) 개발자의 생산성과 배포 결과가 나빠진다.

소규모 팀이 독립적으로 작업을 수행 및 테스트하고 코드를 프로덕션 환경으로 안전하고 신속하게 배포할 수 있는 아키텍처를 보유하고 있다면 개발자 생산성이 향상 및 유지되며 더 나은 배포 결과를 얻을 수 있다. 이런 특징은 **서비스 지향 아키텍처**^{Service-Oriented Architectures, SOA}에서 찾아볼 수 있다. SOA는 1990년대에 처음 소개됐으며, 독립적인 테스트와 배포 가능한 서비스를 말한다. SOA의 주요 특징은 **바운디드 컨텍스트**^{Bounded Context*}를 **느슨하게 결합된** 서비스로 구성된다는 점이다.

느슨하게 결합된 아키텍처는 다른 서비스를 업데이트하지 않고도 서비스가 독립적으로 프로덕션 환경에서 업데이트될 수 있다는 것을 의미한다. 한 서비스는 다른 서비스와 분리돼 있어야 하며 공유 데이터베이스와도 분리돼 있어야 한다. 공용 스키마가 없다면 데이터베이스 서비스를 공유할 수 있다.

바운디드 컨텍스트는 에릭 에반스^{Eric J. Evans}가 『도메인 주도 설계』(위키북스, 2011)에서 설명한 개념이다. 이 아이디어의 핵심은 개발자가 피어^{Peer} 서비스 내부를 알지 못해도 서비스 코드를 이해하고 업데이트할 수 있어야 한다는 것이다. 서비스는 해당 서비스의 피어와 API를 통해서만 상호 작용하므로 데이터 구조, 데이터베이스 스키마와 기타 객체의 내부 표현 방식을 공유하지 않는다. 바운디드 컨텍스트는 서비스가 서로 영향을 미치지 않게

---

* 해당 속성은 SOA 원칙을 기반으로 하는 마이크로서비스에서도 찾아볼 수 있다. 바운디드 컨텍스트 원칙 기반의 최신 웹 아키텍처를 위한 인기 있는 패턴 중 하나는 '12-factor app'이다.[32]

명확히 구분된 인터페이스를 갖게 보장하며 테스트를 더 쉽게 만든다.

이와 관련해 Google App Engine의 전 엔지니어링 담당 이사 랜디 샤우프는 "구글, 아마존과 같이 서비스 지향 아키텍처를 갖춘 조직은 놀라운 유연성과 확장성을 갖추고 있다. 해당 조직에는 소규모 팀이라고는 믿을 수 없을 정도의 생산성을 발휘하는 수만 명의 개발자가 있다"라고 말했다.[33]

팀 규모를 작게 유지하라(피자 두 판의 법칙)

콘웨이의 법칙은 우리가 바람직한 커뮤니케이션 패턴의 컨텍스트 안에서 팀의 경계를 설계하는 데 도움을 준다. 그러나 콘웨이의 법칙은 팀 규모를 작게 유지하고 팀 사이의 커뮤니케이션양을 줄이며 각 팀의 도메인 범위를 작고 제한적으로 유지할 것을 장려한다.

2002년 아마존은 모놀리식 코드베이스에서 벗어나기 위한 전환 계획의 일환으로, 팀 규모를 피자 두 판을 함께 먹을 수 있을 정도의 인원(보통 5~10명)으로 작게 유지하는 '피자 두 판Two-pizza의 법칙'을 도입했다.[34]

이처럼 팀 규모를 제한해 얻을 수 있는 효과는 네 가지다.

- 작업 중인 시스템에 대한 팀의 분명하고 공유된 이해가 보장된다. 팀 규모가 커지면 무슨 일이 진행되고 있는지 팀원 모두가 파악하는 데 필요한 커뮤니케이션의 양이 증가한다.
- 작업 중인 제품 및 서비스의 성장률을 제한한다. 팀 규모를 제한해 시스템을 발전시킬 수 있는 속도도 제한한다. 그리고 팀이 시스템을 지속적으로 이해할 수 있게 보장한다.
- 권력을 분산시키고 자율성을 부여한다. 피자 두 판 팀2PT은 자율적이다. 팀 리더는 경영진과 협력해 (적합성 함수라 불리는) 팀이 담당하는 핵심 비즈니스 지표를 결정한다. 이 지표는 팀의 실험에 대한 전반적 평가 기준이 된다. 그 후 팀은 해당 지표를 극대화하기 위해 자율적

으로 행동할 수 있다.*

- 2PT를 리딩하는 것, 즉 소규모의 팀을 이끄는 것을 통해 직원들은 장애가 심각한 결과를 초래하지 않는 환경에서 리더십에 대한 경험을 쌓을 수 있다. 아마존 전략의 핵심 요소는 2PT의 조직 구조와 SOA의 아키텍처 접근 방식 간 연결이다.

아마존 CTO인 워너 보겔스Werner Vogels는 2005년 Baseline의 래리 디그넌Larry Dignan에게 이런 구조의 장점을 설명했다.

디그넌은 다음과 같이 말했다.

> 작은 팀은 빠르다. 소위 어드미니스트리비아Administrivia†의 늪에 빠지지 않는다. 특정 비즈니스에 배정된 각 그룹은 담당 비즈니스를 완전히 책임진다. 팀이 수정 사항을 자세히 살피고 설계, 구축, 실행 및 지속적인 사용을 모니터링한다. 기술 프로그래머와 아키텍트는 이런 방식으로 정기 회의와 비공식적인 대화를 통해 자신의 코드나 애플리케이션을 사용하는 비즈니스 담당자들에게서 직접적인 피드백을 받을 수 있다.[36]

지속적인 학습

매튜 스켈톤(Matthew Skelton)과 마누엘 페이스(Manuel Pais)는 『팀 토폴로지』(에이콘, 2020)에서 소프트웨어 전달을 최적화하기 위한 팀과 조직의 패턴을 설명한다. 특히 7장에서 공유한 중요한 주제에 관해 설명한다. 좋은 팀의 설계는 좋은 소프트웨어 전달을 강화하며 좋은 소프트웨어의 전달은 더 효율적인 팀을 강화한다.

---

* 넷플릭스 조직 문화의 일곱 가지 핵심 가치 중 하나는 '목표에 집중하되 느슨하게 결합하는 것(Highly Aligned, Loosely Coupled)'이다.[35]

† 'Administration'과 'trivia'를 조합한 신조어다. '조직의 비효율성을 높이는 지루하고 사소한 행정 업무'를 의미한다. - 옮긴이

스켈톤과 파이스는 팀에 적용할 수 있는 최고의 프랙티스를 다음과 같이 소개한다.

- **신뢰와 커뮤니케이션에는 시간이 필요하다.** 팀 구성원들이 높은 성과를 내는 데 최소 3개월이 걸리며, 협업을 통한 이점을 얻으려면 적어도 1년 이상 팀을 함께 유지할 것을 제안한다.
- **딱 맞는 크기.** 팀 구성원의 이상적인 수로 8명을 제안한다. 이는 아마존에서 사용하는 피자 두 판 팀의 크기와 유사하다. 팀의 최대 크기는 150명이다(던바의 수(Dunbar's number) 인용).[*]
- **대화는 비용이 크다(클 수 있다).** 팀 내 대화는 좋지만, 팀이 다른 팀에게 요구하거나 다른 팀으로 인한 제약 사항을 갖게 되면, 이는 대기열과 컨텍스트 스위칭, 오버헤드로 이어진다.

저자들은 네 가지 유형의 팀을 소개하고 조직, 각 유형에 따른 인지 부하 요구 사항, 팀 상호 작용 모드에 관한 강점과 약점을 논의한다.

- **스트림 정렬 팀(Stream-aligned Teams):** 완전한 가치 흐름을 처음부터 끝까지 소유하는 팀이다. 이 책에서 설명한 시장 지향 팀과 유사하다.
- **플랫폼 팀(Platform Teams):** 스트림 정렬 팀이 자주 사용하는 재사용 가능한 기술, 즉 인프라스트럭처나 콘텐츠 관리 시스템 등을 만들고 이에 관한 기술 지원을 한다. 플랫폼 팀은 종종 서브 파티가 담당하기도 한다.
- **활성화 팀(Enabling Teams):** 센터 오브 엑설런스(Center of Excellence)와 같이 다른 팀의 개선 활동을 돕는 전문가들을 포함한다.
- **복잡한 하위 시스템 팀(Complicated-subsystem Teams):** 전문가의 지식이 필요한 시스템의 매우 복잡한 하위 컴포넌트를 개발하고 유지 보수한다.
- **기타 팀:** 저자들은 SRE(Site Reliability Engineer) 및 서비스 경험(Service Experience) 같은 다른 팀 유형에 관해서도 언급한다.

타깃Target, Inc의 API 활성화API Enablement 프로그램은 아키텍처가 생산성을 크게 향상할 방법에 대한 또 다른 사례를 제공한다.

---

[*] 던바의 수는 한 사람이 안정적인 사회적 관계를 유지할 수 있는 사람의 숫자(150)를 말한다. 영국 인류학자인 로빈 던바(Robin Dunbar)가 1990년대에 만들었다.

타깃, API 활성화(2015)

타깃은 미국에서 여섯 번째로 큰 소매 업체이며 기술 개발에 매년 10억 달러 이상을 투자한다. 타깃의 개발 이사인 헤더 믹맨^{Heather} ^{Mickman}은 데브옵스 여정의 시작에 대해 "과거 힘들었던 시기에는 10개 팀이 타깃 서버의 프로비저닝에 투입돼야 했다. 뭔가 잘못되면 이후에 발생할 수 있는 이슈를 방지하기 위해 작업을 중단하려는 경향이 있었다. 이것은 모든 상황을 더 악화시켰다"라고 설명했다.[37]

환경 확보와 배포 수행과 관련된 고통은 개발 팀이 필요한 데이터에 액세스하는 것과 마찬가지로 엄청난 어려움을 초래했다.

믹맨은 다음과 같이 말했다.

문제는 재고, 가격, 매장 정보와 같은 많은 양의 핵심 데이터가 레거시 시스템과 메인프레임에 갇혀 있었다는 점이다. 우리는 종종 데이터의 실제 내용에 대해 다양한 소스를 갖고 있었다. 특히 전자상거래와 각각 다른 팀이 소유하고 있는 실제 매장 간에는 데이터 구조와 우선순위가 서로 다른 데이터가 관리되고 있었다.

결과적으로 신규 개발 팀이 고객을 위해 뭔가를 만들고 싶다면, 필요한 데이터를 얻기 위해 3~6개월이 소요될 것이다. 설상가상으로 튼튼하게 결합된 시스템에서 비공식적인 지점 간^{point-to-point} 통합이 얼마나 많이 수행됐는지에 따라 수동 테스트를 수행하는 데만 3~6개월이 더 소요될 수 있다. 이런 모든 의존성을 감수하면서 20~30개의 다른 팀과 상호 작용해야 하는 상황은 많은 조정과 이관으로 인해 더 많은 프로젝트 관리자가 필요하게 됐다. 이것은 개발 팀이 결과를 전달하고 작업을 완료하는 대신, 대기열에서 기다리는 데 시간을 전부 낭비해야 한다는 것을 의미한다.[38]

이처럼 시스템에서 데이터를 검색하고 생성하기 위해 소요되는 긴 리드 타임은 타깃의 실제 매장과 전자 상거래 사이트의 공급망 통합 운영과 같은 중요한 비즈니스 목표를 위협하고 있었다. 이제는 매장과 고객의 가정에 필요한 물품 목록을 확보해야 했다. 이것은 공급 업체로부터 물류센터와 가게로 상품 이동을 용이하게 하려 했던 설계 의도를 넘어 타깃의 공급망을 압박했다.

2012년, 믹맨은 데이터 문제 해결을 위해 개발 팀이 '몇 개월이 아닌 며칠 만에 새로운 기능을 제공'할 수 있게 API 활성화 팀을 이끌었다.[39] 이 팀은 타깃 내부의 모든 엔지니어링 팀이 영업시간, 위치, 매장 근처에 스타벅스가 있는지 등을 포함한 관련 데이터를 수집할 수 있길 원했다.

시간 제약은 팀 선택에 커다란 역할을 했다. 그는 다음과 같이 말했다.

> 우리 팀은 기능을 몇 개월이 아닌 며칠 안에 제공해야 했다. 외주 업체가 아닌 조직 안에서 작업을 직접 수행할 팀이 필요했다. 따라서 계약을 관리할 줄 아는 사람이 아니라 뛰어난 엔지니어링 기술을 가진 사람을 원했다. 우리가 해야 하는 작업은 대기열에서 기다리는 것이 아니라는 사실을 확실히 하기 위해 모든 스택을 확보해야 할 필요도 있었다. 다시 말해 운영 요건도 갖춰야 했다. 지속적인 통합과 전달을 지원하는 새로운 도구를 많이 도입했다. 성공한다면 고도의 성장을 달성할 것을 알았기에 카산드라Cassandra 데이터베이스와 카프카Kafka 메시지 브로커 같은 새로운 도구를 도입했다. 해당 도구의 사용 승인을 요청했을 때는 거절당했지만 새로운 도구의 필요성을 인지해 사용하기로 했다.[40]

그 이후 2년 동안 API 활성화 팀은 Ship to Store와 Gift Registry 서비스, Instacart 및 Pinterest와의 통합을 비롯해 53가지의 새로운 비즈니스 기능을 제공했다. 그는 "Pinterest와의 작업에는 API만 제공하면 됐기 때문에 갑자기 쉬워졌다"라고 말했다.[41]

2014년, API 활성화 팀은 월 15억 건의 API 콜을 처리했다. 2015년에는 90개의 서로 다른 API에 걸쳐 월 170억 건의 API 콜을 처리하는 수준으로 성장했다. 팀은 이를 지원하기 위해 매주 80건의 배포를 정기적으로 수행했다.[42]

이런 변화는 타깃의 주요 비즈니스 이익을 창출했다. 2014년 휴가 시즌에는 디지털 매출이 42% 증가했으며, 2분기에는 32% 더 증가했다. 2015년 블랙 프라이데이 주말 기간에는 매장 픽업 주문이 28만 건을 넘어섰다. 2015년까지 타깃의 목표는 1,800개 매장 중 450개 매장에서 100건 이상의 전자 상거래 주문이 창출되게 만드는 것이었다.[43]

이와 관련해 믹맨은 "API 활성화 팀은 열정적인 변화 에이전트 팀이 무엇을 할 수 있는지 보여주며, 기술 조직 전체에 데브옵스를 확장하기 위한 다음 단계의 계획을 수립하는 데 도움을 주기도 한다"라고 말했다.[44]

> 이 사례 연구는 많은 교훈을 주지만, 그중 가장 명확한 것은 콘웨이의 법칙에서 말하듯 아키텍처가 팀의 규모와 조직에 미치는, 또는 그 반대로 미치는 영향을 나타낸다는 점이다.

결론

엣시와 타깃의 사례 연구를 통해 아키텍처와 조직에 대한 설계가 결과를 어떻게 크게 향상시키는지 확인했다. 콘웨이의 법칙은 아키텍처와 조직 설계가 잘못되면 조직은 안전성과 민첩성을 막고 부정적인 결과를 낳을 수 있다는 사실을 확실하게 알려줬다. 아키텍처와 조직의 설계가 잘 완료되면 조직은 개발자가 안전하고 독립적으로 개발 및 테스트를 수행하고 고객에게 가치를 제공할 수 있게 해준다.

8

일상 업무와 운영을 통합해 최상의 결과를 얻는 방법

우리의 목표는 소규모 팀들이 신속하고 독립적으로 고객에게 가치를 제공할 수 있는 시장 지향적인 성과를 달성하는 것이다. 운영이 한곳으로 집중되고 기능 중심일 때는 이런 목표를 달성하는 것이 어려울 수 있다. 다양한 개발 팀이 각각 전혀 다른 요구 사항을 처리해야 하기 때문이다. 이런 문제는 운영 작업에 필요한 긴 리드 타임, 계속되는 우선순위 재지정과 상위로의 보고, 저하된 배포 결과를 초래한다.

운영 역량을 개발 팀에 잘 통합하면 더 효율적이고 생산적으로 시장 지향적 성과를 만들 수 있다. 8장에서는 이런 성과를 달성하기 위한 다양한 방법을 조직 측면과 일상 측면에서 알아본다. 이를 통해 운영은 전체 조직에 대해 개발 팀의 생산성을 크게 향상할 수 있을 뿐 아니라 협업 방법과 조직 성과도 개선할 수 있다.

빅 피시 게임즈

빅 피시 게임즈Big Fish Games는 2013년 수백 개의 모바일 게임과 수천 개의 PC 게임을 개발해 2억 6,600만 달러 이상의 매출을 달성했다.[1] 당시 IT 운영 부사장이었던 폴 패럴Paul Farall은 운영 조직을 중앙 집중식으로 운영했으며 높은 자율성을 보유한 다양한 사업 부서를 지원하는 일을 담당했다.

각 사업부의 전담 개발 팀마다 채택한 기술이 다를 때도 있었고, 해당 팀이 신규 기능을 배포할 때 부족한 공통 운영 자원을 놓고 경쟁하기도 했다. 설상가상으로 테스트 환경과 통합 환경은 안정적이지 않았고 출시 프로세스도 매우 번거로워 모든 구성원이 어려움을 겪고 있었다.

패럴은 이와 같은 문제는 운영 전문 기술을 개발 팀에 포함해 해결할 수 있다고 생각했다. 그는 다음과 같이 말했다.

> 개발 팀에서 테스트와 배포 문제가 발생했을 때 기술과 환경 이상의 것이 필요했다. 바로 도움과 코칭이다. 처음에는 운영 엔지니어와 아키텍트를 각 개발 팀에 투입했지만, 많은 팀을 지원할 수 있는 운영 엔지니어가 부족했다. 결국 **운영 연락**Ops Liaison 모델이라 부르는 방법을 통해 소수 인력으로 더 많은 팀을 지원할 수 있었다.[2]

패럴은 비즈니스 관계 관리자와 출시 전담 엔지니어의 운영 연락 담당자를 정의했다.[3] 비즈니스 관계 관리자는 제품 관리, 영업 책임자, 프로젝트 관리, 개발 관리, 개발자와 함께 작업했다. 이들은 제품 그룹 비즈니스 드라이버와 제품 로드맵에 익숙해졌으며 운영 내부의 제품 책임자를 지지하는 역할을 했다. 또한 제품 팀이 운영 환경을 탐색할 수 있게 지원하고 작업 요청에 대한 우선순위를 지정하고 간소화할 수 있게 했다.

출시 담당 엔지니어는 제품 개발과 QA 이슈에 대해 더 잘 이해하게 됐으며 조직의 목표 달성을 위해 운영 조직으로부터 필요한 지원을 받는 데 도움을 줬다. 이들은 개발과 QA가 운영 팀에 요청하는 일에 익숙해졌으며 필요한 작업을 실행하기도 했다. 필요할 때는 전담 기술 운영 엔지니어(예: DBA, 정보 보안, 스토리지 엔지니어, 네트워크 엔지니어)를 파견하고 전체 운영 그룹이 어떤 자체 서비스 도구를 구축할 것인지에 대한 우선순위를 결정하는 데 도움을 줬다.

이를 통해 패럴은 조직 전체에 걸쳐 개발 팀의 생산성을 높이면서 팀의 목표를 달성하는 데 도움을 줄 수 있었다. 전체적인 운영 제약 조건에 우선순위를 둠으로써 프로젝트 중간에 발견되는 문제의 양을 줄였고, 궁극적으로 전반적인 프로젝트의 처리량을 증가시켰다.

패럴은 이런 변화의 결과로 운영 팀과의 업무 관계 및 코드 출시 속도가 눈에 띄게 향상됐다고 강조했다. 그는 "운영 연락 모델을 통해 새로운 인력을 충원하지 않고도 IT 운영 전문 기술을 개발 팀, 제품 팀과 통합할 수 있었다"라고 결론을 내렸다.[4]

빅 피시 게임즈의 데브옵스 트랜스포메이션 사례는 중앙 집중식 운영 팀이 시장 지향적 개발 팀과 관련된 성과를 달성하는 전형적인 방법을 보여준다. 우리는 다음과 같은 세 가지 전략을 광범위하게 채택할 수 있다.

- 개발자 생산성 향상을 위해 서비스 팀의 자체 서비스 역량을 갖춘다.
- 서비스 팀에 운영 엔지니어를 포함한다.
- 운영을 서비스 팀에 포함하는 것이 불가능하다면 운영 연락 담당자를 서비스 팀에 할당한다.

지속적인 학습

빅 피시 게임즈의 사례를 통해 앞서 소개한 매튜 스켈톤과 마누엘 페이스의 『팀 토폴로지』에서 제안한 플랫폼 팀과 활성화 팀 접근 방식을 어떻게 적용했는지 알 수 있다.

단일 플랫폼 팀은 전체 조직에 대한 인프라스트럭처 기능을 제공하고, 시장 지향 팀들에 관한 기술 지원을 한다. 운영 연락 담당자는 활성화 팀의 구성원처럼 행동한다.

마지막으로 일일 스탠드업Daily Standup, 계획Planning, 회고Retrospective와 같은 개발 팀의 정기 이벤트에 운영 엔지니어가 어떻게 통합될 수 있는지 설명한다.

개발자의 생산성 향상을 위한 공유 서비스를 생성하라

시장 지향적 성과 창출을 위한 방법의 하나는 모든 개발 팀이 생산성을 향상하는 데 사용할 수 있는 일련의 중앙 집중식 플랫폼과 도구에 대한 서비스, 즉 유사 프로덕션 환경, 배포 파이프라인, 자동화된 테스트 도구와 프로덕션 환경 텔레메트리 대시보드를 만드는 것이다.* 이를 통해 개발 팀이 프로덕션 환경에서 해당 기능을 지원하는 데 필요한 인프라를 전부 확보하는 대신 고객을 위한 기능을 구축하는 데 더 많은 시간을 투자할 수 있다.

개발자가 작업 티켓을 오픈하고 누군가 수동 작업을 수행할 때까지 기다리지 않아도 우리가 제공하는 플랫폼과 서비스는 모두 자동화돼 있어야 한다. 그래야만 운영이 고객 서비스를 제공할 때 병목 현상이 발생하지 않는 것을 보장한다(예: '작업 요청을 받았을 때 수동으로 테스트 환경을 구성하는 데 6주가 소요될 것이다' 등).†

이를 통해 제품 팀은 팀에 필요한 것을 시기적절하게 얻을 수 있을 뿐 아니라 커뮤니케이션이나 조정의 필요성도 줄일 수 있다. 이와 관련해 데이먼 에드워즈는 "자체 서비스 운영 플랫폼이 없다면 클라우드는 값비싼 호스팅 2.0에 불과하다"라고 말했다.[6]

내부 팀 대부분은 이런 플랫폼과 서비스를 사용하도록 강요하지 않는다. 플랫폼 팀은 내부 고객을 설득하고 만족시켜야 하며 외부 공급 업체와도 경쟁해야 한다. 이처럼 효과적인 내부 경쟁 시장을 만들어 내부 고객들이 우리가 만든 플랫폼과 서비스가 가장 쉽고 매력적인 선택 사항(최소한의 저항 경로)이라는 확신이 들게 해야 한다.

예를 들어 사전 처리된 보안 라이브러리가 포함된 공유 버전 관리 저장소, 코드 품질 도구, 보안 스캐닝 도구를 자동으로 실행하고 프로덕션 환경

---

* 이 책에서는 '플랫폼', '공유 서비스' 및 '툴체인'이라는 용어를 혼용한다.

† 어니스트 뮐러(Ernest Mueller)는 "바자보이스(Bazaarvoic)에서는 이런 플랫폼 팀이 요구 사항을 수용하기 위한 툴은 만들지만 다른 팀의 업무는 수용하지 않는다는 합의가 있었다"라고 언급했다.[5]

모니터링 도구가 설치된 **적절한 환경**으로 애플리케이션을 배포할 수 있는 배포 파이프라인을 제공하는 플랫폼을 생성할 수 있다.

애플리케이션을 프로덕션 환경으로 배포하는 가장 쉽고 안전한 수단이 우리가 구축한 플랫폼이라는 사실을 개발 팀이 알게 하려면 그들의 작업을 더 쉽게 만들어야 한다. 또한 플랫폼에 QA 운영 팀과 정보 보안팀을 비롯한 조직 내 모든 구성원의 축적된 집단 경험을 포함해 더욱 안전한 작업 시스템을 만들 수 있다. 이를 통해 개발자의 생산성 향상, 자동화된 테스트의 수행, 보안과 컴플라이언스 요구 사항 충족과 같은 공통 프로세스를 제품 팀이 쉽게 활용하게 할 수 있다.

이런 플랫폼과 도구를 구축하고 유지 관리하는 것이 진정한 제품 개발이다. 이 플랫폼의 고객은 외부 고객이 아니라 내부 개발 팀이다. 훌륭한 제품을 만드는 것과 마찬가지로 모든 사람이 좋아하는 멋진 플랫폼을 만드는 것은 쉬운 일이 아니다. 잘못된 고객 중심 시각을 지닌 내부 플랫폼 팀은 모두 싫어하며, 내부의 다른 플랫폼 팀이나 외부 공급 업체와는 상관없이 또 다른 대안으로 인해 **빠르게 버려질** 도구를 만들 가능성이 크다.

넷플릭스의 엔지니어링 도구 감독관인 다이앤 마쉬Dianne Marsh는 "우리는 엔지니어링 팀의 혁신과 속도를 지원한다. 엔지니어링 팀을 위해 그 어떤 것을 만들지도, 이미지를 생성해 배포하지도, 구성을 관리하지도 않는다. 우리는 자체 서비스를 가능케 하는 도구를 만든다. 사람들은 우리가 만든 도구에 의존해도 되지만, 우리 팀에는 의존하지 않게 해야 한다"라고 말했다.[7]

이런 플랫폼 팀은 고객이 기술을 학습하게 돕거나 다른 기술로 마이그레이션할 수 있는 또 다른 서비스를 제공하기도 한다. 심지어 조직 안에서 프랙티스의 상태를 향상하는 데 도움이 되는 코칭과 컨설팅을 제공하기도 한다. 이런 공유 서비스는 표준화를 촉진함으로써 팀 간 업무 전환이 있더라도 엔지니어가 **빠르게** 생산성을 높일 수 있다. 예를 들어 모든 제품 팀이 각기 다른 툴체인을 선택했을 때 엔지니어는 팀의 목표를 전체 목표보다 우위에 두고 담당 업무 수행을 위해 완전히 새로운 일련의 기술을 습득해야 할 수도 있다.

팀에서 승인한 도구만 사용할 수 있는 조직이라면 변화 전담 팀과 같은 일부 팀에게 담당 업무를 수행하기 위해 새로운 기술을 습득해야 하는 요구 사항을 제거하는 것부터 시작해야 한다. 이에 따라 어떤 역량이 팀을 더 생산적으로 만드는지 실험해야 한다.

내부 공유 서비스 팀은 조직에 광범위하게 도입되는 내부 툴체인을 지속적으로 조사함으로써 모든 사람이 어떤 도구를 중점적으로 사용하게 해야 할지 정해야 한다. 일반적으로 조직 어딘가에서 이미 사용 중인 툴체인을 채택해 확장하는 것이 해당 기능을 처음부터 구축하는 것보다 훨씬 더 성공적일 수 있다.*

운영 엔지니어를 서비스 팀에 포함하라

시장 지향적 성과를 거두는 데는 운영 엔지니어를 제품 팀에 포함해 제품 팀이 자체적인 운영 역량을 보유하게 하는 방법과 중앙 집중식 운영에 대한 의존성을 감소시키는 방법이 있다. 이를 통해 제품 팀이 서비스 제공과 지원에 전적으로 책임질 수 있다.

운영 엔지니어를 개발 팀에 포함하면 운영의 우선순위가 자체 문제 해결에 집중하기보다 운영 엔지니어가 투입된 제품 팀의 목표를 따른다. 결과적으로 운영 엔지니어는 내외부 고객에 더욱 긴밀하게 연결된다. 또한 제품 팀이 이런 운영 엔지니어를 채용하면 직원의 업무 품질이 보장되는 중앙 집중식 운영이 가능해진다.

제이슨 콕스는 다음과 같이 말했다.

디즈니의 많은 사업 분야에서 운영(시스템 엔지니어)을 개발, 테스트, 정

---

* 재사용을 위해 시스템을 미리 설계하는 것은 많은 엔터프라이즈 아키텍처에서 흔히 발생하는 고비용의 실패 유형이다.

보 보안 팀과 더불어 사업 분야 내부의 제품 팀에도 포함했다. 이런 변화 때문에 업무의 원동력이 완전히 달라졌다. 우리 운영 엔지니어들은 사람들의 일하는 방식뿐 아니라 사고방식까지 바꾸는 도구와 기능을 만든다. 전통적 운영 방식에서는 누군가 만든 기차를 운행하는 데 그쳤지만, 현대 운영 방식은 기차 제작은 물론 기차가 지나는 다리 설립까지 돕는다.[8]

대규모 신규 개발 프로젝트는 운영 엔지니어를 해당 팀에 투입할 수 있다. 운영 엔지니어는 구축 대상과 구현 방법에 대한 의사 결정을 지원하고 제품 아키텍처에 영향을 미치며 내외부 기술의 선택에도 영향을 미친다. 또한 내부 플랫폼의 신규 기능 개발을 돕고 새로운 운영 기능을 생성하기도 한다. 제품이 프로덕션 환경에 배포된 이후에는 투입된 운영 엔지니어가 개발 팀의 프로덕션 업무를 지원할 수 있다.

운영 엔지니어는 일일 회의, 일일 스탠드업, 신규 기능을 선보이는 데모, 어떤 기능을 출시할지 정하는 개발 팀의 업무 활동에도 참여한다. 운영 엔지니어는 운영 지식 및 역량의 필요성이 감소함에 따라 제품 수명 주기에 따라 제품 팀의 내부 구성이 변화하는 일반 패턴에 맞춰 다른 프로젝트나 업무로 전환할 수 있다.

이런 패러다임은 또 다른 중요한 장점이 있다. 개발자와 운영 엔지니어가 짝으로 작업하면 운영 지식과 전문 기술을 효과적으로 교육할 수 있다. 또한 운영 지식을 더 신뢰할 수 있고 광범위하게 재사용할 수 있는 자동화된 코드로 변환하는 강력한 혜택을 얻을 수도 있다.

서비스 팀마다 운영 연락 담당자를 지정하라

비용 부족, 인력 부족 등 다양한 이유로 모든 제품 팀에 운영 엔지니어를 포함하지 못할 가능성이 크다. 그러나 각 제품 팀에 연락 담당자를 할당하면 이와 동일한 효과를 얻을 수 있다.

엣시는 이런 모델을 '지정 운영Designated Ops'이라고 부른다.[9] 중앙 집중식 운영 그룹은 일관성을 유지하기 위해 프로덕션 환경뿐 아니라 사전 프로덕션 환경까지 모든 환경을 지속적으로 관리한다. 운영 엔지니어는 다음과 같은 사항을 이해하고 있어야 한다.

- 새로운 제품 기능은 무엇이며 해당 기능을 만드는 이유는 무엇인가?
- 운용 용이성Operability, 확장성Scalability, 관찰 가능성Observability 측면에서 신규 기능이 동작하는 방식(다이어그램 작성이 강력하게 권장됨)은 무엇인가?
- 기능의 수행, 성공과 실패의 원인을 파악하기 위해 지표를 모니터링하고 수집하는 방법은 무엇인가?
- 이전 아키텍처 및 패턴에서 벗어난 부분과 그 정당성은 무엇인가?
- 인프라에 대한 추가 요구 사항과 사용이 인프라 용량에 미치는 영향은 무엇인가?
- 기능 출시 계획은 수립했는가?

임베디드 운영 모델과 마찬가지로 운영 연락 담당자는 팀의 스탠드업 미팅에 참여해 팀의 요구 사항을 운영 로드맵에 반영하고 업무를 수행한다. 팀은 리소스 경합과 우선순위 문제의 확대를 운영 연락 담당자에게 의지한다. 이를 통해 해당 요구 사항을 더 넓은 조직 목표의 측면에서 평가할 수 있다. 우선순위를 정해야 하는 리소스와 시간 문제도 파악할 수 있다.

운영 연락 담당자를 지정하면 임베디드 운영 모델보다 더 많은 제품 팀을 지원할 수 있다. 우리 목표는 운영이 제품 팀에 방해되지 않게 하는 것이다. 운영 연락 담당자의 지원 범위가 너무 협소해 제품 팀의 목표 달성이 어려워지면 각 연락 담당자가 지원하는 팀의 수를 줄이거나 운영 엔지니어를 일시적으로 특정 팀에 투입해야 한다.

개발 팀의 정기적 업무 활동에 운영을 통합하라

운영 엔지니어가 제품 팀에 투입되거나 연락 담당자로 지정되면 운영을 개발 팀의 업무 활동과 통합할 수 있다. 이번 절의 목표는 운영 엔지니어나 기타 비개발자가 기존 개발 문화를 더 잘 이해하고, 계획 및 일상 업무의 모든 측면에서 능동적으로 통합되는 데 도움을 주는 것이다. 이로써 운영 팀은 더 효과적으로 계획하고 필요한 지식을 제품 팀에 전달할 수 있게 되기 때문에 제품이 프로덕션 환경으로 배포되기 훨씬 이전부터 개발 작업에 영향을 미치게 된다. 다음 절에서는 애자일 방법론을 사용하는 개발 팀에서 수행하는 몇 가지 표준 활동과 운영 엔지니어를 통합하는 방법을 설명한다. 애자일 활동 수행이 이 단계의 전제 조건이 되는 것은 결코 아니다. 우리 목표는 제품 팀의 수행 활동을 살펴보고, 이런 활동에 운영을 통합하고 가치를 부여하는 것이다.*

어니스트 뮬러는 "운영 팀에 개발 팀이 해왔던 것과 동일한 애자일 수행 활동을 도입하면 데브옵스가 훨씬 잘 동작할 것이라고 믿는다. 우리는 개발 팀과 더 잘 통합할 수 있었고 운영 팀의 고충과 관련된 많은 문제를 해결해 환상적인 성공을 거뒀다"라고 말했다.[10]

개발 팀의 일일 스탠드업 미팅에 운영 팀을 초대하라

스크럼이 대중화시킨 개발 팀의 주요 활동 중 하나는 일일 스탠드업 미팅이다. 모든 팀원이 모여 서로에게 어제 완료한 일, 오늘 완료해야 할 일, 작업 완료를 방해하는 요소를 빠르게 공유하는 회의다.†

---

* 전체 개발 조직이 온종일 서로 대화 없이 그저 책상에 앉아 있는 것을 발견했다면 이들을 끌어들일 다른 방법을 찾아야 한다. 점심을 사거나 북 클럽을 시작하거나 '점심+스터디 활동' 발표를 돌아가며 진행하거나 대화를 통해 공통 문제가 무엇인지 찾아내야 한다. 이를 통해 더 나은 업무 방식이 무엇인지 알아낼 수 있다.

† 스크럼은 애자일 개발 방법론으로 '개발 팀이 공통의 목표를 달성하기 위해 단위(unit) 조직으로 일하는 유연한 전체론적 제품 개발 전략'이다.[11] 스크럼은 켄 슈와버(Ken Schwaber)와 마이크 비들(Mike Beedle)이 저술한 『스크럼』(인사이트, 2008)에서 본격적으로 설명됐다. 이 책에서는 애자일 및 스크럼과 같은 특정 방법론에서 사용되는 다양한 기술을 포괄하기 위해 '애자일 개발' 또는 '반복적 개발'이라는 용어를 사용한다.

이 활동의 목적은 팀 전체에 정보를 전달하고 완료된 작업과 완료 예정인 작업을 이해하는 것이다. 팀원들이 정보를 공유하면서 차질을 빚는 업무에 대해 살펴보고 대책을 찾는다. 관리자가 함께 참석해 우선순위 및 리소스와 관련된 갈등을 신속하게 해결할 수도 있다.

문제는 이와 같은 정보를 개발 팀의 내부 정보로 생각한다는 것이다. 운영 엔지니어를 참여시키면 운영 팀은 개발 팀의 활동을 인지해 더욱 효과적으로 계획하고 준비할 수 있다. 예를 들어 제품 팀이 2주 이내 대규모 기능 출시를 계획하고 있다는 사실을 알게 되면 기능 출시 지원을 위해 적합한 인력과 가용 리소스를 확보할 수 있다.

또는 더 긴밀한 상호 작용이나 더 많은 준비가 필요한 영역을 강조할 수 있다(예: 더 빈번한 모니터링 체크, 자동화 스크립트 생성). 이를 통해 운영 팀이 현재 팀의 문제(예: 코드 최적화 대신 데이터베이스 튜닝을 통한 성능 개선)와 향후 예상되는 문제(예: 성능 테스팅을 가능하게 하는 더 많은 통합 테스트 환경 생성)를 해결할 수 있게 한다.

개발 팀 회고에 운영 팀을 초대하라

널리 알려진 또 다른 애자일 활동은 회고다. 각 개발 주기의 마지막에는 어떤 점이 성공적이었는지, 어떤 점이 개선돼야 하는지, 향후 이터레이션과 프로젝트의 성공적인 사항과 개선 사항을 통합하는 방법은 무엇인지를 논의한다. 팀은 더 나은 성과를 위한 아이디어를 제시하고, 이전의 이터레이션에서 진행한 실험을 리뷰한다. 회고 미팅은 조직 학습과 대응 방법을 개발할 때 사용되는 주된 메커니즘 중 하나다. 회고 미팅 후에는 작업이 즉시 실행되거나 팀의 백로그에 추가된다. 운영 엔지니어가 프로젝트 팀의 회고에 참석하면 새로운 사항을 학습할 수 있다.

해당 이터레이션에 배포와 출시가 있다면 운영 팀은 해당 결과에서 학습한 점을 제품 팀에 피드백으로 제공해야 한다. 이렇게 하면 추후의 작업 계획과 실행 방법을 개선하거나 결과를 개선할 수 있다. 운영 팀이 회고에서 전달할 수 있는 피드백의 예는 다음과 같다.

- "2주 전 모니터링 사각지대를 발견했고 수정 방법에 동의했다. 수정은 효과가 있었다. 지난 화요일에 장애가 발생했고 고객에게 영향이 가기 전에 신속히 감지하고 수정할 수 있었다."
- "지난주의 배포는 1년 넘게 작업했을 정도로 가장 어렵고 오래 걸린 일 중 하나였다. 이런 점을 개선하기 위한 아이디어가 있다."
- "지난주에 진행한 프로모션 캠페인은 예상보다 훨씬 더 어려웠고 앞으로는 그런 제안을 해서는 안 될 것 같다. 다른 대안이 있다."
- "마지막 배포를 진행하는 동안의 가장 큰 문제는 현재 수천 라인에 해당하는 방화벽 규칙이 변경을 매우 어렵고 위험하게 만든다는 점이다. 승인되지 않은 네트워크 트래픽을 차단하는 방법과 더불어 아키텍처를 다시 설계해야 한다."

운영 팀의 피드백은 제품 팀이 내린 의사 결정이 다운스트림에 미치는 영향을 잘 관찰하고 이해할 수 있게 해야 한다. 부정적인 결과가 나왔다면 이와 같은 일이 재발하지 않도록 적절하게 개선해야 한다. 운영 팀의 피드백은 해결해야 하는 문제와 결함을 확인할 가능성을 높인다. 반드시 수정해야 하는 더 큰 아키텍처 문제를 발견할 수도 있다.

프로젝트 팀 회고에서 확인된 추가 작업은 결함 수정, 리팩토링과 수동 작업의 자동화와 같은 광범위한 개선 작업의 범주에 속한다. 제품 관리자와 프로젝트 관리자는 고객에게 기능을 제공하기 위해 실시하는 개선 작업을 연기하거나 우선순위를 낮추고 싶어 할 수도 있다.

그러나 일상 업무를 개선하는 것이 일상 업무 자체보다 중요하다는 사실을 상기해야 한다. 모든 팀은 이런 개선 활동에 전념할 수 있는 여력이 필요하다(예: 모든 개발 사이클의 20%를 개선 작업에 할당하고 일주일에 하루 또는 한 달에 일주일 등으로 개선 작업을 계획한다). 이렇게 하지 않으면 자체 기술과 프로세스 부채의 중압감으로 팀 생산성이 정체될 가능성이 크다.

관련 운영 업무를 공유 칸반 보드에 시각화하라

일반적으로 개발 팀의 작업은 프로젝트 보드나 칸반 보드에 시각화한다. 그러나 고객 가치가 창출되는 프로덕션 환경에서 애플리케이션을 성공적으로 실행하기 위해 실제로 수행해야 하는 관련 운영 작업은 표시하지 않는다. 그 결과 위급한 상황이 발생하거나 마감 일정이 위태로워지거나 프로덕션 중단 사태가 발생할 때까지 필요한 운영 작업을 인지하지 못하게 될 수도 있다.

운영은 제품 가치 흐름의 일부이므로 공유된 칸반 보드에 제품 출시와 관련된 운영 작업을 포함해야 한다. 이렇게 하면 제품 지원에 필요한 모든 운영 작업을 추적할 수 있을 뿐만 아니라 코드를 프로덕션 환경으로 배포하는 데 필요한 모든 운영 작업을 명확하게 파악할 수 있다. 이와 함께 운영 작업이 차단된 부분과 작업이 단계적으로 확대돼야 하는 부분을 파악해 개선이 필요한 부분을 강조할 수 있다.

칸반 보드는 가시성을 창출하는 이상적 도구다. 가시성은 모든 가치 흐름에서 운영 작업을 적절하게 인식하고 통합하는 핵심 구성 요소다. 칸반 보드를 잘 이용하면 조직도의 작성 방법과는 관계없이 시장 지향적인 성과를 얻을 수 있다.

> ➡ **사례 연구: 2판 추가**
>
> ### 네이션와이드 빌딩 소사이어티, 일을 더 잘하는 방법(2020)
>
> 네이션와이드 빌딩 소사이이어티^{Nationwide Building Society}는 세계 최대의 빌딩 소사이어티로 회원 수만 1,600만 명에 이른다. 2020년 최고 운영 책임자인 패트릭 엘트리지^{Patrick Eltridge}, 미션 리더인 자넷 챔프만^{Janet Chapman}은 온라인에서 개최된 데브옵스 엔터프라이즈 서밋 런던에서 일을 더 잘하는 방법을 찾기 위한 그들의 계속되는 여정에 관해 소개했다.

거대하고 오래된 조직인 네이션와이드는 수많은 어려움에 직면했다. 패트릭 엘트리지는 이를 '대단히 유동적이고 대단히 경쟁적인 환경'의 일부라고 표현했다.[12]

다른 여러 조직과 마찬가지로 이들 또한 IT 부분의 전환을 먼저 시작했다. 변화 액티비티와 IT 산업의 애자일 프랙티스를 사용했고 가시적인 이익을 얻었지만 제한적이었다.

이에 대해 자넷 챔프만은 "우리는 문제없이 신뢰할 수 있을 정도로 (소프트웨어를) 전달했지만 속도가 느렸다. 시작부터 마지막까지 더 빠르게 진행해야 했으며, 제품과 서비스의 품질뿐 아니라 빠른 전달 속도로 회원들에게 놀라움과 즐거움을 제공해야만 했다"라고 회고했다.[13]

2020년 네이션와이드는 『효율적인 디지털로의 전환』(에이콘, 2023)의 저자인 조나단 스마트Jonathan Smart와 딜로이트Deloitte에 있는 그의 팀의 도움을 받아 변화를 도모했다. 기능적 조직에서 더욱 강력한 애자일 및 데브옵스 프랙티스를 통해 회원 요구에 완벽하게 대응할 수 있는 팀으로의 전환을 시도했다. 핵심 과제의 하나는 실행 및 변화 액티비티를 오래 지속되는 복합 스킬 팀Multiskilled Team에서 수행하는 것이었다.

규모가 큰 조직 대부분의 전형적인 업무 방식은 수년 동안 이뤄진 진화의 결과다. 스페셜리스트 기능은 부서를 구성하고 업무는 단계마다 각 부서 사이에 큐로 전달된다.

엘트리지는 이렇게 말한다. "현재 모기지 애플리케이션을 처리하는 과정에서는 모든 기능 팀을 따라 부분을 분할해야 한다. 각 기능 팀에서 작업한 뒤 결과물을 재조립하고 테스트를 해서 잘못된 점을 확인한다. 회원들의 요구에 대한 적합성을 확인한 후 필요하면 수정한다. 성능을 개선하거나 비용을 줄이고 싶다면 효율을 개선하거나 팀이 개별 스페셜리스트를 보유할 수 있는 숫자를 줄여야 한다. 이러한 작업 방식은 처음부터 끝까지 해당 팀 전체에 걸쳐 구성원들에게 작업 흐름을 최적화하지 못한다."[14]

네이션와이드는 흐름을 최적화하기 위해 회원들에게 원하는 것이 무엇인지 편하게 말할 수 있게 했다. 그런 다음, 필요한 모든 인력과 도구를 한 팀으로 묶어 팀이 '원하는 것'을 만들었다. 팀의 모든 구성원은 전체 업무를 볼 수 있었으며, 업무를 원활하게 하고 안전하고 통제되며 지속 가능한 방법으로 전달할 수 있도록 구조화할 수 있었다. 병목이 발생하면 팀에 구성원을 추가하거나 절차를 변경했다. 그들은 첫 번째 대응으로 대기열 메커니즘을 추가하지 않았다. 사일로에 갇혔던 기능 팀을 오래 지속되는 복합 스킬 팀으로 바꿈으로써 네이션와이드는 처리량을 극적으로 개선한 동시에 리스크를 줄이고 품질을 향상시켰으며 비용도 절감했다.

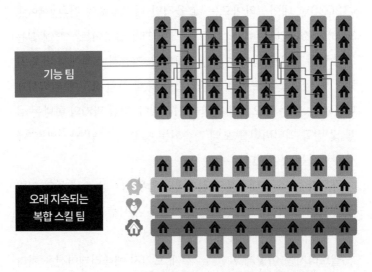

그림 8.1 사일로에 갇힌 기능 팀 vs. 오래 지속되는 복합 스킬 팀
(출처: Chapman, Janet, and Patrick Eltridge, 'On A Mission: Nationwide Building Society',
presentation at DevOps Enterprise Summit–Virtual London 2020,
https://videolibrary.doesvirtual.com/?video=432109857.)

그들은 이 새로운 작업 방식을 COVID-19 팬데믹 기간에 테스트할 특별한 기회를 얻었다. 영국이 록다운되면서 네이션와이드는 콜 센터 스태프의 부재로 급격하게 바빠졌다. 그들은 접수 센터 스태프들이 재택근무를 할 수 있게 하고 지점 센터 직원들이 전화를 대신 받아 압박을 낮춰야 했다.

이는 네이션와이드가 수년 동안 논의해 온 이니셔티브였다. 그러나 9개월의 시간과 1,000만 파운드 이상을 들여야 하기에 시행을 미루고 있었다.[15]

콜 센터의 규모를 줄여야 하는 긴급성과 함께 네이션와이드는 필요한 모든 사람을 하나의 '가상' 테이블에 모이게 하고, 실시간으로 요원들이 재택근무하게 하는 방법에 관한 작업을 했다. 모든 작업은 4일 만에 완료됐다.

다음으로 그들은 콜을 브랜치 네트워크로 직접 돌릴 수 없는지 검토했다. 그러나 규정상 녹음 기능이 필요했다. 이들은 녹음이 필요 없는 콜만 브랜치 네트워크로 돌렸고 약간의 진전이 있었다. 오랜 시간 끝에 얻은 작은 개선이었다. 이 작업에 약 4일이 걸렸다. 하지만 주말 동안 녹음 문제를 해결했고 다시 4일이 줄었다.

엘트리지는 "이후 나는 팀에 우리가 얼마나 많은 모퉁이를 깎아냈는지, 얼마나 많은 정책을 우리가 어겼는지, 얼마나 많은 보안 구멍을 막아야 하는지 물었다. 그들은 꼼꼼히 살펴본 뒤 '아니오, 전혀 없습니다. 우리가 해야 하는 작업은 모두 정확하게 완료됐습니다. 우리는 정책을 준수하고 있고 안전합니다. 아주 좋습니다'라고 말했다"라고 전했다.[16]

그는 이어 "필요한 모든 사람이 가장 중요한 태스크에 동시 정렬돼 있다면 완전한 속도와 협업을 통해 문제를 풀 수 있다. 그것이 근본적으로 우리 미션이다"라고 설명했다.[17]

네이션와이드는 이제 직원들을 오래된 전통적 팀의 형태에서 오래 유지되는 다양한 스킬을 보유한 미션 팀으로 정렬하는 동시에 근본 가치 흐름도 정렬하고 있다. 이들은 거버넌스와 재무 관리를 발전시켜 국지적인 의사 결정과 일관적인 팀에 대한 지속적인 재정을 지원한다. 그들은 실행과 변경 액티비티를 오래 지속되는 팀에 포함함으로써 지속적인 업무 개선을 가능케 했다. 또한 시스템 씽킹System Thinking을 도입해 이 흐름으로 요청된 실패를 발견하고 제거한다.

엘트리지는 "나는 애자일이 수단이고 데브옵스가 목표라고 생각한다. 매우 많은 일이 진행 중이고, 이를 구현하기 위해 계속해서 이슈나 기회가 나타나게 해야 한다. 우리는 템플릿화된 접근 방식을 따르지 않는다. 사람들에게 가장 중요한 것은 코치와 함께하는 학습과 비학습의 여정에서 중앙 전문가들이 정답을 던지지 않는다는 점이다"라고 말했다.[18]

네이션와이드는 단순히 개발과 운영의 통합을 넘어 다중 스킬이 없는 여러 단일 기능 팀을 시장에 필요한 모든 스킬을 지닌 팀으로 만들어냈다. 이 사례 연구는 빠르게 움직이는 데 있어 사일로를 부수는 것의 힘이 얼마나 큰지 보여준다.

결론

8장에서는 운영을 개발의 일상 업무로 통합하는 방법과 운영 팀의 작업을 가시화하는 방법을 살펴봤다. 이를 위해 서비스 팀 내 개발자의 생산성 향상을 위한 자체 서비스 기능 생성, 서비스 팀에 운영 엔지니어를 투입하는 방법, 엔지니어 투입이 불가할 때 운영 연락 담당자를 지정하는 방법 등 광범위한 전략을 살펴봤다. 마지막으로 운영 엔지니어가 일일 스탠드업, 계획과 회고를 포함한 개발 팀의 일상 업무 수행에 참여하는 방법도 설명했다.

2부 / 결론

'2부, 어디서 시작하는가?'에서는 아키텍처 및 조직 설계와 관련된 측면, 팀 구성 방법을 비롯해 데브옵스 트랜스포메이션에 대한 다양한 방법을 살펴봤다. 개발 팀의 계획과 일상 업무의 모든 측면에 운영을 통합하는 방법도 알아봤다.

'3부, 첫 번째 방법: 흐름 개선을 위한 기술적 프랙티스'에서는 혼란과 다운스트림의 중단을 예방하고 개발에서 운영으로 신속한 작업 흐름이 가능하게 만드는 기술적 프랙티스에 대해 알아본다.

보충 자료

팀 구조 또는 전체 조직 구조에 관한 보다 많은 정보에 관해서는 매튜 스켈톤과 마누엘 페이스의 『팀 토폴로지』를 참조하길 바란다(itrevolution.com/team-topologies/).

『The Individual Contributors』는 조직 안에서 변화에 저항하는 개인들과 업무를 수행하는 데 필요한 훌륭한 자원을 제공한다(ITRevolution.com/Resources).

『Expanding Pockets of Greatness』는 여러분이 추진력을 쌓고, 단편적인 데브옵스 프랙티스에서 조직 전체가 일반적인 데브옵스 메서드를 포용할 수 있는 티핑 포인트로 이동하는 데 도움을 줄 것이다(ITRevolution.com/Resources).

폴라 스래셔[Paula Thrasher]는 2020 데브옵스 엔터프라이즈 서밋 프레젠테이션 'Interactive Virtual Value Stream Mapping: Visualizing Flow in a Virtual World'를 통해 다양한 조직과 팀에서 운영했던 가치 흐름 매핑 워크숍의 경험을 소개한다. 여러분은 가상 워크숍을 단계별로 설정하고 여러분의 조직을 대상으로 운영해볼 수 있다(videolibrary.doesvirtual.com/?video=466912411).

3부 /

첫 번째 방법 : 흐름 개선을 위한 기술적 프랙티스

3부 / 소개

3부의 목표는 프로덕션 환경과 고객에게 혼란을 주지 않고, 개발에서 운영으로 빠른 작업 흐름을 만들고 유지하는 기술적 프랙티스와 아키텍처를 생성하는 것이다. 이는 변경 사항을 프로덕션 환경으로 배포하고 출시할 때 발생하는 위험을 줄여야 함을 의미한다. 이런 목표는 **지속적인 전달**로 알려진 일련의 기술적인 프랙티스를 통해 구현할 수 있다.

지속적인 전달은 자동화된 배포 파이프라인의 기반을 구축하는 데 도움을 준다. 그리고 자동화된 테스트를 통해 배포 가능한 상태를 지속적으로 확인할 수 있다. 개발자는 매일 트렁크에 코드를 통합하고, 출시 위험을 낮추기 위한 환경과 코드를 구현할 수 있다. 3부에서는 다음과 같은 내용을 중점적으로 다룬다.

- 배포 파이프라인의 기반 구축
- 빠르고 신뢰할 수 있는 자동화 테스트의 활성화
- 지속적인 통합과 테스트 활성화의 실행
- 위험도가 낮은 출시 자동화 및 활성화 그리고 아키텍처 설계

이런 프랙티스를 이용하면 유사 프로덕션 환경을 구현하기 위한 리드 타임을 단축할 수 있다. 모든 사람에게 지속적으로 작업에 대한 빠른 피드백을 제공할 수 있는지도 테스트할 수 있다. 또한 소규모 팀의 안전하고 독립적인 개발, 코드를 테스트하거나 프로덕션 환경으로 배포, 프로덕션 배

포와 출시를 수행할 수 있다.

나아가 QA와 운영 목표를 모든 사람의 일상 업무와 통합해 장애에 대응하고 문제를 해결함으로써 생산성을 높이고 업무에 대한 즐거움을 향상할 수 있다. 이로써 성과를 개선할 수 있을 뿐 아니라 조직이 시장에서 더 효과적으로 승리하게 만들 수 있다.

9

배포 파이프라인의 기반 생성

개발에서 운영으로의 신속하고 안정적인 흐름을 생성하려면 가치 흐름의
모든 단계에서 유사 프로덕션 환경을 사용해야 한다. 이런 환경은 자동화
된 방법으로 구축돼야 한다. 또한 버전 관리 시스템에 저장된 스크립트와
구성 정보에 따라 운영에 요구되는 어떠한 수동 작업도 없이 자체적으로
서비스될 수 있어야 한다. 우리 목표는 버전 관리 정보를 기반으로 전체 프
로덕션 환경을 재생성하는 것이다.

엔터프라이즈 데이터 웨어하우스 이야기(2009)

유사 프로덕션 환경에서 애플리케이션이 어떻게 동작하는지 확인할 수 있
는 시점은 애플리케이션을 프로덕션 환경에 배포 중일 때다. 이 시기는 고
객에게 부정적 영향을 미치지 않고 문제를 해결하기에는 너무 늦다. 프로
덕션 환경과 일치하지 않은 상태로 구축된 애플리케이션과 환경이 일으키
는 문제의 대표적인 예로는 2009년 호주의 대규모 통신 회사에서 엠 캠벨
프리티^{Em Campbell-Pretty}가 이끌었던 엔터프라이즈 데이터 웨어하우스^{Enterprise}
^{Data Warehouse} 프로그램을 들 수 있다. 캠벨 프리티는 2억 달러 규모의 프로그
램에 대한 총괄 책임자 겸 비즈니스 후원자가 되면서 해당 플랫폼에 의존
하는 모든 전략적 목표의 책임을 담당하게 됐다.

그는 2014 데브옵스 엔터프라이즈 서밋에서 다음과 같이 발표했다.

당시 폭포수 방식을 사용해 진행 중인 작업 스트림이 10개 있었고, 모두 계획된 일정보다 심각하게 뒤처진 상태였다. 그중 1개 스트림만 예정된 일정에 맞춰 사용자 인수 테스트[User Acceptance Testing, UAT]를 성공적으로 시작할 수 있었지만, 테스트 완료까지는 6개월이 더 걸렸다. 그 결과 비즈니스 기대치는 훨씬 낮아졌다. 이런 성과 미달은 부서의 애자일 전환을 위한 기폭제가 됐다.[1]

그러나 거의 1년간 애자일을 적용했음에도 효과는 미미했고 비즈니스 성과에도 결정적 영향을 미치지 못했다.

캠벨 프리티는 프로그램 전반에 관한 회고[Retrospective]를 개최하고 "지난 출시를 진행하는 동안 경험한 일을 전부 떠올려 봅시다. 생산성을 높이기 위해 우리가 할 수 있었던 일이 무엇이었나요?"라고 질문했다.[2]

프로젝트 전반에 걸쳐 '비즈니스 부서의 참여 부족'에 대한 불평이 있었지만, 회고를 진행하는 동안에는 '환경의 가용성 개선'이 최상위 개선 항목이었다.[3] 결국 작업에 착수하려면 개발 팀에 프로비저닝된 환경이 필요하다는 사실이 드러났고, 개발 팀은 이런 환경이 제공되기까지 최대 8주를 기다리기도 했다.

개발 팀은 '사후에 품질을 점검하는 대신 프로세스 품질을 구축하는' 역할을 담당하는 통합 팀과 구축 팀을 새로 만들었다.[4] 초기에는 환경 생성 프로세스의 자동화를 담당할 데이터베이스 관리자[DBA]와 자동화 전문가로 구성됐다. 신규 팀은 개발과 테스트 환경의 소스 코드 중 50%만 프로덕션 환경에서 실행 중인 코드와 일치한다는 놀라운 사실을 발견했다.[5]

이에 대해 캠벨 프리티는 "새로운 환경에 코드를 배포할 때마다 많은 결함이 발생한 이유를 이해할 수 있었다. 환경마다 문제점을 수정해도 변경된 사항이 버전 관리 시스템에 반영되지 않았던 것이다"라고 설명했다.[6]

팀은 다른 환경에 적용된 모든 변경 사항을 신중하게 리버스 엔지니어링해 버전 관리 시스템에 반영했다. 또한 환경 생성 프로세스를 자동화해 반복적으로 정확하게 환경을 생성했다.

캠벨 프리티는 "올바른 환경을 조성하는 데 걸리는 시간이 8주에서 1일로 단축됐다. 이것은 리드 타임, 출시 비용, 프로덕션 환경에서 수정된 결함 수에 관련된 목표를 달성하는 데 있어 핵심 조정 사항 중 하나였다"라고 밝혔다.[7]

이번 사례는 프로덕션과 다르게 구축된 환경 및 변경 사항이 체계적으로 버전 관리에 반영되지 않을 때 나타날 수 있는 다양한 문제를 보여준다.

9장의 나머지 부분에서는 필요한 경우 환경을 생성하는 방법, 가치 흐름에 있는 모든 사람에게 버전 관리 시스템의 사용을 확대하는 방법, 인프라를 복구하기보다 쉽게 재구축할 수 있게 만드는 메커니즘의 생성 방법을 논의한다. 소프트웨어 개발 주기의 모든 단계와 유사 프로덕션 환경에서 개발자의 코드 실행을 보장하는 방법도 알아본다.

개발, 테스트, 프로덕션 환경을 온디맨드 방식으로 생성할 수 있게 하라

엔터프라이즈 데이터 웨어하우스 사례에서 볼 수 있듯 혼란스럽고 파괴적이면서 치명적인 결과를 갖는 소프트웨어 출시의 주된 원인은 출시가 진행되는 동안 유사 프로덕션 환경에서 실제 부하와 프로덕션 데이터 세트를 가진 애플리케이션이 어떻게 동작하는지 처음 보게 된다는 점이다.[*] 개발 팀 대부분은 프로젝트 초기 단계에서 테스트 환경을 요청했을 가능성이 크다.

그러나 운영 팀에서 테스트 환경을 제공하는 데 긴 리드 타임이 필요하다면, 개발 팀은 적절한 테스트를 수행할 환경을 빠르게 제공받지 못할 수 있다. 테스트 환경이 잘못 구성되거나 프로덕션 환경과 크게 달라서 사전 배포 테스트를 수행했음에도 대규모 프로덕션 문제에 직면할 수도 있다.

---

[*] 여기서 환경이란 애플리케이션을 제외한 데이터베이스, 운영 체제, 네트워킹, 가상화 등 모든 관련 구성을 포함한 애플리케이션 스택의 모든 것으로 정의한다.

이 단계에서 우리가 원하는 것은 개발자가 자체적으로 자신의 워크스테이션에 유사 프로덕션 환경을 생성하고 실행하는 것이다. 이를 통해 개발자는 유사 프로덕션 환경에서 코드를 실행하고 테스트할 수 있으므로 품질에 대한 지속적인 피드백을 빠르게 받을 수 있다.

문서나 위키 페이지에 프로덕션 환경에 대한 명세를 문서화하는 것보다 개발, 테스트 프로덕션 환경과 같은 모든 환경을 생성하는 공통적인 빌드 메커니즘을 만드는 것이 좋다. 이를 통해 누구나 몇 분 안에 유사 프로덕션 환경을 구축할 수 있다.*

이를 위해 조직의 집단적 지식을 구축해야 하며 안정적이고 (보안 측면에서) 안전한 그리고 (문제 발생) 위험이 감소한 환경을 생성하기 위한 정의와 자동화가 필요하다. 모든 요구 사항은 문서나 누군가의 머릿속에 있는 지식이 아닌, 자동화된 환경 구축 프로세스로 체계화돼야 한다.

운영 팀이 환경을 수동으로 구축하고 구성하는 대신, 다음 사항을 자동화할 수 있다.

- 가상화된 환경 복사(예: VMware 이미지, Vagrant 스크립트 실행, EC2에서 Amazon Machine Image 파일 부팅)
- '베어 메탈'에서 시작하는 자동화된 환경 생성 프로세스 구축(예: 기본 이미지에서 PXE 설치)
- 'IaC^Infrastructure as Code' 형상 관리 도구의 사용(예: Puppet, Chef, Ansible, Salt, CFEngine 등)
- 자동화된 운영 체제 설정 도구의 사용(예: Solaris Jumpstart, Red Hat Kickstart, Debian preseed)
- 일련의 가상 이미지나 컨테이너에서 환경 생성(예: Vagrant, Docker)

---

* 대부분 개발자는 자신의 코드를 테스트하길 원하며, 테스트 환경을 확보하려고 극단적 방법을 동원하기도 한다. 이를 위해 이전 프로젝트의 (몇 년 지난) 구식 테스트 환경을 재사용하거나 테스트 환경을 잘 찾기로 유명한 누군가에게 부탁하기도 한다. 그러나 테스트 환경의 출처는 물어보지 않는다. 분명히 누군가 서버를 잃어버렸을 것이기 때문이다.

- 공용 클라우드(예: Amazon Web Services, Google App Engine, Micro soft Azure), 전용 클라우드, 다른 PaaS(OpenStack 또는 Cloud Foundry 와 같은 서비스 애즈 어 플랫폼)에서 새로운 환경의 시작

사전에 환경의 모든 측면을 신중하게 정의했으므로 새로운 환경을 신속하게 생성할 수 있다. 이런 환경은 안정적이고 신뢰할 수 있으며 일관적이고 안전함을 보장할 수 있다. 다시 말해 모두에게 이익이 될 수 있다.

운영 팀은 이런 기능을 통해 새로운 환경을 빠르게 생성할 수 있는 이점을 얻는다. 환경 생성 프로세스의 자동화 덕분에 일관성이 유지되고, 지루하고 오류가 발생하기 쉬운 수동 작업이 줄어들기 때문이다. 개발 팀은 워크스테이션에서 코드를 빌드하고 실행하며, 테스트하는 데 필요한 프로덕션 환경의 모든 부분을 재현할 수 있다. 심지어 통합 테스트 진행 중 프로덕션 환경에서 개발자가 문제점을 발견하고 수정했던 것에 비해 프로젝트 초기 단계에서도 많은 문제를 찾아 수정할 수 있다.

개발자가 완전하게 제어할 수 있는 환경을 제공함으로써 개발자가 결함을 신속하게 재현하고 진단 및 수정할 수 있을 뿐 아니라 프로덕션 서비스, 기타 공유된 자원, 테스트 환경을 안전하게 분리할 수 있다. 또한 환경에 대한 변경 사항은 물론 환경을 생성하는 인프라스트럭처 코드(예: 구성 관리 스크립트)도 실험할 수 있으므로 개발과 운영 사이에 (환경에 대해) 공유된 지식을 더욱 발전시킬 수 있다.*

전체 시스템을 위한 단일 저장소를 생성하라

이전 단계에서는 개발 환경, 테스트 환경, 프로덕션 환경을 필요에 따라 생

---

* 테스트 사이클에서 개발자에게 빠른 피드백을 전달해야 하는 시기가 너무 늦었다면 통합 테스트 시작 전에 오류를 찾아야 한다. 이렇게 하지 않으면 해결해야 할 아키텍처에 문제가 생길 가능성이 크다. 결함을 발견할 수 있는 기능과 워크스테이션에서 통합되지 않은 가상 환경의 사용을 포함하게 테스트 용이성을 갖춘 시스템을 설계할 때는 반드시 빠른 흐름과 피드백을 지원하는 아키텍처를 생성해야 한다.

성할 수 있었다. 이제부터 소프트웨어 시스템의 모든 부분에서 이들을 가능하게 만들어야 한다.

수십 년간 개인 개발자와 개발 팀에서 버전 관리 시스템의 광범위한 사용은 필수 프랙티스가 됐다.* 버전 관리 시스템은 시스템에 저장된 파일과 파일 세트의 변경 사항을 기록한다.[9] 이런 변경 사항의 그룹은 소스 코드, 자산, 소프트웨어 개발프로젝트의 일부가 될 수 있는 기타 문서가 될 수 있다. 이 변경 사항 그룹은 커밋Commit 또는 리비전Revision이라 불린다. 각 리비전은 변경 작업을 한 사람과 변경 시간과 같은 메타데이터를 임의의 방식으로 시스템에 저장한다. 따라서 저장소 내 개체를 커밋, 비교, 병합, 이전 리비전으로 복원할 수 있다. 프로덕션 환경의 개체를 이전 버전으로 되돌릴 방법을 마련해 위험을 최소화하기도 한다(이 책에서는 '버전 관리에 체크인', '버전 관리에 커밋', '코드 커밋', '변경 사항 커밋', '커밋'이라는 용어를 혼용한다).†

개발자가 모든 애플리케이션 소스 파일과 구성을 버전 관리 시스템에 넣으면 정확하게 의도된 시스템의 상태를 포함하는 실제 단일 저장소Single Repository of Truth가 된다. 그러나 코드와 코드가 실행되는 환경 모두 고객에게 가치를 제공해야 하므로 버전 관리 시스템에 우리 환경도 포함돼야 한다. 다시 말해 버전 관리 시스템은 QA, 운영, 정보 보안과 개발자를 포함해 가치 흐름에 속한 모두를 위한 것이다.

모든 프로덕션 아티팩트를 버전 관리 시스템에 포함하면 버전 관리 저장소를 통해 동작하는 소프트웨어 시스템의 모든 구성 요소(애플리케이션, 프로덕션 환경과 사전 프로덕션 환경 포함)를 반복적이고 안정적으로 재현할 수 있다.

치명적인 사고가 발생해도 반복적이고 예측할 수 있도록 (이상적으로는

---

* 첫 번째 버전 관리 시스템은 CDC6600(1969)에서 업데이트됐을 가능성이 크다. 이후 VMS(1978), RCS(1982) 등에서 SCCS(1972), CMS가 나왔다.[8]

† 버전 관리에서 DML(Definitive Media Library) 및 CMDB(Configuration Management Database)의 ITIL 구조 중 일부를 수행해 프로덕션 환경을 재생성하는 데 필요한 모든 것을 인벤토리화하는 것을 관찰할 수 있다.

신속하게) 프로덕션 서비스를 복구하려면, 공유된 버전 관리 저장소에서 다음 자산을 확인해야 한다.

- 모든 애플리케이션 코드와 의존성(예: 라이브러리, 정적 콘텐츠 등)
- 데이터베이스 스키마, 애플리케이션 참조 데이터 등을 만드는 데 사용되는 모든 스크립트
- 이전 단계에서 설명한 모든 환경 생성 도구와 아티팩트(예: VMware 및 AM 이미지, Puppet, Chef 레시피 등)
- 컨테이너를 생성하는 데 사용되는 모든 파일(예: Docker, Rocket 정의 파일, 구성 파일)
- 자동화 테스트와 수동 테스트 스크립트를 지원하는 모든 사항
- 코드 패키징, 배포, 데이터베이스 마이그레이션 및 환경 프로비저닝을 지원하는 모든 스크립트
- 모든 프로젝트 아티팩트(예: 요구 사항 문서, 배포 프로시저, 릴리스 노트 등)
- 모든 클라우드 구성 파일(예: AWS CloudFormation 템플릿, Microsoft Azure Stack DSC 파일, OpenStack HEAT)
- 여러 서비스(예: 엔터프라이즈 서비스 버스, 데이터베이스 관리 시스템, DNS 영역 파일, 방화벽 구성 규칙, 기타 네트워킹 장치)를 지원하는 인프라를 생성하는 데 필요한 기타 스크립트와 구성 정보[*]

소스 코드와 함께 레이블이 지정되거나 태그가 붙은 다양한 유형의 객체와 서비스 저장소를 여러 개 보유할 수도 있다. 예를 들어 대형 가상 머신 이미지, ISO 파일, 컴파일된 바이너리 등을 아티팩트 저장소(예: Nexus, Artifactory)에 저장할 수 있다. 또는 Blob 저장소(예: Amazon S3 버킷)에 넣거나 도커 이미지를 도커 저장소에 넣을 수도 있다.

---

[*] 향후 단계에서는 자동화된 테스트 스위트, 지속적인 통합 및 배포 파이프라인 인프라스트럭처와 같이 우리가 구축한 모든 지원 인프라를 버전 관리에 체크인할 것이다.

프로덕션 환경을 이전 상태와 동일하게 재생성하는 것만으로는 부족하다. 사전 프로덕션 환경과 빌드 프로세스 전체를 다시 구축해야 한다. 결과적으로 도구(예: 컴파일러, 테스트 도구)와 해당 도구가 종속된 환경을 포함해 빌드 프로세스에 필요한 모든 것을 버전 관리에 넣어야 한다.*

연구 결과에 따르면 버전 관리가 매우 중요하다. 공동 저자인 니콜 포스그렌 박사가 이끈 2014-2019 「데브옵스 현황 보고서」에 따르면 운영 팀의 버전 관리 시스템 사용 여부가 전달 성과 그리고 결과적으로 조직 성과에 대한 가장 높은 예측 변수가 됐다.

이 결과는 소프트웨어 개발 프로세스에서 버전 관리의 중요성을 강조하고 있다. 이제 모든 애플리케이션과 환경에 대한 변경 사항이 버전 관리 시스템에 기록된다. 따라서 문제 발생의 원인이 될 만한 모든 변경 사항을 신속하게 확인할 수 있을 뿐 아니라, 그 이전의 실행 상태로 롤백할 수도 있어 장애의 빠른 복구가 가능하다.

환경에 대한 버전 관리 시스템 사용이 코드에 대한 버전 관리 시스템 사용보다 IT 부문의 성과 및 조직 성과를 더 잘 예측할 수 있는 이유는 무엇일까?

코드보다 환경에서 더 많은 설정을 할 수 있어서다. 결과적으로 버전 관리 시스템이 가장 필요한 부분은 환경이다.†

버전 관리는 가치 흐름에서 작업하는 모든 사람에게 커뮤니케이션 수단도 제공한다. 개발, QA, 정보 보안과 운영 팀이 서로의 변경 사항을 파악하면 혼란을 줄이고 상호 업무에 대한 가시성을 확보할 수 있다. 이를 통해 신뢰를 구축하고 강화할 수 있다(부록 7 참조). 물론 이는 모든 팀이 반드시 동일한 버전의 관리 시스템을 사용해야 함을 의미한다.

---

* ERP 시스템(예: SAP, Oracle Financials 등)의 코드 마이그레이션을 수행해본 사람이라면 다음 상황을 이해할 수 있을 것이다. 코드 마이그레이션이 실패했다면 코딩 오류가 원인이 아닐 가능성이 크다. 개발과 QA 또는 QA와 프로덕션 간 환경 차이로 마이그레이션이 실패했을 가능성이 훨씬 크다.

† Netflix AWS 인스턴스의 평균 수명은 24일이며 60%는 1일 미만이다.[10]

복구보다 재구축하기 쉬운 인프라스트럭처를 만들어라

온디맨드 방식을 사용하면 애플리케이션과 환경에 문제가 발생했을 때 빠르게 재구축할 수 있다. 이는 대부분의 대규모 웹 운영(1,000대 이상의 서버)에서 수행하는 방식이다. 그러나 프로덕션 환경에 서버가 1대만 존재해도 이런 방식을 채택해야 한다.

마이크로소프트의 수석 엔지니어 빌 베이커Bill Baker는 사람들이 서버를 애완견처럼 다루고 있다고 비난했다. 그는 "서버에 이름을 붙이고 아프면 회복할 수 있게 보살폈다. 지금은 서버를 소 떼처럼 다룬다. 숫자를 매기고, 아프면 총으로 쏴 버린다"라고 비유를 들어 지적했다.[11]

반복 가능한 환경 생성 시스템을 보유하고 있다면 더 많은 서버를 로테이션(예: 수평 확장)에 추가해 용량을 쉽게 늘릴 수 있다. 그리고 수년간 프로덕션 환경의 변경을 통해 만들어진 인프라스트럭처를 복원해야 할 때 필연적으로 발생하는 재앙을 방지할 수 있다.

환경을 일관되게 유지하려면 프로덕션 환경에 대한 변경(구성 변경, 패치 적용, 업그레이드 등)을 수행할 때마다 새로 생성된 환경은 물론, 사전 프로덕션 환경 등을 비롯한 모든 환경에 복제해야 한다.

수동으로 서버에 로그인하고 변경하는 대신에 모든 변경 사항이 모든 환경에 자동으로 복제되고 버전 관리 시스템에 반영되게 해야 한다.

관리해야 할 구성의 라이프 사이클에 따라 자동 구성 시스템을 사용해 일관성을 유지하거나(예: Puppet, Chef, Ansible, Salt, Bosh 등), 서비스 메시 또는 구성 관리 서비스를 사용할 수 있다(Istio, AWS System Manager Parameter Store 등). 또는 자동 빌드 메커니즘에서 신규 가상 머신과 컨테이너를 생성해서 프로덕션에 배포할 수 있다. 이때 이전 가상 머신이나 컨테이너는 파기하거나 로테이션에서 제외한다.*

---

* 또는 콘솔 로그의 사본이 운영 팀에 이메일로 자동 전송되도록 비상시에만 허용한다.[12]

후자의 패턴은 **불변 인프라스트럭처**Immutable Infrastructure로 알려져 있으며, 프로덕션 환경에 대한 수동 변경을 허용하지 않는다. 프로덕션 환경에 대한 변경을 수행하는 유일한 방법은 변경 내용을 버전 관리에 넣고 처음부터 코드와 환경을 다시 만드는 것이다.[13] 이렇게 하면 프로덕션에 영향을 미치는 변경을 막을 수 있다.

통제되지 않은 환경 구성 사항의 변경을 방지하려면 프로덕션 서버의 원격 로그인을 비활성화하거나,* 프로덕션 인스턴스를 정기적으로 교체하고,† 수동으로 적용한 프로덕션 환경의 변경 사항을 제거해야 한다. 이런 조치는 버전 관리를 통해 올바른 방법으로 변경 사항을 적용하려는 동기 부여로 작용한다. 이와 같은 방법을 적용하면 인프라가 잘 알려진 적절한 상태(예: configuration drift, fragile artifacts, works of art, snowflakes 등)에서 멀어지는 것을 방지할 수 있다.

사전 프로덕션 환경도 최신 상태로 유지해야 한다. 개발자는 최신 환경에서 계속 작업을 수행해야 한다. 개발자들은 항상 최신 환경을 사용해야 한다. 환경 업데이트로 기존 기능에 결함이 생길 것을 우려해 새로운 환경에서 작업하는 것을 꺼릴 때가 많다. 그러나 환경을 자주 업데이트하면 제품 수명 주기의 초기 단계에서도 문제를 파악할 수 있다.‡ 2020년 「옥토버스 현황 보고서」의 깃허브 연구에서는 소프트웨어 상태를 현재로 유지하는 것이 코드베이스의 안전성을 보장하는 최고의 방법임을 보여준다.[15]

---

* 전체 애플리케이션 스택 및 환경은 컨테이너에 함께 묶일 수 있으며, 전체 배포 파이프라인에 걸쳐 전례 없는 단순함과 속도를 제공한다.

† 켈리 쇼트리지(Kelly Shortridge)는 저서 『Security Chaos Engineering』(O'Reilly, 2023)에서 이에 관해 자세히 설명했다.

‡ '통합'이라는 용어는 개발 및 운영에서 조금 다른 용도로 사용된다. 개발에서 통합이란 일반적으로 코드 통합을 의미한다. 버전 관리에서 여러 개의 코드 브랜치를 트렁크로 통합하는 것을 말한다. 지속적인 전달 및 데브옵스에서의 통합 테스트는 유사 프로덕션 환경에서의 애플리케이션 테스트 및 통합 테스트 환경을 의미한다.[14]

컨테이너로 300억 달러의 이익을 거둔 호텔 기업(2020)

전 세계에서 큰 규모로 손꼽히는 호텔 기업의 데브섹옵스 및 엔터프라이즈 플랫폼 부문 시니어 디렉터인 드웨인 홈스^{Dwayne Holmes}와 그의 팀은 기업의 수익 생성 시스템을 모두 컨테이너화했다. 이는 전체적인 연간 수익으로 300억 달러 이상이었다.[16]

드웨인은 재무 부문에서 근무하며 생산성을 높이기 위한 자동화 방법을 계속해서 찾고 있었다. 그러다가 루비 오브 레일즈^{Ruby of Rails}에 관한 로컬 밋업에서 컨테이너를 접하게 됐다. 드웨인이 보기에 컨테이너는 비즈니스 가치를 가속화하고 생산성을 높이는 명확한 솔루션이었다.

컨테이너는 세 가지 필요를 만족시켰다. 첫째, 인프라스트럭처를 추상화한다(다이얼톤 원칙으로 수화기를 들면 전화가 어떻게 동작하는지 알 필요 없이 작동한다). 둘째, 특화할 수 있다(운영자들은 컨테이너를 만들고 개발자들이 컨테이너를 계속해서 사용할 수 있다). 셋째, 자동화를 제공한다(컨테이너는 계속해서 만들 수 있으며 모든 것이 잘 작동한다).[17]

컨테이너에 완전히 매료된 드웨인은 컨테이너에 올인할 준비가 된 가장 큰 호텔 중 한 곳과 계약을 하기 위해 편안한 위치를 떠나 자리를 잡았다.[18]

그는 곧 세 명의 개발자와 세 명의 인프라스트럭처 전문가로 구성된 작은 교차 기능 팀을 만들었다. 이들의 목표는 기업의 동작 방식을 완전히 바꾸기 위한 진화와 혁명에 관해 이야기하는 것이었다.[19]

드웨인은 2020년 데브옵스 엔터프라이즈 서밋 발표에서 수많은 교훈을 얻었고 궁극적으로 프로젝트가 성공적이었다고 말한다.[20]

드웨인과 호텔에는 컨테이너가 한 줄기 빛이었다. 컨테이너는 클라우드와 잘 호환됐다. 컨테이너는 확장할 수 있었다. 헬스 체크가 구축됐다. 지연과 CPU에 관한 테스트를 할 수 있었으며, 보안은 더 이상 애플리케이션에 존재하거나 개발자들에 의해 관리되지 않았다. 또한 이들은 서킷 브레이킹^{Circuit Breaking}에 집중할 수 있었다. APM을 도입하고 제로 트러스트를 운영하고 좋은 컨테이너 위생 덕분에 컨테이너 이미지의 크기는 매우 작았으며 사이드카를 이용해 모든 것을 개선했다.[21]

드웨인은 일하는 동안 팀과 함께 여러 서비스 제공자 사이에서 일하는 3,000명 이상의 개발자를 지원했다. 2016년 마이크로서비스와 컨테이너가 프로덕션에서 동작했다. 2017년에는 컨테이너를 통해 10억 달러를 처리했고 신규 애플리케이션의 90%가 컨테이너에서 실행됐으며 프로덕션에서 쿠버네티스를 운영했다. 2018년 매출 기준으로 5대 쿠버네티스 생산 클러스터 중 하나였다. 2020년까지 이들은 하루에 수천 번의 빌드와 배포를 수행했으며 5개의 클라우드 제공자 안에서 쿠버네티스를 사용했다.[22]

> 컨테이너는 인프라스트럭처를 수리하는 대신, 보다 빠르게 재구축하고 재사용할 수 있게 해주는 빠르게 성장하는 방법론이다. 궁극적으로 비즈니스 가치 전달과 개발자 생산성을 가속화한다.

유사 프로덕션 환경에서의 실행도 포함하게 개발 항목의 '완료' 정의를 수정하라

이제 필요에 따라 환경을 생성할 수 있고 모든 사항을 버전 관리 시스템에 체크인할 수 있다. 우리 목표는 이런 환경을 일상적인 개발 업무에 사용하는 것이다. 프로젝트가 종료되기 훨씬 전 또는 첫 번째 프로덕션 배포 전에 유사 프로덕션 환경에서 애플리케이션이 의도대로 실행되는지 검증해야 한다.

최신 소프트웨어 개발 방법론 대부분은 빅뱅 방식(예: 폭포수 모델) 대신,

짧고 반복적인 개발 주기를 규정한다. 일반적으로 배포 주기가 길어질수록 결과가 나빠진다. 예를 들어 스크럼 방법론에서 스프린트는 시간이 표시된 개발 완료 주기(일반적으로 1개월 이하)이며, '완료'란 '작동하는 동시에 잠재적으로 출시 가능한 코드'가 있는 경우로 정의한다.

우리 목표는 개발과 QA가 프로젝트 전반에 걸쳐 코드를 더 빈번하게 프로덕션 환경으로 통합하는 것이다. 이는 올바른 코드의 기능을 넘어 '완료'의 정의를 확장함으로써 달성할 수 있다. 각 개발 주기 마지막에 코드를 통합하고 테스트하며 잠재적으로 출시 가능한 코드를 **유사 프로덕션 환경에서 데모하는 것**이다.

다시 말해 개발 완료는 개발자가 완료했다고 믿는 때가 아니다. 성공적으로 빌드 및 배포되고 의도한 대로 유사 프로덕션 환경에서 실행이 확인됐을 때만 완료로 인정해야 한다. 또한 스프린트가 종료되기 훨씬 이전에 프로덕션 환경과 유사한 부하와 데이터 세트를 갖고 실행돼야 한다. 이를 통해 단순히 개발자 컴퓨터에서만 기능이 성공적으로 실행되고 다른 곳에서는 작동하지 않는 것을 완료라고 부르는 상황을 방지할 수 있다.

개발자가 코드를 작성 및 테스트하고 유사 프로덕션 환경에서 실행하게 함으로써 코드와 환경이 성공적으로 통합되는 작업 대부분을 출시 종료 시점이 아닌 일상 업무에서 수행할 수 있다. 첫 번째 개발 주기가 끝날 때까지 코드와 환경이 여러 번 통합되고 모든 단계가 자동화(수동 작업 불필요)돼 애플리케이션이 유사 프로덕션 환경에서 올바르게 실행되는지 검증할 수 있다.

나아가 프로젝트가 종료될 때까지 유사 프로덕션 환경에서 수백 번 혹은 수천 번에 걸쳐 코드를 성공적으로 배포하고 실행할 수 있다. 이로써 프로덕션 배포 문제를 대부분 발견하고 해결했다는 자신감을 얻게 된다.

프로덕션 환경에서 수행하는 것처럼 사전 프로덕션 환경에서도 모니터링, 로그인, 배포에 사용하는 도구는 같다. 실제 프로덕션 환경에서 서비스를 매끄럽게 배포하고 실행할 수 있으며 익숙한 경험을 통해 문제를 효과적으로 진단하고 해결할 수 있다.

개발 및 운영이 코드와 환경이 상호 작용하는 방식에 대해 공유되는 숙달된 역량을 보유하고 프로젝트 초기부터 빈번하게 배포함으로써 프로덕션 환경으로의 코드 출시와 관련된 배포 위험을 크게 줄일 수 있다. 이를 통해 전체적 운영 문제와 보안 결함 그리고 프로젝트에서 해결하기엔 너무 늦은 시기에 발견되는 아키텍처 문제를 해결할 수 있다.

결론

개발에서 운영으로의 빠른 작업 흐름은 누구나 필요에 따라 유사 프로덕션 환경을 얻을 수 있어야 가능하다. 소프트웨어 프로젝트 초기 단계에서 개발자가 유사 프로덕션 환경을 사용할 수 있게 하면 나중에 발생할 수 있는 프로덕션 문제의 위험을 줄일 수 있다. 이는 운영이 개발자의 생산성을 더 향상할 방법을 보여주는 사례 중 하나다. 개발자가 유사 프로덕션 환경에서 코드를 실행하는 것을 '완료' 정의에 포함하도록 프랙티스를 강화해야 한다.

모든 프로덕션 아티팩트를 버전 관리에 포함하면 개발 작업에서 사용하는 프랙티스를 운영 작업에도 똑같이 적용해 전체 프로덕션 환경을 빠르고, 반복 가능하며 문서화된 방법으로 다시 생성할 수 있는 '실제 단일 소스'를 얻을 수 있다. 복구보다 재구축이 수월한 프로덕션 인프라스트럭처를 만들어 문제를 더 쉽고 빠르게 해결할 수 있을 뿐 아니라 용량도 쉽게 확장할 수 있다. 이런 프랙티스가 테스트 자동화를 활성화하기 위한 기본이 된다. 이에 대해서는 10장에서 살펴본다.

10

빠르고 신뢰할 수 있는 자동화 테스팅을 활성화하라

개발 팀과 QA는 일상 업무에 유사 프로덕션 환경을 사용한다. 그리고 버전 관리 시스템으로 체크인된 모든 변경 사항과 승인된 모든 기능 코드를 유사 프로덕션 환경에 성공적으로 통합하고 실행한다. 그러나 개발이 모두 완료된 후 개발과 분리된 QA 부서에서 실행되는 테스트 단계에서 오류를 찾아 수정하면 원치 않은 결과가 나올 수도 있다. 테스트가 1년에 몇 번만 수행된다면 개발자는 오류의 원인이 되는 변경 사항을 도입한 지 몇 달이 지나서야 자신의 실수를 알게 된다. 결국, 원인과 결과 사이의 연관성은 희미해지고 최악의 경우 실수를 통해 배우고 이를 향후 작업에 활용하는 능력이 현저히 감소할 것이다.

지속적인 학습

더 나은 관측성이 더 적은 테스팅을 의미하는가?

분산 시스템의 보편화로 많은 조직이 프로덕션 시스템에 대한 더 나은 관측성에 투자하고 있다. 어떤 사람은 더 나은 관측성으로 배포 이전 소프트웨어 검증에 덜 집중해도 된다고 추론하기도 한다. 하지만 이는 오해다. 프로덕션에서 발생하는 사고는 비용이 많이 들고 심지어 최고의 기법이나 도구를 사용해도 디버깅하기 어렵다. 분산 시스템은 그 자체로 충분히 복잡하다. 무엇이 됐든 개별 서비스의 완전성을 배포 전에 검증하는 것이 매우 중요하다.

자동화 테스팅은 중요하면서도 불안정한 문제를 처리한다. 이에 대해 개리 그루버는 "자동화 테스팅 없이 코드를 작성하면 코드를 테스트하는 데 더 많은 시간과 비용이 소비된다. 이는 모든 기술 조직이 완전하게 극복할 수 없는 비즈니스 모델이다"라고 말했다.[1]

구글의 웹 서버 이야기(2005)

구글은 자동화 테스팅을 중요시하는 문화를 분명하게 보여주고 있다. 그러나 항상 그런 것은 아니다. 2005년 마이크 블랜드Mike Bland가 조직에 합류했을 당시 Google.com에 배포하는 것은 문제가 극도로 많았다. 구글 웹 서버GWS 팀에게는 특히 더 큰 문제였다.

블랜드는 다음과 같이 설명했다.

> 웹 서버에 대한 변경이 너무나 어려웠던 2000년대 중반, GWS 팀은 구글 홈 페이지와 많은 다른 구글 웹 페이지에 대한 모든 요청을 처리하는 C++ 애플리케이션을 담당하고 있었다. Google.com은 영향력이 있고 유명하지만 GWS 팀에 할당되는 작업은 매력적이지 않았다. 이런 작업은 다양한 검색 기능을 생성하는 모든 팀의 쓰레기 처리장과 같았다. 모든 팀은 코드를 독립적으로 개발하고 있었다. 빌드와 테스팅이 너무 오래 걸렸고 테스트되지 않은 코드가 프로덕션 환경으로 들어가기도 했다. 게다가 각 팀은 다른 팀과 충돌하는 대규모의 변경 사항을 검사했다.[2]

이에 따른 결과는 실로 엄청났다. 검색 결과는 오류가 있거나 용납할 수 없을 만큼 느려져 Google.com의 수천 개 검색에 영향을 미쳤다. 이로써 고객의 신뢰도가 하락했고 매출에 손실이 발생할 수도 있는 잠재적 위험을 안아야 했다.

블랜드는 이와 같은 문제가 변경 사항을 배포하는 개발자에게 어떤 영향을 미치는지에 대해 이렇게 말했다. "두려움은 정신적 살인범이다. 새로운 팀원은 시스템을 이해하지 못한 두려움으로 시스템에 대한 변경을 하지 못했다. 그리고 경험이 많은 사람은 시스템을 너무 잘 이해하는 데서 오는 두려움으로 변경을 하지 못했다."[3]* 블랜드는 이런 문제를 해결하기로 한 그룹의 일원이었다.

GWS 팀 리더인 바라트 메디랏타[Bhara Mediratta]는 자동화 테스팅이 유용하다고 믿었다. 이와 관련해 블랜드는 다음과 같이 말했다.

> GWS 팀은 자동화 테스트 없이는 변경 사항을 적용할 수 없다는 강력한 정책을 세웠다. 지속적인 빌드 환경을 설정하고 모든 변경 사항에 대해 빠짐없이 지속적인 빌드를 하게 했다. 테스트 커버리지에 대해 모니터링을 설정하고 시간이 지남에 따라 테스트 커버리지의 수준이 높아지는지 확인했다. 정책과 테스트 가이드를 작성하고 팀 내외부의 공헌자 모두가 이 정책과 가이드를 따라야 한다고 주장했다.[5]

결과는 놀라웠다. 블랜드는 다음과 같이 설명했다.

> GWS 팀은 출시 일정을 짧게 유지하면서도 매주 여러 팀의 많은 변경 사항을 통합했다. 이를 통해 회사에서 가장 생산적인 팀으로 자리 잡았다. 새로운 팀원들은 적절한 테스트 커버리지와 코드 상태 덕분에 이 복잡한 시스템에 기여도를 높일 수 있었다. 궁극적으로 이들의 과감한 정책은 Google.com 홈페이지가 빠르게 기능을 확장하고 놀라울 정도로 변화하며 기술적으로 경쟁력을 갖추는 데 일조했다.[6]

그러나 크게 성장 중인 회사의 규모를 고려했을 때 GWS 팀의 규모는 여전히 작았다. 팀은 그들의 프랙티스를 전체 조직으로 확장하길 원했다.

---

* 블랜드는 구글에서 재능 있는 개발자에게 있는 중대한 문제 중 하나가 '가면 증후군(Imposter Syndrome)'이라고 말한다. 가면 증후군은 비공식적으로 자신이 이룬 성취를 내면화할 수 없는 사람들을 설명하기 위해 만든 용어다. 위키피디아는 가면 증후군을 다음과 같이 설명한다. "가면 증후군을 보이는 사람은 능숙하다는 증거가 명백함에도 자신은 사기꾼이며 성공을 누릴 만한 자격이 없다고 확신한다. 성공의 증거는 행운, 타이밍 또는 스스로 생각하는 것보다 더 지적이고 유능하다고 다른 사람을 속여 만든 것이기에 고려할 가치가 없다고 일축해 버린다."[4]

이에 전체 조직에 걸쳐 자동화 테스팅 프랙티스를 제공하기 원하는 엔지니어들이 비공식으로 테스팅 그룹렛^{Testing Grouplet}이라는 그룹을 결성했다. 이후 5년 동안 이들은 구글의 전체 조직에 자동화 테스팅 문화를 이식하는 데 기여했다.[7]*

레이첼 팟빈^{Rachel Potvin}과 조쉬 르벤베르크^{Josh Levenberg}가 말했듯 구글의 시스템은 자동으로 매일 수천 명의 개발자에게서 온 수천 건의 커밋을 자동으로 테스트할 정도로 진화했다.

> 구글에는 하나의 자동화 테스팅 인프라스트럭처가 있다. 이는 저장소에 커밋된 거의 모든 변경에 대해 영향을 받은 모든 요소를 재빌드한다. 변경이 많은 빌드를 깨뜨리면 시스템은 자동으로 변경을 원복한다. 나쁜 코드의 커밋을 막기 위해 자유롭게 커스터마이즈할 수 있는 구글의 '프리서브밋^{presubmit}' 인프라스트럭처를 사용해 이들이 코드 베이스에 추가되기 전에 자동화 테스팅과 변경 사항을 분석할 수 있다. 모든 변경 사항에 대해 글로벌 프리서브밋 분석이 실행되며 코드 소유자는 자신이 지정한 코드 베이스 내 디렉터리에서만 실행되는 사용자 분석을 만들 수 있다.[8]

구글 개발자 인프라스트럭처 그룹의 엔지니어인 에란 메세리^{Eran Messeri}는 "큰 실패는 종종 발생한다. 여러분은 감당할 수 없을 만큼 많은 인스턴스 메시지를 받을 것이며 엔지니어들이 여러분의 방문을 두드릴 것이다. (개발 파이프라인이 부서지면) 개발자들이 더이상 코드를 커밋할 수 없으므로 즉시 고쳐야 한다. 결과적으로 우리는 이를 매우 쉽게 롤백할 수 있게 만들었다"라고 말했다.[9]

구글에서 이런 시스템이 동작할 수 있던 것은 그들의 엔지니어링 전문성과 모든 사람이 선한 일을 할 것이라고 가정하는 높은 신뢰의 문화 및 결

---

* 그들은 훈련 프로그램을 만들고, 그 유명한 화장실에서 만나는 테스팅(Testing on the Toilet) 뉴스레터(화장실 벽에 포스터를 붙였다), 테스트 인증 로드맵과 프로그램을 만들고, 개선 블리츠(Improvement Blitz)와 같은 여러 차례의 '픽스 잇(Fix-It)' 데이를 진행했다. 이를 통해 팀은 자동화된 테스팅 프로세스를 개선하고 GWS 팀이 달성한 놀라운 결과물을 복제할 수 있었다.

함을 빠르게 찾아내고 신속하게 해결하는 능력에 기인한다. 메세리는 다음과 같이 설명한다.

> 구글에는 '당신이 10개 이상 프로젝트의 프로덕션을 망가뜨리면 10분 안에 여섯 가지 이슈를 해결해야 한다'와 같은 SLA는 존재하지 않는다. 대신에 각 팀은 상호 존중하며 모든 사람이 개발 파이프라인을 실행을 위해서라면 무엇이든 할 것이라는 암묵적 동의가 있다. 우리는 모두 알고 있다. 오늘 내가 당신의 프로젝트를 우발적으로 망가뜨릴 것이고 내일 당신이 나의 프로젝트를 망가뜨릴 것임을.[10]

팀들이 구글에서 달성한 것은 구글을 전 세계에서 가장 생산적인 기술 조직의 하나로 만들었다. 2016년 구글의 자동화된 테스팅과 지속적인 통합은 4,000개의 소규모 팀이 생산적으로 협업할 수 있게 했다. 이 팀들은 모두 동시에 개발하고, 통합하고, 테스팅하고, 코드를 프로덕션에 배포할 수 있었다. 구글의 코드 대부분은 하나의 단일 공유 저장소에 있었다. 파일 수는 수십억 개에 이르렀고 모든 파일이 지속적으로 구축되고 통합됐다. 2014년 기존으로 매주 약 25만 개의 파일에서 약 1,500만 코드라인이 변경됐다.[11] 구글의 코드 인프라스트럭처와 관련된 또 다른 인상적인 통계는 다음과 같다.[12]

- 하루 4만 건의 코드 커밋(1만 6,000건은 엔지니어, 2만 4,000건은 자동화된 시스템에서 커밋됨)
- 하루 5만 건의 빌드 수행(평일에는 9만 건을 초과하기도 함)
- 12만 개의 자동화된 테스트 스위트
- 매일 실행되는 7,500만 개의 자동화 케이스
- 구글 버전 관리 시스템에 저장된 파일의 99% 이상은 모든 풀타임 구글 엔지니어가 볼 수 있음
- 코드베이스는 대략 10억 개의 파일과 3,500만 커밋 히스토리를 가짐

- 저장소 코드 전체의 길이는 약 20억 라인, 900만 개의 고유한 파일로 구성되며 용량은 86TB임.

구글과 같은 규모의 테스트 자동화가 많은 기업의 목표는 아닐 수 있지만, 테스트 자동화의 혜택은 누구나 누릴 수 있다. 10장의 나머지 부분에서는 이런 결과를 재현하는 데 필요한 지속적인 통합 프랙티스를 자세히 살펴본다.

코드를 지속적으로 빌드 및 테스트하고 환경과 통합하라

우리 목표는 초기 단계에서도 개발자의 일상 업무의 하나로 자동화 테스트를 구축하고 제품의 품질을 높이는 것이다. 이를 통해 몇 가지 제한 사항(시간과 리소스 등)이 있다면 초기에 개발자가 문제를 빠르게 발견하고 수정하도록 빠른 피드백 루프를 생성한다.

이 단계에서는 코드와 환경을 주기적인 통합에서 연속적인 통합으로 바꾸고 테스팅하는 빈도를 늘리는 자동화 테스트 스위트를 만든다. 이런 작업은 코드와 환경을 통합하고 버전 관리 시스템에 새로운 변경 사항을 추가할 때마다 일련의 테스트를 트리거하는 배포 파이프라인의 구축을 통해 수행할 수 있다(그림 10.1 참조).*

배포 파이프라인Deployment Pipeline이라는 용어는 제즈 험블과 데이비드 팔리가 그들의 책 『Continuous Delivery』에서 처음 정의했다. 배포 파이프라인은 버전 관리 시스템에 체크인된 모든 코드가 유사 프로덕션 환경에서 자동으로 빌드 및 테스트되는 것을 보장한다.[14] 이렇게 함으로써 변경이 도

---

* 개발에서 지속적인 통합(CI)은 다양한 코드 브랜치의 지속적인 통합과 단위 테스트의 통과를 의미하기도 한다. 그러나 지속적인 전달과 데브옵스의 맥락에서 지속적인 통합은 유사 프로덕션 환경에서의 실행과 인수 테스트 및 통합 테스트를 통과해야 할 수도 있다. 제즈 험블과 데이비드 팔리는 나중의 방법을 CI+라 부르며 CI와 CI+의 구분을 모호하게 만들었다. 이 책에서 '지속적인 통합'은 항상 CI+의 프랙티스를 의미한다.[13]

입된 시점에 빌드, 테스트, 통합 에러를 찾아낼 수 있다. 올바르게 동작하면 항상 배포 가능하고 전달할 수 있는 상태를 보장할 수 있다.

배포 자동화를 달성하려면 전용 환경에서 실행되는 자동화된 빌드와 테스트 프로세스를 만들어야 한다. 이것이 중요한 이유는 다음과 같다.

- 개별 엔지니어의 작업 습관과 상관없이 빌드 및 테스트 프로세스를 언제나 실행할 수 있다.
- 분리된 빌드 및 테스트 프로세스는 빌드, 패키징, 실행, 코드 테스트에 필요한 모든 의존성 처리를 보장한다(예: '개발자의 노트북에서는 동작했지만 프로덕션 환경에서는 동작하지 않는' 문제를 제거할 수 있다).
- 환경에 반복적인 코드의 설치 및 구성이 가능하도록 애플리케이션을 패키지화할 수 있다(예: 리눅스에는 RPM, yum, npm, 윈도에는 OneGet, 자바에는 EAR, WAR, 루비에는 gem과 같이 프레임워크 특화 패키징 시스템이 있다).
- 코드를 패키지에 넣는 대신, 배포 가능한 컨테이너에 애플리케이션을 패키지화할 수 있다(예: Docker, Rkt, LXD, AMIs 등).
- 여러 환경을 일관되고 반복적인 방법으로 프로덕션 환경과 더 유사하게 만들 수 있다(예: 컴파일러가 환경에서 제거되고 디버깅 플래그가 해제되는 경우 등).

배포 파이프라인의 유효성은 코드가 성공적으로 유사 프로덕션 환경으로 통합되는 모든 변경이 적용된 후에 검사한다. 테스터가 인수 테스팅과 사용성 테스팅 동안에 빌드를 요청하고 인증하는 플랫폼이 되며, 자동화된 성능 및 보안 검증을 실행한다.

```
커밋 단계  →  인수 단계  →  탐색적      →  사용자 인수  →  스테이징  →  프로덕션
(자동)        (자동)        테스팅(수동)    테스팅(수동)    (수동)        (수동)
```

→ 자동 승인
→ 수동 승인

그림 10.1 배포 파이프라인
(출처: Humble and Farley, 『Continuous Delivery』, 3.)

배포 파이프라인은 사용자 인수 테스팅, 통합 테스팅, 보안 테스팅 환경에 대한 자체 서비스 빌드에도 사용된다. 배포 파이프라인이 발전하면서 향후 단계에서는 버전 관리 시스템에서 배포까지 변경 사항을 처리하는 데 필요한 모든 액티비티의 관리에도 사용된다.

많은 도구가 배포 파이프라인 기능을 제공하기 위해 설계됐으며, 이 중 상당수는 오픈소스다(예: Travis CI와 Snap과 같은 클라우드 기반 솔루션은 물론 Jenkins, ThoughtWorks Go, Concourse, Bamboo, Microsoft team Foundation Server, teamCity, Gitlab CI 등이 있다).*

커밋 단계를 실행해 배포 파이프라인을 시작하고, 소프트웨어를 패키징하고, 자동화된 단위 테스트를 실행한다. 그리고 정적 코드 분석, 복제, 테스트 커버리지 분석, 코딩 스타일 검사와 같은 추가 검증을 수행한다.† 커밋 단계가 성공하면 이때 자동으로 생성된 패키지를 유사 프로덕션 환경으로 배포하고, 자동화된 인수 테스트를 실행하는 인수 테스트 단계가 트리거된다.

변경 사항이 버전 관리 시스템에 반영되면 코드를 한 번만 패키징해 전체 배포 파이프라인에 동일한 패키지를 사용하길 원한다. 따라서 코드는

---

* 배포 파이프라인에서 컨테이너를 생성하고 마이크로서비스와 같은 아키텍처가 있다면 각 개발자가 워크스테이션에 프로덕션 환경과 동일한 환경에서 모든 서비스 컴포넌트를 조합해 실행하는 불변 아티팩트를 빌드할 수 있다. 이렇게 하면 작업에 대한 피드백이 더 빨라진다. 개발자는 테스트 서버 대신 각자의 워크스테이션에서 더 많은 테스트를 빌드하고 실행할 수 있다.

† 변경 사항이 버전 관리 시스템에 반영되기 전에 이런 도구를 실행해야 할 수도 있다(사전 커밋 훅 처리 등). 또한 더 빠른 피드백 루프를 생성하기 위해 이런 도구를 개발자 통합 개발 환경(IDE, 즉 개발자가 코드를 편집, 컴파일하고 실행하는 곳)에서 실행할 수도 있다.

프로덕션 환경으로 배포되는 것과 같은 방법으로 통합 테스트 환경과 스테이징 환경으로 배포된다. 이렇게 함으로써 패키지 간 차이를 줄여 진단하기 어려운 다운스트림 오류를 방지할 수 있다(예: 서로 다른 컴파일러, 컴파일러 플래그, 라이브러리 버전이나 구성의 사용).[*]

배포 파이프라인의 목표는 가치 흐름 안의 모든 사람, 특히 개발자에게 가장 빠른 피드백을 제공하는 것이다. 이때 변경 사항은 코드나 환경, 자동화 테스트 또는 배포 파이프라인 인프라스트럭처에 대한 임의의 변경 사항이 될 수 있다(예: 젠킨스 구성 설정).

결과적으로 배포 파이프라인 인프라스트럭처는 버전 관리 인프라스트럭처이며 개발프로세스의 기반이다. 배포 파이프라인은 어떤 빌드에 어떤 테스트가 수행됐는지, 어떤 빌드가 어떤 환경으로 배포됐는지 등 테스트 결과에 대한 정보를 담은 각 코드의 빌드 이력을 저장한다. 따라서 빌드 이력을 버전 관리 정보와 조합하면 배포 파이프라인이 망가진 원인을 빠르게 파악할 수 있다. 운이 좋다면 오류를 수정하는 방법도 정할 수 있다. 이 정보는 일상 업무의 일부로 자동 생성되는 증거와 함께 감사 및 규정 준수 요구 사항에 대한 증거를 충족시키는 데 도움이 된다.

이제 배포 파이프라인 인프라스트럭처가 있으므로 다음과 같은 세 가지 기능이 필요한 지속적인 통합 프랙티스를 만들어야 한다.

- 배포 가능 상태에 있음을 검증하는 포괄적이고 신뢰할 수 있는 자동화 테스트 세트
- 검증 테스트가 실패했을 때 '전체 프로덕션 라인을 중단'하는 문화
- 수명이 긴 기능 브랜치보다 트렁크의 작은 브랜치에서 작업하는 개발자

---

[*] 도커(Docker)와 컨테이너를 패키징 메커니즘으로 사용할 수도 있다. 컨테이너는 한 번 작성한 후 여러 곳에서 실행할 수 있다. 이런 컨테이너가 빌드 프로세스 일부로 만들어지면 빠르게 배포해 모든 환경에서 실행할 수 있다. 모든 환경에서 실행되는 컨테이너는 동일하므로 모든 빌드 아티팩트의 일관성을 유지하는 데 도움이 된다.

다음 절에서는 신속하고 신뢰도 높은 자동화 테스팅이 필요한 이유와 자동화 테스트를 구축하는 방법을 알아본다.

빠르고 신뢰도가 높으며 자동화된 검증 테스트 스위트를 만들어라

앞서 우리는 **그린 빌드** 상태에 있는지 검증하는 자동화된 테스팅 인프라스트럭처를 만들었다(예: 버전 관리 시스템에 있는 것이 무엇이든 빌드 및 배포 가능 상태에 있음). 이런 통합 및 테스팅 단계는 계속 수행돼야 한다. 이 작업을 야간 빌드 프로세스처럼 주기적으로 수행할 때 어떤 일이 발생하는지 생각해 보자.

매일 버전 관리 시스템으로 자신의 코드를 체크인하는 10명의 개발자로 이뤄진 팀이 있다고 가정하자. 개발자 중 하나가 야간 빌드와 테스트 작업을 망가뜨리는 변경 사항을 버전 관리 시스템에 도입한다. 우리는 다음 날 그린 빌드 상태가 아니라는 사실을 발견한다. 개발 문제의 원인인지, 누가 문제를 발생시켰는지, 해결 방법은 무엇인지를 파악하는 데 몇 분에서 몇 시간이 소요될 것이다.

더 나쁜 예로, 문제 발생의 원인이 코드 변경이 아닌 테스트 환경 때문이었다고 가정하자(예: 테스트 환경 어딘가의 잘못된 구성 설정). 개발 팀은 모든 단위 테스트를 통과해 문제가 해결됐다고 여길 수 있다. 그날 밤에도 테스트가 실패해야 문제의 발생을 인지할 수 있다.

팀원 중 누군가 해당 일의 버전 관리 시스템에 10개 더 많은 변경 사항을 체크인하기라도 하면 문제는 더욱 복잡해진다. 이런 각각의 변경 사항은 더 많은 오류를 도입할 수 있다. 이로 인해 자동화 테스트가 망가지고 효과적인 진단과 문제 해결이 더 어려워질 수 있다.

간단하게 말해, 느리고 주기적인 피드백은 특히 대규모 개발 팀에 부정적 영향을 미친다. 테스트 실패 시 원인을 빠르게 파악하는 문제는 매일 버전 관리 시스템에 변경 사항을 체크인하는 또 다른 수십, 수백 명 또는 수천 명의 개발자가 있을 때 훨씬 더 어려워진다. 결과적으로 빌드와 자동화 테스트가 자주 망가지며, 개발자는 버전 관리 시스템으로 변경 사항을 체크인하는 것을 중단한다('빌드와 테스트가 항상 망가진 상태인데 왜 귀찮은 작업을 하겠는가?'). 개발자들은 프로젝트의 마지막 단계에 코드 통합 외에 추가로 대규모 배치 작업, 빅뱅 통합, 프로덕션 배포 등 원치 않은 작업을 수행한다.*

이런 현상을 방지하려면 새로운 변경 사항이 버전 관리 시스템에 도입될 때마다 빌드 환경과 테스트 환경에서 빠르게 실행되는 자동화 테스트가 필요하다. 이를 통해 구글 웹 서버 예제처럼 문제를 바로 찾아 수정할 수 있다. 배치 작업은 작은 규모로 유지할 수 있어야 하고 항상 배포 가능한 상태로 유지해야 한다.

일반적으로 자동화 테스트는 가장 빠른 테스트에서 가장 느린 테스트까지의 다음과 같은 범주 중 하나에 속한다.

- **단위 테스트**Unit Tests: 단일 메서드, 클래스 또는 독립된 기능을 테스트하며 개발자에게 코드가 설계대로 동작한다는 확신을 준다. 테스트 상태를 빠르게 유지하는 것을 포함한 다양한 이유로 단위 테스트는 종종 데이터베이스와 다른 외부 의존성을 '스텁으로 만드는Stub Out' 경우가 있다(예: 함수는 실제 데이터베이스를 호출하는 대신 미리 정의된 정적인 값을 반환하도록 수정된다).†

- **인수 테스트**Acceptance Tests: 상위 수준의 기능이 설계한 대로 동작(예: 사용자 스토리에 대한 비즈니스 승인 기준, API의 정확성)하고, 회귀 오류가 발생하지 않는다는 사실(예: 이전에 올바르게 동작하던 기능이 망가진 때)

---

* 이것이 바로 지속적인 통합 프랙티스 개발로 발생한 문제다.

† '스텁(Stub)', '가상 객체(Mocks)', '서비스 가상화(Service Virtualization)' 등을 포함해 외부 통합 지점에서 입력이 필요한 테스트 문제를 처리하는 데 사용되는 다양한 범주의 아키텍처 기법과 테스팅 기법이 있다. 이런 기법은 외부 상태에 더 많이 의존하는 승인 테스팅과 통합 테스팅에서 더 중요하다.

을 확인하기 위해 애플리케이션을 전체적으로 테스트한다. 제즈 험블과 데이비드 팔리는 단위 테스팅과 인수 테스트의 차이점에 대해 "단위 테스트의 목적은 애플리케이션의 한 부분이 프로그래머가 의도한 대로 동작하는지 증명하는 것이다. (중략) 인수 테스트의 목적은 애플리케이션이 고객의 의도대로 동작하는 것을 증명하는 것이지 프로그래머가 생각한 대로 동작하는 것을 증명하는 것이 아니다"라고 설명했다.[15] 빌드가 단위 테스트를 통과하면 배포 파이프라인은 인수 테스트를 실행한다. 일반적으로 인수 테스트를 통과한 빌드는 통합 테스팅은 물론 수동 테스팅(예: 탐색적 테스팅, UI 테스팅 등)에도 사용할 수 있다.

- **통합 테스트**Integration Tests: 스텁으로 된 인터페이스를 호출하는 것과 달리 애플리케이션이 다른 프로덕션 애플리케이션 및 서비스와 올바르게 상호 작용하는 것을 보장하는 테스트다. 험블과 팔리는 "SIT^{System Integration Test} 환경에서 대부분 작업은 모두가 함께 동작할 때까지 각 애플리케이션의 새로운 버전 배포를 포함한다. 일반적으로 이런 상황에서 스모크 테스트는 전체 애플리케이션을 실행하는 데 필요한 사항을 모두 갖춘 인수 테스트 세트다"[16]라고 말했다. 통합 테스트는 단위 테스트와 인수 테스트를 통과한 빌드 결과에 대해 수행된다. 통합 테스트는 때때로 취약하다. 그래서 우리는 통합 테스트의 개수를 최소화하길 원하며, 단위 테스트와 인수 테스트 기간에 가능한 한 많은 결함을 발견하길 원한다. 인수 테스트 실행 시 원격 서비스의 기상 버전이나 시뮬레이션 버전을 사용할 수 있는 능력은 본질적인 아키텍처 요구 사항이다.

마감 기한이 촉박할 때 개발자는 '완료'라고 정의한 방법과 상관없이 각자 일상 업무의 일환으로 단위 테스트 작성을 중단할 수 있다. 단위 테스트의 작성 중단을 감지하려면 테스트 커버리지를 측정하고 시각화해야 한다

(클래스, 코드 라인, 순열 등에 대한 기능으로). 테스트 커버리지가 특정 수준 이하로 떨어지면(예: 80% 미만 클래스가 단위 테스트를 갖는 경우) 테스트 스위트의 검증이 실패할 수도 있다.*

마틴 파울러는 다음과 같이 말했다.

> 10분 빌드(및 테스트 프로세스)가 완벽하게 합리적인 범위다. (중략) 먼저 컴파일하고, 테스트를 수행하는 것은 데이터베이스를 스텁으로 만든 단위 테스트를 완전하게 지역화한다. 이런 테스트는 10분의 가이드라인을 지키면서 매우 빠르게 실행될 수 있다. 그러나 더 큰 규모의 상호 작용을 포함하는 모든 버그, 특히 실제 데이터베이스를 포함하는 버그는 발견되지 않을 것이다. 두 번째 빌드 단계에서는 실제 데이터베이스를 사용하고 더 많은 종단 간 동작을 포함하는 다른 테스트 스위트(인수 테스트)에서 실행한다. 이와 같은 테스트 스위트를 실행하는 데는 몇 시간이 걸릴 수 있다.[17]

가능한 한 초기에 자동화 테스트의 오류를 찾아내라

자동화 테스트 스위트의 구체적 설계 목표는 테스팅에서 가능한 한 초기에 오류를 발견하는 것이다. 이것이 바로 느리게 실행되는 자동화 테스트(인수 테스트와 통합 테스트)에 앞서 빠르게 실행되는 자동화 테스트(단위 테스트)를 실행하는 이유다. 이런 테스트는 모두 수동 테스트 전에 실행된다.

이 원칙의 또 다른 필연적 결과는 가능한 한 빠른 테스팅의 범주에서 모든 오류를 찾아야 한다는 점이다. 대부분 오류가 인수 테스트와 통합 테스트에서 발견된다면, 개발자에게 제공하는 피드백은 단위 테스트보다 느릴 것이다. 그리고 통합 테스팅에는 일반적이지 않고 복잡한 통합 테스트 환경이 필요하다. 이런 환경은 한 시점에 한 팀만 사용할 수 있으므로 피드백

---

* 팀이 자동화 테스팅을 가치 있게 생각할 때만 이를 수행해야 한다. 이런 유형의 지표는 개발자와 관리자가 쉽게 장악할 수 있다.

을 더 지연시킨다.

통합 테스팅 동안의 오류 감지는 어려울 뿐 아니라 개발자가 오류를 재현하는 데 시간이 소모된다. 오류가 수정됐다는 사실을 검증하기도 어렵다. 예를 들어 개발자가 오류를 수정해도 통합 테스트의 통과 여부를 알려면 4시간을 기다려야 한다. 따라서 인수 테스트나 통합 테스트를 통해 오류를 발견할 때마다 오류를 더 빠르고, 더 쉽고, 더 적은 비용으로 찾기 위해 단위 테스트를 만들어야 한다. 마틴 파울러는 대부분 오류를 단위 테스트를 사용해 발견할 수 있다는 것을 '이상적인 테스팅 피라미드Ideal Testing Pyramid' 개념으로 설명했다(그림 10.2 참조).[18] 앞에서 말한 사실과 반대로 많은 테스트 프로그램에서는 대부분 수동 테스팅과 통합 테스팅에 투자한다.

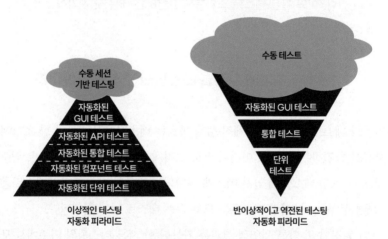

이상적인 테스팅 피라미드 vs. 이상적이지 않은 테스팅 피라미드

그림 10.2 이상적인 자동화 테스팅 피라미드와 이상적이지 않은 자동화 테스팅 피라미드
(출처: Martin Fowler, 'Test Pyramid')

단위 테스트나 인수 테스트를 작성하고 유지하기가 어렵거나 비용이 많이 든다면 더 이상 모듈 간 분명한 경계가 없는 (또는 처음부터 경계가 없는) 튼튼하게 결합된 아키텍처를 갖고 있을 가능성이 있다. 이럴 때는 더 느슨하게 결합된 시스템을 만들어 통합 환경 없이 독립적으로 모듈을 테스트할

수 있어야 한다. 이로써 가장 복잡한 애플리케이션에 대한 인수 테스트 스위트를 몇 분 안에 실행할 수 있다.

테스트가 빠르게 실행되게 하라(필요하다면 병행으로 실행하라)

테스트를 빠르게 실행하고 싶다면 테스트가 여러 서버에 걸쳐 병렬로 실행되게 설계해야 한다. 다양한 범주의 테스트를 병렬로 실행하고 싶을 수도 있다. 예를 들어 빌드가 인수 테스트를 통과했다면 그림 10.3과 같이 성능 테스팅과 동시에 보안 테스팅을 실행할 수 있다. 빌드가 모든 자동화 테스트를 통과할 때까지 수동 탐색적 테스팅을 허용하거나 허용하지 않을 수 있다. 테스트를 병렬로 실행하면 피드백이 더 빨라지지만 빌드에 대한 수동 테스팅의 허용은 결국 실패할 것이다.

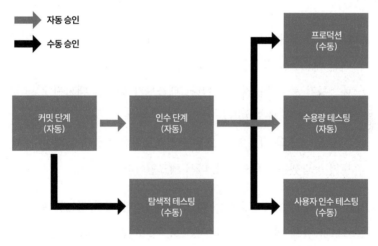

그림 10.3 자동 테스트와 수동 테스트 병렬 실행
(출처: Humble and Farley, Continuous Delivery, Kindle edition, location 3868.)

우리는 모든 자동화 테스트를 통과한 빌드를 다른 형태의 수동 테스팅이나 자원 집약적 테스팅(예: 성능 테스팅)은 물론 탐색적 테스팅에도 사용할 수 있게 만들어야 한다. 모든 테스팅을 가능한 한 빈번하게 실제로 수행하고 지속적으로 또는 일정대로 수행해야 한다.

모든 테스터(개발자 포함)는 테스트 준비가 됨에 따라 특정 빌드 플래그 지정을 기다리지 말고 모든 자동화 테스트를 통과한 최신 빌드를 사용해야 한다. 이를 통해 개발 프로세스 초기에 테스팅을 수행할 수 있다.

코드를 작성하기 전에 자동화 테스트를 작성하라(테스트 주도 개발)

신뢰할 수 있는 자동화 테스트를 보유하는 가장 효과적인 방법은 테스트 작성을 일상 업무 일부로 만들고, **테스트 주도 개발**Test-Driven Development, TDD과 **인수 테스트 주도 개발**Acceptance TDD, ATDD 같은 기법을 사용해야 한다. TDD는 시스템이 변경됐을 때 소프트웨어의 기대되는 동작이 실패했는지 확인하는 자동 테스트를 작성하고 테스트를 통과하게 하는 코드를 작성해야 한다.

이 기법은 익스트림 프로그래밍 일부로 1990년대 말 켄트 벡Kent Beck이 개발했다.[19]

- 테스트가 실패했는지 확인한다. '다음에 추가하고 싶은 기능 일부에 대한 테스트를 작성한다.' 체크인한다.
- 테스트가 통과했는지 확인한다. '테스트가 통과할 때까지 기능 코드를 작성한다.' 체크인한다.
- '새로운 코드와 이전 코드 모두를 리팩토링하고 잘 구조화한다.' 테스트가 통과했는지 확인한다. 다시 체크인한다.

이런 자동화 테스트 스위트는 시스템이 생성한 최신 명세를 현재 수행되는 코드와 함께 버전 관리 시스템으로 체크인한다. 개발자들이 시스템 시공 방법을 이해하고 싶어 한다면 테스트 스위트를 살펴봄으로써 시스템이 API를 사용하는 방법에 대한 작동 예제를 파악할 수 있다.*

---

* 나치 나가펜(Nachi Nagappan, 마이크로소프트 연구소), 미셸 맥시밀리언(Michael Maximilien, IBM 알마덴 랩), 로리 윌리엄스(Laurie Williams, 노스캐롤라이나 주립대)는 15~35% 더 많은 시간을 일하면서 TDD를 사용하지 않는 팀보다 TDD를 사용하는 팀이 결함 밀도 측면에서 60~90%의 향상된 코드를 생성한다는 연구 결과를 보여줬다.[20]

수동 테스트를 가능한 한 많이 자동화하라

우리 목표는 자동 테스트 스위트를 통해 가능한 한 많은 오류를 발견하고, 수동 테스팅에 대한 의존도를 감소시키는 것이다. 2013년 플로우콘Flowcon 의 'On the Care and Feeling of Feedback Cycles'라는 발표에서 엘리자 베스 헨드릭슨은 "테스팅을 자동화할 수는 있어도 품질은 자동으로 만들어 낼 수 없다. 자동화해야 할 테스트를 사람이 수행하는 것은 잠재력 낭비다"라고 말했다.[21]

테스트 자동화를 통해 모든 테스터(물론 개발자를 포함한다)가 더 높은 가치가 있는 자동화되지 않는 탐색적 테스팅이나 테스트 프로세스를 개선하는 활동을 하게 할 수 있다.

모든 수동 테스트를 자동화하려는 노력은 원치 않는 결과를 초래할 수도 있다. 우리는 자동화 테스트가 신뢰할 수 없으며, 거짓 양성을 생성하길 원치 않는다(예: 코드가 기능적으로 맞아 테스트를 통과해야 하지만, 느린 성능, 타임아웃, 통제되지 않은 시작 상태, 데이터베이스 스텁, 공유 테스트 환경으로 인한 의도치 않은 상태 때문에 테스트가 실패하는 것을 바라지 않는다).[22]

거짓 양성을 생성하는 신뢰할 수 없는 테스트는 심각한 문제를 만들며 귀중한 시간을 빼앗는다. 테스트에 실제로 문제가 있었는지를 판단하기 위해 개발자가 테스트를 재수행하게 만든다. 또한 테스트를 실행하고 결과를 해석할 때 인력이 낭비된다. 개발자가 코드 생성에 집중해 전체 테스트 결과가 완전히 무시되거나 자동화 테스트가 중단되기도 한다.

이로 인한 결과는 항상 같다. 문제는 나중에 발견되고 수정은 더욱 어려워진다. 고객에게는 악영향을 미친다. 결과적으로 가치 흐름상 스트레스가 발생한다.

이를 완화하려면 많은 수의 수동 테스트나 신뢰할 수 없는 자동화 테스트보다 적은 수의 신뢰성 있는 자동화 테스트를 수행해야 한다. 따라서 성취하고자 하는 비즈니스 목표를 실제로 검증하는 테스트만 자동화하는 데 중점을 둬야 한다. 프로덕션 결함에 대한 테스트 결과를 버린다면 수동 테스트 스위트에 다시 해당 테스트를 추가해야 하므로 결국 테스트를 자동화해야 한다.

Macys.com의 품질 엔지니어링, 출시 엔지니어링 및 운영 부분의 전 부사장이었던 개리 구루버는 "대규모 소매 전자 상거래 사이트에서는 10일마다 1,300개의 수동 테스트를 실행하는 대신, 모든 코드를 커밋할 때마다 10개의 자동화 테스트를 실행했다. 신뢰할 수 없는 테스트를 실행하는 것보다 신뢰할 수 있는 몇 가지 테스트를 실행하는 것이 훨씬 더 낫다. 시간이 지나면서 이 테스트 스위트는 수십만 가지 자동화 테스트를 갖추게 됐다"라고 말했다.[23]

다시 말해 신뢰할 수 있는 소수의 자동화 테스트로 시작해 점차 자동화 테스트를 추가하라. 이것은 우리가 배포 가능한 상태에서 벗어나는 시스템의 모든 변경 상태를 빠르게 감지하고 품질 보증의 수준을 계속 높이게 만든다.

지속적인 학습

2주밖에 되지 않는 스프린트에 기능을 작성하기도 바쁜데 자동화된 테스트를 작성하는 것은 불가능하다고 생각할지도 모른다. 하지만 자바 챔피언이자 테스트 자동화 전문가인 앤지 존스(Angi Jones)는 자동화 테스트 없이 오로지 기능만 전달하는 팀은 리스크를 전달하며 기술 부채를 늘린다고 지적한다.[24]

존스는 스프린트 안에서 기능과 테스트 자동화를 모두 달성하는 전략을 소개한다.

- **협업**: 비즈니스, 테스터, 개발자가 협업함으로써 올바른 것을 자동화하고 다른 이들이 동시에 기여하게 할 수 있다.
- **전략적 자동화**: 하이브리드 접근 방식을 사용함으로써 팀이 테스트 커버리지에 관해 고려하게 도울 수 있다. API와 현명한 설계를 사용해 여러 시나리오에 걸친 커버리지를 얻어라.
- **점진적 빌드**: 필요한 것을 빌드하는 것에서 시작한다. 추가적인 기능을 계속 빌드하면서 TDD 프레임워크를 사용해 더 많은 테스트 케이스를 추가하면 테스트와 개발자를 돕는다고 느낄 수 있을 것이다. 이는 결과적으로 여러분이 더 많은 테스트 가능 코드를 작성하게 도울 것이다.

테스트 스위트에 성능 테스팅을 통합하라

통합 테스팅 동안이나 프로덕션 환경으로 배포한 후에 애플리케이션 성능이 낮아지는 일이 종종 발생한다. 성능 문제는 시간이 지나면서 느려지거나 너무 늦은 시간까지 감지하지 못할 때(예: 인덱스가 없는 데이터베이스 쿼리) 찾아내기가 어렵다. 또한 해결하기 어려운 문제도 많다. 특히, 우리가 선택한 아키텍처적 결정 사항이 원인일 때나 네트워킹, 데이터베이스, 스토리지 또는 다른 시스템의 예상치 못한 제한으로 인한 성능 문제는 해결하기가 쉽지 않다.

우리 목표는 배포 파이프라인 일부로 전체 애플리케이션 스택(코드, 데이터베이스, 스토리지, 네트워크, 가상화 등)의 전체 성능을 검증하는 자동화된 성능 테스트를 작성하고 실행하는 것이다. 이를 통해 문제 수정 비용이 저렴하고, 빨리 수정할 수 있는 초기에 문제를 감지하는 것이다.

프로덕션과 유사한 부하 상태에서 애플리케이션과 환경이 어떻게 동작하는지 이해하고 나면 다음과 같은 조건을 감지할 수 있을 뿐 아니라, 용량을 계획하는 데 있어 더 나은 작업을 수행할 수 있다.

- 데이터베이스 쿼리 시간이 비선형적으로 증가하는 경우(예: 데이터베이스 인덱싱을 사용하게 설정하는 것을 잊어버려 페이지 부하가 100분에서 30초 사이일 때)
- 코드의 변경이 데이터베이스 호출 횟수나 스토리지 사용, 네트워크 트래픽의 사용을 10배로 늘리는 경우

인수 테스트를 병렬로 실행할 수 있다면 이를 성능 테스트의 기반으로 사용할 수 있다. 예를 들어 전자 상거래 사이트를 운영하며 '검색'과 '결제'를 부하가 높은 상황에서도 잘 수행돼야 하는 가치 높은 두 가지 동작으로 정의했다고 가정하자. 이를 테스트하기 위해 동시에 실행되는 결제 테스트와 검색에 대한 인수 테스트를 각각 수천 개씩 실행할 수 있다.

성능 테스트를 실행할 때는 많은 계산량과 I/O가 필요하므로 성능 테스

팅 환경의 생성이 애플리케이션에 대한 프로덕션 환경의 생성보다 복잡할 수 있다. 따라서 프로젝트를 시작할 때 성능 테스팅 환경을 구축해야 한다. 그리고 테스팅 환경을 빠르고 올바르게 구축하는 데 필요한 전담 자원을 할당해야 한다. 성능 문제를 초기에 발견하려면 성능 결과를 로그로 만들어야 하며, 이전 결과와 비교해 각각의 성능을 평가해야 한다. 예를 들어 성능이 이전 실행 때보다 2% 이상 벗어난다면 성능 테스트는 실패다.

비기능 요구 사항에 대한 테스팅을 테스트 스위트와 통합하라

코드가 설계대로 동작하는지, 프로덕션 환경과 유사한 부하 상태에서 수행되는지 테스팅할 뿐 아니라 우리가 관심을 두는 시스템의 다른 모든 속성도 검증해야 한다. 이런 속성은 가용성^{Availability}, 확장성^{Scalability}, 수용량^{Capacity}, 보안^{Security} 등을 포함하는 비기능 요구 사항으로 불린다.

비기능 요구 사항은 대부분 적절한 환경 구성을 통해 만족시킬 수 있다. 따라서 환경이 적절하게 구성되고 구축됐는지 검증하기 위한 자동화 테스트도 만들어야 한다. 예를 들어 많은 비기능 요구 사항(예: 보안, 성능, 가용성)이 의존하고 있는 다음과 같은 사항에 대한 일관성과 정확성을 강화해야 한다.

- 애플리케이션, 데이터베이스, 라이브러리 등의 지원
- 언어 번역기, 컴파일러 등
- 운영 체계(활성화된 감사 로깅 등)
- 모든 의존성

인프라스트럭처에서 코드 구성 관리 도구(Puppet, Chef, Ansible, Salt, Bosh)를 사용한다면 환경이 올바르게 구성되고 동작하는지를 테스트할 때, 코드 테스트에 사용하는 동일한 테스팅 프레임워크를 사용할 수 있다(환경 테스트를 cucumber나 gherkin 테스트로 인코딩). 또한 배포 파이프라인에서 애플리케이션에 대해 분석 도구를 실행하는 방법(예: 정적 코드 분석, 테스트 커버리지 분석처럼)과 유사하게 환경을 구성하는 코드를 분석하는 도구(예: Chef의 Foodcritic, Puppet의 puppet-lint)를 실행할 수 있다. 우리는 모든 사항(서버 사양 등)이 안전하고 올바르게 구성됐는지 보장하기 위해 자동화 테스트 일부로 모든 보안 강화 검사도 실행해야 한다.

어느 시점에나 자동화 테스트를 통해 우리가 그린 빌드 상태에 있고 배포 가능한 상태에 있는지를 검증할 수 있다. 누군가 배포 파이프라인을 망가뜨린다면 그린 빌드 상태로 되돌리는 데 필요한 모든 조치를 할 수 있도록 안돈 코드를 생성해야 한다.

배포 파이프라인이 망가지면 안돈 코드를 당겨라

배포 파이프라인이 그린 빌드 상태에 있을 때 변경 사항을 프로덕션으로 배포하면 코드와 환경이 우리 의도대로 동작할 가능성이 커진다.

우리는 배포 파이프라인을 그린 상태로 유지하기 위해 토요타 프로덕션 시스템의 물리적인 안돈 코드와 유사한 가상의 안돈 코드를 생성할 것이다. 누군가 빌드나 자동 테스트의 실패 원인이 되는 변경 사항을 적용하면 해당 문제가 해결될 때까지 시스템에 새로운 작업이 들어오는 것을 허용하지 않는다. 그리고 누군가 문제를 해결하기 위한 도움이 필요하다면 10장의 시작 부분에 있는 구글 예제처럼 필요한 도움을 요청할 수 있다.

배포 파이프라인이 깨지면 최소한 전체 팀에 실패가 통보된다. 이로써 누군가 문제를 수정하거나 커밋을 롤백할 수 있다. 배포 파이프라인의 첫 번째 단계(예: 빌드 및 단위 테스트)가 녹색 상태로 돌아갈 때까지 버전 관리 시스템에 더는 코드 커밋을 하지 못하게 설정할 수도 있다. 문제의 원인이 자동화 테스트가 생성한 오탐지 때문이라면 문제가 되는 테스트를 다시 작성하거나 제거해야 한다.* 모든 팀원은 녹색 상태로 되돌아가기 위해 커밋

---

* 코드를 롤백하는 프로세스가 잘 알려지지 않았다면 잠재적 대응책으로 문서화가 잘 될 수 있게 페어 프로그래밍된 롤백에 대한 일정을 잡을 수 있다.

을 롤백할 수 있는 권한을 부여받아야 한다.

Google App Engine의 엔지니어링 감독관이었던 랜디 샤우프는 배포를 녹색 상태로 되돌리는 것이 중요한 이유를 다음과 같이 설명한다.

우리는 개인의 목표보다 팀의 목표를 우선시한다. 우리가 누군가의 작업이 진행되게 돕는다면 전체 팀을 도울 수 있다. 이것은 우리가 빌드나 자동화 테스트의 수정을 돕는지, 누군가를 위해 코드 리뷰를 수행하고 있는지에 상관없이 적용된다. 우리가 누군가의 도움이 필요할 때 그들도 똑같이 하리라는 것을 알고 있다. 이 시스템은 어떤 형식이나 정책 없이 효과를 봤다. 모두 우리 작업이 단지 '코드를 작성하는 것'이 아닌, '서비스를 제공하는 것'이라는 사실을 알고 있다. 이것이 우리가 모든 품질 문제, 특히 신뢰성 및 확장과 관련된 문제를 가장 높은 수준의 우선순위 0인 '쇼 스토퍼Show-stopper' 문제로 우선시하는 이유다. 시스템 관점에서 이런 프랙티스는 실패를 방지하는 역할을 한다.[25]

인수 테스트나 성능 테스트와 같은 배포 파이프라인의 후반에서 실패한다면, 새로운 작업을 모두 중지하는 대신 문제 해결을 위해 담당 개발자와 테스터를 바로 만나게 해야 한다. 이들은 배포 파이프라인의 앞 단계에서 미래의 회귀 문제를 발견하기 위해 수행돼야 하는 새로운 테스트를 만들어야 한다. 예를 들어 인수 테스트에서 결함이 발견된다면 해당 문제를 발견하기 위한 단위 테스트를 작성해야 한다. 또한 탐색적 테스팅에서 결함이 발견되면 단위 테스트나 인수 테스트를 작성해야 한다.

자동화 테스트 실패에 대한 가시성을 높이려면 눈에 잘 띄는 지시자를 만들어 전체 팀이 빌드와 자동화 테스트가 실패하는 것을 확인하도록 해야 한다. 많은 팀이 현재 빌드 상태를 표시하거나 재미있는 방법으로 빌드가 깨진 것을 알려주기 위해 벽에 장착돼 있는 빌드 라이트를 만들었다. 많은 팀은 빌드 상태를 알리는 데 라바 램프, 음성 샘플이나 노래 연주, 클랙슨, 신호 등을 이용한다.

이 단계는 여러 측면에서 빌드나 테스트 서버 구축보다 문제가 더 많다. 빌드나 테스트 서버 구축은 순수 기술 업무이지만, 이 단계는 인간의 행동과 인센티브의 변화가 필요하다. 지속적인 통합과 지속적인 전달은 이런 변화를 요구한다. 이에 관한 내용은 다음 절에서 알아본다.

왜 안돈 코드를 당겨야 하는가?

안돈 코드를 당기지 않고 배포 파이프라인 문제를 바로 수정하지 않으면 애플리케이션과 환경을 배포 가능 상태로 되돌리는 것이 점점 더 어려워진다. 다음과 같은 사항을 고려해보자.

- 빌드나 자동화 테스트를 망치는 누군가 체크인한 코드를 아무도 수정하지 않는다.
- 누군가 망가진 빌드에 또 다른 변경 사항을 체크인하고, 자동화 테스트를 통과하지 못한다. 그러나 새로운 결함을 확인할 수 있는 실패한 테스트 결과를 아무도 들여다보지 않고 기존 결함만 수정한다.
- 테스트가 안정적으로 실행되지 않아서 새로운 테스트를 만들 가능성이 거의 없다(현재의 테스트조차 실행할 수 없다).

이런 상황이 발생하면 자동화 테스트가 없거나 문제 대부분이 프로덕션 환경에서 발견되는 폭포수 방법론을 사용할 때처럼 어떠한 환경으로의 배포도 신뢰할 수 없게 된다. 거듭되는 악순환은 팀 전체를 위기로 내몬다. 팀은 모든 테스트를 통과시키려고 하며, 마감 기한의 압박을 이기지 못하고 편법을 선택한다. 그리고 기술 부채를 추가시키는 예상치 못한 '안정화 단계'에 몇 주 또는 몇 달을 보내다가 결국 (개발의) 시작 지점에서 끝나게 된다.*

---

* 조직이 유사 애자일 프랙티스를 사용한다고 주장할 때 언급되는 '폭포수 스크럼(Water-Scrum-fall)' 안티 패턴으로 불리기도 한다. 그러나 실제로 모든 테스팅 및 결함의 수정은 프로젝트 마지막에 수행된다.[26]

자동화 테스팅의 중요성은 데이터로도 증명된다. DORA의 「2019 데브옵스 현황 보고서」에 따르면 자동화 테스팅을 사용하는 팀들이 뛰어난 지속적인 통합을 달성했다. 자동화 테스팅에 관한 현명한 투자는 지속적인 통합을 개선한다. 보고서는 '자동화된 테스트 케이스는 조직의 여러 팀 사이에서 사용될 때 그 힘을 배가시키는 요소'이며 뛰어난 성능에 기여할 수 있음을 보고한다.[27]

자동화 테스팅의 핵심 컴포넌트는 다음과 같은 테스트 케이스를 포함한다.

- **신뢰할 수 있는**(Reliable): 실패 신호는 실제 결함이다. 테스트 케이스가 성공하면 개발자들은 코드가 프로덕션에서도 성공적으로 실행될 것임을 확신한다.
- **일관성 있는**(Consistent): 모든 코드 커밋은 일련의 테스트 케이스를 실행시키며 이는 개발자들에게 피드백을 제공한다.
- **빠르고 재현할 수 있는**(Fast and Reproducible): 테스트 케이스는 10분 이내 완료되고, 개발자들은 개인 개발 환경에서 신속하게 실패를 재현하고 수정할 수 있다.
- **포괄적인**(Inclusive): 테스팅은 테스터만을 위한 것이 아니어야 한다. 최고의 결과물은 개발자들이 테스트 주도 개발을 실행할 때 얻을 수 있다.

탐색적 테스팅과 수동 테스팅의 중요성 또한 연구 결과가 뒷받침한다. DORA의 「2018 데브옵스 현황 보고서」에 따르면 소프트웨어 전달 수명 주기 전체에 걸친 테스팅이 지속적인 전달 결과물과 최고의 성과에 기여한다. 여기에는 자동화 테스팅 외에 다음 내용이 포함된다.[28]

- 결함을 더 잘 찾아내고 복잡도와 비용을 통제 가능한 범위 안에 유지할 수 있게 테스트 스위트를 지속적으로 리뷰하고 개선한다.
- 소프트웨어 개발 및 전달 프로세스 전체에 걸쳐 테스터와 개발자가 협업하게 한다.
- 탐색적 테스팅, 사용성 테스팅(Usability Testing), 인수 테스팅과 같은 수동 테스팅 액티비티를 전달 프로세스 전반에 걸쳐 수행한다.

결론

10장에서는 빌드가 테스트를 통과하고 배포 가능한 그린 빌드 상태에 있음을 확인하기 위한 포괄적 자동화 테스트 세트를 만들었다. 그리고 테스트 스위트와 테스트 활동을 배포 파이프라인으로 조직화했다. 누군가 자동화 테스트를 망가뜨리는 변경 사항을 도입했을 때 그린 빌드 상태로 되돌리는 데 필요한 모든 사항을 수행하는 문화적 규범도 만들었다.

이를 통해 많은 소규모 팀이 독립적이고 안전하게 개발과 테스트를 수행하고 프로덕션 환경으로 코드를 배포하며 고객에게 가치를 전달하게 지속적인 통합을 구현하는 단계를 만들었다.

11

지속적인 통합을 활성화하고 연습하라

10장에서는 개발자가 작업에 대한 피드백을 신속하게 얻을 수 있도록 자동화 테스트 프랙티스를 만들었다. 자동화 테스트 프랙티스는 개발자 수가 증가하고, 버전 관리 시스템에서 개발자들이 작업하는 브랜치 수가 늘어날수록 더 중요하다.

버전 관리 시스템의 '브랜치Branch' 기능은 트렁크Trunk(마스터Master나 메인라인Mainline으로 불리기도 한다)를 불안정하게 만들거나 오류를 도입하는 개발자의 변경 사항을 위험 없이 체크인할 수 있게 하며, 여러 개발자가 소프트웨어 시스템의 서로 다른 부분에 동시 작업할 수 있게 한다.*

그러나 개발자가 자신의 브랜치에서 독립적으로 작업하는 기간이 길어질수록 모든 사람의 변경 사항을 트렁크로 통합하고 병합하기가 어려워진다. 실제로 이런 변경 사항의 통합은 브랜치 수와 각 코드 브랜치에서의 변경 사항이 증가할수록 급격히 어려워진다.

통합 문제를 배포 가능한 상태로 되돌리려면 자동화 테스트나 수동 테스트를 망치는 문제의 원인이 되는 변경 사항에 대한 수동 및 자동 병합을 포함해 상당한 양의 재작업이 필요하다. 일반적으로 이런 작업은 문제를 여러 개발자가 함께 성공적으로 해결해야 한다. 전통적으로 (소스의) 통합

---

* 버전 관리에서 분기는 다양한 방법으로 사용된다. 일반적으로는 분기를 출시, 단계 승격, 태스크, 컴포넌트, 기술 플랫폼 등으로 팀원 간 작업을 나누는 데 사용한다.

은 프로젝트 마지막에 이뤄졌기 때문에 통합이 계획보다 오래 걸릴 때는 출시 일정을 맞추려고 통합 절차를 무시하기도 했다.

이것은 또 다른 악순환을 낳는다. 우리는 코드 병합이 힘들 때 병합 작업을 소홀히 하는 경향이 있다. 이것은 미래의 병합 작업을 더 악화한다. 지속적인 통합은 이런 문제의 해결을 위해 트렁크로의 병합 작업을 모든 사람의 일상 업무 일부분으로 설계됐다.

HP 레이저젯 펌웨어(2014)

지속적인 통합이 해결할 수 있는 문제의 범위는 HP 레이저젯 펌웨어 부문의 엔지니어링 디렉터인 개리 그루버의 경험에서 살펴볼 수 있다. HP 레이저젯 펌웨어 부문은 솔루션 자체는 물론 모든 스캐너, 프린터, 다기능 장치에서 실행되는 펌웨어를 빌드했다.[1]

HP 레이저젯 펌웨어 팀은 미국, 브라질, 인도에 있는 400명의 개발자로 구성됐다. 팀 규모가 컸기 때문에 움직임이 느렸다. 수년 동안 펌웨어 팀은 사업에 필요한 새로운 기능을 필요한 만큼 빠르게 전달하지 못했다.

이 문제에 대해 그루버는 "마케팅 팀은 우리에게 고객을 현혹하는 100만 가지의 아이디어를 알려준다. 그러면 우리는 마케팅 팀에 목록에 적힌 내용 중 6개월에서 12개월 안에 얻고 싶은 기능을 두 가지만 선택하라고 말한다"라고 설명했다.[2]

펌웨어 팀은 1년에 단 2개의 펌웨어만 출시했으며, 대부분 시간을 새로운 제품을 지원하기 위한 코드 이식에 투자했다. 그루버는 펌웨어 팀의 업무 시간 중 5%만 새로운 기능을 만드는 데 사용한다고 추산했다. 나머지 시간은 여러 개의 코드 브랜치 병합과 수동 테스팅 등 기술 부채와 관련된 (다음과 같은) 비생산적인 작업에 사용됐다.[3]

- 상세한 계획 수립에 20%의 시간이 사용됐다(팀의 낮은 처리량과 높은 리드 타임은 잘못된 추정으로 인한 오류가 있는 결과로 보였다. 따라서 더 나은 해답을 얻기 위해 작업을 매우 자세하게 추정하도록 요청받았다).
- 별도의 코드 브랜치에서 관리되는 모든 코드의 이식에 25%의 시간이 사용됐다.
- 개발자 브랜치 사이의 코드 통합에 10%의 시간이 사용됐다.
- 수동 테스팅 완료에 15%의 시간이 사용됐다.

그루버와 그의 팀은 새로운 기능에 투자하는 시간을 10배 늘리기로 목표를 세웠다. 이를 이루기 위해 다음과 같은 실천 사항을 정했다.[4]

- 지속적인 통합과 트렁크 기반 개발
- 테스트 자동화에 대한 막대한 투자
- 가상 플랫폼에서 테스트를 실행하기 위한 하드웨어 시뮬레이터 생성
- 개발자 워크스테이션에서 실패한 테스트 재현
- 모든 프린터에 대한 일반 빌드와 출시의 실행을 지원하기 위한 새로운 아키텍처

이전의 제품 라인은 컴파일 시 정의되는 기능을 갖고, 고유한 펌웨어 빌드를 하는 모델에 따른 새로운 코드 브랜치가 필요했다.* 새로운 아키텍처는 모든 개발자가 트렁크에 내장된 모든 레이저젯 모델을 지원하는 단일 펌웨어를 출시하는 공통 코드베이스에서 작업하고 프린터의 기능은 실행 시 XML 구성 파일에서 설정된다.

4년 후 팀은 개발 중인 24개의 HP 레이저젯 제품 라인을 모두 지원하는 하나의 코드베이스를 트렁크에 갖게 됐다. 그루버는 트렁크 기반 개발에 사고방식의 전환이 필요하다는 사실을 인정했다.[6] 엔지니어들은 트렁크 기

---

* 컴파일 플래그(#define과 #ifdef)는 복사 기능의 존재, 지원되는 용지 크기 등에 대한 코드 실행의 활성 및 비활성화를 위해 사용됐다.[5]

반 개발이 동작하지 않을 것이라고 예상했지만, 한번 시작하면 다시는 이전으로 되돌릴 수 없다고 생각했다. 수년 동안 여러 명의 엔지니어가 HP를 떠났다. 이들은 그루버에게 지적인 통합이 제공하는 피드백이 없을 때 효율적인 코드를 출시하는 것이 얼마나 어려운 일인지 지적하며 그들의 새로운 회사의 개발 방법이 얼마나 낙후돼 있는지 알려달라고 요청했다.[7]

그러나 트렁크 기반 개발에는 더 효과적인 자동화 테스트가 필요했다. 그루버는 '지속적인 통합에 자동화 테스트가 없다면 절대 컴파일되지 않거나 올바르게 실행되지 않는 큰 쓰레기 더미를 떠안는 것과 같다'라는 사실을 깨달았다.[8] 처음에 완전한 수동 테스트를 한 번 실행하는 데 6주가 필요했다.

팀은 모든 펌웨어를 자동으로 테스트하기 위해 프린터 시뮬레이터에 많은 투자를 했고, 6주에 걸쳐 테스팅 팜Testing Farm을 만들었다. 몇 년 동안 배포 파이프라인에서 빌드된 펌웨어를 로드하는 2,000개의 프린터 시뮬레이터가 6개로 구성된 서버 랙에서 실행됐다. 10장에서 설명한 것처럼 팀은 지속적인 통합CI 시스템을 통해 트렁크에서 나온 빌드에 대해 자동화된 단위 테스트, 인수 테스트, 통합 테스트를 실행했다. 또한 시스템을 이전의 정상 상태로 빨리 복원하기 위해 배포 파이프라인이 망가질 때마다 개발자가 모든 작업을 중단하는 문화를 만들었다.[9]

자동화 테스트는 개발자가 커밋한 코드가 실제로 동작하는지 신속하게 확인할 수 있게 빠른 피드백을 생성한다. 단위 테스트는 몇 분 안에 개발자의 워크스테이션에서 수행되며 자동화 테스트 3단계는 2시간 또는 4시간마다 모든 커밋에 대해 실행된다. 최종의 완전한 회귀 테스트는 24시간마다 실행된다. 이 과정을 통해 개발자는 다음 사항을 달성할 수 있다.[10]

- 매일 한 번 수행하는 빌드 시간을 단축한다. 그러면 하루에 10번에서 15번의 빌드를 할 수 있다.
- '빌드 보스Build Boss'가 수행하는 하루당 20개가량의 커밋은 각 개발자가 수행하는 하루당 100개 이상의 커밋으로 바뀐다.

- 매일 7.5만~10만 라인의 코드를 개발자가 변경하거나 추가할 수 있다.
- 리그레션 테스트 시간이 6주에서 1일로 감소한다.

일부 전문가만 빌드 환경을 구축해 빌드를 수행할 수 있다면 이런 수준의 생산성은 지속적인 통합을 적용하기 전에는 지원할 수 없다. 지속적인 통합의 결과는 놀라웠다.[11]

- 개발자가 혁신을 주도하고 새로운 기능을 작성하는 시간을 5%에서 40%로 증가시켰다.
- 전반적인 개발 비용이 약 40% 감소했다.
- 개발 중인 프로그램은 약 140% 증가했다.
- 프로그램당 개발 비용은 약 78% 감소했다.

그루버의 경험에 따르면 버전 관리 시스템을 포괄적으로 사용한 후 지속적인 통합은 빠른 작업 흐름을 가능하게 만든다. 지속적인 통합은 많은 개발 팀이 독립적인 개발과 테스트를 수행하게 하고, 가치 전달을 가능하게 만드는 가장 중요한 프랙티스다. 그러나 통합은 여전히 논란의 여지가 있다.

11장의 나머지 부분에서는 지속적인 통합을 구현하는 데 필요한 프랙티스와 일반적인 문제를 극복하는 방법을 설명한다.

소규모 배치 개발과 트렁크에 코드를 드물게 커밋할 때 발생하는 일

10장에서 설명했듯이 배포 파이프라인의 실패 원인이 되는 변경 사항은 버전 관리 시스템에 도입될 때마다 문제를 수정하기 위해 빠르게 스워밍해서 배포 파이프라인을 그린 상태로 되돌려 놓는다.

그러나 정작 심각한 문제는 개발자가 긴 수명을 갖는 개인 브랜치(기능 브랜치로도 알려져 있다)에서 작업하고 트렁크로 산발적으로 병합할 때 발생한다. 결과적으로 커다란 배치 작업을 위한 변경 사항이 발생한다. HP 레이저젯 사례에서 설명한 것처럼 코드를 출시 가능한 상태로 만들려면 큰 노력과 재작업이 필요하다.

스택 오버플로Stack Overflow 사이트의 설립자이자 블로그 '코딩 호러Coding Horror'의 운영자인 제프 엣우드Jeff Atwood는 브랜치 전략은 다양하지만 대부분 브랜치 전략이 다음의 범위를 따르고 있다고 말한다.[12]

- **개인 생산성 최적화**Optimize for Individual Productivity: 프로젝트의 모든 사람은 자신만의 전용 브랜치에서 작업한다. 모든 사람이 독립적으로 작업하고, 작업을 방해하는 사람은 아무도 없다. 이 때문에 병합과 협력이 매우 어려워진다. 완전한 시스템의 가장 작은 부분조차 다른 이들과 협업하기가 어렵다.
- **팀 생산성 최적화**Optimize for team Productivity: 모든 사람이 같은 영역에서 작업한다. (개별) 브랜치는 없으며 개발 기간에 공통된 하나의 브랜치만 사용한다. 커밋은 간단하므로 이해할 것이 없다. 그러나 각 커밋은 전체 프로젝트를 망가뜨리고 모든 진행 사항을 멈추게 할 수 있다.

엣우드의 관찰은 정확하게 맞다. 조금 더 명확히 설명하면 브랜치 수가 늘어날수록 브랜치를 성공적으로 병합하기가 어려워진다. 문제는 이런 '병합 지옥Merge Hell' 때문에 재작업을 해야 할 뿐 아니라 배포 파이프라인에서 피드백도 지연된다는 점이다. 예를 들어 완전하게 통합된 시스템의 성능을 계속 테스트하는 대신 프로세스의 마지막에서만 수행할 가능성이 있다.

또한 더 많은 개발자를 추가할수록 새로운 코드가 생성되는 비율 또한 증가하므로 임의의 변경 사항이 누군가에게 영향을 미칠 확률도 높아진다. 누군가 배포 파이프라인을 깨뜨리면 영향받는 개발자 수도 증가한다.

여기에 대규모 크기의 병합 작업에 대한 한 가지 괴로운 부작용이 있다. 병합이 어려울 때 리팩토링은 모든 사람에게 재작업을 유발할 가능성이 크다. 그래서 코드 개선 및 리팩토링에 대한 동기가 적어진다. 이런 일이 발생하면 결국 코드베이스의 도처에 있는 의존성을 갖는 코드의 수정을 꺼리게 되며, 이로 인해 (비극적으로) 가장 높은 비용을 지급해야 한다.

이는 위키Wiki의 초기 개발자인 워드 커닝햄이 기술 부채에 관해 설명한 방법이다. 코드베이스를 적극적으로 리팩토링하지 않으면 시간이 지남에 따라 코드의 변경 및 유지 보수가 점점 어려워지고 새로운 기능을 추가하는 속도가 느려진다.[13]

이 문제를 해결하는 것은 지속적인 통합 및 트렁크 기반 개발 프랙티스를 수립하는 주요 이유 중 하나였다. 또 개별 생산성보다 팀 생산성을 최적화하기 위한 것이었다. 다음 절에서 트렁크 기반 개발 프랙티스를 도입하는 방법을 더 자세히 살펴본다.

트렁크 기반 개발 프랙티스를 적용하라

대규모 배치 크기로 인한 병합에 문제가 발생하므로 해당 문제를 해결하기 위한 프랙티스로 지속적인 통합과 트렁크 기반 개발Trunk-based Development을 적용해야 한다. 이 같은 빈도로 코드를 검사하면 배치 작업의 크기가 전체 개발자 팀에서 하루 동안 수행하는 작업의 크기로 감소한다. 개발자가 트렁크에서 코드를 더 자주 체크인하면 배치 작업의 크기는 더 작아지고 단일 조각 흐름의 이론적인 이상에 더 가까워진다.

트렁크에 대한 더 잦은 커밋은 전체적으로 소프트웨어 시스템에 대한 모든 자동화 테스트를 실행할 수 있다는 것을 의미하며, 변경 사항이 애플리케이션의 다른 부분을 망가뜨리거나 다른 개발자의 작업을 방해하면 경고를 받을 수 있다. 또한 병합 문제가 작을 때도 발견할 수 있으므로 문제를 더 빠르게 수정할 수 있다.

배포 가능한 상태를 벗어나게 만드는 모든 커밋(예: 코드나 환경에 대한 변경 사항)을 거부하도록 배포 파이프라인을 설정할 수도 있다. 먼저, 배포 파이프라인에서 제출된 변경 사항이 성공적으로 병합됐는지 확인하고, 예상대로 빌드되는지, 실제로 트렁크에 병합되기 전에 모든 자동화 테스트를 통과했는지 확인한다. 이와 같은 방법을 **제한된 커밋**^{Gated Commits}이라고 한다. 문제가 있다면 개발자에게 통보되며 가치 흐름 내 다른 사람들에게 영향을 미치지 않고 수정할 수 있다.

일일 코드 커밋에 대한 훈련은 트렁크를 작업 및 출시 가능한 상태로 유지하면서 작업을 더 작은 덩어리로 분할하게 강제화한다. 버전 관리는 여러 팀이 의사소통하는 방법의 필수 메커니즘이다. 모든 사람이 시스템을 더 잘 이해할 수 있고 배포 파이프라인의 상태를 잘 인식할 수 있다. 그러면 배포 파이프라인이 망가졌을 때도 서로를 도울 수 있다. 그 결과 더 높은 품질과 더 빠른 배포 리드 타임을 성취할 수 있다.

이런 프랙티스가 제자리를 찾으면 '완료'의 정의를 다시 수정할 수 있다. "우리는 각 개발 기간의 마지막에 통합되고, 테스트되고, 동작하고, 잠재적으로 출시 가능하고, 유사 프로덕션 환경에서 시연된 **한 번의 클릭으로 트렁크에서 생성되고, 자동화된 테스트로 검증된 코드를 가져야 한다.**"

개정된 완료의 정의를 준수하면 생성되는 코드에 대한 테스트 용이성과 코드 배포 가능성을 더 효과적으로 보장할 수 있다. 코드를 배포 가능한 상태로 유지하면 프로젝트의 마지막에 별도 테스트와 안정화 단계를 갖는 관례를 제거할 수 있다.

사례 연구

바자보이스, 지속적인 통합(2012)

내셔널 인스트루먼트에서 엔지니어의 데브옵스 트랜스포메이션을 도운 어니스트 뮐러^{Ernest Mueller}는 2012년 바자보이스^{Bazaarvoice}에서 개발 및 출시 프로세스의 전환을 도왔다.[14] 바자보이스는 베스트 바이^{Best Buy}사와 월마트 같은 수천 개의 소매상을 대상으로 고객이 생성한 콘텐츠(예: 리뷰나 평점)를 제공한다.

당시 바자보이스는 1억 2,000만 달러의 수익을 올리고 IPO를 준비하고 있었다.* 비즈니스는 주로 2006년까지 약 500만 라인의 코드와 1만 5,000개의 파일로 구성된 모놀리식 자바 애플리케이션인 바자보이스 컨버세이션Bazaarvoice Conversations에 의해 구동되고 있었다. 해당 서비스는 4개의 데이터센터와 클라우드 서비스 공급 업체를 통한 1,200개의 서버에서 실행되고 있었다.[15]

팀은 부분적으로 애자일 개발 프로세스 및 2주의 개발 간격으로 전환한 결과로 기존 10주의 프로덕션 출시 일정보다 출시 빈도를 높이려고 했다. 이에 모놀리식 애플리케이션을 마이크로서비스로 분할하기 시작했다.

2012년 1월에 2주 간격 출시에 대한 첫 번째 시도가 있었다. 뮐러는 "그 일정은 별로 효과를 보지 못했다. 고객이 제기한 44개의 제품 사고와 함께 엄청난 혼란을 발생시켰다. 경영진은 이제 다시는 이런 일을 하지 않겠다고 반응했다"라고 부연했다.[16]

뮐러는 곧바로 출시 프로세스를 바꿔 고객의 다운타임을 초래하지 않고 격주로 출시하게 조치했다. 출시 빈도를 높이려는 비즈니스 목표는 A/B 테스팅(이와 관련해서는 나중에 설명한다)을 더 빠르게 만들고 프로덕션 환경으로 기능의 흐름을 증가시킨다. 뮐러는 다음과 같은 세 가지 핵심 문제점을 정의했다.[17]

- 테스트 자동화가 부족해 대규모 실패를 방지하기 위해 2주 동안 모든 수준의 테스트를 하기에는 불충분하다.
- 버전 관리 시스템의 분기 전략은 개발자들이 프로덕션 출시 브랜치에 새로운 코드를 바로 체크인할 수 있게 한다.
- 마이크로서비스를 실행하는 팀은 독립적인 출시를 수행하고 있다. 이것은 모놀리식 출시 동안 문제를 일으키기도 했다. 그 반대일 때도 있었다.

---

* 이들의 (성공적인) IPO로 인해 프로덕션 출시가 지연됐다.

밀러는 모놀리식 컨버세이션 애플리케이션 배포 프로세스를 안정화해야 하며 지속적인 통합이 필요하다고 결론을 내렸다. 그에 따라 개발자들은 6주 동안 기능 개발을 중단하고, JUnit을 사용한 단위 테스트, 셀레니엄Selenium을 사용한 회귀 테스트, 팀시티TeamCity를 사용한 배포 파이프라인의 실행을 포함하는 자동화 테스팅 스위트 작성에 집중했다. 밀러는 "이런 테스트를 항상 실행함으로써 일정 수준의 안정성을 갖춘 상태에서 변경할 수 있었다. 누군가 잘못하면 프로덕션 환경에 적용한 이후에 발견하는 것과 달리 잘못된 점을 바로 발견할 수 있었다"라고 말했다.[18]

또한 2주마다 새로운 전용 출시 브랜치를 생성하는 트렁크 및 브랜치 출시모델도 변경했다. 이 모델은 긴급한 상황이 아니면 브랜치에 새로운 커밋을 허용하지 않았다. 모든 변경 사항은 내부 위키를 통해 티켓 단위나 팀 단위로 사인 오프 프로세스를 거쳐 처리됐다. 이것이 QA 프로세스를 통과하면 프로덕션 브랜치로 승격된다. 출시에 대한 예측 가능성과 품질 개선은 놀라울 정도였다.[19]

- 2012년 1월 출시: 고객 사고 44건(지속적인 통합에 대한 노력 시작)
- 2012년 3월 6일 출시: 5일 늦음, 고객 사고 5건
- 2012년 3월 22일 출시: 적시 출시, 1건의 고객 사고
- 2012년 4월 5일 출시: 적시 출시, 고객 사고 없음

밀러는 이런 노력이 얼마나 성공적이었는지 더 자세하게 설명했다.

우리는 2주 간격의 출시와 함께 이런 성공을 거뒀으며, 출시 때마다 엔지니어링 팀의 변경 작업이 필요하지 않게 됐다. 출시가 매우 일상적인 일이 됐으므로 달력에서 출시 횟수를 2배로 늘리는 것도 간단해서 달력에서 알려주는 대로 출시했다.

엄밀히 따지면 출시는 중요한 행사가 아니었다. 새로운 기능 변

경 사항을 고객에게 알리는 변경 사항의 대다수는 주간 단위의 고객 이메일 일정 변경처럼 프로세스를 변경해야 하는 고객 서비스 팀과 마케팅 팀에 있었다. 그 후 우리는 새로운 목표를 향해 작업하기 시작했다.

결국, 새 목표를 세워 세 시간 이상의 테스트 시간을 한 시간 이하로 단축했다. 또 작업 환경 수를 4개에서 3개로 줄였다(개발, 테스트, 프로덕션. 스테이징 단계는 제거). 그리고 빠른 원 클릭 배포를 가능케 하는 완전하고 지속적인 통합 모델로 전환하게 했다.[20]

이 사례 연구는 세 가지 핵심 문제를 체계적으로 식별하고 해결함으로써, 자동화 테스팅을 위한 작업인 기능 동결(Feature Freeze) 그리고 트렁크 기반 개발을 활용해 배치 사이즈를 줄이고 출시 사이클을 가속화하는 프랙티스의 강력함을 보여준다.

지속적인 통합은 팀이 쉽고 빠르게 피드백을 얻게 도와주며, 지속적인 전달과 뛰어난 성능에 기여한다. 많은 연구 결과가 이 역량의 중요성을 보여준다. 2014-2019 「데브옵스 현황 보고서」의 연구 데이터는 11장에서 공유한 여러 사례를 뒷받침한다.

이 책에서 논의한 트렁크 기반 개발은 논쟁의 여지가 가장 프랙티스다. 그렇지만 DORA의 2016-2017 「데브옵스 현황 보고서」의 데이터는 이것의 유용성을 명확하게 알려준다. 트렁크 기반 개발은 다음 프랙티스를 따르면 더 높은 처리량, 더 나은 안정성, 더 나은 가용성을 예상할 수 있다.[21]

- 애플리케이션의 코드 저장소 안에 활성화된 브랜치는 3개 이하로 유지하라.
- 하루에 한 번 이상 브랜치를 트렁크에 병합하라.
- 코드 동결이나 통합 단계를 갖지 말라.

지속적인 통합과 트렁크 기반 개발은 소프트웨어를 전달하는 능력 이상의 것을 제공한다. DORA의 연구 결과에 따르면 더 높은 작업 만족도와 낮은 비율의 번 아웃에 기여한다.[22]

결론

11장에서는 '완료'된 코드를 자주 신속하게 전달할 수 있게 도와주는 자동화 역량과 행동 프랙티스에 관해 살펴봤다. 우리는 트렁크에서 개발하고 적어도 하루에 한 번 이상 코드를 체크인하는 문화적 규범을 만들었다. 이 프랙티스와 규범을 통해 우리는 많은 개발자의 코드를 받아들일 수 있을 만큼 확장할 수 있었다. 우리는 고통스러운 코드 동결이나 통합 단계 없이도 언제든 자유롭게 코드를 전달할 수 있을 것이다.

개발자 설득이 처음에는 어려울 수 있다. 그러나 개발자들이 특별한 장점들을 인식하고 나면 HP 레이저젯이나 바자보이스 예시에서 설명한 것처럼 일생일대의 전환을 할 가능성이 있다. 지속적인 통합 프랙티스는 배포 프로세스를 자동화하고 낮은 위험의 출시를 가능하게 만드는 다음 단계를 위한 기초가 된다.

12

리스크가 낮은 출시를 자동화하고 활성화하라

척 로시Chuck Rossi는 페이스북의 출시 엔지니어링Release Engineering 담당 이사다. 그의 업무 중 하나는 일일 단위의 코드 푸시 상황 감시다. 2012년 로시는 출시 팀의 프로세스를 다음과 같이 설명했다.

> 오후 1시 정도에 업무를 시작한다. 운영 모드Operation Mode로 전환하고 팀원들과 당일 Facebook.com으로 변경 사항을 내보낼 준비 작업을 한다. 가장 스트레스가 많은 작업이며 실제로 팀의 판단력과 과거 경험에 크게 의존하고 있다. 우리는 내보내야 하는 변경 사항에 책임을 느끼며 능동적인 테스트를 수행하고, 변경 사항에 대한 확실한 지원 작업을 한다.[1]

프로덕션 환경으로 코드를 푸시하기 직전에 외부로 내보낼 변경 사항이 있는 모든 개발자는 반드시 IRC 채팅 채널에 참석해 변경 사항을 체크인해야 한다. 채팅에 참석하지 않은 개발자의 변경 사항은 자동으로 배포 패키지에서 제거된다.[2] 이에 대해 로시는 "모든 진행 사항이 좋아 보이고, 테스트 대시보드와 카나리아 테스트*가 정상 상태면 커다란 빨간 버튼을 누르고 Facebook.com 전체 서버에 새로운 코드를 전달한다. 20분 안에 수백만 대의 머신에서 새로운 코드가 실행되고, 사용자에게 눈에 띄는 영향은

---

* 카나리아 출시 테스트(Canary Release Test)는 소규모 프로덕션 서버로 소프트웨어가 배포되는 때로 실제 고객 트래픽에 문제가 발생하지 않게 한다.

미치지 않는다"라고 설명했다.[3*]

그해 말, 로시는 일일 소프트웨어의 출시 빈도를 2배로 늘렸다.[4] 두 번째 코드 푸시는 미국 서부에 있지 않은 엔지니어[†]에게 '회사의 다른 엔지니어처럼 빠르게 (다음 버전으로 작업을) 이동하고 출시하는' 능력을 줬다고 설명했다. 또한 모든 사람에게 코드 출시 및 기능을 제공하는 두 번째 기회도 제공했다.[5]

코드를 푸시하는 주 단위 개발자 수

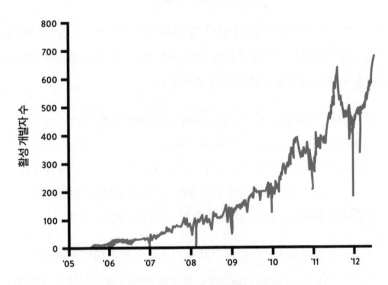

그림 12.1 페이스북의 주별 배포하는 개발자 수
(출처: Chuck Rossi, 'Ship early and ship twice as often')

익스트림 프로그래밍 방법론의 창시자이자 테스트 주도 개발의 주된 지지자 중 한 명인 페이스북의 기술 코치 켄트 벡은 페이스북 페이지에 게시한 기사에서 출시 팀의 코드 출시 전략을 추가로 설명했다.

---

* 페이스북 프론트엔드 코드베이스는 주로 PHP로 작성됐다. 2010년 사이트 성능을 높이기 위해 PHP 코드는 내부적으로 개발된 HipHop 컴파일에 의해 C++로 변환됐고, 그 후 1.5GB의 실행 파일로 컴파일됐다. 이 파일은 15분 안에 복사 작업이 완료되도록 비트토렌트(BitTorrent)를 이용해 프로덕션 서버로 복사됐다.

† 페이스북 본사가 있는 미국 서부(캘리포니아)와 다른 시간대에 있는 개발자를 의미한다. 미국 동부와 서부는 3시간의 시차가 있다. – 옮긴이

척 로시는 페이스북이 한 번의 배포에서 처리 가능한 변경 사항의 개수가 일정하다는 사실을 관찰했다. 더 많은 변경 사항을 처리하고 싶다면 더 많은 배포가 필요하다. 지난 5년 동안 더 많은 변경 사항을 처리하기 위해 배포 속도의 꾸준한 증가를 유도했다. PHP 코드는 매주 배포에서 일일 세 번의 배포로, 모바일 애플리케이션 배포는 6주에서 4주로, 이제는 2주 주기로 단축했다. 주로 출시 엔지니어링 팀이 이런 식의 개선을 주도했다.[6]

페이스북은 지속적인 통합의 사용과 코드 배포를 위험도가 낮은 프로세스로 만듦으로써 코드 배포를 모든 사람의 일상 업무로 만들고 개발자 생산성을 유지할 수 있었다. 코드 배포를 일상 업무로 만들려면 코드 배포가 자동화되고 반복 및 예측 가능해야 했다. 이 책에서 지금까지 설명한 프랙티스는 코드와 환경을 함께 테스트했다. 그러나 배포는 수동으로 실행돼 시간을 소모하는 데다 고통스럽고 지루하며 오류를 발생시키기 쉬운 작업이다. 게다가 개발과 운영 사이에 불편하면서도 신뢰할 수 없는 이관 작업을 포함하고 있어 프로덕션 환경으로 빈번하게 배포하지 못할 가능성이 크다.

이처럼 배포가 힘든 탓에 수행 빈도를 줄이게 되고, 이는 또 다른 자기 강화Self-Reinforcing 하향 곡선을 초래한다. 프로덕션 배포를 연기하면 배포해야 할 코드와 프로덕션에서 실행되는 코드 사이의 차이가 점차 누적되고 배포 작업의 크기가 커진다. 이렇게 되면 변경을 수정하기가 어려워질 뿐아니라 변경에 관련된 예상치 못한 문제도 발생할 가능성이 크다.

12장에서는 운영이나 개발이 배포를 더 빈번하고 쉽게 수행하게 함으로써 프로덕션 배포와 관련된 마찰을 감소시키는 방법을 설명한다. 배포 파이프라인을 확장하면 이와 같은 작업을 수행할 수 있다.

프로덕션 환경과 유사한 환경에 지속적으로 코드를 통합하는 대신 자동화 테스트와 검증 프로세스를 통과한 빌드에 요청(버튼을 누르는 행위)하거나 자동(모든 테스트를 통과한 빌드가 자동으로 배포된다)으로 프로덕션 환경으로의 프로모션을 활성화할 것이다.

12장에서는 다양한 프랙티스를 제시한다. 개념에 대한 이해를 돕기 위해 예제와 각주를 제공한다.

배포 프로세스를 자동화하라

페이스북과 같은 결과를 이루려면 코드를 프로덕션으로 배포하는 자동화된 메커니즘이 필요하다. 특히, 수년 동안 사용하던 배포 프로세스가 있다면 가치 흐름 매핑 예제와 같이 워크숍에서 점진적인 문서화(예: 위키)를 통해 수집할 수 있는 해당 배포 프로세스의 단계를 완전하게 문서화해야 한다.

프로세스를 문서화했다면 다음과 같은 수동 단계를 단순화하고 자동화해야 한다.

- 배포에 적합한 방법으로 코드 패키징
- 사전 구성된 가상 머신 이미지나 컨테이너 생성
- 배포 및 미들웨어 구성의 자동화
- 프로덕션 서버로 패키지와 파일 복사
- 서버, 애플리케이션 또는 서비스 재시작
- 템플릿에서 구성 파일 생성
- 시스템이 동작하고 올바르게 구성됐는지 확인하기 위한 자동화된 스모크 테스트Smoke Test 실행
- 테스팅 프로시저 실행
- 데이터베이스 마이그레이션 스크립트 작성과 자동화

기존 배포 프로세스를 새로운 프로세스로 바꾸려면 기존 배포 프로세스의 문서화(앞에서 언급)와 더불어 아키텍처 작업을 다시 해야 한다. 기존에 활용한 지식의 상실을 막기 위해 가능한 한 많은 기존 작업을 새로운 프로세스로 이관하는 동시에 프로세스의 실행 시간도 단축해야 한다.

작은 애플리케이션 구성을 변경하는 데 새로운 배포나 신규 환경이 필요하지 않듯, 개발자들이 배포 프로세스의 자동화와 최적화에 중점을 두면

배포 흐름을 크게 개선할 수 있다. 배포 프로세스의 자동화와 최적화는 운영이 소외되거나 같은 작업을 반복하는 것이 아니다. 우리가 함께 만드는 모든 도구와 프로세스가 다운스트림에서 사용할 수 있다는 것을 보장하기 위해 개발과 운영의 긴밀한 작업이 필요하다.

지속적인 통합과 테스팅을 제공하는 많은 도구는 배포 파이프라인의 확장을 위한 기능을 지원한다. 일반적으로 프로덕션으로의 배포는 프로덕션 인수 테스트 후에 수행되지만, 검증된 빌드는 즉시 프로덕션으로 보낼 수 있다(이런 도구로는 Jenkins Build Pipeline plugin, ThoughtWorks Go.cd와 Snap CI, Microsoft Visual Studio team Services와 Pivotal Concourse 등이 있다).

배포 파이프라인에 대한 요구 사항은 다음과 같은 내용을 포함한다.

- **모든 환경에 동일한 방법으로 배포**: 모든 환경(예: 개발, 테스트, 프로덕션)에 동일한 배포 메커니즘을 사용하면 파이프라인에서 이전에 이미 여러 번 배포가 성공적으로 수행됐다는 사실을 알기 때문에 프로덕션으로 배포할 수 있다.
- **배포에 대한 스모크 테스트**: 배포 프로세스 동안에 모든 지원 시스템(데이터베이스, 메시지 버스, 외부 서비스 등)에 연결할 수 있는지 테스트해야 한다. 그리고 시스템이 의도대로 동작하는지 확인하기 위해 시스템을 통한 단일 테스트 트랜잭션을 실행한다. 테스트 중 하나라도 실패하면 배포는 실패한다.
- **일관된 환경의 유지 보장**: 이전 단계에서는 단일 단계 환경 구축 프로세스를 만들고 배포, 테스트, 프로덕션 환경이 공통된 빌드 메커니즘을 갖게 했다. 이런 환경이 동기화된 상태로 계속 유지되게 보장해야 한다.

물론, 배포 도중 문제가 발생하면 안돈 코드를 실행하고 문제가 해결될 때까지 집중해야 한다.

CSG 인터내셔널, 일일 배포(2013)

CSG 인터내셔널^{CSG International}은 북미에서 가장 큰 SaaS 기반의 고객 관리 및 청구 제공 업체다. 6,500만 명이 넘는 구독자가 있으며, 한 가지 기술 스택이 자바^{Java}부터 메인프레임까지 모든 것을 다룬다.[7] 수석 아키텍트이자 개발 부문 부사장인 스콧 프루는 그들이 개발하는 소프트웨어 출시의 예측성과 신뢰성을 개선하는 노력을 이끌었다. 이를 달성하기 위해 출시 빈도를 1년에 2번에서 4번으로 늘렸다(배포 간격을 28주에서 14주로 줄임).[8]

개발 팀은 매일 코드를 테스트 환경으로 배포하기 위해 지속적인 통합을 사용했지만, 프로덕션 출시는 운영 팀이 수행하는 작업이었다. 프루는 관찰한 내용을 다음과 같이 기록했다.

> 우리는 마치 낮은 위험의 테스트 환경을 일일 단위로 실습하고 프로세스 및 도구를 완성하는 '실습 팀' 같다. 그러나 프로덕션 '게임 팀'은 배포 실천 사항을 거의 시도하지 않았으며 1년에 두 번만 시도했다. 더 나쁜 점은 프로덕션 팀은 높은 위험이 있는 프로덕션 환경에서 실습했으며, 때때로 다른 제약 조건을 가진 사전 프로덕션 환경과 아주 달랐다. 개발 환경에는 보안, 방화벽, 로드 밸런서, SAN과 같은 많은 프로덕션 자산이 누락돼 있었다.[9]

개발 팀과 프로덕션 팀은 이런 문제를 해결하기 위해 공유 운영 팀^{Shared Operations Team, SOT}을 만들었다. 공유 운영 팀은 개발 팀이 매일 배포를 수행하는 모든 환경(개발, 테스트, 프로덕션)과 테스트 환경을 관리했으며, 14주마다 프로덕션으로의 배포와 출시를 수행했다. SOT는 매일 배포를 수행했기에 그들이 마주친 수정되지 않고 남아 있는 모든 문제는 다음 날 다시 발생했다. 이런 결과는 오류가 발생하기 쉬운 단계를 자동화하고 잠재적으로 재발할 수 있는 문제를 수정하려는 동기로 작용했다. 프로덕션 출시 전에 배포를 100번 정도 수행했기 때문에 대부분 문제는 출시 전에 수정됐다.[10]

이를 통해 이전에 운영 팀이 경험했던 문제가 드러났다. 전체 가치 흐름을 위해서는 이런 문제를 해결해야 했다. 일일 배포를 하면 어떤 프랙티스가 동작하고 어떤 프랙티스가 동작하지 않는지에 대한 피드백을 매일 얻을 수 있었다.[11]

또한 그들의 환경을 가능한 한 같은 형태로 보이게 하는 데 집중했다. 제한된 보안 접근 권한과 로드 밸런서까지 포함했다. 프루는 "우리는 비프로덕션 환경을 프로덕션 환경과 가능한 한 유사하게 만들었다. 더 많은 방법으로 생산 제약을 모방하려고 노력했다. 프로덕션 레벨의 환경에 일찍 노출하면 아키텍처의 설계가 제한적이거나 다른 환경에서 더 친근해졌다. 이런 접근 방식을 사용하면 모두가 현명해진다"라고 기술했다.[12]

프루는 다음과 같은 사항도 관찰했다.

우리는 먼저 '이럴 것 같다'라는 식으로 DBA 팀에 전달하거나 프로덕션 실패를 유도할 수 있는 비현실적으로 작은 데이터 세트를 실행하는 자동화 테스트와 같은 데이터베이스 스키마에 대한 많은 변경 사례를 경험했다. 과거의 작업 방식에서는 이것이 엉망인 상태를 해결하기 위해 노력하는 팀 사이에서 밤늦게 벌어지는 비난 게임이 되기 일쑤였다.

우리는 개발자 교차 교육, 스키마 변경 자동화와 일 단위 변경의 수행을 통해 DBA에 이관할 필요성을 제거한 개발 및 배포 프로세스를 만들었다. 불필요한 부분을 제거한 고객 데이터에 대한 현실적 부하 테스트를 하고, 매일 마이그레이션을 수행했다. 이런 작업을 통해 실제 프로덕션 환경의 트래픽을 확인하기에 앞서 현실적인 시나리오로 서비스를 수백 번 실행할 수 있었다.[13]*

---

* 실험을 통해 SOT 팀이 개발 또는 운영에 의해 관리되는지와 상관없이 팀에 적합한 사람들이 배치되고, 그들이 SOT의 성공에 헌신할 때 팀이 성공한다는 것을 깨달았다.[14]

결과는 놀라웠다. 일일 배포와 프로덕션 출시 빈도가 2배로 늘었고 프로덕션 사고는 91%, MTTR은 80% 감소했다. 또한 '완전하게 이관된 상태'로 프로덕션 환경에서 서비스를 실행하는 데 필요한 배포 리드 타임이 14일에서 하루로 단축됐다.[15]

프루에 따르면 배포가 매우 일상적인 일이 된 이후, 운영 팀은 업무 시간 내내 비디오 게임을 했다. 또한 개발과 운영의 배포가 더 원활해진 것에 더해, 기존보다 50% 짧은 시간 안에 고객에게 원하는 기능을 제공했다.[16]

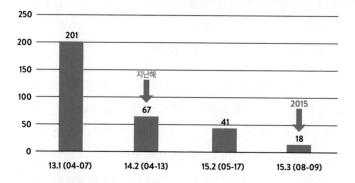

그림 12.2 CSG에서의 일일 배포 수

(출처: 'DOES15 – Scott Prugh & Erica Morrison – Conway & Taylor Meet the Strangler(v2.0)',
YouTube video. 29:39, posted by DevOps Enterprise Summit, November 5, 2015,
https://www.youtube.com/watch?v=tKdlHCLODUg)

이 사례 연구는 더 빈번한 배포가 개발, QA, 운영, 고객에게 얼마나 좋은지를 여실히 보여준다. 빈번한 배포를 통해 문제를 조기에 식별할 수 있고, 팀이 더 빠르게 에러를 수정하게 동기를 부여하며 더 깨끗한 코드를 빠르게 전달할 수 있게 한다.

자동화된 자체 서비스 배포를 활성화하라

나이키 사Nike, Inc의 운영 자동화 감독관인 팀 티슐러Tim Tischler는 개발자의 공통 경험 생성에 관해 "개발자로서 가장 보람이 느낄 때는 코드를 작성하고 배포하려고 버튼을 눌렀을 때와 프로덕션 환경에서 코드가 동작하지 않는 문제를 스스로 해결했을 때였다"라고 언급했다.[17]

개발자는 스스로 프로덕션 환경으로 코드를 배포하고, 지난 10년 동안 운영에 발행했던 티켓 없이도 모든 문제를 빠르게 해결할 수 있다. 이것은 보안 및 컴플라이언스 요구 사항에 의해 통제와 감독이 필요해지면서 나타난 결과다.

결과적으로 나타난 공통 프랙티스는 운영이 코드를 배포하는 것이다. 이것이 직무 분리의 구현이기 때문이다. 프로덕션 장애와 사기의 위험을 줄이는 보편적인 방법으로 받아들여졌다. 그러나 직무 분리는 소프트웨어 전달과 같은 프로세스에 관해 처음부터 끝까지 통제하는 담당자가 없다. 그러나 DORA의 연구에 따르면 코드 리뷰를 통해 직무를 분리하면서도 소프트웨어 전달 성과를 지속적으로 개선할 수 있다. 이를 위해서는 모든 코드 변경을 리뷰하고 승인할 수 있는 또 다른 개발자가 필요하다.[18]

이는 변경 사항이 제출되기 전에 반드시 통과해야 하는 자동화된 테스트 스위트를 통해 보완되면 더욱 효과적으로 작동한다. 모든 배포는 다음 절에서 설명할 요구 사항을 만족하는 자동화 시스템을 통해 셀프서비스된다.

개발과 운영이 목표와 투명성, 책임감 그리고 배포 결과에 대한 목표를 공유한다면 누가 배포를 수행하는지는 문제가 되지 않는다. 실제로 테스터나 프로젝트 관리자와 같이 다른 역할을 하는 사람들이 테스트나 사용자 인수 테스트 환경에 특화된 기능의 데모 설정과 같은 작업을 빠르게 수행할 수 있게 특정 환경으로 배포할 수 있다.

빠른 흐름을 더 활성화하려면 개발이나 운영에 의해서만 수행 가능한 어떠한 수동 단계나 이관이 없는 코드 프로모션 프로세스가 필요하다. 이런 프로세스는 다음과 같은 단계에 영향을 미친다.

- **빌드**Build: 배포 파이프라인은 버전 관리 시스템에서 프로덕션 환경을 포함한 모든 환경으로 배포할 수 있는 패키지를 만들어야 한다.
- **테스트**Test: 자신의 워크스테이션이나 테스트 시스템에서 자동화된 테스트 스위트의 일부분 또는 전부를 실행할 수 있어야 한다.
- **배포**Deploy: 버전 관리 시스템에 체크인된 스크립트를 실행해 접근 권한이 있는 모든 환경으로 패키지를 배포할 수 있어야 한다.

코드 배포를 배포 파이프라인과 통합하라

코드 배포 프로세스가 자동화되면 코드 배포 프로세스를 배포 파이프라인 일부로 만들 수 있다. 결과적으로 배포 자동화는 다음과 같은 기능을 제공해야 한다.

- 지속적인 통합 프로세스 동안 생성된 패키지가 프로덕션 환경으로의 배포에 적합하다는 사실을 보장한다.
- 프로덕션 환경의 준비 상태를 한 번에 보여준다.
- 프로덕션으로 배포돼야 하는 패키지화된 버전의 코드에 대한 푸시 버튼, 자체 서비스 방법을 제공한다.
- 감사와 컴플라이언스를 목적으로 어떤 머신에서 어떤 명령어가 언제 실행됐는지, 누가 승인했는지, 결과가 어땠는지 등이 자동으로 기록된다.
- 시스템이 올바르게 운영되고 있는지, 데이터베이스 연결 설정과 같은 항목을 포함하는 구성 설정이 올바른지 확인하기 위한 스모크 테스트를 실행한다.
- 배포의 성공 여부를 빠르게 결정할 수 있도록 개발자에게 빠른 피드백을 제공한다(배포가 성공했는지, 애플리케이션이 프로덕션 환경에서 예상대로 수행되고 있는지 등).

우리 목표는 배포가 빠르게 실행된다는 사실을 확인하는 것이다. 코드가 성공했는지 또는 실패했는지 결정하기 위해, 필요한 코드의 수정 사항을 배포하기 위해 몇 시간씩 기다릴 필요가 없다. 이제 컨테이너와 같은 기술이 있으므로 가장 복잡한 배포라도 몇 초나 몇 분 안에 완료할 수 있다.

도라가 발간한 「2019 데브옵스 현황 보고서」에 따르면 최고의 성과를 내는 사람들은 온디맨드로 배포하며 배포 리드 타임은 몇 분에서 몇 시간 정도에 지나지 않았다. 반면에 낮은 성과를 내는 사람들은 배포 리드 타임이 수개월에 이를 정도로 길었다. 해가 지남에 따라 많은 배포 통계 자료가 개선됐다. 퍼펫랩스의 「2014 데브옵스 현황 보고서」에 따르면 높은 성과를 내는 사람들은 일반적으로 코드를 한 시간에서 하루 안에 배포하지만, 낮은 성과를 내는 사람들은 리드 타임이 6개월이 넘을 정도로 길었다. 이 데이터는 「데브옵스 핸드북」 1판에서 소개했다.[19]

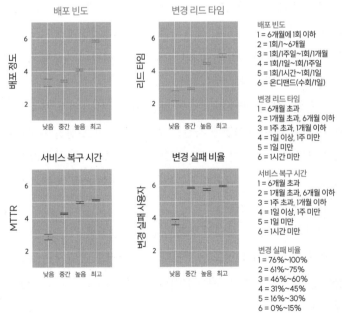

그림 12.3 높은 성과를 내는 사람들의 리드 타임과 평균 복구 시간이 더 빠르다(2019)*
(출처: Forsgren, et. al., 「Accelerate: State of DevOps Report」, 2019)

---

* 「데브옵스 핸드북 2/e」에서 업데이트된 지표를 사용한 새로운 그림으로 변경했다. 새로운 그림은 지난 5년간의 경험을 더욱 정확하게 반영한다.

이런 역량을 구축함으로써 우리는 배포 자동화 기능 구축과 안전하고 빠른 배포 파이프라인을 통해 프로덕션 환경으로의 전달을 가능하게 만드는 '코드 배포' 버튼을 가질 수 있다.

사례 연구

엣시, 자체 서비스 개발자 배포 및 지속적 배포 사례(2014)

출시 엔지니어가 배포를 관리하는 페이스북과 달리, 엣시는 원하는 모든 사람이 개발, 운영, 정보 보안 등의 배포를 관리한다. 엣시의 배포 프로세스는 매우 안전하고 일상적이어서 새로운 엔지니어가 업무를 수행하는 첫날에도 프로덕션 배포 수행이 가능하다. 엣시의 이사진과 심지어 개들Dogs*조차 배포를 수행할 수 있다![20]

엣시의 테스트 아키텍트인 노아 서스만Noah Sussman은 "보통 8시가 되기 전에 15명 정도의 사람과 개가 요청 대기열에 들어오기 시작하고, 이들은 예정일 전에 최대 25개 변경 사항이 배포될 것으로 기대한다"고 말했다.[21]

자신의 코드를 배포하고 싶어 하는 엔지니어는 먼저 챗 룸으로 이동한 후, 배포 대기열에 자신을 추가하고 배포 활동을 수행하며 대기열에 누가 있는지 살펴본다. 그런 다음 엔지니어 자신의 활동을 알리고 다른 엔지니어를 돕는다. 엔지니어의 배포 차례가 되면 챗 룸에서 알림을 받는다.[22]

엣시의 목표는 프로덕션 배포의 단계와 절차를 가능한 한 최소화해 쉽고 안전하게 만드는 것이다. 마찬가지로 개발자는 코드를 체크인하기 전에 워크스테이션에서 4,500개의 단위 테스트를 모두 수행한다.[23]

개발자들이 버전 관리 시스템의 트렁크로 변경 사항을 체크인

---

* 여기서 '개'는 배포 프로세스를 전혀 이해하지 못하는 사람을 비유한 것이다. 배포에 대한 아무런 이해가 없는 사람도 배포를 수행할 수 있게 배포 자동화가 잘 돼 있다는 의미다. - 옮긴이

하면 통합[CI] 서버에서 트렁크에 대한 7,000개 이상의 테스트가 즉시 실행된다. 이에 대해 서스만은 "시행착오 끝에 푸시하는 동안 자동화 테스트가 실행될 수 있는 가장 긴 시간을 대략 11분으로 정했다. 누군가 체크인한 변경 사항이 오류를 발생시키고, 이를 고칠 필요가 있다면 빌드 시간이 20분의 제한 시간을 많이 넘기지 않으므로 배포하는 도중에 다시 한번 테스트를 실행할 시간이 남는다"라고 부연했다.[24]

서스만은 모든 테스트가 순차적으로 실행될 때를 전제로 "7,000개의 트렁크에 대한 테스트를 실행하는 데는 약 30분이 걸린다. 따라서 이런 테스트를 하위 집합으로 나눠 우리 젠킨스 CI 클러스터에 속한 10개의 머신으로 분배한다. 테스트 스위트를 분할하고 많은 테스트를 병렬로 수행하면 우리가 계획한 11분의 실행 시간에 맞출 수 있다"라고 덧붙였다.[25]

다음으로 **스모크 테스트**를 수행한다. 이는 PHPUnit 테스트 케이스를 실행하기 위해 cURL을 실행하는 시스템 수준의 테스트다. 이 테스트에 이어 라이브 서버에서 종단 간 GUI 기반 테스트를 실행하는 기능 테스트가 실행된다. 라이브 서버는 QA 환경이나 ('Princess'라는 별명을 가진) 스테이징 환경이다. 실제 로테이션에서 제외된 프로덕션 서버로 프로덕션 환경과 테스트 환경이 정확하게 일치하게 하는 역할을 한다.

엔지니어의 배포 차례에 관해 에릭 카스트너[Erik Kastner]는 "Deployinator(내부적으로 개발된 도구, 그림 12.4 참조)로 이동한 후 QA로 배포하기 위해 버튼을 누른다. 그리고 스테이징 환경인 Process에 방문한다. 그런 다음 실제 작업을 시작할 준비가 되면 'Prod' 버튼을 클릭한다. 그러면 코드가 실행되고 IRC(채팅 채널)의 모든 사람이 누가 어떤 코드를 푸시했는지 알게 된다. 이로써 diff에 대한 링크와 함께 배포가 완료된다. IRC에 있지 않은 사람이라도 누구나 이메일을 통해 같은 정보를 얻을 수 있다"라고 말했다.[26]

2009년 엣시의 배포 프로세스는 스트레스와 두려움의 원인이었다. 2011년까지는 하루에 25회에서 50회가량 배포가 이뤄졌으며, 엔지니어가 그들의 코드를 프로덕션 환경으로 빠르게 적용하는 것을 돕고, 고객에게 가치를 전달하는 일상 작업으로 만들었다.

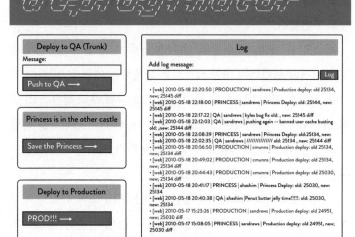

그림 12.4 엣시의 Deployinator 콘솔
(출처: Erik Kastner, 'Quantum of Deployment', CodeasCraft.com, 2010. 5. 20,
https://codeascraft.com/2010/05/20/quantum-of-deployment/)

배포 프로세스 대부분을 자동화하고 철저한 자동화 테스팅을 포함함으로써 쉽고 효율적인 셀프서비스 배포 파이프라인을 만들 수 있었다. 결과적으로 팀이 받는 스트레스는 줄어들고 자신감은 높아졌다.

출시와 배포를 분리하라

전통적인 출시 일정을 갖는 소프트웨어 프로젝트에서 출시는 마케팅의 행사 일정에 따라 움직인다. 출시 전날 저녁에 완성된 (또는 완성에 가까운) 소프트웨어를 프로덕션 환경으로 배포한다. 다음 날 아침에는 새로운 기능을 발표하고, 주문을 받기 시작하고, 고객에게 새로운 기능을 전달한다.

모든 것이 계획대로 되지는 않는다. 고객과 조직 모두가 엄청난 서비스 실패의 원인이 되는 기능을 전혀 테스트하지 않았거나 의도치 않은 프로덕션 부하를 겪기도 한다. 심지어 프로덕션 환경에 변경 사항을 직접 적용하면 서비스를 복구할 때 고통스러운 롤백 프로세스 또는 프로덕션에 변경을 직접 반영해야 하는 위험천만한 **픽스 포워드**Fix Forward 프로세스가 필요할 수도 있다. 참으로 비참한 경험이다. 마침내 모든 기능이 동작하면 모두가 안도의 한숨을 쉰다. 그리고 프로덕션 배포와 출시를 더 빈번하게 하지 않음을 다행으로 여긴다.

물론, 모두가 원하는 결과인 부드럽고 **빠른** 흐름을 얻으려면 더 빈번하게 배포해야 한다는 사실을 알고 있다. 이를 가능케 하려면 기능 출시와 프로덕션 배포를 분리해야 한다. 실제로 **배포**와 **출시**라는 용어는 자주 혼용된다. 그러나 이 둘은 목적이 전혀 다른 행위다.

- 배포는 주어진 환경에 소프트웨어의 특정 버전을 설치하는 것이다 (코드를 통합 테스트 환경으로 배포하거나 프로덕션 환경으로 배포). 특히, 고객에게 기능을 출시하는 것과 밀접하게 관련돼 있다.
- 출시는 모든 고객이나 고객 세그먼트에 기능(또는 기능 세트)을 사용할 수 있게 만드는 행위다(예: 기반 고객의 5%가 기능을 사용할 수 있게 활성화). 코드와 환경은 기능 출시가 애플리케이션 코드의 변경을 필요로 하는 방법에 따라 아키텍처화돼야 한다.*

다시 말해 배포와 출시는 목적이 다르므로 배포와 출시를 통합하면 어떤 목적을 우선할지 정하기가 어렵다. 배포와 출시를 분리하면 제품 책임자는 출시에 따른 성공적 비즈니스 결과에 책임을 진다. 개발과 운영은 빠

---

* 걸프전(Operation Desert Shield)이 효과적인 비유가 될 수 있다. 1990년 8월 7일에 시작된 걸프전에서는 수천 명의 사람과 물자가 넉 달에 걸쳐 안전하게 전쟁 전역으로 배치됐다. 결과적으로 단일하고 종합적이며 고도로 조정된 출시가 수행됐다.

르고 빈번한 배포를 성공으로 이끄는 데 필요한 권한을 부여한다(예: 기능의 개발과 출시에는 시간을 들일 가치가 있다).

지금까지 이 책에서 설명한 프랙티스는 배포 위험과 오류의 영향을 감소시키려는 목표와 더불어 기능 개발을 통해 빠르고 빈번하게 프로덕션 환경으로 배포하는 것과 관련이 있다. 아직 남은 것은 출시 위험이다. 이는 우리가 프로덕션 환경에 적용한 기능이 고객이 원하는 것인지 그리고 비즈니스 결과를 달성하는지에 관한 것이다.

우리가 극단적으로 긴 배포 리드 타임을 갖는다면, 이는 시장에 새로운 기능을 얼마나 자주 출시할 수 있는지에 따라 결정된다. 그러나 시장의 요구에 따라 필요한 기능을 배포할 수 있게 되면 고객에게 새로운 기능을 얼마나 빨리 제공하는지는 기술적 결정 사항이 아니라 비즈니스와 마케팅 결정 사항이 된다. 우리가 사용할 수 있는 출시 패턴에는 두 가지 카테고리가 있다.

- **환경 기반 출시 패턴**Environment-based Release Patterns: 배포하는 환경이 둘 이상이고, 이 중에서 한 가지 환경은 실제로 고객의 트래픽을 받는 경우다(예: 로드 밸런서의 구성). 새로운 코드가 실제 고객 환경이 아닌 환경으로 배포되며, 출시는 이 환경으로 트래픽을 이동해 수행된다. 일반적으로 이는 애플리케이션에 대한 변경이 아주 적거나 전혀 필요하지 않기 때문에 매우 강력한 패턴이다. 예로는 **블루 그린 배포, 카나리아 출시, 클러스터 면역 체계**를 들 수 있다. 이런 예제를 간단하게 살펴본다.

- **애플리케이션 기반 출시 패턴**Application-based Release Patterns: 애플리케이션을 변경해 선택적으로 출시하고 약간의 구성 변경을 통해 애플리케이션의 특정 기능을 제공하는 경우다. 예를 들어 개발 팀이 새로운 기능을 프로덕션에 제공하도록 기능 플래그를 구현할 수 있다. 모든 내부 직원 또는 고객의 1%가 기능이 설계한 대로 동작한다고 확신한다면

전체 고객에게 기능을 제공할 수 있다. 앞에서 논의한 것처럼 이 패턴은 프로덕션 환경으로 출시해야 하는 모든 기능을 준비하고 프로덕션 트래픽으로 테스트하는 다크 론칭Dark Launching이라 불리는 기법을 사용할 수 있다. 예를 들어 문제를 노출하기 위해 출시에 앞서 눈에 띄지 않게 새로운 기능을 프로덕션 트래픽으로 몇 주 동안 테스트할 수 있다. 이로써 실제 출시 전에 문제를 수정할 수 있다.

환경 기반 출시 패턴

출시와 배포를 분리하면 작업 방식이 극적으로 변경된다. 고객에게 부정적 영향을 미치는 위험을 낮추려고 한밤중이나 주말에 배포를 수행할 필요가 없다. 대신 일상 업무 시간에 배포를 수행할 수 있다. 이로써 운영 팀은 다른 사람들과 마찬가지로 정상 업무 시간에 근무할 수 있다.

이번 절에서는 애플리케이션 코드 변경이 필요 없는 환경 기반 출시 패턴에 중점을 둔다. 환경 기반 출시 패턴은 여러 환경에 배포되지만, 이런 환경 중 하나만 실제 고객 트래픽을 수신한다. 이 패턴을 통해 프로덕션 출시와 관련된 위험성과 배포 리드 타임을 줄일 수 있다.

블루 그린 배포 패턴

세 가지 패턴 중 가장 간단한 패턴을 블루 그린 배포Blue-Green Deployment라 부른다 이 패턴에는 2개의 프로덕션 환경, 즉 블루 환경과 그린 환경이 있다. 항상 두 환경 중 하나에서만 고객 트래픽을 처리한다(그림 12.5 참조).

새로운 버전의 서비스를 출시하려면 사용자의 경험을 방해하지 않고 테스트를 수행할 수 있는 비활성화된 환경으로 배포해야 한다. 모든 것이 설계대로 동작 중이라고 판단되면 블루 환경으로 트래픽을 유도해 출시를 실행한다. 이때 블루 환경은 라이브 상태, 그린 환경은 스테이징 상태가 된다. 롤백은 그린 환경으로 고객 트래픽을 다시 보내 수행한다.*

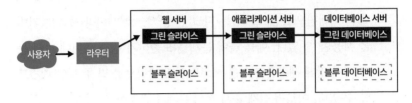

그림 12.5 블루 그린 배포 패턴
(출처: Humble and North, Continuous Delivery. 261.)

블루 그린 배포 패턴은 간단하며 기존 시스템을 아주 쉽게 재조정할 수 있다. 또한 팀이 일반 업무 시간에 배포를 수행하고 사용자가 적은 시간에 간단한 변경(라우터 설정 변경, 심볼 링크 변경 등)을 할 수 있다는 장점이 있다. 이것만으로도 배포를 수행하는 팀의 작업 조건을 크게 개선할 수 있다.

데이터베이스 변경 처리하기

프로덕션 환경에서 두 가지 버전의 애플리케이션을 사용할 때 애플리케이션이 공통 데이터베이스에 의존하면 문제가 발생한다. 배포에서 데이터베이스 스키마 변경이나 테이블이나 컬럼의 추가, 수정 또는 삭제가 필요한 경우, 데이터베이스는 두 버전의 애플리케이션을 모두 지원할 수 없다. 이런 문제를 해결하는 두 가지 접근 방법은 다음과 같다.

- **2개의 데이터베이스 생성(블루 데이터베이스와 그린 데이터베이스)**: 각각의 버전, 즉 블루(이전)와 그린(신규)의 애플리케이션마다 데이터베이

---

* 블루 그린 패턴을 구현하는 또 다른 방법은 다음과 같다. 여러 Apache 및 nginx 웹 서버가 서로 다른 물리적 또는 가상 인터페이스에 수신하도록 설정, 서로 다른 포트에 바인딩된 윈도우 IIS 서버에 여러 개의 가상 루트 사용, 어느 버전만 사용하는지 결정하는 심볼릭 링크와 함께 시스템의 모든 버전에 서로 다른 디렉터리 사용(예: Ruby on Rails에 Capistrano 수행), 서로 다른 포트에 수신하는 서비스나 미들웨어의 여러 버전을 동시 수행, 서로 다른 데이터센터를 사용하고, 재난 대비 목적으로 이들을 핫 스페어나 윔 스페어로 사용하는 대신 데이터센터 사이의 트래픽을 전환(두 환경 모두를 일상적으로 사용하지만, 의도한 대로 재난 복구 프로세스를 작업을 지속적으로 보장) 또는 클라우드 내 다른 가용 자원을 사용한다.

스를 갖는다. 출시를 진행하는 동안 블루 데이터베이스를 읽기 전용 모드로 놓고 백업을 수행한 다음, 그린 데이터베이스를 복원한다. 마지막으로 트래픽을 그린 환경으로 전환한다. 이 패턴의 문제점은 블루 버전에 롤백이 필요한 경우 먼저 그린 버전에서 데이터베이스를 수동으로 마이그레이션하지 않으면 잠재적으로 트랜잭션이 유실될 수 있다는 점이다.

- **애플리케이션 변경과 데이터베이스 변경의 분리:** 2개의 데이터베이스를 지원하는 대신 애플리케이션 변경 사항 출시와 데이터베이스 변경 사항 출시를 분리하기 위해 다음 작업을 수행한다. 먼저, 데이터베이스에 추가 변경만 하고 기존 데이터베이스 객체를 변경하지 않는다. 그다음, 애플리케이션이 어떤 버전의 데이터베이스로 프로덕션 환경에 있게 될지 가정하지 않는다. 이것은 전통적으로 교육된 데이터 복제 회피를 위한 데이터베이스 처리 방법과 매우 다르다. 애플리케이션에서 데이터베이스 변경을 분리하는 프로세스는 2009년경 IMVU가 사용했으며, 하루에 50건의 배포를 수행했다. 일부 배포 시에는 데이터베이스를 변경해야 했다.[27]*

딕슨스 리테일, 매장 관리 시스템의 블루 그린 배포(2008)

기술 및 조직 변경 컨설턴트인 댄 노스와 『Continuous Delivery』의 공저자인 데이비드 팔리는 영국의 대형 리테일 업체 딕슨스 리테일Dixons Retail의 프로젝트에 참여했다. 딕슨스 리테일은 다양한 고객 브랜드로 운영 중인 수백 개의 매장에 수천 대의 매장 관리 시스

---

* 일반적으로 이 패턴은 확장 및 축소 패턴으로 언급된다. 티모시 핏츠(Timothy Fitz)는 "우리는 (변경시킬 수 있는) 컬럼이나 테이블과 같은 데이터베이스 객체를 변경하지 않는다. 대신 먼저 새로운 객체를 추가해 확장하고, 그 후 오래된 객체를 제거해 축소한다"라고 말했다.[28] 또한 놀랍게도 Redgate, Delphix, DBMaestro, Datical과 같이 가상화, 버전 할당, 레이블 추가 및 데이터베이스 롤백을 가능케 하는 기술이 있다. 이를 활용하면 데이터베이스 변경을 극적으로 안전하고 빠르게 수행할 수 있다.

템^{Point-Of-Sale}을 보유한 업체다. 블루 그린 배포는 대부분 온라인 웹 서비스와 관련 있지만, 노스와 팔리는 POS 시스템을 업그레이드할 때 발생하는 리스크를 줄이고 전환 시간을 단축하기 위해 이 패턴을 사용했다.[29]

POS 시스템의 업그레이드는 전통적으로 빅뱅 방식이나 폭포수 방식 프로젝트다. 새로운 클라이언트 소프트웨어를 모든 리테일 매장으로 보내려면 상당한 네트워크 대역폭이 필요하다. 그뿐 아니라 POS 클라이언트와 중앙 집중식 서버가 동시에 업그레이드되므로 광범위한 다운타임(심하면 주말 전체)도 필요하다. 일이 계획대로 완벽하게 진행되지 않으면 매장 운영에 엄청난 혼란이 발생한다.

네트워크 대역폭이 모든 POS 시스템을 동시에 업그레이드할 만큼 충분하지 않아 전통적인 전략을 사용할 수 없었다. 이 문제를 해결하기 위해 블루 그린 전략을 사용해 구버전과 신버전의 POS 클라이언트를 동시에 지원할 수 있게 중앙 집중식 서버 소프트웨어를 두 가지 프로덕션 버전으로 만들었다.

그 후 느린 네트워크 링크를 통해 신버전의 클라이언트 POS 소프트웨어 설치 프로그램을 리테일 매장으로 보내기 시작했다. 그리고 새로운 소프트웨어를 비활성화 상태의 POS 시스템에 배포했다. 구버전은 계속해서 정상적인 실행 상태를 유지했다.

모든 POS 클라이언트에서 업그레이드 준비를 마친 경우(클라이언트와 서버가 함께 성공적으로 테스트되고 새로운 클라이언트 소프트웨어가 모든 클라이언트로 배포됐을 때) 매장 관리자는 새로운 버전의 출시 시기를 결정할 권한을 부여받았다.

어떤 관리자는 비즈니스 요구에 따라 새로운 기능을 빨리 사용하길 원하며 즉시 새로운 소프트웨어를 출시했지만, 어떤 관리자는 기다리길 원했다. 기능을 바로 출시하든 기다리든 중앙 IT 부서

가 출시 시기를 선택하는 것보다는 훨씬 좋았다.[*]

> 이 사례 연구는 데브옵스 패턴을 다양한 기술에 보편적으로 적용하는 방법
> 을 보여준다. 때로는 상상하지 못한 놀라운 방법으로 적용되지만, 결과는
> 모두 훌륭하다.

카나리아 및 클러스터 면역 시스템 출시 패턴

블루 그린 출시 패턴은 구현하기 쉽고 소프트웨어 출시의 안전성을 극적으
로 높인다. 자동화를 통해 안정성과 배포 리드 타임을 더 개선할 수 있지
만, 잠재적 복잡성 때문에 트레이드오프가 발생하는 블루 그린 패턴의 변
형을 사용하기도 한다.

카나리아 출시 패턴은 코드가 설계대로 동작하는지 확인하기 위해 출시
프로세스를 더 크고 중요한 환경으로의 연속적인 프로모션으로 자동화한
다. **카나리아 출시**라는 용어는 석탄 광부들이 광산에서 탄소의 독성 수준을
조기에 탐지할 수 있게 카나리아를 사용하는 전통에서 유래했다. 광부들은
동굴 내부에 가스가 너무 많이 쌓이면 카나리아가 금세 죽는 점을 이용해
피신 여부를 판단했다.

이 패턴으로 출시를 수행하면 각 환경에서 소프트웨어의 성능을 모니터
링한다. 뭔가 잘못된 사항을 감지하면 롤백하고, 그렇지 않으면 다음 환경
으로 배포한다.[†] 그림 12.6은 카나리아 출시 패턴을 지원하기 위해 생성된
페이스북의 환경 그룹을 보여준다.

---

[*] 그 결과 기능을 훨씬 더 부드럽고 빠르게 배포할 수 있었다. 매장 관리자의 만족도는 증가했고, 매장 운영을
중단하는 일이 훨씬 적어졌다. 이는 블루 그린 배포를 위한 식클라이언트(Thick-client) 애플리케이션으로
다양한 데브옵스 패턴이 적용되는 보편적 방법을 보여줬으며 때때로 환상적인 결과를 보여줬다. —옮긴이

[†] 카나리아 출시는 반드시 여러 버전의 소프트웨어가 프로덕션 환경에서 동시에 실행돼야 한다. 이때 프로덕
션 환경에 추가한 각 버전으로 관리가 어려워질 수 있으므로 버전의 개수를 최소한으로 유지해야 한다. 앞
에서 설명한 데이터베이스 확장 및 축소 패턴을 사용해야 할 수도 있다.

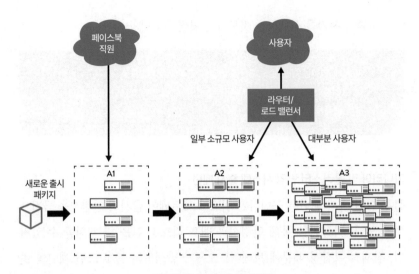

그림 12.6 카나리아 출시 패턴
(출처: Humble and Farley, 『Continuous Delivery』, 263.)

- **A1 그룹**: 내부 직원만 지원하는 프로덕션 서버
- **A2 그룹**: 적은 비율의 고객만 지원하는 프로덕션 서버로 특정 승인 기준을 만족할 때만 (자동이나 수동으로) 배포
- **A3 그룹**: A2 클러스터에서 실행 중인 소프트웨어가 특정 승인 기준을 만족한 후에 배포되는 나머지 프로덕션 서버

클러스터 면역 체계(Cluster Immune System)는 신규 사용자 전환 비율이 기존 비율의 15~20%를 밑도는 것처럼 사용자가 직면하는 프로덕션 시스템의 성능이 미리 정의된 예상 범위를 벗어나면 출시 프로세스와 프로덕션 모니터링 시스템 및 코드의 롤백을 자동화해 카나리아 출시 패턴으로 확장된다.

이런 유형의 안전장치에는 두 가지 장점이 있다. 첫째, 웹 페이지 변경 사항(예: CSS 변경)과 같은 일부 중요한 페이지 요소가 보이지 않게 하는 자동화 테스트를 통해 발견하기 어려운 결함을 방지한다. 둘째, 변경으로 야기되는 성능 저하를 감지하고 대응하는 데 필요한 시간을 단축한다.*

---

* 클러스터 면역 체계는 에릭 리스가 IMVU에 근무할 때 최초로 문서화했다. 이 기능은 넷플릭스뿐 아니라 엣시의 Feature API 라이브러리도 지원한다.[30]

더 안전한 출시를 가능하게 하는 애플리케이션 기반 패턴

앞 절에서는 여러 환경을 사용해 출시에서 배포 분리를 가능케 하고, 어떤 환경이 라이브 상태인지에 따라 환경을 전환하며, 인프라스트럭처 수준에서 완전하게 구현 가능한 환경 기반 패턴을 만들었다.

이번 절에서는 새로운 기능을 고객에게 안전하게 출시할 수 있는 더 큰 유연성을 제공하고, 때때로 기능을 기반으로 출시할 수 있는 코드에서 구현 가능한 애플리케이션 기반 출시 패턴에 관해 설명한다. 애플리케이션 기반 출시 패턴은 애플리케이션에서 구현되기 때문에 개발 팀이 포함돼야 한다.

기능 토글을 구현하라

애플리케이션 기반 출시 패턴을 가능하게 하는 주된 방법은 기능을 선택적으로 활성화하거나 비활성화할 수 있는 메커니즘을 제공하는 기능 토글(또는 기능 플래그)을 구현하는 것이다. 기능 토글은 기능을 가시적으로 제어할 수 있으며, 특정 사용자 세그먼트(예: 내부 고객, 고객 세그먼트)에 활용할 수 있다.

일반적으로 기능 토글은 애플리케이션 로직이나 조건문을 갖는 UI 요소를 래핑해 구현된다. 어딘가에 저장된 구성 사항의 설정을 기반으로 기능을 활성화하거나 비활성화할 수 있다. 기능 토글은 간단한 애플리케이션 구성 파일(JSON, XML 구성 파일 등)처럼 간단할 수도 있고, 관리하기 위해 특별하게 설계된 디렉터리 서비스나 웹 서버일 수도 있다.*

기능 토글을 사용하면 다음과 같은 작업을 할 수 있다.

---

* 이런 서비스의 정교한 예로는 페이스북의 게이트키퍼(Gatekeeper)가 있으며, 내부적으로 개발된 서비스다. 위치, 브라우저 타입, 사용자 프로파일 정보(나이, 성별 등)와 같은 인구 통계학적 정보를 기반으로 동적으로 어떤 기능이 특정 사용자에게 보일 것인지 결정한다. 예를 들어 특정 기능은 내부 직원들, 사용자 기반의 10% 또는 25세에서 35세 사용자만 접근할 수 있게 구성할 수 있다. 다른 예로는 엣시의 Feature API, 넷플릭스의 Archaius 라이브러리를 들 수 있다.[31]

- **쉬운 롤백**: 기능 토글 설정을 변경하면 프로덕션 환경에서 문제나 장애를 일으키는 기능을 신속하고 안전하게 비활성화할 수 있다. 이는 배포 빈도가 낮을 때 특히 유용하다. 일반적으로 전체 출시를 롤백하는 것보다 특정 이해관계자와 관련된 기능을 변경하는 것이 훨씬 쉽다.

- **성능의 우아한 감소**: 서비스 부하가 극단적으로 높으면 용량을 늘려야 한다. 더 나쁜 경우 프로덕션 환경에서 서비스가 실패하기도 한다. 서비스 품질을 감소시키기 위해 기능 토글을 사용할 수 있다. 다시 말해 기능이 전달되는 수준을 낮춰 지원하는 용자의 수를 증가시킬 수 있다(예: 특정 기능에 접근할 수 있는 고객 수 감소, 추천 기능과 같이 CPU를 많이 사용하는 기능 비활성화 등).

- **서비스 지향 아키텍처 통한 탄력성 증대**: 아직 완성되지 않은 다른 기능에 의존하는 기능이 있다면 해당 기능을 프로덕션 환경으로 배포하지만 기능 토글을 이용해 숨길 수 있다. 해당 서비스를 이용할 수 있게 되면 기능 토글을 사용해 활성화한다. 우리가 의존하는 서비스가 실패한다면 애플리케이션의 나머지 부분은 실행을 유지하면서 다운스트림 서비스에 대한 호출을 방지하는 기능을 해제한다.

- **A/B 테스팅 수행**: LaunchDarkly, Split, Optimizely와 같은 모던 기능 토글 프레임워크를 사용하면 프로덕트 팀은 실험을 통해 새로운 기능을 테스트하고 비즈니스 지표에 미치는 영향을 확인할 수 있다. 이런 방법으로 새로운 기능과 우리가 관심을 두는 결과 사이의 인과관계를 보일 수 있다. 이는 제품 개발에 과학적인, 가설 기반 접근 방식을 적용할 수 있는 매우 강력한 도구다(이 기법에 관해서는 뒤에서 소개한다).

기능 토글에 래핑된 기능 오류를 발견하려면 모든 기능에 대한 토글을 활성화한 다음 자동 인수 테스트를 실행해야 한다(기능 토글도 올바르게 동작

하는지 테스트해야 한다).[*]

다크 론치를 수행하라

기능 토글은 사용자가 기능에 접근할 수 없게 하면서 프로덕션 환경으로 기능을 배포하는 것을 가능하게 만든다. 기능 토글은 **다크 론칭**으로 알려진 기법을 활성화한다. 다크 론칭은 프로덕션 환경으로 모든 기능을 배포한 후, 고객에게 기능이 보이지 않는 동안 해당 기능에 대한 테스트를 수행한다. 대규모 변경 사항이나 위험한 변경 사항에 대해 프로덕션 환경에 출시하기 전 몇 주 동안 이런 작업을 수행하며, 예상되는 프로덕션 환경에서의 부하와 유사한 수준의 부하를 통해 안전하게 테스트할 수 있다.

예를 들어 새로운 검색 기능, 계정 생성 프로세스, 새로운 데이터베이스 쿼리와 같이 출시 리스크가 큰 새로운 기능을 다크 론칭한다고 가정해보자. 모든 코드는 프로덕션 환경에 있고 새로운 기능의 비활성 상태를 유지하면서 새로운 기능을 호출하려면 사용자 세션 코드를 수정해야 한다. 사용자에게 결과를 표시하는 대신, 로그에 기록하거나 폐기한다.

예를 들어 부하가 높을 때는 새로운 기능이 동작하는 방법을 확인하기 위해 출시해야 하는 새로운 기능을 온라인 사용자 중 1%만 보이지 않는 상태에서 호출하게 만들 수 있다. 문제를 찾아 수정한 후, 새로운 기능의 사용자 수와 빈도를 늘려 시뮬레이션되는 부하를 점차 증가시킨다. 이로써 프로덕션 환경과 유사한 부하를 안전하게 시뮬레이션할 수 있으며 서비스가 원하는 대로 수행될 것이라는 확신을 하게 된다.

새로운 기능을 출시할 때는 작은 고객 세그먼트에 기능을 점차 제공할 수 있으며 문제가 발견되면 출시를 중지한다. 이런 방법으로는 결함을 찾거나 필요한 성능을 유지할 수 없으므로 기능을 부여받고 제거해야 하는 고객 수를 최소화해야 한다.

---

[*] 기능 토글은 코드 배포와 기능 출시의 분리를 가능하게 한다. 이 책의 이후 부분에서는 가설 주도 개발과 A/B 테스팅을 활성화하고 원하는 비즈니스 결과를 달성하기 위해 기능 토글을 사용한다. – 옮긴이

2009년 플리커의 운영 담당 부사장이었던 존 올스포는 다크 론칭 프로세스에 대해 다음과 같이 설명했다.

> **모든 사람의** 확신이 거의 무관심할 정도로 높아지면 부하와 관련된 두려움에 대해 걱정한다. 나는 지난 5년간 주어진 날짜에 얼마나 많은 코드가 프로덕션 환경에 배포됐는지 모른다. 프로덕션 환경을 변경하면 문제가 발생할 일이 거의 없어 대부분 신경 쓰지 않기 때문이다. 만약 문제가 발생하면 모든 플리커 직원은 **언제** 변경됐는지, **누가** 변경했는지, 정확하게(라인 단위로) **무엇이** 변경됐는지 웹 페이지에서 찾을 수 있다.[32]*

나중에 기능을 프로덕션 환경으로 배포하는 경우 애플리케이션과 환경에 적당한 프로덕션 텔레메트리를 생성한다. 그 후 비즈니스적 가정과 결과를 빠르게 검증하기 위한 더 빠른 피드백 주기를 생성할 수 있다.

이를 통해 고객은 기능을 더 사용할 것인지를 테스트하기 위해 빅뱅 출시까지 기다리지 않아도 된다. 대신 우리는 커다란 기능을 발표하고 출시하기에 앞서 비즈니스 가설을 테스트하고 실제 고객들과 제품을 개선하기 위해 계속해서 수많은 실험을 수행한다. 이는 고객이 원하는 결과를 달성할 수 있는 기능을 출시 이전에 검증하는 데 도움이 된다.

사례 연구

페이스북 챗, 다크 론치(2008)

페이지 뷰와 고유한 사이트 사용자를 대상으로 10년 동안 측정한 결과, 페이스북은 방문자가 가장 많은 사이트였다. 2008년 일일 활성 사용자는 7,000만 명 이상이었는데, 이 점이 새로운 페이스

---

* 페이스북의 출시 엔지니어링 담당 이사인 척 로시도 이와 유사한 말을 했다. "앞으로 6개월 동안 출시할 계획이 있는 모든 기능을 지원하는 코드는 이미 프로덕션 서버에 배포됐다. 우리가 필요한 것은 기능의 활성화다."[33]

북 챗 기능을 개발하는 팀에 문제가 됐다.[34]*

채팅 팀의 엔지니어인 유진 레투치Eugene Letuchy는 많은 동시 사용자 수가 어떻게 거대한 소프트웨어 엔지니어링 문제로 나타날 수 있는지를 이렇게 기록했다. "채팅 시스템에서 가장 자원 집약적인 작업은 메시지를 보내는 작업이 아니라 사용자가 친구들의 온라인 상태, 유휴 상태, 오프라인 상태를 알 수 있게 하는 것이 더 자원 집약적인 작업이다."[36]

계산 집약적인 기능의 구현은 페이스북에서 전에 없는 가장 큰 기술 작업이었고 완료까지 1년이 걸렸다.† 프로젝트가 복잡해진 원인 중 하나는 원하는 성능을 달성하는 데 필요한 다양한 기술 때문이었다. 이런 기술의 예로는 백엔드 인프라스트럭처에 처음으로 Erlang을 사용하는 것 외에 C++, 자바스크립트, PHP를 들 수 있다.[37]

1년간의 노력 끝에 채팅 팀은 코드를 적어도 하루에 한 번 이상 프로덕션 환경으로 배포하는 버전 관리 시스템에 체크인했다. 처음에는 채팅 기능이 채팅 팀에게만 보였고 나중에는 내부 직원 모두가 볼 수 있었지만, 페이스북 기능 토글 서비스인 게이트키퍼를 통해 외부 페이스북 사용자에게는 완전히 감춰졌다.

다크 론치 프로세스 일부로 모든 페이스북 사용자 세션에 사용자 브라우저에서 자바스크립트로 실행되는 테스트 하네스가 로드됐다. 채팅 UI 요소는 보이지 않았지만 브라우저 클라이언트는 보이지 않는 채팅 메시지를 프로덕션 환경에 있는 백엔드 채팅 서비스로 보냈다. 전체 프로젝트를 통해 프로덕션과 유사한 부하를 시뮬레이션할 수 있었다. 이로써 고객 출시 전에 성능 문제를 발견하고 수정할 수 있었다.

---

* 페이스북은 2015년까지 전년보다 17% 증가한 10억 명이 넘는 활성 사용자를 보유했다.[35]

† 이 문제는 최악의 계산 특성 $O(n^3)$를 나타낸다. 다시 말해 온라인 사용자의 수, 친구 리스트의 크기, 온·오프라인 상태 변경 기능의 빈도에 따라 계산 시간이 기하급수적으로 증가한다.

채팅 출시와 론칭에는 두 가지 단계만 필요했다. 채팅 기능이 외부의 일부 사용자에게 보이도록 게이트키퍼 구성 설정을 변경하고, 페이스북 사용자에게 채팅 UI를 렌더링하는 새로운 자바스크립트 코드를 로드하고, 보이지 않는 테스트 하네스를 비활성화한다. 문제가 발생하면 두 단계를 반대로 실행한다.

페이스북 챗 론칭일이 됐고 론칭은 매우 성공적이었으며 문제없이 완료됐다. 하룻밤 사이에 사용자 수를 0명에서 7,000만 명까지 확장할 수 있었다. 출시를 진행하는 동안 채팅 기능을 점점 더 큰 고객 세그먼트로 점차 활성화했다. 가장 먼저 모든 내부 페이스북 직원, 그 후 1%의 고객, 그 후 5%의 고객 등으로 활성화 범위를 확대한 것이다. 레투치는 "하룻밤 사이에 사용자 수를 0에서 7,000만 명으로 늘린 비결은 모든 일을 한 번에 하지 않는 것이다."[38]

이 사례 연구에서 모든 페이스북 사용자는 거대한 부하 테스팅 프로그램 일부였다. 이를 통해 팀은 시스템이 실제 프로덕션 환경과 같은 부하를 처리할 수 있다는 사실에 자신감을 얻었다.

지속적인 전달과 지속적인 배포에 대한 조사

지속적인 전달이라는 용어는 제즈 험블과 데이비드 팔리가 『Continuous Delivery』에서 정의했다. **지속적인 배포**라는 용어는 팀 핏츠의 블로그 게시물인 'Continuous Deployment at IMVU: Doing the impossible fifty times a day'에서 처음 언급했다. 2015년 『데브옵스 핸드북』을 작성하는 동안 제즈 험블은 다음과 같이 말했다.

지난 5년 동안 지속적인 전달과 지속적인 배포라는 용어를 혼동하는 사람이 많았다. 그리고 실제로 우리가 책을 쓴 이후 나의 사고방식은 완전히 바뀌었다. 모든 조직은 자신이 필요로 하는 사항을 기반으로 (기존 방식을) 독자적인 방법으로 변형해야 한다. 우리가 관심을 가져야 하는 핵심 사항은 형식이 아니라 결과다. 배포는 필요할 때 수행할 수 있는 위험이 낮은 푸시 버튼 이벤트여야 한다.[39]

험블은 지속적인 전달과 지속적인 배포에 대한 정의를 다음과 같이 정정했다.

지속적인 전달을 수행한다는 것은 모든 개발자가 트렁크에 대한 작은 규모의 배치 작업을 하거나, 모두가 트렁크가 아닌 정기적으로 트렁크에 병합되는 단기간의 기능 브랜치에서 작업하고, 트렁크가 항상 출시 가능한 상태를 유지하며 일반 업무 시간에 요구에 따라 버튼을 눌러 출시할 수 있음을 의미한다. 개발자는 결함, 성능 문제, 보안 문제, 사용성 문제 등 회귀 오류가 도입될 때 빠른 피드백을 받는다. 문제가 발견되면 즉시 수정할 수 있으며 트렁크는 항상 배포할 수 있다.

이 밖에 자체 서비스를 통해 정기적으로 프로덕션 환경으로 적합한 빌드가 배포될 때(개발이나 운영이 배포 수행), 일반적으로 개발자가 최소 하루에 한 번 프로덕션으로 배포하거나 개발자가 커밋하는 모든 변경 사항이 자동으로 프로덕션 환경으로 배포될 때도 지속적인 배포를 수행하는 일에 해당한다.[40]

이런 방법으로 정의된 지속적인 전달은 지속적인 배포를 위한 전제 조건이다. 이것은 지속적인 통합이 지속적인 전달의 전제 조건인 것과 같다. 지속적인 배포는 온라인으로 전달되는 웹 서비스의 맥락에서 적용될 수 있다. 이런 정의에 국한되지 않고 높은 품질, 빠른 리드 타임, 높은 예측 가능성, 위험도가 낮은 결과를 갖는 배포와 출시를 원할 때나, 임베디드 시스템, 상용 제품, 모바일 애플리케이션 등과 같은 대부분 상황에도 지속적인 배포를 적용할 수 있다.

아마존과 구글의 일부 팀은 지속적인 배포를 수행하지만, 대부분 팀은 지속적인 전달을 수행한다. 따라서 팀마다 코드를 배포하는 빈도와 배포를 수행하는 방법에는 상당한 차이가 있다. 팀은 자신이 관리하는 위험을 기반으로 배포하는 방법을 선택할 수 있는 권한이 있다.*

HP 레이저젯 프린터에서 실행되는 임베디드 소프트웨어, 코볼 메인프레임 애플리케이션을 포함하는 20개의 기술 플랫폼에서 실행되는 CSG 청구서 인쇄 작업, 페이스북과 엣시와 같이 이 책에서 제시되는 대부분 사례 또한 지속적인 전달에 관한 내용이다. 이와 같은 패턴은 모바일 폰, 인공위성을 제어하는 지상 기지 등에서도 사용할 수 있다.

지속적인 학습

도라에서 발간한 2018, 2019 「데브옵스 현황 보고서」에서는 지속적인 전달이 최고의 성과를 예측할 수 있는 핵심 요소임을 보여준다. 이 연구에 따르면 기술적, 문화적 컴포넌트가 모두 포함된다.[41]

- 팀은 소프트웨어 전달 사이클 전체에서 프로덕션 또는 사용자에게 온디맨드로 배포할 수 있다.
- 팀의 모든 구성원이 품질과 배포 가능성에 관한 빠른 피드백을 받을 수 있다.
- 팀 구성원들은 시스템을 배포 가능 상태로 유지하는 것을 우선한다.

➡ 사례 연구: 2판 추가

CSG, 개발과 운영의 원원 관계 만들기(2016)

CGS는 2012~2015년 성공적으로 출시를 개선한 뒤, 조직 구조를 한층 진화시켜 일상적인 운영 태도를 개선했다. 2016 데브옵스 엔터프라이즈 서밋에서 당시 수석 아키텍트이며 소프트웨어 엔지니어링 부사장이었던 스콧 프루는 극적인 조직 전환, 즉 이질적인 개발 팀과 운영 팀을 교차 기능 빌드·실행 팀으로 전환한 것에 관해 소개했다.

---

* 예를 들어 Google App Engine 팀은 하루에 한 번만 배포하는 반면, 구글 검색(Google Search) 속성은 일주일에 여러 번 배포된다. —옮긴이

프루는 이 여정의 출발을 다음과 같이 묘사했다.

우리는 출시 프로세스와 출시 품질에서 극적인 개선을 이뤘지만, 운영 팀은 계속 불만을 제기해 서로 부딪힐 수밖에 없었다. 개발 팀은 자신들의 코드 품질에 자부심이 있었으며 더 빠르고 빈번한 출시를 밀어붙였다.

반면, 운영 팀은 프로덕션에서 장애가 발생하고 빠른 변경이 환경을 망가뜨린다고 불평했다. 변경 및 프로그램 관리 팀Change and Program Management Team은 두 팀의 보이지 않는 갈등을 조정하고, 이로 인한 혼란을 통제하기 위한 프로세스를 강화했다. 안타깝게도 이는 프로덕션 품질이나 운영 팀의 경험을 높이거나, 개발 팀과 운영 팀의 관계 개선에 영향을 미치지 못했다.[42]

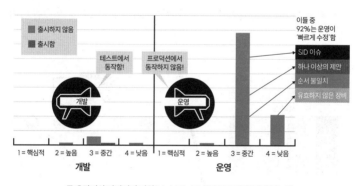

문제 관리와 다방면의 지원(L1➔L2➔L3)은 큰 도움이 되지 않는다.

그림 12.7 구조가 행동과 품질에 미치는 영향
(출처: Image courtesy of Scott Prugh)

팀은 무슨 일이 일어났는지 더 깊이 이해하려고 데이터를 확인했다가 몇 가지 놀랍고 주의할 경향을 발견했다.[43]

- 출시 영향과 사고가 거의 90% 개선됐다(사고 건수: 201 → 24).
- 발생한 사고의 2%는 출시 사고였다(98%는 프로덕션 사고).
- 그리고 그 프로덕션 사고의 92%는 운영 팀이 빠르게 복구했다.

프루는 "우리는 기본적으로 개발 태도를 극적으로 개선했지만, 프로덕션 운영 환경은 그렇지 못했다. 이 결과는 정확하게 우리가 한 최적화에 따른 것이었다. 코드 품질은 훌륭했지만, 운영 품질은 형편없었다"라고 설명했다.[44]

해결책을 찾기 위해 프루는 다음과 같이 질문했다.

- 다른 조직적 목표가 시스템 목표와 충돌했는가?
- 개발 팀이 운영을 이해하지 못해 운영하기 어려운 소프트웨어를 만들었는가?
- 미션이 공유되지 않아 팀 사이의 공감대가 형성되지 않았는가?
- 핸드오프가 가늘고 긴 리드 타임을 야기했는가?
- 운영의 엔지니어링 스킬 부족이 개선을 막고 임기응변식의 엔지니어링을 독려했는가?

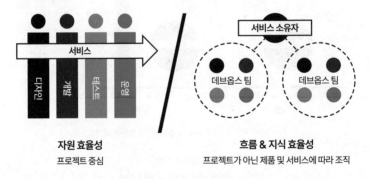

그림 12.8 사일로 접근 방식에서 교차 기능 팀으로의 전환
(출처: Image courtesy of Scott Prugh)

프루가 이를 발견했을 즈음 제품 이슈에 대한 고객들의 불만이 경영진에까지 반복적으로 올라왔다. CSG의 고객들은 분노했고 경영진은 CSG의 운영 태세를 개선하기 위해 무엇을 할 수 있는지 요청했다.

몇 번인가 문제를 지나친 후 프루는 소프트웨어를 빌드하고 운영하는 '서비스 전달 팀Service Delivery Team' 구성을 제안했다. 기본적으로 개발과 운영을 한 팀에서 모두 수행하는 방안을 제시한 것이다.[45]

처음엔 프루의 제안이 달갑게 받아들여지지 않았다. 하지만 과거 공유된 여러 운영 팀의 성공을 보인 뒤 프루는 다음과 같이 개발과 운영을 함께 하는 것이 서로에게 윈윈임을 다시 한번 제안했다.

- 각 팀은 서로에 대한 이해를 개선함으로써 전체 전달 체인 (개발에서 운영으로)을 개선할 수 있다.
- 흐름과 지식 효율을 공유하고 설계, 빌드, 테스트 운영에 대한 통일된 책임을 만든다.
- 운영을 엔지니어링 문제로 만든다.*
- 커뮤니케이션 개선, 회의 감소, 공통 계획 수립, 협업 증진, 공유된 작업 가시성 생성, 공유된 리더십 비전과 같은 다른 이익을 가져온다.

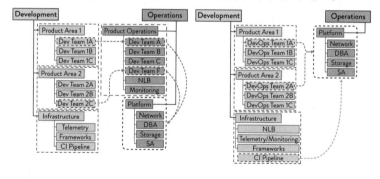

그림 12.9 전통적 구조 vs. 교차 기능 구조
(출처: Image courtesy of Scott Prugh)

---

* 팀은 운영에 교차 훈련 엔지니어링 원칙 및 스킬을 포함했으며, 운영을 독립적인 프로세스 활동에서 진정한 지속적 개선과 함께 엔지니어링 액티비티로 진화시켰다. 그 결과 운영은 개발 사이클의 왼쪽(앞쪽)으로 이동했으며 임기응변식의 엔지니어링 활동도 멈추게 됐다.

다음 단계로는 개발 팀과 운영 팀, 리더들을 조합한 새로운 팀을 구성하는 안이 포함됐다. 새로운 팀의 관리자들과 리더들은 현재 인력 중에서 선출됐으며, 팀 구성원들은 새로운 교차 기능 팀을 위해 새롭게 채용했다. 이 변화 이후, 개발 관리자들과 리더들은 자신들이 만든 소프트웨어를 실제로 운영하는 경험을 하게 됐다.[46]

충격적인 경험이었다. 리더들은 빌드/운영 팀을 만드는 것이 기나긴 여정의 첫걸음에 지나지 않음을 깨달았다. 소프트웨어 엔지니어링 부문 부사장이었던 에리카 모리슨Erica Morrison은 다음과 같이 회상한다.

> 네트워크 로드 밸런서 팀Network Load Balancer Team과 더 긴밀히 협업하면서, 마치 소설 『피닉스 프로젝트』 안에 있는 듯 느끼기 시작했다. 이전 업무 경험에서 책의 내용과 비슷한 것을 많이 봤지만 이런 경험은 없었다. 보이지 않는 업무, 다양한 시스템(스토리에 관한 시스템, 사고에 관한 시스템, CRQ에 관한 시스템, 새로운 요청에 관한 시스템 등)에서의 업무 그리고 무시무시한 양의 이메일이 쌓여 있었다. 어떤 것은 어느 시스템에도 존재하지 않았다. 그 모든 것을 추적하느라 그야말로 머리가 터질 것 같았다.
>
> 모든 업무를 관리하는 데서 오는 인지 부하는 엄청났다. 팀과 이해관계자들을 지원하는 것도 불가능했다. 기본적으로 가장 목소리가 큰 사람이 우선순위 큐의 최상위에 올라왔다. 업무 추적 및 우선순위를 선정하기 위한 조정 시스템의 부재로 인해 모든 아이템이 우선순위 1순위였다.
>
> 또한 셀 수 없이 많은 기술 부채가 쌓였음을 깨달았다. 이 기술 부채로 인해 핵심적인 벤더 업그레이드가 불가능했고 결과적으로 오래된 하드웨어, 소프트웨어, 운영 체제를 사용해야 했다. 표준도 존재하지 않았다. 막상 정비에 들어갔을 때는 해당 표준이 보편적으로 적용되지 않거나 프로덕션에 도입할 수 없었다.
>
> 구성원 간 병목이 자주 발생하면서 불안정한 업무 환경이 지속

됐다.

모든 변경은 전통적인 CAB^Change Advisory Board(변경 자문 위원회) 프로세스를 거쳐야 했다. 이는 승인 과정에서 심각한 병목을 만들었다. 추가로 변경 프로세스를 지원하는 자동화가 거의 없어, 모든 변경은 수작업 처리했고 추적할 수 없었으며 리스크가 매우 높았다.[47]

CGS 팀은 문제를 해결하기 위해 다방면의 접근 방식을 취했다. 먼저, 행동과 문화 변경에 관한 편견을 만들었다. 이를 위해 존 슉 ^John Shook의 **변화 모델**인 '문화를 바꾸려면 행동부터 바꿔라^Change Behavior to Change Culture'를 적용했다. 리더십 팀은 문화를 바꾸기 위해서는 행동을 바꿔야 한다는 것을 이해하고 있었으며, 이는 가치와 태도에 영향을 줬고 결과적으로 문화 변화로 이어졌다.

다음으로 개발자들을 데려와 운영 엔지니어를 보충하고, 핵심 운영 문제에 어떤 훌륭한 자동화와 엔지니어링을 적용할 수 있는지 시연했다. 자동화는 트래픽과 기기 보고에 추가됐다. 젠킨스 ^Jenkins를 사용해 수동 업무를 조정하고 자동화했다. CGS의 공통 플랫폼인 StatHub에 진단 및 모니터링 도구가 추가됐다. 최종적으로 에러를 제거하고 롤백을 지원하기 위해 배포를 자동화했다.

팀은 코드의 구성 설정과 버전 관리에 투자했다. 여기에는 프로덕션에 영향을 미치지 않는 기기에 대한 배포를 테스트하고 연습하는 CI 프랙티스가 포함됐다. 새로운 프로세스와 도구를 도입함으로써 모든 코드가 프로덕션으로 향하는 파이프라인에 있었기 때문에 동료 리뷰 또한 손쉽게 수행할 수 있었다.

최종적으로 팀은 이 모든 작업을 하나의 백로그에 담는 것에 투자했다. 여기에는 여러 시스템에서 티켓을 하나의 공통 시스템으로 끌어당기는 자동화가 포함됐으며, 팀은 공통 시스템에서 협업하고 작업에 대한 우선순위를 결정할 수 있었다.

에리카 모리슨은 마지막으로 배운 것을 다음과 같이 회상한다.

우리는 이 여정에서 개발의 세계에서 운영의 세계로 이동하면서 알게 된 최고의 프랙티스를 꺼내려고 정말 많이 노력했다. 이 과정에서 잘된 것이 많지만 수많은 실수와 놀라움도 있었다. 무엇보다 운영이 매우 어렵다는 점이 가장 놀라웠다. 책으로 읽는 것과 실제 경험하는 것은 하늘과 땅만큼 큰 차이가 있다.

변경 관리는 두려운 것이며 개발자들에게는 보이지 않는다. 개발 팀으로서 우리는 변경 프로세스와 진행 중인 변경의 세부 사항에 관해 아무것도 알지 못했다. 지금은 일 단위로 변경을 처리한다. 변경은 압도적일 수 있으며, 팀이 매일 하는 일의 대부분을 차지할 수 있다.

우리는 또한 변화가 개발과 운영 사이에서의 반대 목표의 핵심 교차점 중 하나임을 재확인했다. 개발자들은 가능한 한 빠르게 프로덕션으로 변경하기를 원한다. 하지만 운영이 그 변경을 도입하고 결과에 책임져야 한다면 운영은 그 변경을 되도록 천천히 진행하기를 바란다. 우리는 이제 개발과 운영이 협업을 통해 함께 변경을 설계하고 구현해야 속도와 안정성을 개선하는 윈윈을 만들어 낸다는 것을 이해한다.[48]

업데이트된 CSG의 사례 연구는 개발 팀과 운영 팀이 협업을 통해 변경을 설계 및 구현함으로써 위험도가 낮고 충격이 적은 출시를 하는 것의 중요함을 보여준다.

결론

페이스북, 엣시, CSG의 예시에서 살펴봤듯이 출시와 배포는 수십, 수백 명의 엔지니어가 24시간 안에 완료해야 하는 긴박한 작업이어야 할 필요는 없다. 출시와 배포를 일상 업무로 만들면 배포 리드 타임을 수개월에서 몇 분으로 단축할 수 있으며, 혼란을 예방하고 업무를 중단하지 않아도 조직이 고객에게 가치를 빠르게 전달할 수 있다. 또한 개발과 운영이 함께 작업하기 때문에 결과적으로 운영 분야의 인도적 작업이 이뤄진다.

13

위험도가 낮은 출시를 위한 아키텍처

대부분의 유명한 데브옵스 사례는 링크드인, 구글, 이베이, 아마존, 엣시와 같은 기업에서 발생한 아키텍처로 인한 심각한 문제를 경험했다. 각 사례에서는 당면한 문제와 조직적 요구의 처리에 더 적합한 아키텍처를 이용해 데브옵스로의 이전을 성공적으로 완료할 수 있었다.

이것이 진화적 아키텍처Evolutionary Architecture의 원리다. 제즈 험블은 아키텍처에 관해 "성공적인 제품이나 조직에서 모든 아키텍처는 수명 주기에 따라 진화한다"라고 관찰했다.[1] 랜디 샤우프는 구글에 입사하기 전인 2004년부터 2011년까지 이베이의 수석 엔지니어이자 저명한 아키텍트였다. 그는 "이베이와 구글은 전체 아키텍처를 이미 다섯 차례나 갱신했다"라고 언급했다.[2]

샤우프는 "이런 과정에서 일부 기술과 아키텍처 관점의 결정 사항은 선견지명에 도움이 되지만, 그 밖의 모든 것은 근시안적이다. 각 결정 사항은 아키텍처 작성 당시의 조직 목표에 가장 잘 부합될 가능성이 크다. 1995년에 지금과 같은 마이크로서비스를 구현하려고 했다면 실패했을 것이다. 아마도 부담감 때문에 좌절하고 회사 전부를 망쳤을 것이다"라고 설명했다.[3]*

문제는 기존 아키텍처에서 필요한 (신규) 아키텍처로 이전하는 방법에 있다. 이베이에서 아키텍처를 재설계할 시 팀은 아키텍처를 다시 작성하는

---

* 이베이의 아키텍처는 다음과 같은 단계를 거쳤다. Perl과 파일(v1, 1995), C++와 오라클(v2, 1997), XSL과 자바(v3, 2002), 풀스택 자바(v4, 2007), 폴리글랏(Polyglot) 마이크로서비스(2013+).[4]

활동을 수행할 수 있을 정도로 문제점을 충분히 이해하고 있는지 확인하기 위해 작은 규모의 파일럿 프로젝트를 수행했다. 예를 들어 샤우프의 팀은 2006년 풀스택 자바로 사이트의 특정 부분을 이전하려고 했을 당시 사이트의 페이지를 수익별로 정렬해 수익을 극대화할 수 있는 영역을 찾았다. 가장 높은 수익 영역을 선택해도 팀의 활동을 정당화할 정도로 비즈니스 수익이 충분하지 않다면 작업을 중단한다.[5]

샤우프의 팀이 이베이에서 사용한 기법은 **교살자 애플리케이션 패턴**Strangler Fig Application Pattern이라 불리는 것으로 진화적 설계의 교과서적 내용을 담고 있다. 아키텍처에서 더는 조직의 목표를 지원치 않는 기존 서비스를 '추출하고 교체'하는 대신 API에서 기존 기능과 관련한 내용을 제거해 변경을 방지한다. 모든 신규 기능이 바람직한 신규 아키텍처를 사용하는 새로운 서비스로 구현되면 필요할 때만 기존 시스템을 호출한다.

교살자 애플리케이션 패턴은 모놀리식 애플리케이션 일부를 마이그레이션하거나 튼튼하게 결합된tightly coupled 서비스를 느슨하게 결합된loosely coupled 서비스로 마이그레이션할 때 유용하다. 우리는 매우 자주 튼튼하게 결합되고, 너무 많이 상호 연결된, 수년 (또는 수십 년) 전에 만들어진 아키텍처에서 작업하고 있다는 사실을 깨닫는다.

과도하게 결합된 아키텍처는 문제를 자주 발생시킨다. 트렁크로 코드를 커밋하거나 프로덕션 환경으로 코드를 출시하려고 할 때마다(예: 모든 테스트와 기능을 망가뜨리거나 전체 사이트가 다운되는 경우) 시스템에 전반적인 실패를 발생시킬 위험이 있다. 이를 방지하기 위해 모든 작은 변경 사항은 잠재적으로 해당 변경의 영향을 받는 모든 그룹에게 승인을 받는 것은 물론, 며칠에서 몇 주에 걸쳐 소통하고 조정해야 한다.

과도하게 결합된 아키텍처는 배포할 때도 문제가 발생한다. 배포할 때마다 일괄적으로 함께 처리해야 하는 변경의 개수가 증가하면 통합과 테스트가 더 복잡해지고 이미 문제가 발생했을 가능성이 커진다.

작은 변경 사항에 대한 배포조차 수백 또는 수천 명의 다른 개발자와 조정해야 할 수도 있다. 한 명이라도 치명적인 실패를 발생시킬 수 있으므로 문제를 발견하고 수정하기까지 몇 주가 필요하다. (이로 인해 또 다른 문제가 발생한다. '팀의 개발자들은 업무 시간의 15%만 코딩에 사용한다. 나머지 시간은 회의에 사용한다.')

극단적으로 이런 모든 사항은 안전하지 않은 업무 시스템에 생성하는 데 일부 책임이 있으며, 눈에 띄지는 않지만 작은 변경 사항이라도 치명적인 결과를 초래한다. 또한 작은 변경 사항이 치명적인 결과를 가져온다는 사실은 개발자에게 코드의 통합과 배포에 대한 공포를 불러일으킨다. 결과적으로 배포를 피하는 악순환에 빠지게 된다.

엔터프라이즈 아키텍처의 관점에서 이런 악순환은 구조적 열역학 제2법칙의 결과다. 이 현상은 복잡한 대규모 조직에서 더 잘 나타난다. 『Architecture and Patterns for IT Service Management, Resource Planning, and Governance』(Morgan Kaufmann, 2006)의 저자인 찰스 베츠[Charles Betz]는 "IT 프로젝트 책임자는 전반적인 시스템 엔트로피에 책임지지 않는다"라고 말했다.[6] 다시 말해 개별 프로젝트의 목표가 시스템의 전반적인 복잡도를 줄이고 모든 개발 팀의 생산성을 높이는 것일 때는 거의 없다.

13장에서는 현재의 아키텍처가 무엇이든 더 효과적으로 조직의 목표를 달성할 수 있는 전략으로 안전하게 이전할 수 있는지 평가한다. 이와 함께 악순환을 반전시킬 수 있는 단계를 설명하고 주요 아키텍처의 아키타입을 검토한다. 그리고 개발자 생산성[Developer Productivity], 테스트 용이성[Testability], 배포 가능성[Deployability] 및 안전성[Safety]을 높이는 아키텍처 속성을 알아본다.

생산성, 테스트 용이성 및 안전성을 향상하는 아키텍처

인터페이스가 잘 정리되고 느슨하게 결합한 아키텍처는 모든 사람이 안전하게 변경 사항을 적용할 수 있는 능력을 저해하는, 튼튼하게 결합된 아키텍처와 달리 모듈이 연결되는 방법의 강제화를 통해 생산성과 안전성을 향상시킨다. 느슨한 결합의 아키텍처는 안전하고 독립적인 배포가 가능한 작은 크기의 변경 사항을 처리할 수 있는 소규모의 생산성 높은 피자 2판 규모의 팀을 가능하게 만든다. 서비스마다 API가 잘 정의됐기 때문에 서비스를 테스트하기가 더 쉬우며 테스트 팀 사이의 계약과 SLA를 만들 수 있다.

- **클라우드 데이터스토어: NoSQL 서비스**
  - 높은 확장성과 탄력성
  - 강력한 트랜잭션 일관성
  - SQL과 같은 풍부한 쿼리 기능
- **메가스토어(Megastore): 지리적 규모의 구조화된 데이터베이스**
  - 멀티 로(Multi-row) 트랜잭션
  - 동기식 데이터센터 사이의 복제
- **빅테이블(Bigtable): 클러스터 수준이 구조화된 스토리지**
  - (로, 컬럼, 타임스탬프) — 셀 콘텐츠
- **콜로서스(Colossus): 차세대 클러스터 파일 시스템**
  - 블록 배포와 복제
- **클러스터 관리 인프라스트럭처**
  - 태스크 스케줄링, 머신 할당

그림 13.1 구글 클라우드 데이터스토어
(출처: Shoup, 'From the Monolith to Micro-services')

랜디 샤우프는 다음과 같이 말했다.

이 유형의 아키텍처는 구글에서 매우 유용하다. 지메일 같은 서비스는 그 아래 대여섯 개 정도의 또 다른 서비스 계층을 갖고 있다. 각 계층은 매우 구체적인 기능에 중점을 둔다. 각 서비스 팀은 서비스를 구축하고 자기 팀의 기능을 실행하는 작은 팀을 지원하고 있다. 그룹마다 선택하는 기술이 모두 다르다. 또 다른 예로, 세상에서 가장 큰 NoSQL 서비스인 구글 클라우드 데이터스토어Google Cloud Datastore 서비스를 살펴보자. 이는 단 여덟 명으로 구성된 팀이 지원하고 있다. 소규모 팀이 서비스를 지원할 수 있는 것은 서비스가 신뢰할 수 있는 서비스 계층을 기반으로 하고 있어서다.[7]

이런 유형의 서비스 지향 아키텍처에서는 작은 규모의 개발 단위로 작업하는 것이 가능하다. 이를 통해 **빠르고** 안전하게 배포할 수 있다. 샤우프는 "구글이나 아마존과 같이 서비스 지향 아키텍처를 보유한 조직은 아키텍처가 조직 구조, 유연성과 확장성 생성에 얼마나 영향을 미치는지를 보여준다. 이들 모두 수만 명의 개발자로 이뤄진 조직이지만, 팀 규모를 작게 하면 생산성을 크게 높일 수 있다"라고 말했다.[8]

아키텍처의 아키타입 – 모놀리스 vs. 마이크로서비스

한때 데브옵스 조직의 대부분은 튼튼하게 결합된 모놀리식 아키텍처 때문에 혼란에 빠져 있었다. 모놀리식 아키텍처는 제품이나 시장에 따라 조직을 구성하는 데 성공적이지만, 대규모로 운영하면 조직적으로 실패할 가능성이 있다. 비슷한 예로 2001년 이베이의 모놀리식 C++ 애플리케이션, 2001년 아마존의 Obidos 애플리케이션, 2009년 트위터의 모놀리식 Rails front-end, 2011년 링크드인의 모놀리식 Leo 애플리케이션을 들 수 있다. 이런 때는 생존뿐 아니라 시장에서 번성하고 경쟁 우위를 점하기 위해서 시스템 아키텍처를 재구축해 새로운 토대를 마련해야 한다.

모놀리식 아키텍처는 본질적으로 나쁜 것이 아니다. 실제로 제품 수명주기 초기에 모놀리식 아키텍처를 선택하는 것이 조직에 이로울 때도 많다. 샤우프는 다음과 같이 말했다.

모든 제품과 규모에 완벽한 아키텍처는 없다. 모든 아키텍처는 적시 출시, 기능 개발의 용이성, 확장과 같은 특정 목표의 집합이나 요구 사항 그리고 제약 조건을 만족시킨다. 모든 제품이나 서비스 기능은 시간에 따라 발전한다. 따라서 아키텍처에 대한 요구 사항도 기능과 함께 변하는 현상은 놀라운 일이 아니다. 기본 규모(x1)에서 동작하는 기능이 10배(x10)나 100배(x100) 규모에서 잘 동작하는 경우는 드물다.[9]

표 13.1 아키텍처의 아키타입

	장점	단점
모놀리스 v1 (한 애플리케이션에 모든 기능이 있음)	• 처음에는 간단함 • 내부 프로세스 사이의 지연 시간이 짧음 • 단일 코드베이스, 하나의 배포 단위 • 작은 규모에서의 자원이 효율적임	• 팀이 성장함에 따라 조정 오버헤드 증가 • 빈약한 모듈성 구현 • 낮은 확장성 • All-or-nothing 배포 (시스템 중지 시간, 실패) • 긴 빌드 시간
모놀리스 v2 (모놀리식 계층 집합: 프론트엔드 프레젠테이션, 애플리케이션 서버, 데이터베이스 계층)	• 처음에는 간단함 • 쿼리 결합이 쉬움 • 단일 스키마, 배포 • 작은 규모에서의 자원이 효율적임	• 시간이 지나면서 결합이 증가함 • 낮은 확장성과 중복성(All-or-nothing, 수직 확장만) • 적절하게 조정하기 어려움 • All-or-nothing 스키마 관리
마이크로서비스 (모듈식, 독립적, 그래프 관계 vs. 계층, 고립된 영속성)	• 각 단위가 간단함 • 독립적 확장과 성능 • 독립적 테스트와 배포 • 성능을 최적으로 조정할 수 있음(캐싱, 복제 등)	• 많은 협력 단위 • 많은 소규모 저장소 • 보다 정교한 도구와 의존성 관리 필요 • 네트워크 지연

(출처: Shoup, 'From the Monolith to Micro-services')

표 13.1은 주요 아키텍처의 아키타입을 보여준다. 각 행은 조직에 관한 다양한 진화론적 필요성을 나타내고, 각 열은 서로 다른 아키타입의 장단점을 나타낸다. 표에서 볼 수 있듯 스타트업을 지원하는 모놀리식 아키텍처(예: 새로운 기능의 빠른 프로토타이핑, 중심축이나 전략의 큰 변화 등)는 수백개의 개발자 팀에 필요한 아키텍처와는 다르다. 각 개발자는 독립적으로 고객에게 가치를 제공할 수 있어야 한다. 진화적 아키텍처를 지원하면 아키텍처가 항상 조직이 현재 필요로 하는 사항을 지원할 수 있다.

아마존, 진화적 아키텍처(2002)

가장 많이 연구되는 아키텍처 전환 사례로 아마존을 들 수 있다. 아마존의 CTO인 워너 보겔스Werner Vogels는 ACM 튜링상 수상자이자 마이크로소프트 기술 펠로우인 짐 그레이Jim Gray와의 인터뷰에서 1996년에 시작한 Amazon.com에 대해 이렇게 말했다. "모놀리식 애플리케이션, 웹 서버의 실행, 백 엔드에서 데이터베이스와의 통신, Obidos라는 별명이 붙은 이 애플리케이션은 모든 비즈니스 로직과 디스플레이 로직 그리고 모든 기능을 유지할 수 있게 진화했다. 그 결과 아마존은 유사성, 추천, 리스트마니아, 리뷰 등의 기능으로 인기를 끌었다."[10]

Obidos는 시간이 지남에 따라 복잡해졌다. 개별 부분은 필요에 따라 확장할 수 없다는 사실을 의미하는 복잡한 공유 관계를 갖게 됐다. 이와 관련해 보겔스는 "당신이 원하는 좋은 소프트웨어 환경에서 나타나는 많은 일반적인 것을 더는 할 수 없다. 하나의 시스템으로 결합한, 복잡하고 많은 소프트웨어 조각이 있다. 이런 소프트웨어 조각은 (복잡하게 결합해 있어서) 더 이상 진화할 수 없다"라고 말한다.[11]

보겔스는 바람직한 새로운 아키텍처의 기반이 되는 사고 프로세스를 설명하면서 "우리는 진지하게 자기성찰을 하면서 서비스 지향 아키텍처를 이용하면 많은 소프트웨어 컴포넌트를 빠르고 독립적으로 구축할 수 있는 격리 수준을 얻을 수 있을 것이라는 결론을 내렸다"라고 전했다.[12]

이어 그는 "아마존이 지난 5년(2001~2005년)간 경험했던 큰 아키텍처 변화는 2티어 모놀리스에서 수많은 애플리케이션을 지원하는 완전히 분산된 서비스 플랫폼으로 변화한 것이었다. 이를 위해 다양한 혁신이 필요했고 우리는 이런 접근 방식을 처음 도입한 팀 중 하나였다"라고 말했다.[13] 보겔스가 아마존에서 얻은 경험의 교훈은 다음 사항을 포함해 아키텍처의 이동을 이해하는 데 중요하다.

- **교훈 1**: 서비스 지향은 엄격하게 적용하면 격리를 달성하는 뛰어난 기법이다. 이로써 전례 없는 높은 수준의 소유권 및 통제력을 얻을 수 있다.
- **교훈 2**: 클라이언트가 직접 데이터베이스에 접근하는 것을 금지하면 클라이언트와 관계없이 서비스 상태를 확장하고 신뢰성을 향상할 수 있다.
- **교훈 3**: 개발과 운영 프로세스를 서비스 지향 아키텍처로 전환하면 엄청난 혜택을 얻을 수 있다. 서비스 모델은 강력한 고객 중심 시스템을 통해 빠르게 혁신할 수 있는 팀을 만드는 데 핵심 역할을 해왔다. 각 서비스는 관련 팀을 보유하고 있으며, 팀마다 기능 범위 설정부터 아키텍처 작성, 구축, 운영에 이르기까지 관련 서비스를 완전히 책임진다.

이런 교훈을 적용하면 개발자의 생산성과 신뢰도를 높일 수 있다. 2011년에 아마존은 하루에 1만 5,000건의 배포를 수행했다.[14] 심지어 2015년에는 하루 13만 6,000건의 배포를 수행하기도 했다.[15]

이 사례 연구는 모놀리식 구조에서 마이크로서비스 하나로 진화하는 것이 아키텍처를 분리함으로써 조직의 필요를 더 잘 도울 수 있음을 보여준다.

엔터프라이즈 아키텍처의 안전한 진화를 위한 교살자 애플리케이션 패턴을 사용하라

교살자 애플리케이션이라는 용어는 2004년 마틴 파울러가 호주 여행 중 무화과나무를 거대하게 옥죄는 포도나무 덩굴을 보고 영감을 받아 만들었다.

파울러는 "포도나무 덩굴은 무화과나무의 윗가지부터 토양에 뿌리내릴 때까지 점차 나무 아래로 내려가면서 오랫동안 환상적이고 아름다운 모양으로 자라지만, 덩굴의 호스트인 무화과나무는 죽어간다"라고 설명했다.[16]

기존의 아키텍처가 너무 단단하게 결합됐다고 판단되면 일부 기능을 안전하게 분리해야 한다. 이로써 팀이 자율성과 안전성을 갖고 분리된 기능을 독립적으로 개발 및 테스트할 수 있다. 또한 각자 코드를 프로덕션 환경으로 배포할 수 있고 아키텍처의 엔트로피를 감소시킬 수 있다.

앞에서 설명했듯 교살자 애플리케이션 패턴은 기존 기능을 변경 없이 유지하면서 API 뒤에 위치시킨다. 그리고 원하는 아키텍처를 사용해 새로운 기능을 구현하고 필요에 따라 이전 시스템을 호출한다. 교살자 애플리케이션 패턴을 구현한다면 버전을 가진 API로 모든 서비스로의 접근을 시도해야 한다. 이것을 **버전을 갖는 서비스**Versioned Services 또는 **불변 서비스**Immutable Services라 부른다.[17]

버전을 갖고 있는 API는 호출자에게 영향을 미치지 않고 서비스를 수정할 수 있으며 시스템이 더 느슨하게 결합되게 한다. 인수를 수정해야 할 때는 새로운 API 버전을 생성하고 서비스에 의존하는 팀을 새로운 서비스로 이전시켜야 한다. 새로운 교살자 애플리케이션이 다른 서비스와 튼튼하게 결합해도 될 때 아키텍처는 다시 만든 목표를 달성하지 못한다(예: 또 다른 서비스의 데이터베이스에 직접 연결).

호출하는 서비스에 명확하게 정의된 API가 없다면 API를 만들거나 정확하게 정의된 API를 갖는 클라이언트 라이브러리로 복잡한 시스템과의 통신 과정을 숨겨야 한다.

기존의 튼튼하게 결합된 시스템에서 기능을 반복적으로 분리하면 개발자들이 더욱 생산적으로 작업할 수 있으며, 레거시 애플리케이션의 기능이 줄어드는 더 안전하고 활기찬 생태계로 시스템을 이동시킬 수 있다. 필요한 기능이 새로운 아키텍처로 이전함에 따라 기존 애플리케이션의 기능은 완전히 사라질 수도 있다.

교살자 애플리케이션을 생성하면 새로운 아키텍처나 기술로 기존의 기능을 다시 만들 필요가 없다. 우리 비즈니스 프로세스는 때때로 복제해야 하는 기존 시스템의 특이성으로 인해 필요 이상으로 복잡하다(사용자 연구를 통해 프로세스 리엔지니어링으로 비즈니스 목표를 달성하기 위한 더 간단한 방법을 설계할 수 있다).[*]

마틴 파울러는 다음과 같이 말했다.

나의 주된 업무는 중요한 시스템을 재작성하는 것이었다. 이런 일은 쉬워 보일 수도 있다. 기존과 같은 역할을 하는 새로운 시스템을 만드는 일이어서다. 그러나 이 업무는 보기보다 복잡하고 위험하다. 일정이 엄청나게 단축되며 일정에 대한 압력이 있다. 새로운 기능(항상 새로운 기능이 있다)을 좋아하지만 오래된 기능은 유지해야 한다. 오래된 버그조차 재작성된 시스템에 추가해야 할 때도 있다.[19]

다른 전환 사례와 같이 작업을 반복하기 전에 빠르고 점진적으로 가치를 초기에 계속 전달해야 한다. 일반적으로 사전 분석은 새로운 아키텍처를 사용해 비즈니스 성과를 달성할 수 있는 가장 작은 크기의 작업을 선별할 수 있게 한다.

사례 연구

블랙보드, Learn 프로젝트에서의 교살자 패턴(2011)

블랙보드[Blackboard] 사는 기술 교육을 제공하는 선구자 중 하나로 2011년 약 6억 5,000만 달러의 매출을 기록했다. 그 당시 주력인 Learn 프로젝트 개발자 팀은 소프트웨어를 생산해 패키지로 만들

---

[*] 교살자 패턴은 전체 시스템, 일반적으로 레거시 시스템을 점진적으로 완전히 새로운 시스템으로 교체하는 것을 포함한다. 반대로 폴 해먼드가 만든 용어인 추상화에 따른 분기(Branching by Abstraction)는 변경하는 영역 사이에 새로운 추상 계층을 생성하는 기법이다. 추상화에 따른 분기는 모든 사람이 트렁크 및 마스터에서 작업하고, 지속적인 통합을 실천하게 허용하는 한편 애플리케이션의 진화적 설계를 가능하게 한다.[18]

었다. 소프트웨어는 고객 사이트에 설치되고 온프레미스 방식으로 실행됐다. 팀은 1997년도에 개발한 레거시 J2EE의 일상적인 결과물을 갖고 함께 작업하고 있었다.[20] 수석 아키텍트인 데이비드 애쉬먼David Ashman은 "우리는 코드베이스 전반에 여전히 일부 펄Perl 코드를 갖고 있다"라고 말했다.[21]

애쉬먼은 2010년, 기존 시스템과 관련된 복잡성과 리드 타임 증가에 중점을 두고 이렇게 말했다. "빌드, 통합, 테스팅 프로세스는 점점 더 복잡해졌고 오류가 발생하기 쉬웠다. 제품의 크기가 커질수록 리드 타임도 길어지고, 고객을 위한 애플리케이션이 더 나빠졌다. 통합 프로세스에서 피드백을 얻는 데 24시간에서 36시간이 걸렸다."[22]

애쉬먼은 2005년까지 거슬러 올라간 소스 코드 저장소에 생성된 코드 그래프에서 코드 증가가 개발자 생산성에 어떤 영향을 미치기 시작했는지 살펴봤다.

그림 13.2에서 맨 위쪽 그래프는 모놀리식 Learn 코드 저장소의 코드라인 수다. 아래쪽 그래프는 코드의 커밋 수다. 애쉬먼이 알아차린 문제는 코드의 커밋 수가 감소하기 시작하면 코드 변경의 도입이 어려워지지만, 코드 라인 수는 계속 증가한다는 점이다. 이에 대해 그는 "이 결과는 조치가 필요하다고 이야기하고 있다. 방치하면 문제는 더 나빠지고 기하급수적으로 늘어날 것이다"라고 언급했다.[23]

결과적으로 2012년 교살자 패턴을 사용하는 코드 재구성 프로젝트를 실행하기로 했다. 팀은 내부적으로 **빌딩 블록**을 만들었다. 빌딩 블록으로 모놀리식 코드베이스와 분리해 고정 API를 통해 접근하는 분리된 모듈로 작업할 수 있게 했다. 이로써 자율성이 향상됐고 다른 개발 팀과 수시로 의사소통 및 조정할 필요 없이 작업할 수 있었다.

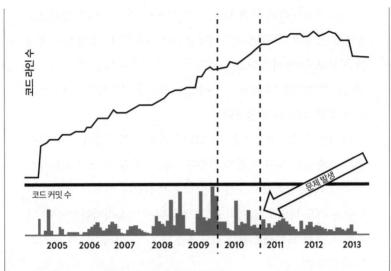

그림 13.2 블랙보드, Learn 코드 저장소: 블록 구축 전
(출처: 'DOES14 – David Ashman – Blackboard Learn – Keep Your Head in the Clouds',
YouTube video, 30:43, posted by DevOps Enterprise Summit 2014, 2014. 10. 28,
https://www.youtube.com/watch?v=SSmixnMpsl4)

개발자가 빌딩 블록을 사용할 수 있게 되면 (코드 라인 수로 측정한 것처럼) 모놀리스 소스 코드 저장소의 크기가 감소하기 시작한다. 애쉬먼은 개발자가 코드를 빌딩 블록 모듈로 소스 코드 저장소에서 이동하기 때문이라며 "모든 개발자는 자율성과 자유, 안전성을 높여 빌딩 블록 코드베이스에서 작업하는 편을 택할 것이다"라고 설명했다.[24]

표 13.3은 코드 라인의 급격한 증가와 빌딩 블록 코드 저장소에 대한 코드 커밋 수의 급격한 증가 사이의 관련성을 보여준다. 새로운 빌딩 블록 코드 베이스는 개발자가 더 생산적이고 안전하게 작업할 수 있게 했다. 실수가 전체 시스템에 영향을 미치는 참사를 예방했으며, 작고 지엽적인 실패 위험을 축소했다.

애쉬먼은 "개발자가 빌딩 블록 아키텍처에서 작업함으로써 코드 모듈성을 크게 개선할 수 있었고 독립적이며 자유롭게 작업할 수 있었다. 개발자는 빌드 프로세스의 업데이트와 함께 자신의 작업에 대한 더 빠르고 도움이 되는 피드백을 얻을 수 있었다. 이는 품질 개선으로 이어졌다"라고 결론지었다.[25]

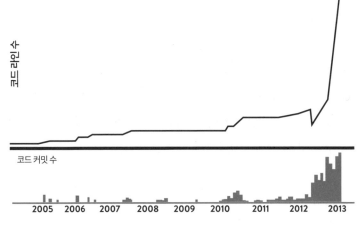

그림 13.3 블랙보드, Learn 코드 저장소: 블록 구축 후

(출처: 'DOES14 – David Ashman – Blackboard Learn – Keep Your Head in the Clouds',
YouTube video, 30:43, posted by DevOps Enterprise Summit 2014, 2014. 10. 28,
https://www.youtube.com/watch?v=SSmixnMpsl4.)

교살자 애플리케이션 패턴을 활용하고 모듈러 코드베이스를 만듦으로써, 블랙보드의 팀들은 더욱 자율적으로 작업하면서 개별 문제를 안전하고 빠르게 해결할 수 있었다.

지속적인 학습

아키텍처와 최고의 성과를 견인하는 데 있어서의 역할을 데이터가 뒷받침한다. 퍼펫랩스와 도라가 발간한 「2017 데브옵스 현황 보고서」에 따르면 아키텍처는 지속적인 전달에 가장 크게 기여하는 요소였다.

분석에 따르면 아키텍처 관련 역량에서 가장 높은 점수를 기록한 팀은 그들의 작업을 다른 팀에 의존하지 않고 수행함에 따라 외부에 의존하지 않으면서 시스템을 변경할 수 있었다.[26]

이 결과는 도라가 발간한 2018, 2019 「데브옵스 현황 보고서」에서도 그대로 나타났다. 마찰 없이 배포와 출시를 신속하게 하는 팀의 능력에 있어 느슨하게 결합된 아키텍처를 갖는 것이 여전히 중요한 것으로 드러났다.[27]

결론

서비스가 운영되는 아키텍처는 코드를 테스트하고 배포하는 방법에 막대한 영향을 준다. 서로 다른 조직 목표 세트나 오랜 시간이 지난 영역에 최적화된 아키텍처로 인해 막다른 골목에 놓일 때가 많아서다. 이런 이유로 우리는 안전하게 한 아키텍처에서 다른 아키텍처로 이행할 수 있어야 한다. 13장에서 소개한 사례 연구 및 앞 장에서 소개한 아마존 사례 연구는 교살자 패턴 같은 기법을 소개한다. 이를 활용하면 아키텍처를 점진적으로 이행할 수 있고, 조직의 필요를 적용할 수도 있다.

3부 / 결론

3부에서는 개발에서 운영으로의 작업 흐름 속도를 높이는 아키텍처와 기술적 프랙티스를 구현했다. 이를 통해 고객에게 빠르고 안전하게 가치를 전달할 수 있다.

이어지는 '4부, 두 번째 방법: 피드백에 대한 기술적 프랙티스'에서는 흐름의 오른쪽과 왼쪽 상호 간 빠른 피드백 흐름, 더 신속한 문제의 발견 및 수정, 피드백이 가능한 아키텍처와 메커니즘을 만들 것이다. 이를 통해 변화에 대한 조직의 적응 속도를 높일 수 있다.

보충 자료

『유니콘 프로젝트』는 그 유명한 『피닉스 프로젝트』에 버금가는 소설이다. 작업 흐름을 개선하고자 하는 개발자의 경험을 중점적으로 그리고 있다 (itrevolution.com/the-unicorn-project/).

『디지털 트랜스포메이션 엔진』은 최근 4년 동안의 『데브옵스 현황 보고서』에 실린 모든 연구 결과를 제공하며, 더 나은 품질의 소프트웨어로 이끄는 지표에는 무엇이 있는지를 효과적으로 제공한다(itrevolution.com/accelerate-book).

제즈 험블과 데이비드 팔리가 쓴 『Continuous Delivery』는 개발 및 운영 업무를 하는 모든 사람이 반드시 읽어야 할 책이다.

엘리자베스 헨드릭슨이 쓴 『탐험적 테스팅』(인사이트, 2014)은 효과적인 테스트 케이스를 구축하는 방법에 관한 아이디어를 얻을 수 있는 훌륭한 소스다.

마틴 파울러가 교살자 애플리케이션 패턴에 관해 쓴 블로그 포스트 역시 반드시 읽어봐야 할 소스다(martinfowler.com/bliki/StranglerFigApplication.html).

4부 /

두 번째 방법: 피드백을 위한
기술적 프랙티스

4부 / 소개

3부에서는 개발에서 운영으로의 빠른 흐름을 만드는 데 필요한 아키텍처와 기술적 프랙티스를 설명했다. 4부에서는 두 번째 방법을 위한 기술적 프랙티스의 구현을 설명한다. 이런 프랙티스는 운영에서 개발로의 빠르고 지속적인 피드백을 생성하는 데 필요하다.

두 번째 방법을 위한 기술적 프랙티스는 피드백 루프를 단축하고 증폭한다. 따라서 문제가 발생하자마자 파악할 수 있고 파악한 정보를 가치 흐름 내 모든 사람에게 전파할 수 있다. 이를 통해 소프트웨어 개발 수명 주기에서 문제를 더 빠르게 발견하고 수정할 수 있다. 다시 말해 심각한 문제가 발생하기 전에 처리할 수 있다.

운영 다운스트림에서 습득한 지식이 개발과 제품 관리에 대한 업스트림 작업과 통합되는 작업 시스템도 생성할 수 있다. 이를 통해 지식이 제품 문제, 배포 문제, 문제에 대한 조기 지시자 또는 고객의 사용 패턴, 지식의 출처와 상관없이 문제를 빠르게 개선하고 학습할 수 있게 만든다.

또한 모든 사람이 자신의 작업에 대한 피드백을 얻고 학습할 수 있도록 정보를 가시적으로 만들 수 있다. 제품에 대한 가설도 신속하게 테스트해 우리가 만드는 기능이 조직의 목표 달성에 도움이 되는지를 결정하는 프로세스도 만들 수 있다.

사용자 행위, 제품 문제와 사고, 감사 문제, 보안 위반은 물론 빌드, 테스트, 배포 프로세스에서 텔레메트리를 만드는 방법도 설명한다. 일상 업무 일부로 (문제의) 신호를 증폭해 문제를 확인하고 해결할 수 있게 하려면 우리가 자신 있게 변경하고 제품을 실험할 수 있는 안전한 작업 시스템을 만들고, 문제를 빠르게 감지하고 실패를 처리할 수 있다는 사실을 인지할 수 있어야 한다. 우리는 다음과 같은 사항을 살펴봄으로써, 앞서 설명한 모든 작업을 수행한다.

- 문제의 확인과 해결을 가능케 하는 텔레메트리 생성
- 더 나은 문제 예측과 목표 달성을 위한 텔레메트리 사용
- 사용자 조사와 피드백을 제품 팀의 작업으로 통합
- 개발과 운영이 안전하게 배포를 수행할 수 있게 하기 위한 피드백 활성화
- 동료 리뷰나 페어 프로그래밍을 통한 작업의 품질을 증가시키는 피드백 활성화

13장에서 소개한 패턴은 제품 관리, 개발, QA, 운영, 정보 보안의 공통 목표를 보강하고, 프로덕션 환경에서 서비스가 원활하게 실행되게 한다. 그리고 전체 시스템의 개선을 위한 협력을 보장하는 책임을 공유하도록 장려한다. 우리는 가능한 한 원인과 결과를 연결하고 싶어 한다. 문제의 원인이 의미가 없다고 판단할 수 있는 가정이 많을수록 원인을 빠르게 규명할 수 있고 학습과 혁신을 위한 역량도 더 커진다.

이어지는 장에서는 피드백 루프를 구현하고 공통 목표를 달성하기 위해 문제를 빠르게 감지하고 복구할 수 있게 할 것이다. 그 기능들이 프로덕션 환경에서 설계대로 동작하고 조직의 목표 달성과 학습을 지원하도록 만들 것이다.

14

문제 확인과 해결을 가능케 하는 텔레메트리를 생성하라

운영을 하다 보면 어쩔 수 없이 뭔가 잘못되는 일이 발생한다. 작은 변경으로 인한 중단 사태가 모든 고객에게 영향을 미치기도 하고 시스템 전체가 실패하기도 한다. 이런 예상치 못한 문제가 발생한다는 점이 복잡한 시스템 운영의 현실이다. 누구도 전체 시스템을 볼 수 없고 모든 부분이 함께 작동하는 방법을 이해할 수 없다.

일상 업무에서 프로덕션의 시스템 중단 사태와 다양한 문제가 발생할 때는 문제를 해결하는 데 필요한 정보가 없는 경우가 많다. 예를 들어 시스템이 중단됐을 때 문제가 애플리케이션에서의 실패(코드상 결함 등)나 환경에서의 실패(네트워킹 문제, 서버 구성 문제 등)가 원인인지, 완전한 외부 문제(대량의 서비스 거부 공격 등)가 원인인지를 판단하지 못할 수도 있다.

운영에서는 이런 문제를 경험 법칙으로 처리할 수 있다. 우선, 프로덕션 환경에서 뭔가 잘못됐다면 서버를 재부팅한다. 그럼에도 시스템이 정상적으로 동작하지 않으면 옆 서버를 재부팅한다. 그래도 해결되지 않으면 모든 서버를 재부팅한다. 이렇게 해도 제대로 작동하지 않으면 항상 개발자를 비난한다.[1]

2001년 마이크로소프트 운영 프레임워크Microsoft Operations Framework, MDF에 대한 연구에서는 가장 높은 서비스 수준을 가진 조직은 서버를 평균보다 20배가량 재부팅을 덜 했으며, '블루 스크린*'이 5배나 더 적게 나타났다.[2] 다시

---

* 비정상적인 오류 화면을 의미한다. – 옮긴이

말해 최고의 성과를 내는 조직은 서비스 사고를 진단하고 처리하는 데 훨씬 뛰어난 모습을 보였다. 케빈 베어[Kevin Behr], 진 킴, 조지 스패포드는 『The Visible Ops Handbook』(Information Technology Processinst, 2005)에서 이런 현상을 '인과 관계의 문화[Culture of Causality]'라고 불렀다. 높은 성과를 내는 사람은 문제 해결을 위해 훈련된 접근 방법을 사용한다. 낮은 성과를 내는 사람들과 달리 문제 해결에 집중하고, 문제 발생에 기여하는 요인을 이해하기 위해 프로덕션 텔레메트리를 사용한다.[3]

이처럼 훈련된 문제 해결 행동을 가능케 하려면 '원격지에서 수집되는 측정치와 모니터링을 위해 수신 장비로 계속 전송되는 또 다른 데이터에 의해 자동화된 커뮤니케이션 프로세스'처럼 광범위하게 정의된 **텔레메트리**를 지속적으로 생성하는 시스템을 설계해야 한다.[4] 우리의 목표는 애플리케이션과 환경 내 배포 파이프라인은 물론 프로덕션 환경과 사전 프로덕션 환경 모두에서 텔레메트리를 생성하는 것이다.

엣시의 데브옵스 트랜스포메이션

마이클 렘벳시[Michael Rembetsy]와 패트릭 맥도널[Patrick McDonnell]은 2009년에 시작된 엣시의 데브옵스 트랜스포메이션에서 프로덕션 모니터링 방법이 중요한 요소임을 설명했다. 이는 지원이 점점 어려워지는 프로덕션 환경에서 사용되는 무수히 많은 기술을 포기하고, 그들의 전체 기술 스택을 표준화하면서 LAMP[Linux, Apache, MySQL, PHP] 스택으로 전환했기 때문에 중요하다.

맥도널은 2012년 벨로시티 콘퍼런스 발표를 통해 이 과정에서 많은 위험이 초래됐음을 설명했다.

우리는 가장 중요한 인프라스트럭처의 일부를 변경했다. 고객은 이런 변경에 대해 전혀 알 수가 없다. 그러나 어떤 문제가 발생하면 고객은 확실히 알 수 있다. 이와 같은 커다란 변화를 수행하는 동안 우리는 엔지니어링 팀과 마케팅 팀과 같은 기술 분야의 팀원이 아닌 사람들에게서 실제로

문제가 발생하지 않을 것이라는 확신을 얻으려면 더 많은 지표가 필요했다.[5]

맥도넬은 설명을 이어갔다.

우리는 모든 서버의 정보를 Ganglia라 불리는 도구를 사용해 수집하고, 수집한 모든 정보를 표시하기 위해 오픈소스 도구인 Graphite에 투자했다. 그런 다음, 비즈니스 지표에서 배포까지 모든 사항을 지표로 모으기 시작했다. 이때 모든 지표 그래프가 중첩되는 '평행하지 않으면서도 일치되지 않는 수직선 기술'로 Graphite를 수정했다. 이를 통해 예상치 못한 배포에 따른 부작용을 빠르게 확인할 수 있었다. 심지어 사무실 전체에 TV 스크린을 설치해 모든 사람이 서비스가 어떻게 수행되는지 확인할 수 있도록 했다.[6]

개발자가 일상 업무의 일부로 기능에 텔레메트리를 추가하고, 안전하게 배포할 수 있게 충분한 텔레메트리를 만들었다. 엣시는 2011년까지 가장 중요한 최상위 30개의 비즈니스 지표가 '배포 대시보드'에 잘 표시되게 하면서 애플리케이션 스택의 모든 계층에서 애플리케이션 기능, 애플리케이션 상태, 데이터베이스, 운영 시스템, 스토리지, 네트워킹, 보안과 같은 20만 개의 프로덕션 지표를 추적했다. 2014년까지 대시보드에서 80만 개 이상의 지표를 추적하면서 모든 항목을 측정하려고 노력했으며, 엔지니어가 지표를 쉽게 추적할 수 있게 했다.[7]

엣시의 엔지니어인 이안 말패스Ian Malpass는 다음과 같이 말했다.

엣시의 엔지니어에게 종교가 있다면 대시보드는 그래프들의 교회다. 우리는 뭔가 움직일 때 그 움직임을 추적한다. 대시보드에 운영하기로 한 경우에만 아직 움직이지 않은 뭔가(지표)에 대한 그래프를 그린다. 빠르게 대응하려면 모든 사항의 추적이 중요하며, 이를 위한 단 하나의 방법은 추적을 쉽게 만드는 것이다. 우리는 엔지니어들이 긴 시간이 소요되는 설정 변경이나 복잡한 프로세스 없이도 추적해야 하는 사항을 주저하지 않

고 추적할 수 있게 했다.[8]

「2015 데브옵스 현황 보고서」의 발견 사항 중 하나는 높은 성과를 내는 사람들은 동료보다 168배 빠르게 프로덕션 사고를 해결한다는 사실이었다. 낮은 성과를 내는 사람 중 평균치에 있는 사람들은 MTTR을 일 단위로 측정하는 반면, 높은 성과를 내는 사람 중 평균치에 있는 사람들은 MTTR을 분 단위로 측정한다.[9] 도라가 발간한 「2019 데브옵스 현황 보고서」에 따르면 최고 성과자들은 낮은 성과자들보다 2,604배 빠르게 프로덕션 사고를 처리했다. 중간 성과자들은 MTTR이 분 단위로 측정됐으며, 중간 수준의 낮은 성과자는 MTTR이 주 단위로 측정됐다.[10]

14장의 목표는 엣시처럼 항상 충분한 텔레메트리를 보유하고, 이에 따라 서비스가 프로덕션 환경에서 올바르게 운영되고 있음을 확인하는 것이다. 문제가 발생하면 고객에게 영향을 미치기 전에 이상적으로 문제를 처리하는 가장 좋은 방법이 무엇인지 결정해야 한다. 또한 텔레메트리는 우리가 현재 상태를 잘 이해할 수 있게 해야 하며 현실에 대한 이해가 잘못됐을 때는 이를 감지할 수 있게 해야 한다.

중앙 집중식 텔레메트리 인프라스트럭처를 구축하라

운영 모니터링과 로깅은 새로운 것이 아니다. 그동안 운영 엔지니어들은 프로덕션 시스템의 상태를 확인하려고 모니터링 프레임워크(예: HP OpenView, IBM Tivoli, BMC Patrol/BladeLogic 등)를 사용하고 커스터마이징했다. 일반적으로 데이터는 서버에서 실행되는 에이전트나 모니터링을 통해 수집됐다(예: SNMP 트랩이나 모니터 기반 폴링 등). 그래픽 사용자 인터페이스GUI 프론트엔드가 있기도 했고, 백엔드 보고는 크리스탈 보고서Crystal Reports와 같은 도구로 보강되기도 했다.

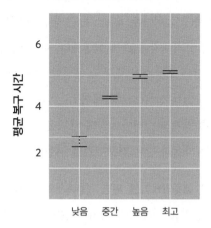

그림 14.1 최고 성과자, 높은 성과자, 중간 성과자, 낮은 성과자의 사고 처리 시간(2019)
(출처: Forsgren et al., 「Accelerate: State of DevOps」, 2019)

효율적인 로깅 기능이 있는 애플리케이션 개발 사례와 텔레메트리를 통한 관리 역시 새로운 것이 아니다. 대부분의 프로그래밍 언어는 완성도가 높은 다양한 로깅 라이브러리가 있다.

그러나 개발 부서는 수십 년 동안 개발자들이 관심을 두고 있는 로깅 이벤트를 만들고, 운영 부서는 환경이 잘 실행되는지 또는 다운됐는지만 모니터링하는 정보의 사일로가 됐다. 그 결과 부적절한 이벤트가 발생하면 누구도 전체 시스템이 설계대로 동작하지 않거나 특정 컴포넌트가 실패한 원인을 파악할 수 없었다. 이는 시스템을 동작하는 상태로 되돌리려는 활동을 방해했다.

문제가 발생할 때마다 확인할 수 있도록 애플리케이션과 환경을 설계하고 개발해야 하며, 애플리케이션과 환경이 충분한 텔레메트리를 생성하게 해야 한다. 이로써 시스템이 전체적으로 어떻게 행동하는지를 이해할 수 있다. 애플리케이션 스택의 모든 수준이 모니터링되고 로깅되면 그래프 작성과 지표 시각화, 이상 탐지, 사전 경고 및 문제 에스컬레이션과 같은 다른 기능도 활성화할 수 있다.

제임스 턴불[James Turnbull]은 『The Art of Monitoring』(Kindle edition, 2014) 에서 대규모 웹 업체(구글, 아마존, 페이스북 등)의 운영 엔지니어가 이용하는 현대적인 모니터링 아키텍처에 관해 설명했다. 이런 아키텍처는 나기오스 [Nagios], 제노스[Zenoss] 같은 오픈소스 도구로 구성할 수도 있다. 오픈소스 도구 는 당시 라이선스가 있는 상용 소프트웨어로는 다루기 어려웠던 대규모 환 경에서도 사용할 수 있게 커스터마이징돼 배포됐다.[11]

이런 아키텍처는 다음과 같은 컴포넌트를 포함한다.

- **비즈니스 로직, 애플리케이션, 환경 계층에서의 데이터 수집**: 각 계층에서 이벤트, 로그, 지표 형태로 텔레메트리를 생성한다. 로그는 각 서버 에 있는 애플리케이션의 특정 파일(예: /var/log/httpd-error.log)에 저 장될 수 있다. 그러나 가능한 한 쉽게 중앙 집중화와 순환, 삭제를 할 수 있도록 모든 로그를 공통 서비스로 보내고 싶어 한다. 이런 서비 스는 리눅스의 syslog, 윈도의 Event Log 등과 같은 대부분의 운영 시스템에서 제공한다.

  또한 시스템의 동작 방법을 더 잘 이해하기 위해 애플리케이션 스 택의 모든 계층에서 지표를 모은다. 운영 체제 수준에서는 collectd, Ganglia와 같은 도구를 사용해 시간에 따른 CPU, 메모리, 디스크, 네 트워크 사용량과 같은 지표를 수집할 수 있다. 성능 정보를 수집하는 또 다른 도구로는 AppDynamics, New Relic, Pingdom 등이 있다.

- **이벤트와 지표의 저장을 담당하는 이벤트 라우터**: 시각화, 추세 파악, 경 고, 이상 탐지 등을 가능케 하는 역할을 한다. 모든 텔레메트리를 수 집 및 저장하고 집계해 분석과 상태 점검의 정확도를 높인다. 이벤트 라우터는 서비스와 관련된 구성(그리고 구성이 지원하는 애플리케이션 과 환경)을 저장하는 곳이며, 임곗값을 기반으로 하는 경고와 상태 점 검을 수행하는 곳이기도 하다. 이런 도구로는 Promethus, Honyecomb, DataDog, Sensu 등이 있다.

로그를 중앙 집중화하고 나면 이벤트 라우터에서 로그를 계산해 지표로 변환할 수 있다. 예를 들어 'child pid 14024 exit signal Segmentation fault'와 같은 로그 이벤트는 전체 프로덕션 인프라스트럭처에 걸쳐 단일 segfault 지표로 계산되고 요약될 수 있다.

로그를 지표로 변환하면 문제 주기 안에서 더 빠르게 특이점과 변형점을 발견하기 위한 이상 탐지를 사용해 지표에 대한 통계 연산을 수행할 수 있다. 예를 들어 '지난주 10개의 segfault'에서 '지난 시간 동안 수천 개의 segfaul'로 변경된 경우, 즉 지표의 측정 주기가 빨라진 경우에는 더욱 빠르게 통보할 수 있도록 경고를 설정할 수 있다.

프로덕션 서비스와 환경에서 텔레메트리를 수집하는 것 외에도 자동화 테스트가 통과하거나 실패한 경우 또는 임의의 환경에 배포를 수행한 경우처럼 주요 이벤트가 발생하면 배포 파이프라인에서도 텔레메트리를 수집해야 한다. 또한 빌드와 테스트를 실행하는 데 얼마나 많은 시간이 소요되는지에 대한 텔레메트리도 수집해야 한다. 이를 통해 성능 테스트나 빌드에 평소보다 시간이 2배 걸리는 것과 같은 문제 상태를 감지할 수 있으며 오류가 프로덕션 환경으로 가기 전에 발견해 수정할 수 있다.

또한 텔레메트리 인프라스트럭처의 정보 입력과 추출도 쉽게 만들어야 한다. 사람들이 티켓을 오픈하고 보고서가 수신되길 기다리는 것보다는 모든 사항이 자체 서비스 API로 수행되는 것이 바람직하다.

관심 항목이 언제 발생했는지 어디서, 어떻게 처리되는지를 정확하게 알려주는 텔레메트리를 생성하는 것도 중요하다. 텔레메트리는 수동 분석과 자동 분석에 적절하게 사용될 수 있어야 하며, 로그를 생성한 애플리케이션 없이도 분석할 수 있어야 한다.[*] 애드리안 콕크로프트Adrian Cockcroft는 "모니터링은 매우 중요하다. 모니터링 시스템은 모니터링 대상 시스템보다

---

[*] 이제부터 '텔레메트리'라는 용어는 지표와 상호 교환적으로 사용한다. 텔레메트리는 이벤트 로깅과 애플리케이션 스택의 모든 수준에서 서비스에 의해 생성된 지표를 포함한다. 그리고 배포 파이프라인은 물론, 모든 프로덕션 환경과 사전 프로덕션 환경에서 생성된 지표도 포함한다.

활용성이 높고 확장 가능해야 한다"라고 강조했다.[12]

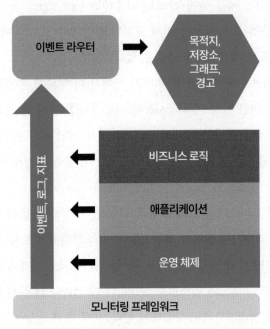

그림 14.2 모니터링 프레임워크
(출처: Turnbull, The Art of Monitoring, Kindle edition, chap. 2)

프로덕션에 유용한 애플리케이션
로깅 텔레메트리를 생성하라

중앙 집중화된 텔레메트리 인프라스트럭처를 확보했다. 이제 우리가 빌드
하고 운영하는 애플리케이션이 충분한 텔레메트리를 생성하는지 확인해야
한다. 신규 서비스와 기존 서비스 모두에 개발과 운영 엔지니어가 일상 업
무에서 프로덕션 텔레메트리를 생성하게 할 수 있다.

CSG의 CTO인 스콧 프루는 다음과 같이 말했다.

나사NASA는 로켓을 발사할 때마다 수백만 개의 자동 센서를 사용해 자산
의 모든 컴포넌트 상태를 보고받는다. 하지만 우리는 소프트웨어에는 이

와 같은 주의를 기울이지 않는다. 애플리케이션과 인프라스트럭처 텔레메트리를 생성하면 최고의 수익을 낼 수 있다는 사실을 발견했다. 2014년 우리는 매일 10만 개 이상의 코드에서 계측되는 10억 건의 텔레메트리 이벤트를 생성했다.[13]

우리가 만들고 운영하는 애플리케이션의 모든 기능은 측정돼야 한다. 엔지니어들이 기능으로 구현할 정도로 중요하다면 충분한 프로덕션 텔레메트리를 생성하는 것도 중요하다. 충분한 텔레메트리를 생성한다면 애플리케이션이 설계대로 동작하고 원하는 결과를 달성할 수 있다고 확신할 수 있다.*

가치 흐름 내 모든 팀원은 텔레메트리를 다양한 방법으로 시공할 것이다. 예를 들어 개발자는 워크스테이션에서 문제를 정확히 진단하기 위해 애플리케이션에 더 많은 텔레메트리를 임시로 생성할 수 있다. 운영 엔지니어는 프로덕션 문제를 진단하기 위해 텔레메트리를 생성할 수 있다. 정보 보안과 감사관은 필요한 통제의 효과를 확인하기 위한 텔레메트리를 고려할 수 있다. 제품 관리자는 비즈니스 결과, 기능의 활용, 전환 비율 등을 추적하는 데 텔레메트리를 사용할 수도 있다.

이처럼 다양한 사용처를 지원하려면 로깅 수준이 다양해야 한다. 이들 중 일부는 다음과 같은 경고를 발생시킬 수도 있다.[14]

- **DEBUG 수준**: 프로그램 내부에서 발생한 모든 사항에 대한 것으로 디버깅 도중에 자주 사용된다. 디버그 로그가 프로덕션 환경에서 비활성화되는 때도 있지만, 문제 해결 과정 중에는 일시적으로 활성화된다.
- **INFO 수준**: 사용자의 주된 동작이나 시스템의 특정 동작으로 구성된다(예: 신용 카드 트랜잭션 시작).

---

* 개발자가 유용한 텔레메트리를 쉽게 생성할 수 있게 만드는 다양한 애플리케이션 로깅 라이브러리가 있다. 앞 절에서 생성한 모든 애플리케이션 로그를 중앙 집중화된 로깅 인프라스트럭처로 보내는 것이 가능한 로깅 라이브러리를 선택해야 한다. 대표적인 예로는 rrd4j, log4j for Java, log4r, ruby—cabin for Ruby를 들 수 있다.

- **WARN 수준**: 잠재적 오류의 조건을 알려준다(예: 사전에 정의된 시간보다 더 오래 걸리는 데이터베이스 호출). 이런 정보는 경고를 주고, 문제 해결을 다시 시작하게 할 가능성이 크다. 반면에 로깅 메시지는 무엇이 이런 경고 조건을 유도했는지 더 잘 이해하는 데 도움을 준다.
- **ERROR 수준**: 오류 상태에 중점을 둔다(예: API 호출 실패, 내부 오류 상태).
- **FATAL 수준**: 이 수준의 정보는 우리가 언제 애플리케이션을 종료해야 하는지 알려준다(예: 네트워크 데몬이 네트워크 소켓을 바인딩할 수 없음).

올바른 로깅 수준의 선택은 중요하다. 지속적인 전달의 핵심 개념을 구체화하는 여러 프로젝트를 맡았던, 쏘트웍스의 전 컨설턴트인 댄 노스는 "메시지가 ERROR인지, WARN인지를 결정하려고 오전 4시에 깨어났다고 상상해보자. 프린터의 토너가 부족한 것은 ERROR가 아니다"라며 이해를 도왔다.[15]

신뢰성 있고 안전한 서비스 운영과 관련된 정보를 갖고 있다는 사실을 깨달으려면 가트너의 GTP 보안 및 위험 관리 그룹의 연구 부사장인 안톤 추바킨(Anton Chuvakin)이 정리한 리스트에서 제공하는 항목을 포함해 잠재적으로 중요한 모든 애플리케이션의 이벤트를 로깅 항목으로 생성해야 한다.[16]

- 인증 및 권한 부여 결정(로그 오프 포함)
- 시스템 및 데이터 접근
- 시스템 및 애플리케이션 변경(특히, 권한 변경)
- 데이터의 추가, 편집 또는 삭제와 같은 데이터 변경
- 잘못된 입력(입력 가능한 악의적인 주입, 위협 등)
- 자원(RAM, 디스크, CPU, 대역폭, 등 하드웨어나 소프트웨어 제한이 있는 자원)
- 상태 및 가용성
- 시작 및 종료
- 오류

- 회로 차단기 작동
- 지연
- 백업 성공 및 실패

이런 모든 로그 항목을 쉽게 해석하고 의미를 부여하려면 비기능 속성(성능, 보안 등), 기능 관련 속성(검색, 순위 등)과 같이 계층적인 로깅 카테고리를 생성해야 한다.

텔레메트리를 사용해서 문제 해결을 안내하라

14장 초반부에서 설명했듯, 높은 성과를 내는 사람들은 문제 해결을 위해 체계적인 접근 방법을 사용한다. 이것은 소문이나 누군가의 말을 따르는 프랙티스와는 반대다. 일반적인 프랙티스는 **의미가 없다고 선언될 때까지** 그다지 중요하지도 않은 나쁜 지표를 사용하도록 유도한다. 우리가 사고를 발생시키지 않았다는 사실을 얼마나 **빠르게** 다른 사람들에게 확신시킬 수 있는가?

사고와 문제를 비난하는 문화라면 일련의 그룹은 사고로 인한 비난을 받지 않으려고 변경 사항을 문서화하지 않을 수 있다. 텔레메트리를 공개적으로 표시하는 것도 꺼릴 수 있다.

팽팽한 긴장감을 주는 정치적 분위기를 포함하는 공용 텔레메트리의 부족이 초래하는 부정적 결과는 비난에 대한 회피 요구다. 더 나쁜 것은 오류의 재발을 방지할 때 필요한 사고 발생 이유 및 학습과 관련된 제도와 지식을 생성하지 못하는 것이다.*

텔레메트리를 이용하면 문제의 원인이 무엇인지, 문제를 해결하는 데 필요한 게 무엇인지에 대한 가설을 세울 때 과학적인 방법을 사용할 수 있

---

* 2004년 진 킴, 케빈 베어, 조지 스패포드는 이를 '인과 관계의 문화' 부족 증상이라 불렀다. 높은 성과를 내는 조직은 전체 사고의 80%가 변경 때문에 일어나고, MTTR의 80%가 무엇이 변경됐는지 확인하는 데 소비된다는 사실을 인지하고 있다.[17]

다. 문제를 해결하는 도중에 답할 수 있는 질문의 예는 다음과 같다.

- 모니터링에서 문제가 실제로 발생하고 있다는 증거는 무엇인가?
- 문제의 원인이 될 수 있는 애플리케이션 및 환경과 관련된 이벤트와 변경 사항은 무엇인가?
- 고려되는 원인과 결과 사이의 연결을 확인하기 위해 공식적으로 만들 수 있는 가설은 무엇인가?
- 가설이 옳은지, 성공적으로 문제를 수정할 수 있는지를 어떻게 증명할 수 있는가?

사실에 근거한 문제 해결의 가치는 더 빠른 MTTR(그리고 더 나은 고객 결과)뿐 아니라 개발과 운영 사이의 윈윈 관계를 강화하는 데도 있다.

일상 업무에서 프로덕션 지표 생성을 활성화하라

모든 사람이 일상 업무에서 문제를 발견하고 수정할 수 있게 하려면 지표를 쉽게 생성, 표시, 분석할 수 있게 해야 한다.

이를 위해 개발자나 운영자 누구나 자신이 만드는 기능에 대한 텔레메트리를 가능한 한 쉽게 만드는 데 필요한 인프라스트럭처와 라이브러리를 생성할 수 있어야 한다. 가치 흐름 안의 모든 사람이 볼 수 있는 공통 대시보드에 표시되는 새로운 지표의 생성은 한 줄의 코드를 작성하는 것만큼 쉬워야 한다.

새로운 지표 생성이 한 줄의 코드를 작성하는 것만큼 쉬워야 한다는 것은 가장 널리 사용되는 지표 라이브러리 중 하나인 StatsD의 개발을 가이드한 철학이었다. StatsD는 엣시에서 개발하고 오픈소스화했다.[18] 존 올스포는 "'이 라이브러리를 사용하면 내 코드를 다루기가 너무 번거롭다'라고 말하는 개발자가 없게 하려고 StatsD를 설계했다. 이제 개발자들은 단 한 줄의 코드로 지표를 생성할 수 있다. 개발자가 프로덕션 텔레메트리를 추가하는 것은 데이터베이스 스키마를 변경하는 것처럼 쉽다는 사실을 우리는 중요하게 여겼다"라고 설명했다.[19]

StatsD는 타이머와 카운터를(루비, 펄, 파이썬, 자바, 기타 다른 언어) 한 라인의 코드로 생성할 수 있다. 이것은 그래프와 대시보드에 지표의 이벤트를 렌더링하는 Graphite, Grafana와 함께 사용되기도 한다.

그림 14.3에서는 사용자 로그인 이벤트를 생성하는 한 라인의 코드를 생성하는 예를 볼 수 있다(예제에서는 다음의 PHP 코드 StatsD::increment('login.successes') 라인이다). 결과 그래프에는 분 단위로 로그인의 성공 횟수와 실패 횟수가 표시되며 프로덕션 배포를 표시하는 세로선이 그래프 위에 중첩된다.

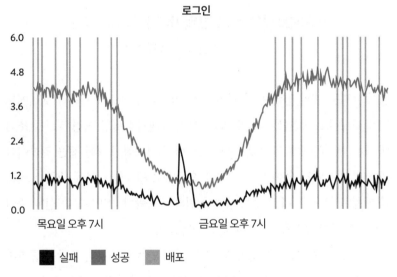

그림 14.3 엣시에서 StatsD와 Graphite를 이용해 텔레메트리를 생성하기 위한 코드 라인
(출처: Ian Malpass, 'Measure Anything, Measure Everything')

텔레메트리 그래프를 생성하면 프로덕션에 변경이 발생하기도 한다. 프로덕션 문제의 상당 부분이 코드 배포를 비롯한 프로덕션 변경으로 발생한다는 사실을 알고 있기에 프로덕션 변경 사항을 중첩시킬 수 있다. 텔레메

트리 그래프에 프로덕션 변경 사항을 중첩하면 작업 시스템을 유지함과 동시에 변화 속도를 높일 수 있다.

최근 오픈텔레멘트리[OpenTelemetry] 표준이 수립돼 데이터 수집가들이 지표 저장소 및 처리 시스템과 통신할 수 있게 됐다. 주요 언어, 프레임워크, 라이브러리가 오픈텔레멘트리에 통합을 제공하며 가장 유명한 지표와 관측 도구가 오픈텔레멘트리 데이터를 받아들인다.[*]

일상 업무에서 프로덕션 텔레메트리를 생성하면 문제를 파악할 수 있고 개선된 기능을 구축할 수 있다. 그뿐 아니라 작업을 디자인할 수도 있다. 따라서 설계와 운영상 문제를 파악하는 것이 가능하고, 엣시의 사례 연구에서 배운 것처럼 추적해야 하는 지표의 개수를 늘릴 수도 있다.

텔레메트리와 정보 방열기에 접근하기 위한 자체 서비스를 생성하라

앞서 우리는 개발 팀과 운영 팀이 일상 업무의 일부로 프로덕션 텔레메트리를 생성하고 개선할 수 있게 했다. 이번 단계의 목표는 이런 정보를 조직 내 다른 사람들에게 전달함으로써 프로덕션 시스템에 대한 접근 권한이나 권한이 있는 계정 없이 또는 티켓을 오픈하고 필요한 정보에 대한 그래프를 가능한 한 빠른 시일 내 구성하길 원하는 사람이라면 누구나 실행 중인 서비스에 대한 정보를 얻을 수 있게 하는 것이다.

텔레메트리를 빠르고, 쉽게 얻을 수 있게 만들고 충분히 중앙 집중화하면 가치 흐름 내 모든 사람이 현실에 대한 공통적 관점을 공유할 수 있다. 이는 프로덕션 지표가 중앙 집중화된 서버에 생성되고 Graphite 및 이전 절에서 설명한 다른 기술과 함께 웹 페이지로 전달될 수 있음을 의미한다.

---

[*] 모니터링과 집계, 수집을 지원하는 다른 도구로는 Splunk, Zabbix, Sumo Logic, DataDog, Nagios, Cacti, Sensu, RRDTool, Netflix Atlas, Riemann 등이 있다. 분석가들은 이렇게 범주가 광범위한 도구를 '애플리케이션 성능 모니터(Application Performance Monitors)'라 부른다.

우리는 텔레메트리가 가시적이길 바란다. 이는 텔레메트리가 개발과 운영 작업의 중심이 돼 서비스가 어떻게 수행되는지 관심 있는 사람이라면 누구나 텔레메트리를 볼 수 있다는 것을 의미한다. 여기에는 최소한 개발, 운영, 제품 관리, 정보 보안과 같은 가치 흐름 내 모든 사람이 포함된다. 이는 **정보 방열기**Information Radiator라 불리기도 한다. 애자일 얼라이언스Agile Alliance 는 다음과 같이 정의한다.

여러 명의 수작업으로 직접 작성되거나 그려진 또는 인쇄된, 팀이 가장 잘 볼 수 있는 장소에 위치하는 전자적 디스플레이에 대한 일반 용어로 정의하기도 한다. 팀원 및 오가는 사람들이 자동화 테스트 개수, 속도, 사고 보고, 지속적인 통합 상태 등에 관한 최신 정보를 한눈에 볼 수 있다. 이 개념은 토요타 생산 시스템에서 유래했다.[20]

정보 방열기를 가장 잘 보이는 장소에 배치하면 팀원의 책임감을 높이고, 다음과 같은 가치를 적극적으로 나타낼 수 있다.

- 팀은 방문자(고객, 이해관계자 등)에게 숨길 사항이 아무것도 없다.
- 팀은 스스로 숨길 사항이 아무것도 없다. 문제를 인정하고 문제에 맞선다.

전체 조직에서 프로덕션 텔레메트리를 생성하고 전달하는 인프라스트럭처를 보유하게 됐다. 이런 정보를 내부 고객은 물론 외부 고객에까지 브로드캐스팅하는 방법도 선택할 수 있다. 예를 들어 공개적으로 볼 수 있는 서비스 상태 페이지를 생성해 모든 고객에게 정보를 제공할 수 있고, 고객은 자신들이 의존하는 서비스가 수행되는 방법을 배울 수 있다.

이런 수준의 투명성 제공에 일부 반대 의견이 있을 수도 있지만, 어니스트 밀러는 이에 대한 가치를 다음과 같이 설명한다.

조직을 시작할 때 가장 초기에 취해야 하는 행동 중 하나는 문제와 변경의 세부 내용을 전달하기 위한 정보 방열기를 사용하는 것이다. 이전 상황을 전혀 모르는 비즈니스 부서라면 정보 방열기를 아주 잘 받아들인다. 그러나 서비스를 전달하기 위해 개발과 운영 그룹이 반드시 함께 작업해야 하는 경우라면 계속되는 커뮤니케이션과 정보, 피드백이 필요하다.[21]

우리는 고객에게 영향을 미치는 문제를 비밀로 하는 대신, 투명성을 더 확대할 수 있다. 그리고 이런 정보를 외부 고객에게 브로드캐스팅할 수 있다. 이것은 우리가 투명성에 가치를 두고, 고객의 신뢰를 높일 수 있다는 점을 보여준다*(부록 10 참고).

링크드인, 자체 서비스 지표 생성(2011)

3부에서 설명한 것처럼 링크드인은 2003년 '더 나은 취업 기회를 위한 네트워크'에 사용자들이 연결되는 것을 도울 목적으로 만들어졌다. 링크드인은 2015년 11월까지 3억 5,000만 명이 넘는 회원을 확보해 초당 수만 건의 요청을 생성하게 됐다. 결과적으로 링크드인 백엔드 시스템에서는 초당 수백만 건의 쿼리가 발생한다.

링크드인의 엔지니어링 디렉터인 프라치 굽타$^{Prach\ Gupta}$는 2001년 프로덕션 텔레메트리의 중요성에 관해 다음과 같은 내용을 기고했다.

> 링크드인에서 우리는 회원들이 항상 완전한 사이트 기능에 접근할 수 있게 만들 것을 강조한다. 이런 사항을 만족시키려면 실패와 병목 지점이 발생하기 시작할 때 감지하고 즉시 대응해야 한다. 이것이 바로 몇 분 내 사고를 감지하고 대응하기 위한 사이트 모니터링에 시계열 그래프를 사용하는 이유다. 이 모니터링 기법은 엔지니어에게 훌륭한 도구라는 것이 증명됐다. (중략) 이 기법은 업무

---

* 간단한 대시보드 생성은 새로운 제품 및 서비스 생성 과정의 일부가 돼야 한다. 자동화 테스트는 서비스와 대시보드가 올바르게 동작하는지 확인해야 하며, 이것은 고객에게 코드를 안전하게 배포하기 위한 우리 모든 능력에 도움이 된다.

를 신속하게 처리하고 문제를 감지 및 선별, 수정할 수 있게 만드는 도구다.[22]

2010년에는 엄청나게 많은 텔레메트리가 생성됐음에도 엔지니어가 데이터에 접근하고, 단독으로 분석하기가 쉽지 않았다. 이에 에릭 웡Eric Wong은 여름 인턴 프로젝트를 통해 InGraphs에서 생성된 프로덕션 텔레메트리로 변경하기로 했다.

웡은 "특정 서비스를 실행하는 모든 호스트의 CPU 사용량과 같은 간단한 정보를 얻으려 해도 티켓을 제출해야 하고, 누군가 보고서로 티켓을 처리하는 데 30분을 투자해야 한다"라고 말했다.[23]

당시 링크드인은 지표를 수집하는 데 Zenoss를 사용했다. 그러나 이에 대해 웡은 "Zenoss에서 데이터를 얻으려면 느린 웹 인터페이스를 통해 데이터를 모아야 했다. 그래서 프로세스를 단순하게 만들기 위해 일부 파이썬 스크립트를 작성했다. 여전히 지표 수집 설정에 수작업이 있었지만 Zenoss 인터페이스를 탐색하는 데 소비하는 시간을 줄일 수 있었다"라고 설명했다.[24]

웡은 InGraphs에 기능을 계속 추가했다. 여러 데이터 세트를 계산할 수 있는 기능, 성능 이력을 비교하기 위한 주 단위의 추세 보기 그리고 단일 페이지에 표시되는 지표를 정확하게 선택하기 위한 사용자 정의 대시보드 기능을 추가해 엔지니어들이 보기 원하는 데이터를 정확하게 볼 수 있게 했다.

굽타는 InGraphs의 기능 추가와 추가된 기능의 가치에 대한 글에서 "InGraphs 모니터링 기능은 추세가 감소하기 시작한 주요 웹 메일 제공자와 연결됨으로써 모니터링 시스템의 효과가 곧바로 나타났다. 그리고 공급자들은 우리가 연락하고 나서야 그들의 시스템에 문자가 왔다는 사실을 알게 됐다"라고 기술했다.[25]

여름 인턴십 프로젝트로 시작한 프로젝트는 이제 링크드인 운영에서 가장 눈에 띄는 프로젝트가 됐다. InGraphs 엔지니어링 오

피스의 그래프는 직원들이 실시간으로 볼 수 있다는 점에서 매우
성공적이었다.

> 셀프서비스 지표들은 개인과 팀에 문제 해결과 의사 결정 권한을 부여하
> 며, 고객의 신뢰를 구축하는 데 필요한 투명성을 제공한다.

텔레메트리의 부족한 점을 파악하고 보완하라

지금까지 프로덕션 텔레메트리를 빠르게 생성하고 조직 전체로 전파하는
인프라스트럭처를 구축했다.

이제부터는 사고를 빠르게 감지해 해결을 방해하는 텔레메트리의 부족
한 부분을 찾아낼 것이다. 이것은 개발과 운영이 텔레메트리를 거의 갖고
있지 않은(또는 없는) 때 적합하다. 우리는 예상되는 문제를 더 잘 파악하기
위해 이런 데이터를 사용한다. 이는 모든 사람이 조직의 목표를 달성하기
위해 더 나은 결정을 내리는 데 필요한 정보를 수집할 수 있게 돕는다.

이를 달성하려면 모든 수준의 애플리케이션 스택과 환경에서 텔레메트
리를 충분히 생성해야 한다. 그리고 배포 파이프라인을 지원하는 텔레메트
리도 생성해야 한다. 이때 다음과 같은 수준의 지표가 필요하다.

- **비즈니스 수준**: 판매 거래 수, 판매 거래 수익, 사용자 가입 비율, 해지
  비율, A/B 테스팅 결과 등
- **애플리케이션 수준**: 트랜잭션 시간, 사용자 응답 시간, 애플리케이션
  오류 등
- **인프라스트럭처 수준(예: 데이터베이스, 운영 체제, 네트워킹, 스토리지)**: 웹
  서버 트래픽, CPU 부하, 디스크 사용량 등
- **클라이언트 소프트웨어 수준(예: 클라이언트 브라우저, 모바일 애플리케이션
  의 자바스크립트)**: 애플리케이션 오류와 충돌, 사용자 측정 트랜잭션

시간 등

- **배포 파이프라인 수준**: 파이프라인 상태(다양한 자동화 테스트 스위트 관련 오류 발생 상태[Red]나 정상 상태[Green], 변경 배포 리드 타임, 배포 빈도, 테스트 환경 프로모션, 환경 상태 등)

이런 모든 분야에 대한 텔레메트리 커버리지를 갖게 되면 소문, 고발, 비난 등이 아닌 데이터와 사실에 의존하는 모든 서비스 상태를 확인할 수 있다.

또한 모든 애플리케이션과 인프라스트럭처의 장애를 모니터링해 보안 관련 이벤트를 더 잘 감지할 수 있다. 예를 들어 비정상적인 프로그램 종료, 애플리케이션 오류와 예외 처리, 서버 및 스토리지 오류 등을 감지하는 데 유용하다. 이런 텔레메트리는 서비스에 문제가 발생했을 때 개발과 운영에 더 나은 정보를 제공할 뿐 아니라 보안의 취약성이 이런 오류에 많이 악용되고 있음을 나타내는 지시자다.

문제를 조기에 감지하고 수정해야 이에 영향받는 고객 수를 크게 줄이면서 쉽게 수정할 수 있다. 프로덕션 사고가 발생한 후에는 신속한 감지와 복구를 가능케 하는 텔레메트리가 누락됐는지 확인해야 한다. 이런 텔레메트리에 관한 생각의 차이는 기능을 개발하는 동안 동료 리뷰 과정에서 확인할 수 있다.

애플리케이션 지표와 비즈니스 지표

애플리케이션 수준에서 우리 목표는 애플리케이션 상태와 관련된 텔레메트리(메모리 사용량, 트랜잭션 카운터 등)의 생성뿐 아니라 조직 목표를 어느 정도 달성했는지 측정하는 것이다(새로운 사용자 수, 사용자 로그인 이벤트, 사용자 세션 길이, 활성 사용자 비율, 특정 기능의 사용 빈도 등).

예를 들어 전자 상거래를 지원하는 서비스가 있다면 수익을 창출하는 성공적 트랜잭션으로 이어지는 모든 사용자 이벤트에 대한 텔레메트리가 있다는 사실을 보장하길 원한다. 그 후에 고객이 원하는 결과를 얻는 데 필요한 모든 사용자 액션을 처리할 수 있다.

이런 지표는 도메인과 조직의 목표에 따라 다르다. 예를 들어 전자 상거래 사이트에서는 고객이 해당 사이트를 최대한 많은 시간 동안 사용하길 원한다. 그러나 검색 엔진에서의 긴 세션은 사용자가 찾는 것을 발견하는 데 어려움을 겪는다는 의미다. 따라서 사이트 검색에 사용되는 시간의 **단축**을 원할 수도 있다.

일반적으로 비즈니스 지표는 **고객 취득 퍼널**Customer Acquisition Funnel의 한 부분으로, 잠재 고객이 구매할 때 선택할 수 있는 이론적 단계. 예를 들어 전자 상거래 사이트에서 측정 가능한 여행 관련 이벤트에는 사이트에 머문 총 시간, 제품 링크 클릭 수, 장바구니에 추가한 항목 수, 완료 주문 수가 포함된다.

마이크로소프트 Visual Studio Team Services의 선임 제품 관리자인 에드 블랑켄십Ed Blankenship은 이렇게 설명한다. "때때로 기능 개발 팀은 모든 고객이 일상 업무에 자신들이 개발한 기능을 사용하려는 목표를 갖고, 획득 깔때기Acquisition Funnel에 그들의 목표를 정의한다. 팀은 때때로 각 단계를 지원하는 텔레메트리로 타이어 키커Tire Kicker, 액티브 사용자Active User, 참여 사용자Engaged User, 열성 참여 사용자Deeply Engaged User를 설정한다."[26]

우리 목표는 **실행 가능한** 비즈니스 지표를 모두 보유하는 것이다. 이런 상위 지표는 제품의 변경 방법을 알려주며 실험 및 A/B 테스트를 수행할 때 도움이 된다. 지표를 실행할 수 없다면, 이는 유용한 정보를 거의 제공하지 않는 무의미한 지표일 가능성이 크다. 지표를 보유하려는 궁극적 목적은 유용한 정보의 표시 자체가 아니라 저장이다. 지표가 경고하도록 자연스럽게 두는 게 좋다.

이상적으로는 정보 방열기를 보는 모든 사람이 수익, 사용자 달성, 전환 비율과 같은 목표처럼 바람직한 조직 결과의 관점에서 제공하는 정보를 이해할 수 있어야 한다. 기능 정의 및 개발의 가장 초기 단계에서 비즈니스 결과 지표에 각 지표를 정의하고 연결해야 하며, 제품이 프로덕션 환경으로 배포되고 난 이후의 결과를 측정할 수 있어야 한다. 이를 통해 제품 책임자는 가치 흐름 내 모든 사람에게 각 기능이 갖는 비즈니스 맥락을 설명할 수 있다.

휴일 성수기 판매와 관련된 높은 거래 기간이나 분기말 재무 마감 기간, 예정된 컴플라이언스 감사와 같이 높은 수준의 비즈니스 계획 및 운영과 관련된 기간을 인식하고, 이를 시각적으로 표현하면 더 많은 비즈니스 컨텍스트를 생성할 수 있다. 이런 정보는 가용성이 중요할 때 위험한 변경 사항을 예약하지 않거나, 감사가 진행 중일 때 특정 활동을 피하는 것과 같은 알림으로 사용될 수 있다.

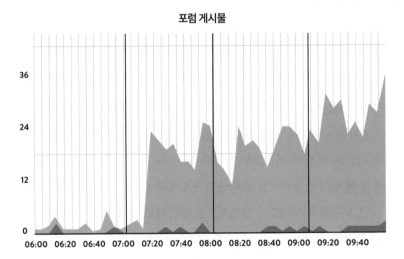

그림 14.4 배포 후 사용자 포럼 게시물 내 신규 기능에 대한 사용자의 반응도
(출처: Mike Brittain, 'Tracking Every Release', CodeasCraft.com, 2010. 12. 8,
https://codeascraft.com/2010/12/08/track-every-release/)

목표 맥락에서 우리가 구축한 것이 고객과 상호 작용하는 방법을 전달한다면(그림 14.4) 기능 팀에 신속한 피드백을 제공할 수 있다. 기능 팀은 자신들이 만든 기능이 실제로 사용되는지, 어느 정도 비즈니스 목표를 달성했는지 확인할 수 있다. 그 결과 고객의 사용량 측정 및 분석이 일상 업무

의 일부분이라는 문화적 기대감이 강화된다. 따라서 일상 업무가 조직 목표에 어떻게 기여하는지 더 잘 이해할 수 있게 된다.

인프라스트럭처 지표

프로덕션 인프라스트럭처와 비프로덕션^{Non-production} 인프라스트럭처에 대한 우리의 목표는 텔레메트리를 충분히 생성함으로써, 어떤 환경에서 문제가 발생했을 때 인프라스트럭처가 문제의 원인에 영향을 미치는지 빠르게 판단하는 것이다. 그리고 인프라 내부 어디에서 문제에 영향을 미치는지를 정확하게 파악하는 것이다(예: 데이터베이스, 운영 체제, 스토리지, 네트워킹 등).

우리는 서비스나 애플리케이션으로 구성된 모든 기술 이해관계자가 가능한 한 인프라스트럭처 텔레메트리를 가시적으로 파악하길 원한다. 다시 말해 환경에서 어떤 문제가 발생했다면, 어떤 애플리케이션과 서비스가 잘 못됐는지 또는 영향을 받을 수 있는지 정확하게 파악해야 한다.[*]

과거 수십 년 동안 서비스와 프로덕션 인프라스트럭처 사이에 링크가 생성되는 때는(ITU CMDB나 Nagios와 같은 경고 도구 내부에 구성 정보를 생성하는 것처럼) 수동으로 작업하기도 했다. 이제 이런 링크를 서비스 내 등록하는 작업은 점점 더 자동화되고 있다. Zookeeper, Etcd, Consul 같은 도구를 통해 링크를 동적으로 검색하고 프로덕션 환경에서 사용할 수 있다.[27]

이런 도구들은 서비스가 자체적으로 등록하고 다른 서비스가 상호 작용할 때 필요한 정보(IP 주소, 포트 번호, URI 등)를 저장할 수 있다. 이것은 ITIL CMDB의 수동적 특성을 해결하며 서비스가 수백 개(또는 수천 개, 심지어 수백만 개)의 노드마다 동적으로 IP 주소를 할당할 때 필요하다.[†]

서비스의 단순한 정도 또는 복잡한 정도와 관계없이 애플리케이션 지표와 인프라스트럭처 지표를 비즈니스 지표와 함께 그래프로 표현하는 것이

---

[*] ITIL 구성 관리 데이터베이스(CMDB)처럼 규정할 수 있다.

[†] Consul은 서비스 매핑, 모니터링, 잠금, 키값 구성 저장은 물론 호스트 클러스터링과 장애 감지를 용이하게 만드는 추상화 계층을 생성하므로 더 많은 관심 대상이 될 수도 있다.[28]

잘못된 상황이라면 우리는 그 상황을 감지할 수 있다. 예를 들어 신규 고객 가입이 일 평균 20%로 감소하는 경우가 있다. 곧바로 모든 데이터베이스 쿼리가 정상 쿼리를 처리할 때보다 5배의 시간이 더 걸리는 것을 볼 수 있으며, 이를 통해 문제를 해결하는 데 집중할 수 있다.

비즈니스 지표는 인프라스트럭처 지표에 대한 컨텍스트를 생성해 개발과 운영이 공통의 목표를 세우고 효율적으로 협력할 수 있게 한다. 티켓마스터/라이브네이션Ticketmaster/LiveNation의 CTO인 조디 멀키는 "중단 시간 대비 운영 시간을 측정하는 것보다 중단 시간이 실제 비즈니스 결과에 영향을 미치는 개발 시간 및 운영 시간 모두를 측정하는 것이 훨씬 낫다는 사실을 알게 됐다. 얼마나 많은 수익을 올려야 하는지, 왜 그렇게 하지 못했는지를 아는 편이 더 좋다"라고 언급했다.[29]*

지속적인 학습

DORA가 발간한 『2019 데브옵스 현황 보고서』는 인프라스트럭처 모니터링이 지속적인 전달에 기여함을 밝혔다. 모니터링을 통해 모든 이해관계자에게 가시성과 빠른 피드백을 제공하는 것이 모든 관계자가 개발, 테스트 및 배포 결과를 보는 데 도움을 주는 핵심 요소이기 때문이다.[30]

프로덕션 서비스의 모니터링 외에 사전 프로덕션 환경(개발, 테스트, 스테이징 등)에서도 서비스에 대한 텔레메트리가 필요하다는 점을 알아야 한다. 텔레메트리를 보유하면 누락된 테이블 인덱스로 데이터베이스의 삽입 시간이 계속 증가함을 감지하는 등 문제가 프로덕션 환경으로 넘어가기 전에 발견해 수정할 수 있다.

---

* 이는 프로덕션 다운타임 비용 또는 기능 지연과 관련된 비용을 야기할 수 있다. 프로덕션 환경 관점에서 후자의 지표를 지연 비용(Cost of Delay)이라 부르며, 이는 효과적인 우선순위 의사 결정의 핵심 요소다.

지표와 관련된 다른 정보 중첩하기

프로덕션 환경에 대해 작은 변경을 빈번하게 할 수 있게 만드는 배포 파이프라인을 생성한 후에도 변경에는 여전히 본질적인 위험이 존재한다. 운영 측면의 부작용에는 중단뿐 아니라 표준 운영에서 눈에 띄는 혼란 및 편차도 있다.

변경 사항을 시각화하려면 모든 프로덕션 배포 활동을 그래프에 중첩해 작업을 표시해야 한다. 예를 들어 많은 수의 인바운드 트랜잭션을 처리하는 서비스라면 프로덕션을 변경할 때 **처리 기간**이 많이 소요될 수 있다. 그리고 모든 캐시 조회가 실패해 성능이 크게 저하된다.

서비스의 품질을 더 잘 이해하고 유지하려면 성능이 신속하게 정상으로 회복되는 방법을 알아야 한다. 필요하다면 성능을 개선하려는 노력도 기울여야 한다. 우리는 이와 유사하게 전체적인 상황 파악을 위해 다른 상태에 있는 서비스도 함께 모니터링하길 원한다.

결론

프로덕션 텔레메트리를 이용한 엣시와 링크드인의 개선은 문제가 발생했을 때 즉시 확인하는 것이 얼마나 중요한지 보여준다. 다시 말해 신속하게 원인을 찾아 처리해야 한다. 서비스의 모든 요소가 애플리케이션이나 데이터베이스, 환경 어디에 속했는지와 관계없이, 분석할 수 있는 텔레메트리를 생성하고 광범위하게 사용할 수 있게 해야 한다. 그러면 문제의 원인이되기 이전에 이를 발견하고 수정할 수 있다. 고객이 뭔가 잘못됐다는 것을 인지하기 훨씬 이전에 문제를 처리하는 것이다. 이를 통해 고객 만족도를 높일 뿐 아니라, 문제가 발생했을 때 처리해야 하는 문제의 양과 위험도를 감소시킴으로써 스트레스와 번아웃이 줄어드는 생산적 작업 환경을 조성할 수 있다.

15

텔레메트리를 분석해 문제를 더 잘 예측하고 목표를 달성하라

14장에서 살펴본 것처럼 문제를 확인하고 해결하려면 애플리케이션과 인프라스트럭처와 관련된 충분한 프로덕션 텔레메트리가 필요하다. 이제부터 프로덕션 텔레메트리를 통해 숨겨진 변화와 결함의 신호를 발견할 수 있는 도구를 만들 것이다. 이를 통해 엄청난 실패를 방지할 수 있다. 15장에서는 수많은 통계 기법과 그에 대한 사용법을 보여주는 사례 연구를 함께 제시한다.

넷플릭스에서의 텔레메트리(2012)

고객이 영향을 받기 전에 문제를 능동적으로 발견하고 수정하기 위한 텔레메트리 분석의 대표적인 예로는 영화 및 텔레비전 시리즈의 글로벌 스트리밍 공급 업체인 넷플릭스를 들 수 있다. 넷플릭스는 2015년 7,500만 명의 가입자를 유치해 62억 달러, 2020년 5월에는 57억 달러의 매출을 올렸으며 2021년 7월에는 2,090억 명의 가입자를 유치했다.[1] 넷플릭스의 목표는 전 세계 온라인 동영상 시청자에게 최고의 경험을 제공하는 것이다. 이를 위해 견고하고 확장 가능하며 탄력적인 전달 인프라스트럭처가 필요했다.

로이 라파포트Roy Rapoport는 넷플릭스의 클라우드 기반 비디오 전달 서비스의 관리 문제 중 하나를 이렇게 설명했다. "외형과 행동이 전부 똑같은 한 무리의 소 떼가 있다면, 어떻게 한 마리의 소를 다른 소와 구별할 수 있을까? 좀 더 구체적으로 말해 천 개의 상태를 저장하지 않는^{stateless} 노드를 갖는 컴퓨터 클러스터가 있고, 모두 같은 소프트웨어를 실행하면서 트래픽 부하도 거의 동일하다면, 우리 문제는 나머지 노드와 다르게 보이는 노드를 발견하는 것이다."[2]

2012년 넷플릭스에서 인프라스트럭처 팀이 사용한 기법의 하나인 **이상점 감지**^{Outlier Detection}는 요크 대학의 빅토리아 호지^{Victoria J. Hodge}와 짐 오스틴^{Jim Austin}이 정의했다. 이상점 감지는 '항공기 엔진 회전 결함이나 파이프라인 내 흐름 문제처럼 상당한 성능 저하의 결과가 될 수 있는 비정상적인 실행 조건'을 감지한다.[3]

이와 관련해 라파포트는 "넷플릭스가 사용한 이상점 감지는 매우 간단한 방법으로 컴퓨터 클러스터 내 노드의 모집단이 주어지면, 즉시 어떤 상태가 '현재의 정상 상태^{Current Normal}'인지 먼저 계산해야 한다. 다음으로 패턴을 따르지 않는 노드가 무엇인지 확인하고 프로덕션 환경에서 해당 노드를 제거했다"라고 설명했다.[4]

라파포트는 다음과 같이 부연했다.

그러면 실제로 어떤 동작이 '적절'한지 정의하지 않고도 자동적으로 잘못 동작하는 노드를 표시할 수 있다. 노드가 클라우드에서 탄력적으로 실행되도록 했기 때문에 운영자가 누군가에게 업무를 지시하지 않아도 된다. 다만, 아프거나 오동작하는 컴퓨팅 노드를 멈춘 후에는 로그를 남기거나 엔지니어들이 원하는 형태로 통보해야 한다.[5]

라파포트는 서버 이상점 감지 프로세스의 구현에 대해 이렇게 진술한다. "넷플릭스는 병든 서버를 발견하는 데 드는 노력을 엄청나게 줄였다. 무엇보다 문제 있는 서버를 고치는 데 필요한 시간을 대폭 감소시켰다. 결과적으로 서비스 품질이 향상됐다. 직원의 건전성, 일과 삶의 균형 그리고 서비스 품질을 유지하기 위해 이 기법을 사용할 때 얻는 장점은 무척 많다."[6]*

15장에서는 (이상점 탐지를 포함한) 많은 통계 및 시각화 기법을 살펴본다. 이런 기법은 문제를 효율적으로 예측하기 위한 텔레메트리의 분석을 쉽게 만든다. 문제를 효율적으로 예측하면 고객이나 조직의 누군가가 영향을 받기 전에 문제를 더 빠르고 저렴한 비용으로 해결할 수 있다. 또한 기존보다 더 일찍 문제를 해결할 수도 있다. 데이터와 관련해 더 나은 의사결정과 조직 목표의 달성에 도움이 되는 더 많은 컨텍스트를 생성하기도 한다.

잠재적 문제를 감지하기 위해 평균과 표준 편차를 사용하라

프로덕션 지표를 분석하는 데 사용할 수 있는 가장 간단한 통계 기법은 평균과 표준 편차를 계산하는 것이다. 이를 통해 해당 지표가 정상 상태와 차이가 나는 경우를 감지하는 필터를 생성할 수 있으며, 이후 수정 작업을 실행하도록 경고할 수도 있다(예: 데이터베이스 쿼리가 평균보다 현저하게 느린 경우 오전 2시에 프로덕션 환경 담당 직원에게 전화로 통보).

중요한 프로덕션 서비스에 문제가 발생했다면 오전 2시에 사람들을 깨우는 것이 올바른 조치가 될 수 있다. 그러나 조치가 불가능한 경고나 거짓 양성에 대한 경고를 생성한다면 한밤중에 불필요하게 사람들을 깨우게 된다. 데브옵스 운동의 초기 리더인 존 빈센트John Vincent는 "지금 우리가 당면한 가장 큰 문제는 경고가 유발하는 피로감이다. 우리는 경고를 더 똑똑하게 처리할 필요가 있다. 그렇지 않으면 모두 미쳐버릴 것이다"라고 언급했다.[7]

중요한 분산이나 이상점에 초점을 맞춰 신호 대 잡음 비율Signal-to-Noise Ratio, SNR을 증가시키고, 더 나은 처리 경로를 만들어야 한다. 일일 단위의 승인되지 않은 로그인 시도 횟수를 분석한다고 가정해보자. 수집된 데이터는

---

* 넷플릭스에서 수행한 작업은 텔레메트리를 사용해 문제가 고객에게 영향을 미치거나 눈덩이처럼 불어나 팀에 중요한 이슈가 되기 전에 완화할 수 있는 매우 구체적인 예시다.

그림 15.1의 그래프와 일치하는 가우스 분포(예: 정규 분포나 종 모양 곡선 분포)를 갖는다. 종 모양 곡선의 중간에 있는 수직선은 평균이며, 첫 번째, 두 번째, 세 번째 표준 편차는 각각 68%, 95%, 99.7%의 데이터를 포함하는 수직선으로 표시된다.

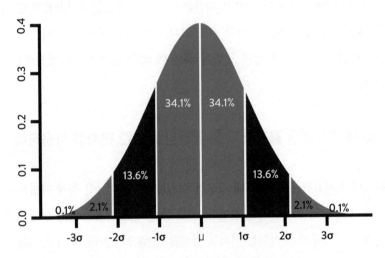

그림 15.1 가우스 분포를 갖는 표준 편차(σ)와 평균(μ)
(출처: Wikipedia, 'Normal Distribution', https://en.wikipedia.org/wiki/Normal_distribution)

　　대부분 표준 편차는 주기적으로 지표의 데이터 세트를 검사하고 평균과 차이가 클 때 경고하기 위해 사용한다. 예를 들어 일일 단위의 승인되지 않은 로그인 시도 횟수가 평균보다 표준 편차의 3배 이상 크다면 경고를 하도록 설정할 수 있다. 이 데이터 세트가 가우스 분포를 갖는다면 데이터 포인트의 0.3%만 경고를 발생시킬 것으로 예상할 수 있다.

　　누구도 정적인 임곗값을 정의할 필요가 없으므로 이 같은 간단한 유형의 통계 분석조차 가치가 있다. 수천, 수십만 개에 이르는 프로덕션 지표를 추적한다면 정적인 임곗값을 설정하기란 불가능하다.[*]

---

[*]　이제부터는 텔레메트리, 지표, 데이터 세트라는 용어를 혼용한다. 다시 말해 지표(예: '페이지 로드 시간')는 데이터 세트(예: 2ms, 8ms, 11ms 등)에 대응되며, 이 경우 통계학자가 데이터 포인터에 대한 행렬을 설명하기 위해 사용된다. 각 열은 통계적인 연산이 수행되는 변수를 의미한다.

바람직하지 않은 결과를 측정하고 경고하라

『The Practice of Cloud System Administration』(Addison-Wesley, 2014)
의 공저자이자 이전의 구글 사이트 신뢰성 엔지니어인 톰 리몬첼리^{Tom Limoncelli}는 다음과 같이 말했다.

> 사람들이 내게 무엇을 모니터링해야 하는지 조언을 구할 때, 이상적인 세계라면 현재의 모니터링 시스템에 있는 모든 경고를 삭제할 것이라고 농담한다. 다음으로 각 사용자가 확인할 수 있는 사고 이후에 어떤 지시자가 해당 사고를 예측할 수 있는지 묻고, 필요에 따라 해당 지시자와 경고를 모니터링 시스템에 추가한다. 그리고 이 과정을 반복한다. 그렇게 하면 사고가 발생한 뒤 경고 폭탄을 맞는 대신 사고를 방지할 수 있는 경보만 받을 수 있다.[8]

이번 단계에서는 이런 학습 결과를 재현할 것이다. 가장 쉬운 방법은 최근(예컨대 30일)에 발생한 가장 심각한 사고를 분석하고 사고를 효과적으로 처리했다는 사실을 더 쉽고 빠르게 확인하는 동시에, 문제의 감지와 진단을 가능하게 만드는 텔레메트리의 리스트를 생성하는 것이다. 예를 들어 NGINX 웹 서버가 요청에 응답하지 않는 문제가 발생하면 앞서 언급한 주요 지시자를 살펴본다. 표준 동작에서 벗어나기 시작했다고 경고하는 지시자의 종류는 다음과 같다.

- **애플리케이션 수준**: 웹 페이지 로드 시간 증가 등
- **OS 수준**: 서버의 실행 여유 메모리 부족, 실행 디스크 공간 부족 등
- **데이터베이스 수준**: 데이터베이스 트랜잭션 시간이 평소보다 긴 경우 등
- **네트워크 수준**: 로드 밸런서가 중단된 상태에서 동작하는 서버의 수 등

이와 같은 지표는 프로덕션 사고의 전조다. 각각의 지표에 대해, 평균에서 충분히 벗어날 때 알려주는 경고 시스템을 구성해 문제에 대한 조처를 할 수 있다.

지표가 평균에서 벗어나는 일이 점점 줄어들 때 이 과정을 반복하면 수명 주기 초기에 문제를 발견하고, 사고나 이상 상태가 고객에 주는 영향을 줄일 수 있다. 다시 말해 문제의 예방과 더불어 빠른 감지와 수정이 가능하다.

텔레메트리 데이터가 가우스 분포를 따르지 않을 때 발생하는 문제

평균과 표준 편차는 차이를 감지하는 데 매우 유용하다. 그러나 운영에서 사용하는 많은 텔레메트리 데이터 세트에 이런 기법을 적용해도 원하는 결과를 도출하지 못할 수 있다. 투픽 보베즈Toufic Boubez 박사는 "우리는 오전 2시에 모닝콜을 받을 뿐 아니라 2시 37분, 4시 13분, 5시 17분에도 모닝콜을 받게 될 것이다. 이런 일은 우리가 모니터링하는 기본 데이터가 가우스 분포가 아닐 때 발생한다"라고 말했다.[9]

다시 말해 데이터 세트 분포가 앞서 설명한 종 모양의 가우스 곡선이 아니면 표준 편차와 관련된 속성은 더 이상 적용되지 않는다. 웹 사이트에서 분당 파일 다운로드 수를 모니터링하는 경우를 생각해보자. 우리는 다운로드 속도가 평균에서 표준 편차의 3배를 초과할 때처럼 비정상적으로 다운로드 횟수가 많은 기간을 감지하고 더 많은 용량을 능동적으로 추가하길 원한다.

그림 15.2는 시간 경과에 따른 분당 동시 다운로드 수를 보여주며 상단의 바와 중첩돼 표시된다. 막대가 검은색이면 주어진 기간('슬라이딩 윈도우Sliding Window'라 부르기도 한다) 내 다운로드 수는 표준 편차의 3배다. 그렇지 않으면 회색으로 표시된다.

앞의 그래프가 보여주는 명백한 문제는 우리가 항상 경고를 받고 있다

는 점이다. 이것은 대부분의 시간 동안 다운로드 수가 표준 편차의 3배를
초과하기 때문이다.

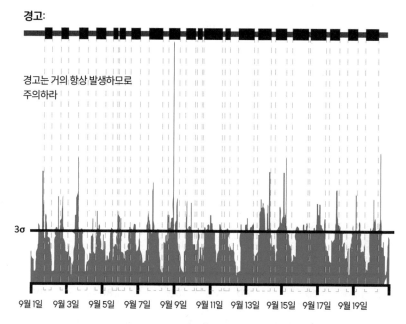

그림 15.2 분당 다운로드 수: 가우스 분포가 아닌 데이터의 히스토그램
(출처: Dr. Toufic Boubez, 'Simple math for anomaly detection')

이를 확인하기 위해 분당 다운로드 빈도를 보여주는 히스토그램(그림
15.3 참조)을 생성하면 히스토그램이 대칭적인 종 모양의 곡선 형태가 아니
라는 것을 알 수 있다. 히스토그램은 분포가 하단으로 편향돼 있으며, 대부
분의 시간 동안은 분당 다운로드 수가 아주 적다. 그러나 다운로드 수는 표
준 편차의 3배수보다 높을 때가 많다.

프로덕션 데이터는 가우스 분포를 따르지 않는다. 이에 대해 니콜 포스
그렌 박사는 "운영의 많은 데이터 세트는 '카이 제곱$^{Chi \, Square}$' 분포를 따른다.
이 데이터에 표준 편차를 사용하면 경고가 (적절한 수치보다) 과도하게 많거
나 적은 무의미한 결과가 나온다. 평균 아래의 표준 편차 3배수에 있는 동
시 다운로드 수를 계산하면 음수가 나타나는데 이것은 명백하게 잘못된 것

이다"라고 설명했다.[10]

적절한 조치를 할 수 없다면 운영 엔지니어는 과도한 경고[Over-alerting]로 인해 평상시보다 오랫동안 한밤중에 깨어 있어야 한다. 이와 마찬가지로 너무 적은 경고[Under-alerting]와 관련된 문제도 중요하다.

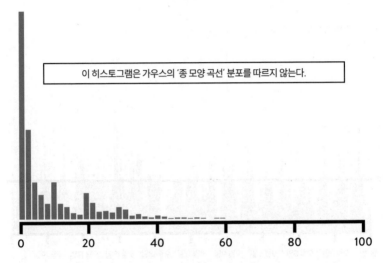

그림 15.3 분당 다운로드: 가우스 분포를 따르지 않는 히스토그램 데이터
(출처: Dr. Toufic Boubez, 'Simple math for anomaly detection')

예를 들어 완료된 트랜잭션 수를 모니터링하고 있으며 하루에 완료된 트랜잭션 수가 소프트웨어 컴포넌트의 오류로 인해 50% 감소했다고 가정해보자. 여전히 트랜잭션 수가 평균에서 표준 편차의 3배 이내 있다면 경고는 발생하지 않을 것이다. 이는 우리가 문제를 발견하기 전에 고객이 문제를 발견할 수 있다는 사실을 의미한다. 고객이 문제를 발견한 시점에는 문제 해결이 훨씬 더 어려울 수 있다. 다행히 가우스 분포를 따르지 않는 데이터 세트라 할지라도 여러 가지 기법을 사용해 이상을 감지할 수 있다. 이 기법에 관해서는 다음 절에서 설명한다.

넷플릭스, 자동 용량 확장(2012)

서비스 품질 향상을 위해 넷플릭스가 개발한 또 다른 도구인 Scryer는 작업 부하 데이터에 기반을 두고 동적으로 AWS 컴퓨팅 서버 수를 증가시키거나 감소시키는 Amazon Auto Scaling[AAS]의 단점을 해결했다. Scryer는 사용 이력 패턴을 기반으로 고객 요청을 예측하고 필요한 용량을 제공하는 방법으로 동작한다.[11]

Scryer는 AAS의 세 가지 문제를 해결했다. 첫 번째 문제는 수요가 급증한다는 것이다. AWS 인스턴스의 시작 시간은 10~45분이 될 수 있어서 부하가 급증한 상황을 처리하기에는 추가 컴퓨팅 용량이 너무 늦게 전달되기도 한다.

두 번째 문제는 사고 발생 후 고객 수요가 급격히 감소한다는 것이다. AAS가 미래에 들어올 요청을 처리하려면 (부족할 정도로) 컴퓨팅 용량을 제거해야 한다. 세 번째 문제는 AAS는 컴퓨팅 용량을 예약할 때 알려진 사용 트래픽 패턴을 고려하지 않는다는 것이다.[12]

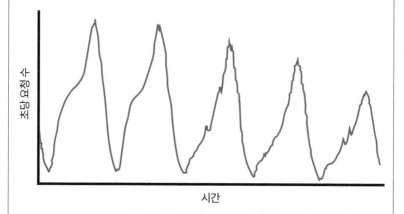

그림 15.4 넷플릭스 고객의 5일간 시청 요청 수
(출처: Jacobson, Yuan, and Joshi, 'Scryer: Netflix's
Predictive Auto Scaling Engine', The Netflix Tech Blog, 2013. 11. 5,
http://techblog.netflix.com/2013/11/scryer-netflixs-predictive-auto-scaling.html)

넷플릭스는 소비자의 시청 패턴이 가우스 분포를 따르지 않음에도 놀라울 정도로 일관되고 예측이 가능하다는 점을 활용했다. 아래 그림은 일주일 동안의 초당 고객 요청 수를 반영하고 있으며, 월요일부터 금요일까지의 규칙적이고 일관된 고객 시청 패턴을 보여준다.[13]

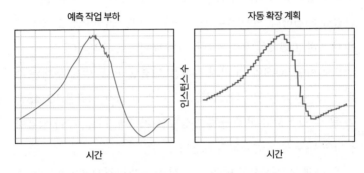

그림 15.5 넷플릭스 Scryer의 고객 트래픽 예측 및
그 결과로 나오는 컴퓨팅 자원에 대한 AWS 스케줄
(출처: Jacobson, Yuan, Joshi, 'Scryer: Netflix's Predictive Auto Scaling Engine')

Scryer는 이상점 감지 조합을 이용해 가짜 데이터를 제거하고 데이터에서 재발하는 트래픽의 급격한 증가를 적당히 유지하면서도 데이터를 원활하게 처리하기 위해 고속 푸리에 변환Fast Fourier Transform, FFT, 선형 회귀와 같은 기법을 이용한다. 그 결과 넷플릭스는 높은 정확도로 트래픽 수요를 예측할 수 있었다(그림 15.5).

프로덕션 환경에서 처음 Scryer를 사용한 이후, 넷플릭스는 몇 달 만에 고객의 시청 경험과 서비스 가용성을 향상시켰으며 아마존 EC2 비용을 감소시켰다.

넷플릭스 사례 연구에서는 Scryer 도구를 통해 가우시안 분포를 따르지 않은 데이터셋의 위력을 레버리지함으로써 고객을 더 잘 이해하고, 고객들의 행동을 활용해 문제를 감지하고 예측하는 것을 보여준다.

이상 탐지 기법 사용하기

데이터가 가우스 분포를 따르지 않아도 다양한 방법을 통해 눈에 띄는 차이를 찾을 수 있다. 이런 기법은 **이상 탐지**Anomaly Detection로 광범위하게 분류되며, '예상되는 패턴과 일치하지 않는 항목 또는 이벤트 검색'과 같이 정의되기도 한다.[14] 이런 기능 중 일부는 모니터링 도구에서 찾을 수 있지만, 나머지 기능은 통계 기술을 가진 사람의 도움이 필요할 수도 있다.

랠리 소프트웨어의 개발 및 운영 부사장인 타런 레디Tarun Reddy는 운영과 통계 사이의 능동적인 협력을 적극적으로 지지하면서 다음과 같이 말했다.

> 더 나은 서비스 품질을 위해 모든 프로덕션 지표를 통계 분석 소프트웨어 패키지인 Tableau에 가져다 놓는다. 또한 우리는 통계를 학습한 R 코드(또 다른 통계 패키지)를 작성하는 운영 엔지니어를 보유하고 있다. 이 엔지니어는 변경 사항이 고객에게 영향을 미치는 커다란 변화의 원인이 되기 전에 이런 변경 사항을 발견하고 싶어 하는 회사 내 다른 팀들의 요청으로 채워진 자신만의 백로그를 갖고 있다.[15]

우리가 사용할 수 있는 통계 기법 하나는 **평활화**Smoothing라 부르며, 데이터가 시계열일 때 특히 적합하다. 시계열 데이터는 각 데이터에 타임스탬프가 있다는 것을 의미한다(다운로드 이벤트, 완료된 트랜잭션 이벤트 등). 평활화는 이동 평균Moving Averages*(또는 롤링 평균Rolling Averages)을 이용하기도 한다. 이동 평균은 슬라이딩 윈도우 내 다른 모든 데이터가 갖는 각 항목의 평균을 통해 데이터를 변환한다. 이로써 단기 변동을 완화하고, 장기 추세나 주기를 강조하는 효과가 있다.†

이런 평활화 효과의 예로 그림 15.6을 살펴보자. 회색 선은 원시 데이터,

---

* 여기에서 '이동 평균'은 일부 데이터에 더 큰 비중을 두고 계산한 평균치를 의미한다. – 옮긴이

† 평활화 및 다른 통계 기법은 그래픽과 오디오 파일의 처리에도 사용된다. 예를 들어 이미지 평활화(또는 블러링)는 각 픽셀을 모든 이웃 픽셀의 평균으로 대체하는 기법이다.

붉은색 선은 30일 이동 평균을 나타낸다(예: 이후 30일 평균). *

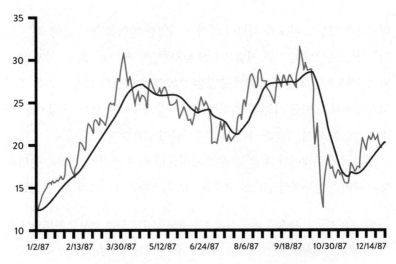

그림 15.6 오토데스크 주가와 30일 이동 평균 필터
(출처: Jacobson, Yuan, Joshi, 'Scryer: Netflix's Predictive Auto Scaling Engine')

이미지 프로세싱과 주기적, 계절적 지표 데이터의 유사성과 차이점을 발견하기 위해 콜모고로프스미르노프Kolmogorov-Smirnov 테스트(Graphite와 Grafana에서 확인할 수 있다)에서 광범위하게 사용되는 고속 푸리에 변환과 같이 더 이국적인 필터링 기법이 존재한다.

사용자 데이터에 대한 텔레메트리의 상당 부분은 주기적이며 계절적 유사성이 있는 것으로 기대할 수 있다. 웹 트래픽과 소매 거래, 영화 감상을 비롯한 사용자의 다양한 행동은 매우 규칙적으로 예측 가능한 일별, 주별, 연도별 패턴을 띤다. 이를 통해 화요일 오후의 주문 트랜잭션 비율이 주간 기준의 59%로 떨어지는 경우와 같이 일반 기준과 다른 상황을 감지할 수 있다.

이런 기법의 유용성은 데이터 분석에 필요한 지식과 기술을 가진 마케

---

* 평활화 필터의 또 다른 예로는 가중 이동 평균이나 지수 평활법 등을 들 수 있다(각각 오래된 데이터보다 최근 데이터에 선형적이나 지수적으로 더 많은 가중치를 둔다).

팅이나 비즈니스 인텔리전스 부서 사람들이 필요할 수 있다. 공통 문제를 식별하고 이상 탐지와 문제를 해결하는 데 유용한 사고 예측을 개선하려고 이런 사람들을 찾아 함께 작업하길 원할 수도 있다.*

사례 연구

향상된 이상 탐지 기법(2014)

투픽 보베즈 박사Dr. Toufic Boubez는 2014년 모니터라마Monitorama에서 이상 탐지 기법을 사용하는 강점에 관해 설명하면서 콜모고로프스 미르노프 테스트의 효과를 강조했다. 이 기법은 통계에서 두 데이터 세트가 어떤 차이가 있는지 파악하는 데 사용되며, Graphite와 Grafana와 같이 인기 있는 도구에서 찾아볼 수 있다. 이 사례 연구의 목적은 학습이 아니다. 통계 기법의 한 부류가 작업에 사용될 수 있는 방법을 보여주는 것이다. 또한 완전히 다른 애플리케이션에서도 우리 조직이 사용할 수 있는 방법을 알려준다.[16]

그림 15.7은 전자 상거래 사이트에서 분당 트랜잭션 수를 보여준다. 그래프의 주간 주기성과 더불어 트랜잭션양이 주말에 감소한다. 육안 검사Visual Inspection를 통해 정상 트랜잭션양이 월요일의 정상 수준으로 돌아가지 않았을 때 4주 차에 뭔가 특이한 현상이 발생했다는 것을 확인할 수 있다. 이는 우리가 조사해야 하는 이벤트를 암시한다.

3표준 편차 규칙을 사용하면 두 번의 경고만 받고 월요일의 중요한 거래량 감소를 누락하게 된다. 데이터가 예상되는 월요일 패턴에 벗어난 것에 대해 경고를 받을 수도 있다.

---

* 이 유형의 문제를 해결하는 데 사용할 수 있는 도구에는 SPSS, SAS가 있다. 또한 현재 가장 많이 사용되는 통계 패키지 중 하나인 오픈소스 R 프로젝트와 같은 통계 패키지는 물론 마이크로소프트 엑셀도 사용할 수 있다(엑셀은 일회성 데이터를 조작하기 위한 가장 쉽고 빠른 방법의 하나다). 상관관계를 보여주는 유사한 모양의 그래프를 찾아낼 수 있는 엣시가 오픈소스화한 Oculus와 같이, 도구를 포함해 다른 많은 도구가 만들어졌다. Opsweekly는 경고량과 빈도를 추적한다. 그리고 Skyline은 시스템과 애플리케이션 그래프에서 이상 동작을 식별하려고 시도한다.

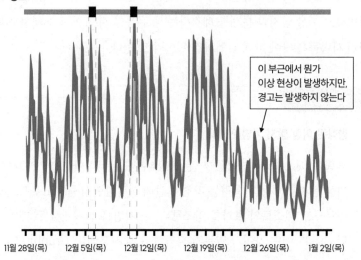

이 부근에서 뭔가
이상 현상이 발생하지만,
경고는 발생하지 않는다

11월 28일(목)　12월 5일(목)　12월 12일(목)　12월 19일(목)　12월 26일(목)　1월 2일(목)

그림 15.7 　트랜잭션 수: '3표준 편차' 규칙을 사용하는 낮은 경고
(출처: Dr. Toufic Boubez, 'Simple math for anomaly detection')

보베즈 박사는 다음과 같이 말했다.

심지어 '콜모고로프스미르노프'가 모두를 감동하게 하는 훌륭한
방법이라고 말하곤 한다.[17] 그러나 운영 엔지니어들은 통계학자들
에게 이런 유형의 비모수적Non-parametric 기법은 일정한 패턴을 가
정하지 않으므로 실제 운영 데이터의 이상 감지에 유용하다는 점
을 말해야 한다. 이는 매우 복잡한 시스템에서 어떤 일이 진행되고
있는지 이해할 때 중요하다. 이들 기법은 2개의 확률 분포 비교를
통해 주기적 또는 계절적인 데이터를 비교할 수 있게 함으로써 매
일 혹은 매주의 데이터에서 차이점을 발견할 수 있게 도와준다.[18]

그림 15.8은 트랜잭션양이 정상 수준으로 돌아가지 않는 월요
일의 비정상적인 패턴을 가진 세 번째 영역을 강조하고 있으며
K-S 필터가 적용된 동일한 데이터 세트를 보여준다. 이런 패턴은
사실상 육안 검사나 표준 편차를 사용한 탐지가 불가능한 시스템
문제를 경고했을 가능성이 있다. 이런 조기 감지는 고객에게 영향

을 미치는 이벤트를 방지할 수 있으며 조직의 목표를 달성할 수 있게 해준다.

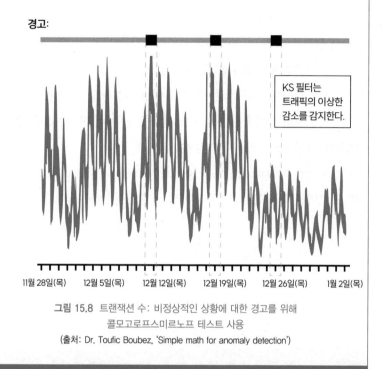

그림 15.8 트랜잭션 수: 비정상적인 상황에 대한 경고를 위해
콜모고로프스미르노프 테스트 사용
(출처: Dr. Toufic Boubez, 'Simple math for anomaly detection')

이 사례 연구는 가우스 분포를 따르지 않는 데이터에서도 가치 있는 변동을 찾아낼 수 있음을 보여준다. 세 가지 기법을 업무에 어떻게 활용할 수 있는지 설명하고, 완전히 다른 애플리케이션을 다루는 조직에서 어떻게 활용될 수 있는지도 보여준다.

결론

15장에서는 프로덕션 텔레메트리 분석에 사용할 수 있는 다양한 통계 기법을 살펴봤다. 따라서 어떤 문제가 치명적인 결과를 초래하기 이전의 미미한 수준이라고 해도 조기에 이를 발견하고 수정할 수 있다. 통계적인 기법은 이전보다 더 약한 실패 신호를 발견할 수 있다. 이를 통해 우리는 조치를 할 수 있고, 더 안전한 작업 시스템을 만들 수 있으며, 목표를 달성하기 위한 역량을 향상시킬 수 있다.

앞서 살펴본 사례 연구를 통해 넷플릭스가 통계적 기법을 사용해 능동적으로 프로덕션에서 컴퓨팅 서버를 제거하고 넷플릭스의 컴퓨팅 인프라스트럭처를 자동으로 확장하는 방법을 설명했다. 이동 평균과 콜모고로프 스미르노프 필터를 사용하는 방법도 설명했다. 이런 방법은 인기 있는 텔레메트리 그래픽 도구에서 확인할 수 있다.

16장에서는 개발의 안전성을 높이고 시스템을 전체적으로 향상시키기 위해 프로덕션 텔레메트리를 일상 개발 업무와 통합하는 방법을 알아본다.

16

피드백을 활성화해 개발과 운영이 코드를 안전하게 배포하게 하라

2006년 라이트 미디어^{Right Media}의 엔지니어링 부사장인 닉 갈브레스^{Nick Galbreath}는 개발과 운영 부서가 담당하는 플랫폼을 책임지고 있었으며, 이 플랫폼은 매일 10억 회 이상의 광고 노출을 제공하고 있었다.[1]

갈브레스는 개발과 운영 부서가 작업하고 있는 경쟁 환경에 대해 다음과 같이 말했다.

> 비즈니스에서 광고 목록은 엄청나게 역동적이므로 시장 상황에 몇 분 안에 대응해야만 한다. 이는 개발 팀이 코드를 빠르게 변경하고 가능한 한 빠르게 프로덕션 환경으로 변경된 코드를 보내야 한다는 것을 의미한다. 그렇지 않으면 더 빠른 경쟁자에게 뒤처질 수밖에 없다. 우리는 테스트를 위한 별도의 그룹, 심지어 개발 팀에 테스트를 위한 그룹을 갖는 것조차 변화에 대응하기에는 너무 느리다는 사실을 알게 됐다. 결국 우리는 책임과 목표를 공유하고 모든 기능을 하나의 그룹으로 통합해야 했다. 가장 큰 문제는 개발자가 자신의 코드를 배포할 때 갖는 두려움을 극복하는 것이었다.[2]

여기에는 모순점이 있다. 개발은 운영이 배포를 두려워한다고 불평하지만, 개발이 코드 배포 권한을 갖게 되면 개발자 또한 코드 배포 수행을 두려워하게 된다.

라이트 미디어에서 개발과 운영 모두가 코드 배포에 공포를 느끼는 것은 이상한 일이 아니다. 그러나 갈브레스는 (개발이나 운영에 상관없이) 배포를 수행하는 엔지니어에게 더 빠르고 더 잦은 피드백을 주면 그들이 배포 시에 처리하는 작업의 크기를 감소시킬 뿐 아니라 안전하다고 느끼고 이를 확신한다는 사실을 발견했다.[3]

갈브레스는 이런 변화를 겪는 팀들을 관찰한 후, 다음과 같이 말했다.

> 우리는 코드 배포 프로세스 전체를 자동화하기 위해 구축한 '코드 배포' 버튼을 기꺼이 누르고자 하는 사람이 개발이나 운영에 아무도 없는 상태에서 시작한다. 버튼을 누름으로써 모든 프로덕션 시스템을 다운시킬 수 있는 최초의 인물이 될 수 있다는 두려움 때문이다. 이런 두려움은 사람을 마비시키기도 한다. 결국 자신의 코드를 프로덕션 환경으로 푸시하는 것에 자원할 정도로 용감한 사람이라도, 잘못된 가정이나 완벽하게 이해하지 못했던 프로덕션 환경의 미묘한 차이로 인해 필연적으로 첫 번째 프로덕션 배포는 원활하게 진행할 수 없다. 그리고 충분한 프로덕션 텔레메트리를 갖고 있지 않기 때문에 고객이 우리에게 이야기해야만 문제가 무엇인지 알 수 있다.[4]

문제를 해결하려면 코드를 수정하고 프로덕션 환경으로 푸시해야 한다. 그러나 이번에는 애플리케이션과 환경에 대한 더 많은 프로덕션 텔레메트리가 추가된다. 이를 통해 복원된 서비스가 올바르게 수정됐는지를 실제로 확인할 수 있으며 이후에는 고객이 알려주지 않아도 이런 문제를 미리 감지할 수 있다.

이후, 더 많은 개발자가 자신의 코드를 프로덕션 환경으로 푸시하기 시작한다. 복잡한 시스템에서 작업하고 있기 때문에 여전히 프로덕션 환경을 망칠 수 있다. 그러나 이번에는 어떤 기능이 망가졌는지 빠르게 확인하고 롤백이나 롤포워드 여부를 신속하게 결정해 문제를 해결할 수 있다. 이것은 팀 전체에 엄청난 이득이다. 이제 모두가 프로덕션 환경에 문제가 없는 것에 기뻐한다.

그러나 팀은 배포 결과의 향상을 원하므로 개발자는 코드 변경에 대한 더 많은 동료 리뷰를 받는다(18장 참조). 그리고 서로 더 나은 자동화 테스트를 작성하게 도와주므로 배포 전에 오류를 발견할 수 있다. 이제 프로덕션 환경의 변화가 더 적을수록 문제가 더 적게 발생한다는 것을 인식한다. 따라서 개발자는 배포 파이프라인으로 이전보다 더 자주 작은 변경 코드를 내보내기 시작하고, 다음 변경 사항을 처리하기 전에 기존의 변경 사항이 프로덕션 환경에서 성공적으로 동작하게 할 수 있다.

이제 이전보다 서비스 안정성이 높아진 데다 코드를 더 자주 배포할 수 있게 됐다. 원만하고 지속적인 흐름의 비밀은 누구나 쉽게 검사하고 이해할 수 있는 작고 빈번한 변경이라는 점을 배웠다. 갈브레스는 위와 같은 진행 방법이 개발, 운영, 정보 보안을 비롯한 모두에게 이익이 된다는 사실을 깨닫고 다음과 같이 말했다.

> 업무 중 언제나 변경 사항이 프로덕션 환경으로 들어갈 수 있다. 따라서 보안 책임자로서 수정 사항을 프로덕션 환경으로 빠르게 배포할 수 있다는 점에 안도감을 느낀다. 그리고 엔지니어의 코드에서 문제가 발생했을 때 항상 모든 엔지니어가 보안에 얼마나 많은 관심을 두고 있는지에 놀라게 된다. 문제가 있는 코드는 그들이 담당하고 있기에 자체적으로 빠르게 문제를 해결할 수 있다.[5]

라이트 미디어의 이야기는 비단 배포 프로세스의 자동화에 관한 것만은 아니다. 배포 작업에 프로덕션 텔레메트리를 통한 모니터링의 통합뿐 아니라 모든 사람이 전체 가치 흐름 상태에서 동일한 책임을 갖는 문화적 규범도 생성해야 한다는 점도 놓치지 않고 있다.

16장에서는 제품 설계에서 개발과 배포, 운영과 폐기까지의 모든 단계에서 가치 흐름의 상태를 향상시킬 피드백 메커니즘을 만든다. 이를 통해 프로젝트 초기 단계에서 서비스가 '프로덕션 환경에서 사용될 준비가 된 상태'를 확보함으로써 결과적으로 모든 사람이 더 나은 안전성과 생산성을 갖게 된다.

텔레메트리를 사용해 배포를 보다 안전하게 만들어라

이번 단계에서는 라이트 미디어의 이야기에서 설명했듯이 누군가 프로덕션 배포를 수행할 때 능동적으로 배포와 관련된 프로덕션 텔레메트리를 모니터링하고 있는지를 확인한다. 이를 통해 누가 배포를 수행하는지와 상관없이(개발이나 운영 누구나 배포를 수행할 수 있다) 새로운 출시가 프로덕션 환경에서 실행된 후 기능이 설계대로 동작하는지 빠르게 판단할 수 있다. 무엇보다 프로덕션 환경에서 배포한 기능이 설계대로 동작할 때까지 새로 수행해야 하는 코드 배포나 프로덕션 환경에 대한 변경을 생각해서는 안 된다.

배포하는 동안 실수로 서비스를 망치거나 다른 서비스에까지 악영향을 미치지 않았는지 확인하기 위해 기능과 관련된 지표를 모니터링한다. 우리는 변경 사항이 임의의 기능을 망치거나 손상하면 신속하게 서비스를 복구하고 문제의 진단과 수정에 필요한 누군가를 데려온다.[*]

3부에서 설명했듯이 우리의 목표는 오류가 프로덕션 환경으로 넘어가기 전에 배포 파이프라인 안에서 처리하는 것이다. 그러나 여전히 감지하지 못하는 오류도 있다. 이때 서비스를 빠르게 복원하려고 프로덕션 텔레메트리에 의존한다. 서비스 복원을 위한 첫 번째 방법으로 기능 토글을 통해 망가진 기능을 해제할 수 있다(기능 토글은 프로덕션으로 해당 기능을 배포하지 않는다는 점에서 상황에 따라 가장 쉬우면서도 가장 위험도가 낮은 옵션이다). 두 번째 방법으로 결함을 수정하면서 진행하는 **픽스 포워드**를 선택할 수 있다(예: 결함을 수정하기 위해 코드를 변경하고 배포 파이프라인을 통해 프로덕션 환경으로 푸시한다). 세 번째 방법으로 **롤백**을 선택할 수 있다(기능 토글

---

[*] 이를 통해 요청된 아키텍처를 사용함으로써 우리는 'MTBF가 아니라 MTTR을 최적화'하는 데 중점을 두게 된다. 이는 실패를 예방하려는 것이 아니라 실패에서 빠르게 회복할 수 있게 최적화하기 위한 의지를 나타내는 유명한 데브옵스 격언이 설명하는 바와 같다.

을 이용하거나 블루 그린 기법 또는 카나리아 출시 패턴 등을 이용해 망가진 서버를 작업에서 제외하고 이전 출시 상태로 다시 전환한다).

수정하면서 진행하는 방식은 위험할 수도 있지만 자동화 테스트와 빠른 배포 프로세스, 충분한 텔레메트리가 있다면 매우 안전하다. 또한 프로덕션에서 모든 것이 제대로 동작하는지를 빠르게 확인할 수도 있다.

그림 16.1은 PHP 런타임 경고를 갑자기 발생시키는 엣시에서의 PHP 코드 변경 사항의 배포를 보여준다. 이 경우 10분 안에 문제를 처리하려면 개발자가 몇 분 안에 문제를 빠르게 통보받고 문제를 수정한 뒤 프로덕션 환경으로 (수정 사항을) 배포해야 한다.

프로덕션 배포는 프로덕션 문제의 주요 원인이다. 따라서 가치 흐름 안의 모든 사람이 배포와 관련된 활동을 인지하게 만들려면 각각의 배포와 변경 이벤트를 지표 그래프와 중첩해야 한다. 이를 통해 더 나은 의사소통과 조정은 물론 더 빠른 감지 및 복구도 가능하다.

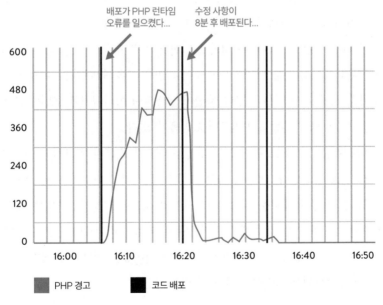

그림 16.1 Etsy.com으로의 배포는 PHP 런타임 오류의 원인이며 빠르게 수정된다
(출처: Mike Brittain, 'Tracking Every Release')

개발은 운영과 페이저 순환 의무를 공유한다*

프로덕션 배포와 출시가 완벽하게 진행될 때도 어떤 복잡한 서비스 안에서는 부적절한 시간(매일 오전 2시)에 발생하는 사고나 중단 사태처럼 여전히 예상하지 못한 문제가 발생할 수 있다. 문제를 완전히 해결되지 않은 상태로 남겨두면 이런 문제가 또 다른 문제를 발생시켜 다운스트림 운영 엔지니어에게 고통을 안겨줄 수 있다. 특히, 문제의 원인을 제공하는 업스트림 엔지니어에게는 보이지 않을 가능성이 크다.

문제를 해결하려고 개발 팀에 해당 문제를 결함으로 통보한대도 새로운 기능의 전달보다 우선순위가 낮을 수 있다. 문제는 몇 주, 몇 달, 몇 년 동안 반복될 수 있으며 운영의 지속적인 혼란과 중단 원인이 될 수 있다. 이것은 업스트림 작업 센터가 지역적으로 최적화하는 방법의 예지만, 실제로는 전체적인 가치 흐름 성능이 하락할 수 있다.

이런 문제를 방지하려면 가치 흐름 내 모든 사람이 다운스트림의 운영 사고 처리 책임을 공유해야 한다. 2009년 프로덕션 엔지니어링의 페이스북 디렉터인 페드로 카나후아티가 도입한 것처럼 개발자, 개발 관리자, 아키텍트를 페이저 순환Pager Rotation에 넣어 책임을 공유해야 한다.[6] 이렇게 하면 가치 흐름 안에 있는 누구나 자신이 업스트림 아키텍처와 코딩에 내린 결정 사항에 대해 본능적인 피드백을 얻을 수 있다.

이로써 운영은 코드 관련 프로덕션 문제에 대해 혼자만 고립돼 어려움을 겪지 않아도 된다. 대신에 가치 흐름 내 위치와 상관없이 모든 사람이 프로덕션 결함과 새로운 기능 개발 사이의 적절한 균형을 찾을 수 있다. 2011년, 뉴 렐릭New Relic의 제품 관리 상무인 패트릭 라이트바디Patrick Lightbody는 "우리는 결함으로 오전 2시에 개발자가 일어났을 때보다 문제가 훨씬 빠르게 수정됐다는 사실을 알게 됐다"라고 말했다.[7]

---

* 여기서 페이저는 일명 삐삐(Beeper)라 부르는 긴급 호출 장치. 페이저 순환 의무는 문제 발생 시 대응하기 위한 일종의 비상 근무라고 생각하면 된다. – 옮긴이

이 프랙티스의 부작용은 기능이 '완료'로 표시돼서 비즈니스 목표가 달성되지 않는다는 사실을 개발 관리가 쉽게 알 수 없게 한다는 것이다. 기능은 과도한 에스컬레이션이나 계획되지 않은 작업의 원인이 되지 않으면서 프로덕션 환경에서 설계대로 수행될 때만 완료 처리된다.*

이 프랙티스는 기능의 개발과 프로덕션 환경에서 실행을 담당하는 시장 지향적인 팀과 기능 지향적 팀에도 동일하게 적용할 수 있다. 페이저듀티 PagerDuty의 운영 엔지니어링 관리자인 아럽 차크라바티 Arup Chakrabarti는 2014년 프리젠테이션을 통해 "많은 기업에서 전담 대응 팀을 꾸리는 현상이 점점 더 줄어들고 있다. 대신 프로덕션 코드 및 환경에 대해 작업을 하는 모든 사람이 가동 중지에 관심 갖는 것을 예상할 수 있다"라고 밝혔다.[8]

팀을 조직화하는 방법과 관계없이 기본 원칙은 같다. 애플리케이션이 망가졌을 때 문제 수정을 포함해 개발자가 프로덕션 환경에서 애플리케이션이 수행되는 방법에 대해 피드백을 받는 경우에는 고객과 더 가까워지고, 가치 흐름 내 모든 사람이 혜택을 얻게 된다.

개발자가 다운스트림 작업을 따르게 하라

상호 작용과 사용자 경험 설계UX에서 가장 강력한 기술은 맥락 질문법 Contextual Inquiry이다. 이는 제품 팀이 자연스러운 환경, 예를 들어 책상에서 작업하는 경우 고객이 애플리케이션을 사용하는 것을 관찰하는 방법이다. 이렇게 하면 일상 업무에서 고객이 간단한 작업을 수행하려고 수십 번 클릭하거나 여러 화면에서 텍스트를 잘라내고 붙이는 일 또는 종이에 메모를 적는 일처럼 고객이 애플리케이션을 사용하면서 겪는 어려움을 발견할 수 있다. 이는 보상 행동 및 사용성 문제에 대한 해결 방법의 예제다.

---

* ITIL은 서비스가 사전에 정의된 기간(예: 2주) 동안 개입하지 않고도 프로덕션 환경에서 신뢰성 있게 동작할 수 있는 때를 보장 기간으로 정의한다. 이런 보증 기간의 정의는 우리가 규정한 전체적인 '완료' 정의로 통합돼야 한다.

개발자들은 일반적으로 고객 관찰에 참여한 후 실망하는 반응을 보이며 "우리가 고객에게 고통을 주는 다양한 방법을 보는 것은 매우 끔찍하다"라고도 말한다. 이런 고객 관찰은 대부분 의미 있는 학습과 고객의 상황을 개선하려는 열망을 가져온다.

우리의 목표는 작업이 내부 고객에게 어떤 영향을 미치는지 관찰하기 위해 동일한 기법을 사용하는 것이다. 개발자는 고객의 작업 다운스트림을 따라야 하며, 제품을 프로덕션 환경에서 실행하려면 다운스트림 작업센터가 제품과 상호 작용하는 방법을 확인할 수 있어야 한다.*

이를 통해 코드의 비기능적 측면(고객이 마주하는 기능과 관련이 없는 모든 기능)에 대한 피드백을 생성한다. 그리고 배포 가능성, 관리 가능성, 운영 가능성 등을 향상시키는 방법을 정의할 수 있다.

UX 관찰이 관찰자에게 강력한 영향을 미칠 때도 있다. 트립와이어Tripwire의 창립자이자 13년 동안 CTO 역할을 수행한 이 책의 공저자인 진 킴은 자신의 첫 번째 고객을 관찰한 후 다음과 같이 말했다.

일하면서 겪은 최악의 순간은 2006년의 어느 날 오전 내내 고객 중 한 명이 우리 제품을 사용하는 방법을 지켜봤을 때다. 예상한 대로 고객이 매주 작업을 수행하는 것을 지켜보고 있었다. 경악스럽게도 그 작업에는 63번의 클릭이 필요했다. 고객은 아마도 이 작업을 수행하는 더 좋은 방법이 있을 것이라며 연신 사과했다.

불행히도 그 작업을 수행하기 위한 더 좋은 방법은 없었다. 또 다른 고객은 제품의 초기 설정이 어떻게 1,300개의 단계로 이뤄졌는지를 설명했다. 나는 불현듯 우리 제품의 관리 작업을 항상 신입 엔지니어가 맡는 이

---

* 작업 다운스트림을 따르면 복잡한 수동 단계(예: 성공적으로 완료하기까지 6시간이 걸리는 애플리케이션 서버 클러스터링의 페어링)의 자동화와 같이 흐름을 개선하는 데 도움이 되는 방법을 발견할 수 있다. 이 방법에는 다양한 QA 및 프로덕션 배포 단계에서 여러 번 코드 패키지를 생성하는 대신 코드 패키징을 한 번만 수행하기, 테스터가 수동 테스트 스위트를 자동화하기, 더 빈번한 배포를 통해 일반적 병목 지점 제거하기, 누군가 개발자 애플리케이션 노트를 해독해 패키지화된 설치 프로그램을 만드는 대신 더 유용한 문서 생성하기 등이 있다.

유를 떠올렸다. 누구도 우리 제품을 실행하길 원치 않았다. 이것이 회사에서 고객에게 주는 고통을 해결할 수 있는 UX 프랙티스를 만든 이유다.

UX 설계는 소스에서 품질의 생성을 가능케 하고 결과적으로 가치 흐름 내 팀원들이 더 큰 공감을 할 수 있게 한다. UX 관찰 방법은 공유된 작업 백로그에 추가하기 위한 비기능 요구 사항을 체계화할 때 도움이 된다. 결과적으로 우리가 만드는 모든 서비스에 비기능 요구 사항을 능동적으로 통합할 수 있다. 이는 데브옵스 작업 문화 생성에 있어 중요한 요소다.[*]

초기에는 개발자 스스로 제품 서비스를 관리하게 하라

개발자가 일상 업무를 수행하는 동안 유사 프로덕션 환경에서 코드를 작성하고 실행한대도 운영 팀이 출시를 할 때 비로소 실제 프로덕션 환경에서 코드가 동작하는 것을 처음 보기 때문에 프로덕션 출시는 여전히 형편없을 수 있다. 이런 문제는 운영 팀의 학습이 소프트웨어 수명 주기에서 너무 늦게 일어나기 때문에 발생한다.

때때로 형편없는 프로덕션 출시의 남겨진 결과는 동작하기 어려운 프로덕션 소프트웨어다. 익명의 운영 엔지니어는 다음과 같이 말했다.

> 우리 그룹에서 시스템 관리자 대부분은 6개월 정도만 견딘다. 프로덕션 환경은 항상 뭔가 망가져 있고, 시간은 미친 듯이 빨리 가며, 애플리케이션 배포는 신념 이상으로 고통스럽다. 최악은 애플리케이션 서버 클러스터를 페어링하는 작업으로 6시간이 걸린다. 매번 개발자들이 우리를 증오한다고 느꼈다.[10]

---

[*] 최근 제프 수스나는 UX 목표를 더 잘 달성하는 방법에 대한 체계화를 시도했으며 이를 디지털 대화(Digital Conversations)라고 불렀다. 이는 조직이 고객의 여정을 복잡한 시스템으로 이해하고 품질 맥락을 넓히려는 의도다. 핵심 개념(지연의 최소화와 피드백 강도를 최대화하기, 실패에 대한 설계와 학습을 위한 운영, 설계에 대한 입력으로 운영을 활용하기, 공감대 찾기)은 소프트웨어가 아닌 서비스에 대한 디자인을 포함한다.[9]

이 문제는 모든 제품 팀 및 프로덕션 환경 내 서비스를 지원할 수 있는 충분한 운영 엔지니어가 없는 결과일 수 있으며, 기능 지향 팀과 시장 지향 팀 모두에서 발생할 수 있다.

잠재적 대책 중 하나는 구글에서 수행하는 것으로 중앙 집중화된 운영 그룹이 관리할 수 있는 자격을 갖추기 전에 개발자 그룹이 자체적으로 프로덕션 환경에서 서비스를 관리하게 하는 것이다. 개발자가 배포와 프로덕션 지원을 담당하면 운영으로 훨씬 더 부드럽게 전이할 가능성이 커진다.*

자체 관리되는 서비스가 프로덕션 환경으로 들어가 조직적 위험을 생성하는 문제를 방지하려면 실제 고객과 상호 작용하고 실제 프로덕션 트래픽에 노출되기 위해 반드시 충족해야 하는 출시 요구 사항을 정의해야 한다.

운영 엔지니어는 제품 팀을 돕기 위해 제품 팀의 서비스 프로덕션 준비를 담당하는 컨설턴트 업무를 수행해야 한다. 출시 지침을 생성하면 특히 운영 팀을 비롯한 모두가 전체 조직의 축적되고 누적된 경험을 활용할 수 있다. 출시 지침과 요구 사항은 다음과 같다.[11]

- **결함 개수와 심각도**: 애플리케이션이 설계대로 수행되는가?
- **페이저 경고의 유형 및 빈도**: 애플리케이션이 프로덕션 환경에서 지원할 수 없는 횟수의 경고를 생성하는가?
- **모니터링 범위**: 문제가 발생했을 때 모니터링 범위가 서비스 복원을 하기에 충분한가?
- **시스템 아키텍처**: 프로덕션 환경에서 빠른 속도로 변경과 배포를 충분히 지원할 수 있게 서비스가 느슨하게 결합됐는가?
- **배포 프로세스**: 프로덕션 환경으로 코드를 배포하기 위한 예측 가능하고 결정적이며 충분히 자동화된 프로세스가 있는가?
- **프로덕션 환경 관리**: 다른 사람들이 프로덕션 환경에 대한 지원을 관리

---

* 개발 팀이 온전하게 유지되고 프로젝트가 완료된 후에도 해산하지 않기 때문에 프로덕션 문제가 수정될 가능성이 더 커질 수 있다.

할 수 있을 만큼 충분히 좋은 프로덕션 환경에 대한 습관의 증거가 있는가?

이런 요구 사항은 표면적으로 과거에 사용했던 전통적 프로덕션 체크리스트와 비슷해 보일 수 있다. 그러나 효과적인 모니터링에 대한 준비, 신뢰성 있고 결정적인 배포, 빈번한 배포를 신속히 지원하는 아키텍처가 필요하다는 점에서 차이가 있다.

리뷰 중에 결함을 발견했다면 할당된 운영 엔지니어는 문제 해결을 위해 기능 팀을 돕거나 필요에 따라 서비스를 다시 설계한다. 이를 통해 배포와 프로덕션 환경에서의 관리를 쉽게 수행한다.

이때 서비스가 임의의 규제 준수 목적에 적합한지, 향후 규제 가능성이 있는지가 궁금할 수도 있다.

- 서비스가 상당한 양의 수익을 생성하는가?(예: 수익이 공개된 미국 법인의 총 매출 5% 이상일 때, 이는 '의미 있는 해석'이며, 2002년 사베인스옥슬리법Sarbanes-Oxley Act 404조를 준수하기 위한 범위에 있다.)
- 서비스가 높은 사용자 트래픽을 갖거나 중단 사고 및 장애 비용이 많이 드는가?(예: 운영 문제 위험이 가용성이나 평판에 악영향을 미치는가?)
- 서비스가 신용 카드 번호나 개인 식별 정보, 사회 보장 번호, 환자 치료 기록과 같은 카드 소유자 정보를 저장하는가? 규제, 계약상 의무, 개인 정보 보호 또는 평판 위험을 생성할 수 있는 다른 보안 문제가 있는가?
- 서비스가 미국 수출 규정, PCI-DSS, HIPAA 등과 같은 다른 규제 사항이나 계약 준수 요구 사항과 관련돼 있는가?

이런 정보는 서비스와 관련된 기술적 위험뿐 아니라 모든 잠재적 보안과 컴플라이언스 위험을 효과적으로 관리하게 도와준다. 또한 프로덕션 통제 환경의 설계에 필수 입력 정보를 제공한다.

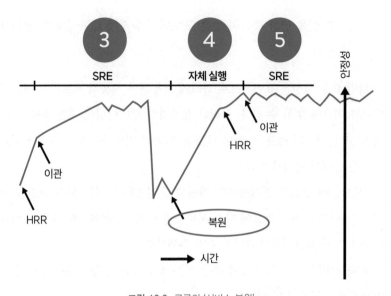

그림 16.2 구글의 '서비스 복원'
(출처: 'SRE@Google: Thousands of DevOps Since 2004', YouTube video, 45:57,
posted by USENIX, 2012. 1. 12, https://www.youtube.com/watch?v=iluTnhdTzK0)

개발 프로세스 초기 단계에서 운영 요구 사항을 통합하고 개발이 그들
의 애플리케이션과 서비스를 초기에 스스로 관리하게 하면, 새로운 서비스
를 프로덕션 환경으로 전환하는 프로세스가 더 원만해진다. 뿐만 아니라,
완료도 더 쉬워지며 예측률도 높아진다. 그러나 이미 프로덕션 환경에 있
는 서비스라면 프로덕션 환경에서 운영이 지원하지 않는 서비스와 함께 동
작하지 않게 할 다른 메커니즘이 필요하다. 이것은 특히 기능 중심의 운영
조직과 관련돼 있다.

이 단계에서는 **서비스 반환 메커니즘**Service Handback Mechanism을 생성할 수 있
다. 다시 말해 프로덕션 서비스가 충분히 취약해지면 운영은 프로덕션 지
원을 개발로 되돌리기 위한 능력을 갖추게 된다.

서비스가 개발자 관리 상태로 되돌아가면 운영의 역할은 프로덕션 지원
에서 상담으로 이동하고 팀이 서비스를 프로덕션 준비 상태로 만드는 것을
돕는다.

이런 메커니즘은 압력 배기판 역할을 하므로 운영이 취약한 서비스를 관리하는 데 많은 시간을 사용하지 않게 하지만, 계속 증가하는 기술 부채로 운영 업무가 증가하고 지역적 문제가 전체적 문제로 증폭되는 상황에 놓이지 않게 한다. 이런 메커니즘은 운영이 개선 작업과 예방 프로젝트를 수행하기 위한 충분한 역량을 확보하는 데도 도움이 된다.

서비스 반환 메커니즘은 구글에서 오랫동안 지속해왔으며 아마도 개발과 운영 엔지니어 간 상호 존중의 최고 사례 중 하나일 것이다. 핸드백 메커니즘을 이용하면 개발은 새로운 서비스를 신속하게 생성할 수 있다. 운영 엔지니어는 해당 서비스가 회사에 전략적으로 중요해지면 개발 팀에 합류할 수 있다. 드문 경우지만, 운영 엔지니어가 프로덕션 환경에서 서비스를 관리하는 것이 너무 어려워진다면 서비스 관리를 개발에게 되돌릴 수도 있다.* 구글에서의 사이트 신뢰성 엔지니어링에 관한 다음 사례 연구는 핸드오프 준비 리뷰와 실행 준비 리뷰 프로세스가 진화하는 과정과 그에 따른 장점을 설명한다.

사례 연구

구글, 실행 및 핸드오프 준비 리뷰(2010)

구글에 대한 놀라운 사실 중 하나는 구글이 '사이트 신뢰성 엔지니어Site Reliability Engineers, SRE'라 불리는 운영 엔지니어를 위한 기능적 방향성을 갖추고 있다는 점이다. SRE라는 용어는 2004년 벤 트레이너 슬로스Ben Treynor Sloss가 도입했다.† 트레이너 슬로스는 일곱 명의 SRE 직원과 함께 시작했으며, 2014년에는 1,200명 이상의 규모

---

* 프로젝트 기반 지원 자금을 갖는 조직은 팀이 이미 해체됐거나 예산 또는 시간이 없어 다시 서비스를 받아 관리할 개발자가 없을 수 있다. 이에 대한 대책으로는 서비스 향상을 위한 개선 블리츠의 유지, 일시적 자금 조달, 개선 활동을 위한 직원 배치, 서비스 종료 또는 서비스를 종료 등이 있다.

† 이 책에서는 '운영 엔지니어(Ops Engineer)'라는 용어를 사용한다. 그러나 '운영 엔지니어'와 '사이트 신뢰성 엔지니어'라는 두 용어 모두 상호 교환적으로 사용한다.

가 됐다. 트레이너 슬로스는 "만약에 구글이 망한다면 모두 내 잘못이다"라고 말했다. 그는 SRE가 무엇인지 한 문장으로 정의하길 거부하고 '소프트웨어 엔지니어가 운영 작업이라 불리는 작업을 할 때 어떤 일이 발생하는지'에 관해 설명했다.[12]

각 SRE는 트레이너 슬로스가 운영하는 조직에 보고해 채용 및 고용 품질의 일관성을 보장하는 데 도움을 주며, 구글의 모든 제품 팀에 편입된다(또한 구글은 자금도 지원한다). 그러나 SRE는 여전히 많지 않아서 회사에 가장 중요하고나 규제 요구 사항을 준수해야 하는 제품 팀에만 할당된다. 이런 서비스는 반드시 운영 부담이 적어야 한다. 필수 기준을 만족하지 못하는 제품은 개발자가 관리하는 상태로 유지된다.

회사에서 SRE를 할당해야 할 만큼 제품이 중요해도, 개발자는 팀이 SRE를 받을 수 있는 자격이 되기 전인 최소 6개월 동안 프로덕션 환경에서 서비스를 자체적으로 관리해야 한다.[13]

구글은 이런 자체 관리 제품 팀이 SRE 조직의 전체 경험에서 계속 혜택을 받을 수 있도록 **실행 준비 리뷰**Launch Readiness Review, LRR와 **핸드오프 준비 리뷰**Hand-off Readiness Review, HRR라 불리는 두 가지 주요 단계를 위한 안전성 세트를 만들었다.

고객이 모든 신규 구글 서비스를 공개적으로 이용하려면 실제 프로덕션 트래픽을 받기 전에 반드시 LRR을 수행하고 사인 오프를 받아야 한다. 반면, HRR은 서비스를 운영이 관리하는 상태로 전이될 때 수행하며, 일반적으로 LRR을 수행한 후 몇 달 뒤 수행한다. LRR과 HRR 체크리스트는 유사하다. 그러나 HRR은 훨씬 더 강력하고 더 높은 승인 표준을 갖는다. 반면, LRR은 제품 팀에 의해 자체적으로 보고된다.

LRR이나 HRR을 수행하는 모든 제품 팀에는 요구 사항을 이해하고, 이런 요구 사항의 달성을 돕기 위해 SRE가 할당된다. LRR과 HRR 실행 체크리스트는 시간이 흐름에 따라 발전했다. 따라서 모든 팀은 성공 여부와 상관없이 이전에 실행한 전체 경험의 혜택을 받을 수 있다. 2012년 톰 리몬첼리는 'SRE@Google: Thousands of DevOps Since 2004'에서 "우리는 출시할 때마다 뭔가를 배운다. 출시와 실행에 대한 경험이 적은 사람도 있다. LRR과 HRR 체크리스트는 조직적 기억을 생성하는 방법이다"라고 발표했다.[14]

프로덕션 환경에서 제품 팀이 서비스를 자체적으로 관리하면 개발 팀은 운영 입장에서 생각할 수 있다. 그러나 LRR과 HRR의 지침에 따라 서비스 전환이 더 쉽고 예측 가능하게 될 뿐 아니라 업스트림과 다운스트림 작업 센터 사이의 공감대 형성에도 도움이 된다.

리몬첼리는 "이상적으로 제품 팀은 LRR 체크리스트를 가이드로 사용하고 있으며, 서비스 개발과 동시에 LRR 체크리스트를 만족시키려고 노력한다. 또한 필요할 때 도움받기 위해 SRE에게 연락한다"라고 언급했다.[15]

이어 다음과 같이 부연했다.

가장 빠른 HRR 프로덕션 승인을 받은 팀은 초기 설계 단계부터 실행까지 SRE와 함께 작업하는 팀이다. 중요한 것은 프로젝트를 도와줄 SRE를 항상 쉽게 확보할 수 있다는 점이다. 모든 SRE는 프로젝트 초기에 팀에 대한 조언 제공에 가치를 두고 있으며, 몇 시간 혹은 며칠 동안 팀에 대한 지원을 스스로 자처할 것이다.[16]

제품 팀을 초기에 돕는 SRE에 대한 프랙티스는 구글이 지속적으로 강화하고 있는 중요한 문화적 규범이다. 이와 관련해 리몬첼리는 "제품 팀을 돕는 것은 장기간에 걸친 투자이며 수개월이 지난 뒤, 출시 시점에 효과가 나타날 수도 있다. 이런 프랙티스는 가치 있는 '훌륭한 시민 정신과 커뮤니티 서비스'의 형태로 엔지니어를 위한 SRE 프로모션 평가 시 일상적으로 고려된다"라고 설명했다.[17]

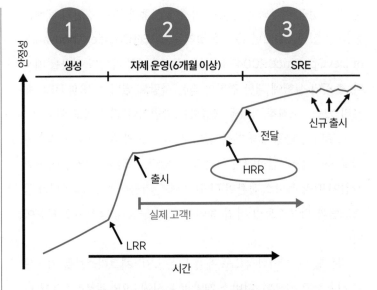

그림 16.3 구글의 실행 준비 리뷰 및 핸드오프 준비 리뷰
(출처: 'SRE@Google: Thousnads of DevOps Since 2004', YouTube video, 45:57.
posted by USENIX, 2012. 1. 12, https://www.youtube.com/watch?v=IIuTnhdTzKO)

구글은 제품 팀이 자체 서비스를 직접 관리하게 함으로써 프로덕션 환경에서 실제로 자신들의 코드가 어떻게 동작하는지에 관한 가치 있는 통찰력을 제공한다. 이 프랙티스는 개발과 운영 사이의 관계와 이해를 높임으로써 문화적 피드백 루프를 만들어낸다.

결론

16장에서는 서비스의 개선을 가능하게 만드는 피드백 메커니즘을 설명했다. 피드백 메커니즘은 변경 사항의 프로덕션 환경 배포 여부, 다운스트림 엔지니어의 연락을 받아 긴급하게 수정하는 코드, 개발 팀이 더 많은 프로덕션 적용 준비가 된 코드를 작성하는 데 도움이 되는 비기능 요구 사항의 생성과는 상관없이 서비스를 개선할 수 있게 한다. 심지어 문제가 있는 서비스를 개발 팀이 다시 자체 관리할 수도 있다.

이런 피드백 루프를 만듦으로써 더욱 안전하게 프로덕션 환경으로 배포하고, 개발이 생성한 코드의 프로덕션 준비 상태를 향상할 수 있다. 또한 공유된 목표, 책임감, 공감을 강화해 개발과 운영 사이에 더 나은 작업 관계를 만들 수 있다.

17장에서는 가설 주도 개발 및 조직의 목표 달성에 관해 살펴본다. 또한 시장 경쟁력을 확보할 수 있게 만드는 A/B 테스팅을 통해 가설 주도 개발을 어떻게 수행하는지 탐구한다.

17

일상 업무에 가설 주도 개발과 A/B 테스팅을 통합하라

소프트웨어 프로젝트에서는 개발자가 몇 달 혹은 몇 년 동안 작업한 특정 기능이 원하는 결과를 얻고 있는지 아니면 전혀 사용되지 않는지 등 바람직한 비즈니스 결과의 달성 여부를 확인하지 않고 여러 번에 걸쳐 출시하는 일이 흔히 발생한다.

더 나쁜 점은 주어진 기능이 원하는 결과를 달성하지 못한다는 사실을 발견했을 때도 해당 기능에 대한 수정 업무가 새로운 기능에 밀려 우선순위가 밀릴 수 있다는 것이다. 이에 따라 성능이 낮은 기능은 의도한 비즈니스 목표 달성에 실패한다. 이와 관련해 제즈 험블은 "비즈니스 모델이나 제품 아이디어를 테스트하는 가장 비효율적인 방법은 예상한 수요가 정확한지 확인하려고 완전한 제품을 만드는 것이다"라고 말했다.[1]

기능을 구현하기에 앞서 "이 기능을 만들어야 하는가? 왜 만들어야 하는가?"라는 자문을 꼭 거쳐야 한다. 그런 다음, 의도한 기능이 실제로 원하는 결과를 달성할 수 있는지 판단한다. 이를 위해 사용자 연구를 통해 검증할 수 있는 가장 저렴하고 빠른 실험을 수행해야 한다. 이 장에서 살펴보는 개념인 가설 주도 개발과 고객 취득 퍼널 모델, A/B 테스트와 같은 기법을 실험의 목적으로 사용할 수 있다. 대표적인 예로 인튜이트Intuit, Inc는 고객이 좋아하는 제품을 만들고 조직 학습을 촉진하며 시장에서 승리하기 위해 이와 같은 기법을 조직에 적용한다.

인튜이트의 가설 주도 개발(2012)

인튜이트는 소규모 비즈니스와 고객, 전문 회계사의 업무를 쉽게 하는 비즈니스 및 재무 관리 솔루션을 만드는 데 초점을 맞추고 있다. 2012년에 QuickBooks, TurboTax, Mint 그리고 최근에는 Quicken을 포함한 주요 제품을 생산해 45억 달러의 매출을 기록했고 8,500명의 직원을 보유하고 있다.[2]*

인튜이트의 설립자로 혁신 문화의 구축을 오랫동안 주장해 온 스콧 쿡 Scott Cook은 제품 개발을 위한 실험적 방법의 적용을 장려하고, 팀을 지원하기 위한 리더십을 촉구한다. 쿡은 "상사의 투표에 집중하는 대신 실제로 사람들이 실험하고 행동하는 것에 중점을 두고 실험에 결정 근거를 둬야 한다"라고 강조했다.[3] 이것이 제품 개발에 대한 과학적인 접근 방식의 본보기다.

쿡은 또 "필요한 것은 모든 직원이 빠르게 실험할 수 있는 시스템이다. (중략) 댄 마우러Dan Maurer는 TurboTax 웹 사이트를 운영하는 소비자 부문을 운영한다. 그가 인수했을 당시 우리는 1년에 약 일곱 번의 실험을 했다"라고 설명했다.[4]

이어 그는 "2010년에 많은 혁신 문화가 자리 잡았기 때문에 이제 TurboTax는 미국 조세 납부 기간인 3개월 동안 165번의 실험을 수행한다. 이를 통해 웹 사이트의 전환 비율이 50%로 상승했다. 팀원을 포함한 사람들은 이런 실험을 좋아한다. 이제 자신들의 아이디어가 시장에 나올 수 있기 때문이다"라고 부연했다.[5]

웹 사이트 전환 비율의 효과를 제외하고, 이 이야기의 가장 놀라운 요소는 극성수기임에도 TurboTax가 프로덕션 환경에서 실험을 수행했다는 점이다. 수십 년 동안, 특히 소매업에서는 연말 연휴에 수익이 떨어질 위험이

---

* 2016년 인튜이트는 Quicken 비즈니스를 사모 투자 회사인 H.I.G 캐피털에 매각했다.

컸다. 그래서 TurboTax는 10월 중순에서 1월 중순까지 (시스템에) 변화를 주지 않기도 했다.

그러나 TurboTax 팀은 소프트웨어 배포와 출시를 빠르고 안전하게 해서 온라인에서 사용자 실험을 수행했다. 필요한 프로덕션 변경을 위험도가 낮은 활동으로 전환했기 때문에 가장 트래픽이 높고 수익이 많이 창출되는 기간에 실험을 수행할 수 있었다.

이는 실험의 가치가 가장 높아지는 기간이 극성수기라는 개념을 강조한다. TurboTax 팀이 이런 변경 사항을 세금 신고 마감일인 4월 16일까지 기다려 실행했다면, 회사는 잠재 고객 상당수를 경쟁사에 빼앗기고 기존 고객 일부도 잃었을 것이다.

더 빠르게 실험하고 반복할수록, 제품과 서비스에 피드백을 통합할수록 더 빠르게 학습하고 경쟁사를 따돌릴 수 있다. 피드백을 얼마나 빨리 통합하는지는 소프트웨어를 배포하고 출시하는 능력에 달려 있다.

인튜이트의 사례는 TurboTax 팀이 이런 상황을 만들어낼 수 있었고 결과적으로 시장에서 승리했음을 보여준다.

A/B 테스팅의 간략한 역사

인튜이트 TurboTax 사례에서 강조했듯, 강력한 사용자 조사 기법은 고객 취득 퍼널 모델을 정의하고 A/B 테스트를 수행하는 것이다. A/B 테스팅 기법은 마케팅 전략의 두 가지 주요한 범주 중 하나인 **직접 반응 마케팅**Direct Response Marketing에서 생겨났다. 또 다른 범주는 **대중 마케팅**Mass Marketing이나 **브랜드 마케팅**Brand Marketing으로 불리며 구매 결정에 영향을 미칠 수 있는 대중 앞에 광고가 최대한 노출되게 배치한다.

이메일과 소셜 미디어가 등장하기 이전 시기, 직접 반응 마케팅은 수천 장의 엽서나 전단을 우편으로 보내거나 전화를 하거나 엽서를 반환하거나 주문을 통해 잠재 고객의 제안을 수락하는 것이었다.[6]

이런 캠페인 중 어떤 제안이 가장 높은 전환 비율을 갖는지 판단하는 실험을 수행했다. 실험자들은 원하는 행동을 생성하는 데 가장 효과적인 요소를 결정하기 위해 제안의 수정과 변형, 제안의 어구 변형, 카피라이팅, 디자인과 타이포그래피, 패키징 등을 변화시켰다.

각 실험에는 서로 다른 디자인과 인쇄 작업의 수행, 수천 개의 제안 발송, 응답 회신까지 몇 주간의 기다림이 필요했다. 일반적으로 각 실험에는 수만 달러의 비용이 들었고 완료까지 몇 주 또는 몇 달이 걸렸다. 그러나 큰 비용에도 불구하고 전환 비율을 크게 높였을 때(예: 제품을 주문한 응답자의 비율이 3~12%인 경우)만 반복적 테스트가 쉽게 성과를 낼 수 있었다.

A/B 테스팅의 또 다른 대표적 사례로는 캠페인 모금 활동, 인터넷 마케팅, 린 스타트업 방법론이 있다. 흥미롭게도 영국 정부에서도 채무를 이행하지 않는 시민들의 연체 세금을 징수하는 데 어떤 편지가 가장 효과적인지 결정하기 위해 A/B 테스팅을 사용했다.[7]*

기능 테스팅에 A/B 테스팅 통합하기

현대적인 UX 프랙티스에서 가장 일반적으로 사용되는 A/B 기법은 방문자가 웹 사이트 페이지에서 두 가지 버전인 컨트롤('A')이나 처리('B') 중 하나를 무작위로 선택하는 것을 포함한다. 우리는 이런 두 집단 사용자들의 후속 행동에 대한 통계 분석을 기반으로 두 결과에 유의미한 차이가 있는지 판별하고, 이를 통해 처리(예: 기능, 디자인 요소, 배경색의 변경)와 결과(예: 전환율, 평균 주문 크기) 사이의 인과 관계를 확인한다.

---

* 개발을 착수하기 전에 사용자 조사를 수행하는 방법도 있다. 그중 비용면에서 가장 효율적인 방법은 설문 조사 수행, (Balsamiq과 같은 도구를 사용하는 가상 객체나 코드로 작성된 대화형 버전과 같은) 프로토타입 제작 및 테스트 수행이다. 구글의 엔지니어링 인사인 알베르토 사보이아(Alberto Savoia)는 올바른 것을 구축하고 있는지 검증하기 위해 프로토타입을 사용하는 프랙티스에 대해 '프로토타이핑(Prototyping)'이라는 용어를 만들었다. 사용자 연구는 불필요한 기능을 구축하는 데 드는 노력과 비용보다 상대적으로 저렴하고 쉽다. 대부분 일부 형식의 유효성 검사 없이 우선순위를 정하면 안 된다.

예를 들어 '구매' 버튼의 텍스트나 색상을 수정하면 수익이 증가하는지, 웹 사이트의 응답 시간이 오래 걸리는지를 확인하기 위해 실험을 수행할 수 있다. 이런 타입의 A/B 테스팅은 성능 향상에 대한 달러 가치$^{Dollar\ Value}$를 설정할 수 있게 한다. A/B 테스트는 온라인 제어 실험과 분할 테스트라고도 알려져 있다. A/B 테스트는 하나 이상의 변수로 실험하는 것도 가능하다. 이는 다변량 테스팅$^{Multivariate\ Testing}$이라 알려진 기법이며 변수들이 어떻게 상호 작용하는지 확인할 수 있다.

A/B 테스트의 결과는 놀랍다. 마이크로소프트의 분석 및 실험 그룹의 뛰어난 엔지니어이자 총괄 책임자인 로니 코하비$^{Ronny\ Kohavi}$는 "핵심 지표를 향상시키기 위해 잘 설계되고 실행된 실험을 평가한 결과, 실험한 기능 중 3분의 1만 핵심 지표 향상에 성공했다"라고 밝혔다.[8] 간단히 말하자면 기능의 3분의 2는 영향이 거의 없거나 실제로 상황을 악화시킨다. 코하비는 이런 모든 기능이 원래는 합리적이고 좋은 아이디어로 생겨났지만, 직관이나 전문적인 의견보다 사용자 테스트가 더 필요하다고 말했다.[9]

지속적인 학습

실험 설계와 A/B 테스팅에 관심이 있다면 다이앤 탕(Diane Tang) 박사, 론 코하비 박사, 야 쉬(Ya Xu) 박사가 쓴 『A/B 테스트』(에이콘, 2022)를 참조하라. 저자들은 온라인 실험과 A/B 테스팅을 활용해 제품을 개선한 여러 기업의 사례를 소개한다. 이 책은 다양한 팁과 속임수를 포함하기 때문에 누구나가 신뢰할 수 있는 실험을 이용해 잘못된 데이터에 의한 웅덩이에 빠지지 않고 제품과 서비스를 향상할 수 있다.

코하비 박사가 제시한 데이터에 함축된 내용은 대단히 혁신적이다. 사용자 조사를 수행하지 않으면, 우리가 만들고 있는 기능의 3분의 2는 조직에 가치를 전달하지 못하거나 부정적 가치를 전달할 확률이 높다. 이는 코드베이스를 더 복잡하게 만들고, 시간이 지날수록 유지 보수 비용을 늘리며 소프트웨어 변경을 어렵게 만든다. 이런 (가치 없는) 기능을 만들려는 노력은 가치를 전달하는 기능을 희생시키기도 한다(예: 기회비용). 이를 두고 제즈 험블은 "극단적으로 생각하면 가치를 추가하지 못하는 기능 중 하나를 만들기보다는 팀 전체에게 휴가를 주는 것이 더 나을 수도 있다"라고 말했다.[10]

우리의 목표는 A/B 테스팅을 기능 설계, 구현, 테스트, 배포 방법에 통합하는 것이다. 의미 있는 사용자 조사와 실험을 수행하면 목표를 달성하는 데 효과적이고 시장에서도 승리할 수 있다.

A/B 테스팅을 출시와 통합하기

빠르고 반복적인 A/B 테스팅은 필요에 따라 빠르고 쉽게 프로덕션 배포를 수행하고, 기능 토글 사용과 더불어 고객 세그먼트에 동시에 다양한 버전의 코드 제공을 가능케 한다. 이때 애플리케이션 스택의 모든 수준에서 유용한 프로덕션 텔레메트리가 필요하다.

우리는 기능 토글을 활용해 실험 버전을 제공할 사용자의 비율을 조절할 수 있다. 예를 들어 절반의 고객은 (실험 버전을 다루는) 처리 그룹으로 만들고 나머지 절반의 고객에게는 '해당 항목은 장바구니에서 사용할 수 없다'라는 메시지가 보이게 할 수 있다. 실험 일부로서 기능을 사용하는 그룹(기능이 제공됨)의 대조군(기능이 제공되지 않음)에 대한 행동을 비교하면 해당 세션에서 이뤄진 구매 횟수를 측정할 수 있다.

엣시는 A/B 테스팅과 더불어 온라인 램프업을 지원하며, 실험에 대한 노출을 조절할 수 있는 실험 프레임워크 Feature API(이전에는 Etsy A/B API라 불렀다)를 오픈소스로 제공하고 있다. 다른 A/B 테스팅 제품으로는 Optimizely, Google Analytics 등이 있다. 엣시의 라시 로더스Lacy Rhoades는 2014년 앱티마이즈Apptimize의 켄드릭 왕Kendrick Wang과의 인터뷰에서 다음과 같이 말했다.

엣시의 실험은 정보에 기반을 둔 결정을 내리려는 욕구와 더불어 기능 출시 때 수백만 명의 회원이 기능을 동작시킬 수 있게 보장하려는 욕구에서 나왔다. (기능에 대한 작업 여부를 결정하려면) 많은 시간이 필요하거나 성공했다는 증거나 사용자들의 인기가 없어도 유지해야 하는 기능이 있었다. A/B 테스팅은 우리에게 기능이 실행되면 곧바로 작업할 만한 가치가 있다고 말해준다.[11]

A/B 테스팅을 기능 계획에 통합하기

A/B 기능 출시와 테스팅을 지원하는 인프라스트럭처를 갖추면 제품 책임자가 각 기능을 가설로 생각하고 프로덕션 출시를 실제 사용자와 함께 실험으로 활용해 해당 가설을 입증하거나 반박해야 한다. 실험 구성은 전체적인 고객 유치 퍼널의 맥락에서 설계돼야 한다. 『Lean Enterprise』(O'Reilly, 2015)의 공저자인 베리 오라일리Barry O'Reilly는 기능 개발에서 가설을 형성하는 방법을 다음과 같이 설명했다.[12]

- 우리는 실험이 예약 페이지에서 호텔 이미지를 개선시킬 것이라고 믿는다.
- 그 결과 고객의 참여와 전환율이 향상된다.
- 우리는 호텔 이미지를 검토한 후 48시간 이전에 예약한 고객이 5% 증가한 것을 확인하게 되면 계속 자신감을 갖게 될 것이다.

제품 개발에 대한 실험적 접근 방법의 적용은 작업을 작은 단위로 분해하고, 각 작업 단위가 예상된 결과를 전달하는지에 대한 검증도 필요하다. 검증되지 않았다면 예상 결과를 달성할 수 있는 대안 경로로 작업에 대한 로드맵을 수정해야 한다.*

---

* 고객에게 제공하는 제품이나 서비스에 대한 피드백이 반복되고, 제품과 서비스에 피드백 내용이 통합되는 속도가 빨라질수록 더 빨리 학습하고, 더 큰 영향력을 가질 수 있다. 대표적인 예로 Yahoo! Answers를 들 수 있다. 6주마다 한 번 출시에서 매주 여러 번의 출시로 변경함에 따라 짧아진 주기가 결과에 어떤 극적인 영향을 미쳤는지 알 수 있다. - 옮긴이

Yahoo! Answers, 빠른 출시 주기 실험을 통한 매출의 2배 증가(2010)

2009년 짐 스톤햄Jim Stoneham은 Flickr and Answers를 포함한 Yahoo! Communities 그룹의 총괄 관리자였다. 그전에는 스톤햄은 주로 쿠오라Quora, 아드바크Aardvark, 스택 익스체인지Stack Exchange 같은 Q&A 회사와 경쟁하는 Yahoo! Answers를 담당하고 있었다.[13]

당시 Yahoo! Answers는 2,000만 명 넘는 액티브 사용자가 20개 이상의 다른 언어로 질문에 대한 답을 하고 있었으며 대략적인 월간 방문자는 1억 4,000만 명이었다. 그런데도 사용자 증가와 수익이 정체됐으며 사용자 참여도는 감소하고 있었다.[14]

스톤햄은 다음과 같이 말했다.

Yahoo! Answers는 인터넷에서 가장 큰 소셜 게임 중 하나로 계속 유지되고 있었다. 수천만 명의 사람이 커뮤니티의 다른 회원보다 더 빠르게 질문에 대한 훌륭한 답변의 제공을 통해 적극적으로 '레벨 업'을 시도했다. Yahoo! Answers는 게임 메카닉, 바이러스 루프, 그 밖에 커뮤니티들과 상호 작용을 조정할 기회가 많았다. 이처럼 인간의 행동을 다룰 때는 빠른 반복과 테스팅을 통해 사람들이 무엇을 클릭하는지 확인할 수 있어야 한다.[15]

그는 또 이렇게 덧붙였다.

이런 실험은 트위터, 페이스북, 징가Zynga가 잘하는 것들이다. 이 조직들은 적어도 일주일에 두 번의 실험을 하고 있었다. 그들은 배포 전에 정상 궤도에 있는지 확인하려고 변경 사항을 검토하고 있다. 이들처럼 우리도 시장에서 가장 큰 Q&A 사이트를 운영하면서 빠르고 반복적인 기능 테스팅을 수행하길 원했다. 그러나 4주마다 한 번의 출시보다 더 빠르게 출시할 수는 없었다. 반대로 시장의 다른 업체들은 우리보다 10배 빠른 피드백 루프를 갖고 있었다.[16]

스톤햄은 제품 책임자와 개발자가 지표 주도^{Metrics-driven} 개발에 대해 꾸준히 논의하고 실험을 자주(매일 또는 매주) 수행하지 않으면, 고객에 관한 결과와 반대로 단순히 업체 자체가 작업하는 기능에 일상 업무의 초점이 맞춰진다는 사실을 발견했다.[17]

Yahoo! Answers 팀이 일주일에 여러 번 매주 배포할 수 있게 됨에 따라 새로운 기능을 실험할 수 있는 팀의 능력이 극적으로 향상됐다. 그 후 12개월 동안 월간 방문자가 72% 증가했고 사용자 참여도는 3배, 팀 매출은 2배 증가했다.[18]

Yahoo! Answers는 이런 상승세를 계속 유지하기 위해 다음과 같은 최상위 지표를 최적화하는 데 주력했다.

- **첫 번째 응답 시간**: 사용자 질문이 게시되고 얼마나 빨리 답변이 이뤄졌는가?
- **최적의 답변까지의 시간**: 사용자 커뮤니티가 얼마나 빨리 최적의 답변을 판정했는가?
- **답변 1건당 좋아요^{Upvotes} 개수**: 사용자 커뮤니티가 답변한 '좋아요' 개수는?
- **사용자별 주당 답변 개수**: 사용자들이 얼마나 많은 답변을 달았는가?
- **두 번째 검색 비율**: 방문자들이 답변을 얻기 위해 얼마나 자주 재검색하는가?(낮을수록 좋다.)

스톤햄은 "시장에서 승리하기 위해 정확하게 우리에게 필요한 학습이었다. 그리고 기능 개발의 속도도 더 빠르게 변했다. 우리는 직원들의 팀에서 책임자들의 팀으로 전환했다. 팀이 빠른 개발 속도로 전환하고 숫자와 일별 결과를 주시한다면 투자 수준은 근본적으로 변하게 된다"라고 결론지었다.[19]

> Yahoo! Answers의 사례는 빠른 사이클 타임에 의해 결과물이 얼마나 극적인 영향을 받는지 보여준다. 더 빠르게 반복하고 고객에게 전달할 제품이나 서비스에 피드백하는 제품이 서비스에 피드백을 통합할수록 더 빠르게 학습하고 더 큰 영향을 만들어 낼 수 있다.

결론

성공을 위해서는 소프트웨어를 빠르게 배포하고 출시해야 할 뿐 아니라 경쟁과는 별도로 (새로운 기능에 대한) 실험해야 한다. 가설 주도 개발과 고객 취득 퍼널의 정의 및 측정, 사용자 실험의 안전하고 쉬운 수행이 가능한 A/B 테스팅과 같은 기법은 조직이 창의력과 혁신을 발휘할 수 있게 하며 조직 학습을 가능하게 만든다. 실험을 통해 얻는 조직 학습 결과는 성공에 중요한 역할을 하며, 직원들에게 비즈니스 목표와 고객 만족에 대한 소유권을 부여한다. 18장에서는 현재 작업의 품질을 향상하는 방법으로 리뷰 및 조정 프로세스를 살펴보고 해당 프로세스를 일상 업무에 적용하는 방법을 살펴본다.

18

리뷰 및 조정 프로세스를 만들어 현재 작업의 품질을 높여라

17장에서는 프로덕션 환경과 배포 파이프라인의 모든 단계에서 문제 확인과 해결에 필요한 텔레메트리를 생성했다. 그리고 조직 학습(성공에 도움이 되는 고객 만족과 기능 수행에 대한 소유권과 책임을 장려하는 학습)을 향상시키는 고객으로부터의 빠른 피드백 루프도 생성했다.

18장에서는 문제가 발생하기 전에 개발과 운영이 프로덕션 변경에 대한 위험을 감소시키는 주제를 다룬다. 변경 사항에 대한 배포 검토는 전통적으로 배포 바로 직전의 리뷰와 인스펙션, 승인에 크게 의존한다. 이때 변경 위험과 관련된 정보를 기반으로 승인하는 외부 팀은 해당 작업과 거의 관련이 없으며, 필요한 모든 승인을 얻는 데 걸리는 시간도 변경 리드 타임을 길게 만든다.

깃허브의 동료 리뷰(2011)

깃허브의 동료 리뷰 프로세스는 인스펙션이 품질을 어떻게 증가시키고 배포를 안전하게 만들며, 모든 사람의 일상 업무 흐름과 통합될 수 있는지를 보여주는 좋은 예다. 깃허브는 개발과 운영을 아우르는 가장 일반적인 동료 리뷰의 형태 중 하나인 풀 리퀘스트라 부르는 프로세스를 만들었다.

깃허브의 CIO이자 공동 설립자인 스캇 샤콘Scott Chacon은 자신이 운영하는 웹 사이트에서 풀 리퀘스트는 엔지니어가 깃허브 저장소에 자신이 푸시한 변경 사항을 타인에게 알리는 메커니즘이라고 썼다. 풀 리퀘스트가 보내지면 관심 있는 사람들은 변경 사항의 세트를 검토하고 잠재적 변경 사항을 논의할 수 있으며, 필요에 따라 커밋을 푸시할 수 있다. 풀 리퀘스트를 제출하는 엔지니어는 리뷰가 얼마나 많이 필요한지에 따라 '+1', '+2' 또는 기타 요청을 하고 리뷰받고 싶은 엔지니어에게 '@mention' 처리를 한다.[1]

깃허브에서 풀 리퀘스트는 엔지니어들이 'Github Flow'라 부르는 일련의 프랙티스를 통해 프로덕션 환경으로 코드를 배포하는 메커니즘이다. 이는 엔지니어가 코드 리뷰를 요청하고 피드백을 수집 및 통합하는 방법이며 코드가 프로덕션 환경('master' 브랜치 등)으로 배포될 것을 알리는 방법이다.

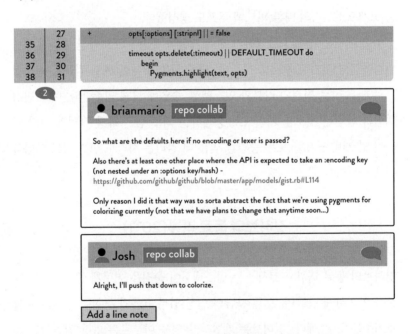

그림 18.1 깃허브 풀 리퀘스트에 대한 주석과 제안 사항
(출처: Scott Chacon, 'GitHub Flow', ScottChacon.com, 2011. 8. 31.
http://scottchacon.com/2011/08/31/github-flow.html)

Github Flow는 다섯 단계로 구성된다.

1. 엔지니어는 새로운 작업을 위해 설명적인 이름을 갖는 브랜치를 마스터 브랜치에서 분기한다(예: new-oauth2-scopes).
2. 엔지니어는 해당 브랜치에서 로컬로 커밋을 수행하고 정기적으로 서버의 같은 이름을 갖는 브랜치에 자신의 작업을 푸시한다.
3. 피드백이나 도움이 필요하거나 브랜치에 병합할 준비가 됐다고 생각하면 풀 리퀘스트를 오픈한다.
4. 원하는 리뷰를 받고 기능에 필요한 승인을 받으면 엔지니어는 코드를 마스터 브랜치로 병합할 수 있다.
5. 코드의 변경 사항이 마스터로 병합되고 푸시되면 엔지니어는 변경 사항을 프로덕션 환경으로 배포한다.

리뷰와 조정을 일상 업무로 통합하는 이런 프랙티스는 깃허브가 높은 품질과 보안성을 보유하고, 기능을 빠르고 안정적으로 시장에 전달할 수 있게 했다. 예를 들어 2012년 깃허브는 놀랍게도 1만 2,602번의 배포를 수행했다. 특히, 흥미로운 아이디어가 많이 브레인스토밍되고 논의됐던 전사적 수뇌 회담 후인 8월 23일에는 563회의 빌드와 175건의 배포가 성공적으로 수행됐다. 깃허브는 일 년 중 가장 바쁜 배포 일과를 수행했다. 모두 풀 리퀘스트 프로세스 덕분이었다.[2]

18장에서는 신뢰를 정기적인 검사와 승인에서 지속적인 동료 리뷰의 수행으로 이동시키기 위해 깃허브에서 일상 업무 일부로 사용한 프랙티스를 통합한다. 우리 목표는 개발과 운영, 정보 보안의 지속적인 협력을 보장하고, 시스템 변경 사항이 안정적이고 안전하게 설계대로 동작하도록 만드는 것이다.

변경 승인 프로세스의 위험성

최근 가장 유명한 소프트웨어 배포 오류 중 하나는 나이트 캐피털^{Knight Capital}의 실패 사례다. 15분간의 배포 오류로 4억 4,000만 달러의 거래 손실이 발생했으며, 이 시간 동안 엔지니어링 팀은 프로덕션 서비스를 중단할 수 없었다. 재정적 손실은 회사 운영을 위험에 빠뜨렸고, 전체 금융 시스템을 위험에 빠뜨리지 않고 계속 운영하기 위해 회사가 주말에 매각됐다.[3]

존 올스포는 나이트 캐피털 배포 사고와 같이 주목할 만한 사고가 발생하면, 원인에 대해 두 가지 전형적인 반사실적 서술^{Counterfactual Narratives}이 있다는 사실을 관찰했다.[4]*

첫 번째는 사고가 변경 통제 실패로 인한 것이라는 점이다. 이것은 더 나은 변경 통제에 대한 프랙티스가 더 빨리 위험을 감지하고 해당 변경 사항이 프로덕션 환경으로 넘어가는 것을 방지하는 상황을 상상할 수 있어 유효한 것처럼 보인다. 변경이 프로덕션으로 넘어가는 것을 막을 수 없을 때도 더 빠른 감지 및 복구 조치를 할 수 있다.

두 번째는 사고가 테스팅 실패로 인한 것이라는 점이다. 이런 사항도 더 나은 테스팅 프랙티스를 통해 초기에 위험을 정의하고, 위험한 배포를 취소하거나 최소한 더 빠르게 감지하고 복구를 가능케 조치할 수 있어 유효한 것처럼 보인다.

놀라운 사실은 신뢰도가 낮은 명령과 통제의 문화를 갖는 환경에서는 이와 같은 변경 통제 및 테스팅 대책으로 문제가 다시 발생할 가능성이 증가하고 잠재적으로 더 나쁜 결과를 초래한다는 점이다.

진 킴(이 책의 공저자)은 변경 및 테스팅에 대한 통제가 원래 의도한 것과는 정반대의 효과를 낼 수 있다는 인식에 대해 이렇게 말했다. "이때가 내

---

* '반사실적 사고(Counterfactual Thinking)'는 심리학에서 사용하는 용어로 실제 사건에 대해 가능한 대안을 만드는 인간의 경향을 포함한다. 신뢰성 공학에서는 '실제 시스템(System in Reality)'에 대비되는 '상상의 시스템(System as Imagined)'의 묘사를 포함된다.

경력에서 가장 중요한 순간이었다. 이런 '깨달음'은 2013년 나이트 캐피털 사고에 대해 존 올스포와 제즈 험블이 나눈 대화의 결과로 얻었다. 지난 10년에 걸쳐 형성된 나의 강한 믿음, 특히 감사자^Auditor^로서 훈련받은 내용에 의문을 갖게 했다. (중략) 그러나 매우 혼란스러웠다. 올스포와 험블은 내게 옳은 것에 대한 확신을 줬다. 「2014 데브옵스 현황 보고서」에서 이런 신념을 테스트한 결과, 높은 신뢰 문화의 구축이 지난 10년 동안의 가장 커다란 관리적 문제라는 놀라운 사실을 끌어냈다."

'과도한 변경 통제'로 인한 잠재적 위험

전통적인 변경 통제는 긴 리드 타임의 원인이 되는 의도치 않은 결과를 초래할 수 있으며 배포 프로세스에서 피드백의 강점과 직접성을 감소시킨다. 이런 일이 발생하는 이유를 변경 통제가 실패했을 때 우리가 일반적으로 수행하는 통제 방법을 통해 알아본다.

- 변경 요청 형식에 응답해야 하는 부가 질문의 추가
- 한 단계 추가된 관리자 승인(예: 운영 부사장 대신, CIO도 승인할 것을 요구)이나 더 많은 이해관계자의 승인(예: 네트워크 엔지니어링, 아키텍처 리뷰 위원회 등)과 같은 더 많은 담당자에 대한 승인 요구
- 변경 요구가 적절한지 평가하거나 변경을 승인하기 위한 더 긴 리드 타임의 요구

때때로 이런 통제 사항은 단계와 승인을 늘리기 때문에 배포 프로세스에 더 많은 마찰을 추가하고 일괄 작업의 크기 및 배포 리드 타임을 증가시킨다. 이로 인해 개발과 운영 모두에서 성공적인 프로덕션 결과에 대한 기능성이 감소한다. 또한 이런 통제는 작업에 대한 피드백 속도도 감소시킨다.

토요타 생산 시스템의 핵심 신념은 '일반적으로 문제에 가장 근접한 사람이 문제에 대해 가장 많이 알고 있다'라는 것이다. 전형적인 데브옵스 가

치 흐름에서 작업이 수행되고, 작업하는 시스템이 더 복잡해지고 역동적으로 되면 이런 점이 더욱 두드러진다. 이때 해당 작업에서 더 먼 위치에 있는 사람에게 승인받는 단계를 만들면 실제로 성공할 가능성이 줄어든다. 이미 입증된 것처럼 작업을 수행하는 사람(변경을 구현하는 사람)과 작업의 수행을 결정하는 사람(변경을 승인하는 사람)의 거리가 멀어질수록 결과는 더 나빠진다.

지속적인 학습

연구 결과에 따르면 엘리트 조직은 변경 승인을 명확하고 신속하며 마찰이 없이 내린다. 이는 더 나은 소프트웨어 전달 성과에 기여한다. DORA가 발간한 「2019 데브옵스 현황 보고서」에 따르면 경량의 변경 프로세스, 즉 개발자들이 모든 전형적인 승인 과정을 진행하면서 '제출'보다 '허가'를 받을 수 있을 때 더욱 자신감을 얻고 높은 성과에 기여하는 것으로 나타난다.[6] 반대로 무거운 변경 프로세스, 즉 중요한 변경을 해야 할 때 외부 리뷰 위원회 또는 시니어 관리자가 필요한 경우에는 성과에 부정적 영향을 미치는 것으로 나타났다.[7] 이는 퍼펫랩스에서 발간한 「2014 데브옵스 현황 보고서」의 그것과 동일하다. 해당 보고서에 따르면 높은 성과를 내는 조직은 동료 리뷰에 더 많이 의존하고 변경에 대한 외부 승인에 덜 의존했다.[8]

변경 승인에 의존하는 많은 조직은 안정성(서비스 복원 평균 시간과 변경 실패 비율)과 처리량(배포 리드 타임, 배포 빈도) 측면에서 IT의 성과가 더 나쁘다는 사실을 보여준다. 변경 자문 위원회는 많은 조직에서 전달 프로세스의 조정과 관리에 중요한 역할을 하지만, 위원회의 작업은 모든 변경 사항에 대한 수동 평가가 아니며 IIU도 그런 프랙티스를 요구하지 않는다.

극단적으로 말하자면 우리는 변경 사항을 기술한 문서를 읽거나 완료에 대한 체크리스트를 확인해도 변경의 성공 여부를 예측할 수 없다. 또는 많은 양의 코드 변경을 리뷰해도 별다른 이점이 없다. 이게 바로 복잡한 시스템 내부를 변경할 때의 현실이다. 심지어 일상 작업을 코드베이스의 내부에서 수행하는 엔지니어도 위험도가 낮은 변경 사항이 부작용의 원인이 되는 것을 보고 놀라곤 한다.

통제에 관한 효과적인 프랙티스를 만들어야 한다. 이와 더불어 변경을 효과적으로 조정하고 계획해야 한다. 다음 두 개 절에서 변경의 조정과 계획에 대해 살펴본다.

→ **사례 연구: 2판 추가**

아디다스, 여섯 개의 눈의 원칙에서 출시까지(2020)

2020년 11월, Covid-19 팬데믹이 1년가량 지속됐고 매년 최고 매출을 기록하는 시즌 직전에 아디다스는 자신들이 위기에 처한 것을 발견했다. 다섯 개의 심각한 장애를 경험한 뒤 그들은 벼랑 끝에 섰음을 알았다. 그들은 아무것도 통제할 수 없는 상황에 놓여 있었다.[9]

위기가 닥치기 직전 해에 아디다스는 10배 성장을 경험했고 디지털 비즈니스 이익은 50% 가까이 증가했다. 이는 그들이 제공하는 플랫폼에 2~3배 많은 사용자가 접속했으며 사용자들을 통해 기하급수적으로 많은 데이터를 추적할 수 있었음을 의미한다. 이는 10배 이상의 기술적인 트래픽과 부하를 만들어냈다. 이 성장과 함께 기술 팀의 수와 역량이 지속적으로 증가했으며 브룩의 법칙Brooke's Law에 따라 그들 사이의 의존성 또한 증가했다.[10]

주문량이 최대인 날에는 주문 비율이 분당 3천 건에 달했다. 아디다스는 하루에 110억 개의 터치 포인트를 내보지만, 이를 두 배로 늘리는 전략을 세웠다. 하이프 드롭 제품Hype Drop Product(스페셜 제품 출시)의 경우에는 초당 150만 번의 히트를 기록했다.[11]

다시 2020년 11월로 돌아가면, 계속된 성장과 자유 이후 아디다스는 그들이 악몽 같은 상황에 있음을 깨달았다. 두 달이라는 최대 판매 기간에 모든 변경이나 출시 관련 승인을 세 명의 부사장에게 받아야 했다.[12]

그중 디지털 기술 부문 부사장인 페르난도 코르나고Fernando

Cornago는 "우리가 마지막 세부 사항들을 전혀 알지 못했다고 말할 수 있다"라고 말했다.[13]

당시 아디다스의 에코시스템에는 5억 5천만 라인 이상의 코드와 약 2천 명의 엔지니어가 포함돼 있었다. 위기의 막바지가 됐을 때 그들이 변해야만 했음은 명백했다.[14] 그래서 운영과 릴리스 준비 관리를 다루는 새로운 흐름을 시작했다.

안정성에 관해서는 다음 세 가지 질문으로 시작했다.

- 어떻게 인터럽션을 최대한 빨리 발견할 수 있는가?
- 어떻게 인터럽션을 빠르게 수정할 수 있는가?
- 어떻게 인터럽션이 프로덕션 환경에 영향을 주지 않는다고 보증할 수 있는가?

각 질문을 해결하는 데 도움을 얻기 위해 ITIL과 SRE 프랙티스를 도입했다.

그들은 인터럽션이 비단 한 제품에만 영향을 미치는 것이 아님을 알아차렸다. 시니어 디렉터이자 디지털 SRE 운영의 수장인 비칼프 야다프Vikalp Yadav는 "모든 것이 연결돼 있다는 것을 깨달았다"라고 말했다.[15]

그들은 가치 흐름을 사고 프로세스로 간주해야 함을 깨달았다. 이를 통해 그들은 '순 매출 대비 출혈 비율%revenue bleed versus net sales' KPI를 만들 수 있었으며, 이 지표는 장애에 큰 영향을 미쳤다. 마지막으로 관측성, 탄력성, 출시의 탁월함을 갖췄음을 보증하기 위해 릴리스 피트니스Release Fitness라 부르는 시스템을 도입했다.[16]

아디다스를 둘러싼 환경은 커졌고 복잡성도 높아졌다. SRE Champion WnM Services의 안드레이아 오토Andreia Otto는 "이제는 내 시스템만 보는 것이 아니라 전체 에코시스템이 어떤지 봐야 한다"라고 설명했다.[17] 출시 프로세스들은 표준화돼야 했다.

그들은 제품 팀, 서비스 관리 팀과 협업을 통해 모든 출시 전에 확인해야 할 일련의 KPI 또는 요소들을 찾아냈다. 시작은 엑셀 스프레드시트였다. 모든 팀은 각 출시 전에 스프레드시트를 작성해 그대로 진행할지 아니면 중단할지를 확인했다.

당연히 이 방법은 지속 가능하거나 잘 받아들여지는 옵션이 아니었다. 출시 때마다 수작업으로 스프레드시트를 채우기란 번거로운 데다 시간도 오래 걸린다. 그들은 평가를 자동화할 방법을 찾아야 함을 알았고 그렇게 했다.

그들은 모든 출시를 세 가지 측면(제품 상태와 같은 시스템 레벨, 업스트림/다운스트림 디펜던시 등 가치 흐름, 플랫폼이나 이벤트 등 환경)으로 볼 수 있는 대시보드를 개발했다. 이 세 가지 측면을 고려한 출시 가능 여부 결과를 대시보드를 통해 명확하게 확인할 수 있었다.[18]

프로덕션에 뭔가 배포되기 전에 이 자동화된 확인이 완료됐다. 모든 것이 좋으면 프로덕션으로 배포된다. 그렇지 않으면 출시는 중단되고, 관련된 팀이 대시보드를 통해 무엇이 문제인지 확인한다. 아이다스 하이프 드롭 데이즈처럼 어떠한 변경도 허용하지 않는 이벤트가 있거나 해당 팀에 에러 예산이 더는 없을 수도 있다.

아디다스는 릴리스 피트니스 프로그램을 활용해 스스로 조정하고 규제하는 시스템을 만들 수 있었다. 한편으로 이들은 엄격한 출시 가이드라인을 만들었다. 그러나 다른 한편으로는 자동화된 확인과 에러 예산을 통해 개발자들에게 배포 가능 여부를 알렸다. 이제는 더 이상 모든 변경을 승인하기 위해 3명의 부사장이 필요하지 않았다. 또한 매달 100여 명의 신규 엔지니어가 온보딩하는 거대한 에코시스템에서도 릴리스 피트니스 자동화는 온보딩 시간을 크게 줄였다.

아디다스는 변경 리뷰를 자동화함으로써 비용이 많이 들고 느리게 진행되는 리뷰 위원회가 없이도 여러 디펜던시를 가진 코드의 품질을 보증했다.

변경에 대한 조정과 계획을 활성화하라

의존성을 공유하는 시스템에서 여러 그룹이 작업할 때는 변경 사항이 서로 간섭하지 않도록 조정할 필요가 있다(예: 통제, 일괄 처리, 변경 순서 지정 등에 대한 조정이 필요하다). 일반적으로 아키텍처가 더 느슨하게 결합할수록 다른 컴포넌트 팀과의 의사소통 및 조정의 필요성이 줄어든다. 실제로 아키텍처가 서비스 지향이면 팀은 고도의 자율성을 갖고 변경할 수 있으며 지역적인 변화가 전체적인 혼란으로 이어지지 않는다.

그러나 느슨하게 결합된 아키텍처라도 많은 팀이 하루에 수백 번의 독립적인 배포를 수행한다면 서로 간섭을 일으킬 수 있다(예: 동시 A/B 테스트 등). 이와 같은 위험을 줄이려면 변경 사항을 알리고, 발생할 가능성이 있는 충돌 사항을 발견하기 위해 채팅 룸을 적극적으로 사용해야 한다.

더 복잡한 조직과 강력하게 결합한 아키텍처를 가진 조직은 팀의 대표들이 함께 모여 변화의 승인보다 사고를 최소화하기 위한 변경 계획과 순서를 정하기 위해 변경 계획을 의도적으로 수립해야 할 수도 있다.

그러나 전반적인 인프라스트럭처 변경(예: 중요한 네트워크 스위치 변경)과 같이 특정 영역과 관련된 변경은 항상 리스크가 더 크다. 이런 변경 사항은 중복성, 장애 처리, 포괄적인 테스트 및 (이상적으로) 시뮬레이션과 같이 기술적인 대응책이 필요하다.

변경 사항에 대한 동료 리뷰를 활성화하라

배포에 앞서 외부 기관에 승인을 요구하는 대신, 엔지니어에게 변경 사항에 대한 동료 리뷰를 요청할 수 있다. 개발에서 이와 같은 프랙티스는 코드 리뷰라고 불렸다. 그러나 서버, 네트워킹, 데이터베이스를 포함하는 애플리케이션 및 환경과 관련된 모든 변경 사항에도 이와 같은 프랙티스를 활용할 수 있다. 동료 리뷰의 목표는 해당 작업과 관계가 있는 동료 엔지니어가 변경 사항을 면밀하게 살펴보고 오류를 발견하는 것이다. 동료 리뷰는 변경의 품질을 높이고 상호 교차 교육 및 동료 학습, 기술 향상 등의 장점이 있다.

리뷰가 필요한 논리적 위치는 코드를 소스 관리 시스템의 트렁크로 커밋하기 이전이다. 잠재적으로 소스 관리 시스템은 변경 사항이 팀 전체나 시스템 전반에 걸쳐 영향을 미칠 수 있는 곳이다. 최소한 동료 엔지니어는 변경 사항을 검토해야 한다. 그러나 데이터베이스에 대한 변경이나 낮은 자동화 테스트 커버리지를 갖는 중요한 비즈니스 컴포넌트처럼 위험도가 높을 때는 관련 분야의 전문가(예: 보안 엔지니어, 데이터베이스 엔지니어)에게 추가 리뷰나 여러 번의 리뷰를 요구할 수 있다(예: '+1' 대신 '+2').*

작은 크기의 일괄 작업 원칙은 코드 리뷰에도 적용된다. 리뷰해야 하는 변경 사항의 크기가 커질수록 이해하는 데 더 오랜 시간이 걸리며 리뷰를 수행하는 엔지니어의 부담이 커진다. 이와 관련해 랜디 샤우프는 "변경의 크기와 변경을 통합하는 잠재적 위험은 비선형적인 관계에 있다. 변경 사항이 10라인에서 100라인으로 바뀌면 리스크는 10배 이상 높아진다"라고 언급했다.[19] 이것이 바로 개발자가 장기간 유지하는 기능 브랜치에서 작업하기보다 작고 점진적인 단계로 작업해야 하는 이유다.

더욱이 변경 코드에 대해 의미 있는 비평 능력은 변경 크기가 증가함에 따라 감소한다. 기라이 외질Giray Ozil은 "프로그래머에게 10라인으로 된 코드에 대해 리뷰를 요청하면 그는 10개의 문제점을 발견할 것이다. 그러나 500라인으로 된 코드에 대한 검토를 요청하면 코드가 좋아 보인다고 답할 것이다"라고 말했다.[20]

코드 리뷰에 대한 가이드라인은 다음과 같은 사항을 포함한다.

- 모든 사람은 자신의 변경 사항(코드, 환경 등에 대한 변경 등)을 트렁크로 커밋하기 전에 리뷰를 받아야 한다.

---

* 이 책에서는 '코드 리뷰'와 '변경 리뷰'를 같은 의미로 사용한다.

- 모든 사람은 잠재적 충돌 사항이 식별되고 검토될 수 있게 동료 팀원들의 커밋 스트림을 모니터링해야 한다.
- 위험이 놓은 변경 사항을 정의하고 해당 분야의 전문가에게 리뷰를 요청할 수 있다(예: 데이터베이스 변경, 인증과 같은 보안에 민감한 모듈 등).*
- 변경 규모가 너무 커서 누군가 원인을 추론할 수 없는 변경 사항을 제출한다면, 다시 말해 변경 사항에 대해 여러 번 자세하게 읽은 후에도 변경의 영향을 이해할 수 없거나 명확한 변경 원인을 알기 위해 (변경 사항을 커밋한) 제출자에게 물어봐야 한다면 변경 사항을 단번에 이해할 수 있는 여러 개의 작은 변경 사항으로 나눠야 한다.

단순히 고무 스탬프만 찍는 리뷰를 하지 않는다는 것을 보장하기 위해 승인된 변경제안 사항 개수 대비 승인되지 않은 변경 사항 개수를 결정하기 위한 코드 리뷰 통계를 확인하고 특정 코드 리뷰를 샘플링해 검사할 수도 있다.

코드 리뷰의 형태는 다음과 같이 다양하다.

- **페어 프로그래밍**Pair Programming: 프로그래머들이 쌍으로 작업한다(다음 절 참조).
- **어깨너머 배우기**Over-the-shoulder: 작성자가 코드를 상세하게 설명하고 다른 개발자는 작성자의 어깨너머로 코드를 살펴본다.
- **이메일 회람**Email Pass-around: 소스 코드 관리 시스템은 코드가 체크인된 후 이메일을 통해 리뷰어에게 자동으로 코드를 전송한다.
- **도구 지원 코드 리뷰**Tool-assisted Code Review: 작성자와 리뷰어가 피어 코드 리뷰를 위해 특별하게 설계된 도구(예: Gerrit, 깃허브 pull requests 등)나 소스 코드 저장소에서 제공하는 기능(예: 깃허브, Mercurial, Subversion과 더불어 Gerrit, Atlassian Stash Atlassian Crucible과 같은 다른 플랫폼)을 이용한다.

---

* 코드와 환경에 대한 높은 위험을 갖는 분야의 리스트는 변경 자문 위원회에서 이미 작성했을 가능성이 있다.

다양한 형태의 변경에 대한 상세한 조사는 이전에 간과된 오류를 찾는 데 효과적이다. 코드 리뷰는 코드 커밋과 프로덕션 배포의 증가를 촉진하며, 대규모 환경에서의 트렁크 기반 개발과 지속적 전달을 지원한다. 이를 다음 사례 연구에서 확인해보자.

사례 연구

구글, 코드 리뷰(2010)

구글은 대규모 환경에서 직원들이 트렁크 기반 개발과 지속적인 전달을 실행하는 회사의 훌륭한 예다. 이 책의 앞부분에서 인용한 것처럼, 에란 메세리는 2013년 구글에서 1만 3,000명 이상의 개발자가 단일 소스 트리에서 트렁크로 작업했고 매주 5,500건 이상의 커밋을 수행했다고 말했다.[21]

2016년에는 구글의 전 세계 2만 5,000명의 개발자가 하루에 1만 6,000건의 변경을 커밋했으며, 자동화된 시스템에 의해 하루에 2만 4,000건의 추가 커밋이 발생했다.[22]

이를 위해 구글 팀원에 대한 상당한 훈련과 다음 영역을 다루는 필수 코드 리뷰가 필요했다.[23]

- 개발 언어의 코드 가독성(스타일 가이드 적용)
- 일관성과 정확성을 유지하기 위한 코드 서브 트리에 대한 소유권 할당
- 팀 전반의 코드 투명성과 코드 기여

그림 18.2는 변경 크기에 따라 코드 리뷰의 리드 타임이 어떤 영향을 받는지를 보여준다. x축은 변경의 크기, y축은 코드 리뷰 프로세스에 필요한 리드 타임을 나타낸다. 일반적으로 코드 리뷰를 위해 제출된 변경의 크기가 더 클수록 승인에 필요한 리드 타임의 더 길어진다. 왼쪽 상단의 데이터 포인트는 복잡하면서도 잠재적으로 위험해서 심도 있는 논의가 필요한 변경 사항을 의미한다.

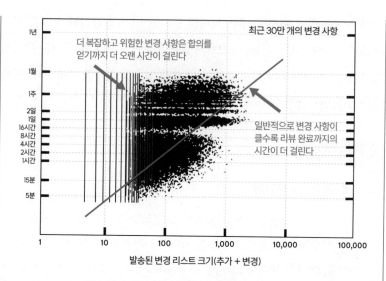

그림 18.2 구글에서의 변경 크기 VS. 리뷰 리드 타임

(출처: Ashish Kumar, 'Development at the Speed and Scale of Google', presentation at QCon, San Francisco, CA, 2010, qconsf.com/sf2010/dl/qcon-sanfran-2010/slides/ AshishKumar_DevelopingProductsattheSpeedandScaleofGoogle.pdf)

랜디 샤우프는 구글 엔지니어링 감독관으로 일하던 당시 조직이 직면하는 기술 문제를 해결하려고 개인 프로젝트를 시작했다. 랜디는 다음과 같이 말했다.

> 몇 주 동안 해당 프로젝트를 작업했고, 마침내 관련 분야의 전문가에게 코드 리뷰를 요청했다. 코드는 3,000라인 정도 작성됐으며, 리뷰어가 코드를 살피는 작업은 며칠이 걸렸다. 그 전문 엔지니어는 내게 다시는 이런 작업을 요청하지 말라고 했다. 나는 그가 리뷰를 위해 시간을 내준 것에 감사했다. 이 일을 통해 나는 코드 리뷰를 일상 업무로 만드는 방법에 대해 배웠다.[24]

구글은 코드 리뷰를 사용함으로써 트렁크 기반 개발과 지속적인 전달을 확장한 기업의 훌륭한 예시다.

더 많은 수동 테스트 수행 및 변경 금지에 따른 잠재적 위험

구글 사례 연구에서 배운 것처럼 대규모 환경에서 위험을 감소시키고, 변경 승인 절차와 관련된 리드 타임도 감소시키는 동료 리뷰 절차를 만들었다. 이제 테스트 대책이 역효과를 초래하는 경우를 알아보자. 프로젝트 막바지에 많은 테스트를 수행하면 더 나쁜 결과가 도출될 수 있다.

수동 테스트는 본질적으로 자동 테스트보다 느리고 지루하며 '추가 테스트'를 수행하면 결과를 얻기까지 상당히 오랜 시간이 걸린다. 그러므로 배포 빈도를 크게 낮추면서 배포에 대한 일괄 작업의 크기를 증가시키는 기법은 수동 테스트를 수행할 때 더 효과적이다. 배포에 대한 일괄 작업의 크기가 증가하면 원하는 결과와 반비례해서 변경에 대한 성공률이 감소하고, 사고 횟수와 MTTR이 증가한다는 사실을 이미 이론 및 프랙티스에서 배웠다.

변경 금지 기간에 변경과 관련된 대규모 일괄 작업에 대한 테스트를 수행하는 대신 프로덕션 환경으로의 부드럽고 지속적인 흐름 일부로 일상 업무에 테스팅을 완전하게 통합해 배포 빈도를 증가시키길 원한다. 이를 통해 전에 없던 작은 크기의 일괄 작업으로 테스트, 배포, 출시를 가능하게 만드는 품질의 내재화를 원한다.

페어프로그래밍을 활성화해서 모든 변경을 개선하라

페어 프로그래밍은 두 명의 엔지니어가 같은 워크스테이션에서 함께 작업하는 것이다. 2000년대 초, 익스트림 프로그래밍Extreme Programming과 애자일 방법론에 의해 널리 보급된 방식이다. 코드 리뷰와 마찬가지로, 이 프랙티스는 개발에서 시작됐으나 가치 흐름 내 모든 엔지니어가 수행하는 작업에도 동일하게 적용할 수 있다.*

---

* 이 책에서는 '페어링'과 '페어 프로그래밍'을 상호 교환적으로 사용함으로써 이 관행이 개발자뿐만 아니라 모두를 위한 것임을 나타낸다.

페어링의 일반적인 패턴 한 가지는 실제로 한 엔지니어가 코드를 작성하는 드라이버 역할을 하는 반면, 다른 엔지니어는 수행 중인 작업을 검토하는 **내비게이터, 관찰자** 또는 **지적자**Pointer의 역할을 한다는 점이다. 리뷰를 하는 동안 관찰자는 작업의 전략적 방향을 고려할 수 있으며, 미래에 발생할 만한 문제를 해결하기 위한 아이디어를 내놓을 수 있다. 이것은 드라이버가 그들의 모든 관심을 작업을 완성하기 위한 전술적 측면에 집중하기 위해 관찰자를 안전망과 가이드로 사용한다. 페어가 서로 다른 두 분야에서 전문성을 갖췄을 때, 추가되는 트레이닝이나 기술 및 해결 방법의 공유와는 상관없이 자연스러운 기술 이전이 부가 효과로 나타난다.

또 다른 페어 프로그래밍의 패턴은 한 엔지니어가 자동 테스트를 작성하고, 다른 엔지니어가 코드를 구현함으로써 테스트 주도 개발TDD을 강화한다.

스택 익스체인지의 설립자 중 한 명인 제프 엣우드는 "페어 프로그래밍이 왜 더 강력한 코드 리뷰인지 너무나도 궁금했다. 페어 프로그램의 장점은 잘못된 사항을 즉시 고칠 수 있다는 점이다. 여러분의 바로 옆에 리뷰어가 앉아 있다면 이들을 무시할 수 없을 것이다"라고 기록했다.[25]

엣우드는 이어 "사람들은 대부분 수동 코드 리뷰를 거부한다. 페어 프로그래밍에서는 이것이 불가능하다. 페어를 이뤘으면 코드가 작성되는 즉시 코드를 이해해야 한다. 페어링은 침해하는 느낌을 줄 수 있지만 그렇지 않으면 절대로 달성하지 못할 수준의 의사소통을 강제로 수행시킬 수 있다"라고 덧붙였다.[26]

로리 윌리엄스Laurie Williams 박사는 2001년 수행한 연구 결과를 바탕으로 다음과 같이 말했다.

한 쌍을 이루는 프로그래머는 개별적인 두 명의 프로그래머보다 15% 정도 작업 속도가 느리지만 '오류가 없는' 코드 비율은 70%에서 85%로 증가했다. 테스팅과 디버깅은 초기 프로그래밍보다 더 큰 비용이 드는 때도 있기에 이런 결과는 인상적이다. 일반적으로 페어는 혼자 일하는 프로그래머보다 설계적 대안을 더 많이 고려한다. 그래서 더 간단하고 유지할 수 있는 설계를 도출하며, 초기에 설계 결함을 파악하기도 한다.[27]

윌리엄스 박사는 응답자의 96%가 단독으로 프로그래밍할 때보다 페어로 프로그래밍할 때가 작업의 즐거움을 더 느낀다고도 밝혔다.[28]*

페어 프로그래밍은 조직 전체에 지식을 전파하고, 팀 내부의 정보 흐름을 증가시키는 장점도 있다. 숙련된 엔지니어가 경험이 부족한 엔지니어의 코드를 리뷰하면 효과적으로 배우고 가르칠 수 있다.

사례 연구

피보탈 랩스, 페어 프로그래밍을 이용한 망가진 코드 리뷰 프로세스 교체(2011)

피보탈 소프트웨어Pivotal Software의 엔지니어링 담당 부사장이자 『탐험적 테스팅』의 저자인 엘리자베스 헨드릭슨은 부서별로 책임을 담당하는 것과 반대로, 팀마다 자신의 품질에 대한 책임을 지는 것에 대해 말했다. 이를 통해 품질을 향상시킬 수 있을 뿐 아니라 프로덕션으로의 작업 흐름도 증가시킬 수 있다고 주장했다.[29]

헨드릭슨은 2015년 데브옵스 엔터프라이즈 서밋 발표에서 2011년도 피보탈에는 두 가지 허용된 코드 리뷰 방법, 즉 페어 프로그래밍(모든 코드 라인을 두 사람의 검사를 통해 보장)과 Gerrit으로 관리되는 코드 리뷰 프로세스(변경 사항이 트렁크로 들어가는 것이 허용되기 전 모든 코드 커밋에 지정된 두 사람이 '+1'을 하도록 보장)가 있다고 말했다.[30]

---

* 일부 조직은 페어 프로그래밍을 필수로 요구할 수 있는 반면, 다른 조직은 엔지니어들이 (체크인하기 전) 더 많은 조사가 필요한 분야나 도전적인 작업을 하는 경우 페어로 프로그래밍하는 사람을 찾는다. 또 다른 일반적인 프랙티스는 하루 작업의 하위 분량에 대해 오전에서 오후까지 4시간 정도의 '페어링 시간'을 설정하는 것이다.

그녀가 관찰한 Gerrit 코드 리뷰 프로세스의 문제점은 개발자가 필요한 리뷰를 받는 데 일주일이나 소요된다는 것이다. 또한 숙련된 개발자는 의도치 않게 견디기 힘든 병목 지점을 생성했기 때문에 코드베이스에 간단한 변경조차 할 수 없어 좌절감과 초조함을 느끼고 있었다.[31]

헨드릭슨은 다음과 같이 말했다.

변경에 '+1'을 할 수 있는 유일한 이들은 다른 업무에도 책임이 있는 수석 엔지니어들이었다. 이들은 하위 개발자들이 진행하는 수정 작업이나 개발자의 생산성에는 거의 신경을 쓰지 않았다. 이것은 끔찍한 상황을 초래했다. 변경 사항의 리뷰를 기다리는 동안 다른 개발자는 자신의 변경을 체크인했다. 따라서 노트북에 다른 개발자가 수행한 일주일 동안의 모든 코드 변경 사항을 병합하고 모든 것이 계속 작동하는지 확인하기 위해 모든 테스트를 다시 수행해야 했다. 리뷰를 다시 받기 위해 변경 사항을 또 제출해야 할 때도 있었다.[32]

엔지니어링 팀은 문제를 해결하고 이와 같은 모든 지연 사항을 제거하려고 Gerrit 코드 리뷰 프로세스 전체를 해제하는 대신, 시스템에 코드 변경을 구현하기 위한 페어 프로그래밍을 요구했다. 이를 통해 코드 리뷰에 필요한 시간을 몇 주에서 몇 시간으로 단축했다.

헨드릭슨은 코드 리뷰가 많은 조직에서 잘 작동한다는 사실을 알 수 있었다. 그러나 초기에는 코드 리뷰가 코드를 작성하는 것만큼 가치가 있다고 생각하는 문화가 필요했다. 이와 같은 문화가 자리 잡지 못하면 페어 프로그램은 잠정적으로 가치 있는 프랙티스로서의 역할밖에 하지 못한다.[33]

이 사례 연구는 코드 리뷰의 한 형태를 보여준다. 특별히 (코드 리뷰) 문화가 정착되지 않았을 때 페어 프로그래밍은 가치 있는 중간 프랙티스가 될 수 있다.

풀 리퀘스트 프로세스의 효과 평가하기

동료 리뷰 프로세스는 통제 환경의 중요한 부분이므로 효과 여부를 정할 수 있어야 한다. 이를 위한 한 가지 방법은 프로덕션 환경에 중단 사태를 파악하고 관련된 모든 변경 사항에 대한 동료 리뷰 프로세스를 살펴보는 것이다.

또 다른 방법은 깃허브의 CIO이자 공동 설립자이자 풀 리퀘스트 프로세스를 고안한 라이언 토메이코^{Ryan Tomayko}가 제시했다. 토메이코는 나쁜 풀 리퀘스트와 좋은 풀 리퀘스트의 차이점을 설명해 달라는 질문에 둘 다 프로덕션 결과와는 관련이 거의 없다고 했다. 대신에 나쁜 풀 리퀘스트는 코드를 읽는 사람에게 필요한 내용이 부족하고 변경 목적과 관련된 문서화가 미흡하거나 아예 없다. 예를 들어 'Fixing issue #3616 and #3841(#3616, #3841 이슈 수정)'이라는 텍스트만 있는 풀 리퀘스트가 그렇다.[34]*

토메이코는 내부적인 깃허브 풀 리퀘스트를 비판하면서 다음과 같이 말했다.

아마도 이 풀 리퀘스트는 새로운 엔지니어가 작성했을 것이다. 먼저, 특정 엔지니어가 '@mentioned'로 언급되지 않았다. 최소한 엔지니어는 자신의 멘토나 특정 분야의 전문가를 언급해야 한다. 다시 말해 누군가 자신의 변경 사항에 대해 적절한 리뷰를 하게 해야 한다. 더 나쁜 점은 실제 변경 사항이 무엇인지, 왜 중요한지, 구현한 사람의 생각이 무엇인지를

---

* 진 킴은 깃허브에서 좋은 풀 리퀘스트와 나쁜 풀 리퀘스트의 차이점을 함께 논의해 준 숀 데이브포트, 제임스 프라이먼, 윌 파, 라이언 토메이코에게 감사하고 있다.

나타내는 어떤 설명도 없다는 것이다.[35]

효과적인 리뷰 프로세스를 나타내는 훌륭한 풀 리퀘스트를 설명해 달라는 요청에는 '변경하는 이유에 대한 상세한 설명이 충분히 있어야 한다'와 '변경하는 방법은 물론 식별된 위험 사항과 그에 따른 대응책도 있어야 한다'라는 필수 요소를 제시했다.[36]

토메이코는 풀 리퀘스트가 제공하는 컨텍스트에 의해 활성화된 변경 사항에 대한 논의 사항도 검토했다. 이 방법을 사용하면 변경 사항에 대한 추가 위험 및 바람직한 구현방법에 대한 더 좋은 아이디어를 떠올릴 수 있다. 그리고 배포 시에 나쁘거나 예상치 못한 문제가 발생하면 관련 이슈에 대한 링크와 함께 해당 사항이 풀 리퀘스트에 추가될 수 있다. 모든 논의는 비난 없이 이뤄진다. 대신 향후 문제의 재발을 방지하는 방법에 관한 솔직한 대화가 진행된다.

예를 들어 그는 데이터베이스 마이그레이션을 위한 또 다른 깃허브 풀 리퀘스트를 생성했다. 잠재적 위험에 대한 오랜 토론을 통해 많은 페이지가 작성됐으며 풀 리퀘스트 작성자는 이렇게 말했다. "나는 지금 이것을 푸시하고 있다. 브랜치에 대한 빌드는 CI 서버에 누락된 열^{Column} 때문에 실패했다(Link to Post-Mortem: MySQL outage)"라고 말했다.[37]

변경을 제안한 사람은 어떤 조건과 잘못된 가정이 사고를 유도했는지 설명하고, 재발 방지를 위해 대책 리스트를 제시하며 사고에 대해 사과한다. 그다음은 토론 페이지로 링크된다. 그는 풀 리퀘스트를 읽은 후 웃으며 말했다. "이제 **이것이** 훌륭한 풀 리퀘스트다."[38]

위에서 설명한 것처럼 전체 풀 리퀘스트나 프로덕션 사고와 관련된 풀 리퀘스트를 샘플링하고 살펴보면 동료 리뷰 프로세스의 효과를 평가할 수 있다.

관료적 절차를 과감하게 제거하라

지금까지 변경을 외부에서 승인받지 않고도 작업 품질을 향상할 수 있는 동료 리뷰와 페어 프로그래밍에 대해 논의했다. 그러나 여전히 많은 회사는 승인을 받기 위해 몇 달을 기다려야 하는 표준 프로세스를 보유하고 있다. 이런 승인 프로세스는 리드 타임을 엄청나게 증가시킬 수 있으며 잠재적으로 고객에게 가치를 전달하는 것을 막아 조직 목표에 대한 위험을 증가시킨다. 이와 같은 일이 발생하면 프로세스를 다시 설계해서 목표를 더 빠르고 안전하게 달성할 수 있게 해야 한다.

이에 대해 애드리안 콕크로프트는 "광범위한 공개를 위한 훌륭한 지표는 출시를 수행하는 데 필수적인 것은 회의와 작업 티켓의 개수다. 목표는 엔지니어가 작업을 수행하고 고객에게 전달하는 데 필요한 노력을 끊임없이 감소시키는 것이다"라고 말했다.[39]

이와 유사한 맥락으로 캐피털 원Capital One의 선임 기술자인 타파브라타 박사는 'Got Goo?'라고 불리는 캐피털 원의 프로그램에 관해 설명했다. 이 프로그램은 작업 완료를 방해하는 도구, 프로세스, 승인 절차 등과 같은 방해물의 제거를 담당하는 팀을 포함한다.[40]

디즈니사의 시스템 엔지니어링 수석 감독관인 제이슨 콕스Jason Cox는 2015년 데브옵스 엔터프라이즈 서밋에서 고통스러운 일상 업무와 장애물 제거를 위한 '반란에 동참하라Join Rebellion' 프로그램에 대해 발표했다.[41]

2012년 타깃은 Technology Enterprise Adoption Process와 Lead Architecture Review Board의 결합(TEAP-LARB 프로세스)으로 인해 새로운 기술을 도입하려는 모든 사람이 승인을 오랫동안 기다려야 했다. TEAP 양식은 새로운 데이터베이스나 모니터링 기술과 같이 새로운 기술을 적용하고 싶어 하는 사람이 작성해야 했다. 이런 제안이 평가되고 적절하다고 판단되면 해당 제안은 월간 LARB 회의의 안건이 됐다.[42]

타깃의 개발 감독관이자 운영 감독관인 헤더 믹맨과 로스 클랜턴Ross

Clanton은 타깃에서의 데브옵스 운동을 주도했다. 데브옵스 이니셔티브 과정에서 믹맨은 비즈니스 라인에서 이니셔티브의 활성화에 필요한 기술(이 경우에는 Tomcat과 Cassandra)을 정의했다. 당시 LARB은 운영에 필요한 기술을 지원할 수 없다고 결정했다. 그러나 믹맨은 이 기술이 필수라고 확신했기에 자신의 개발 팀이 운영 팀에 의존하기보다 독자적으로 서비스뿐 아니라 통합, 가용성, 보안을 지원해야 한다고 제안했다.[43] 믹맨은 다음과 같이 말했다.

> 나는 이 과정을 겪으면서 TEAP-LARB 프로세스가 오래 걸리는 이유를 더 잘 파악하려고 '5 Why' 기법을 사용했다. 이를 통해 TEAP-LARB가 처음부터 왜 존재하게 됐는지 의문이 생겼다. 더 놀라운 것은 막연히 어떤 종류의 거버넌스 프로세스가 필요하다는 모호한 생각 이상으로 자세히 알고 있는 사람이 없다는 점이다. 몇 년 전에 재발 우려가 거의 없는 일종의 재난이 있었다는 사실을 아는 사람은 많았지만 그 재난이 어떤 것이었는지 정확하게 기억하는 사람은 없었다.[44]

그녀는 자신의 팀이 도입한 기술의 운영을 팀이 담당하게 된다면 그룹에 불필요한 승인 프로세스가 더 필요하지 않다는 결론을 내렸다. 믹맨은 "나는 우리가 지원해야 하는 미래 기술에 TEAP-LARB 프로세스를 적용할 필요가 없다는 사실을 모두에게 알렸다"라고 덧붙였다.[45]

마침내 카산드라가 성공적으로 타깃에 도입돼 광범위하게 적용됐다. TEAP-LARB 프로세스는 해체됐다. 팀은 타깃의 기술 작업에 존재하던 장벽을 제거한 그녀에게 평생 공로상을 수여했다.[46]

결론

18장에서는 변경의 품질을 증가시키고, 빈약한 배포 결과의 위험을 감소시키며, 승인 프로세스 의존도를 낮추는 프랙티스를 일상 업무와 통합하는 방법을 설명했다. 깃허브와 타깃의 사례 연구는 이런 프랙티스가 결과를 향상시킬 뿐 아니라 리드 타임도 단축하고 개발자의 생산성을 증가시킨다는 점을 보여준다. 이와 같은 작업에는 높은 신뢰 문화가 필요하다.

존 올스포가 새로 고용한 초급 엔지니어와 나눈 이야기를 함께 들여다보자. 엔지니어는 올스포에게 작은 변경 사항을 배포해도 좋은지 물었다. 올스포는 "나는 모릅니다. 이 변경 사항에 대해 누군가 리뷰를 수행한 적이 있습니까? 이 변경에 대해 누구에게 문의해야 하는지, 누가 가장 적임자인지 알고 있습니까? 이 변경이 설계대로 프로덕션 환경에서 동작할 것이라는 확신할 수 있을 정도로 가능한 모든 걸 다했습니까? 모든 것을 했다면 나에게 묻지 말고 변경을 적용하십시오"라고 답했다.[47]

이렇게 대답함으로써 올스포는 엔지니어 자신이 변경 사항의 품질에 대해 전적으로 책임이 있다는 사실을 상기시켰다. 엔지니어가 모든 것을 다했다고 느꼈다면 자신의 변경 사항이 효과가 있을 것이라는 확신을 가질 수 있으며, 누구에게도 승인을 요청할 필요 없이 변경 사항을 적용해야 한다.

변경 사항을 구현한 사람이 변경 품질을 완전히 책임질 수 있는 조건을 만드는 것이 우리가 구축하려 노력하는 높은 신뢰와 생성적 문화의 필수 조건이다. 이런 조건들은 경계를 넘어 모두가 서로 돕고 목표를 달성하는 데 필요한 보다 안전한 작업 시스템을 만들 수 있게 한다.

4부 / 결론

4부에서는 피드백 루프를 구현함으로써 모두가 공동 목표를 향해 협업할 수 있음을 확인했다. 문제 발생 요소를 빠르게 감지하고 복구할 수 있어 기능이 프로덕션 환경에서 설계대로 동작하게 만들고, 조직 목표 달성과 조직 학습을 끌어낸다는 점을 배웠다. 또한 개발과 운영을 아우르는 공동 목표 설정으로 전체 가치 흐름의 상태를 개선하는 방법도 배웠다.

이제 '5부, 세 번째 방법: 지속적인 학습과 실험에 대한 기술적인 프랙티스'로 들어갈 준비가 됐다. 앞으로 소개하는 내용을 통해 더 신속하고 손쉬운 학습 기회를 생성할 수 있으며, 조직의 성공에 도움 되는 작업을 가능케 할 혁신과 실험의 문화를 실현할 수 있다.

보충 자료

「Measuring Software Quality」, 「Measure Efficiency, Effectiveness, and Culture to Optimize DevOps Transformation: Metrics for DevOps Initiatives」(itrevolution.com)에서 피드백과 지표에 관해 좀 더 학습할 수 있다.

미국 이민국US Center for Immigration Services의 전 CIO인 마크 슈워츠Mark Schwartz의 책 『The Delicate Art of Bureaucracy』(IT Revolution Press, 2020)에서 낭

비를 제거하고 관료제를 린하게 유지하고 학습 및 동작하게 하는 방법을 설명한다.

엘리자베스 헨드릭슨이 2015년 데브옵스 엔터프라이즈 서밋에서 발표한 'It's All About Feedback'에는 유용한 정보가 가득하며 언제든 볼 만한 가치가 있다(videolibrary.doesvirtual.com/?video=524439999).

또한 헨드릭슨이 진 킴과 팟 캐스트에서 나눈 인터뷰를 통해 피드백에 관한 정보를 더 얻을 수 있다(itrevolution.com/the-idealcast-podcast/).

레이첼 팟빈Rachel Potvin과 조시 레벤베르크Josh Levenberg은 「Why Google Stores Billions of Lines of Code in a Single Repository」이라는 논문에서 구글의 프랙티스에 관해 자세히 소개한다(https://cacm.acm.org magazines/2016/7/204032-whygoogle-stores-billions-of-lines-of-code-in-a-single-repository/fulltext).

5부 /

세 번째 방법 : 지속적인
학습과 실험을 위한
기술적 프랙티스

5부 / 소개

'3부, 첫 번째 방법: 흐름의 기술적 프랙티스'에서는 가치 흐름 내 흐름을 생성하는 데 필요한 프랙티스 구현에 관해 설명했다. '4부, 두 번째 방법: 피드백의 기술적 프랙티스'의 목표는 시스템의 많은 부분에서 빠르고 저렴하게, 가능한 한 많은 피드백을 만드는 것이었다.

'5부, 세 번째 방법: 지속적인 학습 및 실험을 위한 기술적 프랙티스'에서는 빠르고 저렴하게 그리고 가능한 한 많은 학습 기회를 빈번하게 생성하는 프랙티스를 설명한다. 이런 프랙티스의 목표는 복잡한 시스템 안에서 작업할 때 불가피한 사고나 실패를 통해 교훈을 얻는 것이다. 그리고 작업 시스템을 조직화하고 설계하면서 지속적으로 실험하고 학습해 시스템을 계속 안전하게 만든다. 이 결과에는 더 높은 탄력성과 시스템이 실제로 동작하는 방법에 대해 계속 증가하는 (조직의) 전체적 지식이 있다. 따라서 시스템에 대한 지속적인 실험과 학습을 통해 목표를 더 잘 달성할 수 있다.

나머지 장에서는 안정성과 지속적인 개선, 학습을 증가시키는 다음과 같은 행위를 제도화한다.

- 안전을 가능케 하는 공정한 문화 조성[*]
- 탄력성을 생성하기 위한 프로덕션 실패의 주입

---

[*] 공정한 문화는 항공 안전 증진을 위해 유로 컨트롤(EuroControl)이 도입한 개념으로 '일상 업무와 관련된 사람들은 경험과 훈련에 비례해 행해진 의도적 행위나 의도치 않은 행위 또는 결정 사항에 의해 처벌받지 않는다. 단, 중대한 과실, 고의적인 위반과 파괴 행위는 용인되지 않는다'라고 정의한다. – 옮긴이

- 지역적 발견 사항을 조직 전체의 개선 사항으로 전환
- 조직적 개선과 학습을 만들기 위한 준비 시간

또한 조직의 한 부분에서 학습한 사항이 전체 조직으로 빠르게 전파되고 지역적인 개선이 조직 전체의 진보로 전환할 수 있는 메커니즘도 만들 것이다. 이를 통해 경쟁자보다 더 빠르게 학습하고 시장에서 승리할 수 있다. 게다가 사람들이 개선의 일부가 된다는 사실에 흥분하고 자신의 잠재력을 최대한 발휘할 수 있게 더 안전하고 탄력적인 작업 문화를 생성할 것이다.

19

일상 업무의 일부로서 학습을 활성화하고 주입하라

복잡한 시스템에서 작업할 때는 수행 활동의 결과를 모두 예측하는 것이 불가능하다. 시스템에 대한 이해 사항을 체계화한 체크리스트와 런북 같은 정적 예방 도구를 사용해도 예상치 못한 치명적 사고는 종종 발생한다.

복잡한 시스템 안에서 안전한 작업을 가능케 하려면 자체 진단 및 개선 능력을 높이고, 문제의 감지와 해결에 능숙해야 하며, 전체 조직에서 솔루션을 이용할 수 있어야 한다. 이와 같은 요소가 우리 실수를 이해할 수 있게 만드는 동적 학습 시스템을 만들고, 미래에 반복될 수 있는 실수를 방지하기 위한 행동으로 전환된다.

스티븐 스피어 박사는 "탄력적인 조직은 문제를 능숙하게 감지 및 해결하고 솔루션을 조직 전체에 이용할 수 있게 효과를 높인다.[1] 이들은 자기 치유 능력을 갖추고 있으며, 위기 대응에 강한 편이다. 항상 수행하는 작업이기 때문이다. 탄력적인 조직에 대한 신뢰성의 원천은 이와 같은 **빠른 반응이다**"라고 설명했다.[2]

AWS 미 동부 리전과 넷플릭스(2011)

2011년 4월 21일, 아마존 AWS 미 동부 리전 전체가 다운됐을 때 이런 원칙과 프랙티스의 결과로 믿기 어려운 사례가 발생했다. 당시 레딧^{Reddit}과 쿠

오라를 비롯한 고객 대부분이 이 영역에 의존하고 있었다.[3]* 놀랍게도 넷플릭스는 예외였다. 그 덕분에 대규모 AWS 중단 사태에 거의 영향을 받지 않았다.

사고 이후 넷플릭스가 서비스를 중단하지 않고 운영할 수 있었던 방법에 대한 추측이 난무했다. 신빙성 있는 이론은 넷플릭스가 아마존 웹 서비스의 가장 큰 고객이어서 특별 대우를 받았다는 것이다. 그러나 넷플릭스는 자사 엔지니어링 블로그 게시물에서 2009년의 아키텍처 의사 결정 덕분에 탁월한 탄력성이 가능했다고 설명했다.

2008년, 넷플릭스 온라인 비디오 전달 서비스는 한 데이터센터에서 호스팅되는 모놀리식 J2EE 애플리케이션으로 실행되고 있었다. 그러나 2009년 넷플릭스는 이 시스템 아키텍처를 클라우드 네이티브로 재구성하기 시작했다. 이 아키텍처는 아마존 공용 클라우드에서 완전하게 실행되고 중대한 실패 상황에도 견딜 수 있을 정도로 탄력성을 갖도록 설계됐다.[5]

넷플릭스의 구체적인 설계 목표는 AWS 미 동부 리전 사건처럼 전체 AWS 가용 영역이 다운돼도 넷플릭스 서비스가 계속 실행되게 하는 것이었다. 이를 위해 실패한 컴포넌트 때문에 전체 시스템이 다운되지 않도록 각 컴포넌트에 공격적인 타임아웃을 설정하고 시스템을 느슨하게 결합해야 했다.

대신에 각 기능과 컴포넌트는 성능이 우아하게 저하되도록 설계됐다. 예를 들어 CPU 사용이 급증하는 트래픽 증가 시에는 사용자별 맞춤 영화 목록 대신에 캐싱 또는 개인화되지 않은 정적 콘텐츠를 보여주는 식으로 대응했다. 이 방법은 적은 계산량으로 수행할 수 있었다.[6]

또한 넷플릭스는 블로그에서 이런 아키텍처 패턴의 구현 외에도 프로덕션 서버를 계속 무작위로 종료해 오류를 시뮬레이션하는 놀랍고도 대담한

---

* 2013년 1월 re:Invent라는 콘퍼런스에서 아마존 웹 서비스의 부사장이자 수석 엔지니어인 제임스 헤밀턴 (James Hamilton)은 AWS 미 동부 리전은 10개 이상의 자체 데이터센터를 보유하고 있다고 말했다. 그중 일반 데이터센터는 5만~8만 개의 서버를 갖고 있다고 덧붙였다. 이 수치에 따르면 2011년 EC2 중단 사태는 50만 개 이상의 서버가 고객에게 영향을 미쳤다.[4]

카오스 몽키 서비스를 만들어 수행해 왔다고 설명했다. 모든 '엔지니어링 팀이 클라우드 환경에서 특정 수준의 실패에 익숙해지도록' 카오스 몽키 서비스를 운영한 덕분에 어떤 개입 없이 자동으로 복구될 수 있었다.[7]

다시 말해 넷플릭스 팀은 운영 탄력성의 목표 달성을 위해 카오스 몽키를 실행했고, 사전 프로덕션 및 프로덕션 환경에 실패 상황을 주입했다.

예상했겠지만 프로덕션 환경에서 카오스 몽키를 처음 실행했을 때 서비스는 전혀 예상 밖이거나 상상할 수 없는 방식으로 실패했다. 넷플릭스 엔지니어들은 평소 근무 시간에 이런 문제를 계속 발견하고 수정함으로써 더 탄력적인 서비스를 반복해서 만들 수 있었다. 이와 동시에 경쟁 업체보다 훨씬 뛰어난 시스템을 개발할 수 있도록 조직적 학습도 수행했다. 이 모든 일은 일상 업무 시간에 이뤄졌다!

카오스 몽키는 학습을 일상 업무에 통합하는 하나의 예시일 뿐이다. 이는 학습 조직이 실패, 사고, 실수를 처벌 대상이 아닌, 기회로 삼아 어떻게 생각하고 학습할 수 있는지를 보여준다. 19장은 학습 시스템을 생성하고 **공정한 문화**를 수립하는 방법과 리허설을 일상적으로 수행하고 학습을 가속하려고 의도적으로 실패를 생성하는 방법을 소개한다.

공정한 학습 문화를 조성하라

학습 문화의 전제 조건 중 하나는 사고가 발생했을 때 사고에 대한 대응이 (의심할 바 없이) '공정하게' 보여야 한다는 것이다. 안전한 문화의 핵심 요소 일부를 체계화하고 **공정한 문화**라는 용어를 만든 시드니 데커 Sidney Dekker 박사는 이렇게 말했다. "사고나 사건에 대한 대응이 부당해 보이면, 안전한 조사를 방해하고 안전이 중요한 작업을 하는 사람들에게 주의보다는 두려움을 조장한다. 조직을 더 조심스럽게 만들기보다는 더 관료주의적으로 만든다. 이는 전문적인 기밀 유지, 회피, 자기 보호와 같은 부작용을 초래할 수 있다."[8]

이와 같은 처벌 개념은 지난 세기 동안 많은 관리자가 운영해온 방식에서 미묘하게 또는 두드러지게 나타난다. 이 개념에 따르면 리더는 조직의 목표를 달성하기 위해 반드시 오류를 제거하는 데 필요한 명령 및 통제 절차를 수립하고 절차의 준수를 강요해야 한다.

데커 박사는 오류를 발생시킨 사람을 정리함으로써 오류를 제거하는 이 개념을 **썩은 사과 이론**^{Bad Apple Theory}이라 부른다. 그는 "사람들이 하는 실수는 우리가 겪는 어려움의 원인이 아니라 우리가 그들에게 준 도구 설계에 따른 결과이기 때문에 썩은 사과 이론은 유효하지 않다"라고 주장한다.[9]

사고의 원인이 '썩은 사과'가 아닌 기존에 만든 복잡한 시스템 내 불가피한 설계에 있다면, 실패의 원인이 되는 사람을 '지명하고 비난해 수치심을 주기'보다는 조직적 학습 기회를 극대화하고, 일상 업무에서 문제를 광범위하게 노출하며, 공유하는 행동에 더 많은 가치를 둬야 한다. 이를 통해 운영하는 시스템의 품질과 안전을 개선할 수 있으며, 시스템 안에서 동작하는 모든 사람 사이의 관계도 강화할 수 있다.

정보를 지식으로 전환하고 학습 결과를 시스템으로 구축하면 정당한 문화라는 목표를 달성할 수 있고, 안전과 책임감에 대한 요구의 균형을 잡을 수 있다. 엣시의 CTO인 존 올스포는 "엣시에서 우리 목표는 크고 작은 실수와 오류, 과실 등을 학습의 관점에서 파악하는 것이다"라고 언급했다.[10]

엔지니어가 실수해도 그에 대한 세부 사항을 제공했을 때 안전을 보장받는다면, 그들은 기꺼이 책임을 질 뿐 아니라 회사의 다른 사람들이 미래에 같은 오류를 겪지 않도록 적극적으로 도울 것이다. 이것이 바로 조직 학습의 생성이다. 이와 반대로 엔지니어를 처벌한다면 메커니즘, 병적 증상, 실패 해결에 대한 이해를 얻는 데 필요한 세부 사항의 제공이 모두에게 장려되지 않으며, 동일한 오류가 발생할 확률을 높인다.

공정한 학습 문화를 생성하는 데 도움이 되는 두 가지 프랙티스는 복잡한 시스템 안에서 불가피한 문제에 대한 실습 기회를 만드는 비난 없는 포스트모템과 프로덕션 환경에 대한 통제된 실패의 도입이다. 비난 없는 포스트모템을 먼저 살펴본 다음, 실패가 기회일 수 있는 이유를 알아보자.

사고가 발생한 뒤에는 회고 미팅을 계획하라

공정한 문화를 활성화하기 위해서는 사고나 중대한 사건(예: 배포 실패나 고객에게 영향을 미치는 프로덕션 문제 등)이 발생했을 때 문제가 해결된 후 회고를 수행해야 한다.* 회고는 '실패 메커니즘의 상황 측면에 초점을 맞춘 개인의 의사 결정 과정'을 검토하는 데 도움이 된다.[11]

이를 위해 사고가 발생한 후 관련 기억과 원인 및 결과 사이의 연결성이 사라지거나 상황이 변화하기 전에 가능한 한 빨리 회고를 계획해야 한다(물론, 문제를 적극적으로 해결 중인 사람들을 혼란스럽게 만들지 않게 하려면 문제가 해결될 때까지 기다려야 한다).

회고에서는 다음과 같은 사항을 수행한다.

- 타임라인을 구성하고 다양한 측면에서 실패의 세부 사항을 수집하되, 잘못을 저지른 사람에 대한 처벌은 없다는 점을 보장한다.
- 모든 엔지니어가 실패에 기여한 부분에 대해 상세한 설명을 할 수 있도록 권한을 위임함으로써 안전을 개선한다.
- 실수를 저지른 사람이 나머지 팀원을 위한 전문가가 돼 미래에 같은 실수가 발생하지 않도록 교육한다.
- 팀원이 행동의 실행 여부를 결정할 수 있는 재량 영역이 항상 있고, 이런 결정은 항상 뒤늦은 깨달음에 있다는 사실을 인정한다.
- 앞으로 유사한 사고가 발생하지 않도록 대책을 마련하고, 이를 달성하기 위한 목표 날짜와 후속 조치를 담당하는 사람을 함께 기록한다.

회고를 위한 회의에는 다음과 같은 이해관계자가 참석해야 한다.

---

* 이 프랙티스는 '비난 없는 사후 사고 리뷰' 또는 '사후 이벤트 회고'라고도 한다. 이 프랙티스는 많은 반복과 관련된 애자일 프로세스 프랙티스 중 하나인 일상적 회고와 유사성이 있다.

- 문제에 기여했을 수 있는 결정에 관여한 사람
- 문제를 확인한 사람
- 문제에 대응한 사람
- 문제를 진단한 사람
- 문제에 영향을 받은 사람
- 회의에 관심이 있는 모든 사람

비난 없는 포스트모템에서 수행할 첫 번째 작업은 발생한 사건의 타임라인에 대해 가장 잘 이해하고 있는 사항을 기록하는 것이다. 여기에는 수행한 모든 행동과 시기(IRC나 슬랙 같은 채팅 로그로 지원되는 모든 내용), 관찰된 영향(주관적 묘사가 아닌 프로덕션 텔레메트리에서의 특정 지표 형태), 수행한 모든 조사 경로와 관련된 해결책이 포함된다.

이런 결과를 얻으려면 세부 사항을 기록하고 처벌이나 보복의 두려움 없이 정보를 공유할 수 있는 문화를 강화해야 한다. 처음 몇 번의 포스트모템에서는 사고와 직접 관련이 없는 훈련된 퍼실리테이터가 회의를 진행할 때 도움이 될 수 있다.

회의 및 후속 처리를 하는 동안에 이미 발생한 사건에 대한 대안을 만들려는 인간의 속성 때문에 '해야 했다would have' 또는 '할 수 있었다could have'라는 말이 나올 수도 있다. 이는 역설적인 진술이므로 명시적으로 금지해야 한다.

'해야 했는데…' 또는 '그 사항을 알았더라면, ~했을 텐데…'와 같은 비합리적 진술은 실제로 존재하는 시스템 관점 대신 상상 속의 시스템 관점에서 문제를 표현한다. 이런 표현은 우리 자신을 제한하는 데 필요한 컨텍스트다(부록 8 참고).

이와 같은 회의의 놀라운 결과 중 하나는 사람들이 자신의 능력 밖의 질문에 대해 스스로를 비난한다는 점이다. 엣시의 엔지니어인 이안 말패스는 다음과 같이 말했다.

전체 사이트를 다운시킬 원인이 되는 뭔가를 수행한 순간, '얼음물이 척추에 떨어지는 듯한' 느낌이 들면서 '어떤 것을 해야 할지 전혀 모르겠다'라는 생각이 머리를 스친다. 이는 광란과 절망에 빠지거나 사기꾼이 되는 느낌으로 이어질 수 있으므로, 스스로 이런 생각을 막아야 한다. 좋은 엔지니어에게 일어나서는 안 되는 일이기 때문이다. 그 대신 '내가 그 행동을 한 이유가 무엇이었는가?'와 같은 질문을 떠올려야 한다.[12]

회의에서 브레인스토밍과 어떤 대책을 구현할 것인지 정하기 위한 시간을 충분히 확보해야 한다. 대책이 확정되면 우선순위를 결정하고 실행 담당자와 타임라인을 설정해야 한다. 이를 통해 일상 업무 자체보다 개선을 더 중요하게 생각해야 한다는 것을 깨닫게 된다.

허브스팟Hubspot의 수석 엔지니어 중 한 명인 댄 밀스테인Dan Milstein은 회고를 시작할 때면 항상 이런 말을 했다. "우리는 오늘처럼 어리석은 미래에 대비하려고 한다. 다시 말해 '더 주의해야 한다', '덜 어리석어야 한다' 같은 대책은 허용되지 않는다. 대신에 이런 오류의 재발을 방지하기 위한 실질적 대책을 고안해야 한다."[13]

이렇게 대책을 고안하는 예는 다양하다. 배포 파이프라인에서 위험 상태를 감지하는 새로운 자동화 테스트, 더 많은 프로덕션 텔레메트리 추가, 동료 리뷰가 추가로 필요한 변경 사항에 대한 카테고리 정의, 정기적인 게임 데이 실행 시 실패 카테고리에 대한 리허설 수행 등이 있다.

회고 리뷰는 가능한 한 널리 공개하라

회고를 수행한 후, 회의록과 관련 자료(타임 라인, IRC 채팅 로그, 외부 통신 기록 등)의 유용성을 널리 알려야 한다. 이런 정보에는 조직 전체가 접근할 수 있으며, 사고를 통해 배울 수 있게 중앙 집중화된 장소에 위치시켜야 한다. 회고 수행은 매우 중요하므로 회고가 끝날 때까지 프로덕션 사고의 완료 처리를 금지할 수도 있다.

이렇게 하면 지역적인 학습과 개선을 조직 전체의 학습과 개선으로 전환하는 데 도움이 된다. Google App Engine의 전 엔지니어링 감독관인 랜디 샤우프는 회고의 문서화가 조직 내 다른 사람에게 얼마큼 가치를 전달할 수 있는지에 대해 이렇게 말했다. "여러분이 상상할 수 있듯 구글에서는 모든 것을 검색할 수 있다. 모든 포스트모템 문서는 구글의 다른 직원들이 볼 수 있는 장소에 있다. 그리고 어떤 그룹에 이전에 발생한 사고와 상당히 유사한 사고가 발생한 경우, 그들이 먼저 읽고 연구하는 문서 중 하나가 이런 회고 문서다."[14]*

포스트모템 기록을 광범위하게 공개하고, 조직 내 다른 사람들에게 이를 읽게 장려하는 것은 조직 학습을 높인다. 온라인 서비스 회사가 고객에게 영향을 미치는 사건의 포스트모템을 공개하는 것이 점차 일상화되는 추세다. 포스트모템을 공개하면 내외부 고객에 대한 투명성을 높이는 동시에 고객 신뢰도도 높일 수 있다.

이런 이유로 비난 없는 포스트모템 회의를 많이 수행하고자 했던 엣시는 4년 동안 몇 가지 문제를 맞닥뜨렸다. 엄청난 개수의 포스트모템 회의록을 위키 페이지에 축적한 탓에 검색, 저장, 공동 작업이 점점 어려워졌다. 엣시는 이런 문제를 해결하고자 사고 MTTR, 심각도, 더 나은 처리 시간대(엣시 직원들이 더 많은 원격 작업을 하면서 필요해졌다)와 같은 모든 사고 관련 사항과 마크다운 형식의 리치 텍스트, 삽입 이미지, 태그, 이력을 포함하는 다른 데이터들의 기록을 쉽게 하려고 모그Morgue라는 도구를 개발했다.[16]

모그는 다음과 같은 사항을 쉽게 기록하게 설계됐다.

- 예상한 문제인지, 예상치 못한 문제인지 여부

---

* (모든 서버 운영 시간과 성능을 공개하는) '투명한 가동 시간'의 철학은 포스트모템 보고서로 확장할 수 있다. 그리고 공용으로 이용할 수 있는 서비스 대시보드를 추가로 만들고 (불필요한 부분을 제거한) 포스트모템 회의를 모두에게 게시할 수도 있다. 가장 널리 인정되는 공개 포스트모템은 Google App Engine 팀이 게시한 2010년 상당한 규모의 사고 이후의 포스트모템과 2015년 아마존 DynamoDB 사고 후의 포스트모템이다. 흥미롭게도 셰프(Chef)에서는 포스트모템 회의록과 더불어 실제 포스트모템 회의를 기록한 비디오도 블로그에 공개한다.[15]

- 포스트모템 담당자
- 관련 IRC 채팅 로그(특히, 메모가 정확히 작성되지 않은 때는 오전 3시에 발생한 문제에 대한 파악이 중요하다.)
- 시정 조치, 마감 기간과 관련된 JIRA 티켓(특히, 관리를 위해 중요한 정보)
- (고객이 문제에 대해 불만을 제기하는) 고객 포럼 게시물의 링크

모그를 개발하고 사용한 결과, 엣시에 기록된 포스트모템의 수는 위키 페이지를 사용할 때와 비교해 상당량 증가했다. 특히 P2, P3, P4 사고(심각도가 낮은 문제 등)에 대한 포스트모템의 수가 증가했다.[17] 이 결과는 모그와 같은 도구를 통해 포스트모템의 문서화가 더 쉬워지면 더 많은 사람이 포스트모템 회의의 결과를 상세하게 기록할 수 있으며, 더 많은 조직 학습이 가능해질 것이라는 가설을 뒷받침한다.

지속적인 학습

회고를 수행하는 것은 실패로부터 학습하는 것 이상의 효과가 있다. DORA가 발간한 「2018 데브옵스 현황 보고서」에 따르면 회고는 팀이 정보를 공유하는 것, 현명한 리스크를 감당하는 것, 학습의 가치를 이해하는 것에 관해 더 낮게 느끼게 함으로써 문화 조성에 기여한다. 또한 최고 성과자들은 (그렇지 않은 성과자들보다) 1.5배 이상 지속적으로 회고를 수행하고, 이를 활용해 자신들의 업무를 개선한다(그래서 최고 성과자 팀들은 계속해서 이익을 뛰어넘는다).[18]

하버드 비즈니스 스쿨Harvard Business School의 리더십 및 관리 분야의 정교수이자 『Building the Future』(Berrett-Koehler, 2016)의 공저자인 에이미 에드먼드슨Amy C. Edmondson 박사는 다음과 같이 말했다.

치료는 실패의 낙인을 줄이는 과정으로 시간과 비용이 크게 필요하지 않다. 엘리 릴리Eli Lilly는 원하는 결과를 달성하는 데 실패한 지적이고 높은 품질을 가진 과학 실험의 '실패자'에게 (비난이 아닌) 명예를 주는 것을

1990년대 초부터 실행해왔다. 실패한 사람들, 특히 과학자들은 큰 비용을 들이지 않고 새로운 프로젝트에 귀중한 자원으로 더 빠르게 재배치된다. 잠재적이고 새로운 발견 사항에 관해 킥스타트Kickstart를 굳이 언급하지 않더라도 나중에 수십만 달러를 절약할 수 있다.[19]

사고에 대한 내성을 줄여 가장 약한 실패 신호를 발견하라

조직이 문제를 효과적으로 확인하고 해결하는 방법을 배우면 비슷한 수준의 문제를 모두 처리할 수 있게 된다. 따라서 학습량이 늘어남에 따라 기존 문제보다 더 어려운 문제를 처리할 수 있게 문제에 대한 기준을 강화해야 한다. 이를 통해 약한 실패 신호를 증폭하려고 노력해야 한다. 예를 들어 4장에서 설명한 것처럼 알코아가 작업장의 사고 발생률을 줄여서 더 이상 일상적인 일이 아니게 되자, 알코아의 CEO인 폴 오닐은 작업장 사고 이외의 긴급한 사고에 대한 통보를 받기 시작했다.[20]

스피어 박사는 알코아에서 오닐이 거둔 업적에 대해 "작업장의 안전에 관한 문제에 초점을 맞추고 시작했지만, 안전 문제는 곧 프로세스에 대한 무지를 반영하고 있다는 사실을 알게 됐다. 프로세스에 대한 무지는 품질, 적시성, 생산량 대 폐기량Yield versus Scrap과 같은 다른 문제에서도 나타난다"라고 기술했다.[21]

복잡한 시스템에서 작업할 때 약한 실패 신호를 증폭하면 치명적인 실패를 피할 수 있다. 나사가 우주선 era호의 실패 신호를 처리했던 방법이 대표적인 사례다. 2003년 콜롬비아 우주선은 임무 시작 16일째에 지구 대기권으로 다시 들어오면서 폭발했다. 우주선이 이륙하는 동안 외부 연료 탱크에서 단열재 조각이 떨어져 나갔다고 알려져 있다.

그러나 콜롬비아호가 대기권에 진입하기 전, 일부 중간 계층의 나사 엔지니어들이 이 사고를 보고했으나 그들의 목소리는 전달되지 않았다. 엔지니어들은 우주선 발사 후에 이뤄진 리뷰 회의 중 비디오 모니터링을 하면서 단열재 타격 현상Foam Strike을 관찰하고 곧바로 나사 관리자에게 알렸지만, 단열재 문제는 새로운 것이 아니라는 답변만 돌아왔다. 단열재 타격 현상은 이전 발사에도 있었으나 결과적으로는 사고가 발생하지 않았기 때문이다. 단열재 타격 현상은 유지 보수 문제로 여겨졌으며, 늦은 시점(사고 발생 시점)까지 아무런 조치가 없었다.[22]

마이클 로베르토Michael Roberto, 리차드 보머Richard M.J. Bohmer, 에이미 에드먼드슨은 2006년 「하버드 비즈니스 리뷰」 기사를 통해 나사의 문화가 이 문제에 어떻게 영향을 미쳤는지를 밝혔다. 특히, 조직의 일상 업무와 시스템이 두 가지 모델 중 하나로 구조화되는 방법을 설명했다. 첫 번째 모델은 일정과 예산의 엄격한 준수를 포함한 모든 사항을 관리하는 **표준화 모델**이고, 두 번째 모델은 연구 및 설계R&D 실험실과 유사한 문화 환경에서 매일 모든 실험과 새로운 모든 정보의 조각이 평가되고 토론하는 **실험적 모델**이다.[23]

이들은 "조직에 잘못된 사고방식을 적용하면, 기업은 곤경에 처한다(잘못된 사고방식은 **명확하지 않은 위협**에 대응하는 방법으로, 이 책에서는 **약한 실패 신호**로 설명한다). (중략) 나사는 1970년대까지 값싸고 재사용할 수 있는 우주선을 의회에 홍보하는 표준 문화를 강화했다"라고 전했다.[24]

또한 모든 정보를 편견 없이 평가하는 실험적 모델 대신 엄격한 프로세스 준수를 선호했다. 지속적인 학습과 실험의 부재는 심각한 결과를 낳았다. 저자들은 문제는 '조심하는 것'이 아니라 '문화와 사고방식'이라는 결론을 내렸다. 그들은 "경계하는 것만으로는 비용이 많이 들고 (때로는 비극적인) 실패로 바뀌는 모호한 위협(약한 실패 신호)을 막을 수 없다"라고 말했다.[25]

우주여행과 같은 기술 가치 흐름 내 작업은 실험적 활동으로 접근하고 관리돼야 한다. 우리의 모든 작업은 과거 프랙티스의 일상적인 적용 및 검증이라기보다 잠재적으로 중요한 가설과 데이터의 원천이다. 프로세스를 준수하기 위해 표준화된 방식만으로 기술 작업을 수행하기보다 계속 약해지는 실패 신호를 찾아야 한다. 이로써 운영 시스템에 대해 더 잘 이해하고 관리할 수 있다.

실패를 재정의하고 계산된 리스크 감수를 장려하라

조직의 리더는 의도이든 우연이든 행동을 통해 조직 문화와 가치를 강화한
다. 감사, 회계, 윤리 전문가들은 '경영진 목소리의 미묘한 차이'가 부정행
위 및 비윤리적인 프랙티스의 가능성을 예측한다는 사실을 오랫동안 관찰
해왔다. 학습 문화와 위험 감수 계획을 강화하기 위해 모든 사람이 실패를
극복하고 편안히 학습할 수 있게 지속적으로 장려하는 지도자가 필요하다.

로이 라파포트는 넷플릭스에서 경험했던 실패에 대해 다음과 같이 말
했다.

「2014 데브옵스 현황 보고서」에 따르면 높은 성과를 내는 데브옵스 조직
은 더 자주 실패하고 잘못을 저지른다. 이것은 좋을 뿐 아니라 조직이 필
요로 하는 것이다. 이는 데이터에서도 확인할 수 있다. 높은 성과를 내는
사람들은 더 자주 30배의 변경 시도를 한다. 이들의 변경 실패의 비율은
절반이지만 분명히 더 많은 실패를 하고 있다.[26]

나는 동료와 넷플릭스에서 발생한 엄청난 사고에 관해 말했다. 솔직히 이
사고의 원인은 어이없는 실수다. 실제로 지난 18개월 동안 넷플릭스에서
엔지니어에 의해 사고가 두 번 발생했다. 해당 엔지니어를 해고하지는 않
았다. 그 대신, 이후 18개월간 운영과 자동화 상태를 엄청난 속도로 발전
시켰다. 그 덕분에 일일 기반으로 안전하게 배포할 수 있었고 엔지니어
개인적으로도 프로덕션 배포 횟수를 증가시킬 수 있었다.[27]

라파포트는 "데브옵스를 통해 이런 혁신이 가능해야 하고 사람이 저지
른 실수로 인한 위험을 허용할 수 있어야 한다. 프로덕션 환경에서 더 많은
실패를 할 수 있지만, 실패는 좋은 것이며 처벌받아서는 안 된다"라고 강조
했다.[28]

프로덕션 실패를 주입해 탄력성과 학습을 활성화하라

19장 도입부에 언급했듯이 결함을 프로덕션 환경으로 주입하는 (카오스 몽키와 같은) 기법은 탄력성을 증가시키는 방법의 하나다. 이번 절에서는 리허설에 대해 살펴보고 통제된 특정 방식으로 실패가 발생하도록 시스템이 적절하게 설계되고 구조화됐는지 확인하기 위해 시스템에 실패를 주입하는 기법을 설명한다. 시스템이 우아하게 실패하려면 테스트를 정기적으로 수행해야 한다.

『Release It!』(위키북스, 2007)의 저자인 마이클 나이가드$^{Michael Nygard}$는 "충격 흡수 및 승객의 안전을 위해 자동차에 부서지기 쉬운 부분을 만드는 것처럼, 시스템에서도 어떤 기능이 필수적인지 판단하고 그 기능을 고장에서 보호하기 위해 실패 모드를 만들 수 있다. 실패 모드를 설계하지 않으면 예측이 어렵고 위험한 상황이 발생할 수 있다"라고 언급했다.[29]

탄력성은 먼저 실패 모드를 정의하고 이것이 의도한 대로 동작하는지 확인하기 위한 테스트가 필요하다. 이를 수행하는 한 가지 방법은 프로덕션 환경으로 결함을 주입하고 대규모 실패에 대한 리허설을 하는 것이다. 이를 통해 사고가 발생했을 때 고객에게 영향을 미치지 않고 사고를 복구할 수 있다.

19장 도입부에 소개한 2012년 넷플릭스와 아마존 AWS 미 동부 리전의 사고 이야기는 하나의 사례에 불과하다. 넷플릭스의 탄력성에 대한 더 흥미로운 예로는 Xen 보안 패치를 긴급하게 적용하기 위해 전체 Amazon EC2 서버군의 10% 정도를 재부팅해야 했던 'Great Amazon Reboot of 2014'를 들 수 있다.[30]

넷플릭스 클라우드 데이터베이스 엔지니어링 팀의 크리스토스 칼란티스$^{Christos Kalantzis}$는 "갑작스러운 EC2 재부팅 소식을 들었을 때 놀라서 입이 다물어지지 않았다. 얼마나 많은 카산드라 노드가 영향을 받는지에 대한 목록을 받았을 때도 불편함을 느꼈다.[31] 나는 우리 팀이 카오스 몽키를 이

용해 연습한 내용이 떠올랐고, 바로 '가져와!'라는 말이 튀어나왔다"라고 회상했다.[32]

　　결과는 놀라웠다. 2,700개 이상의 카산드라 노드 중 218개가 재부팅됐고, 실패한 노드는 22개에 불과했다. 칼렌티스와 브루스 윙은 넷플릭스 카오스 엔지니어링에 "넷플릭스는 주말에 가동 중지가 없었다. 반복적이고 정기적인 실패에 대한 연습, 심지어 영속성을 갖는 데이터베이스 계층도 모든 회사의 탄력성 계획에 포함돼야 한다. 카오스 몽키가 카산드라에 관여하지 않았다면 이 이야기의 결말은 매우 달랐을 것이다"라고 포스팅했다.[33]

　　더 놀라운 사실은 넷플릭스가 키산드라 노드의 실패로 발생한 사고를 처리하지 않았을 뿐 아니라 사무실에는 사고 처리를 위해 일하는 사람이 없었다는 것이다. 넷플릭스 엔지니어들은 마일스톤 완료를 기념하는 할리우드 파티에 있었다.[34] 이는 능동적으로 탄력성에 중점을 두면 회사가 대부분 조직에서 위기를 초래할 수 있는 사고를 일상적이고 평범한 방식으로 처리할 수 있다는 사실을 보여주는 또 다른 예다.*(부록 9 참고).

게임 데이를 도입해 실패를 연습하라

이번에는 게임 데이Game Days라 불리는 구체적인 재난 복구 리허설에 대해 설명한다. 게임 데이라는 용어는 벨로시티 콘퍼런스 커뮤니티의 창립자 중 한 명이자 셰프의 공동 설립자인 제시 로빈스가 소개했다. 로빈스는 아마존에서 일하는 동안 사이트의 가용성 보장하는 프로그램을 담당했다. 내부

---

* 넷플릭스 엔지니어링 팀이 구현한 특정 아키텍처 패턴으로는 빠른 실패(Fail Fasts. 실패한 컴포넌트로 인해 전치 시스템의 동작이 중단되지 않게 공격적인 타임아웃 설정), 폴백(Fallback. 각 기능이 저하되거나 낮은 품질의 표현으로 되돌리는 설계), 기능 제거(주어진 페이지에서 기능이 느리게 실행될 때 회원들의 경험에 영향을 미치지 못하게 중요하지 않은 기능 제거) 등이 있다. 넷플릭스 팀의 탄력성에 대한 또 다른 놀라운 사례는 AWS 사고 동안 비즈니스 연속성의 유지 외에도 AWS가 심각도 1의 사고로 선언하기 전 AWS 서비스가 결국 복원될 것을 가정하면서 AWS 사고를 6시간 동안 조사한 것이다(다시 말해 "AWS는 복원될 거야…. 항상 그랬잖아. 그렇지?"처럼 일상적으로 대응했다). 사고 발생 6시간 후 그들은 모든 비즈니스 연속성 절차를 활성화했다.[35]

적으로는 '재난 정복자Master of Disaster'로 알려져 있었다.[36] 게임 데이의 개념은 탄력성 공학 분야에서 왔다. 로빈스는 **탄력성 공학**을 '탄력성을 증가시키기 위해 중요한 시스템에 대규모의 결함을 주입하는 의도된 연습'으로 정의한다.[37]

로빈스는 "엔지니어들이 대규모 시스템을 설계할 때마다 여러분이 할 수 있는 최선은 완전하게 신뢰할 수 없는 컴포넌트 위에 신뢰할 수 있는 소프트웨어 플랫폼을 구축하는 것이다. 복잡한 실패가 예측할 수 없는 환경에 있게 해야 한다"라고 말했다.[38]

결과적으로 시스템 실패가 발생하면 위기나 수동 개입 없이 서비스가 계속 동작할 수 있게 보장해야 한다. 이와 관련해 로빈스는 "서비스는 프로덕션 환경에서 우리가 중단시킬 때까지 실제로 테스트되지 않는다"라고 반어적으로 말했다.[39]

게임 데이의 목적은 팀의 실무 능력을 향상시키기 위해 사고를 시뮬레이션하고 리허설하는 것이다. 먼저, 전체 데이터센터의 시뮬레이션된 파괴처럼 치명적인 이벤트가 미래의 어느 시점에 발생하도록 일정을 잡는다. 그런 다음, 팀에 준비할 시간과 모든 단일 실패 지점을 제거할 시간, 필요한 모니터링 절차 및 장애 조치 절차 등을 수행할 시간을 준다.

게임 데이 팀은 데이터베이스 장애 복구나 정의된 절차 안에서 문제가 드러나도록 중요한 네트워크의 연결을 끊는 것과 같은 훈련을 정의하고 실행한다. 예를 들어 데이터베이스 실패를 시뮬레이션하고 보조 데이터베이스가 동작하는지 확인한다. 마주치는 문제나 어려움은 식별되고 처리되며, 다시 테스트된다.

예정된 시간에 정전 사고가 발생한다. 로빈스가 설명한 것처럼 아마존에서 실제로 통보 없이 시설의 전원이 끊길 것이다. 그 후 자연스럽게 시스템이 실패하면 사람들은 어디서든 자신의 프로세스를 따라야 한다.[40]

이를 통해 시스템에 **숨어 있던 결함**이 노출되기 시작한다. 이는 시스템에 결함을 주입했기 때문에 나타나는 문제다. 로빈슨은 "결국 당신이 미처 생각하지 못한 실수로 복구 프로세스에 중요한 특정 모니터링 시스템이나 관리 시스템이 꺼진 것을 발견하게 되거나 해당 방법을 알지 못했던 몇 가지 단일 실패 지점을 발견하게 될 수도 있다"라고 설명했다.[41] 이런 연습의 목표는 팀원들이 일상적인 날의 또 다른 일처럼 느끼게 만드는 것으로 점점 강도 높고 복잡한 방법으로 수행된다.

게임 데이를 통해 점차 서비스의 탄력성을 높일 수 있고, 높은 수준의 안정성을 보장할 수 있으며 부적절한 사고가 발생했을 때도 작업을 재개할 수 있다. 또한 학습의 기회를 더 넓히고, 더 탄력적인 조직을 만들 수 있다.

재난을 시뮬레이션하는 대표적인 예로는 구글의 재난 복구 프로그램 Disaster Recovery Program, DiRT을 들 수 있다. 이 글을 작성하는 시점에 구글의 기술 프로그램 감독관인 크리파 크리시난Kripa Krishnan은 7년 이상 이 프로그램을 이끌고 있다. 따라서 7년 동안 구글은 실리콘밸리에서 지진을 시뮬레이션했다. 시뮬레이션 결과 마운틴 뷰 캠퍼스 전체는 구글과의 연결이 끊어졌다. 주요 데이터센터 전원은 완전히 나갔으며 엔지니어가 사는 도시를 공격할지도 모르는 외계인들과의 연결도 끊어졌다.[42]

크리시난은 "때때로 비즈니스 프로세스와 커뮤니케이션은 테스팅 영역으로 간주하지 않는다. 시스템과 프로세스는 상당히 얽혀 있으며, 비즈니스 테스팅에서 시스템 테스팅을 분리하는 것은 비현실적이다. 비즈니스 시스템의 실패는 비즈니스 프로세스에 영향을 미칠 수 있다. 이와 반대로 작업 시스템은 이를 활용하는 적절한 사람들 없이는 별로 유용하지 않다"라고 기록했다.[43]

이 재난으로 얻은 내용은 다음과 같다.[44]

- 연결이 끊어지면 엔지니어의 워크스테이션에 대한 장애 조치는 동작하지 않는다.
- 엔지니어들은 콘퍼런스 콜 브리지에 접근하는 방법을 모르며, 콘퍼런스 콜 브리지는 50명만 수용할 수 있었다. 팀은 새로운 콘퍼런스

콜 공급 업체에 전체 콘퍼런스에서 음악만 듣는 엔지니어를 쫓아내는 기능을 요구했다.

- 데이터센터에서 백업 발전기를 위한 경유 연료를 모두 사용하면 공급 업체를 통한 긴급 구매 절차를 알 수가 없다. 결과적으로 누군가의 개인 신용 카드를 사용해 5만 달러 상당의 경유 연료를 구매한다.

통제된 상황에서 실패를 발생시키면 필요한 전술을 실습하고 생성할 수 있다. 게임 데이의 또 다른 결과는 사람들이 누구에게 전화하고 이야기해야 하는지를 실제로 알게 된다는 점이다. 이를 통해 저마다 다른 부서 관계자들과의 관계를 발전시키고, 사고하는 동안 함께 작업할 수 있으며, 의식적 행동을 일상의 무의식적 행동으로 바꿀 수 있었다.

> **→ 사례 연구: 2판 추가**

CSG, 장애를 강력한 학습 기회로 전환하기(2021)

CSG는 북미 최대의 SaaS 기반 고객 관리 및 청구 서비스 제공자다. 6,500만 이상의 구독자를 확보하고 있으며 자바에서 메인프레임에 이르기까지 모든 것을 커버하는 기술 스택을 보유하고 있다. 2020년 데브옵스 엔터프라이즈 서밋에서 소프트웨어 엔지니어링 부사장인 에리카 모리스는 CSG 역사상 최악의 장애를 소개했다. 이 복잡한 시스템 실패의 결과로 CSG는 응답 시스템, 프로세스, 문화의 한계를 넘어섰다.[45]

하지만 그 역경을 마주하면서 그들은 기회를 찾을 수 있었다. 이렇게 배운 교훈을 그들이 사건을 이해하고, 그것에 반응하고, 예방하는 방법을 개선하는 데 활용했다.

나중에 알려졌던 2/4 장애는 13시간 동안 이어졌다. 장애는 갑자기 발생했고, 수많은 CSG 제품이 먹통이 됐다. 장애를 알아차리기 시작했을 때 팀은 아무것도 할 수 없었다. 헬스 모니터링 시스템과 서버 접근을 포함해 그들이 항상 사용하던 도구에 접근할 수 없었기 때문이다. 여러 벤더와 고객이 연루됐고, 첫 번째 순간은 특히 혼돈 그 자체였다.

결국, 자신들의 연구실에서 정전 상태를 재현함으로써 실제 어떤 일이 발생했는지 알아내는 데 며칠이 걸렸다. 이 문제는 실행 중인 대부분 서버와 다른 OS의 일상적 서버 유지 관리에서 시작됐다. 서버가 재부팅되면 LLDP 패킷이 네트워크에 출력되지만, 버그로 인해 CSG의 네트워크 소프트웨어는 그것을 스패닝 트리^{Spanning Tree}로 해석했다. 네트워크 소프트웨어는 LLDP 패킷을 네트워크로 브로드캐스트했고, 패킷은 로드 밸런서에 의해 선택됐다. 로드 밸런서의 설정 이상으로 인해 패킷은 네트워크로 다시 브로드캐스트됐고, 결과적으로 네트워크 루프가 생성돼 네트워크가 중단됐다.

여파는 심각했다. 계획된 작업(전략적 이니셔티브 등)에서 이 운영 중단으로 분노한 고객들의 초점을 전환하기 위한 리더십이 필요했다. 그들의 고객에게 실망감을 안긴 것에 대한 상실감과 슬픔이 회사 전체를 감쌌다. 사기가 극도로 떨어졌다. "데브옵스는 작동하지 않는다"와 같은 해로운 말이 여기저기 돌았다.

CSG는 이 실패에 대해 다른 방식으로 대응하고 싶어 한다는 사실을 알았다. 학습을 극대화하는 동시에 이런 사건의 재발 가능성을 줄여야 했다. 첫 번째 단계로 사건 분석을 시행했다.

표준 사건 분석은 구조화된 과정으로 진행됐다. 그들이 무슨 일이 일어났는지 이해하고 개선의 기회를 식별하는 데 도움이 됐다. 그들은 사건의 시계열을 이해함으로써 이 과정을 진행했다. "무슨 일이 있었는가? 어떻게 해야 더 빨리 발견할 수 있는가? 어떻게 해야 더 빨리 복구할 수 있는가? 무엇이 잘 됐는가?"와 같은 질문으로 시스템 동작을 이해한다. 그리고 비난 없는 문화와 손가락질을 피하는 태도를 유지한다.

이 사건으로 그들은 게임을 강화할 필요가 있음을 깨달았다. 어댑티브 커패시티 랩스Adaptive Capacity Labs의 리차드 쿡Richard Cook 박사와 존 올스포에게 연락해 시간을 분석했다. 2주간의 집중 인터뷰와 연구를 통해 그들은 사건에 대해 철저히 이해했고, 특별히 정전에 임하는 사람들의 시각이 각각 다름을 알게 됐다.

이런 집중 회고를 통해 사고 관리 시스템을 기반으로 하는 운영 개선 프로그램을 만들었다. 이들은 프로그램을 사고 대응, 도구 안정성, 데이터 센터/플랫폼 복원력, 애플리케이션 안정성 등 4가지 범주로 분류했다.

조직 전체가 새로운 사고 관리 프로세스에 관한 교육을 마치기도 전에, 사람들은 장애 호출이 실행되는 방식에서 눈에 띄는 개선을 보기 시작했다. 호출에서 잡다한 일들이 제거됐고, 케이던스는 안정됐으며 연락관Liaison Officer, LNO을 통해 사고 호출 시 인터럽트를 피하는 데 도움을 얻게 됐다.

그다음 가장 큰 개선은 혼돈에 대한 통제 감각이었다. 예측할 수 있는 케이던스와 패턴을 따른 간단한 행동은 모든 사람이 더 자신감을 느끼고 통제력을 갖게 해줬다. 또한 상태 업데이트에 대해 설정된 시간까지 작업이 병렬 실행되게 함으로써 작업이 중단되지 않고 계속 실행될 수 있게 했다.

의사 결정은 사고 명령자에게 명확한 명령과 권한을 줌으로써 기존 시스템에서 업데이트됐고, 의사 결정자가 누구인지 분명해졌다.

이제 CSG는 사고 관리를 수행할 수 있는 더 강력한 조직 능력을 갖췄다. 그들은 안전에 관한 문화 규범을 강화하고 확장했으며, 무엇보다 자신들이 장애 호출 방식을 변경한 사고 관리 시스템을 구현했다.

이 사례 연구에서는 CSG가 수행한 비난 없는 포스트모템(회고)이 사고 처리 방법의 개혁을 가져왔음을 보여준다. 이들은 자신들이 작업 방법과 관련된 학습 내용을 직접 적용해 개인이나 팀을 비난하지 않으면서 문화를 바꿨다.

결론

조직 학습을 가능하게 만드는 공정한 문화를 생성하기 위해서는 실패에 따른 관점을 다시 설정해야 한다. 이것이 제대로 이뤄지면 모든 이해관계자가 복잡한 시스템에 내재한 오류를 아이디어와 관찰을 실행할 만큼 안전하다고 느끼고, 예상대로 수행되지 않는 프로젝트에서 그들이 순조롭게 다시 반등할 수 있는 동적인 학습 환경을 생성할 수 있다.

비난 없는 포스트모템과 생산 환경에 실패를 더하면 모든 사람이 실패를 극복하고 편안히 학습하며 책임감을 느끼는 문화를 조성할 수 있다. 실제로 사고 횟수를 충분히 줄이고 오차를 감소시키면 학습을 유지할 수 있다. 피터 센게는 "지속 가능한 경쟁 우위는 경쟁하는 것보다 더 빨리 배우는 능력뿐이다"라고 말한 바 있다.[46]

20

국지적 발견을 조직 전체의 개선으로 전환하라

19장에서 모든 사람이 비난 없는 포스트모템을 통해 의견을 내도록 권장함으로써 안전한 학습 문화를 생성하는 것에 관해 설명했다. 점차 약해지는 실패 신호의 수정 방법, 실험의 강화 및 보상, 위험의 감수에 대해서도 살펴봤다. 여기에 능동적인 스케줄링과 실패 시나리오에 대한 테스트를 더하면 작업 시스템을 보다 탄력적으로 만들 수 있다. 그리고 잠재적 결함의 발견과 수정을 통해 시스템을 더 안전하게 만들 수도 있다.

　20장에서는 새로운 학습과 지역적으로 발견된 개선 사항을 조직 전체에 공유해 전체적으로 개선 효과를 증대하고 지식을 강화하는 메커니즘을 생성할 것이다. 이를 통해 조직 전체에 대한 프랙티스의 수준을 높임으로써 업무를 수행하는 모든 사람이 조직의 누적된 경험을 활용하게 할 것이다.

챗 룸과 챗봇을 사용해 조직적 지식을 자동화하고 저장하라

팀 내부의 빠른 커뮤니케이션을 촉진할 목적으로 챗 룸을 만들 때가 많다. 그러나 챗 룸은 자동화를 트리거하는 데도 사용된다.

　이런 기법은 깃허브의 챗옵스^{ChatOps} 과정을 통해 만들어졌다. 깃허브의 목표는 챗 룸의 주된 기능으로 자동화 도구를 가져다 두고, 작업에 대한 투명성을 구축하고 문서화를 이루는 것이다. 깃허브의 시스템 엔지니어인 제시 뉴랜드^{Jesse Newland}는 "여러분이 신규 팀원일지라도 채팅 로그를 보면 모든 작업이 어떻게 완료됐는지 확인할 수 있다. 이렇게 하면 팀원과 언제나 페어 프로그래밍을 하는 것과 같은 효과를 얻을 수 있다"라고 말했다.[1]

깃허브는 챗 룸에서 운영 팀과 상호 작용하는 소프트웨어 애플리케이션인 **휴봇**Hubot을 만들었다. 간단한 명령어를 보내면 휴봇이 특정 액션을 수행한다(예: '@hubot deploy owl to production'). 그러면 해당 결과를 다시 챗 룸으로 보낼 수 있다.[2]

챗 룸에서 자동화를 통해 이런 작업을 수행하면, 커맨드라인에서 자동화 스크립트를 수행하는 것과는 달리 다음과 같은 장점을 얻을 수 있다.

- 발생하는 모든 사항을 누구나 볼 수 있다.
- 신규 엔지니어는 일상 업무가 수행되는 방법을 확인할 수 있다.
- 다른 사람들이 서로 돕는 것을 보면 도움을 요청하기 더 쉽다.
- 조직 학습이 빠르게 활성화되고 축적된다.

이외에도 챗 룸은 모든 소통 내용을 기록하고 공개하는 특징이 있다. 이와 반대로 이메일은 기본적으로 비공개이고, 해당 정보는 쉽게 발견할 수 없으며, 조직 내 전파가 어렵다.

자동화를 챗 룸과 통합하면 문서화가 작업의 수행에 포함되며, 관찰 내용을 공유하고 문제도 해결할 수 있다. 이를 통해 모든 작업에서 투명성 문화와 협력을 강화할 수 있다.

깃허브의 휴봇

자동화와 챗 룸의 통합은 지역적 학습을 전역적 지식으로 전환하는 효과적인 방법이다. 깃허브에서는 모든 운영 직원이 원격으로 작업한다. 실제로 두 명의 엔지니어가 같은 도시에서 작업하도록 업무를 배분하지 않는다. 깃허브의 전 운영 부사장인 마크 임브리아코Mark Imbriaco는 "깃허브에는 물리적 수랭식 냉각기가 없다. 챗 룸이 바로 냉각기였다"라고 회상했다.[3]

깃허브는 휴봇이 Puppet, Capistrano, Jenkins, resque(백그라운드 작업을 생성하기 위한 Redis 기반 라이브러리), Graphite에서 그래프를 생성하는 graphme를 포함한 자동화 기술을 트리거할 수 있게 했다.[4]

휴봇은 서비스 상태 점검, Puppet을 통한 푸시나 프로덕션 환경으로의 코드 배포, 서비스가 유지 보수 모드로 들어갈 때의 경보음 소거 등의 작업을 수행한다. 배포에 실패하면 스모크 테스트 로그 수집, 프로덕션 서버의 교체 없이 프로덕션 프론트엔드 서비스를 위한 마스터 복구, 심지어 엔지니어가 전화를 걸어 사과하는 것과 같이 여러 번 수행되는 작업을 처리한다.[5]*

이와 유사하게 소스 코드 저장소에 대한 커밋과 프로덕션 배포를 트리거하는 명령도 모두 챗 룸으로 보내진다. 또한 변경 사항이 배포 파이프라인을 통해 진행될 때마다 진행 상태가 챗 룸에 게시된다.

일반적으로 간단한 챗 룸의 메시지 교환은 다음과 같다.

@sr: @jnewland, 저 큰 저장소의 목록은 어떻게 얻었어? disk_hogs? 아
    니면 다른 명령어?
@jnewland: /disk-hogs

뉴랜드(@jnewland)는 프로젝트를 진행하다가 팀원들이 이전에 물어본 질문 일부를 이제는 거의 묻지 않는다는 사실을 발견했다.[6] 예를 들어 엔지니어들은 '배포는 어떻게 진행되고 있습니까?', '그것을 배포 중입니까? 아니면 배포해야 합니까?', '부하 상태가 어떻습니까?' 등을 서로에게 묻곤 했다.

뉴랜드가 설명한 장점 중에는 신규 엔지니어의 빨라진 온보딩†과 생산성 향상이 포함된다. 그중 가장 중요한 결과는 운영 엔지니어가 문제를 발견하고 서로 신속하고 쉽게 돕는 것과 같이, 운영 작업이 더 인간적으로 변했다는 점이다.[7]

깃허브는 협력적인 지역 학습이 조직 전체의 학습을 개선할 수 있는 환

---

* 휴봇은 엔지니어의 전화를 비롯해 챗 룸 어디서나 실행할 수 있는 쉘 스크립트를 호출해서 작업을 수행했다.
† 조직에 새로 합류한 사람이 빠르게 조직 문화를 익히고 적응하게 돕는 과정을 의미한다. - 옮긴이

경을 만들었다. 20장의 나머지 부분에서는 새로운 조직 학습을 확산시키고 가속하는 방법을 알아본다.

소프트웨어의 표준화 프로세스를 재사용할 수 있게 자동화하라

아키텍처, 테스팅, 배포, 인프라스트럭처 관리에 대한 표준과 프로세스를 문장으로 체계화해서 문서에 저장한 후에는 이를 다시 활용하지 않을 때가 많다. 문제는 새로운 애플리케이션이나 환경을 구축하려는 엔지니어가 이런 문서가 있는지조차 모르거나 문서화된 표준을 구현할 시간이 없다는 점이다. 결과적으로 엔지니어들은 우리가 예상하는 실망스러운 결과, 즉 깨지기 쉽고 유지 보수가 어려운 애플리케이션의 운영, 유지 그리고 개선에 큰 비용이 들어가는 환경을 가진 자체 도구와 프로세스를 만든다.

전문 지식을 워드 문서에 넣는 대신, 조직 학습과 지식에 문서화된 표준과 프로세스를 포함해 재사용하기 쉽고 실행 가능한 형태로 변환해야 한다.[8] 이런 지식을 재사용할 수 있는 가장 좋은 방법은 중앙 집중화된 소스 코드 저장소에 가져다 놓고 저장소를 모든 사람이 검색하고 사용하도록 만드는 것이다.

2013년 GE 캐피털GE Capital의 수석 아키텍트로 근무했던 저스틴 아버클 Justin Arbuckle은 이렇게 말했다. "팀이 정책을 쉽게 준수할 수 있는 메커니즘을 만들어야 했다. 수십 개의 규제 체계에 대해 국가별, 지역별, 산업별 규제가 수십 개의 데이터센터에서 실행되는 수십만 대의 서버상 수천 개의 애플리케이션에 걸쳐 있다."[9]

ArchOps라는 메커니즘을 만든 아버클의 팀은 "ArchOps는 엔지니어가 벽돌공이 아닌 건축가가 되는 것을 실현해준다. 부가적으로, 누구나 쉽게 사용할 수 있는 자동화된 설계도에 설계 표준을 적용해 일관성을 달성할 수 있었다"라고 설명한다.[10]

수동 프로세스를 자동으로 실행되는 코드로 인코딩하면 프로세스를 광범위하게 활용할 수 있으며, 프로세스를 사용하는 모든 사람에게 가치를 제공할 수 있다. 아버클은 "조직의 실질적 규정 준수는 정책이 코드로 표현되는 정도에 비례한다"라고 결론지었다.[11]

프로세스를 자동화해 목표를 달성하기 위한 수단으로 만들면 이 프랙티스가 광범위하게 적용되게 할 수 있다. 더 나아가 자동화된 프로세스를 조직에서 지원하는 공유 서비스로 전환할 수도 있다.

전체 조직을 위해 단일 공유 소스 코드 저장소를 생성하라

회사 전체에 공유되는 소스 코드 저장소는 지역적 학습 사항을 전체 조직으로 통합할 수 있는 가장 유용한 메커니즘이다. 소스 코드 저장소에서 공유 라이브러리 등이 업데이트되면 자동으로 해당 라이브러리를 사용하는 다른 서비스로 전파되고, 모든 팀의 배포 파이프라인을 통해 통합된다.

전체 조직에서 공유 소스 코드 저장소를 사용하는 가장 대표적 사례는 구글이다. 구글은 2015년까지 10억 개 이상의 파일과 20억 라인이 넘는 코드로 구성된 단일 공유 소스 코드 저장소를 보유하고 있었다. 2만 5,000명의 엔지니어가 이 소스 코드저장소를 사용했다. 저장소에는 Google Search, Google Maps, Google Docs, Google+, Google Calendar, Gmail, YouTube 등 구글의 자산이 담겨 있다.[12]*

단일 공유 소스 코드 저장소의 가장 큰 장점은 엔지니어가 조직 내 모든 사람의 다양한 전문 지식을 활용할 수 있다는 것이다. 개발자 인프라스트럭처 그룹을 관장하는 구글 엔지니어링 관리자인 레이첼 포트빈Rachel Potvin은 "모든 구글 엔지니어가 필요로 하는 것이 대부분 만들어져 있었기에 '풍부한 라이브러리'에 접근할 수 있었다"라고 말했다.[14]

---

* 크롬(Chrome)과 안드로이드(Android) 프로젝트는 별도의 소스 코드 저장소에 있으며, 페이지랭크(PageRank)와 같이 비밀로 유지되는 특정 알고리즘은 특정 팀만 사용할 수 있다.[13]

또한 구글 개발자 인프라스트럭처 그룹의 엔지니어 에란 메세리가 설명했듯, 단일 저장소를 사용하면 별다른 조정 없이도 사용자가 최신 상태의 코드에 쉽게 접근할 수 있는 장점이 있다.[15]

공유 소스 코드 저장소에 소스 코드와 더불어 다음과 같은 지식 및 학습한 내용에 대한 다른 산출물이 저장된다.

- 라이브러리, 인프라스트럭처, 환경을 위한 표준 구성(Chef recipes, Puppet manifests 등)
- 배포 도구
- 보안을 포함한 테스트 표준 및 도구
- 배포 파이프라인 도구
- 모니터링 및 분석 도구
- 튜토리얼 및 표준

저장소를 이용해 지식을 표현하고 공유하는 방법은 가장 강한 메커니즘이다. 랜디 샤우프는 다음과 같이 말했다.

구글에서 실패를 예방하는 가장 강력한 메커니즘은 단일 코드 저장소다. 누군가 저장소에 어떤 사항을 체크인할 때마다 모든 사항이 최신인 새로운 빌드가 만들어진다. 모든 빌드는 런타임에 동적으로 링크되기보다는 소스에서 빌드된다. 언제나 빌드 프로세스 동안 현재 사용되는 단일 버전의 라이브러리가 정적으로 링크된다.[16]

톰 리몬첼리는 『클라우드 시스템을 관리하는 기술』(한빛미디어, 2016)의 공저자이자 구글의 전임 사이트 신뢰성 엔지니어였다. 그는 책에서 전체 조직에 하나의 저장소가 갖는 가치는 너무 커서 설명하기 어렵다고 말했다.

정확하게 한 번만 도구를 작성하면 모든 프로젝트에서 사용할 수 있다. 당신은 누가 라이브러리에 의존하는지 100% 정확하게 알고 있어야 한다. 따라서 도구를 리팩토링할 수 있고 코드가 망가지면 누가 영향을 받을지,

누가 테스트가 필요한지 정확하게 알 수 있다. 이에 대한 100가지 이상의 사례를 나열할 수 있다. 이런 것이 구글의 경쟁 우위로 얼마나 크게 작용하는지 말로 표현할 수 없다.[17]

지속적인 학습

많은 연구 결과에 따르면 좋은 코드와 관련된 프랙티스는 최고의 성과에 기여한다. 구글에서의 시스템 구축과 개발 팀을 이끈 경험을 바탕으로, 레이첼 폿빈은 DORA가 2019년 발간한 「데브옵스 현황 보고서」에 조언을 더했다. 이 보고서에서는 코드 유지 보수성이 팀의 성공적인 지속적 전달을 돕는 핵심 구조임을 밝혔다. 폿빈이 구글의 인프라스트럭처를 통해서 본 이 새로운 구조는 팀이 자신들의 작업과 코드를 구조화하는 것에 관해 생각하게 돕는다.[18]

보고서는 다음과 같은 내용을 언급한다.

코드 유지 보수성을 잘 관리하는 팀은 개발자가 다른 팀에서 관리하는 코드를 쉽게 변경하고, 코드베이스에서 예제를 찾고, 다른 사람의 코드를 재사용할 뿐 아니라 코드를 손상시키지 않고 새로운 버전의 종속성으로 추가, 업그레이드 및 마이그레이션할 수 있는 시스템과 도구를 갖추고 있다. 이러한 시스템과 도구를 갖추면 CD에 기여할 뿐 아니라 기술 부채가 감소해 생산성이 향상된다.[19]

구글의 모든 라이브러리(libc, OpenSSL 그리고 Java threading library와 같은 내부적으로 개발된 라이브러리)에는 도서관 사서처럼 라이브러리의 컴파일과 해당 라이브러리에 의존하는 모든 프로젝트의 성공적인 테스트 통과를 보장하는 담당자가 있다. 각 담당자는 프로젝트를 한 버전에서 다음 버전으로 마이그레이션하는 책임도 지고 있다.

프로덕션 환경에서 Java Struts 프레임워크 라이브러리에 대해 81개 버전을 운영하는 조직을 예로 들어보자. 이 버전 중 한 버전을 제외하고 모두 치명적인 보안 취약점이 있으며, 각 버전은 독특한 단점 및 특이성이 있어서 모든 버전의 유지에는 상당한 운영 부담과 스트레스가 발생한다. 이런 모든 버전의 차이는 업그레이드를 위험하고 불안전하게 만든다. 결과적으로 개발자는 업그레이드가 어렵고 이런 일이 반복된다. 단일 소스 저장소는 이와 같은 문제의 상당 부분을 해결한다. 또한 팀이 새로운 버전으로 안전하고 자신 있게 마이그레이션할 수 있게 자동화 테스트도 제공한다.

모든 것을 단일 소스 트리에서 빌드할 수 없다면, 알려진 적절한 버전의 라이브러리와 해당 라이브러리의 의존성을 유지하는 다른 수단을 찾아야 한다. 예를 들어 Nexus, Artifactory, Debian과 같은 전체 조직을 위한 저장소가 있을 수 있다. 그리고 RPM처럼 저장소와 프로덕션 시스템 모두에 알려진 취약점을 업데이트하는 저장소도 있어야 한다.

조직의 시스템이 '소프트웨어 공급망'을 통한 공격으로부터 손상되는 것을 방지하려면 디펜던시들이 오직 조직에서 관리하는 소스 관리 저장소 또는 패키지 저장소에서만 추출되도록 하는 것이 필수적이다.

자동화 테스트를 문서화와 실천 커뮤니티로 활용해 지식을 확산하라

조직 전체에서 사용하는 공유 라이브러리가 있다면 전문 지식을 빠르게 전파하고 개선할 수 있어야 한다. 각각의 라이브러리가 상당한 양의 자동화 테스트를 포함하고 있다는 사실은 다른 엔지니어들에게 라이브러리를 문서화하고 사용할 수 있는 방법을 알려준다.

코드를 작성하기 전에 자동화 테스트를 작성하는 테스트 주도 개발 프랙티스를 수행할 수 있다면 이런 혜택 대부분을 자동으로 받을 수 있다. 이런 방식은 테스트 스위트를 기존 시스템에 대한 최신 상태의 명세로 바꾼다. 시스템의 사용 방법을 이해하고 싶어 하는 엔지니어는 동작하는 시스템 API의 사용 방법 예제를 찾으려고 테스트 스위트를 살펴볼 수 있다.

각 라이브러리는 라이브러리에 대한 지식과 전문성을 갖고 라이브러리를 지원하는 한 명의 담당자나 단일 팀을 보유하고 있을 것이다. (이상적으로) 프로덕션에서는 한 가지 버전만 사용해야 하며 프로덕션 환경에 있는 라이브러리는 조직 최고의 집단적 지식으로 활용케 해야 한다.

이 모델에서 라이브러리 담당자는 저장소를 이용해 한 버전에서 다음 버전으로 각 그룹을 안전하게 마이그레이션해야 하는 책임이 있다. 결국, 빠르고 포괄적인 자동화 테스트를 통해 회귀 오류를 빠르게 탐지하고 해당 라이브러리를 사용하는 모든 시스템을 지속적으로 통합해야 한다.

지식을 더욱 빠르게 전파하려면 각 라이브러리나 서비스를 위한 토론 그룹 또는 챗 룸을 만들어야 한다. 챗 룸에 질문을 올리면 개발자보다 더 빠르게 응답해주는 다른 사용자를 보유할 수 있다.

이런 유형의 커뮤니케이션 도구를 사용하면 전체 조직에 전문 지식이 분산된 채 방치되는 것을 방지할 수 있다. 또한 지식과 경험을 신속하게 교환함으로써 작업자들이 문제 및 새로운 패턴의 학습에 서로 도움이 될 수 있다.

코드화된 비기능 요구 사항을 활용해 운영을 위한 설계를 하라

개발 팀이 자신들의 작업 다운스트림을 준수하고 프로덕션 사고 해결 활동에 참여하면, 애플리케이션은 점진적으로 운영에 적합하게 설계된다. 또한 우리가 의도적으로 코드와 애플리케이션이 빠른 흐름과 배포 가능성을 갖도록 설계하기 시작하면, 이내 모든 프로덕션 서비스에 통합하길 원하는 비기능 요구 사항을 식별하게 될 것이다.

이런 비기능 요구 사항을 구현하면 우리가 개발하는 서비스는 쉽게 프로덕션에 배포하고 실행할 수 있고 신속하게 문제를 식별하고 수정함으로써 컴포넌트가 실패했을 때 우아하게 중단되게 할 수 있다. 우리가 보증하는 비기능 요구 사항은 다음과 같다.

- 애플리케이션과 환경에 충분한 프로덕션 텔레메트리를 갖는다.

- 디펜던시를 정확하게 추적할 수 있는 능력을 갖춘다.
- 탄력적이고 우아하게 중단할 수 있는 서비스를 갖는다.
- 하위 호환성 및 상위 호환성을 보장한다.
- 프로덕션 데이터 규모를 관리할 수 있을 정도로 데이터를 압축할 수 있는 역량을 갖는다.
- 서비스 전반에 걸쳐 쉽게 로그를 검색하고 이해할 수 있는 역량을 갖는다.
- 다양한 서비스 사용자들의 요청을 추적할 수 있는 역량을 갖는다.
- 기능 플래그 등 단순하고 중앙 집중화된 실시간 구성을 적용할 수 있다.

이런 유형의 비기능 요구 사항을 코드화함으로써 기존 서비스는 물론 신규 서비스가 조직의 집단적 지식과 경험을 쉽게 레버리지하게 할 수 있다. 이 모든 것은 해당 서비스를 구축하는 팀이 해야 할 일이다.

재사용 가능한 운영 사용자 스토리를
개발 항목으로 만들어라

완전하게 자동화되거나 자체 서비스되지 않는 운영 작업이 있다면 되풀이되는 작업을 반복적이며 결정적인 것으로 만들어야 한다. 이를 위해서는 필요한 작업을 가능한 한 표준화하고 자동화해서 작업에 대한 문서화를 수행해야 한다. 그리고 제품 팀은 더 나은 계획을 하고 이런 활동을 자원화할 수 있게 최선을 다해야 한다.

서버를 수동으로 구축하고 수동 체크리스트에 따라 서버를 프로덕션 환경에 추가하는 대신, 이와 같은 작업을 가능한 한 많이 자동화해야 한다. 특정 단계가 자동화될 수 없는 경우(예: 서버를 수동으로 랙에 꽂고, 다른 팀이 케이블을 가진 경우), 리드 타임과 오류를 줄이기 위해서는 가능한 한 명확하게 이관에 대해 정의해야 한다.

이렇게 하면 향후 같은 단계에 대해 더 나은 계획과 일정을 잡을 수 있다. 예를 들어 워크플로를 자동화하고 실행하기 위해 Rundeck 같은 도구를 사용하거나, 작업 티켓 시스템으로 JIRA나 ServiceNow와 같은 도구를 사용할 수 있다.

이상적으로, 반복되는 모든 운영 작업에 어떤 행동을 해야 하고, 누가 수행해야 하는지, 어떤 단계를 완료해야 하는지 알게 될 것이다. 예를 들어 '높은 가용성을 위한 롤아웃에는 14단계가 필요하고, 이 작업을 위해 4개의 팀이 필요하며, 작업을 수행한 마지막 다섯 번 동안 평균 3일이 걸렸다는 사실'을 알 수 있다.

개발에서 백로그에 사용자 스토리를 생성하고 작업 중으로 끌어 놓는 것처럼 모든 프로젝트에서 재사용할 수 있는 작업 액티비티(배포 용량, 보안, 등), 즉 잘 정의된 '운영 사용자 스토리'를 생성할 수 있다. 이로써 개발 작업과 함께 보여주는 방식으로 반복적인 IT 운영 작업을 노출할 수 있으며, 더 나은 계획과 반복 가능한 결과를 만들 수 있다.

기술적 선택 사항이 조직의 목표 달성에 도움이 되는지 확인하라

우리 목표는 개발자의 생산성을 최대화하고 잠재적으로는 소규모 서비스 팀이 특정 요구에 가장 적합한 언어나 프레임워크로 서비스를 구축 및 실행하는 서비스 지향 아키텍처를 갖게 하는 것이다. 이것은 조직의 목표를 달성하는 최고 방법이다.

그러나 중요한 서비스에 대한 전문성을 한 팀만 보유하면 해당 팀이 병목 지점이 되면서 해당 팀만 변경을 적용하거나 문제를 수정하는 등 원치 않은 시나리오가 발생할 수 있다. 다시 말해 팀의 생산성을 최적화했지만, 이와 반대로 조직이 목표를 달성하는 데 방해가 될 수도 있다.

이 문제는 서비스 지원의 모든 측면을 담당하는 기능 지향 운영 그룹을 보유했을 때 자주 발생한다. 이와 같은 시나리오에서는 특정 기술에 대한 심층적인 스킬 셋을 가진 사람이 되는 것을 보장하기 위해 운영이 프로덕션 환경에서 사용되는 어떤 컴포넌트에 영향을 미칠 수 있는지, 지원되지 않는 플랫폼에 책임지지 않을 권한이 있는지 확인하길 원한다.

운영이 지원하지 않는 기술에 대해 개발과 운영이 함께 생성한 리스트를 갖고 있지 않다면, 우리는 어떤 기술이 적절하지 않은 정도의 실패 및 계획되지 않은 작업을 만들어내고 있는지 알기 위해 체계적으로 프로덕션 인프라스트럭처와 서비스 그리고 현재 지원되고 있는 모든 의존성을 살펴봐야 한다.

다음과 같은 문제를 발생시키는 기술을 식별해야 한다.

- 작업의 흐름을 방해하거나 느리게 한다.
- 비정상적으로 높은 수준의 계획되지 않은 작업을 생성한다.
- 비정상적으로 많은 수의 지원 요청을 생성한다.
- 대부분 사항이 우리가 원하는 아키텍처의 설계 결과와 일치하지 않는다(예: 처리량, 안정성, 보안, 신뢰성, 비즈니스 연속성).

운영이 지원하는 기술에서 이와 같은 문제가 있는 인프라스트럭처와 플랫폼을 제거하면 기술의 초점을 조직의 전체적인 목표 달성에 가장 도움이 되는 인프라스트럭처에 두게 할 수 있다.

지속적인 학습

목표는 인프라스트럭처 플랫폼을 만드는 것이다. 이 플랫폼에서 사용자(개발 팀 포함) 티켓을 생성하거나 이메일을 보내지 않고도 그들에게 필요한 작업을 직접 할 수 있다. 이것은 모던 클라우든 인프라스트럭처를 통해 가능하게 된 핵심 역량인 동시에 미 연방 정부의 국제 기술 표준 협회(National Institute of Standards and Technology, NIST)에서 규정한 클라우드 컴퓨팅의 다섯 가지

핵심 특성 중 하나이기도 하다.[20]

- **주문형 셀프서비스**(On-demand Self-Service): 소비자는 원하는 컴퓨팅 자원을 제공자와의 인간적 상호 작용 없이도 자동으로 프로비전할 수 있다.
- **광범위한 네트워크 접근**(Broad Network Access): 모바일 기기, 태블릿, 랩톱, 워크 스테이션과 같은 다양한 플랫폼을 통해 클라우드에서 제공하는 기능에 접근할 수 있다.
- **리소스 풀링**(Resource Pooling): 제공자 리소스는 다중 테넌트(Multi-tanent) 모델에 보존되며, 요청에 따라 물리 또는 가상 리소스가 동적으로 할당된다. 고객은 국가, 지역, 데이터 센터 같은 고차원의 추상화된 위치를 지정할 수 있다.
- **빠른 탄력성**(Rapid Elasticity): 제공되는 기능은 탄력적으로 프로비전 및 릴리스되며 필요에 따라 빠르게 바깥쪽 혹은 안쪽으로 확장될 수 있다. 제한이 없는 것처럼 보이며 언제든 수량과 관계없이 전용으로 사용할 수 있다.
- **측정된 서비스**(Measured Service): 클라우드 시스템은 서비스 타입(스토리지, 프로세싱, 대역폭, 액티브 사용자 계정 수)에 기반해 리소스 사용을 자동으로 제어하고 최적화해 보고한다.

프라이빗, 퍼블릭 및 하이브리드 모델로 인프라 플랫폼을 구출할 수 있다. 기존 데이터 센터 운영 방식 및 프로세스 또한 현대화해서 이 5가지 필수 특성을 충족할 수 있다. 여러분의 기술 플랫폼이 이런 특성을 지원하지 않는다면, 이런 아키텍처 결과를 달성하기 위해 기존 플랫폼을 해당 특성을 충족하도록 교체하거나 현대화하는 것을 우선순위로 삼아야 한다.

DORA가 발간한 「2019 데브옵스 현황 보고서」에 따르면 클라우드 인프라스트럭처 사용에 동의한다고 답변한 응답자 중 29%만 NIST가 규정한 클라우드 컴퓨팅의 5가지 필수 특성을 만족한다고 했다. 5가지 클라우드 컴퓨팅의 특성을 모두 레버리지하는 것은 중요하다. 가장 높은 성과자들은 낮은 성과자들과 비교했을 때 필수 클라우드 특성을 24배 더 만족하는 경향을 보였다.[21]

이 결과는 다음 두 가지를 보여준다. 첫째, 클라우드를 사용한다고 하지만 그 이익(성공하려면 위에서 설명한 특성 위에서 실행해야 한다)을 얻지 못할 수 있는 팀 사이의 단절이다. 둘째, 기술 및 아키텍처 능력이 소프트웨어 전달 성과에 미치는 영향이다. 이 특징을 잘 실행함으로써 최고 성과 팀들은 낮은 성과 동료들보다 속도와 안정성 면에서 상당한 성과를 얻었다.

엣시, 신규 기술 스택 표준화(2010)

데브옵스를 적용하는 많은 조직에서 개발자가 공통으로 이야기하는 사항은 "운영은 우리가 필요한 것을 제공하지 못하므로 우리 스스로 필요한 것을 만들어 지원했을 뿐"이라는 것이다. 그러나 엣시의 경우, 전환의 초기 단계에서 기술 리더십은 이와 반대되는 방법을 선택했으며, 프로덕션 환경에 지원되는 기술의 수를 상당히 줄였다.

엣시 팀은 2010년 재난과 같은 바쁜 연휴 기간이 거의 끝난 후 일부 기술만 조직 전체를 대상으로 지원하고, 그 밖의 기술은 모두 근절하는 방식으로 프로덕션 환경에서 사용되는 기술의 개수를 대폭 축소하기로 했다.*

그들의 목표는 지원되는 인프라스트럭처와 구성을 표준화하고 의도적으로 지원되는 기술의 수를 상당량 줄이는 것이었다. 초기의 결정 중 하나는 엣시의 전체 플랫폼을 PHP와 MySQL로 마이그레이션하는 것이었다. 이것은 기술적인 결정이라기보다 철학적인 결정이었다. 그들은 개발과 운영 모두가 전체 기술 스택을 이해하고, 모든 사람이 다른 사람의 코드를 읽고, 다시 작성하고 수정하는 것은 물론 모든 사람이 단일 플랫폼에 기여하길 원했다.

엣시의 운영 책임자였던 마이클 렘벳시는 "우리는 lighttpd, Postgres, MongoDB, Scala, CoffeeScript, Python 등 다른 많은 수의 훌륭한 기술을 프로덕션 환경에서 제거했다"라고 회상했다.[23]

2010년, MongoDB를 엣시에 도입한 기능 팀의 개발자 댄 맥킨리[Dan McKinley] 역시 스키마 없는 데이터베이스가 주는 모든 혜택이 팀이 해결해야 하는 운영 문제로 쓸모없어졌다고 했다. 이런 문제

---

* 당시 엣시는 PHP, lighttp, Postgres, MongoDB, Scala, CoffeeScript, Python뿐 아니라 많은 다른 플랫폼과 언어를 사용하고 있었다.[22]

에는 로깅, 그래프작성, 모니터링, 프로덕션 텔레메트리, 백업과 복원 등 개발자가 걱정할 필요가 없는 많은 문제가 있다. 그 결과 MongoDB를 버리고 새로운 서비스를 기존에 지원되던 MySQL 데이터베이스 인프라스트럭처로 포팅했다.[24]

엣시의 이 사례 연구에서는 문제가 되는 인프라스트럭처와 플랫폼을 제거함으로써 조직의 목표에 가장 정렬돼 있고 그 목표를 달성하는 데 도움이 되는 아키텍처에 집중할 수 있음을 보여준다.

➡ 사례 연구: 2판 추가

타깃, 크라우드 소싱을 통한 기술 거버넌스 (2018)

「데브옵스 현황 보고서」의 핵심 발견 중 하나는 기술 노동자들이 그들이 일하는 방식이나 운영 방식, 그들이 사용하는 기술을 통제하지 않을 때 더 빠르게 일한다는 점이다.[25] 과거에는 기술 선택이 기업의 다양성을 제한하는 강제 메커니즘이었다. 이는 아키텍처, 보안 및 비즈니스 아키텍처 요구 사항을 준수하는 것으로 인식됐다. 톨게이트, 중앙 집중식 승인, 사일로로 인해 자동화는 줄어들거나 제한됐으며, 결과와 산출물보다 '프로세스 및 도구를 우선'하는 이데올로기가 지속됐다.

2015년 타깃은 recommend_tech라 불리는 새로운 프로그램을 시작했다. 이 프로그램에서는 크라우드 소싱이라는 기술을 선택했다. 도메인의 모든 기술에 대한 한 페이지 레이아웃의 템플릿으로 시작됐으며, 타깃의 내부 전문가가 특정 분야에 적용할 수 있는 범위(국지적/조직적)와 기술의 반감기를 제공했다.[26]

수석 엔지니어인 댄 쿤디프[Dan Cundiff], 엔지니어링 디렉터인 레비 가이너르트[Levi Geinert], 수석 프로덕트 오너인 루카스 레티프[Lucas Rettif]는 2018년 데브옵스 엔터프라이즈 서밋 발표에서 라이브러리, 프레임워크, 도구 등과 같은 기술에 대한 관점을 거버넌스에서 가이던스로 변경함으로써 더 빠르게 움직이길 원했다는 것에 관해 설명했다. 이 가이던스는 팀에 엄격한 거버넌스 프로세스와의 마찰을 줄이면서도 편안하게 작업할 수 있을 느끼게 도와줬다.[27]

그들은 거버넌스 대신 가이던스를 제공하는 것의 핵심은 간단한 방법으로 접근할 수 있고(모두가 기여할 수 있는가) 투명하고(모두가 볼 수 있는가) 유연하며(변경하기 쉬운가) 문화적(커뮤니티 주도)이어야 한다고 봤다. 궁극적으로 가이던스는 엔지니어를 제한하는 것이 아니라 권한을 주기 위해 존재해야 했다.[28]

과거 타깃은 아키텍처 리뷰 위원회Architectural Review Board, ARB라 부르던 것을 사용했다.* ARB는 중앙 집중화된 그룹으로, 정기적으로 모든 팀이 사용할 도구를 결정했다. 이는 효율적이지도 효과적이지도 않았다.

이를 개선하기 위해 댄 쿤디프와 그의 동료인 제이슨 워커Jason Walker는 깃허브에 간단한 기술 선택지 목록을 가진 하나의 저장소를 만들었다. 목록에는 협업 도구, 애플리케이션 프레임워크, 캐싱, 데이터스토어 등이 나열됐다. 이들은 이 목록을 recommended_tech라 불렀다. 각 기술은 **권장**Recommended, **제한적 사용**Limited Use 또는 **사용 불가**Do Not Use로 나열됐다. 각 파일은 해당 기술의 권장 및 제한적 사용 여부, 사용 방법 등을 설명했다. 또한 해당 의사 결정에 관한 모든 이력도 해당 저장소에서 확인할 수 있었다.[29] 의사 결정의 컨텍스트(그리고 무엇보다 논의 과정)를 통해 엔지니어링 커뮤니티에 더 많은 '왜'에 관한 대답을 제공했다. 위에서 설명했든 처분을 위한 '반감기'를 통해 팀은 한 도메인에서의 기술 이동 가능성을 명확히 이해할 수 있었다.

이 목록은 엔지니어들에게 그냥 전달되지 않았다. 타깃의 모든

---

* 유니콘 프로젝트에서 묘사된 TEP–LARB는 타깃의 ARB를 기반으로 했다.

구성원은 모든 기술 카테고리에 풀 리퀘스트를 열 수 있었고 변경과 새로운 기술을 제안할 수 있었다. 또한 모든 구성원은 특정 기술에 관한 다양한 이점이나 리스크에 관해 논의할 수 있었다. 그리고 그 내용을 병합하면 그것으로 끝이었다. 기술 선택은 강력하게 권장됐고, 동시에 다음 패턴이 나타날 때까지 느슨하게 유지됐다.[30]

변경은 국지적이며 팀이 조정하기 쉽기에 언제든 되돌릴 수 있으며 유연성이 높다. 예를 들어 주어진 제품의 API를 위해 Python에서 Golan으로 전환하는 것은 매우 되돌리기 쉽고 유연한 것이라고 간주된다. 반면 클라우드 공급자를 변경하거나 데이터 센터를 폐기하는 것은 엄격하며 그 영향 반경이 매우 크다.

'급격한 비용'을 수반하는 변경에서는 프로세스에 CIO가 참여한다. 구성원이라면 누구나 자신들의 아이디어를 CIO와 시니어 리더 그룹에 피칭할 수 있다. 궁극적으로 권장 기술 접근 방식은 모든 레벨에서 엔지니어에게 권한을 위임함으로써 그들의 작업을 가능한 한 간단하게 만드는 데 투자하는 것이다.[31]

> 이 간단한 솔루션은 장애물과 병목을 없앰으로써 승인된 안전망 안에서 팀에 권한을 부여하는 방법을 보여준다.

결론

20장에서 설명한 기술은 모든 새로운 학습 사항을 조직의 전체 지식과 통합함으로써 효과를 높일 수 있다. 새로운 지식을 광범위하고 능동적으로 전달하고, 챗 룸이나 코드로서의 아키텍처, 공유 소스 코드 저장소, 기술 표준과 같은 기법을 사용하면 지식을 효과적으로 통합할 수 있다. 이를 통해 개발과 운영뿐 아니라 전체 조직에 대한 프랙티스를 개선할 수 있다. 더 나아가 모든 사람이 조직 전체에 축적된 경험을 활용해 작업을 수행할 수도 있다.

21

조직의 학습과 개선을 만들기 위한 시간을 확보하라

토요타 생산 시스템을 구성하는 프랙티스의 하나는 **개선 블리츠**(또는 **카이젠 블리츠**)로, 며칠 동안 특정 문제를 집중적으로 해결하는 기간을 의미한다.[1] 스피어 박사는 "문제가 있는 프로세스에 집중하기 위해 한 그룹을 모집한다. 블리츠는 프로세스 개선을 목표로 며칠 동안 이어진다. 이를 위한 일반적인 방법은 프로세스를 사용하는 사람들에게 조언하기 위해 프로세스 외부 사람들에게 해당 프로세스를 집중적으로 사용하게 하는 것이다"라고 블리츠를 설명했다.[2]

스피어 박사는 개선 블리츠 팀이 장비에 대한 새로운 레이아웃, 물자와 정보를 전달하기 위한 새로운 수단, 더 체계적인 작업 공간, 표준화된 작업 등과 같은 새로운 접근 방법으로 문제를 해결할 수 있음을 깨달았다. 블리츠 팀은 향후 수행해야 하는 변경 사항을 목록으로 남길 수도 있다.[3]

타깃, 30일 도전(2015)

데브옵스 개선 블리츠의 예로는 데브옵스 도조DevOps Dojo의 30일 도전30-Day Challenges이라는 타깃의 프로그램을 들 수 있다. 타깃의 운영 감독관인 로스 클랜톤Ross Clanton은 데브옵스 적용을 가속화하는 역할을 맡았다. 클랜톤은 이를 위해 기술 혁신 센터인 데브옵스 도조를 사용했다.

데브옵스 도조는 1만 8,000 평방피트의 개방된 사무실 공간을 차지한다. 데브옵스 코치진은 타깃의 기술 조직에 있는 팀이 그들의 프랙티스를 개선하는 데 도움을 준다. 가장 대표적인 형식은 '30일 도전'이라 불리는 것으로, 내부 개발 팀은 한 달 동안 도조를 방문해 전담 도조 코치 및 엔지니어와 함께 작업한다. 팀은 그들이 고심하던 내부 문제를 해결하고 30일 내 돌파구를 만들기 위해 자신들의 작업을 도조에 가져와서 수행한다.

팀은 30일 동안 도조 코치진과 함께 문제에 대해 집중적으로 작업한다. 2일간의 스프린트에서 계획 및 작업을 수행하고 데모를 진행한다. 내부 팀은 30일 도전 완료 시점에 중요한 문제를 해결하고, 새로 학습한 내용을 들고 각자의 비즈니스 분야로 돌아간다.

클랜톤은 "현재 8개 팀이 동시에 30일 도전을 수행할 수 있다. 따라서 조직의 가장 전략적인 프로젝트에 초점을 맞춘다. 지금까지 도조를 통해 POS, 재고 관리, 가격, 프로모션 팀을 포함해 가장 중요한 일부 기능에 대해 30일 도전을 수행했다"라고 설명했다.[4]

30일 도전을 활용하면 도조 직원이 풀타임으로 할당되고, 한 가지 목표에만 집중할 수 있어 바람직한 개선을 이룰 수 있다. 타깃의 개발 관리자로서 이 프로그램을 진행한 라비 판데이Ravi Pandey는 "이전에는 테스트 환경을 확보하는 데만 6주가 걸렸다. 이제 몇 분이면 테스트 환경을 얻을 수 있다. 또한 운영 엔지니어와의 협업을 통해 생산성 향상을 돕고, 목표 달성에 유용한 도구를 만들 수도 있다"라고 말했다.[5]

이어 클랜톤은 "팀이 3개월에서 6개월이 걸리는 작업을 며칠 만에 달성하는 건 드문 일이 아니다. 지금까지 200명의 학습자가 도조를 통해 14개의 도전 과제를 완료했다"라고 부연했다.[6]

도조의 목표는 이벤트가 끝날 때까지 최소 기능 제품Minimal Viable Product, MVP 또는 기능을 출하하는 것이다. 도조는 1~3일 정도의 이벤트를 위해 팀들이 모이는 플래시 빌드Flash Build를 포함하는 덜 집중적인 계약 모델을 지원하기도 한다. 누구나 도조를 방문해 도조 코치와 상담하거나 데모에 참석하고 훈련받을 수 있는 오픈 랩스Open Labs도 2주마다 개최한다.

21장에는 이런 내용과 조직 학습 및 개선을 위해 일정을 계획하는 방법을 담았다. 이를 통해 일상 업무의 개선에 전념하기 위한 시간을 제도화하는 방법을 학습한다.

리추얼을 제도화함으로써 기술 부채를 상환하라

이번에는 개발과 운영이 비기능 요구 사항, 자동화 등 개선 작업을 위한 시간을 미리 계획하는 프랙티스를 실행하는 절차를 구성한다. 가장 쉬운 방법은 팀의 주요 관심사인 문제를 해결하기 위해 스스로 구성하는 일 단위나 주간 단위의 개선 블리츠에 대한 일정을 잡고 실행하는 것이다. 이때 기능에 대한 작업은 허용되지 않는다. 개선 블리츠의 대상은 문제가 있는 코드 영역, 환경, 아키텍처, 도구 등이다. 이를 위한 개발 및 운영 팀은 가치 흐름 전체에 걸쳐 있으며 개발, 운영, 정보 보안 엔지니어로 구성되기도 한다. 일반적으로 다른 팀은 기술을 결합하고 문제를 개선하고 회사의 나머지 사람들에게 개선 사항을 보여주기 위해 노력한다.

린 지향 용어인 카이젠 블리츠, 개선 블리츠 외에 개선을 위한 전용 리추얼은 **스프링 클리닝**Spring Cleaning이나 **폴 클리닝**Fall Cleaning과 **티켓 대기열 반전 주**Ticket Queue Inversion Week라 불리기도 한다.[7] **핵 데이**Hack Days나 **해커톤**Hackathons, **20% 혁신 시간**20% Innovation Time과 같은 다른 용어를 사용하기도 한다. 불행하게도 이런 구체적인 리추얼Ritual은 기존 제품을 개선하는 것보다는 제품 혁신과 새로운 시장 아이디어의 프로토타이핑에 중점을 둔다. 더구나 이런 의식은 개발자에게만 한정된다. 이는 개선 블리츠의 목표에서 벗어난다.[*]

우리 목표는 이런 블리츠를 통해 새로운 기술을 단순히 실험하고 테스트하는 혁신을 이루려는 것이 아니라 일상 문제를 해결하고 일상 업무를

---

[*] 이후 '해킹 주간'과 '해커톤'이라는 용어는 '개선 블리츠'와 상호 교환적으로 사용한다. 단, '원하는 대로 작업할 수 있다'라는 의미는 아니다.

개선하는 것이다. 실험을 통해 개선을 유도할 수도 있지만, 개선 블리츠는 주로 우리가 일상 업무에서 마주치는 특정 문제의 해결에 중점을 둔다.

우리는 개선을 목표로 개발과 운영이 함께 작업하는 1주일간의 개선 블리츠를 계획할 수 있다. 이런 개선 블리츠는 관리하기가 쉽다. 1주일간 기술 조직 내 모든 사람이 동시에 개선 활동을 할 수 있게 일정을 잡는다. 각 팀은 마지막 날에 각자 처리한 문제와 그에 따른 결과에 대해 동료들과 토론한다. 이와 같은 프랙티스는 엔지니어가 문제를 해결하기 위해 전체 가치 흐름에 걸쳐 작업하는 문화를 강화한다. 그리고 일상 업무 일부로 문제를 해결하고, 기술 부채를 상환하는 것이 가치가 있다는 생각을 강화한다.

개선 블리츠는 우리가 문제를 지속적으로 식별하고 해결할 때 가까운 이들에게 권한을 줄 수 있다는 면에서 강력하다. 복잡한 시스템이 계속 약해지고 끊어지는 가닥으로 엮인 거미줄과 같다고 생각해보자. 중요한 가닥이 끊어지면 거미줄 전체가 무너진다.

작업자가 모든 가닥을 하나씩 수정하도록 지시할 수 있는 명령과 통제 방식은 힘을 얻지 못한다. 모든 사람이 일상 업무에서 지속적으로 부서진 가닥을 찾고 고치도록 유도하는 조직 문화와 규범을 만들어야 한다. 이와 관련해 스피어 박사는 "거미가 거미줄의 찢어진 곳을 고치는 것이 당연하듯 실패가 누적되길 기다려서는 안 된다"라고 강조했다.[8]

개선 블리츠 개념의 성공한 예로는 페이스북의 CEO 마크 주커버그Mark Zuckerberg를 들 수 있다. 경영 잡지 「Inc.」의 제시카 스틸먼Jessica Stillman과 진행한 인터뷰에서 주커버그는 다음과 같이 말했다.

> 몇 달에 한 번, 저마다 보유한 새로운 아이디어를 프로토타입으로 만드는 해커톤을 개최한다. 마지막에는 팀 전체가 함께 모여 만들어진 모든 결과를 살펴본다. 해커톤을 통해 타임라인, 채팅, 비디오, 모바일 개발 프레임워크 등 높은 품질의 제품 대부분과 HipHop 컴파일러와 같이 중요한 인프라스트럭처를 구축했다.[9]

특히 흥미로운 사항은 HipHop PHP 컴파일러다. 2008년 페이스북은 용량 문제에 직면했다. 액티브 사용자가 빠르게 증가해 1억 명을 넘어섰고, 엔지니어링 팀 모두에게 엄청난 문제가 됐다.[10] 해킹 데이 동안 페이스북의 선임 서버 엔지니어인 호핑 자오Hoping Zhao는 기존 인프라스트럭처의 용량을 크게 늘릴 수 있을 것을 기대하며 PHP 코드를 컴파일할 수 있는 C++ 코드로 변환하는 실험을 시작했다. 이후 2년 동안 해결책을 만들기 위해 소규모 팀들이 모여 모든 페이스북 제품 서비스를 해석한 PHP에서 컴파일된 C++ 바이너리로 전환했다. 이 해결책은 이후에 HipHop 컴파일러라는 명칭으로 알려졌다. HipHop 컴파일러로 인해 페이스북 플랫폼은 네이티브 PHP보다 6배 높은 프로덕션 부하를 처리할 수 있었다.[11]

해당 프로젝트를 맡은 엔지니어 중 한 명인 드루 파로스키Drew Paroski는 「와이어드Wired」의 케이드 메츠Cade Metz와의 인터뷰에서 "HipHop이 없었다면 우리는 곤경에 빠졌을 것이다. 아마도 사이트에 서비스를 제공하기 위해 확보할 수 있었던 것보다 더 많은 머신이 필요했을 것이다. HipHop 컴파일러는 우리가 할 수 있었던 마지막 시도였다"라고 밝혔다.[12]

이후 파로스와 동료 엔지니어인 케이스 아담스Keith Adams, 제이슨 에반스Jason Evans는 HipHop 컴파일러의 성능을 향상시키고, 개발자의 생산성을 저하시키는 일부 사항을 줄일 수 있다고 주장했다. 결과적으로 저스트인타임 컴파일 방식을 선택한 HipHop 가상 머신HipHop Virtual Machine, HHVM 프로젝트가 나왔다. HHVM 프로젝트에는 2012년까지 약 20명의 엔지니어가 참여했으며, 프로덕션 환경에서 HipHop 컴파일러를 완전하게 대체하게 됐다.[13]

개선 블리츠를 정기적으로 계획하고 해킹 주간을 실행하면 가치 흐름 내 모든 사람이 저마다 혁신에 대한 자부심과 책임감을 느끼게 할 수 있다. 그리고 지속적으로 안정성, 신뢰성, 학습을 이루는 개선도 시스템과 통합할 수 있다.

모든 사람이 가르치고 배울 수 있게 하라

역동적 학습 문화는 전통적 교육 방법(사람들이 수업을 듣거나 훈련에 참가)이든, 더 경험적이거나 개방적인 방법(콘퍼런스, 워크숍, 멘토링)이든 모든 사람이 배우기만 하는 것이 아니라 가르칠 수 있는 환경을 조성한다. 이런 교육 및 학습을 육성할 방법의 하나는 교육 및 학습을 조직의 활동 시간 일부로 계획하는 것이다.

네이션와이드 인슈어런스의 정보 기술 담당 부사장인 스티브 팔리는 다음과 같이 말했다.

> 우리는 '동료Associates'라 부르는 5,000명의 기술 전문가를 보유하고 있으며 2011년부터 학습 문화를 만들기 위해 힘써 왔다. 그 결과 중 하나는 목요일 강의Teaching Thursday라 부르는 것으로 매주 팀원들이 서로 교육하는 시간이다. 2시간 동안 동료들은 저마다 서로를 가르치거나 배운다. 배우고 싶은 것이라면 기술, 신규 소프트웨어 개발, 프로세스 개선 기법, 심지어 효과적인 이력 관리 방법 등 주제와 상관없이 무엇이든 교류한다. 이를 통해 모든 사람이 멘토가 되거나 다른 동료에게서 배운다는 것이 큰 장점이다.[14]

이 책을 통해 분명히 알 수 있듯, 특정 기술에는 개발자뿐 아니라 엔지니어도 필요하다. 예를 들어 운영 엔지니어와 테스트 엔지니어에게는 버전 관리, 자동화 테스트, 개발 파이프라인, 구성 관리, 자동화와 같은 개발 기법과 의식, 기술에 대한 적응력이 점점 더 중요해지고 있다. 운영 엔지니어가 개발 기법의 전문성을 보유하면 기술 가치 흐름에 더 많은 데브옵스 원칙과 패턴을 적용하면서 일관성을 유지할 때 효과적이다.

새로운 것을 배울 때는 두렵거나 어색하거나 부끄러울 수도 있다. 그러나 포기해서는 안 된다. 우리는 평생 배워야 하며 동료에게서 배우는 방법이 가장 효과적이라는 사실을 인지해야 한다. 내셔널 인스트루먼츠National Instruments의 데브옵스 트랜스포메이션 팀원인 카틱 가에크와드Karthik Gaekwad

는 "자동화를 배우려는 운영 팀원은 두려움을 떨치고 우호적인 개발자에게 요청하기만 하면 된다. 개발자들은 돕는 걸 무척 좋아한다"라고 말했다.[15]

개발과 운영이 함께 코드 리뷰를 수행하면 일상 업무를 통해 기술을 가르치는 데 도움이 된다. 이들 분야가 협업하면 코드 리뷰를 통해 학습할 수 있을 뿐 아니라 작은 문제도 해결할 수 있다. 예를 들어 애플리케이션을 인증하는 중요한 컴포넌트(애플리케이션의 핵심 기능, 데이터베이스 트랜잭션, 메시지 큐 등)가 올바르게 동작하는지 확인하기 위해 로그인해서 애플리케이션의 다양한 부분에 대한 자동화 테스트 수행 방법을 개발 팀이 운영 팀에게 알려줄 수 있다. 다음으로 새로운 자동화 테스트를 배포 파이프라인과 통합하고, 이를 주기적으로 실행해 결과를 모니터링 및 경보 시스템에 보냄으로써 중요한 컴포넌트가 실패한 경우에 더 빠르게 감지할 수 있다.

포레스터 리서치Forrester Research의 글렌 오도넬Glenn O'Donnell은 2014 데브옵스 엔터프라이즈 서밋에서 "혁신을 좋아하고 변화를 사랑하는 모든 기술 전문가들이여! 멋지고 활기찬 미래가 그대들 앞에 있다"라고 힘줘 말했다.[16]

지속적인 학습

ASREDS 학습 루프

사람은 본능적으로 무리에 소속되고 싶어 하면서도 한편으로는 벗어나고 싶어 한다. 공유된 학습 관점에서 볼 때, 이런 그룹 정서는 구성원들이 그룹(기업)을 떠났을 때 학습 물방울(Learning bubble), 즉 학습 사일로를 만들거나 제도적 지식의 영구적인 손실을 일으킬 수 있다.

학습이 물방울 속에 갇히면 지식은 가려진다. 각 팀은 같은 이슈로 불필요한 고민에 빠지고 비슷한 실험을 수행하며, 같은 안티패턴을 만들고 서로의 학습 결과를 활용하지 못하게 된다. 『효율적인 디지털로의 전환』의 저자들은 ASREDS 학습 루프를 활용해 이 학습 물방울을 터뜨린다.[17]

이 루프 안에서 팀은 가장 먼저 하나의 목표에 정렬하고(Align on a Goal), 컨텍스트를 파악하고(Sense the Context), 하나 이상의 실험을 설계하고(Respond by Designing One or more Experiments), 학습 결과를 공유한다(Share the Result). 그러면 다른 팀들은 그 결과를 인지할 수 있게 된다(at Sense).

ASREDS 같은 프랙티스는 단절된 학습 물방울을 터뜨리고, 적절한 보상이나 프랙티스 센터(Centers of Practices)(자세한 내용은 『효율적인 디지털로의 전환』참조)와 결합되면 이런 패턴은 결과적으로 학습 생태계 생성을 촉진한다.

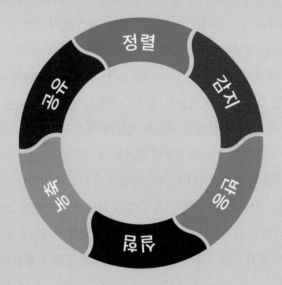

그림 21.1 ASREDS 학습 루프
(출처: Smart et al., 『Sooner Safer Happier: Antipatterns and Patterns for Business Agility』,
Portland, IT Revolution, 2020)

데브옵스 콘퍼런스에서 경험을 공유하라

비용을 중시하는 조직에서는 엔지니어가 콘퍼런스에 참석해 동료에게 배우는 것을 꺼리는 일이 많다. 학습 조직을 구축하려면 개발과 운영 엔지니어 모두 콘퍼런스에 참여해 서로 이야기해야 한다. 스스로 내부 콘퍼런스나 외부 콘퍼런스를 개최하고 조직하려는 노력도 필요하다.

데브옵스데이즈 콘퍼런스는 오늘날 가장 활발하고 스스로 조직된 콘퍼런스다. 이 행사를 통해 많은 데브옵스 프랙티스가 널리 도입됐다. 역동적인 커뮤니티와 벤더가 주로 이 콘퍼런스를 지원하며 참가비는 무료이거나 소액이다.

데브옵스 엔터프라이즈 서밋은 대규모의 복잡한 조직에 데브옵스 원칙과 프랙티스를 적용한 경험을 기술 리더에게 공유하기 위해 2014년에 개최됐다. 프로그램은 주로 기술 리더의 데브옵스 진행에 대한 경험 보고와 커뮤니티가 선택한 주제에 대한 특정 문제 전문가를 중심으로 구성됐다.

사례 연구

네이션와이드 인슈어런스, 캐피털원, 타깃의 내부 기술 콘퍼런스(2014)

많은 회사에는 외부 콘퍼런스와 더불어 기술직원들을 위한 내부 콘퍼런스가 있다. 네이션와이드 인슈어런스는 보험 및 금융 서비스를 제공하는 선도 기업으로 주로 엄격한 규제가 있는 산업 분야를 대상으로 운영된다. 네이션와이드 인슈어런스가 제공하는 상품은 자동차 및 주택 보험 등 다양하다. 특히, 공공 분야의 은퇴 설계, 애완동물 보험은 업계 최고라고 할 수 있다. 네이션와이드 인슈어런스는 2014년 1,950억 달러의 자산과 240억 달러 매출을 달성했다.[18]

2005년 이후, 네이션와이드는 5,000명의 기술 전문가에게 전문성 향상 기회를 제공하기 위해 애자일과 린 원칙을 적용함으로써 근본적인 혁신을 이룰 수 있었다.

정보 기술 부문 부사장 스티브 팔리는 다음과 같이 말했다.

애자일 내셔널 콘퍼런스처럼 흥미로운 기술 콘퍼런스가 그 시기에 나타나기 시작했다. 2011년, 네이션와이드 기술 대표는 테크콘 TechCon이라 불리는 기술 콘퍼런스를 개최해야 한다는 데 동의했다. 이 이벤트를 개최함으로써 모든 사람을 외부 콘퍼런스에 보내는 것과 달리 콘퍼런스의 모든 내용이 네이션와이드의 관점을 보장하고 스스로 가르칠 수 있는 더 좋은 방법을 만들길 원했다.[19]

미국 대형 은행인 캐피털원은 2015년에 자산이 298억 달러, 수익이 24억 달러였다. 이 은행은 세계 수준의 기술 조직 구성을 목적으로 2015년 내부 소프트웨어 엔지니어링 콘퍼런스를 최초로 개최했다.[20] 콘퍼런스의 목적은 공유와 협력의 문화를 증진하고, 기술 전문가들 사이의 관계를 구축해 학습 환경을 조성하는 것이었다. 13개 학습트랙과 52개 세션으로 구성됐으며 1,200명 이상의 내부 직원이 참여했다.[21]

캐피털원의 기술 위원이자 이 행사의 주최자 중 한 명인 타파브라타 팔 박사는 "우리는 28개의 부스를 세우고 내부에서 캐피털원 팀이 작업하고 있는 놀라운 기능을 전시하기도 했다. 심지어 매우 신중하게 벤더가 공개 부스에 자리 잡지 않기로 했다. 오로지 캐피털원의 목표에 집중하고 싶었기 때문이다"라고 설명했다.[22]

타깃은 미국에서 여섯 번째로 큰 소매 업체다. 2014년에 720억 달러의 매출을 달성했고 전 세계 1,799개의 소매점과 34만 7,000명의 직원을 보유하고 있다.[23] 개발 담당 이사인 헤더 믹맨과 로스 클랜톤은 2014년 이후 데브옵스데이즈 행사를 여섯 차례 열었다. 2013년에는 암스테르담 ING에서 데브옵스데이즈를 개최했다. 이후 이를 모델로 내부 기술 커뮤니티에 975명 이상의 팔로워를 확보했다.[24]*

믹맨과 클랜톤은 2014년 데브옵스 엔터프라이즈 서밋에 참석한 후, 외부 회사에서 많은 발표자를 초대해 자체적인 내부 콘퍼런스를 개최했다. 이로써 고위 경영진도 믹맨과 클랜톤의 콘퍼런스 경험을 재현할 수 있었다. 클랜톤은 "2015년은 경영진의 관심을 얻고 추진력을 얻은 해다. 콘퍼런스 후 많은 사람이 우리에게 와서

---

* 타깃의 첫 번째 데브옵스데이즈 행사는 ING의 첫 번째 데브옵스데이즈를 참조해 기획됐다. ING의 데브옵스데이즈 행사는 잉그리드 알그라(Ingrid Algra), 잔주스트 보우먼(Jan-Joost Bouwman), 에블린 반 리우엔(Evelijn Van Leeuwen), 크리스 바이타르트(Kris Buytaert)가 2013 파리 데브옵스데이즈 행사에 참여한 뒤 조직했다.[25]

행사에 참여하는 방법과 행사에 도움 줄 방법을 문의했다"라고 말
했다.[26]

기관들은 학습과 교육의 역동적인 문화를 제공함으로써 자신들의 기술을
실현할 수 있다. 학습과 교육은 외부 콘퍼런스에 참여하거나 강연하는 것
을 비롯해 내부 콘퍼런스를 개최하는 것을 포함한다. 이는 훌륭한 팀과 조
직의 신뢰를 양성하고 커뮤니케이션과 혁신을 증진하며, 일상 업무를 개선
하는 데 일조한다.

지속적인 학습

도라에서 발간한 2019 「데브옵스 현황 보고서」는 여러 조직이 데브옵스와 애자
일 프랙티스를 어떻게 확산하는지 조사하면서 교육 센터, 센터 전문 기관, 여러
종류의 개념 증명, 빅뱅, 실천가 그룹과 같은 다양한 방식 중에서 선택하게 했다.
분석 결과는 다음과 같다.

고성과 기업은 조직의 하부 및 상부 레벨에서 커뮤니티 구조를 만
드는 전략, 예를 들어 조직 개편이나 제품 변화와 관계없이 지속적
이며 탄력적인 구조를 만드는 전략을 선호한다. 가장 많이 선택한
두 가지 프랙티스는 실천가 그룹과 풀뿌리Grassroots였으며, 다음으
로 템플릿(조직 모든 곳에서 개념 증명이 재현되는 패턴)으로서의 개
념 증명, 씨앗으로서의 개념 증명이 뒤를 이었다.[27]

커뮤니티 구조를 만들어 프랙티스를 확산하라

앞서 2005년 구글에서 시작된 테스팅 그룹렛이 세계적 수준의 자동화 테
스트 문화를 구축했다고 배웠다. 이 이야기는 그들이 전담 개선 블리츠, 내
부 코치 그리고 내부 인증 프로그램을 이용해 구글의 모든 팀을 대상으로
자동화 테스팅 상태의 개선을 시도하면서 시작된다.

당시 마이크 블랜드는 "구글에 20%의 혁신 시간 정책이 있었고, 개발자

가 일주일에 하루 정도는 업무 시간에 담당 분야를 벗어나 구글과 관련된 프로젝트에 시간을 할애할 수 있었다. 일부 엔지니어는 그들의 20% 시간을 모아 같은 생각을 하는 특별한 팀인 그룹렛을 만들기로 했으며, 그 덕분에 개선 블리츠에 집중할 수 있었다"라고 말했다.[28]

바라트 메디랏타[Bharat Mediratta]와 닉 레시에키[Nick Lesiecki]는 구글 전체에 자동화 테스트를 도입하는 미션을 갖고 있었다. 그들에게 공식 권한이나 예산이 없었던 상황을 두고, 마이크 블랜드는 "명시적인 제한도 없었다. 그래서 우리는 그러한 점을 이용했다"라고 설명했다.[29]

그들은 테스트 자동화의 적용을 유도하는 데 몇 가지 메커니즘을 사용했다. 가장 유명한 메커니즘은 테스트에 관한 주간 간행물인 「화장실에서 만나는 테스팅[Testing on the Toilet, TotT]」이다. 테스팅 그룹렛에서는 매주 전 세계 구글 사무실 근처에 있는 모든 화장실에 발행한 뉴스레터를 비치했다. 당시 상황에 대해 블랜드는 "목표는 회사 전체적으로 테스트의 전문성 수준을 높이는 것이었다. 온라인 전용 발행물에서는 사람들이 같은 정도로 관여했는지 알 수 없다"라고 회상했다.[30]

그는 이어 "가장 중요한 TotT 에피소드는 'Test Certified: Lousy Name, Great Results'라는 이름의 에피소드였다. 자동화 테스트 사용을 앞당기는 데 유용했던 두 가지 계획을 요약해서 설명했기 때문이다"라고 덧붙여 말했다.[31]

Test Certified[TC]는 자동화 테스트 상태를 개선하기 위한 로드맵을 제공했다. 블랜드는 "이 로드맵은 측정에 중점을 둔 구글 문화의 우선순위를 해킹하려는 의도였다. 이를 위해서는 먼저 자동화 테스트를 어디에서 어떻게 시작해야 할지 모르는 장애물에 대한 두려움을 극복해야 한다. 첫 번째 단계(레벨 1)는 기준 지표를 빠르게 설정하는 것이었다. 두 번째 단계(레벨 2)는 정책을 설정하고 자동화 테스트 커버리지 목표에 도달하는 것이었다. 세 번째 단계(레벨 3)는 장기적인 커버리지 목표를 향해 노력하는 것이었다"라고 부연했다.[32]

테스트 자동화의 적용을 유도하는 두 번째 방법은 조언이나 도움을 원하는 팀에 테스트 인증Test Certified 멘토와 팀의 테스트 프랙티스를 제공하는 것이다. 코드품질을 향상하기 위해 팀과 협력하는 내부 코치 및 컨설팅 전담 팀 등 테스트 용병Test Mercenaries도 제공할 수 있다. 용병은 가이드와 지침으로서 TC를 사용한다. 테스팅 그룹렛의 지식, 도구 및 기법을 팀의 고유 코드에 적용하면 팀의 테스트 프랙티스와 코드 품질을 향상하는 역할을 한다.

블랜드는 2006년부터 2007년까지 테스팅 그룹렛의 리더였으며, 2007년부터 2009년까지 테스트 용병의 멤버였다.[33]

블랜드는 다음과 같이 말했다.

> 팀이 우리 프로그램에 등록했는지와 상관없이 모든 팀을 TC 레벨 3으로 만드는 것이 목표였다. 물론, 내부 테스트 도구 팀과 긴밀하게 협력했으며, 제품 팀과 함께 테스트 문제를 해결할 때는 피드백을 제공했다. 우리는 도구를 적용하는 현지 지원군으로, 테스트 시간이 부족해 테스트하지 못한다는 변명을 할 수 없게 했다.[34]
>
> TC 레벨은 구글의 지표 주도 문화를 잘 활용했다. 테스팅의 세 가지 단계는 성능 리뷰 시간에 사람들이 논의하고 자랑할 수 있는 것이다. 결과적으로 테스팅 그룹렛은 직원들로 구성된 전일제 내부 컨설턴트인 테스트 용병을 위한 자금을 지원했다. 이제 경영진은 명령이 아닌 실제 펀딩을 통해 완전한 도움을 주기 때문에 이것은 중요한 단계였다.[35]

자동화 테스트의 또 다른 중요한 구성 요소는 전사적인 '픽스잇Fixit' 개선 블리츠의 이용이었다. 블랜드는 픽스잇을 '아이디어와 사명감이 있는 평범한 엔지니어가 구글의 모든 엔지니어링 도구를 사용해 코드를 재구성하고 도구를 적용하는 집중적인 일일 스프린트'라고 설명한다.[36]

블랜드는 전사 규모의 4개의 픽스잇을 조직했다. 그중 2개는 순수한 테스트 픽스잇, 다른 2개는 도구와 관련성이 높은 픽스잇이었다. 마지막에는 13개국, 20개 이상의 사무실에서 100명이 넘는 자원봉사자가 픽스잇에 참여했다. 블랜드는 픽스잇 그룹렛을 2007년부터 2008년까지 이끌었다.[37]

블랜드가 픽스잇을 통해 깨달은 점은 최신 기술 도입, 흥미 유발, 에너지 생성을 위해서는 중요한 시점에 집중적으로 임무를 할당해야 한다는 것이다. 장기적인 문화를 변화시키는 임무는 모든 사람의 엄청나고 가시적인 활동을 통해 새로운 안정기에 도달하는 데 도움이 될 것이다.[38]

테스팅 문화가 주는 효과는 구글이 달성한 놀라운 결과를 통해 알 수 있다. 이 책에서는 전반적으로 구글의 사례를 다룬다.

결론

21장에서는 평생 학습 문화를 강화하고 관련 의식을 만드는 방법과 일상 업무 수행 자체보다 일상 업무 개선에 가치를 두는 것에 관해 설명했다. 기술 부채를 상환하는 시간을 계획하고, 조직 내외부의 모든 사람이 서로에게 배우고 가르칠 수 있는 포럼을 생성해 업무를 개선할 수 있다. 코칭이나 컨설팅, 근무 시간 내 질의응답을 통해 내부 팀을 돕는 전문가 팀을 활용할 수도 있다. 모든 사람이 일상 업무를 통해 학습하면 경쟁자에게도 배우고 시장에서도 승리할 수 있다. 그러나 인간으로서 모든 잠재력을 달성하려면 서로 도와야 한다.

5부 / 결론

5부에서는 조직의 학습 문화 및 학습과 관련된 실험을 생성하는 프랙티스를 살펴봤다. 사고를 통한 학습, 공유 저장소 생성, 학습의 공유는 복잡한 시스템에서 작업할 때 더 많이 필요하다. 더 공정한 작업 문화를 만들고, 더 안전하고 탄력적인 시스템을 만들 때도 효과적이다.

6부에서는 흐름과 피드백, 학습과 실험을 확장하는 방법을 소개한다. 이런 확장 방법을 사용함으로써 정보 보안 목표를 달성하는 데 도움을 얻을 수 있다.

참고 자료

에이미 에드먼드슨의 『두려움 없는 조직』(다산북스, 2019)은 업무 장소에서 심리적 안정감을 구축하고자 할 때 반드시 읽어야 한다.

스탠리 맥크리스털Stanley McChrystal 장군의 『팀 오브 팀스』(이노다임북스, 2016)는 미군 리더십의 진수를 보여준다.

패트릭 렌치오니Patrick Lencioni의 『팀워크의 부활』(위즈덤하우스, 2021)은 팀들(심지어 최고의 팀조차)이 고군분투하는 핵심을 찌르는 다섯 가지 기능 장애에 관해 설명한다.

마이클 나이가드의 『Release It!』(위키북스, 2007)은 기업들이 다운타임과 평판에서 수백만 달러의 손해를 입는 실패를 회피하는 방법을 알려준다.

시드니 데커의 『Just Culture』(CRC, 2016)는 신뢰, 학습, 책임의 문화를 구축하는 방법을 소개한다.

사고 명령 모델에 관해 더 많이 알고 싶다면 2018 데브옵스 엔터프라이즈 서밋에서 그레이트 서클 어소시에이츠Great Circle Associates의 수석 엔지니어인 브랜드 채프먼이 발표한 'Mastering Outages with Incident Command for DevOps'를 참조하라(https://videolibrary.doesvirtual.com/?video=524038081).

6부 /

정보 보안, 변화 관리, 컴플라이언스 통합을 위한 기술적 프랙티스

6부 / 소개

지금까지 상호 피드백에 대한 빠른 흐름은 물론, (코드) 체크인부터 출시까지 작업 흐름을 빠르게 만드는 방법을 설명했다. 그리고 더 안전한 작업 시스템을 생성하고 조직 학습을 가속하며 약한 실패 신호를 증폭하는 문화적인 의식도 살펴봤다.

6부는 이러한 활동을 더 확장해 개발과 운영의 목표를 달성할 뿐만 아니라 정보 보안 목표를 달성해 서비스 및 데이터의 기밀성, 무결성, 가용성에 대한 높은 수준의 확신을 하는 데 도움을 준다.

(개발) 프로세스의 마지막 단계에서 제품과 관련된 보안 사항을 검사하는 대신, 보안에 대한 통제를 개발과 운영의 일상 업무와 통합해 모든 사람의 일일 업무로 만들 것이다. 이런 작업은 자동화되고 배포 파이프라인에 포함돼야 한다. 또한 수작업으로 수행하는 프랙티스, 직무 분리와 변경 승인 프로세스와 같이 더 적은 통제와 자동화된 통제 방법을 적용한 수락 및 승인 프로세스를 강화할 것이다.

이런 활동을 자동화하면 감사관이나 평가자 및 기타 가치 흐름에서 작업하는 다른 사람에게 통제가 효과적으로 운영되고 있다는 사실을 입증할 수 있다.

또한 보안을 향상하고 감사를 더 쉽게 만들 것이다. 우리는 통제의 효과를 입증하고 규제 및 계약상 의무 준수를 지원하는 프로세스를 만들 것이다. 이를 위해 다음과 같은 사항을 수행한다.

- 모든 사람이 보안 작업을 수행한다.
- 공유 소스 코드 저장소에 예방적 통제를 통합한다.
- 배포 파이프라인에 보안을 통합한다.
- 더 나은 감지와 복구를 위해 텔레메트리와 보안을 통합한다.
- 배포 파이프라인을 보호한다.
- 배포 활동을 변경 승인 프로세스와 통합한다.
- 직무 분리에 대한 의존성을 감소시킨다.

일상 업무에 전체에 보안 작업을 통합해 모두의 책임으로 만들면, 조직은 더 높은 수준의 보안을 이룰 수 있다. 더 높은 수준의 보안은 데이터에 대한 방어가 가능하고 합리적이라는 것을 의미한다. 또한 더 높은 가용성과 문제를 쉽게 복구할 수 있는 역량을 통해 신뢰성과 비즈니스 연속성*을 갖게 해준다는 의미이기도 하다. 높은 가용성과 복구 역량을 통해 문제가 치명적인 결과로 발전하기 전에 보안 문제를 극복할 수 있으며, 시스템의 예측 가능성도 높일 수 있다. 무엇보다도 시스템과 데이터를 이전보다 안전하게 보호할 수 있다.

---

* 비즈니스 연속성(Business Continuity)이란 재해나 사고 등 비상사태가 발생했을 때 중요한 사업(업무)을 중단하지 않거나, 중단했어도 초기에 최소한의 기능부터 순차적으로 재개해 사업 중단에 따른 손실을 최소화하는 것을 의미한다. – 옮긴이

22

정보 보안은 모든 사람의 일상 업무이다

데브옵스 원칙과 패턴의 구현을 반대하는 의견 중 하나는 '정보 보안과 컴플라이언스가 허락하지 않을 것'이라는 주장이다. 그러나 데브옵스는 기술 가치 흐름 내 모든 사람의 일상 업무에 정보 보안을 통합하는 최고의 방법이다.

정보 보안이 개발과 운영 외부의 별개 조직으로 만들어지면 많은 문제가 발생한다. 보안 도구인 Gauntly 창시자 중 한 명이자, 데브옵스데이즈 오스틴과 론스타 애플리케이션 시큐리티^{Lonestar Application Security} 콘퍼런스 주최자 중 한 명인 제임스 위케트^{James Wicket}는 다음과 같이 말했다.

> 데브옵스에 관한 설명 가운데 하나는 개발자의 수가 증가하면서 모든 개발 작업을 처리할 수 있는 운영 담당 직원이 부족했기에 개발자의 생산성을 활성화하려고 데브옵스가 나왔다는 것이다. 이런 인력 부족은 정보 보안에서 더 악화된다. 일반 기술 조직에서 개발, 운영, 정보 보안 엔지니어의 비율은 100:10:1이다. 자동화를 통해 개발과 운영의 일상 업무로 정보 보안을 통합하지 않고 수적으로만 정보 보안 인력을 늘리면, 정보 보안은 보안 엔지니어링과 달리 컴플라이언스 검사만 수행할 수 있다. 물론, 이렇게 되면 모든 사람이 정보 보안을 싫어하게 된다.[1]

제임스 위케트와 소나타입^{Sonatype}의 전직 CTO이자 존경받는 정보 보안 연구자인 조시 코만^{Josh Corman}은 데브옵스에 정보 보안 목표를 통합하는 과정에서 일련의 프랙티스와 원칙을 활용하는 것을 러기드 데브옵스^{Rugged} DevOps라는 용어로 설명했다.[2]*

지금까지 전체적인 기술 가치 흐름에 걸쳐 QA와 운영 목표를 완전하게 통합하는 방법에 대해 살펴봤다. 22장에서는 일상 업무에서 개발과 운영의 생산성을 증가시키고 안전성을 높이는 것처럼 보안도 향상시키는 방법, 즉 정보 보안 목표를 통합하는 방법을 알아본다.

보안을 개발 이터레이션 데모에 통합하라

우리 목표의 하나는 기능 팀이 정보 보안을 프로젝트 마지막에 활용하는 대신, 가능한 한 이른 시점에 활용하게 만드는 것이다. 이를 위해 할 수 있는 한 가지 방법은 각 개발 단계의 마지막 제품 데모에 정보 보안을 초대하는 것이다. 이렇게 하면 정보 보안은 조직 목표의 맥락에서 팀의 목표를 더 잘 이해할 수 있다. 그리고 팀이 구현한 결과를 관찰하고 수정할 수 있는 여유가 가장 많은 시기인 프로젝트 초기 단계에서 지침과 피드백을 제공할 수 있다.

GE 캐피털의 전 수석 아키텍트인 저스틴 아버클은 다음과 같이 말했다.

정보 보안과 컴플라이언스 측면에서 프로젝트 마지막에 발견한 장애물이 개발 초기의 장애물보다 훨씬 더 큰 비용이 든다는 사실을 발견했다. 그 중 보안 관련 장애가 가장 큰 문제였다. 이를 해결하기 위해 '데모를 통한 컴플라이언스^{Compliance by Demonstration}' 기법을 사용하기 시작했다.[4]

우리는 이 기법을 프로세스상 더 앞부분으로 복잡성을 이전하는 데 사용했다. 새로운 기능을 만들 때마다 정보 보안을 참여시켜 정적 체크리스

---

* 러기드 데브옵스의 역사 일부는 진 킴, 폴 러브, 조지 스패포드가 쓴 책인 『Visible Ops Security』(IT Process Institute, 2014)를 따르고 있다. 캐피털 원의 이사이며 플랫폼 엔지니어링 기술 펠로우이자 감독관인 타파브라타 팔리 박사와 그의 팀도 이와 유사한 개념을 도입했다. 팔리 박사와 팀은 그들의 개발 프로세스를 정보 보안이 소프트웨어 개발 수명 주기의 모든 단계와 통합된 데브옵스섹으로 설명한다.[3]

트의 사용을 극적으로 줄일 수 있었다. 그리고 소프트웨어 개발 과정 동안, 정보 보안의 전문성을 더 많이 활용할 수 있었다.[5]

정보 보안의 개발 참여는 조직의 목표 달성에 도움이 됐다. GE 캐피털 아메리카GE Capital Americas의 전 엔터프라이즈 아키텍처 담당 CIO인 스네일 안타니Snehal Antani는 GE 캐피털 아메리카의 세 가지 최상위 핵심 비즈니스 지표를 '개발 속도(기능을 시장으로 전달하는 속도), 실패한 고객 상호 작용(사고, 오류), 컴플라이언스 응답 시간(감사 요청에서 요청을 이행하기까지 필요한 모든 양적 정보와 질적 정보 전달까지의 리드 타임)'으로 설명했다.[6]

정보 보안 직원이 팀의 일원으로 할당되면, 정보 보안 직원이 이 정보를 받고 프로세스를 관찰하기만 해도 팀은 위험에 기반을 둔 의사 결정에 필요한 더 나은 비즈니스 컨텍스트를 얻을 수 있다. 또한 정보 보안은 기능 팀이 보안과 컴플라이언스 목표 달성에 필요한 사항을 학습하는 데 도움을 줄 수 있다.

보안을 결함 추적과 포스트모템에 통합하라

우리는 가능하다면 개발과 운영이 사용하는 작업 추적 시스템과 동일한 시스템에서 오픈 보안 문제를 추적해 업무를 가시화하고 다른 모든 작업보다 우선순위에 두길 원한다. 이것은 모든 보안 취약점이 정보 보안만 접근할 수 있는 GRC Governance, Risk, Compliance 도구에 저장되던 전통적 정보 보안 방식과 매우 다르다. 별도의 보안 시스템을 사용하는 대신, 개발과 운영이 필요한 모든 작업에 사용하는 시스템을 사용한다.

수년간 엣시의 정보 보안 팀을 이끌었던 닉 갈브레스는 2012년 데브옵스데이즈 오스틴에서 보안 문제를 해결한 방법에 관해 발표하며 "우리는 모든 보안 문제를 엔지니어가 일상 업무로 사용하는 JIRA*에 넣었다. 이때

---

* 이슈 관리 시스템이다. 다음 링크(https://www.atlassian.ccom/software/jira)를 참고하라. – 옮긴이

보안 문제는 바로 수정되거나 주말에 처리해야 하는 것을 의미하는 'P1'이
나 'P2' 중 하나였다. 해당 문제가 애플리케이션 내부 문제일 때도 마찬가지
다"라고 설명했다.[7]

갈브레스는 "보안 문제가 발생할 때마다 포스트모템을 수행했다. 결과
적으로 포스트모템은 엔지니어에게 문제가 이후에 재발하지 않게 방지하
는 방법을 더 잘 가르쳐줄 뿐 아니라 엔지니어링 팀에 보안 지식을 전달하
는 환상적인 메커니즘 역할을 했다"라고 덧붙여 말했다.[8]

예방 차원의 보안 통제를 공유 소스 코드 저장소와 공유 서비스에 통합하라

20장에서 조직의 집단적 지식(즉, 소스 코드와 함께 툴체인, 배포 파이프라인,
표준 사항 등)을 누구나 쉽게 찾아 재사용할 수 있게 공유 소스 코드 저장소
를 생성했다. 이로써 조직 내 모든 사람의 축적된 경험을 누구나 활용할 수
있게 했다.

이제 공유 소스 코드 저장소에 애플리케이션과 환경의 안전을 보장하는
메커니즘과 도구를 추가하고 보안이 인증과 암호화 라이브러리 및 서비스
와 같이 특정 정보 보안 목표 만족 여부를 미리 확인할 수 있는 라이브러리
를 추가할 것이다.

데브옵스 가치 흐름 내 모든 사람은 빌드하거나 지원할 때 버전 관리 시
스템을 사용한다. 따라서 정보 보안 산출물을 버전 관리 시스템에 넣으면
생성한 모든 것을 이용해 검색 및 재사용할 수 있다. 이렇게 하면 훨씬 쉽
게 개발과 운영의 일상 업무에 영향을 미칠 수 있다. 버전 관리 시스템은
변경 작업을 수행하는 당사자가 인식할 수 있는 모든 종류의 커뮤니케이션
메커니즘으로도 사용된다.

중앙 집중화된 공유 서비스 조직이 있다면 인증과 권한 부여, 로깅, 데브
옵스에 필요한 보안 및 감사 서비스와 같은 보안 관련 공유 플랫폼을 생성

하고 운영하기 위해 공유 서비스를 관리하는 조직과 협력할 수 있다. 엔지니어가 미리 정의된 라이브러리나 서비스 중 하나를 사용한다면 해당 모듈을 위해 별도의 보안 설계 리뷰 일정을 잡을 필요가 없다. 미리 정의된 라이브러리나 서비스는 구성 강화, 데이터베이스 보안 설정, 키 길이 등에 대해 우리가 생성한 지침을 이용하고 있기 때문이다.

우리가 제공하는 서비스 및 라이브러리가 올바르게 사용될 가능성을 높이려면 개발과 운영에 보안의 목표가 올바르게 구현됐는지 확인해야 한다. 이를 위해 미리 작성된 리뷰 항목을 제공할 수 있다. 특히, 이런 도구(리뷰)가 처음인 팀에게도 리뷰 항목을 제공할 수 있다.

궁극적인 목표는 사용자 인증, 권한 부여, 비밀번호 관리, 데이터 암호화와 같은 현대적인 애플리케이션과 관련 환경(개발, 테스팅, 프로덕션 환경)에 필요한 보안 라이브러리 및 서비스를 제공하는 것이다. 그리고 개발과 운영이 애플리케이션 스택에서 사용하는 로깅, 인증 및 암호화 컴포넌트에 대해 보안과 관련된 구성 설정을 제공하는 것이다. 구성 설정에는 다음과 같은 항목이 포함될 수 있다.

- 코드 라이브러리와 권장 구성(예: 2FA(2중 인증 라이브러리 등), bcrypt 패스워드 해싱, 로깅)
- Vault, sneaker, Keywhiz, credstash, Trousseau, Red October와 같은 도구를 사용한 보안 관리(예: 커넥션 설정, 암호화 키 등)*
- OS 패키지 및 빌드(예: 시간 동기화를 위한 NTP, 올바른 구성을 갖는 OpenSSL의 보안 버전, 파일 무결성 모니터링을 위한 OSSEC나 Tripwire, 중앙 집중화된 ELK 스택의 중요 보안 사항을 로깅하게 하는 syslog 구성)

이런 사항을 공유 소스 코드 저장소에 넣으면 추가 작업 없이도 모든 엔지니어가 스스로 애플리케이션과 각각의 환경에서 로깅과 암호화 표준을

---

* 클라우드 제공자들은 클라우드 기반의 시크릿 관리 시스템을 제공하므로 직접 운영을 하는 것의 좋은 대체 수단이 될 것이다.

올바르게 생성하고 사용할 수 있다.

기본적인 쿡북이나 OS, 데이터베이스, 기타 인프라스트럭처의 이미지(예: NGINX, Apache, Tomcat 등)를 만들고 이들이 안전하고 위험이 낮은 상태에 있음을 보여주려면 운영 팀과 협력해야 한다. 공유 저장소는 최신 버전을 얻기 위한 장소일 뿐 아니라 다른 엔지니어와 협력할 수 있는 장소가 돼야 한다. 또한 보안에 민감한 모듈의 변경 사항을 모니터링하고 경고할 수 있는 장소의 역할도 해야 한다.

이제 도커 기반의 시스템은 어디서나 접근할 수 있으며, 조직은 컨테이너 레지스트리를 이용해 모든 기반 이미지를 사용해야 한다. 소프트웨어 공급망을 보조하기 위해 이 소스 버전은 생성된 이미지의 시큐어 해시와 함께 저장해야 한다. 이 해시는 이미지를 사용하거나 배포할 때마다 검증해야 한다.

보안을 배포 파이프라인에 통합하라

과거에는 애플리케이션의 보안을 강화하기 위해 개발 완료 후 보안 리뷰를 시작해야 했다. 이와 같은 리뷰를 통해 개발과 운영에 전달해야 하는 취약점을 수백 페이지의 PDF 문서로 작성하기도 했다. 취약점은 프로젝트 마감 기한이 촉박해 완전하게 해결하지 못한 문제나 소프트웨어 수명 주기 안에 쉽게 고치기에는 너무 늦게 발견된 문제들이었다.

이 단계에서는 가능한 한 많은 정보 보안 테스트를 자동화할 것이다. 따라서 이런 테스트는 배포 파이프라인에서 다른 자동화 테스트와 함께 실행되고 (이상적으로는) 개발이나 운영에 의한 코드 커밋마다 수행된다. 또한 소프트웨어 프로젝트의 가장 초기 단계에서도 수행된다.

목표는 개발과 운영 모두에 작업 관련 피드백을 빠르게 제공함으로써 그들이 잠재적으로 안전하지 않은 변경 사항을 커밋할 때마다 알려주는 것이다. 개발과 운영에 피드백을 제공하면 일상 업무에서 보안 문제를 빠르게 감지하고 수정할 수 있다. 그 덕분에 오류에 대한 학습과 더불어 미래에 발생할 오류를 방지할 수 있다.

이처럼 자동화된 보안 테스트는 다른 정적 코드 분석 도구와 함께 배포 파이프라인에서 실행돼야 한다.

예를 들어 Gauntlt과 같은 도구는 배포 파이프라인과 통합되게 설계됐다. 이 도구는 애플리케이션, 애플리케이션의 종속성, 환경에 자동 보안 테스트를 실행한다. Gauntlt는 모든 보안 테스트를 위한 단위 테스팅과 기능 테스팅을 개발자가 많이 사용하는 Gherkin 구문 테스트 스크립트에 집어 넣는다. 이를 통해 개발자는 익숙한 프레임워크에 보안 테스팅을 추가할 수 있다. 그뿐 아니라 커밋된 모든 변경 사항에 대한 정적 코드 분석, 취약한 의존성 검사나 동적 테스팅과 같은 보안 테스트를 배포 파이프라인에서 쉽게 실행할 수 있다.

보안 테스트의 자동화를 통해 가치 흐름 내 모든 사람에게 그들의 작업한 결과에 대해 보안과 관련된 가장 빠른 피드백을 제공하므로 개발과 운영 엔지니어는 해당 문제를 빠르게 발견해 수정할 수 있다.

Jenkins					
S	W	Name	Last Success	Last Failure	Last Duration
●	☼	Static analysis scan	7 days 1 hr - #2	N/A	6.3 sec
●	☼	Check known vulnerabilities in dependencies	N/A	7 days 1 hr - #2	1.6 sec
●	☼	Download and unit test	7 days 1 hr - #2	N/A	32 sec
●	☼	Scan with OWASP ZAP	7 days 1 hr - #2	N/A	4 min 43 sec
●	☼	Start	7 days 1 hr - #2	N/A	5 min 46 sec
●	☼	Virus scanning	7 days 1 hr - #2	N/A	4.7 sec

그림 22.1 자동화 보안 테스트를 실행하는 젠킨스(Jenkins)
(출처: James Wicket and Gareth Rushgrove, 'Battle-tested code without the battle',
Velocity 2014 conference presentation, posted to Speakerdeck.com, 2014. 6. 24,
https://speakerdeck.com/garethr/battle-tested-code-without-the-battle)

애플리케이션의 보안을 보장하라

개발 테스트에서는 기능의 정확성에 중점을 두고 긍정 논리Positive Logic의 흐름을 살펴볼 때도 있는데, 이런 테스트 유형을 **행복한 경로**Happy Path라고 한다. 이럴 때는 예외나 오류 조건 없이 사용자의 수행 경로가 예상대로 진행되는지를 검증하며 때때로 대안 경로까지 검증한다.

이와 반대로 효과적인 QA, 정보 보안 및 부정행위 관련 실무자들은 무언가 잘못됐을 때, 특히 보안 관련 오류 조건과 관련된 경우 발생하는 **슬픈 경로**Sad Path를 집중적으로 검증한다(이런 보안 관련 조건 유형은 종종 **나쁜 경로**Bad Path로 불리며 농담처럼 언급되곤 한다).

고객이 주문하는 과정에 신용 카드 번호 입력 양식이 있는 온라인 쇼핑 사이트가 있다고 가정해보자. SQL 주입, 보안 오버런, 그 밖에 바람직하지 않은 결과와 부정행위 그리고 보안의 악용을 방지하기 위해 유효하지 않은 신용 카드를 거부하는 데 필요한 슬픈 경로와 나쁜 경로를 모두 정의해야 한다.

이런 테스트는 수동으로 수행하는 대신에 자동화된 단위 테스트나 기능 테스트 일부로 통합돼 배포 파이프라인에서 지속적으로 실행할 수 있어야 한다.

이때 테스트를 통해 다음과 같은 사항을 검증해야 한다.

정적 분석 Static Analysis: 런타임이 아닌 환경, 즉 배포 파이프라인에서 수행하는 테스트다. 일반적으로 가능한 한 모든 동작에 대한 프로그램 코드를 검사하고 코딩 결함, 백도어, 잠재적 악성 코드를 찾아낸다('내부에서 외부로의 테스트Testing from the Inside-Out'로도 알려져 있다). 정적 분석 도구의 예로는 Brakeman, Code Climate와 금지된 코드 검색(예: 'exec()')이 있다.

동적 분석^{Dynamic Analysis}: 정적 테스트와 달리, 프로그램이 실행되는 동안 수행되는 테스트다. 시스템 메모리, 기능 동작, 응답 시간, 시스템의 전반적 성능과 같은 항목을 모니터링한다. 이는 악성 서드파티 애플리케이션과 상호 작용하는 방법이 유사하다('외부에서 내부로의 테스트 Testing from the Outside-In'로도 알려져 있다). 동적 분석의 예로는 Arachni와 OWASP ZAPZed Attack Proxy*가 있다. 일부 유형의 침투 테스트도 자동화 방식으로 수행할 수 있다. Nmap과 Metasploit 같은 도구의 사용도 동적 분석에 포함된다. 자동화된 동적 테스트는 배포 파이프라인의 기능 테스트 단계나 프로덕션 환경의 서비스에 대해 수행돼야 한다. 보안 사항을 올바르게 처리하려면 OWANP ZAP과 같은 도구로 웹 브라우저 프록시를 통해 서비스를 공격하게 구성할 수 있다. 또한 테스트 하네스에서 네트워크 트래픽도 검사할 수 있다.

의존성 스캐닝^{Dependency Scanning}: 일반적으로 빌드 시 배포 파이프라인 내부에서 수행하는 정적 분석의 또 다른 유형에는 바이너리와 실행 파일에 대한 모든 의존성 목록을 생성하는 것이 포함된다. 때때로 이런 의존성에 통제할 수 없는 취약성이나 악의적인 바이너리가 없다는 사실을 확인해야 한다. 이를 위한 도구의 예로는 루비의 Gemnasium, 자바의 Maven, OWASP Dependency-Check가 있다.

소스 코드 무결성 및 코드 서명^{Source Code Integrity and Code Signing}: 모든 개발자는 keybase.io 같은 시스템에서 생성하고 관리되는 자체적인 PGP 키를 보유해야 한다. 버전 관리 시스템의 모든 커밋은 서명 처리가 돼야 한다. 버전 관리 시스템의 서명 처리는 gpg와 git와 같은 오픈소스 도구를 사용해 간단하게 구성할 수 있다. 또한 지속적인 통합 프로세스에서 생성된 모든 패키지에 대해 서명 처리가 돼야 하며, 이들의 해시는 감사를 위해 중앙 집중화된 로깅 서비스에 기록돼야 한다.

---

* 오픈 웹 애플리케이션 보안 프로젝트(OWASP)는 소프트웨어 보안 향상에 중점을 둔 비영리 조직이다.

이와 함께 서비스 속도 제한을 설정하고 개발자가 보안을 악용하는 것을 방지하기 위해, 제출 버튼을 누르면 버튼이 회색으로 표시되는 것처럼 코드 작성을 돕는 디자인 패턴을 정의해야 한다.

OWASP는 Cheat Sheet를 비롯해 다음 사항을 포함하는 매우 유용한 지침을 공개하고 있다.[9]

- 비밀번호 저장 방법
- 잊어버린 암호 처리 방법
- 로깅 처리 방법
- XSS[Cross-Site Scripting] 취약점 방지 방법

사례 연구

트위터, 정적 보안 테스트(2009)

존 올스포와 폴 해몬드가 발표한 '10+ Deploys per Day: Dev and Ops Cooperation at Flickr'는 2009년 데브옵스 커뮤니티를 활성화한 것으로 유명하다. 이와 비슷한 정보 보안 커뮤니티의 프레젠테이션으로는 2012년 AppSecUSA 콘퍼런스에서 저스틴 콜린스[Justin Collins], 알렉스 스몰렌[Alex Smolen], 네일 마타톨[Neil Matatall]이 발표한 트위터의 정보 보안 전환 작업을 들 수 있다.

당시 트위터는 과잉 성장으로 많은 문제를 겪고 있었다. 사용자 수요를 맞출 수 있는 처리 용량이 충분히 갖춰지지 않았을 때 표시되는 오류 페이지[Fail Whale](여덟 마리의 새가 고래를 들어올리는 그래픽이 표시된다)가 수년간 이어졌다. 트위터의 사용자 증가 규모는 놀라웠다. 액티브 트위터 사용자 수는 2009년 1월부터 3월까지 250만 명에서 1,000만 명으로 증가했다.[10]

이 기간에 트위터는 보안 문제도 겪었다. 2009년 초, 두 건의 심각한 보안 침해가 발생했다. 먼저, 1월에 @BarackObama 트위터

계정이 해킹을 당했다. 이어 4월에는 트위터 관리자 계정이 무차별 대입 공격^{Brute-Force Attack}으로 손상됐다. 이러한 사건을 두고 연방거래 위원회^{Federal Trade Commission, FTC}는 트위터가 사용자에게 계정이 안전하고 FTC가 동의 명령을 내린 것처럼 믿게 호도했다고 판단했다.[11]

동의 명령^{Consent Order}에 따라 트위터는 이후 20년 동안 다음과 같은 사항의 수행을 강제화하기 위한 일련의 프로세스를 만들고 60일 이내에 준수해야 했다.[12]

- 트위터의 정보 보안 계획을 책임질 직원들을 지명한다.
- 침입 사고를 유발할 수 있는 예측 가능한 내외부 위험을 합리적으로 정의한다. 이런 위험을 처리하기 위한 계획을 만들고 실행한다.*
- 구현물의 보안과 정확성에 대한 테스트와 더불어 가능한 유효성 검증 소스의 개요, 외부 정보뿐 아니라 내부 정보도 사용자 개인 정보를 유지한다.

이 문제의 해결을 맡은 엔지니어 그룹은 보안을 개발과 운영의 일상 업무에 통합하고 보안 침해 사고의 발생이 가능한 보안 취약점을 제거해야 했다.

앞서 언급한 발표에서 콜린스와 스몰렌, 마타톨은 그동안 발견한 몇 가지 문제를 정의했다.[13]

- **보안 실수가 반복되지 않게 예방한다.** 콜린스와 스몰렌, 마타톨은 동일한 결함과 취약점이 계속 수정되고 있음을 발견했다. 문제의 재발을 예방하기 위해 작업 시스템과 자동화 도구를 수정해야 했다.

---

* 이런 위험을 관리하기 위한 전략으로는 직원과 관리자 대상의 교육 제공, 네트워크와 소프트웨어를 포함하는 정보 시스템 설계의 재검토, 공격을 예방하고 감지 및 대응하도록 설계된 프로세스 구축 등이 있다.

- **보안 목표를 기존 개발자 도구와 통합한다.** 초기 취약점의 주된 원인이 소스 문제임을 확인했다. 그들은 거대한 PDF 보고서를 생성하는 도구를 실행하고, 그 후 생성된 문서를 개발이나 운영의 누군가에게 이메일로 보낼 수 없었다. 그 대신 취약점을 만든 개발자에게 문제를 수정하는 데 필요한 정보를 정확히 제공해야 했다.
- **개발의 신뢰를 유지한다.** 개발이 거짓 양성을 보내면 이 사실을 인지할 필요가 있음을 의미한다. 이로써 거짓 양성을 유발하는 오류를 수정하고 개발 시간을 낭비하는 것을 방지할 수 있다.
- **정보 보안의 자동화를 통해 빠른 흐름을 유지하라.** 코드 취약점에 대한 스캐닝이 자동화된 때에도 정보 보안은 여전히 많은 수작업을 수행하고 오랫동안 대기해야 했다. 스캔이 완료될 때까지 기다려야 했으며, 엄청난 보고서 더미를 받아 이를 해석하고 수정을 담당할 사람을 찾아야 했다. 코드가 변경되면 모든 것을 다시 수행해야 했다. 수동 작업을 자동화한 덕분에 오로지 '버튼만 누르는' 작업량을 줄일 수 있었다. 그 결과 창의력과 판단력을 더 활용할 수 있게 됐다.
- **가능한 한 보안과 관련된 모든 사항을 자체 서비스로 만들어라.** 그들은 사람들 대부분이 올바른 것을 수행하고 싶어 한다고 믿었다. 따라서 사람들에게 문제를 수정하는 데 필요한 컨텍스트와 정보를 모두 제공할 필요가 있었다.
- **정보 보안의 목표를 달성하기 위한 거시적인 접근 방법을 사용하라.** 그들의 목표는 모든 관점, 즉 소스 코드, 프로덕션 환경, 고객의 관점에서 분석을 수행하는 것이었다.

전사적인 해킹 주간 동안, 트위터의 빌드 프로세스와 정적 코드 분석을 통합했을 때 정보 보안 팀에 커다란 돌파구가 생겼다. 이 팀

은 루비 온 레일즈 애플리케이션의 취약점을 스캔하는 Brakeman
을 사용했다. 보안 팀의 목표는 코드가 소스 코드 저장소에 커밋되
는 순간뿐만 아니라, 개발 프로세스의 초기 단계에 보안 검색을 통
합하는 것이었다.[14]

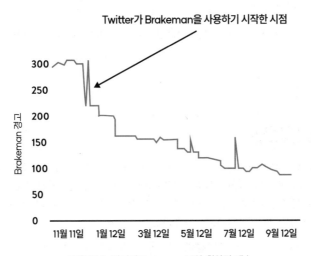

그림 22.2 감지된 Brakeman 보안 취약점 개수

　개발 프로세스에 보안 테스트를 통합한 결과는 놀라웠다. 수년
에 걸쳐 개발자에게 빠른 피드백을 생성함으로써 개발자가 안전하
지 않은 코드를 작성할 시 취약점을 처리하는 방법을 알려줬다. 그
결과, 그림 22.2가 보여주는 것처럼 Brakeman은 발견되는 취약
점의 비율을 60%로 감소시켰다[15](일반적으로 스파이크 현상*은
Brakeman의 새로운 버전 출시와 관련 있다).

> 이 사례 연구는 일상 업무에 보안과 데브옵스 도구를 통합하는 것의 중요
> 성과 효과를 설명한다. 이를 통해 보안 위험이 완화되고 시스템의 취약성
> 발생 확률을 감소시킬 수 있다. 이와 더불어 개발자는 코드를 더 안전하게
> 작성할 수 있다.

---

*　결함 개수가 급격히 증가하는 현상을 의미한다. – 옮긴이

소프트웨어 공급망의 보안을 확인하라

조시 코먼은 "개발자가 커스터마이즈된 소프트웨어를 더 이상 작성하지 않는 대신, 필요한 소프트웨어를 오픈소스에서 가져오고 있으며, 그 결과 오픈소스는 개발자가 의존하는 소프트웨어 공급망이 됐다"라고 설명했다.[16] 다시 말해 상용이나 오픈소스로 컴포넌트 또는 라이브러리를 사용할 때 소프트웨어는 기능을 상속받을 뿐 아니라 그 속에 포함된 보안 취약점도 상속받게 된다.

지속적인 학습

니콜 포스그렌 박사와 그녀의 팀은 「2020년 옥토버스 현황 보고서」의 '소프트웨어 보호(Securing Software)' 절에서 오픈소스와 그들의 의존성에 관해 깊은 연구를 수행했다. 연구 결과 오픈소스 의존성이 가장 높은 언어는 JavaScript(94%), Ruby(90%), .NET(90%) 순으로 나타났다.[17]

또한 식별된 취약점에 대한 패치를 위한 풀 리퀘스트를 자동으로 생성하는 팀과 그렇지 않은 팀을 비교했을 때 13일 일찍 또는 1.4배 빠르게 공급망 보안을 실현했다. 이는 시프트 레프트의 효과와 함께 보안을 개발과 운영 워크플로에 통합하는 것을 보여준다.[18]

소프트웨어를 선택할 때는 알려진 취약점을 가진 컴포넌트나 라이브러리에 의존하는 경우를 감지하고 개발자가 의도적으로 주의를 기울여 컴포넌트를 사용해야 하며, 소프트웨어의 취약점을 신속하게 수정한 사례가 있는 컴포넌트(예: 오픈소스 프로젝트)를 선택해야 한다. 또한 프로덕션 환경 전반에 사용되는 동일한 라이브러리의 다양한 버전을 살펴봐야 한다. 특히, 기존 버전에 알려진 취약점이 포함됐다면 해당 라이브러리의 여러 버전을 확인해야 한다.

카드 소유자의 데이터 침해 조사는 선택한 오픈소스 컴포넌트의 보안이 얼마나 중요한지 보여준다. 2008년 이후 매년 발표되는 버라이즌^{Verizon} PCI

데이터 침해 사건 조사 보고서Data Breach Investigation Report, DBIR는 카드 소유자의 데이터가 분실되거나 도난당한 데이터 침해 사건에 대한 가장 권위 있는 의견서다. 2014년 보고서는 공격 위치와 카드 소유자 데이터의 도난 방법, 침해 사건을 유발한 원인을 더 잘 파악하기 위해 8만 5,000건 이상의 침해 사건을 조사했다.

DBIR은 CVE 등 10개의 취약점이 2014년 조사된 카드 소유자 데이터 침해 사건의 악용 사례에서 약 97%를 차지하고 있음을 발견했다. 10개 취약점 중 8개는 10년 이상 된 것이다.[19]

지속적인 학습

2021년 DBIR의 저자들은 85개 기업에 대해 인터넷에 노출된 모든 자산에 관한 취약점을 조사했고, 대부분 2010년 또는 그 이전에 발견된 취약점을 갖고 있음을 발견했다. 그들은 "사람들은 최근의 취약점이 더 많을 것으로 생각할지도 모른다. 그러나 지난해의 결과에서 볼 수 있듯이 오래된 취약점이 훨씬 더 많다"라고 기록했다.[20]

2019년 「소나타입 소프트웨어 공급망 현황 보고서(Sonatype State of the Software Supply Chain Report)」의 공저자인 스티븐 맥길(Stephen Magill) 박사와 진 킴은 Java 생태계의 소프트웨어 컴포넌트를 저장하고 있는 메이븐 센트럴(Maven Central) 저장소(JavaScript의 NPM, Python의 PyPi, Ruby의 Gems와 유사하다) 분석 결과를 실었다. 2019년 기준으로 메이븐 센트럴에는 31만 개 컴포넌트의 400만 개 이상의 버전이 저장돼 있었으며, 1,460억 번 이상의 다운로드 요청을 처리하고 있었다(연 성장률 68%에 달한다). 해당 연구에서 저자들은 420만 개의 JAR 산출물과 6,952개의 깃허브 프로젝트를 분석했다.[21]

보고서에서 밝힌 결과는 대단히 놀랍다.[22]

- 컴포넌트의 9%는 최소 하나 이상의 취약점을 갖고 있었다.
- 컴포넌트 및 해당 컴포넌트의 중간 단계에 있는 모든 컴포넌트를 분석한 결과 컴포넌트의 47%는 최소 하나 이상의 취약점을 갖고 있었다.
- 소프트웨어 취약점을 완화하는 데 걸리는 중간 소요 시간은 326일이었다.

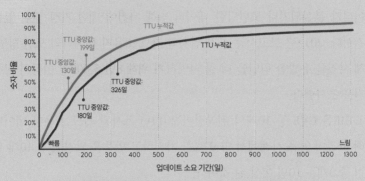

그림 22.3 의존성 수정 vs. 의존성 업데이트 소요 시간(TTU)
(출처: Sonatype, 2019 Software Supply Chain Report)

2019년 보고서에 따르면 소프트웨어 컴포넌트를 분석한 결과 이런 프로젝트가 보안 취약점을 수정하는 데 필요한 시간(TTR)은 의존성을 업데이트하는 데 필요한 시간(TTU)과 상관관계가 있었다.[23] 다시 말해 업데이트를 자주 할수록 보안 취약점을 빠르게 수정하는 경향이 나타났다.

이를 바탕으로 OWASP 의존성 체크(OWASP Dependency Check) 프로젝트의 창시자인 제레미 롱(Jeremy Long)은 모든 의존성을 최신 상태로 유지하는 것이 최고의 보안 패치 전략이라고 제안한다.[24] 그는 "기업의 25%만 취약성을 사용자에게 보고하고, 그 취약점 중 10%만 Common Vulnerabilities and Exposures(CVE)로 보고된다"라고 짐작했다.[25] 또한 취약점에 대한 CVE 게시는 종종 해당 컴포넌트의 이전 버전에 대한 수정 내역으로 봤다.

예를 들어 PrimeFaces CVE-2017-1000486는 2018년 1월 3일에 게시됐고, 암호 채굴자들은 그 후에 착취를 시작했다. 그러나 해당 취약점은 실제로 2016년 2월에 수정됐다. 당시 새로운 버전으로 이미 업데이트를 한 기업들은 영향을 받지 않았다.[26]

또한 2019년도 연구에 따르면 소프트웨어 프로젝트의 '인기(popularity)(예: 깃허브의 별이나 포크의 수, 메이븐 센트럴의 다운로드 수)'와 보안 특성 사이에는 상관관계가 없는 것으로 나타났다.[27] 개발자들이 프로젝트의 인기도에 따라 오픈소스 컴포넌트를 선택한다는 점을 고려하면 이 부분은 다소 문제가 있다. 하지만 프로젝트의 인기와 TTU(의존성 업데이트 소요 시간)는 상관관계가 없는 것으로 나타났다.[28]

2019년도 소나타입의 연구는 오픈소스 프로젝트에 관해 다음과 같은 5가지 행동 양식을 발견했다.[29]

- **작은 모범 사례**(Small Exemplar): 작은 개발 팀(개발자 1.6명), 모범 MTTU

- **더 큰 모범 사례**(Large Exemplar): 큰 개발 팀(개발자 8.9명), 모범 MTTU, 파운데이션 지원 가능성이 크고 11배 더 인기가 있음

- **낙오자들**(Laggards): 형편없는 MTTU, 높은 의존성 실패 수, 상업적 지원 가능성이 더 큼

- **기능 최우선**(Features First): 자주 출시되지만 형편없는 TTU, 여전히 합리적으로 인기가 높음

- **주의**(Cautious): TTU는 좋으나 거의 최신 업데이트되지 않음

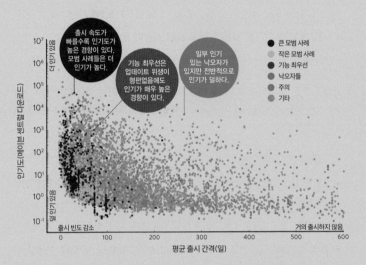

그림 22.4 오픈소스 프로젝트에 대한 5가지 행동 클러스터
(출처: Source: Sonatype, 「2019 Software Supply Chain Report」)

2020년 「소프트웨어 공급망 현황 보고서」는 개발자들을 대상으로 어떤 프랙티스가 개발자 생산성과 보안 목표를 달성하는 데 도움이 되는지 조사했다. 고성과 클러스터와 저성과 클러스터를 비교했을 때(개발자 생산성과 보안 결과물로 측정) 고성과자들은 다음 3가지 특성을 보였다.[30]

변경에 대한 자신감

- 배포를 15배 더 빈번하게 한다.

- 애플리케이션 기능을 깨뜨리는 의존성을 4.9배 덜 갖는다.

- 의존성 업데이트를 3.8배 더 쉽게(고통스럽지 않게) 기술한다.

컴포넌트 보안

- 취약한 OSS 컴포넌트를 26배 더 빠르게 발견하고 수정한다.
- OSS 의존성이 안전하다고(즉, 알려진 취약성이 없다고) 33배 더 확신한다.
- 의존하는 OSS 라이선스가 내부 요구 사항을 만족한다고 4.6배 더 확신한다.
- 이전 결함이 수정된 새로운 OSS 컴포넌트 버전을 2.1배 더 많이 사용한다.

생산성

- 개발자들이 팀을 바꿨을 때 생산성을 확보할 때까지 5.7배 시간이 덜 걸린다.
- 새로운 OSS 의존성 사용 승인에 26배 시간이 덜 걸린다.
- 직원들이 자신들의 조직에 대해 일하기 좋은 곳이라고 1.5배 더 추천한다.

이 클러스터들 사이의 프랙티스를 비교할 때, 성과의 차이는 일상 업무에서 개발자들이 사용하는 프로세스와 거버넌스의 통합 정도의 차이로 설명할 수 있다. 고성과자들은 다음과 같다.[31]

- 의존성 승인, 관리, 및 분석을 77% 더 자동화한다.
- 소프트웨어 구성 분석(Software Composition Analysis, SCA) 도구를 59% 더 많이 사용한다.
- 지속적인 통합(CI)에서의 거버넌스 정책을 28% 더 강화한다.
- 중앙 집중화된 CI 인프라스트럭처(정보 보안 거버넌스 정책을 적용할 수 있는)를 56% 더 많이 갖고 있다.
- 모든 배포 산출물에 대한 중앙 집중화된 기록을 51% 더 많이 유지 및 관리하며, 이를 통해 각 애플리케이션에 대한 소프트웨어 BOM(Software Bill of Materials, SBOM)을 지원한다.
- 보안과 라이선스 준수 여부에 대해 모든 배포된 산출물을 96% 더 중앙 집중화해 스캔한다.

이 통계는 댄 기어Dan Geer 박사와 조시 코먼이 수행한 또 다른 연구에서도 확인할 수 있는데, 취약점 데이터 베이스National Vulnerability Database에 등록된 취약점을 가진 오픈소스 프로젝트 중 41%만 수정됐고, 수정 사항을 게시하는 데 평균 390일이 걸렸다. (CVSS 레벨 10으로 기록된) 높은 심각도를 갖는 취약점은 수정하는 데 224일이 필요하다.[32]*

2020년 「옥토버스 현황 보고서」는 오픈소스 취약성 타임라인을 소개했다. 깃허브를 통틀어 취약점은 발견되기 전에 일반적으로 218주(4년 이상)가 소요됐다. 커뮤니티는 이후 4.4주가 지나 이를 식별하고 수정 사항을 출시했다. 그 뒤 10주가 지나 해당 수정 사항이 사용 가능한 것으로 알려졌다. 해당 수정을 저장소에 적용하는 데는 전형적으로 약 1주일이 걸렸다.[33]

최근 몇 년간 가장 눈에 띈 보안 위험은 소프트웨어 공급망에 대한 공격을 포함하는 SolarWinds와 Codecov였다. 2020년 봄, 악의적인 페이로드(Payload)가 SolarWinds Orion 네트워크 관리 소프트웨어의 업데이트에 추가됐고, 이는 1만 8,000명 이상의 고객에게 영향을 미쳤다. 해당 페이로드는 권한이 있는 계정을 사용해 인스라스트럭처를 활용함으로써 허가받지 않은 접근을 확보했으며, 이메일을 읽는 것보다 훨씬 파괴적인 것을 심기까지 했다.[34]

2021년 4월에는 코드 커버리지 도구인 Codecov 안에서 'CI 독살 공격(CI Poisoning Aattack)'이 발견됐다. 악의적인 페이로드가 코드코드 도커 이미지와 배시 업로더에 추가됐으며 CI 환경에서 기밀 정보를 훔쳤다. 그 결과 2만 9,000명의 고객에게 심각한 영향을 미친 것으로 보고했다.[35]

이 공격들은 조직이 얼마나 자동화된 업데이트에 의존하고 있는지, 모든 CI/CD 파이프라인이 어떻게 손상돼 악의적인 페이로드를 삽입할 수 있는지(이에 관해서는 뒤에서 자세히 다룬다), 새로운 개발 프랙티스가 도입될 때 새로운 리스크가 어떻게 발현될 수 있는지를 보여준다. 이는 정보 보안이 사고하는 적수들이 제공하는 위험을 지속적으로 검토해야 하는 이유다.

환경에 대한 보안을 확보하라

이 단계에서는 환경이 강화되고 위험이 감소한 상태에 있다는 사실을 보장하는 데 필요한 모든 조치를 해야 한다. 잘 알려진 적절한 환경을 조성했어

---

* 소프트웨어 의존성을 일관성 있게 유지하는 도구로는 OWASP Dependency Check와 Sonatype Nexus Litecycle이 있다.

도 모든 프로덕션 인스턴스가 알려진 적절한 상태와 일치하는지 확인하기 위해 구성 내용을 모니터링 통제 사항에 넣어야 한다.

구성 강화, 데이터베이스 보안 설정, 키 길이 등에 모든 적절한 설정이 적용됐다는 사실을 보장하기 위해 자동화 테스트를 생성하고 수행해야 한다. 또한 환경의 취약점을 스캔하기 위한 테스트도 수행해야 한다.*

보안 검증의 또 다른 부류는 실제 환경을 이해하는 것이다(예: '실제 환경은 ~이다'). 이를 위한 도구로는 예상되는 포트가 열렸는지 확인하기 위한 Nmap과 SQL 주입 공격을 통한 스캐닝 등 알려진 취약점을 환경 구성에서 적절하게 처리했는지를 확인하기 위한 Metasploit이 있다. 이런 도구의 결과는 산출물 저장소로 들어가야 하고, 기능 테스트의 일부 절차로 이전 버전과 비교돼야 한다. 이렇게 하면 바람직하지 않은 변경이 발생했을 때 즉시 감지할 수 있다.

사례 연구

18F, 컴플라이언스 용병을 통한 연방 정부 컴플라이언스 자동화(2016)

2016년에 미국 연방 정보기관은 모든 행정부 기관의 업무를 지원하기 위해 IT에 800억 달러를 지출할 것으로 예상했다. 기관을 불문하고 모든 시스템을 '개발 완료'에서 '프로덕션 환경에 적용'으로 전환하려면 지정된 승인 기관DAA에서 운영 권한ATO을 받아야 했다.

정부의 컴플라이언스 통제 법률과 정책은 FISMA, FedRAMP, FITARA와 같이 두문자어로 구성됐으며, 문서량을 모두 합치면 4,000페이지가 넘었다. 기밀성, 무결성, 가용성이 낮은 시스템조차 100개가 넘는 통제 사항의 구현과 문서화, 테스트를 수행해야 했다. 일반적으로 ATO의 '개발 완료' 승인이 나기까지는 8~14개월

---

* 보안 정확성 테스트에 도움이 되는 도구의 예로는 자동화 구성 관리 시스템(Puppet, Chef. Ansible, Salt) 등과 더불어 ServerSpec, 넷플릭스 시미언 아미(Conformity Monkey, Security Monkey 등)가 있다.

이 걸렸다.[36]

이런 문제를 해결하기 위해 연방 정부 내 총무청 18F 팀은 다각적인 접근 방식을 취했다. 마이크 블랜드는 "18F 팀은 정부가 소프트웨어를 만들고 구매하는 방법을 재구성할 수 있게 Healthcare.gov가 만든 추진력을 활용하기 위해 총무성 내 만들어졌다"라고 설명했다.[37]

18F 팀의 노력의 결과로 Cloud.gov라 불리는 플랫폼 애즈 어 서비스가 오픈소스로 만들어졌다. Cloud.gov는 현재 AWS GovCloud에서 실행되고 있다. 플랫폼은 전달 팀이 처리해야 하는 로깅, 모니터링, 경고, 서비스 수명 주기 등 다양한 운영 관심 사항을 처리할 뿐 아니라 컴플라이언스 문제도 처리한다.

이 플랫폼을 운영하면서 정부 시스템에서 반드시 구현해야 하는 대부분의 통제 사항은 인프라스트럭처와 플랫폼 수준에서 처리할 수 있었다. 그 후 구현 범위 안에 남아 있는 통제 사항은 애플리케이션 계층에서 문서화 및 테스트됐으며, 이것은 컴플라이언스에 대한 부담과 ATO에 걸리는 시간을 많이 감소시켰다.[38]

AWS GovCloud는 이미 높은 수준의 기밀성, 무결성, 가용성을 요구하는 시스템을 포함해 모든 유형의 연방 정부 시스템에 대해 사용 승인을 획득했다. 여러분이 이 책을 읽을 즈음에 Cloud.gov는 중간 수준의 기밀성, 무결성, 가용성을 요구하는 모든 시스템에 대해 승인*을 획득할 것으로 예상된다.

또한 Cloud.gov 팀은 시스템 보안 계획SSP의 생성을 자동화하는 프레임워크도 만들고 있다. SSP는 '시스템의 아키텍처, 구현된 통제 사항, 일반적인 보안 상태에 대한 포괄적 설명'이며 '수백 페이지에 달할 정도로 매우 복잡'하다.[39] Cloud.gov 팀은 컴플라이언스 석공Compliance Masonry이라 불리는 프로토타입 도구도 개발했다. 이

---

* 이 승인 사항은 FedRAMP JAB P-ATOs로 알려졌다.

것은 SSP 데이터를 기계가 읽을 수 있는 YAML로 저장하고, GitBooks와 PDF로 자동 변환한다.

18F 팀은 공개적으로 작업하며 작업물을 공공 도메인에 오픈소스로 공유한다. 18F 팀의 깃허브 저장소를 방문하면 컴플라이언스 석공과 Cloud.gov를 구성하는 컴포넌트를 발견할 수 있다. Cloud.gov의 자체 인스턴스를 시작할 수도 있다. SSP에 대한 공개적인 문서 작업은 OpenControl 커뮤니티와 긴밀한 파트너십을 통해 수행되고 있다.

> 이 사례 연구에서는 하나의 조직(심지어 연방 정부와 같은 모놀리식 조직
> 일지라도)이 PaaS를 사용해 자동화된 테스트를 생성하고 컴플라이언스를
> 만족할 수 있음을 보여준다.

정보 보안을 프로덕션 텔레메트리와 통합하라

2010년 버라이즌 데이터 브리치Verizon Data Breach의 연구원 중 한 명인 마르쿠스 사치Marcus Sachs는 다음과 같이 말했다.

> 매년 카드 명의 도용 사건이 발생하면 관련 조직이 해당 사건 이후 몇 달
> 이나 몇 분기 후에 이를 감지했다. 심지어 침해 사건을 내부 모니터링 통
> 제 방식으로 감지하는 것이 아니라 조직 외부의 누군가가 알려줄 때가 훨
> 씬 많았다. 문제를 알려준 사람들은 대부분 부정한 거래를 알아차린 비즈
> 니스 파트너나 고객이었다. 정기적으로 로그 파일을 검토하는 사람이 조
> 직 안에 한 명도 없었기 때문이다.[40]

다시 말해 내부 보안 통제는 침해 사건을 적시에 성공적으로 감지하는 효과가 거의 없다. 침해 사건에 모니터링 사각지대가 있거나 일상 업무로 관련 텔레메트리를 살펴보는 사람이 조직에 없어서다.

14장에서는 가치 흐름 내 모든 사람이 프로덕션 텔레메트리와 지표를 만들고, 그 지표를 중요한 공개 장소에 보이게 하는 방법을 배웠다. 개발과 운영 모두 서비스가 프로덕션에서 어떻게 수행되는지 확인할 수 있는 문화를 생성하기 위해서였다. 그리고 점차 약해지는 실패 신호를 끊임없이 찾아야 하는 이유도 살펴봤다. 이를 통해 문제가 치명적인 실패로 발전하기 전에 찾아서 수정할 수 있었다.

이제부터 애플리케이션과 환경 전반의 정보 보안 목표를 달성하는 데 필요한 모니터링, 로깅, 경고 배포와 함께 쉽고 의미 있는 분석과 대응을 촉진하기 위한 중앙 집중화에 대해 알아본다.

이를 위해 보안 텔레메트리를 개발하고, QA와 운영이 사용하는 동일한 도구와 통합해야 한다. 공격자가 계속 취약점 악용해 허가되지 않은 접근 권한 획득하고 백도어 설치, 부정행위 수행, DoS 공격을 하는 등 적대적인 위협 환경에서 가치 흐름 내 모든 사람에게 애플리케이션이 수행되는 방법에 대한 가시성을 제공해야 한다.

프로덕션 환경에서 서비스가 어떻게 공격받는지를 알려줌으로써 모든 사람이 보안 위험을 고려해 일상 업무로 대응책을 설계해야 하는 당위성을 제공할 수 있다.

애플리케이션에 보안 텔레메트리 생성하기

문제가 있는 사용자 행동을 감지하려면 부정행위나 무단 접근에 대한 지시자나 활성화 인자가 있어야 하며 애플리케이션과 관련된 텔레메트리를 생성해야 한다.

텔레메트리의 예는 다음과 같다.

- 성공적인 사용자 로그인과 성공하지 못한 사용자 로그인
- 사용자 비밀번호 재설정
- 사용자 이메일 주소 재설정

- 사용자 신용 카드 변경

예를 들어 무단 접근 권한을 얻기 위해 무차별적으로 시도하는 강제 로그인의 초기 지표로 성공적인 로그인 대비 성공하지 못한 로그인 때도 비율을 표시할 수 있다. 이와 함께 문제를 빨리 감지하고 수정하기 위해 중요 이벤트 관련 경고를 생성해야 한다.

환경에 대한 보안 텔레메트리 생성하기

애플리케이션 측정뿐 아니라 환경에 대해 텔레메트리를 충분히 생성해 무단 접근을 나타내는 지시자를 초기에 감지할 수 있어야 한다. 특히, 통제하지 않는 인프라스트럭처에서 실행되는 컴포넌트가 있다면 초기에 감지할 수 있어야 한다.

다음과 같은 항목을 모니터링하고 잠재적으로 경고할 수 있어야 한다.[41]

- OS 변경(예: 프로덕션 환경 빌드 인프라스트럭처)
- 보안 그룹 변경
- 구성 변경(예: OSSEC, Puppet, Chef, Tripwire)
- 클라우드 인프라스트럭처 변경(예: VPC, 보안 그룹, 사용자 및 권한)
- XSS 시도(예: 크로스 사이트 스크립팅 공격)
- SQU 시도(예: SQL 주입 공격)
- 웹 서버 오류(예: 4XX 오류와 5XX 오류)

로깅이 올바르게 구성돼 모든 텔레메트리가 올바른 장소로 보내지는지 확인해야 한다. 공격을 감지하면 발생한 일을 로깅하는 것 이외의 접근을 차단해야 한다. 최선의 완화 조치를 선택하는 데 도움이 되는 소스 정보를 저장하는 것도 선택할 수 있다.

엣시, 환경 계측(2010)

2010년 엣시의 엔지니어링 책임자인 닉 갈브레스는 정보 보안, 부정행위 통제, 개인 정보 보안을 담당하고 있었다. 갈브레스는 부정행위를 '시스템의 잘못된 작동이나 유효하지 않거나 검사되지 않은 입력의 시스템에 대한 입력 허용 또는 재무 손실, 데이터 손실 및 도난, 시스템 다운타임, 기물 파손이나 다른 시스템의 공격 원인'으로 정의했다.[42]

그는 정보 보안, 부정행위 통제, 개인 정보 보안에 대한 목표를 달성하기 위해 별도의 부정행위 통제나 정보 보안 부서를 만들지 않았다. 그 대신, 데브옵스 가치 흐름 전반에 보안 책임을 통합했다.

갈브레스는 엣시의 모든 엔지니어가 일상적으로 보는 다양한 개발 및 운영 중심 지표를 따라 보안 관련 텔레메트리를 만들었다.[43]

- **비정상적인 프로덕션 프로그램 종료**(예: 세그먼트 폴트, 코어 덤프 등): 특별히 관심을 두는 사항은 전체 프로덕션 환경에 계속 특정 프로세스가 한 IP 주소에서 들어오는 트래픽으로 인해 트리거되며, 코어 덤프를 하게 되는 원인이다. 이와 유사한 관심 사항은 HTTP '500 Internal Server Error'였다. 이는 시스템에 무단으로 접근 권한을 얻기 위해 취약점이 악용됐다는 사실을 알려주는 표시자다. 여기에는 긴급 패치가 적용돼야 한다.[44]
- **데이터베이스 구문 오류**: 우리는 항상 코드 내부의 데이터베이스 구문 오류를 찾고 있었다. 이 오류는 SQL 주입 공격을 가능케 하거나 실제로 진행 중인 공격이었다. 따라서 코드 내 데이터베이스 구문 오류에는 무관용을 적용했다. 데이터베이스 구문 오류는 시스템을 손상시키는 공격의 매개

체 중 하나이기 때문이다.[45]

- **SQL 주입 공격의 지시자**: 엄청나게 간단한 테스트다. 사용
자 입력 필드에 'UNION ALL'이 입력될 때마다 경고만 하
면 된다. 이것은 대부분 SQL 주입 공격을 나타낸다. 이처럼
제어되지 않은 사용 유형은 데이터베이스에 대한 쿼리가
허용되지 않도록 단위 테스트를 추가했다.[46]

그림 22.5는 모든 개발자가 볼 수 있는 그래프 예제다. 프로덕션
환경에 시도되는 잠재적인 SQL 주입 공격의 개수를 보여준다.

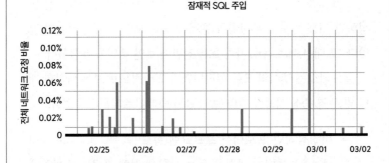

그림 22.5 엣시의 개발자들은 Graphite에서 SQL 주입 시도 상황을 확인할 수 있다
(출처: 'DevOpsSec: Applying DevOps Principles to Security, 데브옵스데이즈 Austin 2012',
SlideShare.net, posted by Nick Galbreath, 2012. 4. 12, http://www.slideshare.net/
nickgsuperstar/devopssec-apply-devops-principles-to-security)

갈브레스는 "개발자들이 운영 환경이 얼마나 적대적인지 이해
하려면 실시간으로 자신의 코드를 공격하는 코드를 보는 것보다
좋은 방법은 없다.[47] 이 그래프는 개발자가 항상 공격받고 있다는
사실을 말해준다. 이로 인한 놀라운 점은 개발자가 코드를 작성할
때 코드 보안에 관한 생각을 많이 바꾼다는 것이다"라고 말했다.[48]

보안 관련 텔레메트리를 제공함으로써 개발자들의 일상 업무에 보안을 추
가할 수 있고 취약점을 더욱 시각화할 수 있다.

배포 파이프라인을 보호하라

지속적인 통합과 지속적인 배포 프로세스를 지원하는 인프라스트럭처 역시 공격에 대한 새로운 취약점이다. 예를 들어 누군가 버전 관리 시스템의 자격 증명을 가진 배포 파이프라인을 실행하는 서버에 손상을 주면 소스 코드를 훔칠 수 있게 된다. 또한 배포 파이프라인이 쓰기 접근 권한을 가졌을 때 공격자는 악의적인 변경 사항을 버전 관리 시스템의 저장소에 추가할 수 있다. 따라서 악의적인 변경 사항이 애플리케이션과 서비스에 추가된다.

트러스트웨이브 스파이더랩스TrustWave SpiderLabs의 전 수석 보안 테스터인 조나단 클라우디스Jonathan Claudius는 "지속적인 빌드 서버와 테스트 서버는 엄청나다. 나는 이들을 직접 사용했고 악성 코드를 주입하는 방법으로 CI/CD를 사용하는 방법도 고려하기 시작했다. 그 결과 '악성 코드를 숨기기에 좋은 장소는 어디일까?'라는 질문까지 떠올리게 됐다. 이에 대한 답은 명백하다. 바로 단위 테스트다. 실제로 아무도 단위 테스트를 살펴보지 않으며 단위 테스트는 누군가 저장소에 코드를 커밋할 때마다 실행된다"라고 전했다.[49]

이 설명을 통해 애플리케이션과 환경의 무결성을 적절하게 보호하려면 반드시 배포 파이프라인에서 공격 요소를 완화해야 한다는 점을 알 수 있다. 위험 요소에는 개발자가 인증되지 않은 접근을 할 수 있는 코드를 도입하는 것과 코드나 환경에 대한 인증되지 않은 사용자의 접근 권한을 획득하는 것이 포함된다. 인증되지 않은 접근이 가능한 코드의 도입은 코드 테스팅, 코드 리뷰, 침투 테스팅과 같은 통제 기법을 통해 완화된다. 인증되지 않은 접근 권한 획득은 알려진 구성이 적절한 상태와의 일치 여부 확인과 효과적인 패치 발행 같은 통제 수단을 통해 완화된다.

그러나 지속적인 빌드, 통합, 배포 파이프라인을 보호하려면 위험 완화 전략으로 다음 사항을 실행해야 한다.

- 고객이 사용하는 프로덕션 서비스를 지원하는 인프라스트럭처와 마찬가지로 지속적인 빌드와 통합 서버의 손상을 방지하기 위한 지속적인 빌드 및 통합 서버에 대한 보안 강화와 자동화를 통해 이들을 재현할 수 있어야 한다.
- 예를 들어 단위 테스트에 악성 코드가 포함된 상태로 승인되지 않은 접근을 허용하는 것처럼, 지속적인 통합 서버에서는 통제되지 않은 코드의 실행을 방지해야 한다. 이를 위해 커밋 시점의 페어 프로그래밍이나 커밋과 트렁크로의 머지 중간의 코드 리뷰 프로세스에 따라 버전 관리 시스템에 도입된 모든 변경 사항을 리뷰한다.
- 테스트 코드가 의심스러운 API 호출(단위 테스트가 파일 시스템이나 네트워크에 접근 등)을 포함한다면 API가 저장소에 체크인됐는지 감지하기 위한 저장소 검사를 수행한다. 문제가 있다면 코드를 격리하고 즉시 코드 리뷰를 시작한다.
- 모든 CI 프로세스가 격리된 컨테이너나 VM에서의 실행 가능성을 확인한다.
- CI 시스템에서 사용하는 버전 관리 시스템의 자격 증명이 읽기 전용인지 확인한다.

> **→ 사례 연구: 2판 추가**

파이 마에, 보안의 시프팅 레프트(2020)

파니 마에^{Fannie Mae}는 2020년 기준 30억 달러 이상 대차대조표를 갖고 있으며, 미국 가정의 1/4의 재정 부문 업무를 돕고 있다.[50] 파니 마에의 미션 중에는 안전함과 건전함이 있다.

이들은 과거에 위기를 경험했다. 리스크에 대한 내성이 약했던 그들이 겪은 어려움은 자신들의 모든 일에 대해 보안이 강화됐음을 보장하는 것이었다. 데브옵스는 카오스 엔지니어링으로부터 보안을 개선하면서 학습하는 솔루션을 제공했고, 보안을 파이프라인에 넣어 그들이 하는 모든 일에 보안 투명성을 연결시켰다.

파이 마에의 CISO인 크리스 포터^{Chris Porter}, 경영 부사장이자 COO인 킴벌리 존슨^{Kimberly Johnson}은 2020 데브옵스 엔터프라이즈 서밋에서 자신들이 경험한 진화에 관해 소개했다. 핵심적인 변경 사항은 문화를 바꾼 것과 보안 부문이 개발 팀과 커뮤니케이션하는 방식 및 보안의 통합 방법을 바꾼 것이었다.[51]

과거 개발은 생산 준비가 완료된 코드를 전달했다. 보안은 자체 테스트를 수행하고 개발 팀이 수정해야 할 취약점 목록을 전달했다. 비효율적이었으며 누구도 좋아하지 않았다. 그들은 보안을 시프트 레프트하는 방법을 학습해야 했다.

그들은 이 문제를 자신들이 가진 보안 도구에 대한 통제권을 넘김으로써 해결했다. 보안 도구를 직접 사용할 수 있게 만들고, API 기반을 제공했으며 Jira와 Jenkins에 도구를 통합했다. 개발자들에게 도구 사용법을 교육하고, 결과의 의미를 알려주고, 용어의 명칭도 모두 바꿨다(취약점 대신 결함에 관해 이야기했다).[52]

또한 모든 보안 테스트 케이스를 CI/CD 파이프라인 안에 완전히 통합해서 코드가 체크될 때마다 보안 테스트를 수행해야 했다. 궁극적으로 개발자들은 무엇을 해야 할지 더 쉽게 알 수 있었다. 개발자들은 테스트가 실패하면 그 이유를 이해하고 문제를 수정할 수 있었다.[53]

크리스 포터는 "나는 이것을 포장도로^{Paved Road}라고 불렀다. 여러분이 포장도로를 따라 진행하며 CI/CD 파이프라인을 사용한다면 파이프라인에는 모든 체크가 통합돼 있으므로 코드를 더욱 쉽게 배포할 수 있을 것이다"라고 말했다.[54]

이는 안돈 코드와도 같았다. 테스트를 통과하지 않으면 라인이 망가지고, 오류를 수정해야만 라인이 재개된다. 포장도로를 사용하지 않으면 여행길에 좌충우돌하면서 속도를 내지 못할 것이다.

포터에 따르면 개발과 보안 모두 마인드셋 변화가 필요했다. 과거 보안 마인드셋은 그들에게서 개발자를 보호하는 것이었다. 그러나 데브옵스 모델에서는 작업의 성격이 '직접 만들고, 직접 소유한다'로 바뀌었다.[55] 모든 구성원에게 공유된 책임이 있었고, 보안은 나중에 끼워 넣는 것이 아니라 코드 안에 내장됐다.

킴벌리 존슨은 다음과 같이 설명한다.

> 개발이 프로덕션으로 실행할 수 있는 코드를 테스팅을 위해 보안으로 전달하던 시절에는 보안 팀의 처리량에 큰 병목이 있었다. 확장 일로에 있는 큰 조직은 충분한 보안 전문가를 찾아 지속적으로 개발된 모든 것을 테스트하기가 거의 불가능했다. 개발 파이프라인 안에 보안 테스트 케이스를 구축함으로써 생산성을 크게 향상시키는 동시에 표준 테스팅과 일상적인 배포에 대해서는 보안 담당자에게 의존할 필요성이 낮아졌다.
>
> 정보 보안 팀에 대한 의존성을 줄였을 뿐 아니라 시프팅 레프트와 테스팅 자동화를 통해 더 나은 비즈니스 결과를 얻었다. 배포 빈도는 지난해 대비 25% 증가했고, 배포 실패 비율 역시 같은 비율로 감소했다. 우리는 핵심 비즈니스 변경을 훨씬 빠른 속도로 반영했다. 에러는 더 적었고, 자원도 훨씬 덜 사용했으며, 재작업량도 현저하게 줄었다. 데브섹옵스로 이동한 것은 우리 서로에게 윈윈이 되는 선택이었다.[56]

파니 마에는 보안을 시프팅 레프트함으로써 속도와 효율, 팀의 행복을 희생하지 않으면서 보안은 물론 코드의 건강함을 유지할 수 있었다.

결론

22장에서는 일상 업무의 모든 단계에 정보 보안 목표를 통합하는 방법을 설명했다. 기존에 생성한 보안 통제 사항을 메커니즘과 통합하고 보안 테스트를 배포 파이프라인과 통합하는 방법에 대해 배웠다. 사전 프로덕션 환경과 프로덕션 환경에 보안 텔레메트리를 생성하면 모든 온디맨드 환경을 강화하고, 위험이 줄어든 상태를 유지할 수 있다. 이를 통해 전반적인 안전성을 계속 향상할 수 있는 동시에 개발자와 운영의 생산성도 높일 수 있다. 다음 단계는 배포 파이프라인의 보호다.

23

배포 파이프라인 보호하기

23장에서는 배포 파이프라인을 보호하는 방법을 살펴본다. 또한 변경 관리와 직무 분리를 포함한 통제 환경에서의 보안 및 컴플라이언스의 목표 달성 방법을 알아본다.

보안과 컴플라이언스를 변경 승인 프로세스에 통합하라

대규모 IT 조직 대부분은 변경 관리 프로세스를 갖추고 있다. 이는 운영과 보안 위험을 줄이기 위한 주된 통제 장치다. 일반적으로 컴플라이언스 관리자와 보안 관리자는 컴플라이언스 요구 사항에 대한 변경 관리 프로세스에 의존하며 모든 변경 사항이 적절하게 승인됐다는 증거가 필요하다.

배포 파이프라인이 올바르게 구축돼 있고 배포의 위험이 낮다면 대부분 변경 사항은 자동 테스트와 능동적인 프로덕션 모니터링과 같은 통제에 의존하기 때문에 수동 변경 승인 프로세스를 거칠 필요가 없다.

이번 단계에서는 보안과 컴플라이언스를 기존 변경 관리 프로세스에 성공적으로 통합했다는 것을 확인하는 데 필요한 사항을 수행한다. 효과적인 변경 관리 정책에는 다양한 변경 유형과 관련된 다양한 위험 요소가 있으며, 이런 변경 사항은 모두 다른 방법으로 처리된다는 사실을 인식해야 한다. ITIL에는 이런 프로세스가 정의돼 있으며 변경 사항을 세 가지 범주로 나눈다.

표준 변경 사항 Standard Changes: 확정되고 승인된 프로세스를 따르는 낮은 위험도의 변경 사항이지만 사전 승인도 가능하다. 이 유형의 변경 사항으로는 애플리케이션 세금 테이블의 월별 업데이트나 국가 코드, 웹사이트 콘텐츠와 스타일 변경, 영향을 잘 알 수 있는 특정한 타입의 애플리케이션이나 운영 체제의 패치가 있다. 변경 제안자는 변경 사항이 배포되기 전에 승인을 요구받지 않지만, 변경의 배포는 완전히 자동화될 수 있으며 로그를 남겨야 하므로 추적이 가능하다.

일반 변경 사항 Normal Changes: 의견이 같은 변경 당국의 리뷰나 승인이 필요한 높은 위험도를 갖는 변경 사항이다. 이에 대한 책임은 부적절한 변경의 영향을 완전하게 이해하는 데 필요한 전문 지식이 부족한 변경 자문 위원회Change Advisory Board, CAB, 비상 변경 자문 위원회Emergency Change Advisory Board가 갖고 있으며, 이로 인해 허용하기 어려운 긴 리드 타임이 발생하기도 한다. 특히, 이와 같은 문제는 수백 명의 개발자가 몇 달에 걸쳐 제출한 수십만 또는 수백만 라인의 새로운 코드를 포함하는 대규모의 코드 배포와 관련이 있다. CAB는 정상적인 변경 사항을 승인하고 변경 여부를 결정하는 데 필요한 정보를 정의하기 위해 적절하게 정의된 변경 요청서 양식Request for Change, RFC을 보유해야 한다. RFC 양식의 예로는 원하는 비즈니스 결과, 계획된 유틸리티와 보증*, 위험 사항과 대안을 갖는 비즈니스 사례, 제안 일정†을 들 수 있다.

---

* ITIL은 '유틸리티'를 '서비스를 수행하는 것'으로 정의한다. 반면에 '보증'은 '서비스가 전달되는 방법으로 서비스가 사용하기 적합한지를 결정하는 데 사용될 수 있는 것'으로 정의한다.[1]

† 위험한 변경 사항을 더 잘 관리하기 위해 특정 변경 사항을 특정 그룹이나 개인만 구현할 수 있는 것과 마찬가지로 정의된 규칙을 갖고 있을 수 있다(예: DBA만 데이터베이스 스키마 변경 사항을 배포할 수 있다). 전통적으로 CAB 미팅은 변경 요청이 승인되고 예약되는 주 단위로 개최된다. ITIL 버전 3 이후부터 변경 관리 도구를 통해 변경 사항에 대한 승인을 즉시 처리 방식으로 승인할 수 있다. 또한 효율성을 높이려고 변경 관리 프로세스를 구축할 때는 표준 변경 사항을 초기에 식별하는 것이 권장된다. 그렇지 않으면 변경 관리 구현은 불필요하게 높은 수준의 관리와 변경 관리 프로세스에 대한 저항을 일으킬 수 있다.[2]

긴급 변경 사항 Urgent Changes: 긴급하면서도 위험성이 큰 프로덕션 환경에
즉시 적용해야 하는 변경 사항이다. 이는 고위 관리자의 승인이 필요
하지만, 사후 문서화가 허용되기도 한다. 데브옵스 프랙티스의 주된
목표는 일반적인 변경 프로세스를 간단하게 만드는 것이며 긴급 변
경 사항에도 적용할 수 있어야 한다.

위험도가 낮은 변경 사항을 표준 변경 사항으로 재분류하라

신뢰성 있는 배포 파이프라인을 갖추면 빠르고, 안정적이며, 극적이지 않
은 배포를 얻을 수 있다. 이때 변경 사항이 CAB가 사전에 정의한 표준 변
경으로 정의될 만큼 리스크가 낮다는 것에 관해 운영 및 변경 관련 담당자
에게서 동의를 받아야 한다. 이렇게 함으로써 (변경 사항은 적절하게 기록해
야 하지만) 추가 승인 없이도 프로덕션 환경에 배포할 수 있다.

변경 사항의 위험도가 낮다는 주장을 뒷받침하는 방법의 하나로 상당
기간(몇 달, 몇 분기 등)에 걸친 변경 사항의 이력을 보여주고, 동일한 기간
발생한 프로덕션 문제의 전체 리스트를 제공할 수 있다. 높은 변경 성공 비
율과 낮은 MTTR을 보여줄 수 있다면 결과적으로 배포 오류를 효과적으로
방지하는 통제된 환경을 보유하고 있음을 주장할 수 있다. 또한 모든 문제
를 효과적이고 신속하게 감지하고 수정할 수 있다는 것도 입증할 수 있다.

변경 사항이 표준 변경 사항으로 분류될 때도 변경 관리 시스템(예:
Remedy나 ServiceNow 등)에서 시각화 및 기록돼야 한다. 배포는 형상 관리
시스템과 배포 파이프라인 도구(예: Puppet, Chef, Jenkins 등)를 통해 자동
으로 수행돼야 하며 결과가 기록돼야 한다. 이를 통해 모든 사람이 (개발과
운영이 아니더라도) 조직 안에서 발생하는 변경 사항을 확인할 수 있다.

이런 변경 요청 기록을 자동으로 작업 계획 도구(예: JIRA, Rally, LeanKit,
Mingle) 내 특정 항목으로 링크할 수도 있다. 이 도구들은 기능 결함, 프로
덕션 사고, 사용자 스토리에 대한 링크와 같이 변경 사항에 대한 더 많은

컨텍스트를 생성할 수 있다. 링크하는 방법은 간단하다. 계획 도구 안에서 버전 관리 체크인과 관련된 주석에 티켓 번호를 포함하기만 하면 된다.[*] 이를 통해 프로덕션 배포 버전 관리 시스템 내 변경 사항으로 추적할 수 있고 변경 사항에서 계획 도구의 티켓을 더 자세하게 추적할 수 있다.

이런 추적성과 컨텍스트는 생성하기 쉬워야 하며 과정이 번거롭지 않아야 한다. 또한 엔지니어에게 부담을 주지 않아야 한다. 대부분은 사용자 스토리, 요구 사항 또는 결함에 대한 링크면 충분하다. 버전 제어에 대한 각 커밋의 티켓 오픈 등과 같은 더 자세한 내용은 유용하지 않을 가능성이 있다. 이와 같은 방식은 일상 업무에 상당 수준의 마찰을 만들기 때문에 불필요하고 바람직하지도 않다.

변경 사항이 일반 변경 사항으로 분류될 때 수행해야 할 작업

표준 변경 사항으로 분류될 수 없을 때는 **일반 변경 사항**으로 고려돼야 하며, 최소한 배포 전에 CAB의 하위 집합의 승인을 받아야 한다. 이때 목표는 완전히 자동화하지 않더라도 **빠른 배포**를 보장하는 것이다.

제출된 변경 요청은 가능한 한 완전하고 정확해야 하며, 변경 사항을 올바르게 평가하는 데 필요한 모든 사항이 CAB에 제공돼야 한다. 변경 요청이 잘못됐거나 불완전하면 요청은 되돌아올 것이며, 프로덕션 환경에서 변경 사항을 적용하는 데 필요한 시간이 증가할 것이다. 그리고 변경 관리 프로세스의 목표를 실제로 이해하고 있는지도 의심해야 한다.

변경 사항에 대한 정확한 세부 사항을 가진 티켓에 입력하는, 완전하면서도 정확한 RFC의 생성 역시 거의 확실하게 자동화할 수 있다. 예를 들어 JIRA의 사용자 스토리와 배포 파이프라인 도구로부터 빌드 메니페스트 파

---

[*] 일반적으로 '티켓(ticket)'이라는 용어는 식별 가능한 모든 작업 항목을 나타내기 위해 사용한다.

일을 테스트하면 실행될 Puppet/Chef 스크립트에 대한 링크가 있는 ServiceNow 변경 티켓을 생성할 수 있다.

제출된 변경 사항은 사람들이 수동으로 평가하므로 변경 사항의 컨텍스트를 설명하는 것이 중요하다. 컨텍스트에는 변경 사유(예: 기능, 결함, 사고에 대한 링크 제공), 변경으로 인해 영향을 받는 사람, 변경되는 사항에 대한 식별이 포함된다.

우리가 원하는 것은 변경 사항이 프로덕션 환경에서 의도대로 잘 동작할 것이라는 확신을 주는 증거와 변경 산출물을 공유하는 것이다. RFC에는 일반적으로 자유 형식의 텍스트 필드가 있다. 그러나 다른 사람이 데이터를 통합하고 처리할 수 있게 기계가 읽을 수 있는 데이터 링크(예: JSON 파일에 대한 링크)도 제공해야 한다.

많은 툴체인에서 규칙을 준수하면서도 이를 완전히 자동화된 방법으로 수행할 수 있다. 예를 들어 쏘트웍스의 Mingle과 Go는 변경과 관련해 수정된 결함의 결과와 완료된 새로운 기능 리스트 정보를 자동으로 연결할 수 있으며 RFC에 넣을 수도 있다.

RFC를 제출하면 관련 CAB 멤버는 제출된 변경 요청과 함께 이런 변경 사항을 검토하고 처리 및 승인할 것이다. 모든 것이 잘 진행된다면 변경 당국은 제공한 정보가 정확한지 빠르게 검증할 수 있으므로, 제출된 변경 사항의 완전성과 세부 사항을 이해하게 될 것이다(예: 배포 파이프라인 도구의 산출물에 대한 링크 보기 등). 그러나 우리의 목표는 성공적인 변경 기록에 대해 모범적인 추적 내용을 계속 보여주는 것이기 때문에 자동화된 변경 사항을 표준 변경 사항으로 안전하게 전환할 수 있다는 사실에 대한 CAB의 동의를 얻을 수 있다.

세일즈포스닷컴, 표준 변경 사항으로 자동화된 인프라스트럭처의 변경 처리(2012)

고객 관계 관리의 편리한 서비스 제공을 목적으로 2000년에 설립된 세일즈포스Salesforce는 시장에서 광범위하게 채택됐고 2004년에는 성공적으로 IPO를 했다.[3] 2007년에는 5만 9,000개 이상의 기업 고객을 확보했고 하루 수억 건의 거래를 했으며 4억 9,700만 달러의 연간 수익을 달성했다.[4]

그러나 같은 시기, 새로운 기능을 개발하고 고객에게 출시하는 역량은 서서히 멈추는 것처럼 보였다. 2006년에는 4개의 기능을 고객에게 출시했지만 2007년에는 더 많은 엔지니어를 고용했음에도 1개 기능만 출시했다.[5] 그 결과 팀마다 전달하는 기능의 개수가 계속 감소했으며 출시에 필요한 시간이 점점 더 길어졌다. 게다가 출시마다 일괄 작업의 크기가 계속 커지면서 배포 결과도 나빠졌다.

2013년 인프라스트럭처 엔지니어링 부사장인 카틱 라잔Karthik Rajan은 2007년도에 대해 "폭포수 프로세스를 사용해서 소프트웨어를 만들고 출하한 마지막 해인 동시에 더 점진적인 전달 프로세스로 이동한 시기였다"라고 보고했다.[6]

2014년 데브옵스 엔터프라이즈 서밋에서 데이브 만곳Dave Mangot과 리나 매튜Reena Mathew는 2009년부터 여러 해 동안 진행된 데브옵스 트랜스포메이션 결과를 설명했다. 발표에 따르면 세일즈포스는 데브옵스 원칙과 프랙티스의 실행을 통해 2013년에는 배포 리드 타임을 6일에서 5분으로 단축했다. 결과적으로 용량을 더 쉽게 확장할 수 있었고 하루에 10억 건 이상의 트랜잭션을 처리할 수 있었다.[7]

세일즈포스 전환의 주요 주제의 하나는 개발이나 운영, 정보 보안 일부인지와 상관없이 모든 사람의 작업을 양질의 엔지니어링으로 만드는 것이었다. 세일즈포스는 이를 위해 애플리케이션과 환경 생성의 모든 단계에 지속적인 통합과 배포 프로세스뿐 아니라 자동화 테스트도 통합했다. 그리고 Puppet 모듈에 대한 기능 테스트를 수행하기 위해 오픈소스 도구인 Rouster를 만들었다.[8]

그들은 일상적으로 테스트되는 컴포넌트가 망가질 때까지 가장 혹독한 운영 조건 아래서 장시간의 내구성 시험 수행을 하기 위해 제조 분야에서 사용되는 용어인 **파괴적 테스팅**Destructive Testing을 수행하기 시작했다. 세일즈포스 팀은 서비스가 일상적으로 중단될 때까지 점차 부하를 높이면서 테스트했다. 이를 통해 실패 모듈을 이해하고 적절히 수정할 수 있었다. 당연히 정상적인 프로덕션 부하에서 상당히 높은 서비스 품질도 얻을 수 있었다.[9]

정보 보안은 프로젝트 초기 단계에서 품질 엔지니어링을 통해 작업했다. 또한 아키텍처나 테스트 설계와 같이 중요 단계에서 지속적으로 협력하는 것은 물론 보안 도구를 자동화 테스트 프로세스에 적절하게 통합했다.[10]

만곳과 매튜는 그들이 프로세스에 녹여낸 모든 반복성과 엄격함을 통해 얻은 핵심적인 성공 사항 중 하나로 변경 관리 그룹으로부터 다음과 같은 말을 들은 것을 꼽았다. 퍼펫을 통해 수행한 인프라스트럭처 변경은 이제 '표준 변경 사항'으로 간주되며 CAB의 승인을 거의 필요로 하지 않는다. 그러나 수작업으로 수행한 인프라스트럭처 변경은 여전히 승인을 받아야 한다.[11]

세일즈포스는 데브옵스 프로세스를 변경 프로세스에 통합했을 뿐 아니라 더 많은 인프라스트럭처에 대해 변경 프로세스를 자동화하고자 하는 많은 내적 동기를 만들어냈다.

코드 리뷰를 통해 직무를 분리하라

소프트웨어 개발 프로세스에서는 수십 년 동안 부정행위나 실수의 위험을 감소시키기 위한 주된 통제 수단 중 하나로 직무 분리를 사용했다. 개발자가 변경 사항을 프로덕션 환경으로 보내기 전에 코드 라이브러리 담당자에게 제출해 리뷰를 수행하고 승인받는 방식은 소프트웨어 개발 수명주기 대부분에서 인정되는 프랙티스였다.

운영 업무에서는 액세스 권한이 있는 사람이 부정행위나 다른 문제와 관련된 증거를 삭제하는 것을 방지하기 위한 용도로 서버 관리자가 로그를 볼 수 있다. 그러나 로그를 제거하거나 수정할 수 없게 하는 등 직무 분리에 대한 논쟁이 거의 없는 다른 예도 많다.

프로덕션 배포가 드물고(예: 1년 단위 배포 등) 작업이 덜 복잡하다면 업무를 분할하고 전달함으로써(핸드오프) 비즈니스 수행을 쉽게 방어할 수 있다. 반면에 복잡도와 배포 빈도가 증가하면 성공적인 프로덕션 배포를 수행하기 위해 모든 사람이 가치 흐름 내 행동의 결과를 빠르게 확인할 수 있어야 한다.

직무를 분리하면 작업 속도가 느려지고 엔지니어가 자신의 작업에 대해 피드백을 받는 것을 줄여 행동의 결과 확인이 어려워질 수 있다. 결과적으로 엔지니어가 자신의 작업 품질에 대해 완전한 책임을 지는 것을 방해한다. 또한 조직 학습을 생성하는 회사의 역량도 감소한다.

따라서 가능한 한 직무 분리를 통제 수단으로 사용하지 말아야 한다. 직무 분리 대신 페어 프로그래밍, 코드 체크인에 대한 지속적인 검사, 코드 리뷰 같은 통제 수단을 선택해야 한다. 이런 통제 수단은 작업 품질을 위해 필요한 확신을 다시 한번 갖게 한다. 또한 이런 통제 수단을 적절한 곳에 배치해 직무 분리가 필요할 때 통제를 통해 생성한 결과와 동일한 결과를 달성할 수 있다는 사실을 보여줄 수 있다.

엣시, PCI 준수와 직무 분리의 교훈적 일화(2014)[*]

엣시의 개발 관리자인 빌 메시Bill Massie는 ICHT I Can Haz Tokens라 불리는 지급 애플리케이션을 담당하고 있다. ICHT는 내부적으로 개발된 지급 처리 애플리케이션 세트를 통해 고객에게 주문을 받는다. 지급 처리 애플리케이션은 고객이 입력한 카드 소유자 데이터를 가져와 데이터를 토큰으로 만들고 지급 프로세서와 통신을 통해 주문 트랜잭션을 완료해 온라인 주문 입력을 처리한다.[12]

카드 소지자의 데이터 환경CDE은 지급 카드 산업 데이터 보안 표준PCI DSS의 범위에 속해 있다. CDE의 예로는 연결된 모든 시스템 컴포넌트를 포함하는 '사람, 저장 프로세스와 기술, 프로세스나 카드 소지자 데이터, 민감한 인증 데이터 처리나 전송'을 들 수 있다. 따라서 ICHT 애플리케이션은 PCI DSS의 범위에 포함된다.[13]

ICHT 애플리케이션은 PCI DSS를 준수하기 위해 물리적, 논리적으로 엣시 조직의 다른 부분과 분리됐다. 그리고 개발자, 데이터베이스 엔지니어, 네트워킹 엔지니어, 운영 엔지니어로 구성된 전혀 다른 애플리케이션 팀이 관리한다. 각 팀원에게는 두 대의 노트북을 제공한다. 하나는 ICHT용(DSS 요구 사항을 만족시키기 위해 다르게 설정됐으며 사용하지 않을 때는 금고 안에 넣어 보관한다)이고, 나머지 하나는 엣시의 다른 부분의 개발에 사용한다.

이를 통해 CDE 환경을 엣시 조직의 나머지 부분과 분리하고, PCI DSS의 규정 범위를 하나의 격리 지역으로 제한할 수 있었다. CDE를 구성하는 시스템은 물리적 수준, 네트워크, 소스 코드, 논리 인프라스트럭처 수준에서 엣시 환경의 다른 부분과 분리된다(관리도 차별화한다). 또한 CDE는 CDE만 담당하는 교차 기능 팀에 의해

---

[*] 저자들은 빌 메시와 존 올스포가 진 킴에게 하루 동안 그들의 컴플라이언스 경험을 공유한 것에 감사한다.

개발되고 운영된다.

ICHT 팀은 코드 승인을 처리하기 위해 지속적인 전달 프랙티스를 수정해야 했다. PCI DSS v3.1, 6.3.2절에 따르면 팀은 프로덕션 환경이나 고객에게 출시하기 전에 다음과 같은 잠재적 코딩 취약점을 발견하기 위해 (수동 프로세스나 자동 프로세스를 사용해) 모든 커스텀 코드를 리뷰해야 한다.[14]

- 코드 작성자가 아닌 사람 또는 코드 리뷰 기법과 안전한 코딩 프랙티스에 관한 지식을 가진 사람이 코드의 변경 사항을 리뷰하는가?
- 코드 리뷰는 코드가 코딩 안전 가이드에 따라 개발된 것을 보장하는가?
- 출시 전 수정 사항이 적절히 구현됐는가?
- 관리자는 출시 전에 코드 리뷰 결과를 검토하고 승인했는가?

팀은 이런 요구 사항을 만족시키기 위해 처음으로 프로덕션 환경에 변경 사항 배포를 담당하는 변경 승인자로 메시를 지명하기로 했다. 원하는 배포 사항은 JIRA의 플래그로 설정할 수 있다. 메시는 이와 같은 변경 사항이 리뷰됐거나 승인됐다고 표시하고, ICHT 프로덕션 환경에 수동으로 배포한다.[15]

엣시는 이를 통해 PCI DSS 요구 사항을 만족시키고 평가자로부터 서명된 컴플라이언스 보고서를 얻을 수 있게 했다. 그런데 팀에 중대한 문제가 발생했다.

이에 대해 메시는 "엣시 안의 다른 그룹에서는 찾아볼 수 없는 부작용이 발생했다. 바로 ICHT 팀 내부의 '구획화Compartmentalization' 수준이다. PCI DSS 규제 준수에 필요한 직무를 분리하고, 다른 통제 수단을 구현한 이후로는 누구도 이 환경에서 풀스택 엔지니어가 될 수 없다"라고 밝혔다.[16]

결과적으로 엣시의 나머지 개발 팀과 운영 팀은 긴밀하게 협업해 변경 사항을 원활하게 배포했다. 메시는 다음과 같이 말했다.

우리 PCI 환경에서는 배포 및 유지 보수에 대해 두려움을 느꼈고, 심지어 주저하기도 했다. 자신들의 소프트웨어 스택 바깥에 있는 어떤 것도 볼 수 없었기 때문이다. 우리가 구축한 업무 방식의 변화는 개발과 운영 사이에 뚫을 수 없는 벽을 만든 것처럼 보였다. 그리고 2008년 이후 엣시에서 아무도 느끼지 못했던 긴장감을 조성했다. 심지어 어떤 분야에 자신감이 있더라도, 다른 사람의 변경 사항이 스택의 해당 부분을 망가뜨리지 않을 것이라는 확신을 얻을 수가 없었다.[17]

이 사례 연구는 데브옵스를 사용하는 조직에서 규정의 준수가 가능하다는 사실을 보여준다. 여기서 주의해야 할 점은 높은 성과를 내는 데브옵스 팀의 장점이 깨지기 쉽다는 사실이다. 신뢰도가 높고 목표를 공유한 경험이 있는 팀들조차 낮은 신뢰의 통제 메커니즘을 적용하면 작업 수행 시 어려움을 겪을 수 있다.

➡ 사례 연구: 2판 추가

캐피털 원, '전혀 두려움 없는' 하루당 10회 출시를 향산 비즈니스와 개발 사이의 파트너십(2020)

지난 7년 동안 캐피털 원은 애자일/데브옵스 트랜스포메이션을 해왔다. 그 기간에 폭포수 방식에서 애자일로, 아웃소싱에서 인하우스와 오픈소스로, 모놀리식에서 마이크로서비스로, 데이터 센터에서 클라우드로 전환했다.

그러나 점점 노후해지는 고객 서비스 제공 플랫폼이 문제였다. 이 플랫폼은 수천만 명의 캐피털 원 신용 카드 고객에게 서비스를 제공했으며 비즈니스에 수억 달러의 매출을 안겨줬다.[18] 그만큼 핵심 플랫폼이었지만, 노후된 탓에 더 이상 고객의 필요나 기업 내부의 전략적 필요를 만족시키지 못했다. 그들은 노후한 플랫폼의 기술적/사이버 리스크 문제를 해결하는 동시에 시스템의 NPV^{Net Present Value}도 늘려야 했다.

캐피털 원의 기술 엔지니어링 디렉터인 라케시 고얄^{Rakesh Goyal}은 "우리가 가진 것은 고철이 돼 버린 메인프레임 기반의 벤더 제품이었고, 시스템과 운영 팀의 규모는 제품만큼 거대했다. 비즈니스 문제 해결에 필요한 것을 전달할 수 있는 모던 시스템이 필요했다"라고 설명했다.[19]

그들은 일련의 작업 원칙부터 만들기 시작했다. 첫 번째, 고객의 요구 사항부터 역방향으로 작업했다. 두 번째, 가치를 반복적으로 전달함으로써 학습을 최대화하고 리스크를 최소화하기로 했다. 세 번째, 닻 편향^{Anchoring Bias}을 피하길 원했다. 다시 말해 실질적 문제를 해결하지 못하는, 그저 빠르고 강하기만 한 말을 만들지 않음을 보장하고자 했다.[20]

이런 원칙을 세운 뒤 변화를 만들기 시작했다. 가장 먼저 플랫폼과 고객군을 관찰했다. 다음으로 고객의 필요와 원하는 기능에 기반해 고객을 세그먼트로 나눴다. 중요한 것은 고객이 누구인지 전략적으로 고려한 점이다. 고객들은 단순한 카드 소유자가 아닌, 그들의 시스템을 사용하는 법률가, 비즈니스 분석가, 내부 직원이었다.

캐피털 원의 자금 세탁 방지 머신 학습 및 사기^{Anti-Money Laundering-Machine Learning and Fraud} 시니어 비즈니스 디렉터인 비스와낫 보수^{Biswanath Bosu}는 "우리는 막대한 인간 중심 설계를 사용해 구식 시스템을 대체했을 뿐만 아니라 실제적으로 (우리 고객들의) 필요를 만족시키고 있음을 증명했다"라고 말했다.[21]

다음으로 배포 순서에 세그먼트의 등급을 매겼다. 각 세그먼트는 실험을 통해 동작하는 것과 그렇지 않은 것을 확인하고 반복을 시작할 수 있는 얇은 슬라이스를 의미했다.

이에 대해 비스와낫 보수는 "MVP(최소 기능 제품)를 관찰할수록 우리는 최소 공통분모를 찾지 않았다. 제공할 수 있는 무의미한 작은 제품이 아니라 고객에게 제공할 수 있는 최소 기능 경험을 찾았다. 그것을 실험하고 동작하는 것이 확인됐다면 남은 일은 그것을 확장하는 것뿐이다"라고 설명했다.[22]

플랫폼 전환에서 클라우드로의 전환은 꼭 필요한 부분이었다. 툴박스에 대한 투자와 진화가 필요했으며, 엔지니어들이 도구를 적절히 다룸으로써 이 전환 과정에서 더욱 기민해지게 재교육해야 했다.

그들은 API 주도의 마이크로서비스 기반 아키텍처 시스템을 구축하기로 했다. 시스템을 점진적으로 유지 보수하며 구축함으로써 다양한 비즈니스 전략으로 천천히 확장하는 것을 목표로 했다.

고얄은 "이것은 미래 자동차 한 대가 아니라 특정한 노동을 위해 만들어진 스마트 카 부대를 갖는 것으로 볼 수 있다"라고 비유적으로 표현했다.[23]

그들은 검증된 엔터프라이즈 도구를 활용하는 것으로 시작했다. 표준화를 통해 엔지니어가 다른 팀에 기여하거나 팀을 이동해야 하는 상황에 더욱 신속하게 대응할 수 있었다.

CI/CD 파이프라인을 구축함으로써 점진적인 출시가 가능해졌고, 사이클 타임과 리스크를 줄임으로써 팀에 권한을 부여했다. 그들은 금융 기업으로서 법률과 규제 준수 통제에 관한 문제도 해결해야 했다. 구축된 파이프라인을 사용해 규정된 통제를 만족하지 못하면 출시를 중단할 수 있었다.

파이프라인 덕분에 팀들은 제품 기능에 더욱 집중할 수 있게 됐다. 파이프라인은 단순히 각 팀의 요청에 따른 투자가 아니라 활용할 수 있는 도구였기 때문이다. 부단한 노력의 결과 25개 팀이 동시에 작업하고 제품에 기여할 수 있었다.

> 캐피털 원은 고객의 필요에 집중하고 CI/CD 파이프라인을 구축함으로써
> 비즈니스 요구를 만족시켰을 뿐만 아니라 더 빨리 움직이게 됐다.

감사관과 컴플라이언스 책임자를 위한
문서와 증거를 확보하라

기술 조직에 데브옵스 패턴을 적용하면 IT와 감사 사이에는 이전보다 더 팽팽한 긴장감이 생긴다. 새로운 데브옵스 패턴은 감사, 통제, 위험 완화에 대한 전통적인 사고에 도전한다.

아마존 웹 서비스의 수석 보안 솔루션 아키텍트인 빌 신[Bill Shinn]은 다음과 같이 관찰했다.

> 데브옵스는 개발과 운영 사이의 격차를 줄이는 것에 관한 모든 것이다. 어떻게 보면 데브옵스와 감사관, 컴플라이언스 책임자 사이의 격차를 줄이는 일은 훨씬 더 어려운 문제다. 예를 들어 얼마나 많은 감사관이 코드를 읽을 수 있을까? 얼마나 많은 개발자가 NIST 800-37이나 그램 리치 블라일리 법[Gramm-Leach-Bliley Act]*을 읽었을까? 이는 지식의 격차를 만들기에 데브옵스 커뮤니티는 이런 격차를 좁히게 도와야 한다.[24]

사례 연구

규제 환경에서 컴플라이언스 증명하기(2015)

아마존 웹 서비스의 수석 보안 솔루션 아키텍트 빌 신의 담당 업무 중 하나는 대기업 고객에게 관련법과 규정을 계속 준수할 수 있다는 사실을 보여주는 것이다. 빌 신은 수년 동안 엄격한 규제 분야에

---

* 금융 기관은 고객에게 정보 공유 프랙티스에 관해 설명하고 민감한 데이터를 보호해야 한다는 법률. 다음 링크(https://www.ftc.gov/business-guidance/privacy-security/gramm-leach-bliley-act) 참조 – 옮긴이

서 공용 클라우드의 사용을 공개적으로 언급한 히어스트 미디어 Hearst Media, GE, 필립스Phillips, 퍼시픽 라이프Pacific Life를 포함하는 1,000개 이상의 기업 고객과 작업하며 시간을 보냈다.

빌 신은 "문제는 감사관이 데브옵스 작업 패턴에는 매우 적합하지 않은 방식으로 훈련받았다는 것이다. 예를 들어 감사관이 1만 개의 프로덕션 서버가 있는 환경을 보게 되면 전통적인 방법으로 자산 관리에 대한 증거물, 접근 통제 설정, 에이전트 설치, 서버 로그 등과 함께 1,000개의 샘플 서버를 요청하도록 훈련받는다"라고 말했다.[25]

그는 이어 "전통적인 방법은 물리적 환경에서는 적합하다. 하지만 인프라스트럭처가 코드일 때는 자동 스케일링을 통해 언제든 서버를 만들고 없앨 수 있다면 어떻게 서버를 샘플링할 수 있을까? 한 그룹은 코드를 작성하고, 다른 그룹은 코드를 프로덕션 환경으로 배포하는 전통적인 소프트웨어 개발 프로세스와는 상당히 다른 배포 파이프라인을 가진 경우에도 같은 문제가 발생한다"라고 덧붙였다.[26]

빌 신은 "감사관이 현장 작업에서 증거를 수집하는 가장 일반적인 방법은 구성 설정과 로그로 채워진 스냅샷, CSV 파일이다. 우리 목표는 감사관에게 우리의 통제가 효과적이라는 사실을 명확한 데이터로 나타나는 대안을 만드는 것이다"라고 설명했다.[27]

그는 증거 수집 방법과 목표의 격차를 줄이기 위해 감사관과 함께 작업했다. 반복적인 방법을 사용하고, 감사 증거 측면에 필요한 사항을 결정하기 위해 스프린트마다 단일 통제 수단을 할당했다. 이는 서비스가 프로덕션에 있을 때 감사관이 전적으로 요구하는 필요 정보를 얻는 데 도움이 된다.

빌 신은 "이를 위한 가장 좋은 방법은 모든 데이터를 Splunk나 Kibana 같은 텔레메트리 시스템으로 보내는 것이다. 이렇게 하면 감사관은 데이터 샘플을 요청하지 않고도 필요한 사항을 전부 스스로 얻을 수 있다. Kibana에 로그인한 뒤 정해진 시간 범위에 대해 필요한 감사 증거를 검색한다. 감사관들은 통제가 동작하고 있다는 사실을 뒷받침하는 증거를 매우 빠르게 확인할 수 있다"라고 부연했다.[28]

이어 "현대적인 감사 로깅, 챗 룸, 배포 파이프라인과 더불어 프로덕션 환경에서 발생하는 것들에는 과거에 없던 가시성과 투명성이 존재한다. 특히, 운영을 수행했던 방법에 비해 오류 확률이 훨씬 낮았고 보안 결함도 감소했다. 따라서 이제는 모든 증거를 감사관이 인식할 수 있는 대상으로 변경해야 한다"라고 강조했다.[29]

이를 위해서는 실제 규정에서 엔지니어링 요구 사항을 도출해야 한다. 빌 신은 다음과 같이 설명한다.

정보 보안 관점에서 HIPAA의 요구 사항을 발견하려면 45 CFR Part 160 법을 살펴보고 Part 164의 A와 C를 검토해야 한다. '기술 보호 및 감사 통제' 부분까지 계속 읽어야 할 것이다. 여기에서는 환자 건강 관리 정보, 통제 사항 문서화 및 구현, 도구 선택과 관련해 우리가 추적 및 감사를 수행하는 활동을 결정해야 할 필요가 있다는 점을 확인할 수 있다. 마지막으로 적절한 정보를 검토하고 수집한다.[30]

빌 신은 "요구 사항을 만족시키는 데는 컴플라이언스 담당자와 규정 책임자 그리고 보안 팀과 데브옵스 팀이 함께 논의해야 한다. 특히, 문제 예방, 감지, 수정에 관해서는 더 많은 논의가 필요하다. 이들은 버전 관리 시스템에서의 구성 설정을 수행할 수도 있다. 또 다른 경우는 모니터링의 통제다"라고 말한다.[31]

그는 "이런 통제 사항 중 하나는 AWS CloudWatch를 사용해 구현할 수 있다. 통제 사항이 한 줄의 명령 라인으로 작동하는지 테스트할 수도 있다. 그리고 로그가 어디로 가는지 보여줄 수도 있어야 한다. 모든 로그 정보를 로깅 프레임워크에 넣으면 로깅 프레임

워크는 감사 증거와 실제 통제 요구 사항을 연결할 수 있다"라고 예시했다.[32]

『DevOps Audit Defense Toolkit』(IT Revolution Press)은 가상의 조직을 대상으로 이런 문제를 해결하기 위한 컴플라이언스와 감사 프로세스에 대해 전반적으로 설명한다(『피닉스 프로젝트』의 Unlimited 부분). 기업의 조직 목표, 비즈니스 프로세스, 최상위 위험 요소에 대한 설명부터 결과적인 통제 환경까지 다룬다. 또한 관리에는 통제가 존재하고, 효과적이라는 사실을 성공적으로 증명하는 방법을 알려준다. 감사관의 이의 제기 관련 집합과 더불어 이를 극복하는 방법도 제시한다.[33]

이 문서는 명시된 위험을 완화하기 위해 배포 파이프라인에 통제를 설계하는 방법을 소개한다. 또한 통제 효과를 나타내기 위한 통제 인증의 예와 통제산출물을 제공한다. 일반적으로 이런 결과물은 정확한 재무 보고 지원, 규정 준수(예: SEC SOX-404, HIPAA, FedRAMP, EU Model Contracts, 제안된 SEC Reg-SCI 규정), 계약 의무(예: PCI DSS, DOD DISA) 그리고 효과적이고 효율적인 운영을 포함한 모든 통제 목표를 달성하기 위해 의도된 사항이다.

이 사례 연구에서는 문서화 구축을 통해 개발과 운영 프랙티스, 감사 요구 사항 사이의 간격을 줄이는 데 도움을 줄 수 있음을 보여준다. 또한 데브옵스를 통해 요구 사항을 준수하는 동시에 리스크 평가와 완화를 개선할 수 있다.

사례 연구

ATM 시스템을 위한 프로덕션 텔레메트리에 의존하기(2013)

메리 스미스[Mary Smith](가명)는 대규모 미국 금융 서비스 기관의 소비자 금융 자산에 대한 데브옵스 이니셔티브를 이끌고 있다. 그녀는 정보 보안, 감사관, 규제 기관이 부정행위를 감지하기 위한 수단으로 코드 리뷰에 너무 많이 의존한다는 사실을 발견했다. 오류 및 부정행위와 관련된 위험을 효과적으로 낮추려면 자동화 테스팅, 코드 리뷰, 승인 외에도 프로덕션 모니터링 통제 사항이 필요하다.[34] 그녀는 다음과 같이 설명했다.

> 몇 년 전까지만 해도 ATM 현금 기계에 배포하는 코드 안에 백도어를 설치하는 개발자들을 데리고 있었다. 그들은 ATM을 특정 시점에 유지 보수 모드로 설정할 수 있었다. 그리고 이를 악용해 기계에서 현금을 인출했다. 우리는 매주 신속하게 부정행위를 감지했지만 코드 리뷰를 통한 것은 아니었다. 이런 유형의 백도어는 가해자에게 수단과 동기, 기회가 충분한 경우에는 감지가 어렵거나 불가능하다.
>
> 그런데 누군가 도시 안의 ATM들이 예상치 못한 시간에 유지 보수 모드로 들어간 사실을 알아차렸고, 정기적인 운영 리뷰 회의 동안 부정행위를 신속하게 감지했다. 우리는 계획된 현금 감사 프로세스가 작동하기 전, 부정행위자들이 ATM에서 승인된 트랜잭션을 통해 현금의 양을 재조정하는 부정행위를 발견했다.[35]

이번 사례 연구에서는 개발과 운영 사이의 직무 분리와 변경 승인 프로세스가 만들어졌음에도 부정행위가 발생했다. 그렇지만 부정행위를 효과적인 프로덕션 텔레메트리로 감지하고 수정할 수 있었다.

이번 사례 연구에서 볼 수 있듯, 감사자들의 코드 리뷰에 대한 과도한 의존 그리고 개발과 운영의 직무를 분리해도 취약점을 드러낼 수 있다. 텔레메트리를 통해 에러와 사기를 식별하고 대응할 수 있는 가시성을 확보할 수 있다. 이를 통해 직무를 분리하거나 변경 리뷰 위원회의 추가 레이어를 만들어야 하는 등의 소요를 완화할 수 있다.

결론

23장에서는 정보 보안을 모든 사람의 작업으로 만드는 프랙티스를 설명했다. 여기서는 모든 정보 보안 목표가 가치 흐름 내 모든 사람의 일상 업무로 통합된다. 이를 통해 통제 효과를 크게 향상할 수 있으며 보안 침해를 더 빠르게 감지하고 복구할 뿐 아니라 효과적으로 방지할 수 있다. 그리고 컴플라이언스 감사 준비 및 통과와 관련된 작업을 크게 줄일 수도 있다.

6부 / 결론

6부에서는 데브옵스 원칙을 선택하고 정보 보안에 적용하는 방법을 살펴봤다. 정보 보안에 데브옵스 원칙을 적용하면 목표를 효과적으로 달성할 수 있으며, 보안을 모든 사람의 일상 업무와 통합할 수 있다. 보안이 개선되면 데이터에 대한 방어가 가능해지고 위험에 민감해질 수 있으며, 보안 문제가 재앙이 되기 전에 복구할 수 있다. 무엇보다 시스템과 데이터의 보안을 이전보다 엄청나게 향상시킬 수 있다.

더 읽을거리

2019년 데브옵스 엔터프라이즈 서밋에서의 뛰어난 감사자들의 패널을 통해 데브옵스와 감사에 대한 깊은 고려 사항을 확인할 수 있다. 이 세션에서는 4개의 거대 감사 기업의 담당자들이 데브옵스와 감사의 협업에 관한 이야기를 나눈다(https://videolibrary.doesvirtual.com/?video=485153001).

『효율적인 디지털로의 전환』은 지능적인 통제 구축에 관해 설명한다. 각 장은 규제가 강한 산업에서의 명확한 패턴과 안티패턴을 다룬다. 저자들은 모두 금융업계에서 일하며 힘겹게 승리한 경험이 풍부하다.

시드니 데커는 『Safety Differently』(CRC, 2017)에서 안전을 관료주의적 책임에서 윤리적 책임으로 전환하는 방법을 설명한다. 여기서는 인적 요소를 통제할 문제가 아닌 활용할 솔루션으로 간주한다.

데커의 강의는 동영상으로도 만나볼 수 있다(https://www.youtube.com/watch?v=oMtLS0FNDZs).

이제 행동할 때다: 데브옵스 핸드북의 결론

데브옵스 원칙과 기술적 프랙티스를 탐구하는 막바지 단계에 도달했다. 데브옵스는 모든 기술 리더가 보안, 신뢰성, 기민성을 활성화해야 하거나 보안 침해, 적시 출시 및 대규모 기술 전환이 일어났을 때 유용한 해결책을 제공한다. 이 책을 통해 이런 문제를 심도 있게 학습하고, 관련 해결책을 만들 때 필요한 로드맵을 얻어가길 바란다.

이 책 전체에 걸쳐 살펴봤듯이, 개발과 운영 사이에 관리되지 않은 상태로 남은 갈등은 문제를 계속 악화시킨다. 결과적으로 이런 갈등은 직원들의 불만을 증가시키고 번아웃의 원인이 된다. 또한 새로운 제품 및 기능이 시장에 출시되는 시기를 지연시키고 품질을 저하시키며 기능의 정지를 심화한다. 그뿐 아니라 기술 부채를 발생시키고 엔지니어링 생산성을 떨어뜨리기도 한다.

데브옵스 원칙과 패턴을 이용하면 이와 같은 만성적인 핵심 갈등을 해결할 수 있다. 이 책을 읽고 데브옵스 트랜스포메이션이 어떻게 동적인 학습 조직을 생성하고, 경쟁력과 직원 만족도를 증가시키는지 이해하길 바란다. 또한 빠른 흐름에 따른 놀라운 결과와 세계적 수준의 신뢰와 보안을 달성하는 방법도 습득하길 바란다.

데브옵스는 새로운 문화와 관리 규범, 기술적 프랙티스와 아키텍처의 변화를 요구한다. 이를 위해 비즈니스 경영자부터 제품 관리자, 개발, QA, IT 운영, 정보 보안, 마케팅에 이르기까지 기술 주도권이 시작되는 부분을 포괄하는 연합이 필요하다. 모든 팀이 함께 작업하면 안전한 작업 시스템을 만들 수 있으며, 소규모 팀이 고객에게 안전하게 배포되는 코드를 빠르고 독립적으로 개발하고 검증할 수 있다. 이로써 개발자의 생산성과 직원 만족도를 높일 수 있고 조직 학습을 활성화할 수 있으며 시장에서 승리할 수 있는 역량을 기를 수 있다.

이 책은 데브옵스의 원칙 및 실천 사항을 충분히 체계화해 데브옵스 커뮤니티에서 달성한 성과를 다른 조직도 거두도록 하는 데 목적이 있다. 프로젝트 완료에 필요한 활성 에너지를 줄이면서 데브옵스 (적용) 계획을 빠르게 채택하고, 성공적인 구현을 완성할 수 있길 바란다.

우리는 일상 업무에 우선순위를 부여할 때의 어려움과 수행 방법을 변경할 때의 고충을 잘 안다. 일상 업무와 관련된 개선과 결정이 지연됐을 때의 위험성도 알고 있다. 또한 조직이 데브옵스를 얼마 지나지 않아 교체될 일시적 유행으로 인식하고 있다는 사실과 다른 업무 방식을 수용하는 데 필요한 위험 및 노력도 알고 있다.

1980년대 린 방식이 제조 작업의 수행 방법을 영구적으로 전환했듯이 데브옵스도 기술 작업의 수행 방법을 전환하는 역할을 한다. 데브옵스를 선택하지 않은 조직은 그 대가를 감수해야 할 것이고, 데브옵스를 채택한 조직은 경쟁자를 능가하고 혁신을 끌어내는 활기차고 지속적인 학습 조직을 만들어 시장에서 승리할 것이다.

이런 면에서 데브옵스는 꼭 필요한 기술일 뿐만 아니라 조직의 필수 사항이기도 하다. 데브옵스는 모든 조직에 적용할 수 있으며, 고객을 위한 품질, 신뢰성, 보안을 유지하면서도 기술 조직을 통해 계획된 작업 흐름을 증가시켜야 하는 조직과도 관련 있다는 점이 매우 중요하다.

우선, 여러분이 조직에서 수행하는 업무와 상관없이 업무 수행 방식의 변경을 원하는 사람을 주위에서 찾아보길 바란다. 이 책을 다른 사람들에게 보여주고 악순환에서 벗어나고 싶어 하는 공통 사상을 지닌 사람들과 연합하라. 그리고 조직 리더들에게 이런 활동에 대한 지원을 요청하고 더 나아가 후원자나 리더가 될 수 있도록 요청하라.

마지막으로 공개할 수밖에 없는 비밀이 있다. 많은 사례 연구에 제시된 성공적 결과 때문에 다수의 변화 주도자가 승진했지만, 그들이 만든 조직을 복원하거나 많은 조직원이 해당 조직을 떠나는 일도 있었다.

이런 결과로 냉소적인 태도를 보이지 않길 바란다. 이에 해당하는 사람들은 당시 업무가 실패할 확률이 높았으며, 어찌 됐든 그러한 일을 해야 한다는 사실을 알고 있었다. 더 중요한 사항은 우리가 할 수 있는 일을 직접 보여줌으로써, 나머지 사람들에게 영감을 줬다는 점이다. 위험을 감수하지 않고 혁신을 이룰 수는 없다. 최소한 일부 관리자를 화나게 하지 않았다면 충분히 노력하지 않은 것이다. 조직의 면역 체계가 당신의 비전을 단념하게 하거나 방해하지 않게 해야 한다. 이전에 아마존에서 '재난 정복자'로 불린 제시 로빈스는 "쓸데없이 다투지 말고, 굉장한 것을 만들어라^{Don't fight stupid, make more awesome}"라고 말하곤 했다.[1]

데브옵스는 개발이나 운영, QA, 정보 보안, 제품 책임자, 고객 지원 등 업무와 상관없이 기술 가치 흐름 안에 있는 모든 사람에게 혜택을 준다. 데브옵스는 죽음의 행진을 줄이면서 훌륭한 제품을 개발하는 즐거움을 되돌려준다. 데브옵스를 활용하면 업무강도를 감소시켜 사랑하는 사람들과 주말 및 휴일을 더 많이 보낼 수 있다. 데브옵스는 팀이 생존하기 위해 학습하고, 번영하며, 고객을 즐겁게 하고, 조직의 성공과 함께 작업하는 것을 가능케 한다.

이 책이 여러분의 목표를 달성하는 데 많은 도움이 되길 진심으로 바란다.

2판을 마치며

니콜 포스그렌

리더와 개발자들이 가장 많이 하는 질문은 생산성과 성과에 관한 것이다. 어떻게 하면 우리 팀이 소프트웨어를 보다 효과적으로 개발하고 전달할 수 있는가? 어떻게 하면 개발자 생산성을 개선할 수 있는가? 성과 개선은 유지할 수 있는가, 아니면 타협이 필요한가? 어떻게 하면 이러한 개선 사항을 측정하고 추적할 수 있는가? 등등.

데이터와 경험은 좋은 자동화, 전략적 프로세스, 신뢰와 정보 흐름을 강화함으로써 팀이 높은 소프트웨어 전달 성과를 달성하게 돕는 문화를 사용하는 것의 중요성을 입증해 왔다. COVID-19 팬데믹 중에도 현명한 자동화, 유연한 프로세스, 좋은 커뮤니케이션으로 무장한 팀과 조직은 살아남았을 뿐 아니라 성장하고 확장했다. 어떤 조직은 불과 며칠 또는 몇 주 만에 피보팅을 통해 새로운 고객과 시장에 서비스를 제공했다.

깃허브의 2020년 「옥토버스 현황 보고서」에 따르면, 조사 대상인 4개 시간대에 있는 개발자들은 이전 연도와 비교해 하루 4.2~4.7시간 더 근무한 것으로 나타났다.[*1] 개발자들은 업무에 가사나 육아 시간을 포함하지 않았다. 코드 푸시 숫자로 작업량을 측정해 추출된 데이터는 개발자들이 실제로 더 많은 작업을 하고 있음을 보여준다. 개발자들은 이전 연도보다 10~17배 많은 커밋을 메인 브랜치로 푸시했다. 데이터를 보면 주말에는 기업 안에서의 활동량은 감소하지만 오픈소스 활동은 증가했음을 알 수 있

---

* 4개 시간대는 영국 표준시, 미국 동부 표준시, 미국 태평양 표준시, 일본 표준시다.

다. 이는 개발자들이 주말에는 업무에서 로그오프하고 오픈소스에 로그인한다는 것을 의미한다. 오픈소스 프로젝트 생성량은 2020년 4월 대비 연간 25% 증가했다.

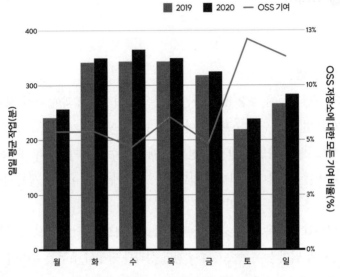

그림 AF.1 사용자당 주간 평일 평균 개발 윈도우
(출처: Forsgren et. al., 「2020 State of the Octoverse」)

이 통계는 인상적이며 팬데믹이라는 초유의 상황에서도 소프트웨어를 지속적으로 혁신하고 전달하는 능력에 박수를 보낼 만하다. 그러나 한 걸음 물러서서 보다 큰 패턴을 고려해야 한다. 상황이 전형적으로 허락하지 않음에도 단순히 열심히 푸시하고 결과를 전달하는 것은 근본적인 문제를 가릴 수 있다.

마이크로소프트는 최근 연구에서 '높은 생산성은 과도한 노동의 이면'이라고 밝혔다.[2] 수년 동안 기술 분야에서 일한 사람들은 이 패턴이 지속 가능하지 않음을 알아챘을 것이다. 진정한 개선과 전환은 변화와 균형을 모두 요구한다. 우리는 낡은 작업 방식(장시간 근무, 무차별 공격, 아드레날린을 연료로 삼는 전달 일정)에서 배운 교훈이 더 나은 기술과 방법론이 있는 현 상황에서는 더 이상 복제되지 않도록 보장해야 한다.

이러한 데이터와 패턴은 또 다른 중요한 점을 강조한다. 근로 시간 또는 커밋 횟수 같은 액티비티 지표는 전체를 대변하지 못한다는 점이다. 이 같은 표면적 지표만을 사용해 생산성을 측정하는 팀과 조직은 전체 그림을 놓칠 위험이 있다. 경험이 풍부한 전문가 기술 리더들은 이미 알고 있다. 생산성은 매우 복잡하며 종합적으로 측정돼야 한다.

나와 동료들은 수십 년간 수집한 전문 지식과 연구 결과를 바탕으로 최근 SPACE 프레임워크를 발행했다. 이는 개발자, 팀, 리더들이 생산성에 관해 생각하고 생산성을 측정하는 데 도움을 주기 위한 것이다.[3] SPACE 프레임워크는 만족과 웰빙Satisfaction and Well-being, 성과Performance, 액티비티Activity, 커뮤니케이션과 협업Communication and Collaboration, 효율성과 흐름Efficiency and Flow이라는 다섯 개 영역을 포함한다. 이 프레임워크에 포함된 최소 3개 영역을 지표에 포함함으로써 팀과 조직은 더 정확한 생선성을 반영하는 방식으로 개발자 생산성을 측정할 수 있고, 개인과 팀이 동작하는 방식을 더 잘 이해할 수 있으며, 더 나은 의사 결정을 내릴 수 있는 강력한 정보를 갖게 될 것이다.

여러분이 이미 커밋(하나의 액티비티 지표)을 측정하고 있다면 또 다른 액티비티 지표인 풀 리퀘스트 숫자를 지표 대시보드에 추가하지 말라. 생산성을 파악하고 싶다면 다른 두 영역의 지표를 적어도 하나씩 추가하라. 예를 들어 엔지니어링 시스템에 대한 만족도(만족 지표 및 개발자 경험의 중요 지표)와 풀 리퀘스트 병합 시간(효율성과 흐름 지표)을 사용할 수 있다. 이 두 지표를 추가함으로써 개인 또는 팀당 커밋 수, 개인 또는 팀당 풀 리퀘스트 병합 시간을 알 수 있다(이들이 개발 시간과 어떻게 균형을 이루는지 확인함으로써 리뷰가 코딩 시간을 방해하지 않는다는 사실도 확인할 수 있다). 또한 엔지니어링 시스템이 전체 개발과 전달 파이프라인을 어떻게 지원하는지에 관한 인사이트를 얻을 수 있다.

우리는 이 방법이 커밋 수보다 훨씬 많은 통찰력을 주는 것은 물론, 더 나은 의사 결정을 통해 개발 팀을 지원할 수 있게 함을 볼 수 있었다. 이 지표들은 문제를 조기에 발견하고 도구와 팀이 만들 가능성이 있는 본질적인 트레이드오프의 지속성을 강조함으로써 보다 지속 가능한 개발과 개발자들의 웰빙을 보장할 수 있다.

지난 10년을 돌아봤을 때, 개선된 프로세스와 기술, 작업 및 커뮤니케이션 방식이 (심지어 위협적이고 예기치 못한 변화에 직면했을 때도) 팀이 스스로 가능하리라 상상조차 하지 못했던 수준의 개발과 전달을 하게 됐다는 것을 알게 돼 매우 고무적이다. 동시에, 우리가 개선의 여정이 계속되도록 보장해야 한다는 지속적(또는 더 나은) 책임을 겸손하게 깨달아야 한다. 매우 흥분되는 기회가 아닐 수 없다. 여러분도 그 여정을 즐기길 바란다.

진 킴

나는 기술 리더들이 어떻게 더 나은 작업 방식을 만들고 있는지에 계속해서 영감을 받아왔다. 이는 존 스마트가 훌륭하게 묘사한 것처럼 가치를 빠르고, 안전하고, 행복하게 만든 방법들이다. 그리고 데브옵스 핸드북 2판에 수많은 새로운 사례 연구를 담았다는 사실에 뛸 듯이 기쁘다(데브옵스 엔터프라이즈 커뮤니티가 다양한 사례 연구를 제공했다). 이런 사례 연구가 여러 산업 영역에서 왔다는 사실은 데브옵스가 해결하려는 문제들이 가진 보편성의 또 다른 반증이다.

가장 흥미로운 하나는 점점 더 많은 실험 결과가 기술 리더와 그들의 상대인 비즈니스 리더의 합작 프레젠테이션으로 발표된다는 점이다. 이들은 세계적 수준의 기술 조직을 구성해 목표, 꿈, 포부를 달성하는 방법을 명확하게 전달한다.

『피닉스 프로젝트』의 마지막 부분에서 마치 요다^{Yoda}와 같은 에릭^{Erik}이라는 인물이 기술 역량은 거의 모든 조직의 핵심 경쟁력이 돼야 할 뿐 아니라 조직 전체에 녹아들어야 하며, 고객의 문제가 해결되는 곳에 가장 가까워야 함을 예측한다.

이러한 예측의 증거가 실현되는 것은 매우 고무적이다. 나는 기술이 조직에서 가장 높은 수준의 지원을 받으며 모든 조직의 승리를 이끌기를 고

대한다.

제즈 험블

다양한 규모의 안전하고, 빠르게 변화하고, 탄력적인 분산 시스템을 구축하는 방법을 만들어내고자 하는 사람들의 운동이 데브옵스라고 생각한다. 이 운동은 개발자, 테스터, 시스템 관리자들이 수년 전에 심은 씨앗에서 태어났지만, 디지털 플랫폼의 눈부신 성장과 함께 본격화됐다. 지난 5년 동안 데브옵스는 모든 곳에 스며들었다.

데브옵스 운동 기간에 커뮤니티로서 많은 것을 배웠다고 여기지만, 기술 산업을 괴롭혔던 많은 문제가 여전히 반복되고 있음을 목격한다. 이런 반복은 지속적인 프로세스 개선, 아키텍처 진화, 문화 변화, 지속적인 영향을 미치는 유형의 팀워크가 어렵다는 사실로 축소돼 도구나 조직 구조에 집중하게 만든다. 도구와 조직 구조도 중요하지만 이것만로는 부족하다.

이 책이 출간된 후, 나는 미 연방 정부, 4인 스타트업 그리고 구글에서 설명한 프랙티스를 사용했다. 훌륭한 데브옵스 커뮤니티 덕분에 전 세계 사람들과 이에 대해 논의할 수 있었다. 니콜 포스그렌 박사가 이끌었던 팀의 팀원으로서 박사가 2판 작업에 함께했다는 것이 너무 기쁘다. 우리 팀은 고성과 팀을 구축하는 방법에 관한 세계 최고 수준 연구를 수행했다.

배운 점 가운데 하나는 높은 성과란 서로 다른 배경과 정체성, 경험 및 관점을 지닌 사람들이 함께 작업할 때 심리적으로 안전하다고 느낄 수 있는 환경을 구축하는 데 중점을 둔 조직에서 시작된다는 것이다. 이런 조직에서는 팀이 안전하고 체계적인 방법으로 실험하고 학습하는 데 필요한 자원과 역량, 격려를 제공받는다.

세상은 끊임없이 변화하고 있다. 조직과 팀은 나타났다가도 사라질 수 있지만, 우리는 커뮤니티로서 서로를 보살피고 지원하며 학습한 것을 공유해야 할 책임이 있다. 그것이 데브옵스의 미래이자 도전이다. 이 커뮤니티, 특히 심리적으로 안전한 환경을 조성하고 다양한 배경을 가진 새로운 사람들을 환경하고 격려하는 중요한 일을 하는 모든 분에게 깊이 감사한다. 여러분이 학습한 것을 우리와 공유할 날이 오기를 고대한다.

패트릭 드부아

처음에는 데브옵스를 개발과 운영 사이의 병목을 개선하는 방법 정도로만 여겼다.

개인적으로 비즈니스를 운영해 보고 나서야 이 관계에 영향을 미치는 수많은 다른 그룹이 기업 안에 있음을 알게 됐다. 예를 들어 마케팅과 세일즈가 과도한 약속을 하면 전체 관계에 말할 수 없이 큰 스트레스를 준다. HR이 계속해서 잘못된 사람들을 고용하거나 보너스가 잘못 제공된다. 일련의 경험을 통해 데브옵스를 기업의 보다 높은 레벨에 존재하는 병목을 찾는 방법으로 여기게 됐다.

'데브옵스'라는 용어를 처음 접했을 때, '사일로 사이의 마찰을 극복하는 데 필요한 모든 활동'이라고 내 나름대로 정의했다. 그 외 다른 것은 보통의 엔지니어링과 똑같았다.

이 정의는 단순히 기술을 구축하는 것만으로는 충분하지 않으며 마찰점을 극복하려는 의지가 필요하다는 것을 강조한다. 여러분이 어떤 장애물을 해결하면 마찰점은 다른 곳으로 이동할 것이다. 이처럼 병목이 계속해서 발생한다는 점을 잊어서는 안 된다.

대부분 조직은 파이프라인이나 자동화의 최적화 작업은 지속하지만, 병목을 유발하는 다른 마찰 발생 지점은 다루지 않는다. 이것이 오늘날 직면한 핵심 과제다. 예를 들어 핀옵스^{FinOps}*는 협업에 더 많은 압력을 가하거나 심지어 개인적인 수준의 개선을 통해 사람들이 원하는 것을 더 잘 이해하고 표현하게 한다. 단순한 파이프라인과 자동화를 넘어선 개선과 사고의

---

* 재무(Finance)와 운영(Operation)의 합성어로, 계속해서 진화하는 클라우드 재무 관리 원칙이자 문화적 프랙티스다. FinOps는 엔지니어링 팀, 재무 팀, 기술 팀, 비즈니스 팀이 데이터 기반의 지출 의사 결정을 내리게 도움으로써 조직이 최대의 비즈니스 가치를 얻게 한다. – 옮긴이

폭넓은 관점 때문에 대부분 조직이 곤경에 처한다.

나는 일련의 일들을 해결해 나가면서 데브옵스 및 데브섹옵스를 활용해 다른 병목을 관찰하는 것이 계속해서 다른 어딘가로 이동하는 병목의 좋은 예라고 믿는다. 많은 사람이 디자인옵스Design-Ops, 에이아이옵스AIOps, 프론트엔드옵스FrontendOps, 데이터옵스DataOps, 네트워크옵스NetworkOps를 언급한다. 계속해서 관심을 기울여야 할 사항의 균형을 얻기 위해 모든 라벨을 사용한다.

어느 시점이 되면 데브옵스라는 이름 자체가 더는 중요하지 않아질 것이다. 조직이 계속해서 최적화를 해야 한다는 아이디어는 자연히 나타날 것이다. 언젠가는 데브옵스라는 용어를 충분히 많이 사용해서 누구도 데브옵스라는 용어를 사용하지 않지만, 계속해서 데브옵스 프랙티스를 개선하게 되기를 희망한다.

존 윌리스

10년 전, 나와 처음 만난 진은 엘리야후 골드랫 박사의 『The Goal』을 기반으로 집필 중인 책에 관해 말했다. 운영 관리, 공급망, 린에 관한 지식이 거의 없을 때였다. 진은 『피닉스 프로젝트』의 후속작을 쓰고 있으며, 이 책은 더 규범적인 내용이 될 것이라고 설명했다. 내 좋은 친구인 패트릭 드부아가 작업에 참여하고 있다는 말도 했다. 그 말을 듣자마자 프로젝트에 함께 할 수 있게 해달라고 요청했다. 그렇게 만들어진 것이 『데브옵스 핸드북』 1판이다. 처음에는 베스트 프랙티스 사례에 기본적으로 집중하고 그 기반이 되는 메타 콘셉트에는 관심을 두지 않았다. 이후 제즈 험블이 팀에 합류하면서 해당 영역을 깊이 다루는 부분을 추가했다.

솔직히 말해 우리가 데브옵스라 불렀던 운영 관리, 공급망, 린의 실질적 영향에 감사하게 되기까지는 10년 이상의 시간이 걸렸다. 1950년부터 1980년까지 일본의 제조업에서 발생했던 일들에 관한 이해가 깊어질수록 현재의 지식 경제에 미치는 근본적인 영향에 관한 이해도 함께 깊어졌다. 사실 제조와 지식 경제의 학습 사이에는 매우 흥미로운 뫼비우스의 띠Mobius

Loop가 존재하는 것처럼 보인다. 자율 주행 자동차 생산을 예로 들 수 있다. 인더스트리얼 데브옵스Industrial DevOps 같은 운동들은 우리가 제조 경제에서 지식 경제로 오면서 학습했던 것들을 제조 경제로 되돌린 그 루프의 좋은 예다.

오늘날 직면한 커다란 과제는 레거시 조직 대부분이 두 세계 사이에 걸쳐 있다는 점이다. 첫 번째 세계, 즉 제조 경제 세계의 관습은 역사적이고 체계적이며 석회화된 자본 시장의 힘이 주도한다. 두 번째 세계, 즉 데브옵스와 같은 지식 경제의 관습은 첫 번째 세계와는 직관적으로 반대되는 모습이다. 전형적으로 이런 조직은 어느 한 지각판이 다른 지각판 아래로 묻히는 지각판의 충돌처럼, 두 세계 사이에서 힘겨운 싸움을 벌인다. 이런 충돌이 발생하면 두 번째 세계의 성공과 굴복이 반복되면서 조직에 일시적 성공을 안겨주는 경향이 나타난다.

좋은 소식은 린, 애자일, 데브옵스, 데브섹옵스와 같은 운동의 진화가 두 번째 세계의 관습과 잘 어울린다는 점이다. 시간이 지남에 따라 이런 새로운 습관을 진북으로 포용한 조직은 굴복보다는 성공을 거두는 경향을 보인다.

지난 몇 년 동안 좋았던 점은 기술에 관한 환원주의적 접근Reductionist Approach이었다. 기술은 고성과 조직이 성공하기 위한 3대 원칙(사람, 프로세스, 기술) 중 하나일 뿐이지만, 세 가지 중 하나가 고된 노동을 줄이더라도 이는 손상되지 않는다.

지난 수년 동안 구식 레거시 인프라스트럭처에 대한 의존성이 줄어드는 것을 봐왔다. 단순히 클라우드를 뛰어넘어 더욱 원자적인 스타일의 컴퓨팅이 증가하고 있다. 거대 조직이 빠르게 클라우드 기반의 함수형 컴퓨팅으로 이동하고 있으며 이벤트 주도 아키텍처Event-driven Architecture, EDA도 점점 강조되고 있다. 이 환원주의적 스타일의 기술 프로세스는 세 가지 원칙(사람, 프로세스, 기술) 전체에서 고된 노동을 제거하고 있다. 이것은 앞서 언급한 두 번째 세계의 진화적 관습과 함께 거대 레거시 조직에게 실패보다는 성공을 가속하는 데 도움을 줄 것이다.

부록 1: 데브옵스의 융합

데브옵스는 관리 운동의 믿어지지 않는 융합 결과로 혜택을 누린다. 관리 운동은 모든 조직이 서로 보완하며, IT 제품과 서비스의 개발 및 전달 방법을 전환하기 위한 강력한 연합체를 만드는 데 도움이 된다.

존 윌리스는 이를 '데브옵스의 융합'이라 명명했다. 이 융합의 여러 요소를 다음과 같이 대략적인 연대순으로 소개한다(각 요소를 간략하게 설명하지만, 데브옵스로 이어지는 사고의 진전을 보여주기에는 충분하다).

린 운동

린 운동은 1980년에 가치 흐름 매핑, 칸반 보드, 전사적 생산 설비 보전과 같이 인기 있는 기법과 더불어 토요타 프로덕션 시스템을 체계화하고자 하는 시도로 시작됐다.[1]

린의 주된 방침은 두 가지다. 첫째, 리드 타임(예: 원자재를 완제품으로 만드는 데 필요한 시간)은 품질, 고객 만족, 직원 행복의 가장 큰 예측 변수라는 사실이다. 둘째, 짧은 리드 타임에 가장 좋은 예측 변수는 '단일 조각 흐름('1X1' 흐름의 경우 재고 1, 배치 작업 크기 1)'을 갖는 작은 크기의 배치 작업이 이론적으로 이상적이라는 깊은 믿음이다.

린 원칙은 고객을 위한 가치를 만드는 것에 중점을 둔다. 시스템적 사고, 과학적 사고의 포용, 흐름과 당김(밀어냄의 반대) 생성, 소스의 품질 보장, 겸손함, 모든 개인을 존중하는 것에 집중한다.

애자일 운동

애자일 운동은 2001년에 시작됐다. 애자일 개발 선언문은 폭포수 개발 방법과 같은 무거운 소프트웨어 개발 프로세스와 래셔널 통합 프로세스와 같은 방법론에 맞서기 위해 만들어졌다. DP와 DSDM과 같은 경량 방법론으로의 전환보다 광범위한 목표가 있는 소프트웨어 개발 분야의 저명한 사상가 17명이 선언문을 작성했다.

애자일의 핵심 원칙은 '2주에서 2달 사이에 동작하는 소프트웨어를 자주 전달하고 더 짧은 시간 간격을 선호하는 것'이다.[2] 소규모이면서 스스로 동기를 부여하는 팀과 높은 신뢰를 갖는 관리 모델에서 작업하는 원칙과 작은 크기의 배치 작업을 강조하는 원칙이 있다. 애자일은 스크럼, 스탠드업과 같은 도구와 프랙티스와도 관련돼 있다.

벨로시티 콘퍼런스 운동

벨로시티 콘퍼런스는 2007년 IT 운영과 웹 퍼포먼스의 주도를 위한 전문 집단 구성을 목적으로 스티브 사우더스[Steve Souders], 존 올스포, 제시 로빈슨[Jesse Robbins]에 의해 시작됐다. 2009년 벨로시티 콘퍼런스에서 존 올스포와 폴 해몬드는 '10+ Deploys per Day: Dev and Ops Cooperation at Flickr'라는 중요한 내용을 발표했다.

애자일 인프라스트럭처 운동

2008년 패트릭 드부아와 앤드루 샤퍼는 애자일 토론토 콘퍼런스에서 인프라스트럭처에 애자일 원칙을 적용한 'birds of a feather' 세션을 열었다. 이들은 존 윌리스를 비롯해 같은 생각을 하는 사상가를 빠르게 모았다. 이후 드부아는 올스포와 해먼드의 '10+ Deploys per Day: Dev and Ops Cooperation at Flickr'에 열광했다. 그 이후, 2009년 벨기에 겐트에서 처음으로 데브옵스데이즈를 개최하고 '데브옵스'라는 단어를 처음 도입했다.

지속적인 전달 운동

제즈 험블과 데이비드 팔리는 지속적인 빌드, 지속적인 테스트, 지속적인 통합 개발 원칙을 바탕으로 코드와 인프라스트럭처가 항상 배포할 수 있는 상태에 있어야 하며, 트렁크로 체크인된 모든 코드를 프로덕션 환경으로 배포하기 위해 개발 원칙에 '배포 파이프라인'을 포함해 지속적인 전달 개념으로 확장했다.[3] 이 아이디어는 애자일 2006 콘퍼런스에서 처음 발표됐으며, 팀 핏츠가 '지속적인 배포'라는 블로그 게시물에서 독자적으로 발전시켰다.[4]

토요타 카타 운동

2009년 마이크 로더는 토요타 생산 시스템의 인과적 메커니즘을 체계화하기 위해 20년 동안 학습한 내용을 설명한 『Toyota Kata』를 썼다. 여기서 토요타 카타는 '지속적인 개선 및 적응과 더불어 토요타 성공의 배경이 되는 보이지 않는 관리 루틴과 사고방식 (중략) 그리고 다른 기업이 그들의 조직에서 이와 유사한 관리 루틴과 사고방식을 개발하는 방법'으로 설명된다.[5]

마이크 로더는 린 커뮤니티가 전체에서 가장 중요한 프랙티스를 놓쳤다는 결론을 내리고, 해당 프랙티스를 '개선 카타'라고 설명했다. 모든 조직은 작업 루틴을 보유하고 있지만, 토요타에서 중요한 요소는 개선 작업을 습관화하고, 이를 조직의 일상 업무로 만드는 것이라고 설명했다. 토요타 카타는 공유된 조직의 올바른 방향을 추구하면서 문제 해결에 대해 반복적이며 점진적이고 과학적인 접근 방법을 소개한다.[6]

린 스타트업 운동

2011년 에릭 리스는 실리콘 밸리의 스타트업인 MVU에서 배운 교훈을 체계화하기 위해 『린 스타트업』(인사이트, 2012)을 집필했다. 이 문서는 지속적인 배포 기법과 함께 **깨달음에 이르는 4단계***에 대한 스티브 블랭크^{Steve Blank}의 작업을 근거로 한다. 에릭 리스는 최소 요건 제품^{MVP}, 빌드-측정-학습 주기 그리고 다양한 지속적인 배포 기술 패턴을 포함하는 관련 프랙티스와 용어를 체계화했다.[7]

린 UX 운동

2013년 제프 고델프^{Jeff Gothelf}는 『린 UX』(한빛미디어, 2023)를 통해 '퍼지 프론트엔드^{Fuzzy Frontend}'의 향상 방법을 체계화하고, 기능에 시간과 자원을 투자하기 전에 제품 책임자가 비즈니스 가설, 실험, 수립한 가설에 확신을 얻는 방법을 설명했다. 우리는 비즈니스 가설, 기능 개발, 테스트, 배포, 고객에게 서비스를 전달할 때 린 UX를 추가해 흐름을 완전하게 최적화할 수 있는 도구를 갖게 됐다.

러기드 컴퓨팅 운동

조슈아 코먼^{Joshua Corman}과 데이비드 라이스^{David Rice}, 제프 윌리엄스^{Jeff Williams}는 2011년 안전한 애플리케이션과 환경에서 개발 수명 주기 후반의 명백히 무의미한 행동을 조사했다. 이를 통해 '러기드 컴퓨팅^{Rugged Computing}'이라 불리는 철학을 만들었다. 러기드 컴퓨팅은 안정성, 확장성, 가용성, 생존 가능성, 지속 가능성, 보안, 지원 가능성, 관리 가능성, 방어 가능성 등 비기능 요구 사항의 체계를 구축했다.

높은 출시 비율의 잠재력으로 월별 또는 분기별로 수백 건에서 매일 수천 건이 되는 정보 보안이나 QA에 2주 정도의 소요 시간(턴어라운드 시간)이 들지 않게 됐다. 데브옵스는 QA와 정보 보안에 엄청난 압박감을 줄 수 있다. 러기드 컴퓨팅 운동은 대부분 정보 보안 프로그램에서 사용하는 기존 접근의 방법으로 취약한 산업 복합체가 (보안 위협에) 맞서는 것은 절망

---

* 다음 링크(https://www.amazon.com/Four-Sleps-Epiphany%E2%86%90Steve-Blank/dp/0989200507)를 참고하라. – 옮긴이

적이라고 단정한다.

부록 2: 제약 이론과 핵심적이고 만성적인 갈등

제약 이론 지식 체계는 핵심적인 갈등 클라우드의 사용을 광범위하게 논의한다('C3'라 부르기도 한다). 그림 A.1은 IT에 대한 갈등 클라우드를 보여준다.

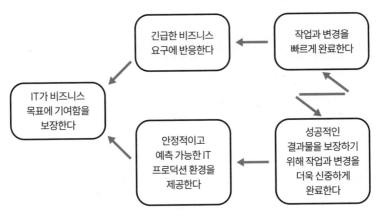

그림 A.1 모든 IT 조직이 직면하는 핵심적이면서도 만성적인 갈등

1980년대 제조 분야에는 만성적인 핵심 갈등이 있었다. 모든 공장 관리자의 두 가지 주요한 비즈니스 목표는 '판매 보호'와 '비용 절감'이었다. 판매 관리자는 고객의 요구를 충족시키기 위해 판매 보호를 위한 재고를 증가시키려는 인센티브를 항상 갖고 있었다.

제품 관리자는 비용을 줄이기 위해 완전한 판매 형태로 고객에게 바로 발송되지 않은 작업에 비용이 묶여 있지 않게 재고를 줄이는 인센티브도 있었다.

이들은 일괄 작업의 크기 감소, 진행 중 작업 축소와 같은 린 원칙을 적용해 갈등을 해소할 수 있었다. 그 결과 공장 생산성, 제품 품질, 고객 만족도가 극적으로 올라갔다.

데브옵스 배경이 되는 원칙의 작업 패턴은 제조 분야에서 변환한 작업 패턴과 일치한다. 이 패턴은 IT 가치 흐름을 최적화하고 비즈니스 요구를 고객에게 가치를 제공하는 기능 및 서비스로 변환한다.

부록 3: 악순환표

『피닉스 프로젝트』에서 묘사된 악순환의 형태는 표 A.1과 같다.

표 A.1 악순환

운영 관점…	개발 관점…
취약한 애플리케이션은 실패하는 경향이 있다.	취약한 애플리케이션은 실패하는 경향이 있다.
어떤 비트가 뒤집혔는지 알아내는 데는 오랜 시간이 필요하다.	더 긴급하다. 날짜 주도 프로젝트를 큐에 넣는다.
탐지 통제는 판매원이다.	더 취약한(덜 안전한) 코드를 프로덕션 환경에 넣는다.
서비스 복원에 많은 시간이 필요하다.	더 많은 출시는 점차 급격하게 설치하게 한다.
많은 방제 작업이 계획되지 않았다.	배포 비용을 분할 상환하기에는 출시 주기가 너무 길다.
긴급 복원을 위한 재작업과 교정	배포 실패가 클수록 진단하기가 더 어렵다.
계획된 프로젝트 작업을 완료하지 못한다.	선임 및 제한된 IT 운영 인력은 기본적인 프로세스 문제를 수정하기 위한 시간이 거의 없다.
좌절한 고객이 떠난다.	비즈니스에서 승리하는 데 도움이 되는 작업 백로그가 계속 증가한다.
시장 점유율이 하락한다.	IT 운영, 개발, 설계 사이의 긴장이 증가한다.
경영층이 월 스트리트에 한 약속을 이해하지 못한다.	–
경영층이 월 스트리트에 더 큰 약속을 한다.	–

부록 4: 핸드오프와 대기열의 위험

긴 대기열이 초래하는 손실 문제는 핸드오프가 많을수록 악화된다. 핸드오프는 대기열이 생성되는 곳이기 때문이다. 그림 A.2는 작업 센터에서 자원의 대기 시간을 나타낸다. 그래프상 점근선은 '30분 정도의 단순 변경 사항'을 완료하는 데 일주일이나 걸리는 이유를 보여준다. 특정 엔지니어나 작업 센터가 높은 가동률을 갖고 있을 때 종종 문제를 일으키는 병목 지점이 된다. 작업 센터의 활용률이 100%에 근접할수록 해당 센터에 필요한 모든 작업은 대기열에 오래 머물게 되고, 누군가 신속히 처리하거나 업무를 확대하지 않으면 작업은 완료되지 않을 것이다.

그림 A.2에서 x축은 작업 센터가 주어진 자원을 사용한 비율이며, y축은 대략적인 대기 시간(더 정확히 말하면 대기열의 길이)이다. 선의 모양은 자원 활용률이 80%를 넘으면 대기 시간이 치솟는다는 것을 보여준다.

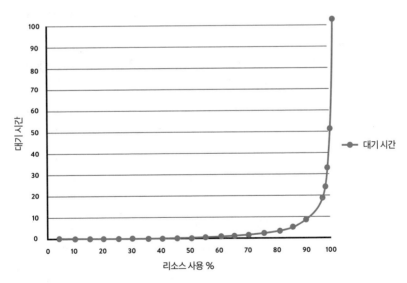

그림 A.2 대기열의 크기와 대기 시간의 활용 비율 함수
(출처: Kim, Behr, and Spafford, 『The Phoenix Project』, ePub edition, 557.)

『피닉스 프로젝트』에서 빌과 그의 팀이 프로젝트 관리 사무관에게 이런 리드 타임 속성에 대한 파괴적인 결과를 얻게 된 방법은 다음과 같다.[8]

나는 MRP-8에서 에릭이 이야기한 사항, 즉 대기 시간은 자원 활용률에 비례한다는 점을 설명했다. "대기 시간은 '사용 시간 비율'을 '미사용 시간 비율'로 나눈 것이다. 다시 말해 자원의 50%가 사용 중이면 50%는 미사용 상태다. 대기 시간은 50%를 50%로 나눈 것으로 1단위 시간이 된다. 이를 1시간이라 부르게 하자. 따라서 우리 작업은 대기열에서 작업에 들어가기 전에 평균 1시간을 기다릴 것이다."

"즉, 자원의 90%가 사용 중이면 대기 시간은 '90%를 10%로 나눈 값'으로 9시간이 된다. 우리는 대기열에서 자원인 50% 미사용 중인 때보다 9배 더 길게 기다리게 된다."

나는 결론을 내렸다. "피닉스 프로젝트 작업에서 일곱 번의 핸드오프가 있다고 가정하고 이 자원들에 각각 시간의 90%를 사용한다면, 작업은 대기 열에서 총 9시간씩 7단계를 보내게 된다."

"뭐라고? 대기 시간이 63시간이나 된다고?" 웨스가 놀라서 물었다. "그건 불가능한데!"

패티는 능글맞은 웃음과 함께 대답했다. "아, 물론 이걸 입력하는 데는 30초밖에 걸리지 않지만 말야. 그렇지 않아?"

빌과 그의 팀은 '간단한 30분 작업'이 실제로는 7번의 핸드오프(예: 서버 팀, 네트워킹 팀, 데이터베이스 팀, 가상화 팀, 물론 '록스타' 엔지니어인 브랜트 포함)가 필요하다는 점을 깨달았다.

그림 A.2는 모든 작업 센터가 90%를 사용 중인 것으로 가정했을 때 평균 대기 시간이 각 작업 센터에서 9시간이라는 것을 보여준다. 그리고 모든 작업은 7개의 작업 센터를 거쳐야 하므로 전체 대기 시간은 대기 시간의 7배인 63시간이 된다.

다시 말해 **부가 가치 시간**(프로세스 타임으로도 알려져 있다)의 전체 %는 전체 리드 타임의 0.16%에 불과하다(30분을 63시간으로 나눈 값). 이는 전체 리드 타임의 99.8%는 작업이 대기열에서 작업의 시작을 기다리는 시간임을 의미한다.

부록 5: 산업 안전의 신화

수십 년간 복잡한 시스템을 연구한 결과 안전 대책은 여러 미신에 바탕을 두고 있다는 사실이 밝혀졌다. 데니스 베스너드와 에릭 홀린나젤은 '산업 안전에 관한 몇 가지 미신Some Myths about Industrial Safety'에서 다음과 같이 요약했다.

- **미신 1**: 인간의 실수는 사고와 사건의 기장 큰 단일 원인이다.[9]
- **미신 2**: 사람들이 주어진 절차를 준수한다면 시스템은 안전해질 것이다.[10]
- **미신 3**: 안전은 장벽과 보호로 향상될 수 있다. 결과적으로 더 많은 보호 계층은 더 높은 안전성을 가져온다.[11]
- **미신 4**: 사고 분석은 사고가 발생한 근본 원인(진실)을 알아낼 수 있다.[12]
- **미신 5**: 사고 조사는 사실에 근거한 원인에 대한 논리적이고 합리적인 식별 활동이다.[13]
- **미신 6**: 안전은 항상 최우선 순위를 가지며 절대로 타협해서는 안 된다.[14]

미신과 현실의 차이점은 표 A.2과 같이 정리할 수 있다.

표 A.2 두 가지 이야기

미신	현실
인간의 실수는 실패의 원인으로 간주된다.	인간의 실수는 조직 내부에 있는 심각한 시스템 취약성으로부터 받은 영향으로 간주된다.
사람들이 무엇을 해야 했는지 이야기하는 것은 실패를 설명하는 만족스러운 방법이다.	무엇을 하지 말아야 했는지 이야기하는 것은 그들이 한 일이 왜 합리적이었는지를 설명하지 못한다.
사람들에게 더 조심하라고 이야기하면 문제가 사라질 것이다.	조직의 안전은 취약점을 지속적으로 찾아내야만 향상할 수 있다.

부록 6: 토요타 안돈 코드

많은 사람이 안돈 코드가 하루에 5,000번 당겨지면 어떻게 작업이 완료될 수 있는지를 묻는다. 모든 안돈 코드는 전체 조립 라인을 멈추지 않는다. 안돈 코드가 당겨지면 특정 작업 센터를 관장하는 팀 리더는 문제 해결을 위한 50초의 시간을 얻는다. 50초 동안 문제가 해결되지 않으면 부분적으로 조립된 차량은 바닥에 물리적으로 그려진 선에 걸쳐지고 조립 라인은 멈추게 된다.[15]

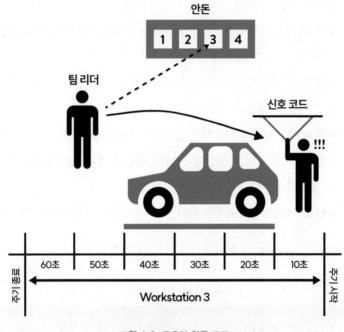

그림 A.3 토요타 안돈 코드

부록 7: 상용 소프트웨어

현재는 복잡한 상용 소프트웨어(예: SAP, IBM WebSphere, Oracle WebLogic) 를 버전 관리 시스템에 가져다 놓기 위해 마우스로 사용 가능한 벤더의 그래픽 설치 프로그램을 제거해야 할 수도 있다. 그러려면 벤더의 설치 프로그램이 무엇을 하는지 알아야 하며, 깨끗한 서버 이미지 위에 설치하고, 파일 시스템의 차이를 확인하고, 추가된 파일을 버전 관리 시스템에 추가해야 할 수도 있다. 환경에 따라 변하지 않는 파일은 한 장소('base install')에 가져다 둔다. 한편, 환경에 특화된 파일은 자체 디렉터리('test'나 'production')에 가져다 둔다. 이를 통해 소프트웨어 설치 작업은 버전 관리 작업으로 전환된다. 또한 더 나은 가시성, 반복성, 속도를 얻을 수 있다.

버전 관리 시스템에 넣기 위해 임의의 애플리케이션 구성 설정을 변환해야 할 수도 있다. 예를 들어 데이터베이스에 저장된 애플리케이션 구성을 XML 파일로 변환해야 하거나 그 반대 작업을 해야 할 수도 있다.

부록 8: 포스트모템 회의(회고)

포스트모템 회의 안건의 예는 다음과 같다.[16]

- 회의 리더나 퍼실리테이터는 회의가 비난하지 않는 포스트모템이며 과거의 사건이나 '해야 했는데', '할 수 있었는데'와 같은 추측에 중점을 두지 않음을 강조한다. 퍼실리테이터는 Retrospective.com에 있는 '회고의 제1원칙Retrospective Prime Directive'을 읽을 수도 있다.
- 퍼실리테이터는 모든 대책은 누군가에게 할당돼야 하며 회의가 끝났을 때 시정 조치를 최우선 순위로 두지 않는 것은 시정 조치가 아니라는 사실을 모두에게 알린다(이는 실행되지 않는 아이디어가 회의에서 나오는 것을 방지하기 위함이다).
- 회의 참석자들은 회의에서 문제를 감지한 시기와 사람, 문제가 발견된 방법(예: 자동 모니터링, 수동 감지, 고객 통보), 서비스가 만족스럽게 복구된 시기 등을 포함해 사고 처리에 대한 타임라인의 합의에 도달한다. 또한 사건이 발생하는 동안 모든 외부 커뮤니케이션을 타임라

인과 통합한다.

- '타임라인'이라는 단어를 사용하면 문제를 이해하는 방법과 문제를 수정하는 방법에 대한 일련의 단계에서 선형적 이미지를 떠올릴 수 있다. 특히, 실제 복잡한 시스템에서는 사고에 영향을 미치는 많은 사건이 있을 수 있다. 그리고 문제를 해결하기 위해 다양한 해결 방법과 활동을 사용할 것이다. 이런 활동을 통해 모든 사건과 활동자의 관점을 연대기적으로 기록하고 가능하다면 원인 및 결과와 관련된 가설을 세운다.

- 팀은 사람과 기술에서 사고와 관련한 모든 요소를 리스트로 정리해야 한다. 다음으로 항목을 '설계 결정 사항', '개선', '문제 발견'과 같은 카테고리로 정리할 수 있다. 팀은 (문제 해결에) 더 높은 수준으로 기여하는 요소의 발견에 중요하다고 생각되는 (사고) 원인을 자세히 파악하기 위해 브레인스토밍과 '무한 원인 파악Infinite Hows' 등의 기법을 사용해야 한다. 모든 관점은 존중받아야 한다. 다른 사람이 식별한 관련 요소의 실체에 대해 논쟁하거나 부정하는 행동은 누구에게도 허용되지 않는다. 포스트모템의 퍼실리테이터는 이런 활동에 대해 충분한 시간을 보장해 주는 것이 중요하다. 팀이 이와 같은 활동을 시도하지 않는다면 하나 이상의 '근본 원인'을 식별하기 위한 활동과 같이 (한 가지 사항에) 집중하는 행동을 장려해야 한다.

- 회의를 마친 후 회의에 참석한 사람들은 최우선 순위가 돼야 하는 시정 조치 리스트에 관해 합의한다. 이 리스트를 정리하려면 브레인스토밍이 필요하다. 그리고 문제를 예방하거나 감지 및 복구를 더 신속하게 수행하기 위한 잠재적 조치도 선택해야 한다. 시스템을 향상하는 또 다른 방법이 포함될 수도 있다.

- 우리 목적은 구현하는 데 더 오랜 시간이 걸리면서 원하는 개선 사항을 지연시키는 '빅뱅' 변경이 아니라 원하는 결과를 달성하기 위해 가장 적은 개수의 점진적 단계를 식별하는 것이다.

- 우선순위가 낮은 아이디어를 별도의 리스트로 정리하고 담당자를 할당한다. 미래에 비슷한 문제가 발생했을 때, 이런 아이디어는 향후 대책을 수립하는 기초 역할을 할 수 있다.
- 회의에 참석한 사람들은 사고 지표 및 지표가 조직에 미치는 영향에 대해 합의해야 한다. 예를 들어 다음과 같은 지표를 통해 사고를 측정할 수 있다.
    - 이벤트 심각도Event Severity: 이 문제가 얼마나 심각한가? 서비스와 고객에 직접 영향을 미치는가?
    - 전체 다운타임Total Downtime: 고객이 얼마나 오랫동안 지정한 서비스를 사용하지 못하는가?
    - 감지 시간Time to Detect: 시스템이 문제가 있다는 것을 아는 데 얼마나 긴 시간이 걸리는가?
    - 해결 시간Time to Resolve: 문제가 있다는 것을 알고 서비스를 복구하는 데 얼마나 긴 시간이 걸리는가?

엣시의 베타니 마크리Bethany Macri는 "포스트모템에서 비난하지 않는다는 점은 문제에 대해 아무도 책임을 지지 않는다는 의미가 아니다. 오히려 우리가 어떤 상황에 있었는지, 변경을 허용한 사람이나 변경을 통해 문제를 도입한 사람이 누구인지 알고 싶어 한다는 의미다. '더 심각한 상황이었다면 어땠을까?'와 같은 아이디어는 비난을 제거해 공포를 없앰으로써 솔직한 대답을 이끈다"라고 밝혔다.[17]

부록 9: 시미언 아미

2011년 AWS 동부의 사고 후 넷플릭스는 오류를 자동으로 처리하기 위해 시스템 엔지니어링에 대해 많은 토론을 했다. 이 토론은 '카오스 몽키'라 불리는 서비스로 발전했다.[18]

이후 카오스 몽키는 점차 증가하는 치명적 실패 수준을 시뮬레이션하기 위해 '넷플릭스 시미언 아미Netflix Simian Army'라 알려진 일련의 도구 집합으로 발전했다.[19]

- **카오스 고릴라**Chaos Gorilla: 전체 가용 지역에 대한 실패를 시뮬레이션한다.
- **카오스 콩**Chaos Kong: 북미나 유럽과 같은 전체 리전의 실패를 시뮬레이션한다.

현재 시미언 아미는 다른 도구를 포함한다.

- **레이턴시 몽키**Latency Monkey: RESTful 클라이언트 서버 커뮤니케이션 계층에서 서비스 저하를 시뮬레이션하기 위해 인공적인 지연이나 중단 시간을 유발하고 의존한 서비스가 적절하게 응답하는지 확인한다.
- **컨포머티 몽키**Conformity Monkey: 모범 사례를 따르지 않는 AWS 인스턴스를 찾아 종료한다(예: 인스턴스가 오토 스케일링 그룹에 속해 있지 않거나 서비스 목록에 에스컬레이션 엔지니어의 이메일 주소가 없는 경우).
- **닥터 몽키**Doctor Monkey: 각 인스턴스에서 실행되는 상태 검사를 활용해 상태가 좋지 않은 인스턴스를 발견하고 담당자가 사전에 근본 원인을 수정하지 못하면 인스턴스를 능동적으로 중단시킨다.
- **제니터 몽키**Janitor Monkey: 혼란과 낭비 없이 클라우드 환경이 실행되는지 확인한다. 사용되지 않는 자원을 찾아 폐기한다.
- **시큐리티 몽키**Security Monkey: 컨포머티 몽키의 확장판이다. 부적절하게 구성된 AWS 보안 그룹이 보안 위반 사항이나 취약점이 있는 인스턴스를 발견하고 제거한다.

부록 10: 투명한 가동시간

레니 래치스키는 '투명한 가동 시간^{Transparent Uptime}'의 장점을 다음과 같이 설명했다.[20]

지원 부서에 전화나 이메일을 보내지 않고도 사용자가 시스템 전반에 걸친 문제를 스스로 식별할 수 있으므로 지원 비용이 감소한다. 사용자는 더 이상 자신의 문제가 지역적인지, 전역적인지 추측할 필요가 없으며 더 빨리 문제의 근본 원인에 도달할 수 있다.

가동 중지 동안 사용자와 더 나은 의사소통을 할 수 있으며, 이메일과 전화의 일대일 특성 대비 인터넷의 브로드캐스팅 특성의 장점을 취한다. 같은 문제에 더 적은 시간을 들여 의사소통하는 대신, 문제 해결에 더 많은 시간을 사용할 수 있다.

사용자가 가동 중지 상태라면 해당 사용자가 알 수 있는 단 하나의 분명한 대응 위치를 만든다. 사용자가 포럼, 트위터 또는 블로그를 검색하는 데 보내는 시간을 절약할 수 있다.

신뢰는 모든 성공적인 SaaS 적용의 주춧돌이다. 고객은 자신의 비즈니스와 생계 수단 때문에 여러분의 서비스나 플랫폼에 의지한다. 현재 고객과 잠재 고객 모두에게 서비스에 대한 확신을 줘야 한다. 여러분이 문제 해결을 시도할 때 고객은 문제 해결 과정에 소외되지 않았다는 사실을 알고 싶어 한다. 예상치 못한 사건에 대해 실시간으로 통찰력을 보여주는 것은 신뢰를 구축하는 가장 좋은 방법이다. 어둠 속에서 혼자 고객을 지키는 것은 더 이상 선택 사항이 아니다.

모든 주요 SaaS 공급 업체가 공용의 상태 대시보드를 제공하는 것은 시간문제일 뿐이다. 사용자는 상태 대시보드를 요구하게 될 것이다.

참고 문헌

"A Conversation with Werner Vogels" ACM Queue 4, no. 4 (2006): 14–22. https://queue. acm.org/detail.cfm?id=1142065

Adler, Paul. "Time-and-Motion Regained" Harvard Business Review, January–February 1993. https://hbr.org/1993/01/time-and-motion-regained

Agile Alliance. "Information Radiators." Glossary. Accessed May 31, 2016. https://www. agilealliance.org/glossary/information-radiators/

ALICE. "Pair Programming." Wiki page. Updated April 4, 2014. http://euler.math.uga. edu/wiki/index.php?title=Pair_programming

Allspaw, John. "Blameless PostMortems and a Just Culture." Code as Craft(blog), Etsy, May 22, 2012. http://codeascraft.com/2012/05/22/blameless-postmortems/

Allspaw, John. "Convincing Management that Cooperation and Collaboration Was Worth It." Kitchen Soap(blog), January 5, 2012. http://www.kitchensoap. com/2012/01/05/convincing-management-that-cooperation-and-collaboration-was-worth-it/

Allspaw, John. "Counterfactual Thinking, Rules, and the Knight Capital Accident." Kitchen Soap(blog), October 29, 2013. http://www.kitchensoap.com/2013/10/29/ counterfactuals-knight-capital/

Allspaw, John interviewed by Jenn Webb. "Post-Mortems, Sans Finger-Pointing." The O'Reilly Radar Podcast. Podcast audio, 30:34. August 21, 2014. http://radar.oreilly. com/2014/08/postmortems-sans-finger-pointing-the-oreilly-radar-podcast.html

Amazon Web Services, "Summary of the Amazon DynamoDB Service Disruption and Related Impacts in the US-East Region." Amazon Web Services. Accessed May 28, 2016. https://aws.amazon.com/message/5467D2/

Anderson, David J. Kanban: Successful Evolutionary Change for Your Technology Business. Sequim, WA: Blue Hole Press, 2010.

Anderson, David J., and Dragos Dumitriu. From Worst to Best in 9 Months: Implementing a Drum-Buffer-Rope Solution in Microsoft's IT Department. Microsoft Corporation, 2005.

Antani, Snehal. "IBM Innovate DevOps Keynote." Posted by IBM DevOps, June 12, 2014. YouTube video, 47:57. https://www.youtube.com/watch?v=s0M1P05-6Io.

Arbuckle, Justin. "What Is ArchOps: Chef Executive Roundtable." 2013.

Ashman, David. "DOES14—David Ashman—Blackboard Learn—Keep Your Head in the Clouds." Posted by DevOps Enterprise Summit 2014, October 28, 2014. YouTube video, 30:43. https://www.youtube.com/watch?v=SSmixnMpsI4

Associated Press. "Number of Active Users at Facebook over the Years," Yahoo! News. May 1, 2013. https://www.yahoo.com/news/number-active-users-facebook-over-230449748.html?ref=gs

Atwood, Jeff. "Pair Programming vs. Code Reviews." Coding Horror(blog), November 18, 2013. http://blog.codinghorror.com/pair-programming-vs-code-reviews/.

Atwood, Jeff. "Software Branching and Parallel Universes." Coding Horror(blog), October 2, 2007. http://blog.codinghorror.com/software-branching-and-parallel-universes/.

Axelos. ITIL Service Transition. Belfast, Ireland: The Stationary Office, 2011.

Ayers, Zach, and Joshua Cohen. "Andon Cords in Development Teams—Driving Continuous Learning." Presentation at the DevOps Enterprise Summit, Las Vegas, 2019. https://videolibrary.doesvirtual.com/?video=504281981

Azzarello, Domenico, Frederic Debruyne, and Ludovica Mottura. "The Chemisty of Enthusiasm: How Engaged Employees Create Loyal Customers," Bain & Company, May 4, 2012. https://www.bain.com/insights/the-chemistry-of-enthusiasm

Bahri, Sami. "Few Patients-in-Process and Less Safety Scheduling; Incoming Supplies Are Secondary." The W. Edwards Deming Institute Blog, August 22, 2013. https://blog.deming.org/2013/08/fewer-patients-in-process-and-less-safety-scheduling-incoming-supplies-are-secondary/.

Barr, Jeff. "EC2 Maintenance Update." AWS News Blog. Amazon Web Services, September 25, 2014. https://aws.amazon.com/blogs/aws/ec2-maintenance-update/.

Basu, Biswanath, Rakesh Goyal, and Jennifer Hansen. "Biz & Tech Partnership Towards 10 'No Fear Releases' Per Day," presenation at DevOps Enterprise Summit, Las Vegas, 2020. https://videolibrary.doesvirtual.com/?video=468711236

Bazaarvoice, Inc. Announces Its Financial Results for the Fourth Fiscal Quarter and Fiscal Year

Ended April 30, 2012." Bazaar Voice, June 6, 2012. http://investors.bazaarvoice.com/releasedetail.cfm?ReleaseID=680964

Beck, Kent. "Slow Deployment Causes Meetings." Facebook, November 19, 2015. https://www.facebook.com/notes/kent-beck/slow-deployment-causes-meetings/1055427371156793?_rdr=p

Beck, Kent, Mike Beedle, Arie van Bennekum, Alastair Cockburn, Ward Cunnigham, Martin Fowler, James Grenning, et al. "Twelve Principles of Agile Software." Agile Manifesto, 2001. http://agilemanifesto.org/principles.html

Besnard, Denis and Erik Hollnagel. "Some Myths about Industrial Safety." Paris: Centre De Recherche Sur Les Risques Et Les Crises Mines Working Paper Series 2012. ParisTech, Paris, France, December 2012. http://gswong.com/?wpfb_dl=31

Betz, Charles. Architecture and Patterns for IT Service Management, Resource Planning, and Governance: Making Shoes for the Cobbler's Children. Witham, MA: Morgan Kaufmann, 2011.

Beyond Lean."The 7 Wastes (Seven forms of Muda)." The 7 Wastes Explained. Accessed July 28, 2016. http://www.beyondlean.com/7-wastes.html.

Big Fish Games. "Big Fish Celebrates 11th Consecutive Year of Record Growth." Pressroom. January 28, 2014. http://pressroom.bigfishgames.com/2014-01-28-Big-Fish-Celebrates-11th-Consecutive-Year-of-Record-Growth

Bland, Mike. "DOES15—Mike Bland—Pain Is Over, If You Want It." Posted by Gene Kim to slideshare.net, November 18, 2015. Slideshow. http://www.slideshare.net/ITRevolution/does15-mike-bland-pain-is-over-if-you-want-it-55236521

Bland, Mike. "Fixits, or I Am the Walrus," Mike Bland(blog). Mike Bland, October 4, 2011. https://mike-bland.com/2011/10/04/fixits.html

Bosworth, Andrew. "Building and Testing at Facebook." Facebook, August 8, 2012. https://www.facebook.com/notes/facebook-engineering/building-and-testing-at-facebook/10151004157328920

Boubez, Toufic. "Simple Math for Anomaly Detection Toufic Boubez—Metafor Software—Monitorama PDX 2014-05-05," Posted by tboubez to slideshare.net, May 6, 2014. Slideshow. http://www.slideshare.net/tboubez/simple-math-for-anomaly-detection-toufic-boubez-metafor-software-monitorama-pdx-20140505

Brooks, Jr., Frederick P. The Mythical Man-Month: Essays on Software Engineering, Anniversary Edition. Upper Saddle River, NJ: Addison-Wesley, 1995.

Buchanan, Leigh. "The Wisdom of Peter Drucker from A to Z." Inc., November 19, 2009. http://www.inc.com/articles/2009/11/drucker.html

Buhr, Sarah. "Etsy Closes Up 86 Percent on First Day of Trading." Tech Crunch, April 16, 2015. http://techcrunch.com/2015/04/16/etsy-stock-surges-86-percent-at-close-of-firstday-of-trading-to-30-per-share/

Burrows, Mike. "The Chubby Lock Service for Loosely-Coupled Distributed Systems." Paper presented at OSDI 2006: Seventh Symposium on Operating System Design and Implementation, November 2006. http://static.googleusercontent.com/media/research.google.com/en/archive/chubby-osdi06.pdf

Cagan, Marty. Inspired: How to Create Products Customers Love. Saratoga, CA: SVPG Press, 2008.

Campbell-Pretty, Em. "DOES14—Em Campbell-Pretty—How a Business Exec Led Agile, Lead, CI/CD." Posted by DevOps Enterprise Summit, April 20, 2014. YouTube video, 29:47. https://www.youtube.com/watch?v=-4pIMMTbtwE

Canahuati, Pedro. "Growing from the Few to the Many: Scaling the Operations Organization at Facebook." Filmed December 16, 2013 for QCon. Video, 39:39. http://www.infoq.com/presentations/scaling-operations-facebook

Chacon, Scott. "GitHub Flow." Scott Chacon(blog), August 31, 2011. http://scottchacon.com/2011/08/31/github-flow.html

Chakrabarti, Arup. "Common Ops Mistakes." Filmed presentation at Heavy Bit Industries, June 3, 2014. Video, 36:12. http://www.heavybit.com/library/video/common-ops-mistakes/

Chan, Jason. "OWASP AppSecUSA 2012: Real World Cloud Application Security." Posted by Christiaan008, December 10, 2012. YouTube video, 37:45. https://www.youtube.com/watch?v=daNA0jXDvYk

Chandola, Varun , Arindam Banerjee, and Vipin Kumar. "Anomaly Detection: A Survey." ACM Computing Surveys 41, no. 3 (July 2009): 15. http://doi.acm.org/10.1145/1541880.1541882

Chapman, Janet, and Patrick Eltridge. "On A Mission: Nationwide Building Society," presentation at DevOps Enterprise Summit, London, 2020. https://videolibrary.doesvirtual.com/?video=432109857

Chuvakin, Anton. "LogLogic/Chuvakin Log Checklist," republished with permission, 2008, http://juliusdavies.ca/logging/llclc.html

Clanton, Ross, and Michael Ducy interviewed by Courtney Kissler and Jason Josephy. "Continuous Improvement at Nordstrom." The Goat Farm, season 1, episode 17. Podcast audio, 53:18. June 25, 2015. http://goatcan.do/2015/06/25/the-goat-farm-episode-7-continuousimprovement-at-nordstrom/

Clanton, Ross and Heather Mickman. "DOES14—Ross Clanton and Heather Mickman—DevOps at Target." Posted by DevOps Enterprise Summit 2014, October 29, 2014. YouTube video, 29:20. https://www.youtube.com/watch?v=exrjV9V9vhY

Claudius, Jonathan. "Attacking Cloud Services with Source Code." Posted by Jonathan Claudius to speakerdeck.com, April 16, 2013. Slideshow.https://speakerdeck.com/claudijd/attacking-cloud-services-with-source-code

Clemm, Josh. "LinkedIn Started Back in 2003—Scaling LinkedIn—A Brief History." Posted by Josh Clemm to slideshare.net, November 9, 2015. Slideshow. http://www.slideshare.net/joshclemm/how-linkedin-scaled-a-brief-history/3-LinkedIn_started_back_in_2003

Cockcroft, Adrian, Cory Hicks, and Greg Orzell. "Lessons Netflix Learned from the AWS Outage." The Netflix Tech Blog, April 29, 2011. http://techblog.netflix.com/2011/04/lessons-netflix-learned-from-aws-outage.html

Cockcroft, Adrian, interviewed by Michael Ducy and Ross Clanton. "Adrian Cockcroft of Battery Ventures." The Goat Farm season 1, episode 8. Podcast audio, July 31, 2015. http://goatcan.do/2015/07/31/adrian-cockcroft-of-battery-ventures-the-goat-farm-episode-8/

Cockcroft, Adrian. "Monitorama—Please, No More Minutes, Milliseconds, Monoliths or Monitoring Tools." Posted by Adrian Cockcroft to slideshare.net, May 5, 2014. Slideshow. http://www.slideshare.net/adriancockcroft/monitorama-please-no-more

Collins, Justin, Alex Smolen, and Neil Matatall. "Putting to your Robots to Work V1.1." Posted by Neil Matatall to slideshare.net, April 24, 2012. Slideshow. http://www.slideshare.net/xplodersuv/sf-2013-robots/

Conrad, Ben, and Matt Hyatt. "Saving the Economy from Ruin (with a Hyperscale Paas)," presentation at the 2021 DevOps Enterprise Summit-Europe Virtual. https://videolibrary.doesvirtual.com/?video=550704128

Conway, Melvin E. "How Do Committees Invent?" Mel Conway. Originally published in Datamation magazine, April 1968. http://www.melconway.com/research/committees.html

Cook, Scott. "Leadership in an Agile Age: An Interview with Scott Cook." By Cassie Divine. Intuit, April 20, 2011. https://web.archive.org/web/20160205050418/http://network.intuit.com/2011/04/20/leadership-in-the-agile-age/

Corman, Josh and John Willis. "Immutable Awesomeness—Josh Corman and John Willis at DevOps Enterprise Summit 2015." Posted by Sonatype, October 21, 2015. YouTube video, 34:25. https://www.youtube.com/watch?v=-S8-lrm3iV4

Cornago, Fernando, Vikalp Yadav, and Andreia Otto. "From 6-Eye Principle to Release at Scale – adidas Digital Tech 2021," presentation at DevOps Enterprise Summit-Europe, 2021. https://videolibrary.doesvirtual.com/?video=524020857

Cox, Jason. "Disney DevOps: To Infinity and Beyond." Presented at DevOps Enterprise Summit, San Francisco, 2014.

Cundiff, Dan, Levi Geinert, Lucas Rettif. "Crowdsourcing Technology Governance," presentation at DevOps Enterprise Summit, San Francisco, 2018. https://videolibrary.doesvirtual.com/?video=524020857

Cunningham, Ward. "Ward Explains Debt Metaphor," c2. Last updated January 22, 2011. http://c2.com/cgi/wiki?WardExplainsDebtMetaphor

Daniels, Katherine. "Devopsdays Minneapolis 2015—Katherine Daniels—DevOps: The Missing Pieces." Posted by DevOps Minneapolis, July 13, 2015. YouTube video, 33:26. https://www.youtube.com/watch?v=LNJkVw93yTU

Davis, Jennifer and Katherine Daniels. Effective DevOps: Building a Culture of Collaboration, Affinity, and Tooling at Scale. Sebastopol, CA: O'Reilly Media, 2016. "Decreasing False Positives in Automated Testing." Posted by Sauce Labs to slideshare.net, March 24, 2015. Slideshow. http://www.slideshare.net/saucelabs/decreasing-false-positives-in-automated-testing

DeGrandis, Dominica. "DOES15—Dominica DeGrandis—The Shape of Uncertainty." Posted by DevOps Enterprise Summit, November 5, 2015. YouTube video, 22:54. https://www.youtube.com/watch?v=Gp05i0d34gg

Dekker, Sidney. "DevOpsDays Brisbane 2014—Sidney Decker—System Failure, Human Error: Who's to Blame?" Posted by info@devopsdays.org, 2014. Vimeo video, 1:07:38. https://vimeo.com/102167635

Dekker, Sidney. Just Culture: Balancing Safety and Accountability. Lund University, Sweden: Ashgate Publishing, 2007.

Dekker, Sidney. The Field Guide to Understanding Human Error. Lund University, Sweden: Ashgate Publishing, 2006.

DeLuccia, James, Jeff Gallimore, Gene Kim, and Byron Miller. DevOps Audit Defense Toolkit. Portland, OR: IT Revolution, 2015. http://itrevolution.com/devops-and-auditorsthe-devops-audit-defense-toolkit

"DevOps Culture: How to Transform," Cloud.Google.com, accessed August 26, 2021. https://cloud.google.com/architecture/devops/devops-culture-transform

Dickerson, Chad. "Optimizing for Developer Happiness." Code As Craft(blog), Etsy, June 6, 2011. https://codeascraft.com/2011/06/06/optimizing-for-developer-happiness/

Dignan, Larry. "Little Things Add Up." Baseline, October 19, 2005. http://www.baselinemag.com/c/a/Projects-Management/Profiles-Lessons-From-the-Leaders-in-the-iBaselinei500/3

Douglas, Jake. "Deploying at Github." The GitHub Blog. GitHub, August 29, 2012. https://github.com/blog/1241-deploying-at-github

Dweck, Carol. "Carol Dweck Revisits the 'Growth Mindset.'" Education Week, September 22, 2015. http://www.edweek.org/ew/articles/2015/09/23-/caroldweck-revisits-the-growth-mindset.html

Edmondson, Amy C. "Strategies for Learning from Failure." Harvard Business Review, April 2011. https://hbr.org/2011/04/strategies-for-learning-from-failure

Edwards, Damon. "DevOps Kaizen: Find and Fix What Is Really Behind Your Problems." Posted by dev2ops to slideshare.net. Slideshow., May 4, 2015. http://www.slideshare.net/dev2ops/dev-ops-kaizen-damon-edwards

Exner, Ken. "Transforming Software Development." Posted by Amazon Web Services, April 10, 2015. YouTube video, 40:57. https://www.youtube.com/watch?v=YCrhemssYuI

Figureau, Brice. "The 10 Commandments of Logging." Masterzen's Blog, January 13, 2013. http://www.masterzen.fr/2013/01/13/the-10-commandments-of-logging/

Fitz, Timothy. "Continuous Deployment at IMVU: Doing the Impossible Fifty Times a Day." Timothy Fitz(blog), February 10, 2009. http://timothyfitz.com/2009/02/10/continuous-deployment-at-imvu-doing-the-impossible-fifty-times-a-day/

Forsgren, Nicole, Bas Alberts, Kevin Backhouse, and Grey Baker. The 2020 State of the Octoverse. GitHub, 2020. https://octoverse.github.com/static/github-octoverse-2020-security-report.pdf

Forsgren, Nicole, Jez Humble, and Gene Kim. Accelerate: State of DevOps 2018. DORA and Google Cloud, 2018. https://lp.google-mkto.com/rs/248-TPC-286/images/DORA-State%20of%20DevOps.pdf

Forsgren, Nicole, Jez Humble, Nigel Kersten, and Gene Kim. "2014 State Of DevOps Findings! Velocity Conference." Posted by Gene Kim to slideshare.net, June 30, 2014. Slideshow. http://www.slideshare.net/realgenekim/2014-state-of-devops-findings-velocity-conference

Forsgren, Nicole, Dustin Smith, Jez Humble, and Jessie Frazelle. Accelerate State of DevOps 2019. DORA and Google Cloud, 2019. https://services.google.com/fh/files/misc/state-of-devops-2019.pdf

Forsgren, Nicole, Margaret-Anne Storey, Chandra Maddila, Thomas Zimmermann, Brain Houck, and Jenna Butler. "The SPACE of Developer Productivity." ACM Queue 19, no. 1 (2021): 1–29. https://queue.acm.org/detail.cfm?id=3454124

Fowler, Chad. "Trash Your Servers and Burn Your Code: Immutable Infrastructure and Disposable Components." Chad Fowler(blog), June 23, 2013. http://chadfowler.com/2013/06/23/immutable-deployments.html

Fowler, Martin. "Continuous Integration." Martin Fowler(blog), May 1, 2006. http://www.martinfowler.com/articles/continuousIntegration.html

Fowler, Martin. "Eradicating Non-Determinism in Tests." Martin Fowler(blog), April 14, 2011. http://martinfowler.com/articles/nonDeterminism.html

Fowler, Martin. "StranglerFigApplication." Martin Fowler(blog), June 29, 2004. http://www.martinfowler.com/bliki/StranglerApplication.html

Fowler, Martin. "TestDrivenDevelopment." Martin Fowler(blog), March 5, 2005. http://martinfowler.com/bliki/TestDrivenDevelopment.html

Fowler, Martin. "TestPyramid." Martin Fowler(blog), May 1, 2012. http://martinfowler.com/bliki/TestPyramid.html

Freakonomics. "Fighting Poverty With Actual Evidence: Full Transcript." Freakonomics blog, November 27, 2013. http://freakonomics.com/2013/11/27/fighting-poverty-with-actual-evidence-full-transcript/

Furtado, Adam, and Lauren Knausenberger. "The Air Force's Digital Journey in 12 Parsecs or Less." Presentation at DevOps Enterprise Summit, London, 2020. https://videolibrary.doesvirtual.com/?video=467489046

Gaekwad, Karthik. "Agile 2013 Talk: How DevOps Change Everything." Posted by Karthik Gaekwad to slideshare.net, August 7, 2013. Slideshow. http://www.slideshare.net/karthequian/howdevopschangeseverythingagile2013karthikgaekwad/

Galbreath, Nick. "Continuous Deployment—The New #1 Security Feature, from BSildesLA 2012." Posted by Nick Galbreath to slideshare.net, August 16, 2012. Slideshow. http://www.slideshare.net/nickgsuperstar/continuous-deployment-the-new-1-security-feature

Galbreath, Nick. "DevOpsSec: Applying DevOps Principles to Security, DevOpsDays Austin 2012." Posted by Nick Galbreath to slideshare.net, April 12, 2012. Slideshow. http://www.slideshare.net/nickgsuperstar/devopssec-apply-devops-principles-to-security

Galbreath, Nick. "Fraud Engineering, from Merchant Risk Council Annual Meeting 2012." Posted by Nick Galbreath to slideshare.net, May 3, 2012. Slideshow. http://www.slideshare.net/nickgsuperstar/fraud-engineering

Gallagher, Sean. "When 'Clever' Goes Wrong: How Etsy Overcame Poor Architectural Choices." Arstechnica, October 3, 2011. http:/arstechnica.com/business/2011/10/when-clever-goes-wrong-how-etsy-overcame-poor-architectural-choices/

Gardner, Tom. "Barnes & Noble, Blockbuster, Borders: The Killer B's Are Dying." The Motley Fool, July 21, 2010. http://www.fool.com/investing/general/2010/07/21/barnes-noble-blockbuster-borders-the-killer-bs-are.aspx

Geer, Dan and Joshua Corman. "Almost Too Big to Fail." ;login: The Usenix Magazine 39, no. 4 (August 2014): 66–68. https://www.usenix.org/system/files/login/articles/15_geer_0.pdf

Gertner, Jon. The Idea Factory: Bell Labs and the Great Age of American Innovation. New York: Penguin Books, 2012.

GitHub. "Etsy's Feature Flagging API Used for Operational Rampups and A/B testing." Etsy/feature. Last updated January 4, 2017. https://github.com/etsy/feature

GitHub. "Library for Configuration Management API." Netflix/archaius. Last updated December 4, 2019. https://github.com/Netflix/archaius.

Golden, Bernard. "What Gartner's Bimodal IT Model Means to Enterprise CIOs." CIO Magazine, January 27, 2015. http://www.cio.com/article/2875803/cio-role/what-gartner-s-bimodal-it-model-means-to-enterprise-cios.html

Goldratt, Eliyahu M. Beyond the Goal: Eliyahu Goldratt Speaks on the Theory of Constraints (Your Coach in a Box). Prince Frederick, MD: Gildan Media, 2005.

Google App Engine Team. "Post-Mortem for February 24, 2010 Outage." Google App Engine website, March 4, 2010. https://groups.google.com/forum/#!topic/google-appengine/p2QKJ0OSLc8

Govindarajan, Vijay, and Chris Trimble. The Other Side of Innovation: Solving the Execution Challenge. Boston, MA: Harvard Business Review, 2010, Kindle.

Gruver, Gary. "DOES14—Gary Gruver—Macy's—Transforming Traditional Enterprise Software Development Processes." Posted by DevOps Enterprise Summit 2014, October 29, 2014. You-Tube video, 27:24. https://www.youtube.com/watch?v=-HSSGiYXA7U

Gruver, Gary, and Tommy Mouser. Leading the Transformation: Applying Agile and DevOps Principles at Scale. Portland, OR: IT Revolution Press, 2015.

Gupta, Prachi. "Visualizing LinkedIn's Site Performance." LinkedIn Engineering blog, June 13, 2011. https://engineering.linkedin.com/25/visualizing-linkedins-site-performance

Hammant, Paul. "Introducing Branch by Abstraction." Paul Hammant's Blog, April 26, 2007. http://paulhammant.com/blog/branch_by_abstraction.html

Hastings, Reed. "Netflix Culture: Freedom and Responsibility." Posted by Reed Hastings to slideshare.net, August 1, 2009. Slideshow. http://www.slideshare.net/reed2001/culture-1798664

Hendrickson, Elisabeth. "DOES15—Elisabeth Hendrickson—Its All About Feedback." Posted by DevOps Enterprise Summit, November 5, 2015. YouTube video, 34:47. https://www.youtube.com/watch?v=r2BFTXBundQ

Hendrickson, Elisabeth. "On the Care and Feeding of Feedback Cycles." Posted by Elisabeth Hendrickson to slideshare.net, November 1, 2013. Slidshow. http://www.slideshare.net/ehendrickson/care-and-feeding-of-feedback-cycles

Hodge, Victoria, and Jim Austin. "A Survey of Outlier Detection Methodologies." Artificial Intelligence Review 22, no. 2 (October 2004): 85-126. http://www.geo. upm.es/postgrado/CarlosLopez/papers/Hodge+Austin_OutlierDetection_AIRE381. pdf

Holmes, Dwayne. "How A Hotel Company Ran $30B of Revenue in Containers," presentation at DevOps Enterprise Summit, Las Vegas, 2020. https://videolibrary. doesvirtual.com/?video=524020857

"How I Structured Engineering Teams at LinkedIn and AdMob for Success." First Round Review, 2015. http://firstround.com/review/how-i-structured-engineering-teams-at-linkedin-and-admob-for-success/

Hrenko, Michael. "DOES15—Michael Hrenko—DevOps Insured By Blue Shield of California." Posted by DevOps Enterprise Summit, November 5, 2015. YouTube video, 42:24. https://www.youtube.com/watch?v=NlgrOT24UDw

Huang, Gregory T. "Blackboard CEO Jay Bhatt on the Global Future of Edtech." Xconomy, June 2, 2014. http://www.xconomy.com/boston/2014/06/02/ blackboard-ceo-jay-bhatt-on-the-global-future-of-edtech/

Humble, Jez. "What is Continuous Delivery?" Continuous Delivery (website), accessed May 28, 2016, https://continuousdelivery.com/

Humble, Jez, and David Farley. Continuous Delivery: Reliable Software Releases through Build, Test, and Deployment Automation. Upper Saddle River, NJ: Addison-Wesley, 2011.

Humble, Jez, Joanne Molesky, and Barry O'Reilly. Lean Enterprise: How High Performance Organizations Innovate at Scale. Sebastopol, CA: O'Reilly Media, 2015.

"IDC Forecasts Worldwide IT Spending to Grow 6% in 2012, Despite Economic Uncertainty." Business Wire, September 10, 2012. http://www.businesswire.com/ news/home/20120910005280/en/IDC-Forecasts-Worldwide-Spending-Grow-6-2012

Immelt, Jeff. "GE CEO Jeff Immelt: Let's Finally End the Debate over Whether We Are in a Tech Bubble." Business Insider, December 9, 2015. http://www.businessinsider. com/ceo-of-ge-lets-finally-end-the-debate-over-whether-we-are-in-a-tech-bubble-2015-12

Intuit, Inc. "2012 Annual Report: Form 10-K." July 31, 2012. http://s1.q4cdn. com/018592547/files/doc_financials/2012/INTU_2012_7_31_10K_r230_ at_09_13_12_FINAL_and_Camera_Ready.pdf

Jacobson, Daniel, Danny Yuan, and Neeraj Joshi. "Scryer: Netflix's Predictive Auto Scaling Engine." The Netflix Tech Blog, November 5, 2013. http://techblog.netflix. com/2013/11/scryernetflixs-predictive-auto-scaling.html.

Jenkins, Jon. "Velocity 2011: Jon Jenkins, 'Velocity Culture.'" Posted by O'Reilly, June 20, 2011. YouTube video, 15:13. https://www.youtube.com/watch?v=dxk8b9rSKOo.

"Jeremy Long: The (Application) Patching Manifesto," YouTube video, 41:17, posted by Loco-MocoSec: Hawaii Product Security Conference, May 17, 2018. https://www.youtube.com/watch?v=qVVZrTRJ290

JGFLL. Review of The Phoenix Project: A Novel About IT, DevOps, and Helping Your Business Win, by Gene Kim, Kevin Behr, and George Spafford. Amazon review, March 4, 2013. http://www.amazon.com/review/R1KSSPTEGLWJ23

Johnson, Kimberly H., Tim Judge, Christopher Porter, and Ramon Richards. "How Fannie Mae Uses Agility to Support Homeowners and Renters," presentation at DevOps Enterprise Summit, Las Vegas, 2020. https://videolibrary.doesvirtual.com/?video=467488997

Jones, Angie. "3 Ways to Get Test Automation Done Within Your Sprints," TechBeacon. Accessed February 15, 2021. https://techbeacon.com/app-dev-testing/3-ways-get-testautomation-done-within-your-sprints

Kash, Wyatt. "New Details Released on Proposed 2016 IT Spending." FedScoop, February 4, 2015. http://fedscoop.com/what-top-agencies-would-spend-on-it-projects-in-2016

Kastner, Erik. "Quantum of Deployment." Code as Craft(blog). Etsy, May 20, 2010. https://codeascraft.com/2010/05/20/quantum-of-deployment/

Kersten, Mik. "Project to Product: From Stories to Scenius," Tasktop blog, November 21, 2018, https://www.tasktop.com/blog/project-product-stories-scenius/

Kersten, Mik. Project to Product: How to Survive and Thrive in the Age of Digital Disruption with the Flow Framework. Portland, Oregon: IT Revolution Press, 2018.

Kersten, Nigel, IT Revolution, and PwC. 2015 State of DevOps Report. Portland, OR: Puppet Labs, 2015. https://puppet.com/resources/white-paper/2015-state-of-devops-report?_ga=1.6612658.168869.1464412647&link=blog

Kim, Gene. "The Amazing DevOps Transformation of the HP LaserJet Firmware Team (Gary Gruver)." IT Revolution blog, February 13, 2014. http://itrevolution.com/the-amazing-devops-transformation-of-the-hp-laserjet-firmware-team-gary-gruver/

Kim, Gene. "Organizational Learning and Competitiveness: Revisiting the 'Allspaw/Hammond 10 Deploys Per Day at Flickr' Story." IT Revolution blog, December 13, 2014. http://itrevolution.com/organizational-learning-and-competitiveness-a-different-view-of-the-allspawhammond-10-deploys-per-day-at-flickr-story/

Kim, Gene. "State of DevOps: 2020 and Beyond," IT Revolution blog, March 1, 2021. https://itrevolution.com/state-of-devops-2020-and-beyond/

Kim, Gene. "The Three Ways: The Principles Underpinning DevOps." IT Revolution blog, August 22, 2012. http://itrevolution.com/the-three-ways-principles-underpinning-devops/

Kim, Gene, Kevin Behr, and George Spafford. The Visible Ops Handbook: Implementing ITIL in 4 Practical and Auditable Steps. Eugene, OR: IT Process Institute, 2004.

Kim, Gene, Gary Gruver, Randy Shoup, and Andrew Phillips. "Exploring the Uncharted Territory of Microservices." Xebia Labs. Webinar, February 20, 2015. https://xebialabs.com/community/webinars/exploring-the-uncharted-territory-of-microservices/

Kissler, Courtney. "DOES14—Courtney Kissler—Nordstrom—Transforming to a Culture of Continuous Improvement." Posted by DevOps Enterprise Summit 2014, October 29, 2014. YouTube video, 29:59. https://www.youtube.com/watch?v=0ZAcsrZBSlo

Kohavi, Ron, Thomas Crook, and Roger Longbotham. "Online Experimentation at Microsoft." Paper presented at the 15th ACM SIGKDD International Conference on Knowledge Discovery and Data Mining, Paris, France, 2009. http://www.exp-platform.com/documents/exp_dmcasestudies.pdf

Krishnan, Kripa. "Kripa Krishnan: 'Learning Continuously From Failures' at Google.'" Posted by Flowcon, November 11, 2014. YouTube video, 21:35. https://www.youtube.com/watch?v=KqqS3wgQum0

Krishnan, Kripa. "Weathering the Unexpected." Communications of the ACM 55, no. 11 (November 2012): 48–52. http://cacm.acm.org/magazines/2012/11/156583-weathering-the-unexpected/abstract

Kumar, Ashish. "Development at the Speed and Scale of Google." PowerPoint presented at QCon, San Francisco, CA, 2010. https://qconsf.com/sf2010/dl/qcon-sanfran-2010/slides/AshishKumar_DevelopingProductsattheSpeedandScaleofGoogle.pdf

Leibman, Maya, and Ross Clanton. "DevOps: Approaching Cruising Altitude." Presentation at DevOps Enterprise Summit, Las Vegas, 2020, https://videolibrary.doesvirtual.com/?video=550704282

Letuchy, Eugene. "Facebook Chat." Facebook, May 3, 2008. http://www.facebook.com/note.php?note_id=14218138919&id=944554719

Lightbody, Patrick. "Velocity 2011: Patrick Lightbody, 'From Inception to Acquisition.'" Posted by O'Reilly, June 17, 2011. YouTube video, 15:28. https://www.youtube.com/watch?v=ShmPod8JecQ

Limoncelli, Tom. "Python Is Better than Perl6." Everything SysAdmin blog, January 10, 2011. http://everythingsysadmin.com/2011/01/python-is-better-than-perl6.html

Limoncelli, Tom. "SRE@Google: Thousands Of DevOps Since 2004." USENIX Association Talk, NYC. Posted by USENIX, January 12, 2012.YouTube video, 45:57. http://www.youtube.com/watch?v=iIuTnhdTzK0

Limoncelli, Tom. "Stop Monitoring Whether or Not Your Service Is Up!" Everything SysAdmin blog, November 27, 2013. http://everythingsysadmin.com/2013/11/stop-monitoring-ifservice-is-up.html

Limoncelli, Tom. "Yes, You Can Really Work from HEAD." Everything SysAdmin blog, March 15, 2014. http://everythingsysadmin.com/2014/03/yes-you-really-can-work-from-head.html

Lindsay, Jeff. "Consul Service Discovery with Docker." Progrium blog, August 20, 2014. http://progrium.com/blog/2014/08/20/consul-service-discovery-with-docker

Loura, Ralph, Olivier Jacques, and Rafael Garcia. "DOES15—Ralph Loura, Olivier Jacques, & Rafael Garcia—Breaking Traditional IT Paradigms to ···" Posted by DevOps Enterprise Summit, November 16, 2015. YouTube video, 31:07. https://www.youtube.com/watch?v=q9nNqqie_sM

Lublinsky, Boris. "Versioning in SOA." The Architecture Journal, April 2007. https://msdn.microsoft.com/en-us/library/bb491124.aspx

Lund University. "Just Culture: Balancing Safety and Accountability." Human Factors & System Safety website, November 6, 2015. http://www.humanfactors.lth.se/sidney-dekker/books/just-culture/

Luyten, Stefan. "Single Piece Flow: Why Mass Production Isn't the Most Efficient Way of Doing 'Stuff.'" Medium(blog), August 8, 2014. https://medium.com/@stefanluyten/single-piece-flow-5d2c2bec845b#.9o7sn74ns

Macri, Bethany. "Morgue: Helping Better Understand Events by Building a Post Mortem Tool—Bethany Macri." Posted by info@devopsdays.org, October 18, 2013. Vimeo video, 33:34. http://vimeo.com/77206751

Malpass, Ian. "DevOpsDays Minneapolis 2014—Ian Malpass, Fallible Humans." Posted by DevOps Minneapolis, July 20, 2014. YouTube video, 35:48. https://www.youtube.com/watch?v=5NY-SrQFrBU

Malpass, Ian. "Measure Anything, Measure Everything." Code as Craft(blog). Etsy, February 15, 2011. http://codeascraft.com/2011/02/15/measure-anything-measure-everything

Mangot, Dave, and Karthik Rajan. "Agile.2013.effecting.a.devops.transformation.at.salesforce." Posted by Dave Mangot to slideshare.net, August 12, 2013. Slideshow. http://www.slideshare.net/dmangot/agile2013effectingadevopstransformationatsalesforce

Marsh, Dianne. "Dianne Marsh: 'Introducing Change while Preserving Engineering Velocity.'" Posted by Flowcon, November 11, 2014. YouTube video, 17:37. https://www.youtube.com/watch?v=eW3ZxY67fnc

Martin, Karen, and Mike Osterling. Value Stream Mapping: How to Visualize Work and Align Leadership for Organizational Transformation. New York: McGraw Hill, 2013.

Maskell, Brian. "What Does This Guy Do? Role of Value Stream Manager." Maskell(blog), July 3, 2015. http://blog.maskell.com/?p=2106http://www.lean.org/common/display/?o=221

Masli, Adi., Vernon J. Richardson, Marcia Widenmier Watson, and Robert W. Zmud. "Senior Executives' IT Management Responsibilities: Serious IT-Related Deficiencies and CEO/CFO Turnover." MIS Quarterly 40, no. 3 (2016): 687-708. https://doi.org/10.25300/misq/2016/40.3.08

Massachusetts Institute of Technology. "Creating High Velocity Organizations." Course Descriptions. Accessed May 30, 2016. http://executive.mit.edu/openenrollment/program/organizational-development-high-velocity-organizations

Mathew, Reena, and Dave Mangot. "DOES14—Reena Mathew and Dave Mangot—Salesforce." Posted by IT Revolution to slideshare.net, October 29, 2014. Slideshow. http://www.slideshare.net/ITRevolution/does14-reena-matthew-and-dave-mangot-salesforce

Mauro, Tony. "Adopting Microservices at Netflix: Lessons for Architectural Design." NGINX(blog), February 19, 2015. https://www.nginx.com/blog/microservices-at-netflix-architectural-best-practices/

McDonnell, Patrick. "Continuously Deploying Culture: Scaling Culture at Etsy—Velocity Europe 2012." Posted by Patrick McDonnell to slideshare.net, October 4, 2012. Slideshow. http://www.slideshare.net/mcdonnps/continuously-deploying-culture-scaling-culture-at-etsy-14588485

McKinley, Dan. "Why MongoDB Never Worked Out at Etsy." Dan McKinley(blog), December 26, 2012. http://mcfunley.com/why-mongodb-never-worked-out-at-etsy

Mell, Peter, and Timothy Grance. The NIST Definition of Cloud Computing: Recommendations of the National Institute of Standards and Technology. Washington, DC〉: National Institute of Standards and Technology, 2011.

Messeri, Eran. "What Goes Wrong When Thousands of Engineers Share the Same Continuous Build?" Presented at the GOTO Conference, Aarhus, Denmark, October 2, 2013.

Metz, Cade. "Google Is 2 Billion Lines of Code—and It's All in One Place." Wired, September 16, 2015. http://www.wired.com/2015/09/google-2-billion-lines-codeand-one-place/

Metz, Cade. "How Three Guys Rebuilt the Foundation of Facebook." Wired, June 10, 2013. http://www.wired.com/wiredenterprise/2013/06/facebook-hhvm-saga/all/

Mickman, Heather, and Ross Clanton. "DOES15—Heather Mickman & Ross Clanton—(Re)building an Engineering Culture: DevOps at Target." Posted by DevOps Enterprise Summit, November 5, 2015. YouTube video, 33:39. https://www.youtube.com/watch?v=7s-VbB1fG5o

Milstein, Dan. "Post-Mortems at HubSpot: What I Learned from 250 Whys." Hub-Spot(blog), June 1, 2011. http://product.hubspot.com/blog/bid/64771/Post-Mortems-at-HubSpot-What-I-Learned-From-250-Whys

Morgan, Timothy Prickett. "A Rare Peek Into The Massive Scale of AWS." Enterprise AI, November 14, 2014. http://www.enterprisetech.com/2014/11/14/rare-peek-massive-scale

Morrison, Erica. "How We Turned Our Company's Worst Outage into a Powerful Learning Opportunity." Presentation at DevOps Enterprise Summit, London, 2020. https://videolibrary.doesvirtual.com/?video=431872263

Moore, Geoffrey A., and Regis McKenna. Crossing the Chasm: Marketing and Selling High-Tech Products to Mainstream Customers. New York: HarperCollins, 2009.

Mueller, Ernest. "2012—A Release Odyssey." Posted by Ernest Mueller to slideshare.net, March 12, 2014. Slideshow. http://www.slideshare.net/mxyzplk/2012-a-release-odyssey

Mueller, Ernest. "Business Model Driven Cloud Adoption: What NI Is Doing in the Cloud." Posted by Ernest Mueller to slideshare.net, June 28, 2011. Slideshow. http://www.slideshare.net/mxyzplk/business-model-driven-cloud-adoption-what-ni-is-doing-in-the-cloud

Mueller, Ernest. "DOES15—Ernest Mueller—DevOps Transformations at National Instruments and ···" Posted by DevOps Enterprise Summit, November 5, 2015. YouTube video, 34:14. https://www.youtube.com/watch?v=6Ry40h1UAyE

Mulkey, Jody. "DOES15—Jody Mulkey—DevOps in the Enterprise: A Transformation Journey." Posted by DevOps Enterprise Summit, November 5, 2015. YouTube video, 28:22. https://www.youtube.com/watch?v=USYrDaPEFtM

Nagappan, Nachiappan, E. Michael Maximilien, Thirumalesh Bhat, and Laurie Williams. "Realizing Quality Improvement through Test Driven Development: Results and Experiences of Four Industrial Teams." Empire Software Engineering 13 (2008): 289–302. http://research.microsoft.com/en-us/groups/ese/nagappan_tdd.pdf

Naraine, Ryan. "Twilio, HashiCorp Among Codecov Supply Chain Hack Victims," SecurityWeek, May 10, 2021. https://www.securityweek.com/twilio-hashicorp-among-codecov-supplychain-hack-victims

Nationwide. 2014 Annual Report. 2014 https://www.nationwide.com/about-us/nationwideannual-report-2014.jsp

Nielsen, Jonas Klit. "8 Years with LinkedIn—Looking at the Growth." Mind Jumpers blog, May 10, 2011. http://www.mindjumpers.com/blog/2011/05/linkedin-growth-infographic/

Netflix. Letter to Shareholders, January 19, 2016. http://files.shareholder.com/downloads/NFLX/2432188684x0x870685/C6213FF9-5498-4084-A0FF-74363CEE35A1/Q4_15_Letter_to_Shareholders_-_COMBINED.pdf

Newland, Jesse. "ChatOps at GitHub." Posted on speakerdeck.com, February 7, 2013. Slideshow. https://speakerdeck.com/jnewland/chatops-at-github

North, Dan. "Ops and Operability." Posted to speakerdeck.com, February 25, 2016. Slideshow. https://speakerdeck.com/tastapod/ops-and-operability

"NUMMI." This American Life episode 403, March 26, 2010. Radio. http://www.thisamericanlife.org/radio-archives/episode/403/transcript

Nygard, Michael T. Release It!: Design and Deploy Production-Ready Software. Raleigh, NC: Pragmatic Bookshelf, 2007, Kindle.

O'Donnell, Glenn. "DOES14—Glenn O'Donnell—Forrester—Modern Services Demand a DevOps Culture Beyond Apps." Posted by DevOps Enterprise Summit 2014, November 5, 2014. YouTube video, 12:20. https://www.youtube.com/watch?v=pvPWKuO4_48

O'Reilly, Barry. "How to Implement Hypothesis-Driven Development." Barry O'Reilly blog, October 21, 2013. http://barryoreilly.com/explore/blog/how-to-implement-hypothesisdriven-development/

Osterweil, Leon. "Software Processes Are Software Too." Paper presented at International Conference on Software Engineering, Monterey, CA, 1987. http://www.cs.unibo.it/cianca/wwwpages/ids/letture/Osterweil.pdf

OWASP. "OWASP Cheat Sheet Series." Updated March 2, 2016. https://www.owasp.org/index.php/OWASP_Cheat_Sheet_Series

Ozil, Giray. "Ask a programmer to review 10 lines of code." Twitter, February 27, 2013. https://twitter.com/girayozil/status/306836785739210752

Pal, Tapabrata. "DOES15—Tapabrata Pal—Banking on Innovation & DevOps." Posted by DevOps Enterprise Summit, January 4, 2016. YouTube video, 32:57. https://www.youtube.com/watch?v=bbWFCKGhxOs

Parikh, Karan. "From a Monolith to Microservices + REST: The Evolution of LinkedIn's Architecture." Posted by Karan Parikh to slideshare.net, November 6, 2014. Slideshow. http://www.slideshare.net/parikhk/restli-and-deco

"Paul O'Neill." Forbes, October 11, 2001. http://www.forbes.com/2001/10/16/poneill.html

Paul, Ryan. "Exclusive: A Behind-the-Scenes Look at Facebook Release Engineering." Ars Technica, April 5, 2012. http://arstechnica.com/business/2012/04/exclusive-a-behind-thescenes-look-at-facebook-release-engineering/1/

PCI Security Standards Council. "Glossary." Glossary of terms (website). Accessed May 30, 2016. https://www.pcisecuritystandards.org/pci_security/glossary

PCI Security Standards Council. Payment Card Industry (PCI) Data Security Stands: Requirements and Security Assessment Procedures, Version 3.1. PCI Security Standards Council, 2015, Section 6.3.2. https://webcache.googleusercontent.com/search?q=cache:hpRe2COzzdAJ:https://www.cisecuritystandards.org/documents/PCI_DSS_v3-1_SAQ_D_Merchant_rev1-1.docx+&cd=2&hl=en&ct=clnk&gl=us

Pepitone, Julianne. "Amazon EC2 Outage Downs Reddit, Quora." CNN Money, April 22, 2011. http://money.cnn.com/2011/04/21/technology/amazon_server_outage/index.htm

Perrow, Charles. Normal Accidents: Living with High-Risk Technologies. Princeton, NJ: Princeton University Press, 1999.

Plastic SCM. "Version Control History." History of version control. Accessed May 31, 2016. https://www.plasticscm.com/version-control-history

Pomeranz, Hal. "Queue Inversion Week." Righteous IT, February 12, 2009. https://righteousit.wordpress.com/2009/02/12/queue-inversion-week/

Poppendieck, Mary, and Tom Poppendieck. Implementing Lean Software: From Concept to Cash. Upper Saddle River, NJ: Addison-Wesley, 2007.

Potvin, Rachel, and Josh Levenber. "Why Google Stores Billions of Lines of Code in a Single Repository." Communications of the ACM 59, no.7 (July 2016): 78-87. https://cacm.acm.org/magazines/2016/7/204032-why-google-stores-billions-of-lines-of-code-in-a-single-repository/fulltext

"Post Event Retrospective—Part 1." Rally Blogs, accessed May 31, 2016. https://www.rallydev.com/blog/engineering/post-event-retrospective-part-i

Protalinski, Emil. "Facebook Passes 1.55B Monthly Active Users and 1.01B Daily Active Users." Venture Beat, November 4, 2015. http://venturebeat.com/2015/11/04/facebook-passes-1-55b-monthly-active-users-and-1-01-billion-daily-active-users/

Prugh, Scott. "Continuous Delivery." Scaled Agile Framework. Updated February 14, 2013, http://www.scaledagileframework.com/continuous-delivery/

Prugh, Scott. "DOES14: Scott Prugh, CSG—DevOps and Lean in Legacy Environments." Posted by DevOps Enterprise Summit to slideshare.net, November 14, 2014. Slideshow. http://www.slideshare.net/DevOpsEnterpriseSummit/scott-prugh

Prugh, Scott, and Erica Morrison. "DOES15—Scott Prugh & Erica Morrison—Conway & Taylor Meet the Strangler (v2.0)." Posted by DevOps Enterprise Summit, November 5, 2015. YouTube video, 29:39. https://www.youtube.com/watch?v=tKdIHCL0DUg

Prugh, Scott, and Erica Morrison. "When Ops Swallows Dev," presentation at DevOps Enterprise Summit 2016. https://videolibrary.doesvirtual.com/?video=524430639

Puppet Labs and IT Revolution Press. 2013 State of DevOps Report. Portland, OR: Puppet Labs, 2013. http://www.exin-library.com/Player/eKnowledge/2013-state-of-devops-report.pdf

Ratchitsky, Lenny. "7 Keys to a Successful Public Health Dashboard." Transparent Uptime, December 1, 2008. http://www.transparentuptime.com/2008/11/rules-for-successful-public-health.html

Raymond, Eric S. "Conway's Law." Eric Raymond. Accessed May 31, 2016. http://catb.org/~esr/jargon/

Rembetsy, Michael, and Patrick McDonnell. "Continuously Deploying Culture: Scaling Culture at Etsy." Posted by Patrick McDonnel.bl to slideshare.net, October 4, 2012. Slideshow. http://www.slideshare.net/mcdonnps/continuously-deploying-culture-scaling-culture-at-etsy-14588485

Ries, Eric. The Lean Startup: How Today's Entrepreneurs Use Continuous Innovation to Create Radically Successful Businesses. New York: Random House, 2011. Audiobook.

Ries, Eric. "Work in Small Batches." Startup Lessons Learned(blog), February 20, 2009. http://www.startuplessonslearned.com/2009/02/work-in-small-batches.html

Robbins, Jesse. "GameDay: Creating Resiliency Through Destruction—LISA11." Posted by Jesse Robbins to slideshare.net, December 7, 2011. Slideshow. http://www.slideshare.net/jesserobbins/ameday-creating-resiliency-through-destruction

Robbins, Jesse. "Hacking Culture at VelocityConf." posted by Jesse Robbins to slideshare.net, June 28, 2012. Slideshow. http://www.slideshare.net/jesserobbins/hacking-culture-at-velocityconf

Robbins, Jesse, Kripa Krishnan, John Allspaw, and Tom Limoncelli. "Resilience Engineering: Learning to Embrace Failure." ACM Queue 10, no. 9 (September 13, 2012). https://queue.acm.org/detail.cfm?id=2371297

Roberto, Michael, Richard M. J. Bohmer, and Amy C. Edmondson. "Facing Ambiguous Threats." Harvard Business Review, November 2006. https://hbr.org/2006/11/facing-ambiguous-threats

Rossi, Chuck. "Release Engineering and Push Karma: Chuck Rossi." Facebook, April 5, 2012. https://www.facebook.com/notes/facebook-engineering/release-engineering-and-pushkarma-chuck-rossi/10150660826788920

Rossi, Chuck. "Ship early and ship twice as often." Facebook, August 3, 2012. https://www.facebook.com/notes/facebook-engineering/ship-early-and-ship-twice-as-often/10150985860363920

Rother, Mike. Toyota Kata: Managing People for Improvement, Adaptiveness and Superior Results. New York: McGraw Hill, 2010. Kindle.

Rubinstein, Joshua S., David E. Meyer, and Jeffrey E. Evans. "Executive Control of Cognitive Processes in Task Switching." Journal of Experimental Psychology: Human Perception and Performance 27, no. 4 (2001): 763–797. http://www.umich.edu/~bcalab/documents/RubinsteinMeyerEvans2001.pdf

Senge, Peter M. The Fifth Discipline: The Art & Practice of the Learning Organization. New York: Doubleday, 2006.

Sharwood, Simon. "Are Your Servers PETS or CATTLE?" The Register, March 18 2013. http://www.theregister.com/2013/03/18/servers_pets_or_cattle_cern/

Shingo, Shigeo. A Study of the Toyota Production System: From an Industrial Engineering Viewpoint. London: Productivity Press, 1989.

Shinn, Bill. "DOES15—Bill Shinn—Prove it! The Last Mile for DevOps in Regulated Organizations." Posted by Gene Kim to slideshare.net, November 20, 2015. Slideshow. http://www.slideshare.net/ITRevolution/does15-bill-shinn-prove-it-the-last-mile-for-devops-in-regulated-organizations

Shook, John. "Five Missing Pieces in Your Standardized Work (Part 3 of 3)." Lean Enterprise Institute, October 27, 2009. http://www.lean.org/shook/DisplayObject.cfm?o=1321

Shoup, Randy. "Exploring the Uncharted Territory of Microservices." Posted by XebiaLabs, Inc., February 20, 2015. YouTube video, 56:50. https://www.youtube.com/watch?v=MRa21icSIQk

Shoup, Randy. "The Virtuous Cycle of Velocity: What I Learned About Going Fast at eBay and Google by Randy Shoup." Posted by Flowcon, December 26, 2013. YouTube video, 30:05. https://www.youtube.com/watch?v =EwLBoRyXTOI.

Skinner, Chris. "Banks Have Bigger Development Shops than Microsoft." Chris Skinner's Blog, September 9, 2011. http://thefinanser.com/2011/09/banks-have-bigger-development-shops-than-microsoft.html/

Smart, Jonathan, Zsolt Berend, Myles Ogilvie, and Simon Rohrer. Sooner Safer Happier: Antipatterns and Patterns for Business Agility. Portland, OR: IT Revolution, 2020.

Snyder, Ross. "Scaling Etsy: What Went Wrong, What Went Right." Posted by Ross Snyder to slideshare.net, October 5, 2011. Slideshow. http://www.slideshare.net/beamrider9/scaling-etsy-what-went-wrong-what-went-right.

Snyder, Ross. "Surge 2011—Scaling Etsy: What Went Wrong, What Went Right." Posted by OmniTi-Surge Conference, December 23, 2011. YouTube video, 37:17. https://www.youtube.com/watch?v=eenrfm50mXw

Sonatype. 2015 State of the Software Supply Chain Report: Hidden Speed Bumps on the Way to "Continuous." Fulton, MD: Sonatype, Inc., 2015. http://cdn2.hubspot.net/hubfs/1958393/White_Papers/2015_State_of_the_Software_Supply_Chain_Report-.pdf?t=1466775053631

Sonatype. 2019 Stae of the Software Supply Chain Report. 2019. https://www.sonatype.com/resources/white-paper-state-of-software-supply-chain-report-2019

Sonatype. 2020 State of the Software Supply Chain Report. 2020. https://www.sonatype.com/resources/white-paper-state-of-the-software-supply-chain-2020

Sowell, Thomas. Basic Economics, Fifth Edition. New York: Basic Books, 2014.

Sowell, Thomas. Knowledge and Decisions. New York: Basic Books, 1980.

Spear, Steven J. The High-Velocity Edge: How Market Leaders Leverage Operational Excellence to Beat the Competition. New York: McGraw Hill Education, 2009.

Srivastava, Shivam, Kartik Trehan, Dilip Wagle, and Jane Wang. "Developer Velocity: How Software Excellence Fuels Business Performance." McKinsey, April 20, 2020. https://www.mckinsey.com/industries/technology-media-and-telecommunications/our-insights/developer-velocity-how-software-excellence-fuels-business-performance

Staats, Bradley, and David M. Upton. "Lean Knowledge Work." Harvard Business Review, October 2011. https://hbr.org/2011/10/lean-knowledge-work

Strear, Chris. "Leadership Lessons Learned from Improving Flow in Hospital Settings using Theory of Constraints." Presentation at DevOps Enterprise Summit, Europe, 2021. https://videolibrary.doesvirtual.com/?video=550704199

Stehr, Nico, and Reiner Grundmann. Knowledge: Critical Concepts, vol. 3. London: Routledge, 2005.

Sterling, Bruce. "Scenius, or Communal Genius." Wired, June 16, 2008. https://www.wired.com/2008/06/scenius-or-comm/#:~:text=His%20actual%20definition%20is%3A%20%22Scenius,scenius%2C%20you%20act%20like%20genius

Stillman, Jessica. "Hack Days: Not Just for Facebookers." Inc., February 3, 2012. http://www.inc.com/jessica-stillman/hack-days-not-just-for-facebookers.html

Sussman, Noahand and Laura Beth Denker. "Divide and Conquer." Code as Craft(blog). Etsy, April 20, 2011. https://codeascraft.com/2011/04/20/divide-and-concur/

Sussna, Jeff. "From Design Thinking to DevOps and Back Again: Unifying Design & Operations." Posted by William Evans, June 5, 2015. Vimeo video, 21:19. https://vimeo.com/129939230

Takeuchi, Hirotaka, and Ikujiro Nonaka. "New Product Development Game." Harvard Business Review (January 1986): 137–146.

Taleb, Nicholas. Antifragile: Things That Gain from Disorder (Incerto). New York: Random House, 2012.

Target. "All About Target." A Bullseye View. Accessed June 9, 2016. https://corporate.target.com

Temple-Raston, Dina. "A 'Worst Nightmare' Cyberattack: The Untold Story of the SolarWinds Hack," NPR, April 16, 2021. https://www.npr.org/2021/04/16/985439655/a-worst-nightmarecyberattack-the-untold-story-of-the-solarwinds-hack

Thomas, John and Ashish Kumar. "Welcome to the Google Engineering Tools Blog." Google Engineering Tools blog, posted May 3, 2011. http://google-engtools.blogspot.com/2011/05/welcome-to-google-engineering-tools.html

Townsend, Mark L. Review of The Phoenix Project: A Novel About IT, DevOps, and Helping Your Business Win, by Gene Kim, Kevin Behr, and George Spafford. Amazon review, March 2, 2013. http://uedata.amazon.com/gp/customer-reviews/R1097DFODM12VD/ref=cm_cr_getr_d_rvw_ttl?ie=UTF8&ASIN=B00VATFAMI

Treynor, Ben. "Keys to SRE." Presented at Usenix SREcon14, Santa Clara, CA, May 30, 2014. https://www.usenix.org/conference/srecon14/technical-sessions/presentation/keys-sre

Tucci, Linda. "Four Pillars of PayPal's 'Big Bang' Agile Transformation." TechTarget, August 2014. http://searchcio.techtarget.com/feature/Four-pillars-of-PayPals-big-bang-Agile-transformation

Turnbull, James. The Art of Monitoring. Seattle, WA: Amazon Digital Services, 2016. Kindle.

Twitter Engineering. "Hack Week @ Twitter." Twitter blog, January 25, 2012. https://blog.twitter.com/2012/hack-week-twitter

Van Den Elzen, Scott. Review of The Phoenix Project: A Novel About IT, DevOps, and Helping Your Business Win, by Gene Kim, Kevin Behr, and George Spafford. Amazon review, March 13, 2013. http://uedata.amazon.com/gp/customer-reviews/R2K95XEH5OL3Q5/ref=cm_cr_getr_d_rvw_ttl?ie=UTF8&ASIN=B00VATFAMI

Van Leeuwen, Evelijn and Kris Buytaert. "DOES15—Evelijn Van Leeuwen and Kris Buytaert—Turning Around the Containership." Posted by DevOps Enterprise Summit, December 21, 2015. YouTube video, 30:28. https://www.youtube.com/watch?v=0GId4AMKvPc

Van Kemande, Ron. "Nothing Beats Engineering Talent: The Agile Transformation at ING." Presented at the DevOps Enterprise Summit, London, UK, June 30–July 1, 2016.

Vance, Ashlee. "Inside Operation InVersion, the Code Freeze that Saved LinkedIn." Bloomberg, April 11, 2013. http://www.bloomberg.com/news/articles/2013-04-10/inside-operation-inversion-the-code-freeze-that-saved-linkedin

Vance, Ashlee. "LinkedIn: A Story About Silicon Valley's Possibly Unhealthy Need for Speed." Bloomberg, April 30, 2013. http://www.bloomberg.com/articles/2013-04-29/linkedin-astory-about-silicon-valleys-possibly-unhealthy-need-for-speed

Vault. "Nordstrom, Inc." Company Profile. Accessed March 30, 2021. http://www.vault.com/company-profiles/retail/nordstrom,-inc/company-overview.aspx

Velasquez, Nicole Forsgren, Gene Kim, Nigel Kersten, and Jez Humble. 2014 State of DevOps Report. Portland, OR: Puppet Labs, IT Revolution Press, and ThoughtWorks, 2014. https://services.google.com/fh/files/misc/state-of-devops-2014.pdf

Verizon Wireless. 2014 Data Breach Investigations Report. Verizon Enterprise Solutions, 2014. https://dti.delaware.gov/pdfs/rp_Verizon-DBIR-2014_en_xg.pdf

Verizon Wireless. 2021 Data Breach Investigations Report. Verizon, 2021. https://enterprise.verizon.com/resources/reports/2021-data-breach-investigations-report.pdf

"VPC Best Configuration Practices." Flux7 blog, January 23, 2014. http://blog.flux7.com/blogs/aws/vpc-best-configuration-practices

Walsh, Mark. "Ad Firms Right Media, AdInterax Sell to Yahoo." MediaPost, October 18, 2006. http://www.mediapost.com/publications/article/49779/ad-firms-right-media-adinterax-sell-toyahoo.html

Wang, Kendrick. "Etsy's Culture Of Continuous Experimentation and A/B Testing Spurs Mobile Innovation." Apptimize blog, January 30, 2014. http://apptimize.com/blog/2014/01/etsy-continuous-innovation-ab-testing/

"Weekly Top 10: Your DevOps Flavor." Electric Cloud, April 1, 2016. http://electric-cloud.com/blog/2016/04/weekly-top-10-devops-flavor/

West, David. "Water scrum-fall is-reality_of_agile_for_most." Posted by harsoft to slideshare.net, April 22, 2013. Slideshow. http://www.slideshare.net/harsoft/water-scrumfall-isrealityofagileformost

Westrum, Ron. "A Typology of Organisation Culture." BMJ Quality & Safety 13, no. 2 (2004): ii22-ii27. doi:10.1136/qshc.2003.009522.

Westrum, Ron. "The Study of Information Flow: A Personal Journey." Proceedings of Safety Science 67 (August 2014): 58-63. https://www.researchgate.net/publication/261186680_The_study_of_information_flow_A_personal_journey

"What Happens to Companies That Get Hacked? FTC Cases." Posted by SuicidalSnowman to Giant Bomb forum, July 2012. http://www.giantbomb.com/forums/off-topic-31/whathappens-to-companies-that-get-hacked-ftc-case-540466/

"When will Google permit languages other than Python, C++, Java and Go to be used for internal projects?" Quora forum. Accessed May 29, 2016. https://www.quora. com/When-will-Google-permit-languages-other-than-Python-C-Java-and-Go-to-be-used-for-internalprojects/answer/Neil-Kandalgaonkar

"Which programming languages does Google use internally?" Quora forum. Accessed May 29, 2016. https://www.quora.com/Which-programming-languages-does-Google-use-internally

Wickett, James. "Attacking Pipelines—Security Meets Continuous Delivery." Posted by James Wickett to slideshare.net, June 11, 2014. Slideshow. http://www.slideshare.net/wickett/attacking-pipelinessecurity-meets-continuous-delivery

Wiggins, Adams. "The Twelve-Factor App." 12Factor, January 30, 2012. http://12factor.net/

Wikipedia. "Direct Marketing." Wikipedia. Updated May 28, 2016. https://en.wikipedia.org/wiki/Direct_marketing

Wikipedia. "Imposter Syndrome." Wikipedia. Updated November 17, 2020. https://en.wikipedia.org/wiki/Impostor_syndrome#:~:text=Impostor%20syndrome%20(also%20known%20as,exposed%20as%20a%20%22fraud%22

Wikipedia. "Kaizen." Wikipedia. Updated May 12, 2016. https://en.wikipedia.org/wiki/Kaizen

Wikipedia. "Kolmogorov-Smirnov Test." Wikipedia. Updated May 19, 2016. http://en.wikipedia.org/wiki/Kolmogorov-Smirnov_test

Wikipedia. "Telemetry." Wikipedia. Updated May 5, 2016. https://en.wikipedia.org/wiki/Telemetry

Willis, John. "Docker and the Three Ways of DevOps Part 1: The First Way—Systems Thinking." Docker blog, May 26, 2015. https://blog.docker.com/2015/05/docker-three-ways-devops/

Winslow, Michael, Tamara Ledbetter, Adam Zimman, John Esser, Tim Judge, Carmen DeArdo. Change in a Successful Organization: Avoid Complacency by Making a Case for Continuous Improvement. Portland, OR: IT Revolution, 2020. https://myresources.itrevolution.com/id006657108/Change-in-a-Successful-Organization

Wiseman, Ben. 2021 Work Trend Index: Annual Report: The Next Great Disruption Is Hybrid Work—Are We Ready? Microsoft, March 22, 2021. https://ms-worklab.azureedge.net/files/reports/hybridWork/pdf/2021_Microsoft_WTI_Report_March.pdf

Womack, Jim. Gemba Walks. Cambridge, MA: Lean Enterprise Institute, 2011). Kindle.

Wong, Bruce, and Christos Kalantzis. "A State of Xen—Chaos Monkey & Cassandra." The Netflix Tech Blog, October 2, 2014. http://techblog.netflix.com/2014/10/a-state-of-xen-chaosmonkey-cassandra.html

Wong, Eric. "Eric the Intern: The Origin of InGraphs." LinkedIn Engineering blog, June 30, 2011. http://engineering.linkedin.com/32/eric-intern-origin-ingraphs

Womack, James P., and Daniel T. Jones. Lean Thinking: Banish Waste and Create Wealth in Your Corporation. New York: Free Press, 2010.

Zhao, Haiping. "HipHop for PHP: Move Fast." Facebook, February 2, 2010. https://www.facebook.com/notes/facebook-engineering/hiphop-for-php-move-fast/280583813919

Zia, Mossadeq, Gabriel Ramirez, and Noah Kunin. "Compliance Masonry: Building a Risk Management Platform, Brick by Brick." 18F blog, April 15, 2016. https://18f.gsa.gov/2016/04/15/compliance-masonry-building-a-risk-management-platform/

미주

출판사 서문

1. Kim, "State of DevOps: 2020 and Beyond"

들어가며

1. Branden Williams, personal correspondence with the authors, 2015
2. Christopher Little, personal correspondence with Gene Kim, 2010

도입

1. Goldratt, Beyond the Goal
2. Immelt, "Let's Finally End the Debate"
3. "Weekly Top 10: Your DevOps Flavor" Electric Cloud
4. Goldratt, Beyond the Goal.
5. Spear, The High-Velocity Edge, Chapter 3
6. Christopher Little, personal correspondence with Gene Kim, 2010
7. Skinner, "Banks Have Bigger Development Shops than Microsoft"
8. Stehr and Grundmann, Knowledge, 139
9. Masli et al., "Senior Executive's IT Management Responsibilities"
10. "IDC Forecasts Worldwide IT Spending to Grow 6%", Business Wire
11. Kersten, IT Revolution, and PwC, 2015 State of DevOps Report
12. Azzarello, Debruyne, and Mottura, "The Chemistry of Enthusiasm"
13. Brooks, The Mythical Man-Month
14. Kim et al., "Exploring the Uncharted Territory of Microservices"
15. Kersten, IT Revolution, and PwC, 2015 State of DevOps Report
16. Jenkins, "Velocity Culture", Exner, "Transforming Software Development"
17. Goldratt, Beyond the Goal
18. JGFLL, review of The Phoenix Project; Townsend, review of The Phoenix Project; Van Den Elzen, review of The Phoenix Project

1부 소개

1. Beck, et al., "Twelve Principles of Agile Software"
2. Rother, Toyota Kata, Part III

1장

1. Martin and Osterling, Value Stream Mapping, Chapter 1
2. Martin and Osterling, Value Stream Mapping, Chapter 3
3. Martin and Osterling, Value Stream Mapping, Chapter 3
4. Kersten, Project to Product
5. Forsgren, Humble, and Kim, Accelerate 2018
6. Leibman and Clanton, "DevOps: Approaching Cruising Altitude"
7. Leibman and Clanton, "DevOps: Approaching Cruising Altitude"
8. Leibman and Clanton, "DevOps: Approaching Cruising Altitude"
9. Leibman and Clanton, "DevOps: Approaching Cruising Altitude"
10. Leibman and Clanton, "DevOps: Approaching Cruising Altitude"
11. Leibman and Clanton, "DevOps: Approaching Cruising Altitude"
12. Leibman and Clanton, "DevOps: Approaching Cruising Altitude"
13. Leibman and Clanton, "DevOps: Approaching Cruising Altitude"
14. Leibman and Clanton, "DevOps: Approaching Cruising Altitude"

2장

1. Rubinstein, Meyer, and Evans, "Executive Control of Cognitive Processes in Task Switching"
2. DeGrandis, "DOES15—Dominica DeGrandis—The Shape of Uncertainty"
3. Bahri, "Few Patients-In-Process and Less Safety Scheduling"
4. Meeting between David J. Andersen and team at Motorola with Daniel S. Vacanti, February 24, 2004; story retold at USC CSSE Research Review with Barry Boehm in March 2004
5. Womack and Jones, Lean Thinking. Chapter 1
6. Ries, "Work in Small Batches"
7. Goldratt, Beyond the Goal
8. Goldratt, The Goal, "Five Focusing Steps"
9. Shingo, A Study of the Toyota Production System.
10. Poppendieck and Poppendieck, Implementing Lean Software, 74
11. Poppendieck and Poppendieck, Implementing Lean Software, Chapter 4
12. Edwards, "DevOps Kaizen"
13. Strear, "Leadership Lessons Learned From Improving Flow"
14. Strear, "Leadership Lessons Learned From Improving Flow"
15. Strear, "Leadership Lessons Learned From Improving Flow"

3장

1. Perrow, Normal Accidents.
2. Dekker, The Field Guide to Understanding Human Error
3. Spear, The High-Velocity Edge, Chapter 8
4. Spear, The High-Velocity Edge, Chapter 8
5. Senge, The Fifth Discipline, Chapter 5
6. "NUMMI, "This American Life
7. Hendrickson, "DOES15—Elisabeth Hendrickson—Its All About Feedback"
8. Hendrickson, "DOES15—Elisabeth Hendrickson—Its All About Feedback"
9. Spear, The High-Velocity Edge, Chapter 1
10. Spear, The High-Velocity Edge, Chapter 4
11. Ayers and Cohen, "Andon Cords in Development teams"
12. Ayers and Cohen, "Andon Cords in Development teams"
13. Ayers and Cohen, "Andon Cords in Development teams"
14. Jeff Gallimore, personal correspondence with the authors, 2021
15. Sowell, Knowledge and Decisions, 222
16. Sowell, Basic Economics
17. Gary Gruver, personal correspondence with Gene Kim, 2014

4장

1. Adler, "Time-and-Motion Regained"
2. Dekker, The Field Guide to Understanding Human Error, Chapter 1.
3. Dekker, "Just Culture: Balancing Safety and Accountability"
4. Westrum, "The Study of Information Flow"
5. Westrum, "A Typology of Organization Culture"
6. Velasquez et al., 2014 State of DevOps Report
7. Macri, "Morgue"
8. Spear, The High-Velocity Edge, Chapter 1
9. Senge, The Fifth Discipline, Chapter 1
10. Rother, Toyota Kata, 12
11. Mike Orzen, personal correspondence with Gene Kim, 2012
12. "Paul O'Neill", Forbes.
13. Spear, The High-Velocity Edge, Chapter 4
14. Spear, The High-Velocity Edge, Chapter 4
15. Spear, The High-Velocity Edge, Chapter 4
16. Spear, The High-Velocity Edge, Chapter 4
17. Taleb, Antifragile.
18. Womack, Gemba Walks, Kindle location 4113.
19. Rother, Toyota Kata, Part IV.
20. Rother, Toyota Kata, Conclusion.

21. Winslow et al., Change in a Successful Organization.
22. Gertner, The Idea Factory.
23. Kersten, Project to Product; Kersten, "Project to Product: From Stories to Scenius"
24. Brian Eno, as quoted in Sterling, "Scenius, or Communal Genius"
25. Gertner, The Idea Factory
26. Gertner, The Idea Factory

5장

1. Rembetsy and McDonnell, "Continuously Deploying Culture"
2. "Nordstrom, Inc.", Vault (website).
3. Kissler, "DOES14—Courtney Kissler—Nordstrom"
4. Gardner, "Barnes & Noble, Blockbuster, Borders"
5. Kissler, "DOES14—Courtney Kissler—Nordstrom"
6. Kissler, "DOES14—Courtney Kissler—Nordstrom" [Alterations to quote made by Courtney Kissler via personal correspondence with Gene Kim, 2016]
7. Kissler, "DOES14—Courtney Kissler—Nordstrom" [Alterations to quote made by Courtney Kissler via personal correspondence with Gene Kim, 2016]
8. Kissler, "DOES14—Courtney Kissler—Nordstrom" [Alterations to quote made by Courtney Kissler via personal correspondence with Gene Kim, 2016]
9. Kissler, "DOES14—Courtney Kissler—Nordstrom" [Alterations to quote made by Courtney Kissler via personal correspondence with Gene Kim, 2016]
10. Kissler, "DOES14—Courtney Kissler—Nordstrom" [Alterations to quote made by Courtney Kissler via personal correspondence with Gene Kim, 2016]
11. Mueller, "Business Model Driven Cloud Adoption"
12. Unpublished calculation by Gene Kim after the 2014 DevOps Enterprise Summit
13. Kersten, IT Revolution, and PwC, 2015 State of DevOps Report
14. Prugh, "DOES14: Scott Prugh, CSG"
15. Rembetsy and McDonnell, "Continuously Deploying Culture"
16. Golden, "What Gartner's Bimodal IT Model Means to Enterprise CIOs"
17. Furtado and Knausenberger, "The Air Force's Digital Journey in 12 Parsecs or Less"
18. Furtado and Knausenberger, "The Air Force's Digital Journey in 12 Parsecs or Less"
19. Furtado and Knausenberger, "The Air Force's Digital Journey in 12 Parsecs or Less"
20. Furtado and Knausenberger, "The Air Force's Digital Journey in 12 Parsecs or Less"
21. Furtado and Knausenberger, "The Air Force's Digital Journey in 12 Parsecs or Less"
22. Furtado and Knausenberger, "The Air Force's Digital Journey in 12 Parsecs or Less"
23. Furtado and Knausenberger, "The Air Force's Digital Journey in 12 Parsecs or Less"
24. Golden, "What Gartner's Bimodal IT Model Means to Enterprise CIOs"
25. Golden, "What Gartner's Bimodal IT Model Means to Enterprise CIOs"
26. Kersten, IT Revolution, and PwC, 2015 State of DevOps Report
27. Scott Prugh, personal correspondence with Gene Kim, 2014
28. Moore and McKenna, Crossing the Chasm, 11

29. Tucci, "Four Pillars of PayPal's 'Big Bang' Agile Transformation"

30. Fernandez and Spear, "Creating High Velocity Organizations"

31. Van Kemande, "Nothing Beats Engineering Talent"

32. Leibman and Clanton, "DevOps: Approaching Cruising Altitude"

33. Leibman and Clanton, "DevOps: Approaching Cruising Altitude"

34. Leibman and Clanton, "DevOps: Approaching Cruising Altitude"

35. Leibman and Clanton, "DevOps: Approaching Cruising Altitude"

36. Leibman and Clanton, "DevOps: Approaching Cruising Altitude"

37. Leibman and Clanton, "DevOps: Approaching Cruising Altitude"

38. Leibman and Clanton, "DevOps: Approaching Cruising Altitude"

39. Conrad and Hyatt, "Saving the Economy from Ruin (with a Hyperscale PaaS)"

40. Conrad and Hyatt, "Saving the Economy from Ruin (with a Hyperscale PaaS)"

41. Conrad and Hyatt, "Saving the Economy from Ruin (with a Hyperscale PaaS)"

42. Conrad and Hyatt, "Saving the Economy from Ruin (with a Hyperscale PaaS)"

43. Conrad and Hyatt, "Saving the Economy from Ruin (with a Hyperscale PaaS)"

44. Conrad and Hyatt, "Saving the Economy from Ruin (with a Hyperscale PaaS)"

45. Conrad and Hyatt, "Saving the Economy from Ruin (with a Hyperscale PaaS)"

46. Conrad and Hyatt, "Saving the Economy from Ruin (with a Hyperscale PaaS)"

47. Conrad and Hyatt, "Saving the Economy from Ruin (with a Hyperscale PaaS)"

48. Conrad and Hyatt, "Saving the Economy from Ruin (with a Hyperscale PaaS)"

49. Buchanan, "The Wisdom of Peter Drucker from A to Z"

6장

1. Kissler, "DOES14—Courtney Kissler—Nordstrom"

2. Clanton and Ducy, interview of Courtney Kissler and Jason Josephy, "Continuous Improvement at Nordstrom"

3. Clanton and Ducy, interview of Courtney Kissler and Jason Josephy, "Continuous Improvement at Nordstrom"

4. Clanton and Ducy, interview of Courtney Kissler and Jason Josephy, "Continuous Improvement at Nordstrom"

5. Maskell, "What Does This Guy Do? Role of Value Stream Manager"

6. Edwards, "DevOps Kaizen"

7. Govindarajan and Trimble, The Other Side of Innovation

8. Govindarajan and Trimble, The Other Side of Innovation, Part I

9. Cagan, Inspired, 12

10. Cagan, Inspired, 12.

11. Vance, "LinkedIn"

12. Clemm, "LinkedIn Started Back in 2003"

13. Nielsen, "8 Years with LinkedIn"

14. Clemm, "LinkedIn Started Back in 2003"

15. Parikh, "From a Monolith to Microservices + REST"

16. Clemm, "LinkedIn Started back in 2003"
17. Vance, "LinkedIn"
18. "How I Structured Engineering teams at LinkedIn and AdMob for Success", First Round Review.
19. Vance, "Inside Operation InVersion"
20. Vance, "LinkedIn"
21. Clemm, "LinkedIn Started Back in 2003"
22. "How I Structured Engineering teams", First Round Review
23. Christopher Little, personal correspondence with Gene Kim, 2011
24. Ryan Martens, personal correspondence with Gene Kim, 2013

7장

1. Conway, "How Do Committees Invent?"
2. Conway, "How Do Committees Invent?"
3. Raymond, "Conway's Law"
4. Buhr, "Etsy Closes Up 86 Percent on First Day of Trading"
5. Snyder, "Scaling Etsy"
6. Snyder, "Scaling Etsy"
7. Gallagher, "When 'Clever' Goes Wrong"
8. Snyder, "Scaling Etsy"
9. Snyder, "Scaling Etsy"
10. Forsgren et al., Accelerate State of DevOps 2019
11. Snyder, "Scaling Etsy"
12. Snyder, "Surge 2011"
13. Snyder, "Surge 2011"
14. Snyder, "Surge 2011"
15. McDonnell, "Continuously Deploying Culture"
16. Fernandez and Spear, "Creating High Velocity Organizations"
17. Adrian Cockcroft, personal correspondence with Gene Kim, 2014
18. "A Conversation with Werner Vogels"
19. Forsgren, Humble, and Kim, Accelerate State of DevOps 2018; Forsgren et al., Accelerate State of DevOps 2019
20. Spear, The High-Velocity Edge, Chapter 8
21. Rother, Toyota Kata, 250
22. Mulkey, "DOES15—Jody Mulkey"
23. Mulkey, "DOES15—Jody Mulkey"
24. Canahuati, "Growing from the Few to the Many"
25. Spear, The High-Velocity Edge, Chapter 1
26. Prugh, "Continuous Delivery"
27. Prugh, "Continuous Delivery"
28. Prugh, "Continuous Delivery"

29. Dweck, "Carol Dweck Revisits the 'Growth Mindset'"

30. Cox, "Disney DevOps"

31. John Lauderbach, personal conversation with Gene Kim, 2001

32. Mauro, "Adopting Microservices at Netflix"; Wiggins, "The Twelve-Factor App"

33. Shoup, "Exploring the Uncharted Territory of Microservices"

34. Humble, O'Reilly, and Molesky, Lean Enterprise, Part III

35. Hastings, "Netflix Culture"

36. Dignan, "Little Things Add Up"

37. Mickman and Clanton, "DOES15—Heather Mickman & Ross Clanton"

38. Mickman and Clanton, "DOES15—Heather Mickman & Ross Clanton"

39. Mickman and Clanton, "DOES15—Heather Mickman & Ross Clanton"

40. Mickman and Clanton, "DOES15—Heather Mickman & Ross Clanton"

41. Mickman and Clanton, "DOES15—Heather Mickman & Ross Clanton"

42. Mickman and Clanton, "DOES15—Heather Mickman & Ross Clanton"

43. Mickman and Clanton, "DOES15—Heather Mickman & Ross Clanton"

44. Mickman and Clanton, "DOES15—Heather Mickman & Ross Clanton"

8장

1. "Big Fish Celebrates 11th Consecutive Year of Record Growth", Big Fish Games(website).

2. Paul Farrall, personal correspondence with Gene Kim, January 2015

3. Paul Farrall, personal correspondence with Gene Kim, 2014

4. Paul Farrall, personal correspondence with Gene Kim, 2014

5. Ernest Mueller, personal correspondence with Gene Kim, 2014

6. Edwards, "DevOps Kaizen"

7. Marsh, "Dianne Marsh 'Introducing Change while Preserving Engineering Velocity'"

8. Cox, "Disney DevOps"

9. Daniels, "Devopsdays Minneapolis 2015—Katherine Daniels—DevOps: The Missing Pieces"

10. Ernest Mueller, personal correspondence with Gene Kim, 2015

11. Takeuchi and Nonaka, "New Product Development Game"

12. Chapman and Eltridge. "On A Mission: Nationwide Building Society"

13. Chapman and Eltridge. "On A Mission: Nationwide Building Society"

14. Chapman and Eltridge. "On A Mission: Nationwide Building Society"

15. Chapman and Eltridge. "On A Mission: Nationwide Building Society"

16. Chapman and Eltridge. "On A Mission: Nationwide Building Society"

17. Chapman and Eltridge. "On A Mission: Nationwide Building Society"

18. Chapman and Eltridge. "On A Mission: Nationwide Building Society"

9장

1. Campbell-Pretty, "DOES14—Em Campbell-Pretty—How a Business Exec Led Agile, Lead, CI/CD"
2. Campbell-Pretty, "DOES14—Em Campbell-Pretty—How a Business Exec Led Agile, Lead, CI/CD"
3. Campbell-Pretty, "DOES14—Em Campbell-Pretty—How a Business Exec Led Agile, Lead, CI/CD"
4. Campbell-Pretty, "DOES14—Em Campbell-Pretty—How a Business Exec Led Agile, Lead, CI/CD"
5. Campbell-Pretty, "DOES14—Em Campbell-Pretty—How a Business Exec Led Agile, Lead, CI/CD"
6. Campbell-Pretty, "DOES14—Em Campbell-Pretty—How a Business Exec Led Agile, Lead, CI/CD"
7. Campbell-Pretty, "DOES14—Em Campbell-Pretty—How a Business Exec Led Agile, Lead, CI/CD"
8. "Version Control History", Plastic SCM(website)
9. Davis and Daniels, Effective DevOps, 37
10. Velasquez et al., 2014 State of DevOps Report
11. Sharwood, "Are Your Servers PETS or CATTLE?"
12. Chan, "OWASP AppSecUSA 2012"
13. Fowler, "Trash Your Servers and Burn Your Code"
14. Willis, "Docker and the Three Ways of DevOps Part 1"
15. Forsgren et al., 2020 State of the Octoverse
16. Holmes, "How A Hotel Company Ran $30B of Revenue in Containers"
17. Holmes, "How A Hotel Company Ran $30B of Revenue in Containers"
18. Holmes, "How A Hotel Company Ran $30B of Revenue in Containers"
19. Holmes, "How A Hotel Company Ran $30B of Revenue in Containers"
20. Holmes, "How A Hotel Company Ran $30B of Revenue in Containers"
21. Holmes, "How A Hotel Company Ran $30B of Revenue in Containers"
22. Holmes, "How A Hotel Company Ran $30B of Revenue in Containers"

10장

1. Gary Gruver, personal correspondence with Gene Kim, 2014
2. Bland, "DOES15—Mike Bland—Pain Is Over, If You Want It"
3. Bland, "DOES15—Mike Bland—Pain Is Over, If You Want It"
4. Imposter Syndrome, Wikipedia
5. Bland, "DOES15—Mike Bland—Pain Is Over, If You Want It"
6. Bland, "DOES15—Mike Bland—Pain Is Over, If You Want It"
7. Bland, "DOES15—Mike Bland—Pain Is Over, If You Want It"
8. Potvin and Levenber, "Why Google Stores Billions of Lines of Codes in a Single Repository"

9. Messeri, "What Goes Wrong When Thousands of Engineers Share the Same Continuous Build?"
10. Messeri, "What Goes Wrong When Thousands of Engineers Share the Same Continuous Build?"
11. Potvin and Levenber, "Why Google Stores Billions of Lines of Codes in a Single Repository"
12. Potvin and Levenber, "Why Google Stores Billions of Lines of Codes in a Single Repository"; Messeri, "What Goes Wrong When Thousands of Engineers Share the Same Continuous Build?"
13. Jez Humble and David Farley, personal correspondence with Gene Kim, 2012
14. Humble and Farley, Continuous Delivery, 3
15. Humble and Farley, Continuous Delivery, 188
16. Humble and Farley, Continuous Delivery, 258
17. Fowler, "Continuous Integration"
18. Fowler, "Test Pyramid"
19. Fowler, "Test Driven Development"
20. Nagappan et al., "Realizing Quality Improvement through Test Driven Development"
21. Hendrickson, "On the Care and Feeding of Feedback Cycles"
22. "Decreasing False Positives in Automated Testing."; Fowler, "Eradicating Non-determinism in Tests"
23. Gruver, "DOES14—Gary Gruver—Macy's—Transforming Traditional Enterprise Software Development Processes"
24. Jones, "3 Ways to Get Test Automation Done Within Your Sprints"
25. Shoup, "The Virtuous Cycle of Velocity"
26. West, "Water scrum-fall is-reality_of_agile_for_most"
27. Forsgren et al., Accelerate: State of DevOps 2019
28. Forsgren, Humble, and Kim, Accelerate: State of DevOps 2018

11장

1. Kim, "The Amazing DevOps Transformation of the HP LaserJet Firmware team"
2. Kim, "The Amazing DevOps Transformation of the HP LaserJet Firmware team"
3. Kim, "The Amazing DevOps Transformation of the HP LaserJet Firmware team"
4. Kim, "The Amazing DevOps Transformation of the HP LaserJet Firmware team"
5. Kim, "The Amazing DevOps Transformation of the HP LaserJet Firmware team"
6. Gruver and Mouser, Leading the Transformation, 60
7. Gary Gruver, personal communication with the authors, 2016
8. Kim, "The Amazing DevOps Transformation of the HP LaserJet Firmware team"
9. Kim, "The Amazing DevOps Transformation of the HP LaserJet Firmware team"
10. Kim, "The Amazing DevOps Transformation of the HP LaserJet Firmware team"
11. Kim, "The Amazing DevOps Transformation of the HP LaserJet Firmware team"

12. Atwood, "Software Branching and Parallel Universes"
13. Cunningham, "Ward Explains Debt Metaphor"
14. Mueller, "2012: A Release Odyssey"
15. "Bazaarvoice, Inc. Announces Its Financial Results", Bazaar Voice(website)
16. Mueller, "DOES15—Ernest Mueller—DevOps Transformations At National Instruments"
17. Mueller, "DOES15—Ernest Mueller—DevOps Transformations At National Instruments"
18. Mueller, "DOES15—Ernest Mueller—DevOps Transformations At National Instruments"
19. Mueller, "DOES15—Ernest Mueller—DevOps Transformations At National Instruments"
20. Mueller, "DOES15—Ernest Mueller—DevOps Transformations At National Instruments" ·
21. Kersten, IT Revolution, and PwC, 2015 State of DevOps Report
22. Brown, et al., State of DevOps Report; Forsgren et al., State of DevOps Report 2017

12장

1. Rossi, "Release Engineering and Push Karma"
2. Paul, "Exclusive: A Behind-the-Scenes Look at Facebook Release Engineering"
3. Rossi, "Release Engineering and Push Karma"
4. Paul, "Exclusive: a Behind-the-Scenes Look at Facebook Release Engineering"
5. Rossi, "Ship early and ship twice as often"
6. Beck, "Slow Deployment Causes Meetings"
7. Prugh, "DOES14: Scott Prugh, CSG—DevOps and Lean in Legacy Environments"
8. Prugh, "DOES14: Scott Prugh, CSG—DevOps and Lean in Legacy Environments"
9. Prugh, "DOES14: Scott Prugh, CSG—DevOps and Lean in Legacy Environments"
10. Prugh, "DOES14: Scott Prugh, CSG—DevOps and Lean in Legacy Environments"
11. Prugh, "DOES14: Scott Prugh, CSG—DevOps and Lean in Legacy Environments"
12. Prugh, "DOES14: Scott Prugh, CSG—DevOps and Lean in Legacy Environments"
13. Puppet Labs and IT Revolution Press, 2013 State of DevOps Report
14. Prugh and Morrison, "DOES15—Scott Prugh & Erica Morrison—Conway & Taylor Meet the Strangler (v2.0)"
15. Prugh and Morrison, "DOES15—Scott Prugh & Erica Morrison—Conway & Taylor Meet the Strangler (v2.0)"
16. Prugh and Morrison, "DOES15—Scott Prugh & Erica Morrison—Conway & Taylor Meet the Strangler (v2.0)"
17. Tim Tischler, personal conversation with Gene Kim, FlowCon 2013
18. Puppet Labs and IT Revolution Press, 2013 State of DevOps Report
19. Forsgren et al. Accelerate: State of DevOps 2019

20. Dickerson, "Optimizing for Developer Happiness"
21. Sussman and Denker, "Divide and Conquer"
22. Sussman and Denker, "Divide and Conquer"
23. Sussman and Denker, "Divide and Conquer"
24. Sussman and Denker, "Divide and Conquer"
25. Sussman and Denker, "Divide and Conquer"
26. Kastner, "Quantum of Deployment"
27. Fitz, "Continuous Deployment at IMVU"
28. Fitz, "Continuous Deployment at IMVU"; Hrenko, "DOES15—Michael Hrenko—DevOps Insured By Blue Shield of California"
29. Humble and Farley, Continuous Delivery, 26.
30. Ries, The Lean Startup
31. Bosworth, "Building and testing at Facebook"; "Etsy's Feature Flagging", GitHub(website)
32. Allspaw, "Convincing Management"
33. Rossi, "Release Engineering and Push Karma"
34. Protalinski, "Facebook Passes 1.55B Monthly Active Users"
35. Protalinski, "Facebook Passes 1.55B Monthly Active Users"
36. Letuchy, "Facebook Chat"
37. Letuchy, "Facebook Chat"
38. Letuchy, "Facebook Chat"
39. Jez Humble, personal correspondence with Gene Kim, 2014
40. Jez Humble, personal correspondence with Gene Kim, 2014
41. Jez Humble, personal correspondence with Gene Kim, 2014
42. Forsgren, Humble, and Kim, Accelerate State of DevOps 2018; Forsgren et al., Accelerate State of DevOps 2019
43. Prugh and Morrison, "When Ops Swallows Dev"
44. Prugh and Morrison, "When Ops Swallows Dev"
45. Prugh and Morrison, "When Ops Swallows Dev"
46. Prugh and Morrison, "When Ops Swallows Dev"
47. Prugh and Morrison, "When Ops Swallows Dev"
48. Prugh and Morrison, "When Ops Swallows Dev"

13장

1. Humble, "What is Continuous Delivery?"
2. Kim et al., "Exploring the Uncharted Territory of Microservices"
3. Kim et al., "Exploring the Uncharted Territory of Microservices"
4. Kim et al., "Exploring the Uncharted Territory of Microservices"
5. Shoup, "From Monolith to Microservices"
6. Betz, Architecture and Patterns for IT Service Management, 300
7. Shoup, "From Monolith to Micro-services"

8. Shoup, "From Monolith to Micro-services"
9. Shoup, "From Monolith to Micro-services"
10. Vogels, "A Conversation with Werner Vogels"
11. Vogels, "A Conversation with Werner Vogels"
12. Vogels, "A Conversation with Werner Vogels"
13. Vogels, "A Conversation with Werner Vogels"
14. Jenkins, "Velocity Culture"
15. Exner, "Transforming Software Development"
16. Fowler, "Strangler Fig Application"
17. Lublinsky, "Versioning in SOA"
18. Hammant, "Introducing Branch by Abstraction"
19. Fowler, "Strangler Fig Application"
20. Huang, "Blackboard CEO Jay Bhatt on the Global Future of Edtech"
21. Ashman, "DOES14—David Ashman—Blackboard Learn—Keep Your Head in the Clouds"
22. Ashman, "DOES14—David Ashman—Blackboard Learn—Keep Your Head in the Clouds"
23. Ashman, "DOES14—David Ashman—Blackboard Learn—Keep Your Head in the Clouds"
24. Ashman, "DOES14—David Ashman—Blackboard Learn—Keep Your Head in the Clouds"
25. Ashman, "DOES14—David Ashman—Blackboard Learn—Keep Your Head in the Clouds"
26. Forsgren et al., State of DevOps Report 2017
27. Forsgren, Humble, and Kim, Accelerate: State of DevOps 2018; Forsgren et al., Accelerate State of DevOps 2019

14장

1. Kim, Behr, and Spafford, The Visible Ops Handbook, Introduction
2. Kim, Behr, and Spafford, The Visible Ops Handbook, Introduction
3. Kim, Behr, and Spafford, The Visible Ops Handbook, Introduction
4. "Telemetry", Wikipedia
5. Rembetsy and McDonnell, "Continuously Deploying Culture"
6. Rembetsy and McDonnell, "Continuously Deploying Culture"
7. John Allspaw, personal conversation with Gene Kim, 2014
8. Malpass, "Measure Anything, Measure Everything"
9. Kersten, IT Revolution, and PwC, 2015 State of DevOps Report
10. Forsgren et al., Accelerate: State of DevOps 2019
11. Turnbull, The Art of Monitoring, Introduction
12. Cockcroft, "Monitorama"
13. Prugh, "DOES14: Scott Prugh, CSG—DevOps and Lean in Legacy Environments"

14. Figureau, "The 10 Commandments of Logging"
15. Dan North, personal correspondence with Gene Kim, 2016
16. Chuvakin, "LogLogic/Chuvakin Log Checklist"
17. Kim, Behr, and Spafford, The Visible Ops Handbook, Introduction
18. North, "Ops and Operability"
19. John Allspaw, personal correspondence with Gene Kim, 2011
20. Agile Alliance, "Information Radiators"
21. Ernest Mueller, personal correspondence with Gene Kim, 2014
22. Gupta, "Visualizing LinkedIn's Site Performance"
23. Wong, "Eric the Intern"
24. Wong, "Eric the Intern"
25. Wong, "Eric the Intern"
26. Ed Blankenship, personal correspondence with Gene Kim, 2016
27. Burrows, "The Chubby Lock Service for Loosely-Coupled Distributed Systems"
28. Lindsay, "Consul Service Discovery with Docker"
29. Mulkey, "DOES15—Jody Mulkey—DevOps in the Enterprise: A Transformation Journey"
30. Forsgren et al., Accelerate: State of DevOps 2019

15장

1. Netflix Letter to Shareholders
2. Roy Rapoport, personal correspondence with Gene Kim, 2014
3. Hodge and Austin, "A Survey of Outlier Detection Methodologies"
4. Roy Rapoport, personal correspondence with Gene Kim, 2014
5. Roy Rapoport, personal correspondence with Gene Kim, 2014
6. Roy Rapoport, personal correspondence with Gene Kim, 2014
7. Boubez, "Simple Math for Anomaly Detection"
8. Limoncelli, "Stop Monitoring Whether or Not Your Service Is Up!"
9. Boubez, "Simple Math for Anomaly Detection"
10. Dr. Nicole Forsgren, personal correspondence with Gene Kim, 2015
11. Jacobson, Yuan, and Joshi, "Scryer: Netflix's Predictive Auto Scaling Engine"
12. Jacobson, Yuan, and Joshi, "Scryer: Netflix's Predictive Auto Scaling Engine"
13. Jacobson, Yuan, and Joshi, "Scryer: Netflix's Predictive Auto Scaling Engine"
14. Chandola, Banerjee, and Kumar, "Anomaly Detection: A Survey"
15. Tarun Reddy, personal interview with Gene Kim, Rally headquarters, Boulder, CO, 2014
16. "Kolmogorov-Smirnov Test", Wikipedia
17. Boubez, "Simple Math for Anomaly Detection"
18. Boubez, "Simple Math for Anomaly Detection"

16장

1. Walsh, "Ad Firms Right Media"
2. Nick Galbreath, personal conversation with Gene, 2013
3. Galbreath, "Continuous Deployment"
4. Galbreath, "Continuous Deployment"
5. Galbreath, "Continuous Deployment"
6. Canahuati, "Growing from the Few to the Many"
7. Lightbody, "From Inception to Acquisition"
8. Chakrabarti, "Common Ops Mistakes"
9. Sussna, "From Design Thinking to DevOps and Back Again"
10. Anonymous, personal conversation with Gene Kim, 2005
11. Limoncelli, "SRE@Google"
12. Treynor, "Keys to SRE"
13. Limoncelli, "SRE@Google"
14. Limoncelli, "SRE@Google"
15. Limoncelli, "SRE@Google"
16. Tom Limoncelli, personal correspondence with Gene Kim, 2016
17. Tom Limoncelli, personal correspondence with Gene Kim, 2016

17장

1. Humble, O'Reilly and Molesky, Lean Enterprise, Part II
2. Intuit, Inc., "2012 Annual Report"
3. Cook, "Leadership in an Agile Age"
4. Cook, "Leadership in an Agile Age"
5. Cook, "Leadership in an Agile Age"
6. "Direct Marketing", Wikipedia
7. "Fighting Poverty With Actual Evidence: Full Transcript", Freakonomics(blog)
8. Kohavi, Crook, and Longbotham, "Online Experimentation at Microsoft"
9. Kohavi, Crook, and Longbotham, "Online Experimentation at Microsoft"
10. Jez Humble, personal correspondence with Gene Kim, 2015
11. Wang, "Etsy's Culture Of Continuous Experimentation"
12. O'Reilly, "How to Implement Hypothesis-Driven Development"
13. Kim, "Organizational Learning and Competitiveness"
14. Kim, "Organizational Learning and Competitiveness"
15. Kim, "Organizational Learning and Competitiveness"
16. Kim, "Organizational Learning and Competitiveness"
17. Kim, "Organizational Learning and Competitiveness"
18. Kim, "Organizational Learning and Competitiveness"
19. ㄴKim, "Organizational Learning and Competitiveness"

18장

1. Chacon, "GitHub Flow"
2. Douglas, "Deploying at GitHub"
3. Allspaw, "Counterfactual Thinking, Rules, and the Knight Capital Accident"
4. Allspaw, "Counterfactual Thinking, Rules, and the Knight Capital Accident"
5. Staats and Upton, "Lean Knowledge Work"
6. Forsgren et al., Accelerate State of DevOps 2019
7. Forsgren et al., Accelerate State of DevOps 2019
8. Velasquez et al., 2014 State of DevOps Report
9. Randy Shoup, personal interview with Gene Kim, 2015
10. Ozil, "Ask a programmer"
11. Cornago, Yadav, and Otto, "From 6-Eye Principle to Release at Scale - adidas Digital Tech 2021"
12. Cornago, Yadav, and Otto, "From 6-Eye Principle to Release at Scale - adidas Digital Tech 2021"
13. Cornago, Yadav, and Otto, "From 6-Eye Principle to Release at Scale - adidas Digital Tech 2021"
14. Cornago, Yadav, and Otto, "From 6-Eye Principle to Release at Scale - adidas Digital Tech 2021"
15. Cornago, Yadav, and Otto, "From 6-Eye Principle to Release at Scale - adidas Digital Tech 2021"
16. Cornago, Yadav, and Otto, "From 6-Eye Principle to Release at Scale - adidas Digital Tech 2021"
17. Cornago, Yadav, and Otto, "From 6-Eye Principle to Release at Scale - adidas Digital Tech 2021"
18. Cornago, Yadav, and Otto, "From 6-Eye Principle to Release at Scale - adidas Digital Tech 2021"
19. Cornago, Yadav, and Otto, "From 6-Eye Principle to Release at Scale - adidas Digital Tech 2021"
20. Ozil, "Ask a programmer to review 10 lines of code"
21. Messeri, "What Goes Wrong When Thousands of Engineers Share the Same Continuous Build?"
22. Thomas and Kumar, "Welcome to the Google Engineering Tools Blog"
23. Kumar, "Development at the Speed and Scale of Google"
24. Randy Shoup, personal correspondence with Gene Kim, 2014
25. Atwood, "Pair Programming vs. Code Reviews"
26. Atwood, "Pair Programming vs. Code Reviews"
27. "Pair Programming", ALICE Wiki page
28. "Pair Programming", ALICE Wiki page
29. Hendrickson, "DOES15—Elisabeth Hendrickson—Its All About Feedback"
30. Hendrickson, "DOES15—Elisabeth Hendrickson—Its All About Feedback"

31. Hendrickson, "DOES15—Elisabeth Hendrickson—Its All About Feedback"

32. Hendrickson, "DOES15—Elisabeth Hendrickson—Its All About Feedback"

33. Hendrickson, "DOES15—Elisabeth Hendrickson—Its All About Feedback"

34. Ryan Tomayko, personal correspondence with Gene Kim, 2014

35. Ryan Tomayko, personal correspondence with Gene Kim, 2014

36. Ryan Tomayko, personal correspondence with Gene Kim, 2014

37. Ryan Tomayko, personal correspondence with Gene Kim, 2014

38. Ryan Tomayko, personal correspondence with Gene Kim, 2014

39. Cockcroft, Ducy, and Clanton, "Adrian Cockcroft of Battery Ventures"

40. Pal, "DOES15—Tapabrata Pal—Banking on Innovation & DevOps"

41. Cox, "Disney DevOps"

42. Clanton and Mickman, "DOES14—Ross Clanton and Heather Mickman—DevOps at Target"

43. Clanton and Mickman, "DOES14—Ross Clanton and Heather Mickman—DevOps at Target"

44. Clanton and Mickman, "DOES14—Ross Clanton and Heather Mickman—DevOps at Target"

45. Clanton and Mickman, "DOES14—Ross Clanton and Heather Mickman—DevOps at Target"

46. Clanton and Mickman, "DOES14—Ross Clanton and Heather Mickman—DevOps at Target"

47. John Allspaw and Jez Humble, personal correspondence with Gene Kim, 2014

19장

1. Spear, The High-Velocity Edge, Chapter 1

2. Spear, The High-Velocity Edge, Chapter 1

3. Pepitone, "Amazon EC2 Outage Downs Reddit, Quora"

4. Morgan, "A Rare Peek into the Massive Scale of AWS"

5. Cockcroft, Hicks, and Orzell, "Lessons Netflix Learned from the AWS Outage"

6. Cockcroft, Hicks, and Orzell, "Lessons Netflix Learned from the AWS Outage"

7. Cockcroft, Hicks, and Orzell, "Lessons Netflix Learned from the AWS Outage"

8. Dekker, "Just Culture", 152

9. Dekker, "DevOpsDays Brisbane 2014—Sidney Decker—System Failure, Human Error: Who's to Blame?"

10. Allspaw, "Post-Mortems, Sans Finger-Pointing"

11. Allspaw, "Blameless PostMortems and a Just Culture"

12. Malpass, "DevOpsDays Minneapolis 2014—Ian Malpass, Fallible Humans"

13. Milstein, "Post-Mortems at HubSpot: What I Learned from 250 Whys"

14. Randy Shoup, personal correspondence with Gene Kim, 2014

15. Google, "Post-Mortem for February 24, 2010 Outage"; Amazon Web Services, "Summary of the Amazon DynamoDB Service Disruption and Related Impacts in the US-East Region"

16. Macri, "Morgue"

17. Macri, "Morgue"

18. Forsgren, Humble, and Kim, Accelerate: State of DevOps 2018

19. Edmondson, "Strategies for Learning from Failure"

20. Spear, The High-Velocity Edge, Chapter 4

21. Spear, The High-Velocity Edge, Chapter 4

22. Spear, The High-Velocity Edge, Chapter 3

23. Roberto, Bohmer, and Edmondson, "Facing Ambiguous Threats"

24. Roberto, Bohmer, and Edmondson, "Facing Ambiguous Threats"

25. Roberto, Bohmer, and Edmondson, "Facing Ambiguous Threats"

26. Roy Rapoport, personal correspondence with Gene Kim, 2012

27. Roy Rapoport, personal correspondence with Gene Kim, 2012

28. Roy Rapoport, personal correspondence with Gene Kim, 2012

29. Nygard, Release It!, Part I

30. Barr, "EC2 Maintenance Update"

31. Wong and Kalantzis, "A State of Xen—Chaos Monkey & Cassandra"

32. Wong and Kalantzis, "A State of Xen—Chaos Monkey & Cassandra"

33. Wong and Kalantzis, "A State of Xen—Chaos Monkey & Cassandra"

34. Roy Rapoport, personal correspondence with Gene Kim, 2015

35. Adrian Cockcroft, personal correspondence with Gene Kim, 2012

36. Robbins, "GameDay"

37. Robbins et al., "Resilience Engineering"

38. Robbins et al., "Resilience Engineering"

39. Robbins et al., "Resilience Engineering"

40. Robbins et al., "Resilience Engineering"

41. Robbins et al., "Resilience Engineering"

42. Krishman, "'Learning Continuously From Failures' at Google."

43. Krishnan, "Weathering the Unexpected"

44. Krishnan, "Weathering the Unexpected"

45. Morrison, "How We Turned Our Company's Worst Outage into a Powerful Learning Opportunity"

46. Widely attributed to Peter Senge

20장

1. Newland, "ChatOps at GitHub"

2. Newland, "ChatOps at GitHub"

3. Mark Imbriaco, personal correspondence with Gene Kim, 2015

4. Newland, "ChatOps at GitHub"

5. Newland, "ChatOps at GitHub"

6. Newland, "ChatOps at GitHub"

7. Newland, "ChatOps at GitHub"

8. Osterweil, "Software Processes are Software Too"

9. Arbuckle, "What Is ArchOps: Chef Executive Roundtable"

10. Arbuckle, "What Is ArchOps: Chef Executive Roundtable"

11. Arbuckle, "What Is ArchOps: Chef Executive Roundtable"

12. Metz, "Google Is 2 Billion Lines of Code—and It's All in One Place"

13. Metz, "Google Is 2 Billion Lines of Code—and It's All in One Place"

14. Metz, "Google Is 2 Billion Lines of Code—and It's All in One Place"

15. Messeri, "What Goes Wrong When Thousands of Engineers Share the Same Continuous Build?"

16. Randy Shoup, personal correspondence with Gene Kim, 2014

17. Limoncelli, "Yes, You Can Really Work from HEAD"

18. Forsgren et al., Accelerate: State of DevOps 2019

19. Forsgren et al., Accelerate: State of DevOps 2019

20. Mell and Grance, The NIST Definition of Cloud Computing, 6

21. Forsgren et al., Accelerate: State of DevOps 2019

22. Loura, Jacques, and Garcia, "DOES15—Ralph Loura, Olivier Jacques, & Rafael Garcia—Breaking Traditional IT Paradigms"

23. Rembetsy and McDonnell, "Continuously Deploying Culture"

24. Rembetsy and McDonnell, "Continuously Deploying Culture"

25. McKinley, "Why MongoDB Never Worked Out at Etsy"

26. Cundiff, Geinert, and Rettig, "Crowdsourcing Technology Governance"

27. Cundiff, Geinert, and Rettig, "Crowdsourcing Technology Governance"

28. Cundiff, Geinert, and Rettig, "Crowdsourcing Technology Governance"

29. Cundiff, Geinert, and Rettig, "Crowdsourcing Technology Governance"

30. Cundiff, Geinert, and Rettig, "Crowdsourcing Technology Governance"

31. Cundiff, Geinert, and Rettig, "Crowdsourcing Technology Governance"

21장

1. "Kaizen", Wikipedia

2. Spear, The High-Velocity Edge, Chapter 8

3. Spear, The High-Velocity Edge, Chapter 8

4. Mickman and Clanton, "(Re)building an Engineering Culture"

5. Ravi Pandey, personal correspondence with Gene Kim, 2015

6. Mickman and Clanton, "(Re)building an Engineering Culture"

7. Pomeranz, "Queue Inversion Week"

8. Spear, The High-Velocity Edge, Chapter 3

9. Stillman, "Hack Days"

10. Associated Press, "Number of Active Users at Facebook over the Years"

11. Zhao, "HipHop for PHP"

12. Metz, "How Three Guys Rebuilt the Foundation of Facebook"

13. Metz, "How Three Guys Rebuilt the Foundation of Facebook"

14. Steve Farley, personal correspondence with Gene Kim, January 5, 2016
15. Gaekwad, "Agile 2013 Talk"
16. O'Donnell, "DOES14—Glenn O'Donnell—Forrester—Modern Services Demand a DevOps Culture Beyond Apps"
17. Smart et al., Sooner Safer Happier, 314
18. Nationwide, 2014 Annual Report
19. Steve Farley, personal correspondence with Gene Kim, 2016
20. Pal, "DOES15—Tapabrata Pal—Banking on Innovation & DevOps"
21. Pal, "DOES15—Tapabrata Pal—Banking on Innovation & DevOps"
22. Tapabrata Pal, personal correspondence with Gene Kim, 2015
23. "All About Target", Target (website)
24. Mickman and Clanton, "(Re)building an Engineering Culture"
25. Van Leeuwen and Buytaert, "DOES15—Evelijn Van Leeuwen and Kris Buytaert—Turning Around the Containership"
26. Mickman and Clanton, "(Re)building an Engineering Culture"
27. "DevOps Culture: How to Transform"
28. Bland, "DOES15—Mike Bland—Pain Is Over, If You Want It"
29. Bland, "DOES15—Mike Bland—Pain Is Over, If You Want It"
30. Bland, "DOES15—Mike Bland—Pain Is Over, If You Want It"
31. Bland, "DOES15—Mike Bland—Pain Is Over, If You Want It"
32. Bland, "DOES15—Mike Bland—Pain Is Over, If You Want It"
33. Bland, "DOES15—Mike Bland—Pain Is Over, If You Want It"
34. Bland, "DOES15—Mike Bland—Pain Is Over, If You Want It"
35. Bland, "DOES15—Mike Bland—Pain Is Over, If You Want It"
36. Bland, "Fixits, or I Am the Walrus"
37. Bland, "Fixits, or I Am the Walrus"
38. Bland, "Fixits, or I Am the Walrus"

22장

1. Wickett, "Attacking Pipelines—Security Meets Continuous Delivery"
2. Wickett, "Attacking Pipelines—Security Meets Continuous Delivery"
3. Pal, "DOES15—Tapabrata Pal—Banking on Innovation & DevOps"
4. Justin Arbuckle, personal interview with Gene Kim, 2015
5. Justin Arbuckle, personal interview with Gene Kim, 2015
6. Antani, "IBM Innovate DevOps Keynote"
7. Galbreath, "DevOpsSec: Applying DevOps Principles to Security, DevOpsDays Austin 2012"
8. Galbreath, "DevOpsSec: Applying DevOps Principles to Security, DevOpsDays Austin 2012"
9. "OWASP Cheat Sheet Series", OWASP(website)
10. Collins, Smolen, and Matatall, "Putting to your Robots to Work V1.1"

11. "What Happens to Companies That Get Hacked? FTC Cases", Giant Bomb forum
12. "What Happens to Companies That Get Hacked? FTC Cases", Giant Bomb forum
13. Collins, Smolen, and Matatall, "Putting to your Robots to Work V1.1"
14. Twitter Engineering, "Hack Week @ Twitter"
15. Twitter Engineering, "Hack Week @ Twitter"
16. Corman and Willis, "Immutable Awesomeness—Josh Corman and John Willis at DevOps Enterprise Summit 2015"
17. Forsgren et al., 2020 State of the Octoverse
18. Forsgren et al., 2020 State of the Octoverse
19. Verison, 2014 Data Breach Investigations Report
20. Verizon, 2021 Data Breach Investigations Report, 20
21. Sonatype, 2019 State of the Software Supply Chain Report
22. Sonatype, 2019 State of the Software Supply Chain Report
23. Sonatype, 2019 State of the Software Supply Chain Report
24. "Jeremy Long: The (Application)Patching Manifesto"
25. "Jeremy Long: The (Application)Patching Manifesto"
26. Sonatype, 2019 State of the Software Supply Chain Report
27. Sonatype, 2019 State of the Software Supply Chain Report
28. Sonatype, 2019 State of the Software Supply Chain Report
29. Sonatype, 2019 State of the Software Supply Chain Report
30. Sonatype, 2020 State of the Software Supply Chain Report
31. Sonatype, 2020 State of the Software Supply Chain Report
32. Geer and Corman, "Almost Too Big to Fail"
33. Forsgren et al., 2020 State of the Octoverse
34. Temple-Raston, "A 'Worst Nightmare' Cyberattack"
35. Naraine, "Twilio, HashiCorp Among Codecov Supply Chain Hack Victims"
36. Kash, "New Details Released on Proposed 2016 IT Spending"
37. Bland, "DOES15—Mike Bland—Pain Is Over, If You Want It"
38. Bland, "DOES15—Mike Bland—Pain Is Over, If You Want It"
39. Zia, Ramirez, and Kunin, "Compliance Masonry"
40. Marcus Sachs, personal correspondence with Gene Kim, 2010
41. "VPC Best Configuration Practices", Flux7 blog
42. Galbreath, "Fraud Engineering, from Merchant Risk Council Annual Meeting 2012"
43. Galbreath, "DevOpsSec"
44. Galbreath, "DevOpsSec"
45. Galbreath, "DevOpsSec"
46. Galbreath, "DevOpsSec"
47. Galbreath, "DevOpsSec"
48. Galbreath, "DevOpsSec"
49. Claudius, :"Attacking Cloud Services with Source Code"
50. Johnson, et. al., "How Fannie Mae Uses Agility to Support Homeowners and Renters"

51. Johnson, et. al., "How Fannie Mae Uses Agility to Support Homeowners and Renters"

52. Johnson, et. al., "How Fannie Mae Uses Agility to Support Homeowners and Renters"

53. Johnson, et. al., "How Fannie Mae Uses Agility to Support Homeowners and Renters"

54. Johnson, et. al., "How Fannie Mae Uses Agility to Support Homeowners and Renters"

55. Johnson, et. al., "How Fannie Mae Uses Agility to Support Homeowners and Renters"

56. Kimberly Johnson, personal correspondence with the authors, 2021

23장

1. Axelos, ITIL Service Transition, 48

2. Axelos, ITIL Service Transition, 48 and 68

3. Matthew and Mangot, "DOES14—Reena Mathew and Dave Mangot—Salesforce"

4. Mangot and Rajan, "Agile.2013.effecting.a.dev ops.transformation.at.salesforce"

5. Mangot and Rajan, "Agile.2013.effecting.a.dev ops.transformation.at.salesforce"

6. Mangot and Rajan, "Agile.2013.effecting.a.dev ops.transformation.at.salesforce"

7. Matthew and Mangot, "DOES14—Reena Mathew and Dave Mangot—Salesforce"

8. Matthew and Mangot, "DOES14—Reena Mathew and Dave Mangot—Salesforce"

9. Matthew and Mangot, "DOES14—Reena Mathew and Dave Mangot—Salesforce"

10. Matthew and Mangot, "DOES14—Reena Mathew and Dave Mangot—Salesforce"

11. Matthew and Mangot, "DOES14—Reena Mathew and Dave Mangot—Salesforce"

12. Bill Massie, personal correspondence with Gene Kim, 2014

13. "Glossary", PCI Security Standards Council website

14. PCI Security Standards Council, Payment Card Industry (PCI) Data Security Stands

15. Bill Massie, personal correspondence with Gene Kim, 2014

16. Bill Massie, personal correspondence with Gene Kim, 2014

17. Bill Massie, personal correspondence with Gene Kim, 2014

18. Basu, Goyal, and Hansen, "Biz & Tech Partnership Towards 10 'No Fear Releases' Per Day"

19. Basu, Goyal, and Hansen, "Biz & Tech Partnership Towards 10 'No Fear Releases' Per Day"

20. Basu, Goyal, and Hansen, "Biz & Tech Partnership Towards 10 'No Fear Releases' Per Day"

21. Basu, Goyal, and Hansen, "Biz & Tech Partnership Towards 10 'No Fear Releases' Per Day"

22. Basu, Goyal, and Hansen, "Biz & Tech Partnership Towards 10 'No Fear Releases' Per Day"

23. Basu, Goyal, and Hansen, "Biz & Tech Partnership Towards 10 'No Fear Releases' Per Day"

24. Shinn, "DOES15—Bill Shinn—Prove it! The Last Mile for DevOps in Regulated Organizations"

25. Shinn, "DOES15—Bill Shinn—Prove it! The Last Mile for DevOps in Regulated Organizations"

26. Shinn, "DOES15—Bill Shinn—Prove it! The Last Mile for DevOps in Regulated Organizations"

27. Shinn, "DOES15—Bill Shinn—Prove it! The Last Mile for DevOps in Regulated Organizations"

28. Shinn, "DOES15—Bill Shinn—Prove it! The Last Mile for DevOps in Regulated Organizations"

29. Shinn, "DOES15—Bill Shinn—Prove it! The Last Mile for DevOps in Regulated Organizations"

30. Shinn, "DOES15—Bill Shinn—Prove it! The Last Mile for DevOps in Regulated Organizations"

31. Shinn, "DOES15—Bill Shinn—Prove it! The Last Mile for DevOps in Regulated Organizations"

32. Shinn, "DOES15—Bill Shinn—Prove it! The Last Mile for DevOps in Regulated Organizations"

33. DeLuccia, Gallimore, Kim, and Miller, DevOps Audit Defense Toolkit

34. Mary Smith (a pseudonym), personal correspondence with Gene Kim, 2013

35. Mary Smith (a pseudonym), personal correspondence with Gene Kim, 2013

결론

1. Robbins, "Hacking Culture at Velocity Conf"

마치며

1. Forsgren et al., 2020 State of the Octoverse

2. Wiseman, 2021 Work Trend Index: Annual Report

3. Forsgren et al., "The SPACE of Developer Productivity"

부록

1. Ries, The Lean Startup

2. Beck et al., "Twelve Principles of Agile Software"

3. Humble and Farley, Continuous Delivery

4. Fitz, "Continuous Deployment at IMVU"

5. Rother, Toyota Kata, Introduction

6. Rother, Toyota Kata, Introduction

7. Ries, The Lean Startup

8. Kim, Behr, and Spafford, The Phoenix Project, 365

9. Besnard and Hollnagel, Some Myths about Industrial Safety, 3

10. Besnard and Hollnagel, Some Myths about Industrial Safety, 4

11. Besnard and Hollnagel, Some Myths about Industrial Safety, 6

12. Besnard and Hollnagel, Some Myths about Industrial Safety, 8

13. Besnard and Hollnagel, Some Myths about Industrial Safety, 9

14. Besnard and Hollnagel, Some Myths about Industrial Safety, 11

15. Shook, "Five Missing Pieces in Your Standardized Work (Part 3 of 3)"

16. "Post Event Retrospective—Part 1", Rally Blogs

17. Macri, "Morgue"

18. Cockcroft, Hicks, and Orzell, "Lessons Netflix Learned"

19. Cockcroft, Hicks, and Orzell, "Lessons Netflix Learned"

20. Rachitsky, "7 Keys to a Successful Public Health Dashboard"

찾아보기

ㅅ

ㅈ

데브옵스 핸드북 2/e
세계 최고 수준의 기민성, 신뢰성, 안정성을 갖춘 기술 조직의 비밀

2판 발행 │ 2024년 5월 31일

지은이 │ 진 킴 · 제즈 험블 · 패트릭 드부아 · 존 윌리스 · 니콜 포스그렌
옮긴이 │ 김 모 세

펴낸이 │ 권 성 준
편집장 │ 황 영 주
편 집 │ 김 진 아
　　　　임 지 원
디자인 │ 윤 서 빈

에이콘출판주식회사
서울특별시 양천구 국회대로 287 (목동)
전화 02-2653-7600, 팩스 02-2653-0433
www.acornpub.co.kr / editor@acornpub.co.kr

한국어판 ⓒ 에이콘출판주식회사, 2024, Printed in Korea.
ISBN 979-11-6175-848-0
http://www.acornpub.co.kr/book/devops-handbook-2e

책값은 뒤표지에 있습니다.